表达与沟通

把话说到点子上

龚　俊◎编著

中国出版集团
中译出版社

图书在版编目（CIP）数据

表达与沟通．把话说到点子上 / 龚俊编著．-- 北京：
中译出版社，2019.6
ISBN 978-7-5001-5994-0

Ⅰ．①表… Ⅱ．①龚… Ⅲ．①人际关系－口才学－
通俗读物 Ⅳ．① C912.13-49

中国版本图书馆 CIP 数据核字（2019）第 119543 号

表达与沟通
把话说到点子上

出版发行：中译出版社
地　　址：北京市西城区车公庄大街甲 4 号物华大厦 6 层
电　　话：（010）68359376　68359303　68359101
邮　　编：100044
传　　真：（010）68357870
电子邮箱：book@ctph.com.cn
总 策 划：张高里
责任编辑：刘全银
封面设计：青蓝工作室
印　　刷：北京朝阳新艺印刷有限公司
经　　销：新华书店
规　　格：880 毫米 ×1230 毫米　1/32
印　　张：30
字　　数：550 千字
版　　次：2019 年 6 月第 1 版
印　　次：2019 年 6 月第 1 次

ISBN 978-7-5001-5994-0　　　定价：149.00 元（全 5 册）

中 译 出 版 社

前　言

　　说话是一门学问，一门艺术，同时，说话也是一种智慧，一种能力，一种生活态度的体现。古时候就有"一言以兴邦，一言以丧邦"，而在当代社会，同样也是"一句话可以让人笑，一句话也可让人跳"，这就是把话说到点子上的艺术。

　　春秋战国时期，社会极其动荡不安，各诸侯国之间为了各自的利益，不断攻伐，战事频仍。然而乱世出英才，这个时候涌现出了不少以雄辩闻名的外交家、纵横家，用他们那三寸不烂之舌，周旋于列国之间，挽狂澜于既倒，弭战事于无形。

　　一言之辩，重于九鼎之宝；三寸之舌，胜于百万之师。把话说到点子上是何等重要。良好的口才，恰到好处地表达，不仅能带来顺畅的沟通，还能给人带来自信与融洽的人际关系。在他人面前，一个人若能够清晰准确、生动形象地表达出自己的思想和意念，他的自信心必定会大增，他成功的概率必定会更高，他的性格会越来越温煦与美好，他的人际关系也会随之变得越来越和谐。

　　而在现代社会，更离不开良好的口语表达。你知识学得再好，要是不会说话，不能把话说到点子上，或者说出来的话没有说服力，不能让别人认同你，一切仍是枉然。在拥有渊博的知识之外，还需要一副出色的口才，才能为你自己的事业打开局面，进而获得成功。

翻开本书，你会看到那些说话自如的人是怎样让自己摆脱尴尬、转危为安的，他们又是怎样运用各种不同说话技巧来营造自己的幸福生活的。而说话的本领并不是天生的，本书将帮助你充分掌握高超的说话技巧，进而成为一个成功的人。

目 录

第一章　善于说话是一种资本

美国著名教育专家卡耐基非常推崇说话能力，他说："假如你的口才好……可以使人家喜欢你，可以结交好的朋友，可以开辟前程，使你获得满意的结果。譬如你是一个律师，你的口才便能够吸引一切诉讼的当事人；譬如你是一个店主，你的口才能够帮助你吸引顾客。"

这世界上有许多人，因为他们能说会道而人生得意，也有不少人因为不善言辞而郁郁不得志。所以，请不要以为这是小事，人的一生，有一大半的成功，是源于说话艺术。

优雅的谈吐得人喜欢

英国著名的思想家本·琼森曾经说过这样的一句话："谈吐是一个人的最好特征。"换句话说，我们每个人的谈吐，就是我们自身形象的展示。谈吐不仅是我们自身形象的展示，还是我们与别人沟通交流的重要媒介。因此，我们要想树立美好的形象，与他人进行和谐的沟通，就必须注意我们的谈吐，说出得体的话语，从而在人际交往中受到别人的欢迎。

很多人没有意识到这一点：一个人的谈吐，能够体现这个人全部的品格、修养、才学以及城府。哈佛大学曾经的校长伊立特说过："在造就一个有教养的人的教育中，有一种训练是必不可少的，那就是，优美而文雅的谈吐。"言语是思想的衣裳，在粗俗和优美的措辞中，展现出不同的品格，在不知不觉间给别人留下了好或不好的形象。

有关研究表明，在劝说别人时，其效果只有8%与内容有关，42%与仪容有关，而50%却与言谈有关。不管哪一种职业，都要与他人建立职业关系。在各种不同的场合，针对形形色色、个性心理迥异的人，都需要做到用语恰当、谈吐得体、不亢不卑、不温不火。良好的口才不但可以显示一个人得体的外在气质，也能够很好地显示个人的素质修养。甚至在求职招聘的时候，谈吐得体的人往往是招聘者们最青睐的，自然，得体的谈吐也能够为你的面试增加印象分。

某省的一家知名的外贸公司因为需要进一步拓展业务，就决定面向社会公开招聘十名业务管理人员。招聘广告登出以后，人才招聘处便被里三层外三层地围个水泄不通……应聘人数竟高达数百人。经过笔试和面试两道关卡之后，最后筛选出20人。这筛选出来的20位应聘者个个都很优秀。论写，无论是中文还是外文，都是无懈可击；论讲，个个都有问必答，应对如流，滔滔不绝，难分胜负。对于这些人才，该公司一时之间感到难以取舍，对于最终的人选定决颇感踌躇。最后，公司发出公告：请应聘者第二天到公司门口看榜。同时，为了感谢应聘者对公司的厚爱，晚上将在某酒家设宴招待以表感激。事实上，该公司是打算通过这次酒宴对应聘者再次进行筛选，从而确定最终的人选。

　　宴会在热烈的气氛中进行。该公司的几个部门的总经理坐在应聘者中间，频频举杯，互作酬答，你来我往，笑语欢声不断。这次酒宴，公司的标准是"醉翁之意不在酒，在于人才之间也。"其目的是煮酒论英雄。该公司认为：笔试和面试只是反映了应聘者的专业知识和部分素质，并不能够反映出一个人的综合素质。因为应聘者都是有备而来，并且部分外警觉，所以，有些缺点不可能暴露出来。而在气氛热烈的酒宴上，一些应聘者认为大局已定，思想不再设防，于是，一个真正的"自我"便展现在了招聘者的面前。

　　在宴会上，有的应聘者因为担心自己不会被公司录用，于是就显得沉默寡言，郁郁寡欢。这些应聘者性格过于内向，缺少一定的交际能力，不适合从事外贸工作。有的应聘者自我感觉良好，这些人业务上确实高人一筹，并且在面试的时候也颇具有绅士风度，似乎很完美。但是，在酒宴上，他们的"庐山真面目"就一览无余：谈笑间无所顾忌，有失风度；有的应聘者更是出言不凡："××经理，你只要录用我，两年之内，我保证给你赚几十万。"这种人总是喜欢说大话，看似有胆有识，其实只不过是言过其实，给人一种有些狂妄的感觉……可想而知，上述的这些应聘者最终自然落选了，而那些自始至终言谈得体、大方的人，最终胜出了。

有些人的谈吐，让你耳目一新，由衷赞叹。有些人的谈吐，让你不知所云，实在提不起兴趣，真的不想多听；比如幽默笑话，有人讲起来，会让你从心里笑出，回味绵长；有人讲起来，会让你哑然失笑，但一笑了之；有人讲起来，你只能苦笑，更有甚者让你恶心得要死。所以，如果我们想要在人际交往中给别人留下好印象，就要注意提升自己的表达能力。优雅的谈吐加上得体的语言，即使是简单的内容，也能打动别人。

富兰克林的自传中有这样一段话："我在约束我自己的时候，曾有一张美德检查表。当初那表上只列着12种美德。后来，有一个朋友告诉我，说我讲话时有傲气，这使人觉得盛气凌人。于是，我立刻注意这位友人给我的忠告，我觉得它足以影响我的前途。然后我在表上特别列上虚心一项，我决定竭力避免说出一切直接冒犯别人感情的话，甚至禁止自己使用一切确定的词句，像'当然''一定'……而以'也许—我想''我认为''就是这样''大概''或许'……来代替。"富兰克林又说，说话和事业的进展有很大的关系，是一个人能力的主要体现。如果出言不慎，与别人争辩，那么，将不可能获得别人的同情、别人的合作、别人的帮助。这是千真万确的。所以，一个人想获得事业上的成功，必须具有能够应付一切的口才。要使别人瞧得起自己，先要自己瞧得起自己，决不可露出乞怜的样子。你可以谦逊，但绝不可谄媚。你不可唯唯诺诺，使人觉得你语言没有动人之处。你发表意见时不可肆意批评别人；更不可告诉对方说你的计划一定成功，如果雇用你，必可使业务发展——类似这样的话只能让对方心里称许，不应由自己说出。自夸必连带着固执，这种态度只会使人厌恶。去访问一个人，把目的简单地说出之后，你就应该告辞。即使环境许可你逗留一些时间，你也应该立刻把话题转到别处。

比如求职应聘，最重要的是表现自己的素质和能力，打肿脸充胖子的行为是不宜的，只能虚骗一时。如果应聘令你胆战心惊，那么这也许是你深深地明白自己能力尚且不足的缘故。这时谈话的范围要守在一定的界限内，不要谈办公室的陈设，不要谈对方的一身装束，而且要有一定的时间观念，你必须把你的资格和能力表达出来，在很短的时间内将其交代清楚，所以这时就是检验你所受训练、教育及能力如何的关键时刻。

在工作上，要能胜任并心情愉快，不要摆一副冷面孔，尽量减少情绪上的困扰及不切实际的空想。你可以和同事谈谈工作上所需要的知识，谈谈工作经验，要诚心诚意，不存任何成见。在一起工作的人，必须彼此尊重、关心，态度温和，坦诚相待。

再者，失言是常有的事。不要故作糊涂或者虚张声势。应该立即承认自己犯了错误，认错同样能赢来尊重，而且还会大大增加你说话的力量，使你往后所说的每一句话都掷地有声。

会说话，能成功

古希腊有一位著名的寓言大师伊索，相传他年轻时在某贵族家当过奴仆。有一次，主人设宴，来者多是哲学家。主人令伊索备办最好的酒菜待客，伊索却专门收集了各种动物的舌头，办了个舌头宴。开餐时，主人大吃一惊，问道："这是怎么回事？"伊索答道："您吩咐我为这些尊贵的客人办最好的菜，而舌头是引导各种学问的关键，对于这些哲学家来说，舌头宴不就是最好的菜吗？"客人听了，个个发出赞赏的笑声。主人吩咐伊索说："那我明天要再办一次酒席，菜要最坏的。"次日，开席上菜时，依然是舌头。主人见状，大发雷霆，斥问伊索缘由，伊索不慌不忙地回答："难道一切坏事不是从口中出来的吗？舌头不仅是最好的东西，同时也是最坏的东西啊！"主人听后，虽然恼羞不已，但也无话可驳。

虽然这则关于伊索的故事是否属实我们无从得知，但它所含的寓意却如真理一般——说话对人类来说具有无法估量的巨大作用。西方一位哲人曾经说过："世间有一种成就可以使人在短时间内完成伟业，并获得世人的认识，那就是讲话能够令人喜悦的能力。"由此可见，拥有一张善于说话的嘴是多么重要。

在今天这个充满竞争的社会，一个人能否成功，不仅取决于他所掌握的知识、拥有的能力、做事的经验，同时还离不开说话的能力。生活在社会中，我们每天都要跟各种各样的人打交道。曾有学者估算过，一个人平均每天要说 18000 个词语。这么算起来，每个人每天要说很多话，而且越是能办事、办事多的人，说话肯定就越多。如果一个人想要在社会中有一番成就，就不仅要会做事，更要善于说话。

纵观历史上众多的名人，以及当今社会的成功人士，大多都是善于说话之人。越来越多的人逐渐认识到：说话、演讲的能力已成为现代人必须具备的重要能力，更是创造型、开拓型人才的必备素质。因为现实生活中有很多有着优异才华的人，因缺乏说话方面的才能，更因为不懂得学习和锻炼，丧失了很多机会。因此，具备优秀的说话能力，是今日讲求竞争力的必备才能之一，是迈向成功的重要法宝。

一个人事业的成功与否离不开说话。善于说话的人可以获得别人的同情、帮助，受到他人的赞赏。在现代社会，善于说话才能够让我们在任何场所、任何时候都备受瞩目，才能够让我们时常处于优势地位，才能够让我们在调整周围人际关系和经济关系的过程中更得心应手、心想事成。如今，善于说话既是一种技艺，同时更是必要的本领。

会说话的人自信心强

不难发现，那些能在众人面前滔滔不绝地讲话的人，也是一个充满自信的人。曾经有人做过一个调查，想搞清楚人们进行口才训练的原因和内心愿望是什么，调查的结果惊人的一致——大多数人的内心愿望与原因基本是一样的，他们是这样回答的："当人们要我站起来讲话时，我觉得很不自在，很害怕，使我不能清晰地思考，不能集中精力，不知道自己要说的是什么。所以我的最大愿望就是可以在公众面前自信、泰然地发表自己的观点，且逻辑清晰，内涵丰富，让人折服。"

虽然这两者之间没有必然的因果关系，但事实上有强烈自信心的人，一般都是能言善辩的人。因为良好的说话能力可以增强一个人的自信心，而一个人的谈吐又是自信的外在表现。

"人是善于说话的动物。"在生活中，随时都会有让你讲话的时候，每个人的内心深处也都渴望有展现自己、向大家发表观点、看法的机会。但是，有不少人总是带有很强的自卑感。其实，信心和胆量是可以通过锻炼培养的。我们每个人都想做一个出色的人，希望获得他人的好评，希望自己在他人心中树立高大的形象，而要想受人欢迎，必须先让人了解自己。适当地表现自己，会让自己充满信心和力量，这种力量又会促进我们更加完善自己。

一个善于说话的人，因为自己良好的语言能力，总是能够备受瞩目，所以，可以总是在众人面前自信满满。虽然说，一个人要想充满自信，首先要对自己有信心，但是不得不承认的是，大多数人的信心都是来源于别人的肯定。这也就是为什么口才好的人总是能够充满自信，而那些不善言辞，口才不好的人总是自卑。

因此，如果一个人想让自己充满信心，首先可以通过加强自己的口才能力，让自己能在公众面前发表讲话，大胆表现自己，从而慢慢树立起自信。

善于说话，机遇多多

机遇对于一个人是否成功起着重要的作用。有时一次机遇，就可以改变一个人的人生轨迹。有句话说：机会面前人人平等。但事实上却并非如此。因为我们的生活中常常不乏这样的事情：一次不同的机遇造就了不一样的人生，从而拉开了人与人之间在生活、事业上的差异。但为什么有的人得到了机遇，而有的人没有呢？有时就取决于一个人口才的好坏，好的口才可以让一个人赢得更多的机遇。

当今社会，是一个充满挑战和竞争的社会。俗话说"七分本事，三分机遇"。在竞争中，谁把握了机遇，谁就把握住了走向成功的密码。机遇稍纵即逝，能否抓住机遇非常重要。有句话叫"机会都是人自己创造的"。我们常常看到的那些名人、成功人士，看似十分幸运，他们的成功其实是通过自己争取到的。我们时常幻想着机遇能从天而降，实际上让机遇主动找自己并不是天方夜谭，不少名人就是依靠自己优秀的口才，从一些细节入手，创造了不少常人眼里"让机遇找自己"的神话。

有这样一个故事：某公司要招考一位打字员。初试选定了两名，最后面试时再决定录用其中一人。这两人一位是华裔，一位是西班牙人。西班牙小姐每分钟打 30 个字，华裔小姐每分钟能打 70 个字。但是考完之后，这位中国女子安静地等在门外，而西班牙小姐却径直闯进经理的办公室。她声称自己打字技术一向快速准确，只是当时太紧张了，没考好，但是这份工作对她太重要，她非得到不可。最后西班牙小姐被录用了。而那位打字技巧高于西班牙人的华裔小姐却在等候中失去了机会。

很多有才华的年轻人之所以怀才不遇，感叹生活艰难、世事不公平，原因不在于他们的才华不为人所知，而在于他们不懂得如何表现自己，更在于他们没有建立良好的人际关系。他们或内向，或自负，或木讷，或狂傲，不懂得如何与人沟通，不懂得如何与人建立联系，也不懂得如何靠人际关系来为自己获得成功。

机遇无处不在，善于言谈的人，可以借助口才的力量促成自己的事业，为社会多做贡献。而拙于言谈的人，往往会失去机遇，或将事情越办越糟，因而抱恨终生。所以，现代社会的种种机遇，要靠你的口才来开拓。

一个人的一生是否能够成功，和这个人的口才好坏有着很大的关系。如果能口若悬河，滔滔不绝，就可以赢得人们的一份尊敬，就能比别人多赢得一份机会。的确，能够在交谈中把自己的想法有效地表达出来的人，走到哪里都可以出人头地。他们不但可借口才引起旁人的重视，也比一般人拥有更多、更好的发展机会。

口才是一种竞争力

现代社会是个竞争激烈的社会，口才已经成为人才竞争的重要素质之一，它是人们取得成功的基石，是迈向成功的第一步。成功学大师戴尔·卡耐基说："一个人的成功，85% 靠人际关系，人际关系的成功，85% 靠沟通。"事实正是如此，在人的一生中，事业要取得成功，85% 归因于与别人的沟通，15% 是来源于自己的能力。

我国首次载人航天飞行成功之后，宇航员杨利伟便成了名人。他之所以成为首位进入太空的宇航员主要有三个原因：他的心理素质好，口头表达能力强，说话有条理、有分寸。杨利伟认为，航天无小事，不管做什么事情，都尽最大努力做好，就连训练后的总结会、训练小结也是如此。在总结会上，杨利伟准备充分，积极发言，发言条理清晰，逻辑性强，态度从容。在最终确定三人为首飞候选人之时，三人各方面都十分优秀，难分高下，只是考虑到作为我国第一位进入太空的宇航员，要面对全世界的目光，接受新闻媒体采访，进行巡回演讲，才最后决定选择口才好的杨利伟。

由此可以看出，口才能在竞争中决定一个人的成败，是赢得胜利的资本。试想，如果杨利伟没有好口才，他可能就无法成为首位进入太空的宇航员。而在生活中，我们也常常遇到需要和别人竞争的时候，殊不知，善于说话对我们来说同样重要。所以，我们不妨努力训练自己的口头表达能力，在汇报、演讲、发言等场合中着力表现自己，这样就能引起领导的注意，从而得到更多成功的机会。

三百六十行，行行都需要口才。在社会生活中，是否有好口才，是否善于说话，能够决定一个人的成就与境遇。现代社会里，那些羞怯拘谨、笨嘴拙舌、老实巴交的人，总会处在交际困难的尴尬里；而那些能说会道，言语动人的人不论是做什么事，总是会很顺利，并很容易取得成功。

　　在日益激烈的就业竞争中，很多求职者都发现自己面临着这样的现实：工作经验，专业技能，不再是企业选拔人才的唯一标准。用人单位在选拔人才时，越来越重视求职者的综合素质，特别是良好的口才，即沟通表达能力。

　　"现在求职竞争太激烈，那些口才好，擅长表达的人，求职的成功率就高得多。"最近小王遇到了让她特别头疼的事。小王是从事文职工作的，这项工作她已经做了两三年了，而且她心思细腻、做事仔细。但是公司最近精减人员，因为自己的口头表达能力不好而被裁掉了。重新找工作的小王，发现那些公司宁愿要那些毫无工作经验，但是特别能说会道的毕业生，都不愿选择有一定的从业经验的自己。这让小王在求职竞争中无比受挫。

　　一般来说，从事文职类工作，其实对口才的要求相对不是那么高。但是小王却因此屡遭碰壁，那其他对口才要求比较高的工作，岂不是更需要口才好的求职者？

　　在我们今天的市场经济大潮中，现行的双向选择的就业时机要求我们：充分地发挥你的口才，就有可能得到一份好工作；否则，就会白白地失去良机，从而可能影响你一生的成就。总之，一个人要想成功，他可以没有资本，但是不可以没有口才，良好的口才是一种竞争力。

会说话不是天生的

在生活中，我们总能看到一些人非常会说话。其实，说话的天才，并不是天生的，而是在生活中锻炼出来的。

没有哪种活动是不必开口说话的，商业、社交、政治甚至社区工作无不需要说话。练习的机会越多，改进的机会也就越多，到处都是练习谈话的题材和对象。只有不停地练习，你才能知道自己可以进步到何种程度。

许多擅长说话的人，最初大都是笨嘴拙舌的人。

著名的演说家和心理学家爱德华·威格恩先生曾经非常害怕当众说话或演讲。他读中学时，一想到要起立做5分钟的演讲，就惊悸万分。每当演讲的日子来临时，他就会生病，只要一想到那可怕的事情，血就直冲脑门，脸颊发烧。读大学时情况依然没有得到改变，有一回，他小心地背诵一篇演讲词的开头，而当面对听众时，脑袋里却"轰"的一下，不知身在何处了。他勉强挤出开场白："亚当斯与杰克逊已经过世……"就再也说不出一句话，然后便鞠躬……在如雷的掌声中沉重地走回座位。校长站起来说："爱德华，我们听到这则悲伤的消息真是震惊，不过现在我们会尽量节哀的。"接着，全场哄堂大笑。当时，他真想以死解脱。后来，他诚恳地说："活在这个世界上，我最不敢期望做到的，便是当个大众演说家。"

同样如此，像林肯、田中角荣等世界著名演说家的第一次演讲都是以失败而告终的。那么，他们为何会在如此薄弱的基础上获得了令人惊奇和引人注目的成功呢？也许每个人都会产生这样的疑问，每个人也都有过这样的梦想，希望自己有朝一日能像他们一样口若悬河，娓娓而谈，令人折服。其实，答案很简单，只要勇敢地面对现实，大胆地面对挑战，刻苦勤奋，坚持不懈地努力练习，完全可以拥有出色的口才，实现自己的梦想。

狄里斯在西欧被称为"历史性的雄辩家"。但他的雄辩并不是天生的才能，也是后天练就出来的。

据说，他天生嗓音低沉，且呼吸短促，口齿不清，旁人经常听不清他在说些什么。当时，在狄里斯的祖国雅典，政治纠纷严重，因此，能言善辩的人格外引人注目，备受重视。尽管狄里斯知识渊博，思想深邃，十分擅长分析事理，能预见时代潮流和历史发展趋势。但是当他作了一番周密细致的思考，准备好了精彩的演讲内容，第一次走上演讲台时，就不幸遭到了惨痛的失败，原因就在于他嗓音低沉、肺活量不足、口齿不清，以至于听众无法听清楚他所言何事、何物。但是，狄里斯并不灰心，他反而比过去更努力地训练自己的说话能力。他每天跑到海边，对着浪花拍击的岩石放声呐喊；回到家中，又对着镜子观察自己说话的口形，做发声练习，坚持不懈。狄里斯如此努力了好几年，功夫不负有心人，当他再度上台演说时，他博得了众人的喝彩与热烈的掌声，并一举成名。

我们要珍惜每一次练习说话的机会，当我们参加某一个团体、组织，或出席聚会时，不要只袖手旁观，而要施展浑身解数，勤奋地进行说话练习。比如，主动协助他人处理一些工作，尤其是一些需要到处求人的工作。设法做各类活动的主持人，这样，你就有机会接触那些说话好的人，可以向他们学习说话的技巧，自然而然，你也就可以担负一些发表言论的任务。

在日常生活中，也可以寻找到讲话的机会。山姆·李文生在纽约任中学教员时，就喜欢与亲人、同事和学生就工作和生活中的一些事情发表意见，做简短的谈话。没想到这些谈话引起了听众的热烈反响。不久，他受邀为许多团体演说，后来，成了许多广播节目里的特约嘉宾。之后，山姆先生便改行到娱乐界发展，且成就非凡。现在他不但是广播、电视明星，而且还是在美国各地很有影响力的演讲者。

即使读遍所有关于说话的书籍，如果不寻找机会开口练习，依然不会有出色的表现。实践是必需的，当你勇敢地踏出第一步，后面的步骤要比你想象的轻松得多，不实践，你就会把困难想象得无限大。因此，如果你想要成为一个能言善辩的高手，不要错过生活给你提供的任何一次练习的机会。

第二章　话说到点子上才有力度

打蛇要打七寸，牵牛要牵牛鼻子，如果不打七寸，不牵鼻子，很可能徒劳一场。

一个人说话也是同理，想要在社会上混得顺风顺水，每一句话都有讲究，都要说到点子上。这就是说，说话不但要因人而异，而且要有艺术，说到点子上才有力度。就像我们做工作，只有抓住重点，抓住要害，落实到点子上，方能见成果、出效益。不然，就是说一千、道一万也是枉然。

怎么把话说到点子上

在生活中，我们经常看到一些人喋喋不休、滔滔不绝地高谈阔论，而又词不达意，语无伦次，让人听而生厌；还有些人喜欢夸大其词，侃侃而谈，说话不给他人留余地，也没有分寸。这样的人，看上去好像口才不错，其实恰恰相反，很容易造成画蛇添足的恶果。

有人说，话不在多，点到就行，意思就是不管你怎样说，说多说少，一定要把话说在点子上，说到别人的心窝里。因此，我们在开口之前，应先让舌头在嘴里转十个圈，把多余的废话转掉，准备一些简单明了的话，一开口就往点子上说，千万不要东拉西扯，不知所云。

近代文学家朱自清先生曾写过一本叫《怎样说话与演讲》的书，书的代序中有一段话说得很有意思，令人记忆深刻，现摘录于下：

……有人这个时候说，那个时候不说；有人这个地方说，那个地方不说；有人与这些人说，不与那些人说；有人多说，有人少说；有人爱说，有人不爱，哑子虽然不说，却也有那咿咿呀呀的声音，指指点点的手势。

说话本身并不是一件容易事，要把话说到点子上就更不容易。天天说话，不见得就会说话；许多人说了一辈子话，没有说好过几句话。

所以说，真正的说话技巧，就是能把话直接说到点子上，说到别人的心窝里去。

有一位幼师对此深有体会，她在一篇博文中写道：

幼儿园午睡的卧室里，经常会出现这样的情景：一个孩子半坐起，伸长脖子东张西望。这时，如果对他说："东东，你伸长脖子看什么啊！"那么，不仅这孩子不会躺下，而且其他孩子的头也会纷纷抬起，因为大家都想看看东东到底看到了什么好东西。这时，如果这样说："哦，大家头都枕着枕头，睡着了吗？"东东就会埋头躺下了。

由此可见，无论面对什么年龄阶段的群体，如果能把话说到点子上，都会有事半功倍的效果。

那么，是不是只要说好话就容易把话说到点子上呢？不见得！过于轻率或频度过高的类似"你真棒"之类的好话，有时也会让孩子神情黯然。孩子如此，大人也同理，一味地奉承与吹捧，不一定就能把话说到点子上。

要把话说到点子上，最重要的一点就是说话简洁，简洁才有力，才容易说到重点。为什么有人叽叽歪歪、啰里啰唆、婆婆妈妈地说了一大堆，别人还是听不懂？为什么有的人引经据典、旁征博引、天上地下地说了一大套，别人还是不明白？说话不简单，听着就会复杂，你越是想说清楚，就越是把听者给绕糊涂了。

而最会说话的人永远是言简意赅的人，他们所说的都是最有效的话。他们通过简单明确的语言，能把最复杂、最困难、最麻烦的话说清楚，讲透彻，而且也最容易被不同的人理解、接受和执行。

那么，我们怎样才能把话说到点子上呢？

1. 有话直说

说话不是写文章，没必要"为赋新词强说愁"。即便是把说话当成写文章，也没有必要弯弯绕。说话不必别别扭扭，有话直说，原原本本，清清楚楚。有话直说的人，根本没有时间瞎琢磨——只有那些无病呻吟的人，才哼哼唧唧哀怜。

要想说话动人、动听，就先要回到说话的根本——沟通，这时，你会发现，说话只有简单直接最有效。

丈夫说："老婆，最近咱家开支又超了，咱俩讨论怎么节省开支好不好？"这种说法，相信大多数"媳妇"会接受，平心静气地和丈夫商量怎么"节流"。

媳妇说："老公，最近家里钱不太够花。你能不能想想办法挣点'外捞'啊？"老婆这么说，丈夫也多数会接受。

可见，简单交流，往往容易说到点子上，因为说的是实际情况，很少掺杂个人主观色彩。这正是简单说话最有效的原因之一：直接告诉对方有什么事，我们的意见是什么。

2. 长话短说

古语说："有话即长，无话即短"，但是有着"八股癖"的人，却非要"短话长说"，他们觉得"长说"很过瘾，认为这样说话在镇住对方的同时，也显示了自己渊博的知识。其实这是极其错误的。

比如，说"城市住房紧张"的问题。他们先从原始人穴居野处，有巢氏构木为巢讲起，直到奴隶社会、封建社会、资本主义社会的住宅问题，一路讲下来，最后讲到我国过渡时期的总路线、总任务和人民生活改善的状况，等等。在听众昏然欲睡之时，才开始引入正题。

这还只是开场白，接下来的正文，本可两句话说完的，就得说成三句四句，扯上十条八条不算多，并附之以故事、逸事、理论等，最后还有几点建议之类。有时"最后"之后还有"最后"。要说它的"好处"，只是在于能够磨炼听者的毅力吧。

但是，从说话的目的来说，无论我们说话的内容有多少，都要尽量地"长话短说"。长话短说可以锻炼人的快速思维能力，提高行动的敏捷性。况且，现代社会人人都很忙，谁也没时间听别人长篇大论。倘若按照"寸金寸光阴"来算，喜欢短话长说的人，浪费掉的自己的时间和别人的时间，该值多少钱呢？要想把话说到人家的心窝里去，说到点子上，就得长话短说。

3. 急话慢说

我们可以把话说简单，说精彩，说到点子上。但是如果我们说话的时候心里着急，那么本来简单易懂的话可能就会被我们说得乱七八糟了。

人为什么会心急呢？原因有很多，但主要原因还是觉得自己驾驭不了所面对的局势。其实，事情一旦做起来，是否驾驭得了就不那么重要了，踏踏实实地干好就得了。

说话也是如此，谁也不可能不说话，而且肯定有自己不敢说而又不得不说的时候。在这种时候，大可以放平心态，有话直说，长话短说，别顾虑太多，简简单单地把话说出来。相反，如果你支支吾吾、颠三倒四地说了半天，会让对方一头雾水，半天听不出个所以然来。

急话慢说，不仅是对自己，对别人也要如此。有些事情从一开始就让人着急，而人一着急，除了说话语无伦次，表情也会变得僵硬，甚至狰狞恐怖。话还没说，自己的表情先把对方给吓住了，于是对方也跟着着急，结果会怎样？恐怕不难想象。所以，为了避免自找麻烦，慢慢地把话说简单、化解矛盾是时时刻刻都要遵循的原则。

总之，随时随地都能把话说到点子上，对一个人的一生很重要。俗话说："祸从口出，覆水难收。"有的人出言不逊，信口雌黄，不经意间伤害他人还不明就里；有的人却能谈吐得体，深得人心，轻易就受人拥戴。原因何在？恰恰是因为会说话的人能把话说到点子上，能说得恰到好处。

说话的方式因人而异

社会上有各种各样的人，与不同的人交谈，就要采取不同的谈话方式。也就是说，说话的方式要因人而异，倾听对象不同，方式就不一样。

读过历史的人都知道，李密的《陈情表》写得催人泪下，当然，不少人觉得李密这人不厚道，如果真的是这么有孝心的人，干吗用那么多的语言说自己多么凄惨，祖母多么悲凉？其实，这篇文章之所以要这么写，是有原因的，那是因为看这篇表的人是司马炎。司马炎是篡位之君，本来就名不正言不顺，他几次要求李密做官而被拒绝，所以心生疑惑。再加上司马炎疑心十分重，如果李密这次上表不够煽情，是会招来杀身之祸的，所以文章写得过于深情就可以理解了。换言之，如果李密是给诸葛亮或者刘备上表，这样写就不行了。可见说话不看人，必然词不达意。

比如，在当今社会，有的人喜欢婉转，我们就应该说流利的话；有的人喜欢率直，我们就应该说激切的话；有的人崇尚学问，我们就要说高深的话；有的人喜欢谈琐事，我们就要说贴切的话。只要说话方式能与对方个性相符，自然就能一拍即合。这样说话也更能受人欢迎，在社会里才能混得如鱼得水。

生活和工作中，与我们打交道的不光有熟人，也常常要结交一些陌生人，与他们说话时我们要注意哪些方面呢？

1. 与老年人谈话，要懂得谦虚

我们常听到长辈教育后辈时说："我走过的桥比你走过的路还多。"这是很有道理的，毕竟他的经验比你丰富得多。其实，与老年人谈话，是很容易的，因为他们很喜欢谈话。他们说话常滔滔不绝，你要是打断他，就会显得自己粗鲁无礼。因此，有时与他们谈话很费时间，可是，只要你用心听，会发现他们的话是极有裨益的。

2. 与年幼者谈话，要保持深沉的态度

比你年幼的人，有些思想太超前，有些知识不及你。在前一种情形下，你和他们谈话是毫不困难的。你只需保持深沉谨慎的态度就行，不要降低你自己的身份。还要注意，不要给他们机会直呼你的大名，那是很不好的。不要同他们辩论，也不要坚持你的立场。你只要让他们知道，你是希望他们对你有适当的尊敬的。你要知道，人们总是因你尊重自己才尊重你，尤其是那些年幼于你的人。

3. 与地位高于你的人谈话，要明确身份，并保持你的个性

在与上司或地位优越的人谈话时，须维持你的独立思考能力，不应该做一个"应声虫"。若你只说"是"，那么，你的话就可能会使别人不悦。特别是与上司谈话时，要有自己的想法，同时敢于表达内心真实的想法。

古代有个叫许允的人在吏部做官，他做官期间提拔了很多同乡。魏明帝觉察之后，便派人去抓他。他的妻子为了把这件事揽过来，告诉他说："明主可以理夺，难以情求。"让他向皇帝申明道理，而不要寄希望于哀求。因为，依皇帝的身份地位是不可能随便以情断事的，皇帝以国为大，以公为重，只有以理断事和以理说话，才能维护好国家利益和作为一国之主的身份。许允依夫人之意直言，果然被释放了，皇帝还赏了他一套新衣服。

这个案例足以说明，在上司面前说话一定要保持个性，并明确对方的身份地位。

4. 与地位低于你的人说话，要庄重

与地位低于自己的人谈话，应注意庄重、有礼、和蔼，避免一种统治者的态度；赞美他一切完美的工作；讲话不要太多；不要太显亲密；不要以你自己优越的地位来阻止他。

5. 与陌生人说话，要观察对方的性格，揣摩对方的心理

在与陌生人交流时，除了要考虑对方的身份以外，还要注意观察对方的性格。一般来说，一个人的性格特点往往通过自身的言谈举止、表情等流露出来，如：那些快言快语、举止简洁、眼神锋利、情绪易冲动的人，往往是性格急躁的人；那些直率热情、活泼好动、反应迅速、喜欢交往的人，往往是性格开朗的人；那些表情细腻、眼神稳定、说话慢条斯理、举止注意分寸的人，往往是性格稳重的人；那些安静、抑郁、不苟言笑、喜欢独处、不善交往的人，往往是性格孤僻的人；那些口出狂言、自吹自擂、好为人师的人，往往是骄傲自负的人；那些懂礼貌、讲信义，实事求是、心平气和、尊重别人的人，往往是谦虚谨慎的人。对于这些不同性格的对话对象，一定要具体分析，区别对待。

另外，与陌生人谈话也要善于揣摩对方的心理。如果和你谈话的人无意中显示出某种态度及姿态，那么你就要通过这些了解他的心理，甚至能够捕捉到比语言更真实、更微妙的思想。例如，对方抱着胳膊，表示在思考问题；抱着手，表明一筹莫展；低头走路、步履沉重，说明他心灰气馁；昂首挺胸、高声交谈，是自信的表现；女性一言不发、揉搓手帕，说明她心中有话，却不知从何说起；真正自信而有实力的人，反而会探身谦虚地听取别人讲话；抖动双腿常常是内心不安、苦思对策的举动，若是轻微颤动，就可能是心情悠闲的表现。

6. 与女性谈话要以对方为中心

当你与女性谈话时，话题要以对方为中心，采取一种可使对方接受的谈话口气、态度和方式，那么你与她之间的对话，就能很顺利而愉悦地进行下去。女人们喜欢谈她自己、她的家庭以及她的癖好，更喜欢发表她的意见，又喜欢告诉人家，她是个多么好的人。所以她需要一个好的倾听者。所以和女人谈话时，你得先开个头，然后她就会接下去。比如询问天气；询问她的一个亲戚的健康；询问书籍、金鱼、花草或其他种种事物。总之，是她们所感兴趣的。这样，就能迎合她们的天性，而使她们觉得与你谈话十分快乐。

总之，因人而异的说话方式不仅表现了你的素质修养，更能让对方在与你的谈话中得到尊重与信任，还有助于你在工作当中结交更多的朋友，建立更好的人缘。

说服他人，一语中的

与人交谈，说话的内容是首要的。同样，针对不同的说服对象，说话的内容也应不同。擒贼先擒王，说服他人时，应一语中的、直击要害。因为不同的人渴求不同的"好处"，所以，在说服别人的时候，一定要反复从多侧面强调彼此所能提供的"好处"，唯有如此，才有可能达到良好的效果。

公明仪是春秋时期鲁国的一位著名琴家，琴艺高超。《弘明集·理惑论》载有关于他的一则故事：

阳光明媚的一天，公明仪在草地上弹琴。看见一头黄牛在吃草，就突发奇想：琴声能通宇宙万物之灵气，那么给动物弹琴，它们也能听懂吗？于是，就面对着黄牛，弹起一曲《清角操》来。虽然公明仪弹琴弹得津津有味，黄牛却没有任何反应，依然在低头吃草。公明仪没有放弃，继续尝试。他调整琴弦，弹奏出蚊虻的嗡嗡声，黄牛以为蚊虻来攻击叮咬，就甩起尾巴来驱赶；公明仪又弹出孤独小牛的哞哞声，黄牛就竖起耳朵，四下张望寻找小牛。公明仪看见黄牛听到琴声有了反应，十分高兴。

所谓"对牛弹琴"，讽刺的就是"说话不看对象"之人。琴弹得再好，对牛弹也没有任何意义。说服他人也一样，不看情况就开始说教，没有任何作用，有时还会招来不必要的麻烦。

"人上一百，形形色色"，我们说服他人一定要顾及对方——形形色色的人。要了解对方的身份、年龄、职业、爱好、文化修养等诸多方面的情况，只有这样，说服才能达到预期的目的。

有一次，孔子带着他的几名得意弟子出外讲学、游览，一路上非常的艰辛。这一天，孔子一行人来到一个村庄，他们在一片树荫下休息，正准备吃点干粮、喝点水，没想到，孔子的马挣脱了缰绳，跑到庄稼地里去吃了人家的麦苗。一个农夫上前把马嚼子抓住了，将马扣了下来。

子贡是孔子最得意的学生之一，平常能说会道。他凭着不凡的口才，自告奋勇地上前去企图说服那个农夫，争取和解。然而，他说话文绉绉，满口之乎者也，天上地下，将大道理讲了一通又一通，虽然费尽口舌，可农夫就是听不进去。

有一位跟随孔子不久的新学生，论学识、才干远都不如子贡。当他看到子贡与农夫僵持不下的情景时，便对孔子说："老师，请让我去试试看。"

于是他走到那个农夫身旁，笑着对农夫说："你并不是在遥远的东海种田，我们也不是在遥远的西海耕地，我们相互之间靠得很近，相隔不远，我的马怎么可能不吃你的庄稼呢？再说了，指不定哪天我的庄稼也会被你的牛吃掉，你说是不是？我们该彼此谅解才是。"

听完这一番话，农夫觉得很在理，就不再责怪他们了，于是将马还给了孔子。旁边几个农夫也互相议论说："像这样说话才算有口才，哪像刚才那个人，说话不中听。"

这个故事告诉我们，要想说服对方，就一定要看对象、看场合，要不然，你再能言善辩，别人也不会买你的账。

三国时期的诸葛亮就是一个口才高手，他说服对方时，常常能够击中要害，从而取得预期效果。在赤壁之战前夕，为了说服孙权与刘备联合抗曹，他居然在大庭广众之下羞辱孙权，说东吴与曹比之差远了。孙权不听他的羞辱，其实孙权有点怕曹操，有降曹之意，他就试探着问诸葛亮：刘备为何不降？而诸葛亮答道："刘豫州盖世英才，怎能屈于他人？"孙权则听出了话外音，然后就说："我孙权降了，岂不成了亡国奴？好你个孔明，敢骂我！"

孔明心里清楚，说服了孙权还要说服周公瑾，然后他假装不知小乔是周瑜之妻，用言激之，说：只需把大小乔送给曹操就可免战，边说边吟诵了《铜雀台赋》。这周公瑾肚量本来就小，听着《铜雀台赋》，无名之火油然而生，毕竟铮铮男儿是咽不下"夺妻恨，杀父仇"的。最后，周瑜也决定出兵。

由此可见，在说服对方的时候，技巧需要发挥得淋漓尽致，分寸也要把握准，但更重要的是，要知道如何击中对方要害。

每个人的年龄、性别、个性、爱好、性格、文化程度、家庭环境等都存在差异，所以，这就要求我们，说服对方时要善抓重点，有的放矢，从而快速地击中对方的要害。

话不在多，而在恰当

西方有一句很有名的谚语："上天之所以给人一张嘴巴，两只耳朵，就是要人多听少说。"这句谚语对我们中国人来说，同样很适用，对那些信口开河的人来说，更是一个警醒。如果要用我们自己的话来概括这句西方谚语的话，那就是：话不在多，而在恰当。

人们都说，会说话不容易，为什么不容易呢？因为在这个世界上，有正人君子，也有奸猾小人，我们时常要提防奸猾小人的算计；在人生的征途上，既有坦途，也有暗礁，我们也得学会避开暗礁。在这样复杂的社会环境下，如果不注意说话的分寸，就容易招惹是非，授人以柄，甚至祸从口出。

古时候，有个小国使者到大国，进贡了三个一模一样的金人，金光灿灿。不过这个小国的使者出了一道题目，让大国的人做：这三个金人哪个最有价值？皇帝想了许多的办法，请来珠宝匠检查，称重量、看做工，都是一模一样的。怎么办？使者还等着回去汇报呢，泱泱大国，不会连这个小问题都回答不出吧？

最后，有一位退职的老臣说他有办法。皇帝将使者请到大殿，老臣胸有成竹地拿三根稻草，插入第一个金人的耳朵里，这稻草从另一边耳朵出来了，第二个金人的稻草从嘴巴里掉出来，而第三个金人，稻草进去后掉进了肚子里。老臣说："第三个金人最有价值！"

使者听到老臣的话，默然无语，只得承认答案正确。

人长两只耳朵一个嘴巴的用意，无非是多听少说。少说才能沉稳，少说才不至于惹祸上身。再说，古人还说过这样一句话："逢人只说三分话"，还有七分话不必对人说出。表面看这句话似乎让人觉得不太光明磊落，其实并非如此，它是教你尽量少说话，说恰当的话，免得祸从口出，招惹是非。

你不妨观察一下自己周围的人群，那些会说话的人，交际广的人，往往会逢人只说三分话。他们这样做并不是不诚实，而是他们都懂得，与人相处，必须先认清对方是什么样的人，如果对方并不是可以无话不说的人，那么你只说三分话，就已经够多了。

1956年，苏联和美国的最高领导人举行了一次谈判。在谈判桌上，赫鲁晓夫总是自认为比艾森豪威尔聪明，结果闹出了不少笑话。

为什么赫鲁晓夫会认为艾森豪威尔不够聪明呢？因为，在谈判的时候，无论赫鲁晓夫提出什么问题，艾森豪威尔都表现得稀里糊涂，总是先看看他的国务卿杜勒斯，等杜勒斯递过条子后，他才开始慢条斯理地回答。所以赫鲁晓夫就认为艾森豪威尔智力很低，而认为自己作为苏联领袖，当然知道任何问题的答案，不用求助他人。

在谈判快要结束时，赫鲁晓夫又忍不住当场讥讽艾森豪威尔："美国谁是最高领袖？是艾森豪威尔还是杜勒斯？"

不明就里的人可能都会认为，赫鲁晓夫聪明、博学，谈话滔滔不绝；而艾森豪威尔却显得犹豫、迟钝，缺乏一种领袖气概。但事实却正好相反，有眼光的人都能看得出来：艾森豪威尔在谈判中谨言慎行，能够及时赢得助手的帮助，从而避免出错。而赫鲁晓夫刚愎自用，才闹出了诸如用鞋子敲桌子等笑话。

在我们中国历史上，同样有许多像赫鲁晓夫一样不懂得谨言慎行的人，他们说话张口就来，从不考虑恰不恰当，因此这些人在为人处世方面受到了很大的损失，甚至有人还蒙受了灾祸。究其原因，归根到底还是说话太多、说话不当。

隋朝有一名大将叫贺若弼，他的父亲贺若敦是南北朝时期晋的大将，由于说话太多，得罪了晋公宇文护而丢掉了性命。他父亲临死时，用锥子刺破了贺若弼的舌头，意思是告诫自己的儿子贺若弼：要牢牢记住这血的教训。

然而，贺若弼并没有遵循父训，在他后来做了隋朝的大将军后，就忘记了父亲的教训，常常为自己的官位比他人低而怨声不断，自认为当个宰相也是应该的。一段时间后，他发现许多方面都不如自己的杨素竟然做了尚书右仆射，而他仍然只是将军。正是这种未被提拔的怨气，使他产生了不满的情绪，那些怨言也就常常不论场合地随口而出。

有一天，这种怨言怨语不幸传到了皇帝耳朵里，贺若弼便被逮捕入狱。隋文帝杨坚是这样责备他的："你这个人有三太猛：嫉妒心太猛；自以为是，自以为别人不是的心太猛；随口胡说，目无长官的心太猛。"他虽然凭借自己的功劳，在不久后被释放了，但他的处境可想而知。

父子两代人，都是因言多而招祸，父亲丢了性命，儿子也被贬为庶民。由此看来，我们在说话时一定要避免说出那些不该讲的话，以免招致不必要的祸端。虽然在新社会里，我们不可能像贺家父子一样性命难保，但一些不该说的话若说出来，同样会让你的工作遭受挫折和失败，让你的人生难以顺利。

美国的艺术家安迪渥荷曾经对他的朋友说："我学会闭上嘴巴后，获得了更多的威望和影响力。"名人如此，普通人也如此，那些大智若愚的人，那些有学问的人，通常都不会胡乱讲话的，只有那些胸无点墨且爱慕虚荣的人才喜欢信口开河。曾经有人这样说过："宁可把嘴巴闭起来，使人怀疑你浅薄，也不要一开口就让人证实你的浅薄。"这句话值得我们每一个人牢记在心。

当然，话不在多，并不是不能说话，或不说话。少说话虽然是一种美德，但在人们的生活中，只能"少说"而不能完全不说。既要说话，又要说得精短巧妙，恰如其分，这便是说话的艺术，更是门"技术活儿"。

总之，会说话是一种本事。所谓一字千金，一言九鼎，话说得好不好，不在乎多，关键是要说得恰当，说得有价值。该说话的时候，我们也不能缄口不言。比如：

为受窘的人说一句解围的话。有些人处在尴尬得不知如何下台的窘境时，及时帮他说一句解围的话，就像雪中送炭，使人温暖。

为沮丧的人说一句鼓励的话。遇到因受挫而心情沮丧的人，对他说一些鼓励话，会让他重拾信心。

为疑惑的人说一句点醒他的话。荀子说："赠人以言，重于金石珠玉。"遇到徘徊在人生路口的人、对生命有疑惑的人，及时地用一句话点醒，可以改变他的一生。

为无助的人说一句支持的话。无助的人信心不足，经常生活在别人的言语中，一句话可以决定他的心情好坏。面对无助的人应该多讲支持的话。

找一个新奇的话题

感兴趣，用俗话说就是有意思，一个人讲话如果让人觉得有意思，至少说明他的话没有白说，不是废话。我们先看这样一个例子：

四年辛苦不寻常，课桌前，砚湖旁……一次次忧心上考场，几回回兴奋下课堂。偶有短路走迷途，撞了南墙，受了轻伤，苦涩独自尝。更有执着求真知，咽了怨气，灭了彷徨，"双证"装行囊……

这不是一般的打油诗，而是成都理工大学文法学院院长陈俊明2009年毕业演讲的开篇，他的开场白话音刚落，一时掌声雷动……

为什么陈院长的演讲能获得如此好的效果，因为他摒弃了枯燥乏味的陈词滥调，而选择了让人感兴趣的话题。

要做到说话让人感兴趣，主要在话题的"新、奇、特"三方面下功夫。

1.话题要新，要言人所未言，要创新，当然也要善于旧话题"翻新"。

创新是现在出现频率非常高的一个词语，说话也要创新。如果有了新话题，你就站在了一个与众不同的领地，你讲的是他人所没有的，你就紧紧抓住了听众的心理，这就使你的话拥有了听者和听者的关注，确立了你被注意的中心位置，必然会受欢迎。但是，在今天，大多数的话都是被别人说过的，要想说出一些新奇有趣的语言，难度似乎很大，这就要求我们在说话的时候要善于寻求新的角度。同样的话题，你如果有了新的角度，你就有了出其不意的优势，使听者有意料之外情理之中的感觉，更使得你的话有别于他人而让人感兴趣。

2. 奇就是新奇、奇特，出人所料。

曾经有一位画家做过一次精彩的"演讲"，他的"演讲"奇就奇在不是用语言，而是用手指：

指画大师龚乃昌先生以"指"蘸墨，巧妙运用手掌及手指为笔，以历史及当代名人入画，莫不惟妙惟肖。诸如香消玉殒的虞姬、行至末路的英雄项羽、愁肠百结的屈原，甚或端丽雍容的戴安娜王妃，都栩栩如生地出现在他的画作之中。其独特的"指画"墨韵和魅力，在其作品中淋漓尽致地体现中国国画传统知黑守白之意韵，其指在宣纸上或轻或重，或按或顿，时而长线直舒，时而短线提按，无论是人物或动物在龚乃昌大师的指中无不体现得惟妙惟肖而令人惊叹。

在安徽 IT 圈，合肥三艾是个很有影响力的公司，其从代理精英单一品牌发展到如今拥有多种拳头产品的安徽总代理，其老总彭颖可以说是功不可没。说起彭颖，熟悉他的都一致认为其为人豪爽，做事痛快。而在那次 IT 英雄会中，彭总更是充分展示其充满个性的豪爽。在此次英雄会中，本来安排了彭总的现场演讲。不过让人非常"意外"的是，彭总上台后的第一句话是"演讲就不必了，直接抽奖吧"。引起了现场的一阵大笑，不过笑归笑，来宾们都纷纷折服于彭总的豪爽个性。从彭总的 POSE 可以看出，彭总是一个很重视产品宣传的人，虽然他没有进行演讲，但是可以看出宣传效果比演讲还要好。

3. 特就是特别、有个性，这是说好话的一个最重要方面。

所谓个性就是个别性、个人性，就是一个人在思想、性格、品质、意志、情感、态度等方面不同于其他人的特质，这个特质表现于外就是他的言语方式、行为方式和情感方式等，任何人都是有个性的，也只能是一种个性化的存在，个性化是人的存在方式。白岩松就是中国一位颇有个性的主持人，他的话更具个性，2009年3月30日，他随央视摄制组赴美国拍摄专题片《岩松看美国》，在耶鲁大学发表了题为《我的故事以及背后的中国梦》的著名演讲，以自己出生的年份1968年作为开始，讲述了1968年、1978年、1988年、1998年、2008年五个年份的故事，讲述了自己如何从一个边远小城的孩子，成长为见证无数重要时刻的新闻人，并以个人命运为线索折射了四十年中美关系发生的深刻变化。白岩松的演讲语言很特别、很幽默，现摘录其中一段，让我们一起来品尝其"特别之味"：

……我要讲五个年份，第一要讲的年份是1968年。那一年我出生了。（众笑）但是那一年世界非常乱，在法国有巨大的街头的骚乱……在美国也有，然后美国的总统肯尼迪遇刺了……但是的确这一切的原因都与我无关。（哄堂大笑）但是那一年我们更应该记住的是马丁·路德·金先生遇刺，虽然那一年他倒下了，但是"我有一个梦想"的这句话却真正地站了起来，不仅在美国站了起来，也在全世界站了起来。但是当时很遗憾，不仅仅是我，几乎很多的中国人并不知道这个梦想，因为当时中国人，每一个个人很难说拥有自己的梦想。因为梦想变成了一个国家的梦想甚至是领袖的一个梦想。中国与美国的距离非常遥远，不亚于月亮与地球之间的距离。但是我并不关心这一切，我只关心我是否可以吃饱。因为我刚出生两个月就跟随父母被关进了一种特有的牛棚。因此我的爷爷为了给我送牛奶吃，要跟看守进行非常激烈的搏斗。（众笑）

很显然，我出生得非常不是时候，不仅对于当时的中国来说，对于世界来说，似乎都有些问题。（众笑）1978年，十年之后。我十岁，我依然生活在我出生的地方，那个只有二十万人的城市里，你要知道，在中国它是一个非常非常小的城市。它离北京的距离有两千公里，它要想了解北京出的报纸的话，要在三天之后才能看见，所以对于我们来说，不存在新闻这个说法。（众笑）那一年我的爷爷去世了，而在爷爷去世的两年前我的父亲去世了，所以只剩下我母亲一个人抚养我们哥儿俩，她一个月的工资不到十美元。因此即使十岁了，梦想这个词对我来说，依然是一个非常陌生的词汇，我从来不会去想它。我母亲一直到现在也没有建立新的婚姻，是她一个人把我们哥俩抚养大。我看不到这个家庭的希望，只是会感觉，那个时候的每一个冬天都很寒冷，因为我所生活的那个城市离苏联更近。（众笑）

……

白岩松就是用这种独特有趣的语言，讲述了自己在生命的每一阶段都做着不同的梦，并为此去努力，直到实现梦想。这就是他独特的语言，独特的语言自然让人兴趣很高。

不要戳别人的痛处

在这个社会上，暴露自己的隐私，撕破自己的伤疤，都不是令人愉快的事情，所以我们在开口说话时，切忌哪壶不开提哪壶，即使要提也一定要注意场合和时机。不去提及他人的痛处，尤其是身体上的缺陷，千万别用侮辱性的语言攻击，只有这样才算得上一个聪明人。

比如，家长教育孩子，在语言上更要注意这一点。有时家长批评孩子，本身并没有错，但错在时机和场合不对。别看孩子很小，其实他们也是有自尊心的，有些家长经常当着亲戚朋友的面损自己的孩子，说孩子的学习成绩不好，特别是当着同学和老师的面指出孩子的许多问题，殊不知，这样就给孩子造成了很大的心理压力。所以教育孩子要特别注意时机和场合，比如，在单独的场合，或在孩子比较高兴的时候，再平心静气地给他指出一些问题。"响鼓不用重槌敲"，你一说他就会明白。

生活在这个社会上，我们每一个人的这一生中都或多或少会有一些"伤疤"，古话说"己所不欲，勿施于人"，就是告诉我们不要随意去揭人家的伤疤。尤其是当你在情绪不佳、暴怒的时候，一定要学会克制和忍耐。特别是作为老板或管理者，因为他们有人事材料掌握在手里，对下属们的"历史问题"非常的清楚，所以在生气的时候，难免会有口不择言的情况，但绝对不能说一些诸如"你不要认为你从前的事情没有一个人知晓"或者类似的言语。这样的话一说出口，常常会造成不可挽回的结局。

同样，对于一些他人不愿让别人知道的事情，不要一味地去问，即使你已经知道了，也要装作不知道的样子。切忌当着众人的面，讲关于他人的一些缺点或毛病之类的话。假如一个人喜欢揭开别人的伤疤，那么这个人是非常可悲的，更是可恨的。可悲的是，他的一生中不会有真正的好朋友；可恨的是，揭人伤疤让人勾起一段不快乐的回忆，会使人感到伤心事情都已经过去了，如今还抓住不放，太过分了。在这种人的手下工作，恐怕一生都不会有出头之日。

如果一位上司揭下属的伤疤，除了令被揭伤疤的人寒心之外，在旁边的人肯定也不会感到舒服。毕竟，伤疤是每一个人都有的，只是大小不同而已。一旦见到同事鲜血淋漓的伤疤，只要不是幸灾乐祸的人，谁都会有一种"兔死狐悲，物伤其类"的感觉。

因此，我们平时要杜绝揭人伤疤的行为，除了要知晓利害、学会自我控制之外，还要养成及时处理问题的好习惯。不要将事情放在一边，置之不理，每一个问题都要及时地去解决，已经有了结论以后，以前的事就不要再提出来了。

切忌哪壶不开提哪壶，我们要以积极因素克服消极因素，以宽容之心对待他人。人总是有长处和短处的，我们要善于发现他人的优势，给他们以充分的肯定，让他们充满必胜的信心，这样才可以激起大家的兴趣，形成一种良性互动。如果眼睛只盯着他人的短处，哪壶不开提哪壶，经常批评或责怪他人，而对他人的优势又忽略不计，那么就容易触伤他人的自尊心，使他人感到生活和工作给他们带来的是苦痛而不是乐趣，久而久之，容易使人们产生仇怨心理，不利于正常的社会交际。

近年，网络乃至一些报刊上，频频出现"毒舌"一词。它讲的是年轻人反感于别人对他们的某些询问，诸如"谈朋友了没有，什么时候结婚？""月薪多少，买房了没有？""吃的什么，长得这么胖？"等等。春节期间，伴着走亲访友活动的增多，这样的询问更是此起彼伏，连绵不断。由于这些问题是被问者不愿触及或极力想回避的，因而被称为"毒舌"。

前不久，网上出现一张《亲戚聚会发言大纲列表》，列举了过年时亲朋提出的各种"毒舌"问题。把这种关心的问询看成"毒舌"并非妥当，但从这种现象里我们不难悟出，说话一定要多加注意，哪怕你是出自善意，如果提到了别人不愿"提"的那"壶"，也会被人误解而不受欢迎的。

在中国素有所谓"逆鳞"之说，即使再驯良的龙，也不可掉以轻心。龙的喉部之下约30厘米的部分上有"逆鳞"，全身只有这个部位的鳞是反向生长的，如果不小心触到这一"逆鳞"，必会被激怒的龙所杀。其他的部位任你如何抚摸或敲打都没关系，只有这一片逆鳞无论如何也接近不得，即使轻轻抚摸一下也犯了大忌。

由此可见，无论人格多高尚多伟大的人，身上都有"逆鳞"存在。只要我们不触及对方的"逆鳞"就不会惹祸上身。所谓的"逆鳞"就是我们所说的痛处，也就是我们不该去"提"的那"壶"。而这一"壶"，往往是被别人视为最大的隐私或伤疤，一旦你揭人疮疤，就是犯了人与人相处的大忌，会让你后悔莫及。

言简意赅，不说废话

要想把话说到点子上，坚持不说或少说废话是很重要的。

春秋时的子禽，问他的老师墨子："先生，多说话到底有没有好处？"墨子回答说："话要是说得太多，好比池塘里的青蛙，整天整夜地叫，弄得嘴干舌燥，却从来没有人去注意它，这有什么益处？但是，公鸡只是在天亮时叫几声，人们就知道天亮了，都很留意它。所以说话不在多，而是要说有用的话，不说废话。"

什么是废语？古人曾讲：君子一言，驷马难追。这句话是说说出来的话不容易收回，所以说话要谨慎；古人还讲：言必出，行必果，是说说出来的话要兑现，不能空口说白话。从古人这两句话里足可以看出说话需要多么谨慎，同时还可看出，既然说了就要付诸行动，来证明你说的话是可信的，如果你没有行动，那就是废话。简而概之，"废话"就是把不能说、不必说的话，说出来了。

那么，哪些话是不能说的呢？

其实很多时候，人总是管不住自己的嘴。无论是心直口快也罢，或是童言无忌也好，只要说了不能说、不该说的话，就可能打破祥和宁静的氛围，导致损人不利己的结果，因此你应为自己说的话负责。

"不能说"不是"不会说"，"不能说"是能说但不要说的状态。无论你是管理者还是执行者，无论你是学者还是学生，无论你是国家干部还是普通民众，说该说的，说在你职权或能力范围内的话。

我国法律有对"诽谤"和"泄密"等语言犯罪的制裁，就是因为你说了不能说、不该说的话。

哪些又是不必说的呢？

有一句俗话这样说：看透不说透，才是好朋友。所以在很多时候，大家都心知肚明，心照不宣，不必"一语道破天机"。你如果忍不住想说，想使自己一鸣惊人，则是极其错误的，因为其结果可能是害人害己。因此，不必说的话就一定不要说，无论什么场合，无论你面对的是什么人，只能打碎牙往肚里咽。

知道不能说的话而不说，这似乎容易做到，但那些不必说的话要忍住不说，就有一定难度。因为，不必说是知道而不要说，必须管住自己的嘴巴，既是一种很高的学问，更是一门艺术。常言道：祸从口出，病从口入。古往今来，因为言之不慎，招来杀身之祸的案例比比皆是。这些教训很深刻，我们务必记住：人活在这个社会上，有很多事情，是无须说明白的，你知我知、天知地知就可以了，该知道的都知道了，不该知道的就不必问，更不必说。

所以说，不要说"废话"对我们每一个人都很重要。只要平时勤加思考和历练，言简意赅，条理清楚，不必赘言，更不要词不达意、长篇大论。平时多看看新闻，多听听那些国家领导人的发言，他们的话语大都言简意赅，而且每句话都是经过缜密的推敲，富含丰富的寓意和内涵，值得人深思和研究，值得我们学习和借鉴。

说好话才能会说话，说好话才能闯世界，怎样说好话？其实应从细节着手，细节就是先从"会说话，不说废话"开始。不说废话，你的话才能说到点子上，不说废话，你才能提高办事效率，不说废话，你才能提升你的绩效和竞争力。

怎样才能做到不说或少说废话？有人总结出下面几点，值得我们重视。

首先，在与人的交谈中，要明确谈话的内容和中心思想，抓住重点。

其次，不管什么事，别急着说，把你要说的话在脑海过滤一遍，看看自己的话是否符合谈话的主题，是否有必要说。

最后，在交谈中，如有一些可说可不说的话，则不要说。说该说的，将无关紧要的压下来，咽回去。养成不轻易开口的习惯，力争做到惜字如金。

只有这样，经常性地进行话语过滤训练，你说的话自然就会有分量，话语中的废话也就会逐渐减少直至没有了。

第三章　平等待人，注重说话礼仪

　　人与人交谈，80% 以上是口说耳听。很多时候就算是一件好事，讲话者如果措辞不当，态度不好，往往就会破坏沟通氛围。因此，对生活中的每个人来说，要想会说话，就需要多学习说话的礼仪，这是一门需要终身学习的功课。尤其是需要用语言影响他人时，就好比一种没走过心路历程的演讲，说话不注意礼仪，不但会让自己不爽，也会让别人难受。

礼貌待人，真诚谈话

一位顾客走进一家电器商场，一台音色纯正、低音浑厚、震撼力强的音响引起了他的注意。这时一位男售货员热情地迎上来，满脸职业微笑，主动介绍这种新产品。他的介绍很专业，很流畅，从性能优势到结构特点，从性价比到售后服务，一边道来，一边进行演示。

这位顾客被售货员热情而熟练的介绍所感动，对产品产生了几分好感。本想再问点什么，可是售货员连珠炮似的讲着，顾客总也插不上嘴，售货员不管那位顾客懂还是不懂，也不管那位顾客反应如何，只顾喋喋不休地讲下去。于是那位顾客心里已有几分不悦了，特别是当售货员褒扬自己的品牌而贬低其他品牌时，顾客不免对他的动机产生了疑问：产品性能是否果真良好？这种疑虑把先前产生的好感一扫而光。顾客只是出于礼貌不好意思走开，幸好这时又来了一位顾客，那位顾客乘机"逃"出了商场。不消说，那位售货员为他白费了口舌，也有几分失望和怨愤。

为什么售货员滔滔不绝的介绍，反而打消了顾客的购买欲望呢？其实这一抗拒心理，不是对货物有所抗拒，而是售货员在销售过程中的僵硬术语，让人越听越烦，这是个值得深思的问题。

大量事实证明，说话的魅力并不在于你说得多么流畅、滔滔不绝，而首先在于是否善于表达真诚！最能推销产品的人，并不一定是口若悬河的人，而是善于表达真诚的人。当你用得体的话语表达出真诚时，你就赢得了对方的信任，建立起人与人之间的信赖关系，对方也就可能由信赖你这个人，而喜欢你说的话，进而喜欢你的产品了。

不仅推销员讲话如此，就是日常说话也是同样道理。比如背得很熟，讲得最顺畅的演讲，不一定是最好的演讲。滔滔不绝、一泻千里的演讲虽然流畅优美，但是如果缺少诚意，那就失去了吸引力，如同一束没有生命力的绢花，美丽但不鲜活，缺少魅力。因此，谈话者首先应想到的是如何把真诚注入谈话之中，如何把自己的心意传递给对方。只有当听者感受到你的诚意时，他才会打开心扉，接受你讲的内容，彼此之间才能实现沟通和共鸣。

美国有线电视新闻网(CNN)的著名脱口秀主持人拉里·金在美国家喻户晓。拉里·金是他的艺名，他本名叫劳伦斯·哈维·齐格。他出生在纽约布鲁克林区，10岁时父亲因心脏病去世，他是靠公众救济金长大的。年轻时他就醉心于广播，他先在迈阿密一家电台当管理员，后来才当上主播。他非常机智，反应灵敏，声音很有魅力，口才出众。可他认为，口才好除了天赋之外，最重要的是靠勤练。

他写了一本有关沟通秘诀的书，叫《如何随时随地和任何人聊天》。

在书里，他提到第一次担任电台主播的经历，说如果你在那一天碰巧听到他主持的节目，当时你一定会认为这个节目完蛋了。

那是在1957年5月1日。早在这之前三个星期，他就跑去找电台的老板，告诉对方他想当节目主播。老板说他的声音不错，但当时没有空缺，叫他耐心等待，有机会会考虑他。因此，他每天跑到电台，东瞧瞧西看看，看别人怎么广播，自己也练习写些讲稿，希望能被电台选中。

三个星期之后，恰巧电台的主持人辞职，老板就找他补缺，叫他从星期一9点开始上班，周薪55美元，从星期一到星期五，每天早上到中午主持音乐节目，午后到下午 5 点播报一般新闻和体育新闻。

得到主持人的工作以后，他高兴得不得了，感觉梦想成真了，自己现在能上电台，也许有一天就会成为一个名主播。那个周末，他兴奋得睡不着，一直想象自己上节目时的状况。

星期一上午 8 点 30 分，他走进了电台，感觉紧张得不得了，于是拼命喝咖啡、喝水润嗓子。

上节目之前，老板祝他好运，问他用什么名字。他说了本名。老板说你的本名太难记，一眼看到书桌上有个金氏烈酒批发商的名字，就说："叫拉里·金好了，又好念又好记。"

那一天开始，他得到一个新的工作、新的节目和新的名字。

节目开始了。他先播放音乐，音乐播完后，他想讲话时，却感到喉咙像被人割断了，怎么也讲不出话来。结果他只好连播了三首乐曲，还是一句话都讲不出来。这时他才深深地感到自己还没准备好做专业主播，或许自己根本没胆量主持节目。

终于，那位老板踢开控制室的门，最后吼给他一句话："这是传媒事业！"随后就甩上了门。

于是，他向前靠近麦克风，开始毕生第一次广播："早安！这是我这辈子头一回主持广播节目。我一直希望能做节目主持人。我已经练习了整个周末来做准备。15 分钟之前，他们才给了我一个新名字。虽然我已经播放了主题音乐。但我仍是口干舌燥，我真的感到非常紧张。老板刚刚把门踢开，告诉我，'这是传媒事业！'……"

当拉里·金开口说完这一番话后，他感到稍微有点自信了，这才顺利地把剩下的节目播完。

那就是他广播生涯的开始，从此以后，他再也不会感到紧张了。第一次广播经验告诉他：说自己心里的话，别人会感受到你的真诚。

拉里·金认为口才可以训练，就像开车和打高尔夫球一样，你练得越多，技术就越高。想把嘴练好，只有不停地练、不停地改进。

因此，只要一有机会，他就尽量参加主持各种节目，如果有播音员生病，他就主动帮人家代班。

他认为沟通的秘诀，就是以诚实、开放的态度介绍自己。你很坦诚地介绍你自己，告诉别人你的背景、经历，你喜欢什么，不喜欢什么，就能和人打成一片。

作为著名主播，拉里·金多年的经验是："谈话必须注入感情，表现你的热情，让别人真正体验和分享你的真实感受。"

某高校有位教员写了一本《思想政治工作方法》的书，出版社让他推销1000册。对他来说，这远比讲课要难得多。为了把书推销出去，他在学生中搞了两次演讲，他说："……当老师的在这里推销自己写的书，总不免有些尴尬。不过，如今作者也很难，写了书，还得卖书。出版社一下压给我1000册，稿费一文没有，所以我不推销不行。这本书写得怎样，我自己不好评说。不过有两点可以保证：第一，这本书是我用三年时间完成的，是我心血的结晶；第二，书的内容绝不是东拼西凑抄下来的，是我自己长期思考的见解。前不久，这本书被思想政治工作研究会评为社科类图书的二等奖，这是获奖证书。说实话，对于我们这些教书匠来说，搞推销远比写书还要难，只能硬着头皮来找大家帮忙了。不过，大家买不买完全自愿，决不强迫。如果觉得这本书对你有用，你又有财力就买一本，算是帮我一个忙。谢谢。"他的这次演讲立即产生了效果，一次就卖掉了300多册。

这位教员不是专职推销员，但是他却获得了成功。从某种意义上说，他的成功就在于他恰到好处地表达了自己的真诚，赢得了听众的信赖。这再一次说明，在讲话中学会表达真诚，要比单纯追求流畅和精彩更重要。

学会倾听，感同身受

俗话说："善于说话者，亦是善于听话者。"对于那些了解我们，仔细听我们说话的人，我们总是保持着好感。因此，你如果想要别人对自己有好感的话，也应仔细地听他说话。这么一来，他会认为你是富有理解力的人，他将对你表示好感，并且将逐渐地信赖你。

你听了他的话，也就等于让他高兴。仔细听一个人说话，无异是在暗示他："你的话有仔细听的价值，你是值得交往的。"因而，亦有满足对方自尊心的效果。

每一个人都希望对方能够倾听自己说的话，这种欲求不能获得满足的人，时时都会感觉到不满，当然，人际关系也就无法达到和谐。

有位汽车业的经纪人，根据多年的工作经验观察分析推销的成功率，是"滔滔不绝，卖瓜且自夸者三；沉默寡言，虚心求教者七"。他指出许多业务员，凭借三寸不烂之舌，想从正面说服顾客，其成功率仅三成而已。至于那些能够控制自己的谈话时间，耐心地聆听顾客的批评或建议，然后谦逊有礼地提出改进之道者，必能赢得顾客的好感，其成交的比例也就高达 70% 以上了。

某保险公司的负责人，曾经邀请 10 位该年度销售寿险成绩最佳的业务员召开座谈会，请他们将自己的心得传授给新进职员。令人惊讶的是，10 位成功的业务员竟然都属于内向型。由这些实例，我们可以发现，一般人对不善辞令者通常不会产生警戒心；同时常会不自觉地向对方吐露自己的心声，以致说服者反而成为忠实的听众。此种让对方感到深获我心的举动，自然会使我们无条件地接受对方的指示，掏腰包购买他所推销的产品了。

在说话时，别人最怕你是一个沉闷而毫无反应的人，所以你对别人的谈话要随时做出反应。有时点头，有时微笑，有时说"是的，我也这样觉得"。有时说"这一点，我不大同意"。有时说"据我所知，这件事是这样的"。有时可说"你说这点，对我很有用处"。听了别人的妙语警句，不妨高兴地表示赞赏。

著名的女性精神分析医生莱希曼曾经表示，在心理治疗的过程中，倾听病人谈话是极重要的一环。医生借此掌握病人的心理动态，使对方产生"理解与共鸣"，是诊治的第一个阶段。但是，在倾听的同时，绝不可像个木头人般，任凭对方唠叨。否则，对方必定会兴味索然，而产生不满。如果想提高对方谈话的兴致，使其主动开启心扉，就必须传送出"我正在洗耳恭听"的讯号，点头表示同意，上身前倾做出关怀状，表情亲切，微笑着安慰对方……同时，用诚挚的语气说话。如：

"唔！是的！""我非常了解你的感受……""你的意见很宝贵！"这样，将使对方产生受重视的喜悦。

有人说，父母给了我们一张嘴巴，却给了我们两只耳朵，就是为了让我们少说多听。

是的，你绝对无法因为"说话"而多知道任何事情。每天早上起床的时候，我们所说的话不会让你知道任何事情，所以，如果你今天想要知道一些事情，你要做的是聆听。

这件事听起来很简单，但是你却发觉这世界上有很多人就是不愿意听别人怎么说。要是你对家人或是朋友说，飞机会在 8 点之前抵达，经常是你话都还没说完，他们就会接着问："喂！你说飞机几点会到啊？"还有，不妨回忆一下，曾有多少人对你说："你告诉我的事情，我忘了。"

若是你和上面说的那些人一样，无法好好听别人说话，就别期望别人会认真地听你说话。如果你表现出对对方说的话很有兴趣，认真聆听，那对方自然也会对你说的话有兴趣。

要想说得好，就得先学会聆听，这是因为，仔细地听不仅能表现出你对对方说的话有兴趣，而且能使你更迅速地做出反应，轮到你说的时候，才能说得更好。能够接着人家的话提出有针对性的问题，是成功谈话的标志。

美国《时代》杂志曾刊登过这样一段话："拉里·金很会听他的来宾说话。他能注意到来宾说了些什么，而其他主持人很少能做到像他那样。"

拉里·金本人也承认自己成功的窍门是真心诚意地聆听。

当拉里·金在节目里访问来宾时，他会事先记录所要提出的问题，然后依照事先拟好的问题依序发问。不过拉里·金还经常会随着来宾所回答的内容，提出原先不曾想到过的问题，有时，这个不曾预设的问题往往会引来出乎意料的答案。

比方说，1992年美国总统大选宣传期间，当时的副总统科尔来上拉里·金的节目，他们谈论的主题是《堕胎法》。科尔说，倘若他的子女哪天不上学，学校都会询问他或他太太是否同意。他搞不懂女儿若是要堕胎，为什么不需要征得他们夫妻俩的同意。这个回答让拉里·金很想知道科尔本人如何看待这个政治议题，于是拉里·金问他，要是他的女儿跟他说她要堕胎，他会怎么回答。科尔说，不管女儿作了什么样的决定，他都会支持到底。

可想而知，科尔的回答成了当时的一大新闻，因为堕胎问题是该次大选的重大争议之一。而一个保守派总统的竞选搭档、坚决反对堕胎的共和党保守势力的代言人居然会说，如果女儿决定要堕胎，我会支持她。

不管对这个议题的看法怎样，拉里·金能得到科尔这样具有爆炸性的答复，是因为拉里·金没有按照草稿拟订的问题逐条询问，拉里·金确实在认真听他谈话的对象怎么说，因此得到了一个具有新闻价值的答案。

同样的情况在 1992 年 2 月 20 日重演。富商佩罗来上拉里·金的节目，他在节目里好几次否认有意竞选总统，但是拉里·金好几次听到他否定的回答并不完整，因此在节目快结束的时候，决定换个方式问他。于是，他又取得了一个意外的成功。佩罗说，如果他的支持者在全美 50 个州都居多数的话，他就会来角逐总统。

能有这样出人意料的答案，并非因为拉里·金说了什么，只是因为他听到了什么。注意，他在认真地听。

说话不论输赢

从争辩所获的胜利是没有什么益处的，而且还会破坏双方的情谊。争辩不仅使个人的精神、时间、身体都蒙受莫大的损失，而最可怕的影响，却是在社会关系上，因争辩而发生不合作的现象。不同的社会制度减少了合作能力，进步自然也受到了限制。历史上许多国际纠纷，以至战争的爆发，大多数是由于琐屑事情的争辩所造成的。

喜欢争辩的人，总想展示他的自尊自大。避免跟人争辩，最聪明的方法就是同意对方的主张，不必在意他的意见是如何可笑，如何愚笨，如何浅薄；你礼貌地对答他，你无条件地赞成他的意见，佩服他的见识和聪明。之后你应立刻避开他，在不必要的时候，你不要跟他交往。你要获得胜利，唯一的方法便是避免争辩。你坚持不抵抗主义，让向你进攻的人，自动停止他的进攻，使你的精神无须耗费于无益的争辩中。这种策略不但可以避免普通的争辩，就是避免别有用心的进攻挑衅，也同样有用。你只需记住：用爱解仇，仇可立解；以恨止怨，怨必更深。

如果有人问你牛会生蛋吗？你不妨回答他：哦，有这样的事吗？也许是我的见识太浅，还不曾有过这种经验。如你发觉他的来意是挑战，那么，你可以温和婉转地回答：是的，牛会生蛋，我不怀疑，不过我却不曾见过生蛋的牛。真理不是从争辩中可以获得的，你听了一件认为不是真理的理论，你尽可让他去说，他的错误，他的幼稚，事实自然会去揭发他。

以争辩阐明真理无疑是错误的。要劝诫你的属下说：你们的工作，难道不够繁忙吗？为什么还有多余的时间去跟人们争辩呢？况且互相争得不分高低，总是得不偿失。举个例说，我们去和疯狗争一条路，究竟是不是值得的呢？我觉得你应该立刻让开它；否则，你如果被它咬上一口以后，虽然立刻把它打死，但是你已经得不偿失了。

所谓讨论一般是由理智作为出发点，而争辩则是完全属于情感方面的。你在与人家讨论以前，先得考虑一下，这件事是否有讨论的必要，对方是不是可以跟他讨论的人。倘若你认为是可能的，那么，便可以阐述你的意见，但是希望你注意这几点：①清楚明白；②简明扼要；③言辞锋利；④语句动听。万一双方的讨论，有涉及意气或感情的时候，你应该立即停止。就是对方要跟你喋喋不休没完没了的时候，你也应当坚决终止这项讨论。因为你要保持情谊，而感情的冲动常是一发而不可收的。此时，不如暂时牺牲一下个人的主张，反正真理总是不可泯灭的，你应当深深地体味这句话。

有的时候，争辩是无法避免的。但你一定要记住，在辩论的时候，你应当注意自己的态度，许多人常常因为争论不同的见解，把平心静气的讨论变成了怒目相向；也有人因为大家的意见相争，常使好朋友变做仇敌。因此，必须使自己头脑冷静，态度沉着，心平气和，这才是你应该把握的秘诀。成功的人，常在心平气和之中克服他人的意志，而绝不涨红面孔与人大声争辩。

赫斯将军很会说服当时的美国总统威尔逊。赫斯说：我有改变他的意志的妙诀，就是把一种新的意志，在不知不觉中注入对方的脑海中，让他不知不觉中感兴趣。这方法是值得效法的。你跟别人辩论时，若能够克服别人的意志，那么你的辩论就胜利了。不过，你得在不知不觉中进行，使对方在无形中屈服于你的理论。掌握了真理，你肯定是很得意的，但是你切勿以胜利者的态度与人炫耀。记住，谦和者更易被对方尊重。

在辩论时，要尽量避免正面冲突。因为普天下想得到辩论胜利的唯一方法就是避免辩论。应当像面对响尾蛇及地震一样，避之唯恐不及。一场辩论结束时，十次有九次是辩论双方各执己见互不相让。如果辩论不能获得胜利，固然是失败；纵使你胜利了，但实质上你还是失败了。为什么？即使你辩胜了对方，把他的意见驳得全无是处，甚至证明了他是神经错乱，又会怎样呢？你自然觉得很高兴。但是对方的感觉会如何呢？你伤了他的尊严，使得他自觉沮丧，他会记恨你，而且当一个人没有完全被你说服时，心中仍固执着他原来的意见，并且必然会以更犀利、更尖锐的言辞来回敬于你。

辩论会上你也许得到胜利，但那胜利是暂时的，你永远不能得到对方的好感。你到底想要哪一种：暂时的胜利还是人家的好感？二者不可兼得。辩论的时候你或许是对的，的确十分正确；但是若讲到想改变一个人的意见，你的观点就是再正确，也是一样的无用。

美国前财长麦克朴说，根据多年的政治经验，他明白了一个道理，若想用辩论折服无知识的人，是不可能的事。麦克朴先生说得太温和了，实际上你想用辩论改变任何人的意见都是不可能的。

康斯坦丁在《拿破仑私生活的追忆》一书中曾说过：虽然我的台球技术不错，但我总是设法让他胜过我，那样使他异常欢喜。

佛教有句名言道：仇恨不能用仇恨平息，是用爱来消释的。一种误会绝不是能用争论可以解决的，而需要用机智、沟通以及对他人的同情心。林肯曾申斥过一位与同事发生冲突的青年军官：打算成大事的人，决不会消耗时间去同别人争辩，也不会因争辩的结果而失去自制。对于某件事物，你若无法与人享有平等的权利时，应当谦让一大部分；你对于某件事物纵然享有全权，也应当谦让一小部分。

如何把握说话的分寸，这是令许多人挠头的事，网上广为流传着一篇妙趣横生的短文，幽默地道出了说话的尺度。

急事，慢慢地说

大事，清楚地说

小事，幽默地说

没把握的事，谨慎地说

没发生的事，不要胡说

做不到的事，别乱说

伤害人的事，不能说

讨厌的事，对事不对人地说

开心的事，看场合说

伤心的事，不要见人就说

别人的事，小心地说

自己的事，想想再说

现在的事，做了再说

未来的事，未来再说

如果，对我有不满意的地方，请一定要对我说！

虽然这篇妙文的标题是"说话的尺度"，但事实上作者一直在提醒我们小心说话，而且要"说好话"，话说出口之前先思考一下，不要莽莽撞撞地脱口而出。事情再怎么急迫，也要让大家清楚地了解问题，以及来龙去脉，因为往往是越急越说不清楚，反而会耽误了时间。为了让大家更有效地沟通，请有话好好说，勿与人争辩。

"谢谢"二字常挂嘴边

在我们说过的所有话语里，有这样一句话值得我们常常挂在嘴边，那就是"谢谢"。你可千万别小看了这两个字，它是我们礼貌用语里很重要的一条，其中所含的意义、哲理却非常的深。

曾有一位外国总统问一位活了104岁的老太太长寿的秘诀时，老太太回答说：一是要懂得幽默，二是要学会感谢。

这位老太太，从25岁结婚起，每天她说得最多的两个字便是"谢谢"。她感谢丈夫、感谢父母、感谢儿女、感谢邻居、感谢大自然给予她的种种关怀和体贴，感谢每一个祥和、温暖、快乐的日子。别人每对她说一句亲切的话语，每为她做一件平凡的小事，每送给她一张问候的笑脸，她都忘不了说声"谢谢"……

八十年过去了，是"谢谢"二字使老太太的快乐长久，使老太太的幸福长久，使老太太的生命长久，使老太太成了地方上最受欢迎的人。

把"谢谢"二字常挂嘴边的人，是最懂得感恩的人。有这样一个传说：

两个人同时去见上帝，问上天堂的路怎么走？上帝见二人饥饿难忍，先给他们每人一份食物。一人接过食物，很是感激，连声说："谢谢！谢谢！"另一个人接过食物，无动于衷，仿佛就该给他似的。之后，上帝只让那个说"谢谢"的人上了天堂，另一个则被拒之门外。

被拒之门外的人不服："我不就是忘了说句'谢谢'吗？"上帝说："不是忘了。没有感恩的心，就说不出谢谢的话；不知感恩的人，就不知爱别人且也得不到别人的爱。"那人还是不服："那少说一句'谢谢'，差别也不大啊？"上帝又说："这没有办法。因为上天堂的路是用感恩的心铺成的，上天堂的门只有用感恩的心才能打开，而下地狱则不用。"

　　可见，人间需要"谢谢"，天堂也需要"谢谢"；贫穷时需要"谢谢"，富裕后也需要"谢谢"；陌生人需要"谢谢"，朋友间也需要"谢谢"；困境中需要"谢谢"，幸福里也需要"谢谢"；凡人需要"谢谢"，上帝也需要"谢谢"……

　　人生在世，当我们能拥有健康的身体时，要说声"谢谢"，因为许多人此时正受疾病的折磨，有的甚至终生与健康无缘；当我们能拥有舒适或虽然简单但还能过得去的生活条件时，要说声"谢谢"，因为此时许多人正遭受天灾人祸，有的甚至从来就没享受过舒适的生活；当我们能拥有一份事业或能养家糊口的工作时，要说声"谢谢"，因为许多人此时正奔走在找工作的路途中或根本没有心仪的工作；当我们能享有一份爱情或亲情、友情时，要说声"谢谢"，因为许多人此时正忍受失恋的痛苦；当我们早晨正常醒来并呼吸清爽的空气，看到了初升的太阳时，也要说声"谢谢"，因为世界不知多少人在这个早晨没有醒来，不知有多少人即便醒来也看不见任何光亮，甚至连伸个懒腰这样简单的动作也做不到。

　　利用早晨的阳光，赶紧数一数上苍赐给我们的幸福，看一看围绕我们周围的一切，与不能拥有这份幸福的人比比，怎能不发自内心地说一声"谢谢"！

　　有一个女孩，小时候她就有一个习惯，就是对任何人都会毫不吝啬地说谢谢。上初中时，有一个同学来到她家玩，妈妈递给她一个东西，她随口就说了一声"谢谢"。同学觉得很奇怪，送她回家的路上就问她：为什么跟妈妈这么客气？她不以为然地说："这很正常啊，我们家都这样。"

女孩说自己从来没有想过什么时候该说谢谢，什么时候可以不说；该对谁说，对谁不用说。无论任何人，只要人家有一点点帮到她的，她都会说声"谢谢"。"谢谢"成了她的口头禅。

家人递她毛巾，她要说谢谢；同学给她讲解题目，她要说谢谢；陌生人给指路，就更要说谢谢了，不用经过思考，这话自己就溜出了嘴。她觉得只有"谢谢"才能最直接、最快速地让对方知道你对他帮助的认可，知道他所做的事情对于你来说的意义。现在她已经结了婚，在老公忙完一件事之后，她也会撒娇地说声"谢谢老公"。她说这是对老公付出的尊重，让他有种被重视的感觉，再苦的事情也有所回报。这一声谢谢会被他记在心里，同样，他为这个家做出贡献自己也记在心里，当两个人一起面对困难的时候，把生活上甜蜜的片段拿出来细细地品味，让困难在幸福中瓦解。

这就是这个女孩的生活。生活是很平淡的，但是一声"谢谢"却可以温暖彼此。当然"谢谢"不仅是一句温暖人心的话，更是一个人教养的体现。作为一个走上社会的人，我们可以没有财富，可以没有令人骄傲的外貌，甚至也可以没多少气质，但是不能没有教养，教养是一个人潜在的品质。

一次，记者采访李亚鹏，问他希望自己的女儿将来成为一个什么样的人，他回答道："一个有教养的女孩儿。"那么，什么是教养呢？它不是随心所欲，唯我独尊的姿态；它是善待他人、善待自己的心态，表现为认真地关注他人，真诚地倾听他人，真实地感受他人。而一声"谢谢"则是这种教养的外化，是一种听得到的教养。

在社会交往中，如果自然地在适当的场合适当地使用"谢谢"，人也会显得非常优雅，品格会得以提高：坐座位时如果有人为自己挪出地方，即便是不认识的人，也请不要忘了说"谢谢"；进电梯时别人请你先进，不要若无其事地进去，而应当轻轻点头，说一句"谢谢"；穿戴的衣物得到称赞时，不要自我炫耀名牌，而要大大方方地说声"谢谢"；工作得到赞扬时，也要诚恳地说声"谢谢"，如果是团队一起完成的工作，还要加上一句"是大家一起努力的结果"或者"多亏了某某"……

有教养的人是令人敬佩的，他们使人感到如沐春风。他们讲话有分寸，对人不刻薄；公共场合端庄大方，举止不轻浮；有爱心，并善于表达爱心；常常在赞美祝福他人，而不是嫉妒人。所以，无论在什么时候都不要忘了把"谢谢"挂在嘴边，因为那不仅是温暖的表达，更是一个人应有的教养。

选择合适的称呼

　　称呼指的是人们在日常交往当中，所采用的彼此之间的称谓语。称呼语是交际语言中的先锋官，在人际交往中，选择正确、适当的称呼，反映着自身的教养、对对方尊敬的程度，甚至还体现着双方关系发展所达到的程度和社会风尚。因此选择称呼要合乎常规，要照顾被称呼者的个人习惯，入乡随俗。在工作岗位上，人们彼此之间的称呼是有其特殊性的，则要做到庄重、正式、规范。

　　人际交往中，如何恰当地称呼别人，是构建和谐人际关系的重要细节，也是尊重别人的具体体现。懂得恰当称呼别人的人，才会让人喜欢。

　　如何称呼别人，是非常有讲究的一件事。用得好，可以使对方感到亲切，给别人留下一个良好的印象。反之，如果称呼不得体，往往会引起对方的不快甚至恼怒，使双方的交流陷入尴尬的境地，导致交流不畅甚至中断。

　　刘女士今年快七十岁了，由于保养得好，看上去比实际年龄年轻些。她去菜市场买菜，一个新来的年轻姑娘迎上来说："老奶奶，我们家的菜可新鲜了，看看您需要点什么？"

　　没想到刘女士的脸色很难看，没搭理那个姑娘，径直走了。这位姑娘感到很纳闷，不明白是怎么回事。旁边的人悄悄对姑娘说："她不喜欢别人叫她老奶奶，你得叫她阿姨，她就对你热情了。"

　　原来，这刘女士虽然年纪有点大了，但是却不愿意别人叫她

"奶奶"。她经常来这个菜市场买菜，大家都认识她，而这个姑娘是新来的，当然不知道。

第二天，刘女士又来买菜，那个姑娘亲热地叫了一声："阿姨，看看我们家的菜吧，便宜又新鲜。"刘女士高兴地凑了上去，看看这个，瞅瞅那个，选了不少菜。

恰当地称呼他人的重要性，从刘女士身上完全可以看出来。其实，称呼他人是一门极为重要的艺术，若称呼不妥当，则很容易让他人产生反感，甚至记恨在心，久久无法释怀。

李艳是一名应届毕业生，刚毕业的她，整天穿梭在找工作的路途中。有一天，她接到了一个面试通知，是应聘行政客服一职的。她准时来到了该公司参加面试。由于对这项工作的极度渴望，她在考官面前显得太过紧张，有些发挥失常了，就在她从考官眼中看出拒绝的意思而心灰意冷时，一位中年男士走进了办公室和考官耳语了几句。在他离开时，她听到人事主管小声说了句"经理慢走"。李艳灵光一闪，赶忙起身，毕恭毕敬地对他说："经理您好，您慢走！"她看到了经理眼中些许的诧异，然后他笑着对自己点了点头。

第二天，李艳接到了录用通知，她顺利地进入了这家公司的客服部。后来主管告诉她，本来根据她那天的表现，是打算刷掉她的。但就是因为她对经理那句礼貌的称呼，让人事部门觉得她对行政客服工作还是能够胜任的，所以对她的印象有所改观，给了她这份工作。

李艳只因为一个合理的称呼，就在面试中转危为安，幸运地得到了一份工作。可见，称呼在社会中特别是在职场中的重要性。在日常交际中，称呼礼仪是打开交际之门的金钥匙，合理的称呼是给交际双方的见面礼，使对方有被重视和尊敬的感觉，它可以为之后的交谈提供良好的铺垫。

既然称呼如此重要，那么在交往当中就要注意慎重地选择称呼。一个会说话的人，在对别人的称呼上是绝对不能马虎的，总结起来，有以下几个原则。

　　1. 要看对方年龄

　　老话说得好："逢人短命，遇货添钱。"意思是说，人家的年龄，要少说三五岁，人家的东西，要往贵了说。如今的老年人都有一种不服老的心理，其中女性尤甚，能喊"阿姨"的就别喊"奶奶"。

　　另外，还需注意，看年龄称呼人，要力求准确，否则会闹笑话。比如，看到一位二十多岁的女性就称"大嫂"，可实际上人家还没结婚，这就会使人家不高兴。如果对方不是年轻的小姑娘，而你又实在不能判定对方有没有结婚，就喊对方"女士"。

　　2. 要考虑自己与对方的亲疏关系

　　在称呼别人的时候，还要考虑到自己与对方之间关系的亲疏远近。比如，对你的好朋友或关系较好的同事，直呼其名更显得亲密无间，欢快自然。若是你见了多年未见的人，直喊"先生"或"女士"反而会把关系疏远。当然，为了打趣故作"正经"，开个玩笑，也是可以的。

　　在与多人同时打招呼时，更要注意亲疏远近和主次关系。一般来说以先长后幼、先上后下、先女后男、先疏后亲为宜。

　　3. 要考虑对方的身份

　　称呼别人的时候还要考虑到别人的身份。对不同身份的人，应该有不同的称呼。比如，对农民，应称"大爷""大娘""老乡"；对国家干部和公职人员、对解放军和民警，最好称"同志"；对医生应称"大夫"；对教师应称"老师"；对刚从海外归来的港台同胞、外籍华人，要称"先生""太太"。

4. 要注意区域性

有些称呼，具有一定的地域性，使用不通行的称呼就会带来麻烦。比如山东人喜欢称呼"伙计"，但南方人听来，"伙计"肯定是"打工仔"。中国人经常把配偶称为"爱人"，在外国人的意识里，"爱人"是"第三者"的意思。

5. 要注意场合

有些称呼在正式场合不宜使用。例如，"兄弟""哥们儿"等一类的称呼，虽然听起来亲切，但不够得体。

总之，恰当的称呼能使交际得以顺利进行，不恰当的称呼则会造成对方的不快，为交际造成障碍。要想成为一名受人欢迎的人，就要根据对方的年龄、职业、地位、身份，以及同对方的亲疏关系和谈话场合等一系列因素选择恰当的称呼，借此提升自己的魅力以及亲和力。

请客时要注意些什么

说话是一门艺术，请客也有很多讲究。无论是在平常请客还是重要的宴请，说话时都要注意"说者无心，听者有意"。如果不会说话，有可能就会像下面故事中的浣熊一样，明明是这个目的，可说出的话却让听者自然地理解成另一层意思——这不是听者的多疑，全在自己的表达不艺术。说到底就是不会说话。

森林里一只小浣熊要请客，他给小松鼠、小白兔、猴子发了请柬，可结果只有小松鼠按时到了，在焦急地等待时，小浣熊对小松鼠说："这该来的没有来。"小松鼠听了心里很不好受，心想：小浣熊不是真心请我呀，就头也不回地走了。这边，小浣熊正为小松鼠的离开懊恼着呢，那边小白兔、猴子来了，小浣熊跺着脚说："不该走的走了。"听它说这话，白兔、猴子愣住了：看来我们不该来呀。于是他们也离开了。小浣熊呆呆地站在那里，不知道自己哪里惹恼了三位好朋友……

由此看来，"不会烧香得罪神，不会说话得罪人。"在社会交往中，请客也一样，不会请客也会得罪人，或被人得罪。那么，请客要注意哪些事项呢？

1. 请客就像交朋友，在请客前一定要选择人，不合适的人就不要去请。

据《资治通鉴》记载，唐朝武则天时期，一度下旨禁止宰杀牲畜。太后长寿元年（692），"右拾遗张德，生儿子三天，私自杀羊宴请同事。补缺杜肃揣宴席上的一些肉食，上表告发。第二天，太后临朝听政，对张德说：'听说你生儿子很高兴。'张德拜谢。太后说：'从哪里弄来的肉？'张德叩头认罪。太后又说：'朕禁止屠宰牲畜，有吉凶事不干涉。但你今后请客，也需要选择人。'说完拿出杜肃的奏表给他看。杜肃十分惭愧，举朝文武官员都想啐他的脸。"

读这个故事时，我们且不说杜肃如何告密充当小人，且不说武则天如何弄权术耍阴谋，单就张德其人来说，说明请客要选择人，不能不分好歹。

2. 请客要灵活把握，不能教条。请客要根据具体情况，具体处理。

新中国成立前，某地有一村民娶媳妇，按照风俗，"请大"不请小。所谓"大"，是指娶了妻子的人，而不是指18岁以上的成人，如果没有娶妻，就是60岁也不算是大人。村里恰好有一位五六十岁还没有娶妻的人，于是就没有请他。

娶亲之日，张灯结彩，左邻右舍，村里村外，亲朋好友都来了，宾客如云，喜气洋洋，好不热闹。而这五六十岁的邻人却是有苦难言，有话说不出，心里很郁闷，他看到喜宴就要开始了，便打了一桶水走到祠堂的天井里脱衣洗澡，众人看了有的惊愕，有的掩面，有的指责，说他那么大年纪还不懂事，没有礼貌，等等。他说："我是小孩，在哪里洗澡都行，有什么不礼貌呢？"众人听罢，才知道事出有因。明白人都知道，这是有意出主人的洋相。

可见，我们在请客时也应该移风易俗，破除陈规陋习，不能照搬教条。

3. 不分贵贱，不能大小眼看人。

俗话说得好："人无贵贱。"人与人之间最重要的莫过于平等，请客也一样，你平等待人，别人也会尊重你。但有些人往往是大小眼看人。

某地有一户人家乔迁新居，儿子理事，左邻右舍，村里村外，亲朋好友都请了，但就没有请村里的一位穷村邻。乔迁之日，张灯结彩，喜气盈门，好不气派。然而，这位穷村邻听说左邻右舍，村里村外，该请的都请了，唯独没有请他，认为这是小看他，有意出他的洋相。于是"怒从心上起，恶向胆边生"，早上挑了一担粪水（大便水）往主人的门前一泼，弄得到处臭气熏天，好不晦气！儿子看了，十分恼怒，说要报官。而做父亲的毕竟是个见多识广、生活经验丰富的人，他听了儿子的话，便训斥道："笨蛋！我的好事都给你弄糟了，还说报官，你好大的胆子。

姜还是老的辣，父亲比儿子就要懂事得多。常言：远亲不如近邻。既然请客，就要有点胸怀，不能跟村邻一般见识，争一双筷子。否则，不是"木棍吹火——不通气"，就是"麦秆吹火——小气！"

4. 请客要坚持"客无大小，以客为主"的原则。

客不论老幼，都要以客为主，以礼相待，不能骄傲自大，再说，"人争一口气，佛争一炉香"，态度不诚恳，自高自大，谁又愿意来为你捧场？如过去有些官员骄傲自大，大操大办红白喜事，借机敛财，在群众中造成极坏影响，于是受到查处。

5. 请客要事先通知人，不能临时凑数。

所谓临时凑数，是指原来请了他人，他人因故缺席而临时叫人顶替。这就容易得罪人。一般来说，重大喜事，应提前5~7天发出请柬，以示郑重，对有关长者、恩人还要专门写明"免礼"。一般请客，也要提前一两天通知人，以示尊重，让人有思想准备，使该来的都能来，"合意友来情不厌，知心人至话投机"。若是上午超过11点，下午超过5点才请人，那么，就可能是凑数。除非是十分要好的朋友，否则，这饭再好也不能吃！

请客是一门学问，涉及面很广，礼节很多，一言难尽。然而，请客既要选择人，又要移风易俗，灵活把握，讲礼节、讲文明、讲法纪，既要厉行节约，反对铺张浪费，又要让客人吃饱吃好，使客人满意。否则，就容易得罪人，或被人得罪，甚至受到查处，把好事办成坏事。

拜访有讲究

在工作和生活中，我们经常要去拜访他人，有时是陌生人，有时是熟人，有时甚至是名人。为了顺利完成我们的拜访，我们必须有所准备，不打无准备之仗，最重要的是要懂得拜访时怎样说话，说什么话，以及说话时要注意的事项。这是登门拜访必备的技巧。

如果你是一名销售人员，你首先要明白你拜访客户的目的是什么？有人说是为了与客户建立共识，有人说是了解客户需求，有人说是为了让客户更好地认同自己的公司、认同自己的产品，有人则说是为了成交。无论哪类说法，拜访的最终目的都是为了把产品更好地推销出去。所以，对于销售人员来说，每个人都希望既能让客户对自己产生好感，又能让客户坦然接受自己所推销的产品。然而，客户却不这么想，他们最忌讳的就是销售人员的直接推销。因此，你是否懂拜访礼仪，能否说好话，是拜访成功的关键所在。

我们在谈论某个成功者时，往往会发出感叹：那家伙真会说话，人们都很喜欢他。可见说话对于每个人来说是非常重要的，对于销售员来说当然更加重要。很多销售员在和客户谈业务的过程中，很不会说话，引起客户的反感，结果被客户三两句话就打发掉了。下面就是我们拜访时要注意的事项。

1. 选择对方方便的时间去拜访。

一般可在假日的下午，或者平时晚饭后，要避免在吃饭或休息的时间造访。拜访前尽可能预先告知，约定一个时间。约定后不能轻易失约或迟到。如不能到达，要及早通知对方并表示歉意。

2. 拜访时先敲门，即使门开着也不能轻易进入。

随身携带的雨具外套要放到主人指定的地方，不可任意乱放。对室内的人无论认识与否，都要起身打招呼。如果你带了孩子或其他的人，要介绍给主人，并教孩子如何称呼。主人端上茶来，应从座位上欠身，双手捧接，并表示感谢。有要事要向主人商量或请教时，要尽快表明来意，不要东拉西扯，浪费时间。如果是公务拜访，当你到达时，告诉接待员或者助理你的名字和约定的时间，递上你的名片以便助理通知。冬天穿外套的话，如果你脱下外套，接待没有告诉你外套可以放在哪里，你就要主动问一下，切忌随意放置。

3. 在我们做拜访交流时，一定要学会叙述简明扼要。

当我们和客户见面时，无论是自我介绍还是介绍产品，都要简明，最好在两句话内完成。比如，我是珠海市利万物贸易有限公司的总经理黄勇，知道您对我公司的电子防潮柜系列产品感兴趣，特意来拜访想听取您的意见。特别要注意的是：在利万物（公司名）黄勇（自己的名字）电子防潮柜（产品名）要用重音。要引起对方的提问。语速一定要缓慢不拖沓，说话时一定要看着对方的眼睛，面带微笑。

4. 如果主人是年长者或者上级，主人不坐自己不能先坐。

主人让座后，要开口说谢谢。然后采用规矩的礼仪坐姿坐下。主人递上烟茶时，要双手接过并表示感谢。即使在最熟悉的朋友家里，也不要过于随便。如果是商业拜访，对方在说话时，不要随便打断对方的话；也不要随便就反驳对方的观点，一定要弄清楚对方的意图后再发言。有些人经常不等对方说完话或者没有弄清楚对方的观点，就开始插话反驳，结果弄成了一场电视辩论会，引起客户的极大反感，订单自然没有谈成。做拜访一定要时刻牢记自己的任务，是为了销售产品。有时客户对你的产品的贬低，是一种习惯性的发泄，你只要认真地听他发泄，不时地表示理解，最终会赢得客户的好感，再谈产品的订单时就容易多了。

5. 认真回答对方的提问。

自己非常清楚的要做肯定回答，不太清楚的，可以直言不讳地告诉客户："我会把这个问题记下来，搞清楚后回答你。"千万不要不懂装懂，也不要含糊不清地回答。更不要回避客户的问题，回答客户的问题时也要注意，不要做绝对回答，如：我们的质量绝对没问题，我们的服务绝对一流等，我们都知道：天下没有绝对的事情。不要把自己的语言绝对化。

6. 尽量不要用反问的语调和客户谈业务。

有些销售员在面对客户的恶意问题时，以血还血以牙还牙，恨不得一连串的反问，把客户驳倒。却适得其反，客户被驳倒了，订单也丢了。我们应该微笑着说：我非常理解你的意见，你能否让我做更进一步的说明，一定令你满意。我们不能由于客户的不理智，自己也变得不理智。

7. 学会赞扬你的客户。

对于客户的合理要求和专业知识，你要发自内心地赞扬。比如，您真的很专业，希望今后向您学习。也请你今后多多指教。会赞扬别人的人更容易成功。

8. 离开时要主动告别，起身告辞时，要向主人表示"打扰"歉意。如果主人出门相送，拜访人应回身主动与主人握别，说"请留步"。待主人留步后，走几步再回首挥手致意，热情地说再见。

勿乱用谦辞和敬语

在生活中，我们每天和朋友、邻里、同事、领导之间难免要交流。说什么、怎么说，什么话能说，什么话不能说，都有"讲究"。要把自己培养成一个有礼有节的人，在说话的时候一定要懂得礼貌用语。

平时我们经常要用到的礼貌用语，就是谦辞和敬语，谦辞包括鄙人、在下、犬子、寒舍、拙作、献丑、贱内、拙荆等，敬语包括令堂、尊驾、大作、墨宝、府上等，这些用语虽然对象不同，方向不同，但都是表示尊敬、礼貌、谦虚的意思。

比如我们用得最多的口头"敬语"，都有表示对人尊重之意。如"请问"，有如下说法：借问、动问、敢问、请教、借光、指教、见教、讨教、赐教等，如"打扰"也有如下词语：劳驾、劳神、费心、烦劳、麻烦、辛苦、难为、费神、偏劳等委婉的用词。如果我们在说话时记得使用这些词语，相互间一定可稍大形成亲切友好的气氛，减少许多摩擦和口角。

1. 多用"谦辞"，令人满面春风

谦辞就是自谦的话，使用正确的谦语能使对方与自己的距离缩短，为彼此的谈话奠定基础。在社会上与人相处时，如果不会正确使用恰当的谦语，就会对自己造成不利的影响，引起别人的猜忌、困惑或反感，甚至使别人误会了自己的好意，从而给人留下不佳的印象，因此要格外谨慎地使用谦辞。

语言是思想的衣裳，它可以表现出一个人的高雅或粗俗。使社交畅通无阻，就应得体地运用礼貌谦辞和敬语。

很早以前，有位士兵骑马赶路，至黄昏时还找不到客栈，倏地见前面来了位老农便高喊："喂，老头儿，离客栈还有多远？"老人回答："五里！"士兵策马飞奔十多里，仍不见人烟。"五里、五里"他猛地醒悟过来，"五里"不是"无礼"的谐音吗？于是他掉转马头赶回来亲热地叫了一声："老大爷"。话没说完，老农说："你已经错过路头，如不嫌弃，可到我家一住。"

不难看出，交际谈话中如能用礼貌语言，就会让人感到"良言一句三冬暖"，使人与人之间的感情很快地融洽起来。礼貌语言很多，例如：您好，谢谢，请，对不起，别客气，再见，请多关照，等等。

在我国，同人打招呼常习惯问："你吃饭了吗？你到哪里去？"似乎太单调，在这方面，我们应丰富自己的礼貌语言。如见面时称道"早安""午安""晚安""你夫人（先生）好吗""请代问全家好"等。语言务必要温和亲切，音量适中。若粗声高嗓，或奶声奶气，别人就难对你有好感。运用礼貌语，还要注意仪表神态的美，当你向别人询问时，态度尤其要谦恭，挺胸腆肚，直呼其名，或用鄙称，必遭人冷眼，吃"闭门羹"。

在交往中得体地使用礼貌语言和谦辞，可以给对方留下良好的印象。你和他人相见，互道"你好"，这再容易不过。可别小瞧这声问候，它传递了丰富的信息，表示尊重、亲切和友情，显示出你懂礼貌，有教养，有风度。

敬语中，"请"字功能很强，是语言礼仪中最常用的敬语，如"请""请坐""请进""请喝茶""请就位""请慢用"等。"请"字带来了人际关系的顺利进展，交往的顺利进行。美国人说话爱说

"请"，说话、写信、打电报都用，如请坐、请讲、请转告。传闻美国人打电报时，宁可多付电报费，也绝不省掉"请"，因此，美国电话总局每年从"请"字上就可多收入一千万美元。美国人情愿花钱买"请"字，我们与人相处，说个"请"字，既不费力，又不花钱，何乐而不为？

英国人说话少不了"对不起"这句话，凡是请人帮助之事，他们总开口说声"对不起"：对不起，我要下车了；对不起，请给我一杯水；对不起，占用了您的时间。英国警察对超速司机就地处理时，先要说声"对不起，先生，您的车速超过规定"。两车相撞，大家先彼此说对不起。在这样的气氛下，双方自尊心同时获得满足，争吵自然不会发生。

成功人士说话非常注意用礼貌语言，如：你好、请、谢谢、对不起、打搅了、欢迎光临、请指教、久仰大名、失陪了、请多包涵、望赐教、请发表高见、承蒙关照、拜托您了，等等。多用谦辞，确实能够令人心花怒放，满面春风。

2.正确使用敬语，让人流露敬意

敬语是一个人身份修养的标志。在社交场合，敬语使用错误，会非常难堪。例如，请别人替你服务时，要加上"请"或"某先生"。尤其是在交谈中，称呼对方的父母，应该说"伯父""伯母"，直接说"你爸爸""你妈妈"当然也可以，但不够尊重。一个有教养的人，不应该忽略这些。

同样一个意思，会因讲法不同，而给人完全不同的感受。例如，前面有人挡住你的去路，如果你说："让开！让开！我要过去！"或许换来的只是不屑一顾的白眼。如果你能使用敬语，客气地说："先生，对不起，麻烦您让一下路好吗？"对方一定会马上让开，面带笑容地让你过去。而且，敬语也应适当地使用，否则，可能会得到相反的效果。这种习惯在平常就应培养。只要你养成习惯，对别人时常存有尊重的意念，那么敬意就会很自然地流露出来，不需要使用太多的敬语。例如，上司有事叫你来，你不需使用敬语，只要很自然地含笑点个头，问："有什么事吗？"那你的敬意就很自然地流露出来了。

莎士比亚说："要是你想要达到自己的目的地，你必须用温和一点的态度向人家问路。"中国自古就有"礼仪之邦"的美称，加上我们喜欢使用一些传统的敬语与谦辞，使这种文化更显蓬勃。在适宜的场合，我们若能适当地用一些传统的敬语与谦辞，既能够显示出一个人的修养，又能让对方产生好感，更利于沟通。如：

初次见面说"久仰"，久别重逢说"久违"；

请人批评说"指教"，求人原谅说"包涵"；

求人帮忙说"劳驾"，求人方便说"借光"；

麻烦别人说"打扰"，向人祝贺说"恭喜"；

请人看稿称"阅示"，请人改稿说"斧正"；

求人解答用"请问"，请人指点用"赐教"；

托人办事用"拜托"，赞人见解用"高见"；

看望别人用"拜访"，宾客来至用"光临"；

送客出门说"慢走"，与客道别说"再来"；

陪伴朋友用"奉陪"，中途先走用"失陪"；

等候客人用"恭候"，请人勿送叫"留步"；

欢迎购买叫"光顾"，物归原主叫"奉还"；

对方来信叫"惠书"，老人年龄叫"高寿"；

自称礼轻称"菲仪"，不受馈赠说"反璧"。

上面这些客套话，都属敬语和谦辞，如果能恰当运用它们，会让人觉得你彬彬有礼、很有教养。它可以使互不相识的人乐于相交，熟人使增进友谊；请求别人时，可以使人乐于提供帮助和方便；发生矛盾，可以相互谅解，避免冲突；洽谈业务时，使人乐于合作；在批评别人时，可以使对方诚恳接受。

有些敬语或谦语是把日常使用语进行文雅的修饰，而使之成为日常通用的谦让语。比如，把"我家"说成"寒舍"，把"我到您那儿去"说成"我去拜访您"，把"请您看看"说成"请您过目"，把"我认为"说成"以我的肤浅之见"，把"您收下"说成"请笑纳"等，都是这样的。

家中有客人来访时，端出茶点向客人说："你吃不吃？"这是很无礼的，应泡茶一杯，说："请您尝尝看。"或说："请您慢用。"这才较为合适。

值得注意的是，敬语和谦辞不可滥用。如果大家在一起相处很久了，特别是非正式场合中，有时就可不必多用谦让语。熟人之间用多了谦让语，反而会给人一种迂腐或虚伪之感。

到什么山，唱什么歌

俗话说得好："到什么山，唱什么歌。"谈话也是这样，场合对谈话具有限制作用，有些话在这个场合能说，在另一个场合却不能说。

西方谚语说得好：说话合乎场景，如同金苹果落在银网子里。说话，只有在恰当的场合说得体的话，才能产生"话"半功倍的效果，否则，不顾场合乱说话，口无遮拦，言语冒失，只会惹人厌烦，伤害他人，甚至惹起祸端。

简单说来，场合有庄重和随便之分，有正式和非正式之别，有喜庆和悲伤之异，这就要求我们针对不同的场合，说适宜的话。倘若不顾场合乱说话，就算不会惹祸上身，也难免招人厌烦。

《三国演义》中，有这样一则发人深省的故事：

官渡之战前，许攸投奔曹操，献了一系列妙计，为曹操击败袁绍，夺得河北之地立下了赫赫功劳。但是，在曹军占领冀州城后，一次聚会，许攸却当着曹操众多部下的面，直呼曹操小名，说道："阿瞒，不是我献计，你能得到这座城池吗？"曹操部将许褚大怒，拔刀杀了许攸，曹操事后也只是责备了许褚几句。

许攸因为一句话而死于非命，教训可谓深刻。许攸不懂得说话一定要看场合的道理，在庄重的场合，当着众人的面，说话大大咧咧，一点不顾忌曹操的面子，触怒了曹操部下，终于惹来杀身之祸。虽然曹操本人当时没有说什么，想必心中也早已动了杀念。

由此看来，许攸被杀，是因为在庄重的场合说了随便的话。

在央视某期节目的擂台赛中，有一位主持人给挑战者出了这样一道题："请问，秦腔的别称是什么？"就在选手凝神思考的空隙，主持人竟一脸坏笑地调侃道："俗话说得好嘛，八百里秦川尘土飞扬，三千万懒汉高唱秦腔。"（原句是"八百里秦川尘土飞扬，三千万老陕齐吼秦腔"）这句篡改过的俗语立即引起台下一片笑声，主持人也情不自禁地哈哈大笑。

也许在主持人看来，这样的"幽默"不过是一次很平常的即兴发挥，他的本意也可能只是为了缓和紧张气氛，给选手减压，可是却未曾考虑到自己所处的特定场合。平心而论，如果主持人在非正式场合，开开类似的玩笑，倒也无伤大雅；但在节目录制现场，他将几千万三秦父老都贬为"懒汉"，话说得就极不恰当。果然，此番"高论"经央视播出后，立即引起了轩然大波，招来无数陕西观众的电话投诉。

这就是说，主持人被投诉，是因为在正式的场合乱开了一句玩笑。

在日常生活中，也不乏说话不看场合的例子——

小赵和小李是同事，平时关系不错，在一起时总爱嘻嘻哈哈地开开玩笑。有一次，小李病重住院了，小赵去看望他，一见面就说："平时，我去健身房锻炼身体，总叫你一起去，可你就是不去。就你这体格，我看这次要玩儿完！"话音刚落，小李脸色煞白，生气地说："你说什么呢！"把他赶了出去，此后见了小赵也爱理不理的了。

小赵虽然是小李的好朋友，他在说那番话时也可能并无恶意，只是想促使小李"猛醒"，让他认识到锻炼身体的重要性，可是他在人家病床前非但不温言安慰对方，反而说那样的晦气话，让对方听来分外刺耳。小李会想：你这是专门跑来咒我的吧？看，因为"场合观念"淡薄，小赵一句话就几乎葬送了两人多年的友情。

不难看出，小赵被小李责怪，是因为在不合适的场合说了不吉利的话。

当然，说话不看场合的情形远不止以上三种。例如在公开场合说一些只适合私下里说的话等，同样犯了说话不看场合的毛病，这里就不一一列举了。可见，不会说话的人，随心所欲，不注意场合，冒失开口，出语生硬，结果，小事也能变大事，没事也能变有事。那些不看场合的话，就好比火上浇油，雪上加霜，既伤人又害己。

比如在办公室里，就有一些禁忌话题，不能乱说。

1. 忌说家庭财产之类话题。家庭财产之类的私人秘密，并不适合随口与人说。就算你刚刚新买了别墅，或利用假期去欧洲玩了一趟，也没必要拿到办公室来炫耀，有些快乐，分享的圈子越小越好。被人妒忌的滋味并不好，而且容易招人算计。

2. 忌说薪水问题类话题。很多公司不喜欢职员之间打听薪水，因为同事之间工资往往有不小差别，所以发薪时老板有意单线联系，不公开数额，并叮嘱不让他人知道。同工不同酬是老板常用的手段，用好了，是奖优罚劣的一大法宝，但它是把双刃剑，用不好，就容易引发员工之间的矛盾，而且最终会令矛头直指老板，这当然是他所不想见到的，所以对"包打听"之类的人总是格外防备。

3. 忌说私人生活类话题。无论失恋还是热恋，别把情绪带到工作中来，更别把故事带进来。办公室里容易聊天，说起来只图痛快，不看对象，事后往往懊悔不迭。可惜说出口的话泼出去的水，再也收不回来了。再说，把同事当知己的害处很多，职场是竞技场，每个人都可能成为你的对手，即便是合作很好的搭档，也可能突然变脸，你暴露得越多越容易被击中。

4. 忌说个人职场野心类话题。在办公室里大谈人生理想显然是滑稽的，打工就安心打工，雄心壮志回去和家人、朋友说。在公司里，要是你没事整天念叨"我要当老板，自己置办产业"，很容易被老板当成敌人，或被同事看作异己。如果你说"在公司我的水平至少够副总"或者"35岁时我必须干到部门经理"，那你很容易把自己放在同事的对立面上。在这个社会上，做人要低姿态一点，是自我保护的好方法。你的价值体现在做多少事上，在该表现时表现，能人能在做大事上，而不在说大话上。

第四章　随机应变，用话语化险为夷

俗话说，人不错成神，马不错成龙。这句话是说，人在社会交注中难免说错话，有失误的现象发生。

失误不可怕，关键是要在失误后掌握好随机应变的技巧，设法挽回因失误而造成的难堪或者尴尬局面。在失误后，要从容自若，调整思维，用新的话题把原来的问题引开或转移，使尴尬的局面得到恢复。

顺水推舟，巧妙说话

隋朝时，有个人很聪明。官高气盛的杨素常在闲暇无聊的时候，把那人叫来说说笑笑。

年底的一天，两人面对面地坐着，杨素开玩笑地说道："有个大坑，深一丈，方圆也是一丈，让你跳进去，你有什么办法出来吗？"

这个人低着头，想了想，问道："有梯子吗？"

杨素说道："当然没有。如果有梯子，还用问你吗？"

那人又低头想了想，问道："是白天，还是黑夜？"

杨素说道："不要管是白天还是黑夜，你能够出来吗？"

那人说道："若不是黑夜，眼又不瞎，为什么掉到里面？"

杨素不禁大笑。又问道："忽然命你当将军，有一座小城，兵不满一千，只有几天的口粮，城外有几万人围困，若派你到城中，不知你有什么退兵之策？"

那人低着头想了想，问道："有救兵吗？"

杨素说道："就因为没有救兵，才问你。"

那人又沉吟了一会儿，抬头对杨素说："我审慎地分析了形势，如像您所说的，不免要吃败仗。"

杨素大笑了一阵，又问道："你是很有才能的人，没有事情不懂得。今天我家里有人被蛇咬了脚，你能医治医治吗？"

这个人应声答道："用五月端午南墙下的雪涂一下就好了。"

杨素道："五月哪里有雪？"

那人说:"五月既然没雪,那腊月哪里有蛇咬?"

杨素笑着打发了他。

这个故事虽说是一则笑话,但类似的事情在现实生活中时常都会遇到。故事中的人回答问题时运用了顺水推舟的说笑术,杨素不但难不倒他,而且还在一问一答中显示出了他的说话能力。

在社交场合中,当你遭受对方顶撞、攻击、讽刺挖苦或者出言不逊时,不是立即以牙还牙,针锋相对,而是把它作为前提,作为铺垫,作为条件,顺势把自己的说笑抖搂出来。这才是真正的会说话。

20世纪,美国有个政界人物叫凯升,他首次在众议院发表演讲时,打扮得土里土气,因为他刚从西部乡间赶来。有一个善于挖苦讽刺的议员,在他演讲时插嘴说:"这个伊利诺伊州来的人,口袋里一定装满了麦子吧?"这句话引起哄堂大笑。

凯升却并没有因此怯场,他很坦然地回答说:"是的,我不仅口袋里装满了麦子,而且头发里还藏着许多菜籽哩。我们住在西部的人,多数是土里土气的,不过我们虽然藏的是麦子和菜籽,却能够长出很好的苗子来。"

这句话立刻使凯升的大名传遍全国,大家给他一个外号:"伊利诺伊州的菜籽议员"。

这位"菜籽议员"采用的正是顺水推舟的方法,他深知顺势道理,把对方的冷嘲热讽当作可以利用的工具,顺路搭车,一路顺风地达到了自己的目的地。

从这些例子中可知,在社交生活中,有时自己如果处在尴尬的情况下,可用顺水推舟的说笑术使自己摆脱困境。

一语双关，化解尴尬

我们在日常工作和生活中，忙这忙那，难免顾此失彼，有时还会突然出现意想不到的失误。假如不善于随机应变的话，就有可能尴尬不堪，大丢"面子"。社会上那些会说话的人，都能根据当时情境，用几句话巧设双关、转移视线，这样不仅能迅速摆脱自己的窘境，而且还能增添情趣、活跃气氛，使你在社会上、在社交场上如鱼得水，永远立于不败之地。

这就是说，人们在一些特定的环境中，有时会无意间出现一些尴尬的事情，但是如果你能根据当时的实际情景，灵活地运用双关的语言来处理，反而会有神奇的效果。

第二次世界大战期间，英国首相丘吉尔到华盛顿会见美国总统罗斯福，要求美国共同抗击德国法西斯主义，并给予物资援助。丘吉尔受到热情接待，被安排住进了白宫。

有一天早晨，丘吉尔正躺在浴缸里，抽着他那特大号雪茄。这个时候，门悄然开了，进来一个人，是美国总统罗斯福。首先映入罗斯福眼帘的是丘吉尔的便便大腹……两位世界名人，就在这样的情形下碰了面，一时间，双方感觉都颇为尴尬。

突然，丘吉尔扔掉了烟头，对罗斯福说："总统先生，我这个英国首相在您面前可真是一点也没有隐瞒。"说完两人哈哈大笑起来。

丘吉尔这一句风趣幽默又语带双关的话，不仅使双方从尴尬的情境中解脱出来，而且借此机会再一次含蓄地阐述了自己的观点和目的，意外地促进了谈判的成功。

可见，灵活机智地运用一语双关法也是一种很重要的口才技巧，不过这也要靠平时的语言积累以及睿智的头脑才可游刃有余。

名人都有尴尬的时候，普通人更不例外。尤其是当我们在公众场合失言或失态的时候，可能会给自己造成极大的紧张，如果不及时弥补，便会贻笑大方或者使局面不堪收拾。在这种情况之下，怎样把话说得圆滑，使自己摆脱尴尬的境地，不仅需要临危不乱的心理素质，更需要机智高超的说话技巧。

有一次，著名书法家费新我当众挥毫，书写的是唐代大诗人孟浩然的名作《过故人庄》。当他写到"开轩面场圃，把酒话桑麻"一句时，一不留神，漏写了一个"话"字。旁观者看到这里，脸上无一不显出惋惜的神情，以为这只好作废了。可是费新我先生却冷静沉着、泰然处之。他稍稍停了一下，又继续泼墨挥笔。直到写完全诗，才在末尾补上四个小字："酒后失语"。

这样一语双关，既自然巧妙地修正了失误，又明白讲清了造成这种失误的原因，含蓄地表明了歉疚之意。书法家在这时巧用双关妙补救，起死回生，变"废"为"宝"，化腐朽为神奇，显得聪慧机智，难怪这四个字，赢得了众人的啧啧称赞。

有一次，著名诗人莫非应邀到首都师范大学中文系作家班举办学术讲座。诗人讲到自己的诗作时，准备朗诵一段，可诗稿却放在一个学员的课桌上，诗人便走下讲台去拿。由于是阶梯式教室，诗人上台阶时，一不留神一个趔趄倒在第二级台阶上，学员们顿时哄堂大笑。诗人稳住身子，转向学员，指着台阶说："你们看，上升一个台阶多么不易，生活就是这样，作诗亦如此。"这一哲理性的话语顿时赢得了热烈的掌声。诗人笑了笑，接着说，"一次不成功不要紧，再努力！"说着，装着用力的样子走上讲台，继续他的讲座。

可见，在人际交往中，人们因某事突然发生而处于受窘的境地，难以摆脱尴尬时，使用一两句双关语可以使气氛顿时轻松起来，帮自己或他人解除窘迫。

在一部小说里有这样一个情节：在一次新婚典礼上，贴在堂上的"囍"字突然从墙上飘了下来，刚好落在新人的头上。顿时，喜堂上的宾客为之一愣，大家脸上的笑容立即消失，取而代之的是满脸的不快。还是那主持婚礼的小伙子头脑机敏，立即揭起"囍"字高声说道："哎呀，各位亲朋好友，你们看喜从天降，喜上眉梢，双喜临'人'啦！"顷刻，喜堂欢声雷动，一对新人的脸上充满笑意。

巧用双关不仅能帮我们化解尴尬，而且在一些特殊场所还能帮我们惩治坏人，且看下面这个案例：

阿凡提在闹市租了一家店面开理发店，租期为一年。店主仗着店面是他的，每次剃头都不给钱。

有一天店主又来了，阿凡提照例给他剃了光头，然后边刮脸边问道：

"东家，眉毛要不要？"

"废话，当然要！"

阿凡提嗖嗖两刀，把店主的两道浓眉剃了下来，说："要就给你吧。"

店主气得说不出话来，埋怨自己不该说"要"。

"喂，胡子要不要？"

"不要，不要！"店主忙说。

阿凡提嗖嗖几刀，把店主苦心蓄养的胡子刮了下来，甩到地上。

阿凡提用双关语，把店主惩治得无可奈何。

由此可见，一语双关由于含蓄委婉，生动活泼，话中有话，又幽默诙谐，饶有趣味，能给人以意在言外之感，在某些时候还能惩治像"店主"这样的势利小人，因而经常为人们所使用。

学会使用反语

说好话有很多应变技巧，其中正话反说的方法值得推荐。

反说就是说反话，是用与本意相反的词语或句子去表达本意的一种修辞方法。使用"反语"的言辞，表面意思和作者内心真正所要表达的真意恰恰相反。就是表面赞扬，其实责骂；表面责骂，其实赞赏。反语可分为两种类型，即"正话反说"和"反话正说"。

正话反说是办事说话时的一种常用方法。反说出来的话能使本来也许是困难的交往变得顺利起来，让听者在比较轻松的氛围中接收信息。例如巧用语气助词，把"你这样做不好！"改成"你这样可能会产生某种后果，这种后果……"然后让听者自己理解这种后果的严重性，自然也就接受了你的建议或意见。

战国时期，楚国有一位能言善辩的人，名叫优孟，他善于在谈笑之间劝说国君。楚庄王有匹爱马，楚庄王看重这匹马远远超过人。比如他为马披上锦绣的衣服，将它养在华丽的房舍里，马站的地方设有床垫，并用枣脯来喂它。可是，马因为吃得太好太多，不久就患肥胖病死了。庄王非常难过，下令全体大臣给马戴孝，不仅准备给马做棺材，还要用大夫的礼仪来安葬马。

朝里群臣对楚庄王的做法都非常反对，纷纷上书劝庄王别这样做。然而楚庄王却一意孤行，对群臣的劝说十分反感，并下令说："谁再敢对葬马这件事进谏，格杀勿论！"

慑于庄王的淫威，群臣们都不敢再进谏了。优孟听说这件事后，他马上来到殿门，刚步入门阶就仰天大哭。庄王见他哭得这么伤心，觉得很惊奇，问他为什么大哭。

优孟说："这匹死去的马是大王最疼爱的，楚国是堂堂大国，用大夫的礼仪来安葬，礼太薄了，一定要用国君的礼仪来安葬它。"

楚庄王听到优孟不像群臣那样拼死劝谏，而是支持他的主张，不觉喜上心头，很高兴地问道："照你看来，应该怎样办才好呢？"

"依我看来，"优孟清了清嗓子，慢吞吞地说，"以雕工做棺材，用耐朽的樟木做外椁，以上等木材围护棺椁，派士兵挖掘墓穴，命男女老少都参加挑土修墓，齐王、赵王陪祭在前面，韩王、魏王护卫在后面，用牛、羊、猪来隆重祭祀，给马建庙，封它万户城邑，将税收作为每年祭马的费用。"说到这里，优孟才将话锋一转，指出了庄王隆重葬马之害，"这样，诸侯听到大王对死马的葬礼如此隆重，都知道大王认为人卑贱而马尊贵了。"

优孟这么一点，的确点到了庄王葬马的要害，一个统治者竟会"贱人而贵马"，必然为世人所厌弃。问题到了这样严重的地步，不能不使庄王大为震惊，说道："寡人要葬马的错误竟到了这么严重的地步吗？那么该怎么办才好呢？"

优孟见庄王认识到了自己的错误，马上和缓地说："请让我为大王用葬六畜的办法来葬马吧：用土灶作外椁，用大锅作棺材，用姜枣作调味，用木兰除腥味，用禾秆作祭品，用火光做衣服，把它葬在人的肚肠里。"于是，庄王听从优孟的劝谏，派人把马交给掌管厨房之人去处理，不让此事传扬出去。

优孟采用的办法就是正话反说，不直接说出自己的意思，而是从相反的方向委婉含蓄地表达自己及众大臣的意愿，让楚庄王接受。

正话反说也是交谈中的技巧之一，其特点就是字面意思与本意完全相反，让听者自觉去领悟，从而接受你。优孟因侍从庄王多年，熟知庄王的性情，知道对此时的庄王，忠言直谏、强行硬谏肯定是没有效果的，所以干脆从称赞、礼颂楚庄王"贵马"精神的后面烘托出劝谏的真意——讽刺庄王的昏庸举动，从而把庄王逼入死胡同，不得不回头，改变自己的决定。在特定的情况下，采用正话反说的方法，会收到意想不到的奇效。

其实在生活中，我们经常使用到正话反说这种方法，只是自己没有察觉到罢了。在常用口语中，我们常常对于明明应当褒扬肯定的人或事，偏偏说反话进行贬损。例如"冤家""可憎""死鬼""缺德的""挨千刀的"等多为女性对热恋中的情人或丈夫的昵称。口头虽笑骂，心里却疼爱。《红楼梦》中王夫人称宝玉为"孽根祸胎""混世魔王"，黛玉称宝玉为"我命中的魔星"，贾母称凤姐为"促狭鬼"等都是表示亲昵的正话反说。再如古诗：

不才明主弃，多病故人疏。（孟浩然《岁暮归南山》）
名岂文章著，官应老病休！（杜甫《旅夜抒怀》）

这两联诗句说的都是反话，例①诗人把自己宦途渺茫、功名未就的遭遇，归结为本人缺少才干，所以被明主弃置不用。至于遭到故人的疏远，是由于自身多病引起的。其真意却是抒发对贤才难遇明主和世态炎凉的无奈和感慨。例②表面说：有点名气，哪里是因为自己文章写得好呢？进入仕途，年老多病就该致仕退休。其实说的是反话，诗人的真意是：由于长期受到压抑，致使远大政治抱负不能实现，仅以诗文名世；加之遭受排挤，休官离职，孤身漂泊。

正话可以反说，反话自然可以正说。所谓反话正说，和正话反说恰恰相反，就是对于明明应当贬损否定的人或事，偏偏说反话加以褒扬肯定。例如：

智识高超而眼光远大的先生开导我们：生下来的倘不是圣贤、豪杰、天才，就不要生；写出来的倘不是不朽之作，就不要写；改革的事倘不是一下子就变成极乐世界，或者，至少能给自己有更多的好处，就万万不要动（鲁迅《这个与那个》）！

这个例句用了正话反说的讽刺反语：所谓"智识高超而眼光远大的先生"，实际是对市侩哲学预言家们的辛辣嘲讽。

在言语交际中，反语大抵出于睿智之思，发诸诙谐之口。恰当地运用反语，可以用于揭露、批判、讽刺消极的方面，增强语言的战斗性。鲁迅说他自己"好用反语，每遇辩论，辄不管三七二十一就迎头一击"。另外，使用反语褒贬事物，增强语言的鲜明性；还可以利用反语变换语气，增加语言的生动性。但使用反语时也应注意两个问题。

（1）运用反语进行讽刺，一定要注意立场，认清对象，区别对待。注意语言环境，在说话时掌握分寸。

（2）运用反语应当明朗，要让听者理解，切忌含混，避免误解。

"别解"词语有妙用

在交际场合，我们常被要求要有一说一，有二说二。当然，实话实说是一种美德，可若谈话没有任何创新和变化，也就没有了奇情才思，听得多了自然就显得平平淡淡，让人感觉乏味。这时，我们就可以尝试一下别解词汇，把一个看似平常的词语衍生出奇妙的歪理，以不变应万变。

某人在一次宴席上问鲁迅："先生，您为什么鼻子塌？"

鲁迅笑着回答他说："碰壁碰的。"

在这句话里面，既有对社会现实的不满，又有对自己生活坎坷经历的嘲讽，这样丰富的具有社会意义的内容与"塌鼻梁"这样一个具有丑的因素的自然生理特征结合在一起，便产生了无法言喻的幽默感。

在一次野外夏令营活动中，一位姑娘想把一只癞蛤蟆赶出营地，以免她的猫去咬它。她不断地向它跺脚，癞蛤蟆就接连向后跳。这时，旁边有人大声说："小姐，你就是抓住它，它也永远不会变成白马王子的。"

小姐跺脚，意味着要赶走癞蛤蟆，但大家都知道童话中蛤蟆变王子的故事，所以也可以荒诞地用来意味她想抓住它，好使它变成英俊的白马王子。这一曲误的理解，确实挺有意思。

运用这种方式开玩笑，可以令生活其乐无穷。

一个人低头看地，可能他是在寻找东西，也可能是头疼难忍；

一个人抬头望天，可能是鼻子出血，也可能是在数星星。当我们看到事物不同的表现形式时，要调查清楚，了解其本质。如果想当然，按既定经验判断，就会导致错误；当然，如果故意别解和误解，就产生了趣味，令生活倍增快乐。

一列新兵正在操练，排长大声叫着："向右转！向左转！齐步走！……"

一个新兵实在忍不住了，向排长问道："你这样打不定主意，将来怎么能带兵打仗？"

明显，这个新兵是在故意别解，才能产生如此有意思的局面，排长不但没有责怪新兵，还忍不住想笑出声来。

曾有一位女教师在课堂里提问："'不自由，毋宁死！'这句话是谁说的？"

有人用不熟练的英语回答："1775年，巴特里克·亨利说的。"

"对，同学们，刚才回答的是日本学生，你们生长在美国却不知道。"

这时，从教室后面传来喊叫："把日本人干掉！"

女教师气得满脸通红，大声喝问："谁？这话是谁说的？"

沉默了一会儿，教室的一角有人答道："1945年，杜鲁门总统说的。"

听到如此饶有风趣的回答，这位女教师还会"气得满脸通红"吗？

一位来自新加坡的老太太在游武夷山时，不小心被蒺藜划破了裙子，顿时游兴大减，中途欲返。这时导游小姐走近老人，微笑着说："这是武夷山对您有情啊！它想拽住您，不让您匆匆地离去，好请您多看几眼。"

短短的几句话，就像和煦的春风，把老人心中的不快吹得无影无踪了。

在日常生活中，一本正经地从事实出发，从常理出发，从科学出发，是找不到乐趣的，如果以一种轻松调侃的态度，将毫不沾边的东西"捏"在一起，在这种因果关系的错误与情感和逻辑的矛盾中，才可产生笑意。因此，我们常常能看到一些人，用这种"故意曲解"的方式来消除烦恼，避免难堪，表达着乐观与博大。

需要注意的是，这里的别解词语不同于多义词。汉语当中有不少一词多义的现象，但我们这里要说的是，根据需要为词语编造出新的含义。在特殊语境中制造新的词解，可以让谈话变得更有趣，也可以巧妙地回绝那些不想直接谈及的问题，甚至可以回击某些恶意的攻击，可谓是一种十分实用的幽默技巧。

一般地说，在社交场合，说错了话，做错了事，无疑应当老老实实承认，认认真真改正。但在某些特定的场合，如也照此办理又会使自己陷入极为难堪的境地或者造成无法弥补的损失。这时不妨考虑一下，能否来个将错就错，出奇制胜，从而摆脱窘境。生活中就不乏其例，而且有趣的是，这种"文过饰非"非但不被视为"恶德"，反倒还是善于审时度势，权宜机变的表现。

有一次，张作霖出席名流雅席。席间，有几个日本浪人突然声称："久闻张大帅文武双全，请即席赏幅字画。"张明知这是故意刁难，但在大庭广众之下，盛情难却，就满口应允，吩咐笔墨侍候。只见他潇洒地踱到桌前，在铺好的宣纸上大笔一挥写了个"虎"字，然后得意地落款："张作霖手黑"。印上朱印，踌躇满志地掷笔而起。那几个日本浪人，丈二和尚摸不着头脑，面面相觑。机敏的随侍秘书一眼发现了纰漏，"手墨"亲手书写的文字怎么成了"手黑"？他连忙贴近张作霖耳边低语："您写的'墨'下面少了个'土'，'手墨'变成了'手黑'。"张一瞧，不由得一愣，怎么把"墨"写成"黑"

啦，如果当众更正，岂不大煞风景！他眉梢一动，计上心来，故意训斥秘书道："我还不晓得这'墨'字下边有个'土'！因为这是日本人要的东西，这叫寸土不让！"话音刚落，满座喝彩，那几个日本浪人这才悟出味来，越想越没趣，只好悻悻退场了。

你看，原本难免大出洋相的一个笔误，竟然成了民族气节和斗争艺术的折光反映。这种"化腐朽为神奇"的效果不就是将错就错的妙处吗？

糊涂说话，明哲保身

智慧有时隐藏于痴呆中，虚假的外表更能表达真实的意念。

在日常生活中，故作"痴呆"所表现出的说笑是高度机智的产物，因为它往往对一些人所共知的或简单易懂的现象做出荒诞的解释或发挥，将人引向另一个不易想到的荒唐的思路。

例如，你朋友脸红，你建议他少吃点西红柿；你朋友脸黑，你建议他少喝点黑芝麻糊。明明是不可能的事情，但你硬把它们凑到一块，便显出了你的假痴假呆的可笑。有时尽管对方和自己都知道其中的"痴"和"呆"，但客观上会因其"痴言呆语"中所含的俏皮味而引发谐趣。

女士俱乐部每星期五下午举行聚会，请人来就一些重要问题做报告，做完报告，接着是茶话会，问答会。一个星期五，一位先生来给听众们讲食物问题。他在报告中说："现在世界上的食物不能满足人类的需要，有一半以上的人在忍饥挨饿。食物生产得多，孩子也生得多，人们还是要挨饿。世界上不论白天黑夜，每分钟都有一个妇女生孩子。对此我们应该怎么办呢？"他停顿了一下，正要继续往下讲时，有一位夫人问道："我们为什么不找到那个妇女，制止她生产呢？"

那位发问的夫人运用的正是假痴假呆的说笑。大家都知道，"一个妇女"是不确指的每个生孩子的妇女。这位夫人也清楚这一点，可她偏偏把"那个妇女"说成特指的某一个妇女，并"傻乎乎"地要求把那个妇女找出来，制止她生产，这种完全"痴呆"的发问使人一听即明，是一种故作"傻帽"，并随之因为这种俏皮的"愚蠢"而发出会心的微笑。

故意将自己换成他人，好像没有自知之明，实为大智若愚。而偷换角色的方法前提是你在正确理解对方的指向对象后，想出一个用对方的话也能解释得通的虚假对象，然后以此作为你的真实对象说出你的"俏皮话"。这种"俏皮话"如果说得巧妙，具有很好的幽默效果。这在日常生活中也经常出现。

例如：在一个印第安小村庄里，人们都来庆贺一位九十九岁高龄的老人过生日，酋长自然也来捧场。他很自豪，因为在他的村中出了这么一位大寿星是远近闻名的事。只见他高兴地向老人道喜："老伯伯，衷心地祝贺您：我希望明年能给您庆贺百岁大寿！"

老人很认真地打量了酋长一番，然后说："为什么不行呢？您身体好像挺结实……"

在这里，老人就巧妙地偷换了角色。酋长的意思很明确，明眼人一听就知道是酋长希望老人能再活一年，可老人偏偏把这种真实的意思想成是酋长希望自己能再活一年，于是很好笑地说出安慰酋长的话。两者谁能再活一年的可能性大是显而易见的，可老人偏不认这个理，他很巧妙地把自己的角色换成了酋长的。指向对象经过老人这么一偷一换，反过来却定在了酋长身上，喜剧效果是很强的。相信周围的人会立刻捧腹大笑。

让我们再来欣赏几则阿凡提的故事——

一个人问阿凡提："阿凡提，听说人是用泥巴捏成的，这话当真吗？"

"当真。"

"人若是泥捏的，那么泥巴里掺麦草了没有？"

"掺了的。如若没有，人们在这个悲惨的世界上，身子早就让泪水给泡散了。"

"人是用泥捏成的"这话本身是神话传说，但竟然还有人当真问来问去！阿凡提见怪不怪，既不正面引导，也不予以反驳，而是不动声色，略施小计，顺着对方的思路继续往下发挥，让其信以为真，产生疑惑和思考，直至恍然大悟。这就是阿凡提的装疯卖傻法。

不过，这里的"疯"不是真疯，它是阿凡提一个善于说笑的体现和智慧的象征。从表面上，他的确像对方一样"傻拉吧唧"，其实内在思想却充满着高度的机智和敏锐。

再如在《装疯》的故事里，谁能说阿凡提是一个疯子和傻子呢？

阿凡提到另一个城市去办事，返回时却迷了路，走进一片树林。这时，恰巧这个城市的伯克在林里打猎。伯克问阿凡提："你是哪里的人？"

"我是从那个城市来的。"阿凡提指着伯克所在的城市方向。

"那个城市怎么样呢？"

"还不错。"

"那里的人怎么样？"

"人也很好。"

"伯克怎么样呢？"

"伯克嘛——可是又贪财又残暴！"

"我就是那里的伯克。"

阿凡提一听，眼珠一转，马上对伯克说："伯克大人，你认识我吗？"

"我不认识你！"伯克愤怒地说。

"我就是那个城市的疯子。疯病不发作，就给伯克老爷们祈祷幸福；可发疯起来，嘴上就臭骂起伯克老爷们来了。今天正好是我发疯的日子，恰巧就遇到你了。"阿凡提说着就疯疯癫癫地赶紧走开了。

阿凡提的故事《吞只活猫》也非常地道地"疯"出了风格。

阿凡提给乡亲们行医治病，庄上的巴依总想刁难他。有一次，巴依假装慌里慌张跑来说："阿凡提，昨天晚上我正睡得香，一只老鼠从我嘴里钻到肚子里去了。这怎么治啊？"

"马上抓一只活猫，让猫钻到你肚子里，把老鼠抓出来不就得了！"阿凡提说。

阿凡提的装疯卖傻法，也可以称为糊里糊涂法。所谓"糊涂"，指的是人的一种低级心智，不过，阿凡提在上述《人的起源》《装疯》和《吞只活猫》三则故事里的"糊涂"就是一门学问和艺术了。不仅高雅，哲理也很深。因此，这种"糊涂"是一种高级智能，是精明的另一种特殊表现形式，是适应复杂社会、复杂情景的一种高级的、巧妙的社交方式。

使用装疯卖傻法，尤为值得注意的是，自己所说的话一定要让对方听后引发思考，有所感悟。如果对方不得其解，不能悟出你的本意，那么，你再高明的说笑也将失去力量，反而把自己变成了一个真正的"疯子"、"傻子"和"糊涂蛋"。

给自己找个台阶下

在生活中，每个人都难免遇到令人尴尬的人，或办出使自己尴尬的事情，而且因此陷入一种狼狈的境地。这时略施"小计"来进行自我调节，便能摆脱困窘，扭转尴尬局面。

在一个女孩的订婚宴会上，她很想给未婚夫的亲戚们留下好印象。她微笑着走进宴会厅，不料绊倒了一座落地灯，灯撞翻了小桌子，她正好跟跄跌在小桌子上，跌了个四脚朝天。她立刻跳起来，站直了说："瞧！我也能够玩扑克牌把戏！"她的做法一下子就把尴尬的场面扭转了，而且她还给人留下了聪明、大方、对自己充满信心的好印象。仅这一件小事，人们就已充分了解了她的智慧和能力。

俗话说：家丑不可外扬。可是在说说笑笑的时候，"笑话自己"是一个得到普遍认同的观点。瓦尔特·雷利说，不论你想笑别人的哪一点，先笑你自己。试想当一个人想说笑话、讲讲小故事，或者造一句妙语、一则趣谈时，取笑的是他自己，其他人谁会不高兴呢？所以说，想要制造笑，最安全的目标就是你自己。

美国幽默作家罗伯特就主张以自己为幽默对象，或者说，"笑话自己"。运用这种方法，在生活中的各种场合，我们都可以发现笑料，引出笑声，为人们解除愁闷和紧张。长此以往，你就能获得一种幽默智慧，能够承受各种既成事实，更有信心去努力改善现状，也能够增加自己的亲和力。

比如在双方交谈刚开始，尚未开宗明义之前，来一个巧妙的笑话，使对方处于欢乐激情之中，达成情绪上的"晕轮"，就像刘姥姥进大观园那样，首先给对方以轻松感，然后再侧面谈及农家之苦，把对方的骄傲情绪和同情心调动起来，他们自然乐于施舍于她了。利用自我解嘲，可主动地暗示自己的处境，唤起对方的同情。

有一个人向他的朋友抱怨："我愈来愈老了。"当然，朋友告诉他，他看起来仍和从前一样年轻。

"不，我不年轻了。"他坚持说，"过去总有人问我：'为什么你还不结婚？'而现在他们问：'你当年怎么会不结婚的呢？'"

朋友在被他逗笑的同时，也不免会为他年华逝去，却还没有成家而同情他。要获得他人的同情，我们要首先脱掉虚伪的外衣，真诚地表露自己。而趣味的说笑能帮助我们移去障碍和欺骗。有时候，在大庭广众之下，我们会犯一些小错误，闹一些小笑话，这时候，就可以用逗乐来帮助我们表达真诚，来解除别人的嘲弄。

乐观地面对生活，借着欢乐的分享，你就可以把琐细的问题摆在适当的位置，整个生活相形之下你就显得很小了，这有助于你轻松地获得他人的同情，也能使你重振精神。

有时候，我们也难免会撒谎或者欺骗他人。而当我们偶尔犯了错误受到谴责的时候，我们总是希望得到他人谅解。我们相信，绝大多数人是诚实的、善良的，因而我们采取说笑的方式争取他人的谅解。

一个妇人打电话给电工："喂，昨天请你来修门铃，为什么到今天还没有来？"

电工答道："我昨天去了两次，每次按门铃都没有人出来开门，我只好走了。"

人们听后肯定会轻松地一笑，其意绝不在讽刺电工的服务态度，电工的愚笨反而使我们觉得可爱，进而谅解他的工作失误。

有一位职员，上班时间趴在桌上睡着了，他的鼾声引起了同事们的哄堂大笑。他被笑声惊醒后，发现同事们都在笑他，有人道："你的'呼噜'打得太有水平了！"

他一时感到不好意思，不过他立即接过话茬说："我这可是家传秘方，高水平还没发挥出来呢。"在大家一片哄笑中，他为自己解了围。

在说笑的时候先笑自己，是一条不成文的法则，你的目标必须时刻对准你自己。这时，你可以笑自己的观念、遭遇、缺点乃至失误，也可以笑自己狼狈的处境。每一个会说话的人都得有随时挨"打"的心理准备，如果缺乏自嘲的能力，那么他就会活得很累。

一次，陈毅到亲戚家过中秋节。进门就发现一本好书，便专心读起来，边读边用毛笔批点，主人几次催他去吃饭，他不去，主人就把糍粑和糖端来。他边读边吃，竟把糍粑伸到砚台里蘸上墨汁直往嘴里送。亲戚们见了，捧腹大笑。他却说："吃点墨水没关系，我正觉得自己肚子里墨水太少哩。"

人们喜爱陈毅，难道和他的这种豁达、幽默的禀性没有联系吗？把自己作为调侃的目标，以此来沟通信息、表达看法是最令人折服、最能获得信赖的。你以取笑自己来和他人一起笑，这能够让他人喜欢你、尊敬你，甚至钦佩你，因为你用你的乐观向他人展现了你善良大方的品质。

威廉对公司董事长颇为反感：他在一次公司职员聚会上，突然问董事长："先生，你刚才那么得意，是不是因为当了公司董事长？"

这位董事长立刻回答说："是的，我得意是因为我当了董事长，这样就可以实现从前的梦想，亲一亲董事长夫人的芳容。"

董事长敏捷地接过威廉取笑自己的目标，让它对准自己，于是他获得了一片笑声，连发难的人也忍不住笑了。

说说笑笑是一种只有聪明人才能驾驭的艺术，而自嘲又是这种艺术的最高境界。由此可见，能自嘲的人必然是智者中的智者，高手中的高手。自嘲就是要拿自身的失误、不足甚至生理缺陷来"开涮"，对丑处不予遮掩，反而把它放大、夸张、剖析，然后巧妙地引申发挥、自圆其说，博得一笑。

　　一个人如果没有豁达、乐观、超脱、调侃的心态和胸怀，是无法做到的。自以为是、斤斤计较、尖酸刻薄的人更是难以望其项背。自嘲不伤害任何人，因而最为安全。你可用它来活跃气氛，消除紧张；在尴尬中自找台阶，保住面子；在公共场合表现得更有人情味。

声东击西的说话艺术

战略战术上的"声东击西"，相信大家都可能知道不少，但日常生活中运用"声东击西"法，却不是每个人都会的。我们先看这样一个生活中的例子：

李三是全村有名的喜欢借东西但从来不及时归还的人，邻居们都找借口不想借给他东西用。

一天，李三来到邻居王六家，问："王六哥，今天你们家要用平板车吧？"

王六早有准备，很干脆地回答说："是的，我们今天正好要用。"

听到这儿，李三高兴地说："太好了，这么说你家今天就不用拖拉机了，正好借给我用用啊。那太好啦。以后会好好谢谢你的。"

这个李三虽是一个不太守信用的人，但他的"声东击西"法还是运用得很熟练的。

有一对夫妻，妻子非常喜欢唱歌，可是水平特别差，有时候搞得丈夫没法休息，丈夫多次劝说也无济于事。有一次已经深更半夜，妻子还在那里自得其乐地唱着难听的歌，丈夫只好急急忙忙地跑到大门口站着。

妻子见此，不解地问道："我每次唱歌时，你干吗总是要跑出去站在门口呢？"

丈夫非常清楚地说："我这样做是为了让邻居看到，我并没有打你。"

丈夫的回答，表面上看是答非所问，实际上是采用了一种声东击西的说笑艺术。妻子乍一听也毫不介意，可是继续回味，才会发觉自己像咽进了一只绿头苍蝇般，哭笑不得。丈夫的回答，表面意思是在说妻子发出的声音不是丈夫殴打所致，本意则是在讽刺妻子唱得难听，好似被打得惨叫一般。

在有些场合，利用"声东击西"的技巧，把相同意思的话用不同的语言来表达，效果迥异。有时言在此而意在彼，确实令人回味无穷。

《五代史·伶官传》中有一事十分有趣：庄宗喜好田猎，在中牟打猎，践踏许多民田。中牟县令为民请命，庄宗发怒，要杀他。

伶人敬新磨得知后，率领众伶人去追赶县令，将之拥到马前，责备他说："你身为县令，怎么竟然不知道我天子喜爱打猎呢？为何让老百姓种庄稼来交纳税赋，而不让你治下百姓忍饥去荒废田地，让我天子驰骋田猎？你罪该万死。"于是拥着县令前来请求庄宗杀之。

庄宗听后无奈大笑，县令被赦。

以上这则故事中，敬新磨为了达到劝谏目的，取得和君王谈判的成功，运用了反话正说、声东击西的技巧，就是使用与原来意思相反的语句来表达本意，表面赞同，实际反对。在生活中，尤其是在人际交往时或谈判桌上，运用这种表达方式往往能收到直接表达所起不到的作用。

如果说连小孩子也"懂得"了"声东击西"之术，人们可能不太相信，下面这个例子可以让不相信的大人们目瞪口呆：

同事有一个一岁多的女儿。那天，同事带着女儿在小区里遛弯儿，和妈妈们凑到一起聊起了天。小女孩看见一个比她大一点的小男孩在玩一个很好玩的玩具，很想去玩，但估计了一下双方的实力，觉得自己肯定抢不过人家。于是她就走到那个小男孩妈妈面前，喊道："阿姨，抱抱！"阿姨高兴地去抱她，可是小男孩不干了，跑过来要自己妈妈抱。

于是，小女孩顺利地拿到了玩具。

第五章　懂幽默的人会说话

　　爱迪生说:"如果你想证服这个世界,就必须使这个世界更有趣!"我们什么时候看到过富有幽默感的人在人际交往中被动过?无论身处什么样的氛围之中,他们都能以自己高超的幽默技巧腾挪闪打、游刃有余。他们无疑都是具有魅力的人。在人际交往中,幽默的情怀无疑就像湿润的细雨,可以冲淡紧张的气氛,缓解内心的焦虑,缩短彼此间的距离,是胸襟豁达的表现,即使在不愉快中也能沁人心脾、破除尴尬。

幽默的力量很强大

在现代人际交往中，幽默感显得越来越重要了，它被誉为没有国籍的亲善大使。无论从事什么职业，幽默都能使你增添异彩，特别是在人际关系的问题上，能使你顺利地渡过困难的处境，帮助你成功地在社交场合建立和谐的人际关系。

在人生的各种际遇中，幽默力量是人际关系的润滑剂，它可以善意的微笑代替抱怨、避免争吵，使你与他人的关系变得更融洽。

幽默的力量可以帮助你减轻人生的各种压力，摆脱困境。

幽默的力量能帮助你战胜烦恼、振奋精神，在沮丧中转败为胜。

幽默的力量能帮助你把许多的不可能变为可能。

幽默的力量比笑更有深度，其产生的效果远胜于咧嘴一笑。

当你把你的幽默作为礼物奉献给他人时，你会得到相同的、甚至更多的回报。

幽默的力量能使他人更喜欢你，信任你，因为他不必担心被取笑、被忽视。所以，人们希望与幽默的人一起工作，乐于为这样的人做事；人人都希望选择一位有幽默感的人作为终身伴侣。

企业里的经理人应具备幽默感，在沟通时才易破"冰"；学生渴望老师富有幽默感，他们坐在教室里才能如沐春风；群众也希望政府官员多一点幽默；政治家在竞选时不妨多一些幽默；甚至小孩也会因为在与父母及小伙伴相处时，表现出天真无邪的幽默，而更显得活泼可爱。

如何才能做到幽默呢？其实，只要借用简明扼要的格言、睿智的谚语，或将他人精彩的玩笑加以修改，赋予生命，加上你自己的题材，就能成为适合自己的幽默。那些老笑话已没有趣味，叫人笑不出来，而你以自己的方式讲一些新的笑话，往往会使他人笑得轻松愉快。

林肯总统深知借来的或引用的幽默常常会更有力，他说："有一位老人告诉过我，一点缺点也没有的人，通常也没有什么优点。"这句借用他人的话语使他得到许多收益。

经常练习，你就能发展自己的"趣味的思想"。例如以"柠檬"二字做游戏，你可以把它变成意义深远的妙语："当人生给你酸涩的柠檬时，你就把它榨成一杯甜美的柠檬水。"

恩格斯说过，幽默是具有智慧、教养和道德上优越感的表现。幽默感是人的比较高尚的气质，是文明的体现。一个社会不能没有幽默。有人形象地说："没有幽默感的语言是一篇公文，没有幽默感的人是一尊雕像，没有幽默感的家庭是一间旅店，而没有幽默感的社会是不可想象的。"幽默可能发生在社会生活的每一个层次、每一个角落。受过良好教育的人，有受过教育的幽默方式；中产阶层的人有中产阶层的幽默方式；哪怕是斗大的字不识一箩筐的人，也可以有他们独特的幽默方式。可以说，幽默是一个不拘性别、不拘年龄、不拘社会地位、不拘教育程度的、人人皆可为之的社会现象。正因为幽默在我们的社会生活中是这样普通，人们已太熟悉了，它才被人们所忽视。当人们生活在一个缺少空气的环境中，才能深切体会到空气对人的重要。同样，只有当人们生活在一个缺少幽默的社会环境中，他们才会感受到幽默的魅力，感受到生活中幽默的力量。

幽默是一种为人智慧

李宗吾所著《厚黑学》里有这样一句话："有些事可以做不可以讲；有些事可以讲不可以做。"

凡是生存在社会上的人，谁也无法估计因缺乏机智而遭受的损失吧！——有许多人，正是因为面临事变而不知所措，以致遭受了错误和损失；而这种情形简直可以说到处皆是呢。

机智和幽默有什么关系呢？很多人认为他们各不相干，但我认为，幽默是以智力为基础的，但又与机智不完全相同。机智可以把似乎风马牛不相及的事物巧妙地融为一体，有时它在文句上玩弄花样，给人机智聪慧的感觉，而所谓幽默则是得体的自我玩笑。譬如，一幅幽默的漫画，一个人头上戴了呢帽，鼻梁上架着眼镜，走起路来神气活现，不料正在他自鸣得意时，脚底下踏到一块香蕉皮，不小心摔了一跤，刚才的威风和跌了一跤后的狼狈姿态，形成了一个鲜明的对比，给人一种幽默感。

幽默，实际上可以压倒别人，显示自己的聪明之处，同时也能鼓起他人的兴趣，缓和紧张的气氛，使大家相处得快乐、融洽。

幽默运用得法，可以使一个敌对的人哑口无言，甚至解除尴尬的局面，赢得别人的鼓掌喝彩。

对机智的人，幽默随手拈来，俯身可拾。美国著名作家马克·吐温是位有名的幽默大师。有一次，马克·吐温去拜访法国名人波盖，波盖取笑美国历史很短："美国人没事儿干的时候，往往爱想念他的祖宗，可是一想到他的祖父那一代，就不得不停止了。"马克·吐温听了后淡淡一笑，以诙谐轻松的语气说："当法国人没事儿的时候，总是尽力想他的父亲到底是谁。"

幽默有时是文雅的，有时是暗含用意的；有时是高级的，有时是低级趣味的。切忌在交际中开低级趣味的玩笑，以此为幽默。低级趣味的幽默形如讥笑，有时一句普通的讥讽会使人当场难堪，反目成仇。所以在社交场合中，幽默应该显示人的高尚、斯文和修养。

在交际场合，幽默和机智的用处也很广。在这里我们可以从下面几项来观察一下。

幽默与机智，在交际上可以表现出自己的聪明之处；也可以勾起他人的兴致，压倒别人；可以缓和紧张的局面，也可以使整体氛围变得轻松等。

一句幽默的回答，最有释怒解恨的功效，这不是说辛辣的讽刺，而是有意识的轻松诙谐。从前，有一位参议员曾经向美国总统柯立芝告发另一位参议员，要把他推入狱中，柯立芝歇斯底里地说道：

"哦！法律我是很熟悉的，但还没有看过这样武断的一条！"

柯立芝用他的机智和幽默，化解了一幕紧张的戏剧。这可以说是缓和法则。要缓和任何的紧张，大概幽默可算是最有效的办法吧！

要想不得罪别人，在运用机智和幽默时，你就应该注意到下列的六个"不要"的条件——

不要挖苦和嘲笑别人。

不要与他人作纠缠不休的长谈。

不要毫无意义地一味滑稽下去。

不要在不适宜的场合随意调侃幽默。

不要信口开河，胡说乱道。

不要有不礼貌之举。

不要讥笑别人，也不要时常模仿他人的动作，无论在他人的背后或面前，应该设法努力改掉这个毛病。但如果已触怒他人，则应该立刻主动向对方致歉，并设法保持友谊的关系。

至于一些人说话东拉西扯，喋喋不休，这就是所谓唠叨。唠叨是有害的，所以你要尽量改正。因为这会使多数朋友认为你是个讨厌的人，不但你朋友会痛恨你的这种态度，而且你谈话啰唆的毛病，也会使你表达的话词不达意、模糊不清。

一味地俏皮，无休止的幽默，其结果反而是不幽默的。譬如，你把一个笑话反复地讲了三遍五遍甚至八遍十遍，人家起初虽认为你非常幽默，听厌之后，便不会感到丝毫有趣，甚至会反感你。

幽默和机智的效果，并不是从它本身的好与不好而定，一句话令人发笑或不发笑，与时间和地点是很有关系的。

比方你对某一群人说了一句话，他们会前俯后仰地哄堂大笑；但你对另外一群人说这句话时，却会变得毫无反响。

或者你今天讲了十分动人的一句话，到了明天却全无意味，虽然听的人没有改变，因此说话者必须了解他的听众，而了解听众的秘诀，只有从经验中才可以获得。

至于说笑话，有时也会使人不感兴趣，其理由也是与时机有关。譬如当大家聚精会神在一起严肃地讨论一件事情，你忽然在这时插进一句全无关系的笑话，则不但不会使人发笑，也许还会遭到众人的嫌恶。

所以，机智与幽默的运用虽是谈话中的调味品，但是，调味品放得不适当，反而会使味道变得难以下咽。

最后，还要讲到在运用机智与幽默的时候，最重要的是说话时的心理状态，尤其不可以引起众怒。因此与人交往中应该讳忌下面的这些话题——

带着妒忌心的话；出于恶作剧而残酷的话；批评人家时带有不善而恶毒的话；尖刻愤怒反驳的话；暴露别人丑态的话……凡此种种，你出口时必须要加以审慎，不说为佳！

不同的场合，不同的幽默

如前文所述，同样一种幽默如果使用的场所不对，不仅无法达到效果，而且可能受到别人的嘲笑，乃至引起别人的愤怒。

例如，当你出席一位朋友的葬礼时，如果你自认为幽默而对眼泪汪汪的遗孀说道：

"你先生一定是个很坚强的人，因为他父亲是个闻名的石匠啊！哈！哈！哈！"

将石匠和坚强联想在一起的幽默固然无可厚非，可是由于使用的场合不对，一定会使周围的人感到气愤。

"这个人怎么如此不通情理，大家都如此伤心，而只有他却嬉皮笑脸！"

同样的这种幽默如果换到另一种场合，效果就大大地不同了。例如当葬礼结束后，客人们在酒席上就座，这时大家的哀伤情绪稍微缓和了些，你不妨说道：

"××先生一直都是个很坚强的人，很可惜他这么早就去世！"

"听说他是山东人！"

"喔！原来是北方男儿！"

"他的父亲过去是名闻乡里的石匠哩！"

"石匠的后代呀？难怪他的个性一直都是相当的坚强！"

经你如此一说，大家可能都会赞同你的说法，而死者亲属们在这种气氛下，也一定会更坚强地面对悲痛的事实。

不管脑海中浮现如何幽默的题材，如果它可能刺伤在座的任何一个人的话，还是不要说出的好。因为受到伤害的人可能因为别人的笑声而内心更为难受，甚至于对说话者产生怨恨。有时你可能疏忽了这一点，说出口后才猛然想到："糟了！这个玩笑刺伤了××先生！"尤其是当你刺伤的对象是在座的中心人物时，还可能引起所有人的不满。

我们以婚礼为例，在婚宴上，大家经常会说些幽默而意味深长的话。例如，你以新郎、新娘的恋爱结婚为题来开个玩笑，想必不会引起他们的不高兴，在今日这种自由恋爱的时代里，新郎和新娘还可能因为自己是自由恋爱而感到骄傲。但是若新娘年纪比新郎大，而你又拿这个问题开玩笑的话，那就可能引起当事人的反感了。

因此在结婚的宴席上，最好不要提及新人的年龄或他们过去所从事的职业等问题，否则无论你多么幽默，也不会令别人佩服，甚至还会破坏婚宴气氛。

说话的人或许无心，然而听者往往却是有意，因此这类的幽默还是少说为妙，不妨多讲一些对新人祝福的话。

就如前面我们已经说过的，时机的把握对幽默的效果具有很大的影响。一旦你发觉这种幽默能令对方高兴，或将对方带入愉快的气氛里，那你就不应犹豫，要及时表现出来才好，否则一旦错过时机，效果就差了。

例如朋友同事聚在一起聊天，当大家的话题转到麻将时，如果突然有人说道：

"昨天真是倒霉！把太太交给我买东西的500元拿去打麻将，结果输得一塌糊涂，我还真不好意思回家去！"

当他说完后，你不妨马上接着说道：

"我相信昨天若有地洞的话，你一定会钻进去，对不？"

朋友们可能会对你这句幽默的话给逗笑了。可是如果你不把握住时机，而等到大家的话题转到其他的事情上时，你再说出上述的那句话，就达不到任何幽默的效果了。

可见幽默只有在最适当的时机，毫不犹豫地表现出来才能达到最好的效果。

此外，还要记得幽默并非是你的专利品，大伙儿聚集在一起时，别人也一定会表现各种的幽默，那时总不能大家都笑成一团，唯独你一个人板着脸孔。这种作风称不上风趣，因为你的严肃（或许你认为并不好笑）会破坏整体气氛。因此纵使你并不认为好笑，也应率先笑出声来，以表示你的赞赏。一旦大家笑出声来，整体气氛会变得更加愉快和谐，大家的心情变得更轻松，接下来一旦你表现出你的幽默，一定会产生更佳的效果，最终受惠的还是你自己。要记住，"笑"是人际关系中最基本且最好的方式之一。

学几个幽默表达的小妙招

一个富于口才的人，口语表达应当具有幽默风趣的特征。他说起话来挥洒自如、谈笑风生，在任何情况下都能应对自如、出口成趣。所以，训练口才不能不练"趣说"。幽默风趣是人际关系的"润滑剂""安全阀"，而风趣的谈吐会使人们生活得轻松，给我们带来笑声。我们的生活不能没有笑声，因为没有笑声的生活是一种酷刑，没有笑声的生活不能称为生活。

当然，幽默风趣并不是油滑、浅薄的耍贫嘴、打哈哈，它应当是智慧和灵感的闪光，含而不露地引发联想，出神入化地推动人们领悟一种观点、一种哲理，它有情的酿造，有理的启迪，传达着丰富的信号。同时，幽默风趣也是一种高妙的应变技巧，它常常能帮助我们在瞬息之间摆脱令人尴尬的窘境——但是，幽默风趣又不仅仅是一种技巧，它是一种品格、一种素质、一种特性、一种有意无意的情怀流露。

我们可以从以下几方面努力。

第一，用"趣味思维方式"捕捉生活中的喜剧因素。"趣味思维"是一种反常的"错位思维"，这种思维即不按普通人的思路想，而是"岔"到有趣的一面去。演说家罗伯特是个光头，有人揶揄他总是出门忘了戴帽子，他说："你们不知道光头的好处，我可是天下第一个知道下雨的人。"罗伯特并不为自己的"秃顶"苦恼，反而"美化"了光头，他这是用"趣味思维方式"捕捉自己身上的"喜剧因素"。他的"错位"思维使他想到的同别人不一样。

第二，要在瞬息构思上下功夫，掌握必要技巧。幽默风趣是一种"快语艺术"，它突破惯性思维，遵循反常原则，想得快，说得快，触景即发，涉事成趣，出人意料之外，又在情理之中。比如，有位将军问一位战士："马克思是哪国人？"战士想了会儿说："哦，马克思搬家了。"对于这常识性问题都答不出，将军当然不快，但这一"岔"，构成了幽默。

第三，要注意灵活运用修辞手法。极度的夸张、反常的妙喻、顺拈的借代、含蓄的反语，以及对比、拟人、移就、拈连、对偶……都能构成幽默。另外，选词的俏皮、句式的奇特也能构成幽默。表达时，特殊的语气、语调、语速，以及半遮半掩、浓淡相宜或者委婉圆巧、引而不发——甚至一个姿势、一个心照不宣的微笑，都能表达意味深长的幽默和风趣。

第四，注意搜集俯拾皆是的素材。我们丰富多彩的生活提供了许多有趣的素材，这些素材无意间进入我们记忆仓库的也很多，我们如果做个"有心人"，就会使自己的语言材料丰富起来。例如谚语、格言、趣闻、笑话等，我们可以提取、改装并加工利用，这样我们的语言就会增加许多趣味性的"调料"了。比如有位女教师上了一节公开课，受到了很高的评价，但她却说："麻雀哪里能飞得过大雁啊！"这句话包含对自己"启发式"体现不够的自知之明，也是风趣、得体的自谦，而这句话之所以很风趣，正是因为她在她丰富的语言储备里，顺便拈了句民谚俗语做比喻。

幽默风趣较多运用于应变语境。作为口才训练的终结，幽默风趣的表达是应该达到的较高的境界。通过"趣说训练"，要在进一步提高心理素质的同时，习惯于"趣味思维方式"，习惯于用"错位"语言艺术构成风趣和幽默，并掌握几种常见的幽默表达技巧。通过说俏皮话、对"侃"、自嘲、讲笑话、说相声等训练手段，使表达更风趣、诙谐，更有吸引力。

说话风趣，最常见的是选词择语很俏皮，有口才的人常常是不用陈词套话说话，而要绕个弯子用俗语、谚语、外来语或用比喻、比拟、反语、双关、移用等来说话。例如，美国某个黑人律师1982年发表反种族歧视演说，一登台就这样说：

"女士们、先生们——我到这里来，与其说发表讲话，还不如说是给这一场合增添一点点颜色……"（笑声）

显然，黑人面对白人群众是"添"了点颜色，但除此还有言外之意，这里用的是双关引趣手法。

语言学家林语堂说话也很风趣："女士们、先生们——我觉得，绅士们的演讲，应该像女人们的裙子，越短越好……"（笑声）

林语堂用的是妙喻引趣手法。我们日常生活中，如果不满足于"惯性表达"，说话前可以先在脑子里打个"弯"，这时说出来的话也许就俏皮生动得多。例如，说一个人思想很保守，不听劝，就说"他呀，榆树疙瘩，不开窍"就风趣得多。

幽默作为一种"错位"语言艺术，常常运用意外的，甚至驴唇不对马嘴的移植或组合，构成令人捧腹的幽默，因此要突破常规思维，这样才能巧发奇中。平时要多留意以"错位"为特征的幽默言语，但要注意，幽默的俏皮话并非格调低下的哗众取宠，表达时要恰到好处。多用则令人生厌，近于油滑。幽默风趣的目的是"激活"信息输出机制，调剂人际关系，绝不是不顾场合的挖苦和嘲弄。高明的风趣和幽默益智明理，折射出一个人的美好心灵，它是以不损害别人为前提的。

幽默表达，提升自信

坦诚开放地与人相处能帮助我们更自信，我们有时会怀疑自己或对自己没有安全感。通过幽默力量，我们逐渐能承认这些不安全感，不至于把它们看得太严重。然后我们就能够消除怀疑心态，强化自信心。因为我们能正视自己的缺点、背景，以及过去或现在的环境，无论是好是坏，都会比我们试图掩饰或逃避更为坦然。

你是否曾对你的家庭背景感到自卑，或者夸耀一番？

试看这位在高速公路上违章的驾驶员对巡逻警察说："我要让你知道，我来自广州最富有的家庭之一。你不应该给我开罚单。"

"那无妨，"警察说："我开罚单给你，可不是为了自己也成为百万富翁。"

诗人麦琨有一次对他自己是"婚姻外的关系而出生"的事实开玩笑。"我生来就是个私生子，"麦琨说，"但是有的人却因为自己是私生子而背上沉重的包袱。"

也许你觉得自己生错了时代，生错了地点，或生错了家庭；或者你为过去的经济环境感到窘迫，生怕有人提起。我们要提出一些方法，可以发挥幽默力量来解决这些小小的困境，同时你也可以自己发明一些方法来灵活运用。

"我们从来不穷，也没挨过饿，只是有时会把吃饭时间无限延后罢了。"

"我出身穷苦的家庭。当我小的时候，别的小孩做模型飞机，而我只是做模型面包。"

你是否觉得自己受教育程度太高或太低？或者觉得你的荣誉或成就会给人趾高气扬或自以为了不起的印象？如果你能开开自己的玩笑，就不会使人觉得你锋芒太露或把你看扁了。

美国有一位著名的高等法院法官霍莫思，就是能轻松地对待自己的人。他对自己各方面的光荣成就从不夸耀也不自得。

当他的雕塑肖像在华盛顿揭幕时，有一位年轻女人特地来看他的肖像，她因能见到这位著名人物本人而惊讶万分。"我特地从 400 公里外赶来看你的半身像揭幕！"她兴奋地叫道。

法官回答："我也很乐意坐 400 公里车去向你回报。"

当幽默的力量帮助我们在情绪上坦诚开放时，我们和周围的人都会觉得很舒适。

当我们把幽默力量应用于我们生活四周的紧张和焦虑时，我们能帮助自己，也能帮助别人。我们也许感受到经济上的压力，不知道是否能飞黄腾达；也许我们会终日忧虑自己的外表或年龄，青春不再，这的确很恼人；我们也许感到这个世界太过于重视外表和金钱，而不重视个人本身的能力。

然而幽默能帮助我们了解幽默的力量，那时你就可以消除紧张，解除烦恼，将你对年龄、身高、体重，甚至对金钱的烦恼统统抛开。例如，年纪渐长似乎是大多数人觉得最难处理的烦恼。但是不论你多年轻，或者多老，你都能帮助他人把年岁的增长看得很轻松，你会发现幽默具有一种把年龄变为心理状态的力量，而不是生理状态。

以下有关幽默力量的实例，你认为哪一则最适合你？或者最接近你的情况？

"他正处在尴尬的年龄——二十几岁。在电视上扮演天才儿童太老，但是演事业有成的中年人又显太年轻了。"

"中年就是把'向前进'开始看作'停留不动'的时候。"

"我实在太老了，我的保险公司只送给我半年的挂历。"

充满幽默力量的人不论在什么年纪都懂得正确应用它。

"我发现了青春永驻的秘诀，"鲍伯·霍普的妙语："我经常谎报年龄。"

"我不在乎变老，"有一个聪明人说，"也不在乎把我的年龄告诉别人，只要我可以不必去关心它在我脸上做的记号。"

你为头发花白或稀疏而烦恼吗？没关系，治秃头最好的方法，还是戴一顶帽子。

或者换个方式："头发是唯一能防止秃头的东西。"

记住："秃头也有好处，你是第一个知道何时开始下雨的人。"

你为体重而烦恼吗？先听听这位忧愁的人怎么说："我已经努力节食了6个月，但是唯一消瘦的却是我的头发。"

运用你的幽默力量来称重吧！肥胖问题以及如何减肥，是当今最流行的话题。何必抱怨？如果你能诙谐地采用幽默的方式看待：

"我们这个时代最令人困惑不解的问题，就是我们减轻体重的话，那么这些重量究竟减到那里去了？"

"我正在实行严格的节食，连晚餐音乐都不能听。"

你为你在人生中所扮演的角色而烦恼吗？只要我们留心那些具有幽默力量的成功者所说的话，别把自己的问题看得太重，并且用它来减少自我的重要性，这些烦恼就会消失。

成功的剧作家考夫曼有1万美元，若是在他二十几岁的时候，这可是好大一笔钱。此外他也有朋友——其中两位是喜剧演员马克兄弟。

这对兄弟建议他投资买股票，于是考夫曼买了股票。但他这1万美元却在1929年股票市场大惨跌中全部泡汤了。

他很豁达，说："任何人要听了马克兄弟的话，把钱拿去投资的话，就活该会泡汤。"

帮你自己一个忙！让幽默力量来帮你淡化经济上的烦恼，并且也能鼓励别人泰然处之。

你可以这样说某人："老天，他的负担好重！他每天要为那么多银行存款算昏了头。"

你也可以这样说你自己："我已经找出输球的毛病在哪里了。我的嗜好是网球，但是我缴的却是乒乓球俱乐部的钱。"

当经济拮据、捉襟见肘的时候，让幽默力量的新观点为你解除痛苦。以这样一句轻松的话来面对经济烦恼："有了鞋带，只能使你绊倒而已！"

要使自己成为幽默的人，就要明白快乐是幽默的源泉。心理学表明，快乐是一种可以"传染"的东西。因此，保持快乐，不仅可以带给自己幽默感，还可以让别人幽默起来。举个常见的例子，当小孩哭时，我们不胜烦恼，但我们还是哄着说"笑一笑"，当孩子破涕为笑时，我们也就高兴起来了。

如果你希望成为一个能克服困难，具有乐观的态度并能赢得别人喜欢和信任的人，幽默的人生态度就能帮你做到这一点。幽默的交际功能渗透到现实社会各个方面，它像顺水之舟，给你提供方便，使你在社交场合游刃有余。

幽默表达，化解矛盾

和初次见面的人交往确实不是件容易的事情。尽管平时常常练习，然而一旦面对生人还是不易做到大方自然、侃侃而谈，更不用说找到表现幽默的机会。

首先，由于你不了解对方的性格，因此内心感到不安和紧张，害羞的人更是会连一句话也说不出来。在这种情形下想表现出幽默，并取得对方的好感简直是不可能的事。

其次，在初次见面时，对方也往往会有类似的心理状态，于是两人的不安与紧张使得整个气氛形成胶着状态，自然就无从发挥所谓的幽默了。

在这种情形下，应如何去打破僵局呢？

你的不安和紧张大都由于不了解对方，如果你能对对方有所了解，那么不安和紧张的心情立刻就会缓和下来。

譬如，对方是一个40岁上下很健谈的人，他的职业是推销员，在公司任职主管，目前对钓鱼最感兴趣……

只要你了解上述的情况，你的不安和紧张就会逐渐消失，幽默的话题也就能逐渐地表现出来了。知道对方的嗜好、兴趣后，只要你抓住这些话题，那么两人必可畅谈一番。不仅是兴趣爱好，如果你也多少了解一些对方的经历，一旦找不到话题时，就不妨说：

"对了！听说你曾在 × × 公司……"

如此一来，不仅不怕没有话题，而且对方也因为你了解他，而对你产生一种亲切感。两个人一旦有了亲切感，话题就更容易展开了。

此外，你若能说出两个人都认识的一个人的名字，那么也会在无形中拉近彼此的距离。

"听说你和××公司的××先生很熟，我过去就一直与他的关系不错……"你可以如此说道。

初次见面时尤其要注意的是双方的穿着。如果彼此的服装差异太大的话，往往会使两人的关系更加疏远。对方西装笔挺，而你却是一身便服，在这种情形下，两个人是很难产生亲切感的。最好提前了解对方的穿着，至少也要考虑与你们见面的时间、场所适宜的穿着才行。

当然对方当天是穿名牌高级西装，还是服装市场上的廉价西装，你是无从得知，也不必猜测的。可是对方如果是艺术家的话，就很可能穿着较为随便；如果你和对方是在他工作的工厂见面的话，那么他一定会穿着工作服；如果他是老板的话，一定是西装笔挺……这类情形是可以想象出来的。

当然并非说要和对方的穿着相似，而是必须在见面之前考虑对方可能的穿着，尽量与其般配，这点是必须加以考虑的。

前面我们已经说过，我们必须针对对方的性格随机应变，才能发挥出最恰当的幽默效果。你平日若不注重自我训练，却想在初次见面就一眼看出对方的性格的话，那是很难的。

直觉灵敏的人能在第一次见面时，寒暄数句话后就看出对方的性格。

"哈！这个人脾气暴躁，个性多疑！"

相反的，感觉迟钝的人与他人交往三五次后，还往往摸不清对方的性格。然而确实有些人的性格是不易被人了解的，有的甚至相处两三年下来，还叫人摸不清他是什么样性格的人。

"那个家伙脑子里到底在想些什么事情呢？真叫人搞不明白！"

当然要一眼看出对方的性格绝非易事，这还是要靠自己平日尽可能多接触人，然后仔细地多加观察。总而言之，早一刻了解对方的性格，你的不安和紧张就可以早一刻解除，如此才能与对方畅谈，并得以发挥自己的幽默。

如果事前无法调查出对方的兴趣或生活内容，那么就必须利用交谈之际，尽量早一点发现自己和对方的共同点。

例如，两个人都对围棋有兴趣，或是对足球有兴趣，或是彼此的小孩子都是小学生等，这时话题就可以转到：

"最近的国家队……"

"我家的孩子只看电视不念书，早晨又爱睡懒觉，真拿他没办法。"

经你如此一说，对方也可能说道：

"我家的孩子也是如此，昨晚他就……"

这时两个人的话题就逐渐展开，彼此也产生了亲密感。

对初次见面的人，由于无法深入了解对方的性格，因此说些无关紧要的幽默话比较好。例如："上次我照相时，照了个重叠的双胞胎相，真是糟透了！"

"哈！哈！哈！现在生活越来越不容易，一张底片拍了两个人像，这不是刚好可以节省底片吗？"

像这类的幽默话即或是不大恰当，也不会产生什么误解。

如果对很熟悉的朋友一见面说个笑话倒还无所谓，但是对一个初次见面的人最好不要谈到生活困苦的一面，或含有吝啬意味的语句，否则对对方就稍嫌失礼了。

如果和对方谈谈公司的事情或是工作的概况，那倒是无可厚非的。

　　当你和人初次见面而无法打开话题畅谈时，还可以利用下面的方式为下次制造机会，并使彼此的隔阂逐渐消失。

　　"你刚才说的那本书我下次一定会带来。"

　　如此一来，你就又把握住了与对方下次见面的机会。二次、三次见面后，彼此逐渐地熟悉，隔阂就会随之慢慢地消失。平常不擅长社交的人，也就可以利用这种方式来逐渐与对方接近了。

第六章　谈判交涉讲策略

在当今社会，谈判交涉能力越来越受到更多的人的关注与重视，因为我们每天都处在各种各样的谈判或交涉之中。两利相衡取其重，两害相权取其轻，其目的是让自己"赢"。如果你能审时度势、趋利避害、拥有在博弈中完美胜出的智慧，那你就一定能获得社会认可。这就是策略，而这些策略，对于重要的谈判或日常的交涉，精于它的人往往能够大事化小、小事化了；而谈判交涉能力欠缺的人，则常常会因为一件小事陷入进退维谷、阻碍重重的境地。

学会掂量自己

谈判交涉在生活中很频繁，很普遍，因此很少有人重视它，去做准备。人们普遍认为，谈判交涉靠的是临场发挥，见机行事。其实，在一定程度上是要靠临场发挥，但必要的准备工作还是不可或缺的。比如，在谈判交涉前，先要掂量掂量自己，再去揣摩别人。

先掂量自己，这很有好处，甚至决定了你能不能成功。假若你想帮助别人，先要掂量自己的能力有多大；假若你想请别人帮忙，也要掂量自己有什么值得交换，对方在帮你之前，也会考虑一下你的现状，或者将来对他有什么好处。

1. 掂量自己的身份

当我国试爆第一颗原子弹时，当时任外交部部长的陈毅说道："有了原子弹，我的腰就硬了，我这个外交部部长说的话也就有分量了。"

在这个社会上，每个人的角色不同，社会分工也不同，农民种地，工人做工，教师教书，不同角色承担着不同的工作任务，现代社会正是一个动荡的转型期，社会的分工也越来越细，这就对现代人的生存本领提出了更高的要求。人不仅要能够适应多变的社会角色，还应对自身的角色有一份清醒的认识。

人微言轻，权高位重，在这个社会上人与人之间的人格虽然是平等的，但是每个人在社会中所处的地位和身份却有不同，而身份不同，其办事能力也是不同的。现实中，我们常常能见到这种现象：

与亲戚交涉时，一般来说，辈分高的人出面要比辈分低的人容易一些；在社会上交涉时，求有社会地位的人出面帮忙，就比地位不高的人出面顺畅。之所以有这样的差异，就在于每个人在社会中的身份与地位的不同。

因此，无论是进行何种交涉，我们都必须认清自己的身份与地位，看自己能办多大的事，能跟什么样的人交涉，采取什么样的方法和途径才合适。只有心里有了这个谱，交涉才会更有针对性、分寸感，自然就会减少许多不必要的麻烦和障碍，更容易达到办事的目的。

2. 掂量自己的人缘

人缘的好与坏对交涉能力来说很重要。人缘好的人，在社会上的形象就好，社会评价也高，因而与人交涉时也容易得到理解、同情、支持、信任和帮助。这就是说，一个人的人缘的好与坏，直接反映着这个人在社会上的办事能力和水平。所以，我们在交涉过程中，自己的人缘因素一定要考虑。

生活中也是这样，谁家都会有一两件大小事情，比如儿女婚嫁、买房装修，而有多少人会来给自己捧场、献贺礼、帮忙，则完全取决于自己的人缘。恰当地估计自己的人缘，依人缘进行周密的计划和行动，才能使事情办得圆满。

3. 琢磨对方是什么人

在社会上，稳重的人做事一般考虑较周全，既想到甲，又想到乙，这种习惯非常好，但在交涉过程中，却要依情况而定。

比如，我们在求人时，不要对每个人都低三下四地说好话，你要求准一个起主要作用的人，一切问题就都会好起来。

如果找准了人，就要在他身上下功夫。要学会运用交际的技巧，围绕着他展开话题，说话要特别小心。只要他高兴了，他手下的人就算再难缠，也不敢和他对着干。他若不高兴，你就什么事也办不成。

4.看准对方身份

无论在哪个地方，无论在什么年代，地位等级观念都是很强的。对方的身份、地位的不同，你说话的语气、方式以及办事的方法也应各有所异。如果不明白这一点，对什么人都说同一种话，则可能会被对方视为无大无小，无尊无贱，不懂规矩，没有教养。人家就会不愿帮你忙，甚至有意为难你，你要办的事就可能无法办成。

所以说，聪明人都是懂得看对方身份、地位来办事的，平常我们所说的"某某人会办事"，很大程度就体现在"见什么人说什么话"的才智上。这样的人不只当领导的器重他，做同事的也不讨厌他，他办事的成功率当然会很高。

先礼后兵，勿意气说话

"先礼后兵"是一种说话的哲学，目的是争取人心，因为如果在情义上已尽责尽力，即使发动干戈，也不怕引发众怒，毕竟对方错在"敬酒不吃吃罚酒"，自取其咎，怨不得他人。

交涉的目的很清楚，就是为了达成有利的协议。因此交涉前必须具有足够的力量作为后盾，才不会轻敌。但也不能滥用兵力，倘若一开始就气势汹汹，对方会不甘认输而顿生斗志，即使是后来终于完成交涉，至少是多费了一番手脚。所以力量绝不是前锋，它只是后盾，非到不得已，不轻易使出王牌。

如果论情无效，就与之论理，只要你理直气壮，步步深入，勿意气说话，一步一步地从某件小事谈起，最终定能达到自己的愿望。

所谓勿意气说话，就是说话别太偏激，别开过头的玩笑。假若几个好朋友在一起，大家开开玩笑，相互取乐，原是一件让人高兴的事。不过凡事有利也有弊，因开玩笑而使朋友不快的事情在社会上时常遇到。因此，开开玩笑是可以的，但要注意开玩笑的方法，不开过头的玩笑。

那么，开玩笑之前，你先要注意你所面对的对象是否能受得起你的玩笑。一般来说，人分为三类：第一种人狡黠聪明，第二种人敦厚诚实，第三种人，则介于两者之间。对第一种人，即狡黠聪明的人开玩笑，他不会让你占便宜的，结果是旗鼓相当，不分高下。第二种敦厚诚实的人，他们一般无还击之计，亦无抵抗之力，这种人喜欢和大家一齐笑，任你如何取笑他，他的脾气绝好，不会动怒。不过介于两者之间的第三种人，是最要认真对待的人。这种人大都也爱和别人一起说笑，但一经别人取笑时，既无立刻还击的聪明才智，又无接纳别人玩笑的度量，如果是男士则变得恼羞成怒，反目不悦，如果是女子就会独自哭泣或找人打闹。所以，在开玩笑之前，要先了解对方其人才能安全，其次要懂得适可而止。任何玩笑，一两句话说过就完了，不要老是纠缠一句话或对一个人开玩笑，也不要连续开好几个人的玩笑，不然你必然会招来非议。

开玩笑本来是一种调解谈话气氛的良好方式，但若使对方太难堪了，亦非开玩笑之道。这就是说，开玩笑要把握开玩笑的火候，不能过了度。比如，你笑你的同学考试不及格，你笑你的朋友怕老婆，你笑你的亲戚上了当或亏了本，你笑你的同事摔了跟头……这一切都是需要同情的事，你如果老是拿来取笑，不仅使对方难于下台，而且还表现出你很冷漠。

不说意气话，当然不只是开玩笑，任何谈话都要注意说话的火候，把握说话的分寸。比如，我们在领导面前说话时时注意，虽然说错了不至于掉脑袋，但后果仍很糟糕。上司不是一般的同事，即使是同事间说话也要注意分寸，何况上司呢，更要小心把握。

"不行吗？没关系。"这话是对领导的不尊重，缺少敬意。退一步来讲，也是说话不讲方式方法，说了不该说的话。

"无所谓，都行。"这句话会让领导认为你感情冷漠，不懂礼节。

"您不清楚。"这句话就是对熟悉的朋友也会造成一定的伤害，对领导说这样的话，后果更加严重。

"有劳了。"这句话本来是上级对下级表示慰问或犒劳时说的，下级如果对上级这样说，后果似乎不太妙。

"太晚了！"这句话的意思是嫌领导的决策或动作太慢，以至于快要误事了。在领导听来，肯定有"干什么不早点？"的责怪意味。

如果领导分配工作任务下来，而你说："这事不好办。"这样就让领导下不了台，一方面说明自己推卸责任，另一方面也显得领导没远见，让领导没面子。

总之，谈判交涉最怕的就是意气用事，意气说话，只要认真对待，懂得先礼后兵，并注意这些说话的技巧，就能够避免不该出现的问题，最终达成目的。

敢于说"不"，善于说"不"

　　人在社会，要想会说话，很多时候要敢于说"不"，善于说"不"。比如，若别人有求于你，而你出于各种原因却无法满足，又不好直说"不行""办不到"，生怕因此伤害对方的自尊心；或对方提出一些看法，而你不同意，既不想讲违心之言，又不愿直接反驳对方；或你看不惯对方的言行，既想透露内心的真情，又不愿表达得太直白，以免刺激对方。这时候，就要学会巧妙委婉地拒绝，根据不同的情况说"不"。

　　过去有一个男孩爱上了一个女生。某天，这个女孩下班后，男孩在单位外等她。男孩打算请女孩吃一顿最好的火锅。可是正当他约这个女孩的时候，女孩的妈妈突然出现了。三个人于是便一起去吃饭。女孩的妈妈选择了最贵的餐馆，点了很贵也很多的菜。吃不完还打电话让她们家的亲戚都来吃。可怜的这个男生，就一直在一旁数着他的钱，盘算着够不够。不过万幸的是，这个餐厅可以刷卡，他刷尽了他所有的钱。

　　后来，女孩的妈妈还是不允许女孩和这个男孩来往了。

　　在这个故事中，这个男孩子为什么要硬着头皮地跟着去吃那么昂贵的一顿饭呢？后来这个女孩的妈妈为什么不允许他们交往呢？可见，有些时候死要面子，不会拒绝，不一定就能办成事情。

　　我们都曾经历过这类事件，因为我们都希望自己能够拥有良好的人际关系。其实并不是接受所有人的所有要求，就能够拥有很好的人际关系，学会拒绝，也是我们处理好人际关系的一种重要技能，也就是说，我们要学会说"不"。

当然，我们必须努力去做一个不说"不"的人，可是，当遇到别人不合理的请求时，我们是否也要委曲求全答应对方呢？这个时候，你千万不要因为不能说"不"而轻易地答应任何事情，而应该视自己能力所及的范围，尽可能不要勉强自己，结果既造成了对方的困扰，又失去了别人对你的信任。

30岁出头就当上了二十世纪福克斯电影公司董事长的雪莉·茵是好莱坞第一位主持一家大制片公司的女士。为什么她有如此大的能耐呢？主要原因是，她言出必践，办事果断，经常是在握手言谈之间就拍板定案了。

好莱坞经理人欧文·保罗·拉札谈到雪莉时，认为与她一起工作过的人，都非常敬佩她。欧文表示，每当她请雪莉看一个电影脚本时，她总是马上就看，很快就答复。不过好莱坞有很多人，其他人若不喜欢的话，根本就不回话，而让你傻等。但是雪莉看了给她送去的脚本，都会有一个明确的回答，即使是她说"不"的时候，也还是把你当成朋友来对待。这么多年以来，好莱坞作家最喜欢的人就是她。

由此看来，拒绝别人不是一件什么罪大恶极的事情，也不要把说"不"当成是要与人决裂。是否把"不"说出口，应该是在衡量了自己的能力之后，做出的明确的回应。虽然说"不"难免会让对方生气，但与其答应了对方却做不到，还不如表明自己拒绝的原因，相信对方也会体谅你。

不过，当你拒绝对方的请求时，切记不要咬牙切齿、绷着一张脸，而应该带着友善的表情来说"不"，才不会伤了彼此的和气。

在这个社会上混，该说"不"时就要说"不"，不要做不讲话的鹦鹉。一味地沉默只会让他人忽视你的努力，甚至忽视你的存在。做一个有声音的人，让他人感受到你的存在价值。不会说"不"的人，只会让他人觉得你是一个逆来顺受的人。

你是不是五次三番地被人利用和欺侮？你是否觉得别人总是占你的便宜或者不尊重你的人格？人们在制订计划时是否不征求你的意见，而会觉得你千依百顺？你是否发现自己常常在扮演违心的角色，而仅仅因为在你的生活中人人都希望你如此。如果这样的话，你的生活和工作就需要改变了，就需要拒绝和说"不"字。

当然真正鼓足勇气说这件事情的时候，当你认识到自己的需要并表达出来时，你会发现你原来所顾虑的事情一件都没有发生，而你的生活却发生变化，同事们和朋友们都开始尊重你，开始意识到你的存在。

据某报载，某办公室有6位职员，水房离办公室较远。开始时大家谁也不愿意去打水，因为打完后也许自己只能喝到一杯水，其他的水都被分光了。为了保证大家都喝到水，办公室制定了规章制度，每三个人为一小组，每天早晨、中午打水。

甲组中的三个人，只有向云比较老实勤劳，每次同组的其他两个人都躲得远远的，只有向云打水。这一天，大家中午没见到开水，其中乙组的一位同事对向云说："向云，开水呢？打开水去呀。"向云当即反驳道："我们三个人呢，你指使我干吗？"那位同事当时有些脸红，此时甲组的另外两位连忙说："唉哟，不好意思，忘了，我马上去！"

从此，大家打水自觉多了。向云并没有觉得自己以前帮得太多了而不去做了，他仍然和同事一起去打水。

向云利用其他同事的愤怒维护了自己的权益和平等地位，大家在一个办公室，具有同样的义务，不好去指使另外的人，只好采用拒绝的方式而仍然去打水，说明他不计前嫌，利用宽容获得了别人的好感。

有人说，如果你想真正了解一个人，就请注意他拒绝别人时的样子，这是一个人的全部。"不"不仅体现了一个人的性情，也诠释了一个人做人的标准，在该说"不"的时大胆地把"不"说出口，是一种境界。

说话之道，攻心为上

古人说："用兵之道，攻心为上，攻城为下。"由此可知，我们在谈判交涉中，了解对手的心理很重要，因为这样可以消除对方的戒备心理。

在交涉中，我们经常会遇到各种让我们比较尴尬的局面，这是因为对方对我们有戒备心。为了消除对方的戒备心，我们首先要知道怎样识别对方的戒备心。

如果你觉得对方开始的寒暄都没有什么诚意，或者虽然同意你的意见，但他的答复却是比较含糊其词；又或者他只是附和你，却并不发表自己的意见，等等。当这些情况出现的时候，你就应该意识到对方对你仍然存在戒备的心理。

产生戒备心的原因很多，可能与谈判交涉的内容有关，也可能与你的说话语气有关。从心理学的角度来说，如果想要消除对方的戒备心，必须首先要懂得对方的心理，使对方对你的个性发生好感与认同感。那么，我们应该怎样做呢?

当你发现对方存在戒备心理时，应该立即采取行动，去除这种戒备心理。你可以在与对方交谈的过程中做出认真倾听的表现，但是记住千万不要只是倾听对方的谈话，而不发表自己的意见，那样对方会觉得如同跟墙壁说话一样，慢慢地也就会变得索然无味的。你可以在对方表述的过程中不妨插几句如"的确，一点也不错"，或"理解，就是你所说的"，表示你同意对方的观点和说法。对方即使对你存在戒备心，说话的时候态度非常谨慎，只要你不时点头，并附和一声，对方的戒备心也会慢慢消除的。

如果你遇到沉默不说话的对手，不妨以对方所带的东西或者无意识的动作为话题，对方自然就会开口。

有人看到这里可能会问，难道消除对方的戒备心理就这么容易吗？其实不是，如果你是一名市场销售人员，在去拜访你的潜在客户之前，一定记住要做足功课。

那么我们应该做些什么功课呢？某集团一位项目经理的经验对我们很有启发：

前段时间，我去拜访上海大宁创意基地的年轻老总，她是个二十多岁的漂亮女人，我怎么也想象不到一个这么年轻的人会在这个位置，而且还有很多的政府背景。于是，在我去之前，在网络上找到了关于这位老总的很多资料，逐一看过并记下了相关重点，为什么我要这么做呢，因为我想要找到能够和对方切入主题的前导性话题，让她感觉你是和她站在同一个立场上的，这样会很容易使我们的话题进行下去。

会说话，就少不了人际交往，在人际交往的过程中，我们往往认为只要说话有条理，能够抓住重点，对方一定就会了解。其实如果想使对方真正地理解，除了理论上的交流之外，还需要心理上的交流。消除对方的戒备心理，就是一种无声的心理交流。

我们常常会听到对方说："你讲的话很有道理，我也是非常明白，但是我总觉得缺乏真实感，不太现实。"如果遇到这种情况，我们应该怎么办呢？为了能够彻底地说服对方，我们先不要急着从理论着手，而应该从心理层面，从容易让对方接受的琐碎的地方去下手。比如，商场的销售人员经常会对顾客这样说，您不买没有关系，请先看一下吧。在出售香水的柜台前，漂亮的小姐会对顾客说，请您擦一点试试看。这是说服工作者常用的手段之一，叫作互惠原则。

或者我们在说服对方的时候，也可以站在第三方的角度来阐述自己的观点，让对方不会感到有很大的压力。

可以说，无论是谈判交涉，还是销售，消除客户戒备心理是最重要的一大技巧。如果你不会应用这个技巧，就会丧失许多机会，反之，可让你迅速把事情办成，甚至与对方成为知己。

具体要怎样做，曾有销售专家给我们提供了可以借鉴的经验。

1. 给对方一个喘息的时间

在你与对方打完招呼彼此落座时，不要急着展示你的产品和说明书，这个时候你应该寻找一个最适当的理由离开座位，给对方一个适应的过程。对方与你初次见面，由于大家平时没有什么来往，准客户的内心在很短的时间内很难接受你的说法和观点，对于你，他始终抱有很强的抗拒与防卫心理。此时你暂时离开座位，这种出乎他意料的行动给了他一个缓和的余地。比如，你可以跟对方说："很抱歉，我出去方便一下"，或者"对不起，我出去打个电话"等等，给他一个喘息的时间，让他有一个放松的间隙，好缓和他紧张的情绪。这时，也不要忘记在临走的时候告诉他："我马上就回，你请先用茶。"但是你千万不要亲自去端茶倒水，这样会削弱了你的气势，让对方轻而易举地驾驭你。

2. 再给对方放松的机会

几分钟后，你就可以回座，用轻松的口吻与对方就"你是哪里人？""你的岁数看样子没我大"等一般性的问题寒暄一番。你要表现出你的诚意和态度，聆听完对方的回答后，便可以再度请求离开一会："对不起，我去买盒香烟。"

这时，在对方的印象中，你们之间已经有一个熟悉的过程，对方的警戒心理已经逐渐开始放松。通过大家彼此的简短交谈后，对方就会对你有一个初步的了解，因此，对方的防卫情绪也就变得更弱了，你的离开使得对方再度放松自己，洽谈气氛就会更加融洽。

3. 让对方产生安全感

如果感觉到对方为了保护自己而说谎，那是因为对方没有了安全感。这个时候就要想办法使对方产生安全感，首先要使他对你产生信任感，这样他才会对你吐出真言。一般来说，想要套取对方的实情，循循善诱的方法比强硬逼供的手法更容易达到目的。但是其前提是我们必须做到让对方觉得"我实在不应该对这种人说谎"才行。简单地说，就是需要运用技巧，使对方在你的影响下而把实话完全说出来。

还有一种技巧是完全相反的，那就是把自己装扮成很容易上当的样子，使对方放下戒心，认为自己说什么都不会受到怀疑。这种情况下很容易让人无意间把心里的话说出来。换句话说，也就是让对方产生一种心理上的优越感，使他在得意之际忘形，此时询问一些问题，对方很可能就会无意中露出马脚了。这种方法的实施对象通常是那些极其傲慢不自谦的人。

总之，在谈判交涉过程中，消除对方的戒备心理的方法很多，关键在于我们平时多运用，多琢磨。

旁敲侧击，委婉说话

侧面出击，就是我们常说的旁敲侧击，这样能够人为地拉开话题与现场之间的距离，给对方留下一个缓冲带，或者给对方某种暗示。

都说会说话不容易，这不容易就在于社会是个复杂的大家庭。我们在社会交往中，总会有意无意地遇到一些不平之事，不公之人，对这些人事我们又不能去表达自己的不满。尤其是对自己亲近的人，我们只能巧加指责，让对方自己明白。怎样才能做到"巧"？话里藏话、旁敲侧击就是我们较理想的武器。

一是要侧面点拨：不直言相告，而是从侧面委婉式地点拨对方，使其更明白自己的不满，打消其失当的念头。这种技巧通常是借助问句的形式表达出来。例如：

小吴和小林是一对很要好的朋友，彼此之间都视对方为知己。有一次，同单位的小刘对小吴说："小吴，我总觉得小林这人为人有点太认真了，简直到了顽固不化的地步，你说是不是？"小吴一听小刘的话顿生反感，心想，你这小子在背地里贬损我的好朋友，缺德不缺德？但他又碍于同事之间，不好发作，于是就假装一本正经地说："小刘，我先问你，我在背后和你议论我的好朋友，他要是知道了，会不会和我反目为仇？"小刘一听，脸"唰"地红了，不吭声了。

在这个案例中，小吴就使用了委婉点拨的技巧。面对小刘的发问，他没有直接回答"是"还是"不是"，而是话题一转，给对方出了个难题，而这个难题又正好能起到点拨对方的作用，既暗示了"小林是我的好朋友，我是不会和你合伙议论他的"，而且还隐含了对小刘在背后议论他人、贬损他人的一些不满。同时，由于这种话语比较委婉且含蓄，也不致让对方太难堪。

二是要类比警告：就是以两种事物的一个相似点来作比较，暗示警告对方言行的失当。例如：

某运输公司的经理在一次业务谈判中，受到了本市装配公司工作人员的顶撞，于是他气冲冲地给装配公司的经理打电话："请撤销上次那个蛮横无理的工作人员的职务，否则就说明你们没有谈判的诚意。"

装配公司的经理听了微微一笑说："经理先生，对于工作人员的态度问题，是批评教育还是撤职处理，完全是我们公司的内部事务，无需向贵公司做什么保证。这就同我们并不要求你们的董事会一定要撤换与我公司工作人员有过冲突的经理的职务，才算是你们具有与我们达成协议的诚意一样。"

运输公司的经理顿时哑口无言。在这里，装配公司的经理就很好地使用了类比警告的技巧。虽然说两公司有很多不同之处，但有一点却是相似的，即两公司对工作人员或经理的处分完全是各公司内部的事务，与对他人有没有诚意无关。装配公司的经理就是抓住了这一相似点作比，从而警告对方所提要求的过分和无理，表达了对态度蛮横的运输公司经理的不满。

三是柔性敲打：大部分的女孩子都是莫名其妙就生男友的气，以显示自己有个性。假如这个女孩是父母身边的掌上明珠，或是兄长的娇妹妹，就更是不能容忍别人对她的不满。有些痴情的男孩子因为自己的某句话引起女友的不快，生怕得罪自己的"公主"，会忙不迭地赔礼道歉，更有甚者会贬低自己请求原谅，以示对恋人的忠贞。其实大可不必如此。例如：

曾有某局长的女儿静怡和本单位的小李谈恋爱，由于家境的原因，静怡总是显示出某种优越感。小李是农家出生的，大学毕业就被分在局里做科员，可以说没什么靠山，自然感觉在静怡面前矮了一截。有一回静怡到小李家做客，对小李家人的一些生活习惯总是流露出一些看不顺眼的情绪，并不时在小李耳边嘀嘀咕咕。吃过晚饭还把小姑子支使得团团转，又是叫烧水又是让拿擦脚布什么的。小李看在眼里，心里更不是滋味。他借机笑着对妹妹说："要当师傅先学徒弟嘛！你现在加紧培训一下也好，等将来你嫁到别人家里，也好摆起师傅的架子来。"小李这么一说，静怡当时似乎听出了什么，过后不得不在小李面前表示自己有些过分。

小李不失时机地用"要当师傅先学徒弟"的俗话来借以提醒静怡，避免了直接冲突。虽然对方当时有点不满意，但过后也会有一定的感悟。

以上这些都是侧面出击的实用方法，在生活和工作中我们还可以总结出更多来。要想在这个复杂的社会里生活，不懂得旁敲侧击，一味地莽撞只能四处碰壁。而侧面出击的结果，往往能将许多看似不可能的事情办成。

不要把话说得太满

人人都知道，杯子里如果装满了水，当然再也倒不进去水了。同理，在这个社会上，我们做任何事情都要有所保留，说任何话都不能说得太满，以便容纳一些"意外"，给自己留一条后路，也就留下了回旋的余地。

不把话说得太满，懂得给自己留后路的人，都是聪明人。杯子留有空间，还可以加进其他液体而不溢出来；气球留有空间，便不会因再灌一些空气而爆炸；人说话留有空间，便不会因为"意外"出现而下不了台，因而可以从容转身。

这个道理在生活中也随处可见，吃饭吃半饱，才有助于健康，饮酒饮到微醺才能体会到饮酒的快感。人在社会上混，很多时候需要给自己留下一点空隙，只有留有余地，才会有事后回旋的空间。就像两车之间的安全距离，要留一点缓冲的余地，才可以随时调整自己，进退有据。

我们来看下面这个案例：

某单位有一项工作的难度很大，老板将此事交给了一位下属，问他："有没有问题？"下属拍着胸脯回答说："没问题，放心吧！"

过了三天，没有任何动静。老板问他进度如何，他才老实说："不如想象中那么简单！"虽然老板同意他继续努力，但对他的拍胸脯已有些反感。

这就是把话说得太满，而使自己陷入窘迫之中。道理很明显，把话说得太满就没有回旋的余地了，就没有后退的空间了。当然，也有人话说得很满，而且也做得到。不过凡事总有意外，事情随时可能产生变化，而这些意外并不是人能预料到的，我们提倡话不要说得太满，就是为了容纳这个"意外"！

生活中，细心的人都会发现，很多人在面对记者的询问时，都偏爱用一些比较含糊的字眼，诸如：可能、尽量、或许、研究、考虑、评估、征询各方意见等。为什么要用这些字眼呢？因为，他们就是为了留一点儿空间好容纳"意外"；否则一下子把话说死了，结果事与愿违，就会影响自己的信誉。

我们在工作中更应该注意。上级交办的事当然应接受，但不要说"保证没问题"，应代以"应该没问题，我全力以赴"之类的字眼。这是为了万一自己做不到所留的后路，而这样说事实上也无损你的诚意，反而更显出你的谨慎，别人会因此更信赖你，即便事情没做好，也不会责怪你！

在日常生活中也应该如此，当别人有求于你时，对别人的请托可以答应接受，但不要"保证"，应代以"我尽量，我试试看"的字眼。如果与人交恶，不要口出恶言，更不要说出"势不两立""老死不相往来"之类的话，不管谁对谁错，最好是闭口不言，以便他日携手合作。

平时，我们对他人不要太早下评断，像"这个人完蛋了""这个人一辈子没出息"之类属于盖棺定论的话最好不要说，自己的人生自己把握，一辈子要走的路很长，谁都不能保证将来会是什么样。有一个女孩对此深有感悟，她在博客里曾这样记载自己的经历：

以前的我，思想很单纯，说话干脆，不考虑后果，后来有一个人提醒了我：丫头，话不要说得太满，给自己留一些余地，否则到时会很难堪。当时我不明白也不理解，以为这有什么，说了就说了，自己还不了解自己，说不会就一定不会，可是后来我终于清醒了，人活在这个世界上，要经历的事很多很多，有些事情也许可以肯定，但有些事情是说不准的，比如感情，那就是缘分，让两个天南海北的人相遇、相识、相知、相爱、最后结婚。

我和男朋友的相识很戏剧化，我俩是通过一个电话认识的，也许大家不相信，但就是那么偶然，像电影里的情节。虽然已经过去几年了，但我现在想起来感觉就像发生在昨天，那时的他少言少语、特别内向，很少和别人接触，而且我俩身处两地，在印象中他也不是我喜欢的类型，所以我只把他当作一个普通朋友看待。我们天天晚上通电话，引起了我周围朋友和同学的猜疑，当朋友们问我的时候，我还大笑地回答说：不是，我们只是朋友，他不是我喜欢的类型，我俩现在不可能、以后也不可能。就在那时，一个朋友给了我一句话："话不要说得太满。"今天想起来，真是世事弄人，几年过去了，我们竟成了恋人。真是不可思议！也许这就是两个人的缘分！

说话不留余地等于不留退路，要么成功要么失败的简单逻辑，已不适合复杂多变的社会。为此付出的代价有时是你无法承受的，那么，与其与自己较劲儿，不如多用一些缓和语气之类的说话方式。

多用一些不确定的词句，这样可以降低人们的期望值，当你不能顺利地完成任务时，他人会因对你期望不高，而能用谅解来代替不满，有时他们还会因此而看到你的努力，不会全部抹杀你的成绩；倘若你能出色地完成任务，那更让他人喜出望外，这种增值的喜悦会给你带来很多好处。因此，凡事要留有余地很重要，要时刻记住别把话讲得太满，懂得收放自如，让自己立于不败之地，从而在适度和完美之间找到平衡。

饭不要吃得太饱，话不要说得太满。天开地阔，心高路远，凡事都应该留点余地，这是生活的智慧。

第七章　美满的婚姻离不开嘴上经营

　　谁都渴望拥有美好的爱情，美满的婚姻，不过有情无情缘深缘浅，这就要看个人的造化了，而造化的关键就在嘴上。恋爱是靠嘴谈出来的，婚姻的稳固也离不开嘴的"经营"，拥有好的口才是恋爱和婚姻成功的保证。尤其是男女双方在刚刚踏入爱河时，由于彼此之间不熟悉，所以说话时一定要注意技巧，只有会欣赏、会赞美才能为自己的爱情和婚姻"镀金"。

初次见面如何开口

在初次见到异性时，由于初次见面十分重要，所以有许多人往往因为紧张而不知所措，不知如何开口，自然无法和异性就一些话题进行更深的交流。即使原本健谈、幽默和风趣的人有时也会变得木讷、寡言甚至手足无措。这种现象在生活中已经见怪不怪了。

那么，初次与恋人见面究竟要说些什么，或者如何说，都有哪些讲究？下面将为大家介绍一些可以减少犯错，取得最好效果的对话方式。

1. 男性主动说话是礼貌

其实，初次见面大可不必那么紧张，也不要封闭自己的感情和心灵，如果你觉得对方不错，就大胆地向对方表示自己的真心。

在任何场合，男性都要主动向女性打招呼、问好，这是男性应有的礼貌，如果男性主动开口，并尽量展开话题，就不会出现冷场的局面。比如，一位姓张的小伙经人介绍与一位姓李的姑娘相识，在一个星光灿烂的夜晚，他们见了面。小张首先开口说：

你好！我已经等了你很长时间了，真怕你突然改变主意不来了，那我就惨了。现在你来了，真的要谢谢你。你觉得我的第一印象怎么样？首先在外观上能及格吗？我这个人最大的缺点就是不会收拾装扮自己，所以迫切想找一个贤内助帮我料理收拾。如果……

小张就是很自然地就展开了话题，并且不断地诱发姑娘说话，他从谈话中也就了解了姑娘的兴趣爱好，对她有了初步的了解。

2. 一切从赞美对方开始

在这个社会上，任何人听到有人谈论自己的问题，都会更加集中精神去倾听，何况还是赞美自己的话。称赞在引起对方注意的同时，会使对方的心情感到非常愉快，从而给打开心扉提供了一个好的契机。我们看看这个小伙子在初次见面时是怎么赞美对方的：

初次见面，我觉得有些紧张，但一走近你又不太紧张了，因为你给我的感觉不一样，你的眼睛非常漂亮，鼻子竟然能够如此的完美，你的围巾也非常漂亮，和发型非常相称。

可以想象，女孩听了小伙子这一番开场白，会很开心的，之后的交谈自然会更融洽。

3. 谈话要一点一点地深入

从谈论外貌开始，然后逐步开始谈论对方的性格，当然你要提及的只是那些你自己感受到的对方性格中的优点而已。接着还要谈论一些对方关心的话题，如运动、电影、旅游、兴趣爱好等，提出问题，并和对方进行讨论，适时地发挥你的幽默感。比如：

跟你聊了一会儿，我发现：你不仅心地善良，而且性格非常好；我非常钦佩你对事业的热情；我觉得你非常温柔；我很喜欢你的直爽；没想到你长得这么漂亮，还那么善解人意！

这个时候也不妨作一点自我推介，但是要注意，既不要过于炫耀自己，也不要说类似抱怨的话，你要在对方的脑中勾画出两人交往后幸福的场景，同时把自己的优点用暗示的方式表达出来。

4. 避免直接的表白

初次见面，你尽可以发挥你的幽默口才，逗得对方发笑是最好的效果。你如果不擅幽默，说一些诚实的话也没关系，但你一定不要直白地表露你的情感。像"我觉得我跟你很般配""我很喜欢你""我该怎么办啊""我好想跟你交往"之类的话，切忌在初次见面的时候就说出口。当然，模棱两可的话不妨说说，因为你与对方初次见面，还不确定是否要和对方交往，要给自己留一些余地。如果今后觉得满意的话，可以将当初还是比较犹豫，但后来在接触过程中越来越喜欢这一变化过程告诉对方。比如，你可以说："有时候我自己也不太了解自己……"等等，制造让对方觉得模棱两可的烟幕弹。

5. 需要回避的话题

宗教或民族的话题，最好不谈，因为你还不能完全了解对方；

前女友或前男友的话题不要谈，因为过于敏感，怕引起不必要的情绪；

可能引起对方自卑感的话题不能谈，比如对方的身体缺陷等；

粗话、坏话不要讲；

过分炫耀自己的能力和钱财的话最好不讲；

无知的话、过时的笑话都不要讲。

如果对方和在你同一个空间范围内（比如在固定的时间可以遇见，在同一个地方上班，因为某些事情会经常见面），与其对她直接表白，不如将自己优秀的一面间接地传达给对方，比如，亲近她的朋友；出色地完成一个她所了解的任务；在她面前展示自己不同的形象等。

如果是通过相亲或者联谊活动结识的异性，在初次见面时有必要尽情地在对方面前展示自己最好的一面，如果抱着以后可以做得更好，穿得更加体面的想法，只会让自己感到后悔。因为初次见面时犯的小错误，可能会导致对方根本不给你再次见面的机会。

求爱何妨幽默一点

日本幽默家秋田实认为，幽默是爱情的催化剂。那么，究竟应该怎样向恋人表露自己的爱慕之情呢？这既没有固定的程式可循，也没有现成的话语可套，不过，你不妨运用幽默的求爱方式，即使不能情场得意，至少，也不会给以后的交往造成障碍，还可以保留一份美好的回忆。

比如，当你将一种语体的表达改变为另一种完全不同风格的语体来表达时，常常会让人忍俊不禁。用这样一种方式来向对方求爱，会让对方在轻松愉悦之中欣然接受。电影《阿飞正传》中就有一段很有创意的幽默情话：

在一个慵懒的下午，阿飞对着苏丽珍说："看着我的表，就一分钟。16号，4月16号。1960年4月16号下午3点之前的一分钟你和我在一起，因为你我会记住这一分钟。从现在开始我们就是一分钟的朋友，这是事实，你改变不了，因为已经过去了。我明天会再来。"

这样幽默又创意的情话，相信没有几个人可以抵挡得了吧！反正苏丽珍没有，下面是她的内心独白："我不知道他有没有因为我而记住那一分钟，但我一直都记住这个人。之后他真的每天都来，我们就从一分钟的朋友变成两分钟的朋友，不久之后，我们每天至少见一个小时。"

现实生活中也有这样的例子，有一个男孩就是用这种新颖的赞美方式，抓住了自己的"白雪公主"，并娶其为妻。妻子幸福地诉说他们浪漫的爱情：

当我在一所大学里做兼职银行出纳员时，一个漂亮的小伙子几乎每天都要到我的窗口来。他不是存款就是取钱。直到他把一张纸条连同银行存折一起交给我时，我才明白他是为了我才这样做的。"亲爱的婕：我一直储蓄着这个想法，期望能得到利息。如果周五有空，你能把自己存在电影院里我旁边的那个座位上吗？我把你可能已另有约会的猜测记在账本上了。如果真是这样，我将取出我的要求，把它安排在星期六。不论贴现率如何，陪伴你始终是十分愉快的。我想你不会认为这要求太过分吧，以后再来同你核对。真诚的杰。"我无法抵制这诱人、新颖的求爱方式。

只要你肯扬长避短，在与对方的交往中，在言辞上花一些工夫，以幽默风趣的谈吐，制造出一种活泼宽松的交际氛围，不知不觉中，你就会获得对方的青睐。可以这么说，如果爱情中没有幽默和笑，那么爱还有什么意义呢？甚至有人说，爱就从幽默开始。

事实上，情书是用来表达内心的真挚情意的，能够让对方看了能满心欢喜或感动不已，所以必须写得深情款款，才能打动心弦、赢得芳心。情书也是一种极为强烈的"印象装饰"，因它企图通过优美的文辞和修饰过的语句，来抒发情感并打动对方的心。幽默的求爱、求婚方式，似乎更有魅力，更富于使人心动的浪漫情趣。下面是一则情书幽默：

有一位男青年在给女友的信中说："昨夜，我梦见自己向你求婚了，你怎么看呢？"

他的女友巧妙地回答："这只能表明你睡眠时比醒着时更有人情味。"

求爱时，写情书好比投石问路，试探对方对自己究竟有没有那种意思，如果过于庄重严肃，一旦遭到回绝，势必一时承受不了，并陷入痛苦之中。如果恰当地运用幽默的技巧，以豁达的气度对待恋爱问题，即使得不到爱，也不至于懊悔，同时也避免了自尊心受到创伤。

在恋爱方面，常常有人因为不知道如何求爱，或因方法不当，或因言语不得体，使对方产生误解，甚至厌恶反感，结果造成"不成情人成仇人"，把本应是美好的事情变成了一件非常糟糕的事情。

要想获得对方的好感，并进一步转化为爱情，首先要有一颗真诚的心和诚挚的情趣，更需要机智与幽默的表达。爱的表达是需要一些技巧的，需要花费一番心思，即考虑怎样获得对方的好感与信任，再考虑怎样将好感巧妙地转化为爱情，而不是一味地死缠硬磨，使人厌恶。制造好感是求爱的准备工作，运用新奇幽默的方式向对方求爱，则可以收到良好的效果。

时不时卖个关子

"卖关子"，就是先故意提出一个使人容易产生迷惑或误会的结论，然后再做出一个出人意料的分析和解释，从而在交流过程起到比平铺直叙更起波澜的效果。用这样的方法对自己的恋人说话更容易得到对方的心，也更容易让对方爱上你。

有很多人不善于用言语表达出自己的爱，也正是因为这样，错过了自己喜欢的人。其实，恋人并不需要讲太多的甜言蜜语，只要懂得在关键时刻卖个关子，便可以抓住对方的心。

比如，当一位小伙子把皮夹忘在餐厅时，一位关系好的姑娘笑着对他说："皮夹忘了没关系嘛。"小伙子问："那忘了什么才有关系？"姑娘脸红红地说："别把我忘了就好。"这样一说，两人的关系一定会更加亲密。

再比如，对即将结婚的女同事，你打趣地说："你真是舍近求远啊！"女同事不解，"舍近求远？什么意思？""在本公司，像我这样的如意郎君，你竟然没有发现。"姑娘听到你这句玩笑，绝不会嫌你轻浮，反而会感激你的友谊和欣赏。

有一位姑娘问小伙子："你有多爱我？"

小伙正经八百地回答："一毛钱之多。"

姑娘不解："只有这么一点吗？"

"一毛钱不就是'十分'吗？"小伙子这时才笑出声。

"你真坏！"姑娘也忍不住笑了起来，从此更加欣赏小伙了。

还有一个小伙子，天生胆小，虽然想与女朋友亲近，就是没有勇气取得实质性进展。一天晚上，他和女友在花园里相会，女友就想了一个鼓励他亲近自己的办法，她对小伙子说："听人说，男人手臂的长度正好等于女子的腰围，你相信不？我去借一根绳子来量量。"

小伙子终于鼓足勇气："不用了，我借给你手臂吧。"

在说说笑笑中，女友卖了一个关子，但小伙子早解风情，只是因为胆小，以前一直不敢拥抱女友，这次终于拥抱了心仪的女友。

心理专家认为，卖关子最容易引发笑声，而笑声正是爱的催化剂，男女约会时，双方若能放松心情交谈，时不时卖个关子，可使感情火速增长。因为激发爱的温柔的感触，在笑谈中最易生成。

在这个社会上，有不少年轻小伙子，相貌堂堂，举止文雅得体，也很有些特长能力，不乏"男子汉"风度，却屡屡情场失意，关键在于不懂卖关子，不善说笑，不会说笑。他们或者常寡言少语，或者饶舌不停，然而没有一句机智的话，让人开心。这样就使对方深感索然无味，话不投机。

相反，善于卖关子的人，谈情说爱却总能成功。

1949 年，当接近不惑之年的罗纳德·里根结识了 28 岁的南希时，爱情之火在他心中燃起。他当时虽然面临电影事业的困境，但仍然侃侃而谈，谈笑风生，以充满激情的说说笑笑最终打开了南希的芳心。从此，每当里根谈话，南希总是欣赏地凝视他，全神贯注地倾听着他那富有趣味的妙语，爱情之藤，老而弥坚。

美国科学家富兰克林，1774 年丧偶，1780 年在巴黎居住时，向他的邻居——一位迷人而有教养的富孀——艾维斯太太求婚，情书中求婚的方式极为好笑。

富兰克林在情书中说：他见到了自己的太太和艾维斯太太的亡

夫在阴间结了婚，于是他继续写道：

"我们来替自己报仇雪恨吧。"

这封情书后来被誉为文学的杰作、幽默的精品。

写情书，特别是第一封情书，不论你的感情沸腾到什么程度，最好不要直来直去说"我爱你"，这是拙劣的表示，即使不会引起对方的厌恶，至少也会被认为你缺乏修养。

一位姑娘说：她的男朋友给她的一封信中，只写了短短几句话："我中箭了，是丘比特的金箭，祈求你同样中箭，不是铜箭，而是金箭。"

神话中传说：被爱神丘比特的金箭同时射中的一对男女，便能缔结良缘。如果一方中了金箭，另一方中了铜箭，那中金箭的一方便只能是"单相思"。这小伙子正是巧妙地运用了神话，给姑娘以良好的"第一印象"。

在某航空俱乐部的一次集会上，一位漂亮的空中小姐身着晚会装，胸部半裸，颈上系着一个闪闪发光的金色小飞机垂饰。

一位青年空军军官，直瞪瞪地望着女孩子白皙、丰满的胸部，难为情地低下头。

这时，这位魅力诱人的女孩子，温柔沉静地向他说："啊，喜欢这个金飞机吗？"

空军军官只说了一句话，话声虽低但很清楚："小飞机非常漂亮，可更漂亮的是……"

漂亮的女孩子看了看垂饰。这时，空军军官最后鼓起勇气说："更漂亮的是机场……"

顿时，女孩子开心地笑了。

这句话使她感到意外。因为他并没有说："漂亮的是你的胸部。"而是暗示地说"更漂亮的是机场……"。就是这样卖个关子，终于使他们浪漫地相爱。

　　爱情的表达，本无定式，直率与含蓄，各有价值。但是，我们中国人（或东方人）都习惯以含蓄为宜，一是使得话语具有弹性，不至于由于对方一拒绝就不能挽回局面；二是符合恋爱时的羞怯心理；三是符合我国传统文化心理。所以，时不时卖个关子，更适合在恋爱生活中表达爱的情感，使人在欢笑中体会到彼此的爱。

学会欣赏对方

夫妻之间，最终的追求莫过于"执子之手，与子偕老"。可是，在当今社会里，男女交际越来越频繁，在红尘喧嚣、灯红酒绿的诱惑下，精神出轨和夫妻感情亮红灯的情况也越来越多。究其原因，其主要是夫妻间交流出现了问题。夫妻间在琐碎的天长日久生活中，只有相互包容、信任、鼓励、交流和欣赏，才会有积极健康的心态和良好的生活质量，也才会使夫妻感情日益浓郁。反之，就会导致日久生厌，甚至出现感情障碍。

有人说，婚姻是爱情的坟墓，这是因为结婚以后，夫妻之间除了爱情之外，还必须面对许多纷繁复杂的事情，难免产生意见分歧。这就意味着夫妻双方都肩负一项艰巨使命：维系情感，强化情感，要及时解决情感中出现的矛盾及化解可能出现的危机，不然就可能出现问题。

怎样维系和强化情感？最重要的一条就是要相互欣赏。没有欣赏，爱情必定会在日复一日的烦琐日子里渐渐褪色。

有个女子向法院提出离婚要求，理由是："他不如以前爱我了。"证据是他们之间从相识、恋爱、结婚直到婚后的十封信件。

"初次相识时，他称我为'亲爱的'；恋爱时他称我为'最亲爱的'；热恋时他叫我'最最亲爱的'；可结婚后他便对我直呼其名了。"

不论这位女子的观点是否偏激，总之意味着这对夫妻维系情感方面出了问题。所以，在家庭的日常生活中，特别是双方有了不同意见之后，用柔情的暗示而不是用无理性的指责，尤其应当学会以欣赏的方式交流意见。夫妻之间那种为了鸡毛蒜皮的小事大动肝火，同室挥戈的现象，实在是对爱情的一种犯罪，因为他们自己动手把爱情埋进了坟墓！

请看下面几段话：

在结婚宴席上，人们一定要新郎回答为什么爱上了新娘。他说："我不知道。当初我只是爱上了她的酒窝，因为我贪杯；可我现在要同她整个人结婚。"这样的回答，幽默是幽默了，可是，明显有些不和谐，在婚后生活中，如果不处理好关系，可能这段幽默就会成为破裂的开始。

结婚喜宴尚且如此，婚后生活中肯定会发现对方的某些不足之处，例如，妻子劝说爱打桥牌的丈夫："你不要再这样打牌了，熬夜对身体的害处实在太大！"

丈夫说："打桥牌实在是一种健康的游戏，因为要通宵地打，如果身体不健康，哪能做到呢？"虽有幽默感，却对妻子的关爱毫无欣赏之意，长此以往，我行我素，能不产生隔阂吗？

除了对方的不足之处以外，更麻烦的是双方意见不合：

一对夫妻看着刚贴好的壁纸，丈夫不太满意，而妻子却无所谓。因此，丈夫很恼火，对妻子说："咱们的分歧，就在于我是个要求完美的人，而你却不是。"

"说得对极了。这就是为什么你娶了我，而我嫁给你。"妻子的话虽然出了一口气，但如果老是针尖对麦芒，不仅夫妻关系不融洽，而且也埋下了不和谐的种子。

夫妻双方意见不合是常有的事，甚至吵架也是不可避免的，关键是要时时懂得相互欣赏，才不至于同床异梦。有人说，夫妻间最重要的不是物质享受，而是精神享受，互相欣赏。也有人说过，爱情像一笔存款，相互欣赏是收入，相互摩擦是支出，互相忍让是节约开支。这样的比喻是十分形象贴切的。

英国前首相撒切尔夫人，号称"铁娘子"，她在担任英国首相期间，事业正处巅峰期，真可以说是忙得团团转。但是她非常注意处理好事业和家庭的关系，在外是精明强干的首相，居家则是一位难得的贤妻良母，做到了事业和家庭两不误。可是一般有事业心的人都有体会：事业和爱情有时二者不可兼得，扑进事业里，有意无意就忽视了"那一位"。

英国女王维多利亚，虽然与丈夫阿尔伯特相亲相爱，但由于身为一国之君，忙于政务；而阿尔伯特不太关心政治，对社交缺乏兴趣。因此，有时也难免闹别扭。一天，女王办完公事，深夜回到卧房，见房门紧闭，她就敲起门来。

房内阿尔伯特问："谁？"

门外女王回答："我是女王。"

门没有开，女王再敲，阿尔伯特又问："谁？"

门外女王回答："维多利亚。"

门还是没有开，女王徘徊半晌，再敲，阿尔伯特还是问："谁？"

门外女王回答："你的妻子。"这时，门开了，丈夫双手把她接了进去。

不难发现，阿尔伯特还是很欣赏女王的，否则他不会使用这种极为委婉的方法，表示对女王深夜晚归的不满。而不少夫妻，面对一方沉湎于工作的情形，是以责备和争吵的方式解决问题，加剧矛盾。看过电视剧《DA 师》的朋友可能还记得，参谋长赵柞明和妻子之间闹离婚，贯穿了整个剧情，这不能不说是现代生活的某种缩影。

由此可见，欣赏是人生中一道绝美的风景，只要你懂得欣赏，生活中就会充满阳光，人生处处皆风景，只要心中有风景，只要眼中有风景，你就会被夫妻间最平凡、最普通的风景震撼、感动；花开花落，云卷云舒，只要你珍惜拥有，珍惜现在和懂得欣赏，人生中就会充满雨露，处处都是迷人的风景线，只要你细细地品味，深深地欣赏，你就会闻到夫妻间从未有过的幸福快乐甜蜜的味道……

如何为爱情添一把盐

生命是一朵花，爱情是花的蜜，而说说笑笑则是采花酿蜜的蜜蜂。

爱是男女之间的感情交会。男人和女人是这个世界上最奇妙的存在。怪不得英国著名小说家夏洛蒂·勃朗特说："男人是太阳，女人是月亮。太阳和月亮的光融合在一起，就会组成一个美妙的世界。"

但劳伦斯也说过一句话，徜徉在爱情这个美妙世界里的人有必要记住："世俗生活最有价值的就是幽默感。作为世俗生活的一部分，爱情生活也需要幽默感。过分的激情或过度的严肃都是错误的，两者都不能持久。"这就是说，如果夫妻两人之间缺少说说笑笑的快乐，这样的婚姻或家庭是不会幸福的。

如果爱情乏了味，我们就得给爱情加把盐。学会开开心心地说说笑笑，就是那把能调出美味的盐。

如何为爱情添一把盐？我们首先要明白，大多数情况下，女人往往是家庭的统治者，即使她没有在事实上统治家庭，那也要在外表上看起来是这样，以满足她们的统治欲和虚荣心。哪怕是伟人的夫人也不例外。

请看：

一次宴会上，林肯和他的夫人面对面坐着。林肯的一只手在桌上来回移动，两个手指头向着他夫人的方向弯曲。

旁人对此十分好奇，就问林肯夫人："您丈夫为何这样若有所思地看着您？他弯曲的手指来回移动，又是什么意思呢？"

"那很明显，"林肯夫人答道，"离家前我俩发生了小小的争吵，现在他正在向我承认那是他的过错，那两个弯曲的手指表示他正跪着双膝向我道歉呢。"

还有一则故事：

彼得在当匹兹堡市市长的时候，一天，他和妻子兰茜去视察一处建筑工地，一个建筑工人冲着他们叫起来："兰茜，你还记得我吗？读高中的时候，我们常常约会呢！"

事后，彼得嘲弄地说："嫁给我算你运气好，你本来该是建筑工人的老婆，而不是市长夫人。"

兰茜反唇相讥道："你应该庆幸跟我结了婚，要不然，匹兹堡市的市长就是他了。"

女人即使不能统治家庭，也特别关注自己在丈夫心目中的地位，用各种语言来表达"你爱我吗"的试探，却常常遇到男人机智而幽默的回答。

妻子："我和你结婚，你猜有几个男人在失望呢？"

丈夫："大概只有我一个人罢？"

在现实生活中，怕老婆对男人来说是件不光彩的事，常常被朋友或同事视作笑料。而在社交中有些人却能巧妙地调侃自己，树立自己可爱的形象。因此，"怕老婆"这一主题常能演绎出许多笑话。

某新婚夫妇，洞房内贴有家规，上面写着：第一条：太太永远是对的。第二条：如果太太错了，请参阅第一条。

又如下面这段夫妻对话：

妻子："你在外面很少喝酒，为何在家里拼命地喝呢？"

丈夫："我听说酒能壮胆。"

而且，能说会笑的人也不怕在众人面前表现自己"怕老婆"。我们来看下面二人的对话：

比尔："在公司里你干什么事？"

赫德："在公司里我是头。"

比尔："这我相信，但在家里呢？"

赫德："我当然也是头。"

比尔："那你的夫人呢？"

赫德："她是脖子。"

比尔："那是为什么呢？"

赫德："因为头想转动的话，得听从脖子。"

如此妙答，当然引得人们捧腹大笑，也间接地暗示了他对婚姻十分满意，如果他的夫人真的如传闻的那样，他也许自我调侃不起来。所以，人的精神状态的好坏对说说笑笑是相当重要的。

男人喝酒，常常会受到妻子的责骂，如果能巧妙地运用说笑的方法，也能很好地解脱。

一个酒徒在外面喝多了酒，很晚才回到家。他又忘记了带钥匙，于是只好敲门。

妻子怒气冲冲地打开门说道："对不起，我丈夫不在家。"

"那好，我明天再来。"酒徒说完，装出转身要走的样子。

丈夫的一句说笑，终于使妻子转怒为笑，丈夫通过开玩笑，诱发妻子内心深处对丈夫的怜爱和尊重。这时夫妻二人都不会去扯住喝酒的事不放，而去享受两人之间的情趣。

做家务事，也是家庭生活中必不可少的，而许多做丈夫的却是大男子主义，把家务全推到妻子身上，似乎妻子天生愿意做和应该做。其实哪个妻子心甘情愿长期做这单调劳累的家务呢？所以，有心思的妻子应把家务活给丈夫分一点，用自己的智慧往往能使丈夫心服口服地去做，心甘情愿地去做，并且是高高兴兴地去做。

请看这位妻子是如何运用说笑让丈夫去做家务的：

妻子："亲爱的，你能把昨天晚上换下来的衣服洗一下吗？"

丈夫："不，我还没睡醒呢！"

妻子："我只不过是考验你一下，其实衣服都已经洗好了。"

丈夫："我也只是和你开玩笑，其实我很愿意帮你洗衣服的。"

妻子："我也是在和你开玩笑，既然你愿意，那就请你快去干吧！"

丈夫此时不得不佩服和欣赏妻子的情趣，高兴地去干不愿干的家务。

当然，如果妻子已把衣服洗了，丈夫受到感动，往后会主动帮妻子做家务，这样家务事带来的就不是烦恼，而是一种家庭快乐了。

难怪有人说："没有说说笑笑的家庭就像一个旅店。"这话固然过于偏激，但也道出了夫妻间会说话对于家庭的重要性。且来看下面的例子：

约翰实在无法忍受妻子无休止的唠叨，打算去外面旅店住几天。旅店老板热情地接待了他，并且亲自把他引到了一间房门前。

"先生，您住在这里会发现跟到了家一样。"

"天啦，你赶快给我换间房吧！"

这则故事说明，没有说说笑笑的家庭甚至还不如一家旅店。

在家庭中，如果夫妻两个交流方式都一本正经，会产生一种冷漠感，久而久之，两人心理都承受不了。所以，要积极寻找话题，力图笑起来。

如果在家庭生活中碰到什么尴尬的事情，也不妨在笑声中将其轻轻化解。

有一天，怀孕的妻子指着自己的肚子，向丈夫提出一个伤脑筋的问题:"能不能在小孩一出生就看出,孩子长大后会成为什么样子?"

丈夫想了想答道:"这很简单。如果是个小姑娘,长大一定是个妇女;如果是个小男孩,长大就是个男人。"

真正要回答妻子的提问,对一般人来说是比较难的,如自作聪明答得不好,又会引起二人心中不快。这里丈夫把妻子本来问的意思转移到男女性别问题上,化成一个非常容易回答的问题,顿时妙趣横生。

而且,在一起生活的夫妻俩,要有一定的肚量,这样才有说笑话的兴趣;如果顶着个花岗岩头脑,你说得再好笑也是白费劲。说笑是要有环境和必要的条件的,条件成熟了,即使是没有文化修养的人,也会变得能说会笑。

切忌絮絮叨叨

有人说，男人的婚姻生活能不能幸福，关键就在于他太太的脾气和性情。就算一个女人拥有全天下的所有美德，然而，如果她脾气暴躁，一点小事就喜欢唠叨不休，喜欢挑剔和个性孤僻，那么她所有的其他美德就全都等于零，甚至变成负数了。

社会上有许多男人失去冲劲，而且放弃了奋斗的机会，是因为他太太总是对他的每一个希望和心愿猛泼冷水，她永无休止地挑剔，不停地想要知道为什么丈夫不能像她所认识的某个男人那样有许多的钱，或者是她的丈夫为什么写不出一本畅销书，或谋不到某一个好职位。像这样的太太，只会使丈夫丧气。唠叨和挑剔带给家庭的不幸，甚至比奢侈和浪费还要厉害。

美国有一位著名的心理学家，他对一千五百多对夫妇进行了详细的调查研究。结果显示，丈夫们都把唠叨、挑剔列为他们太太最大的缺点。盖洛普民意测验也得出了相同的结论：男人们都把唠叨、挑剔列为女性缺点的第一位。测验中也发现没有其他的个性会像唠叨和挑剔那样，给家庭生活带来这么大的伤害。

然而，似乎从远古的穴居时代开始，太太们就想尽办法以唠叨和挑剔的方式来影响自己的丈夫。传说，苏格拉底大部分时间都躲在雅典的树下思考哲理，以这种方式来逃避他那脾气暴躁的太太兰西勃。连法国皇帝拿破仑三世和美国总统亚伯拉罕·林肯这样杰出的大人物，也都受尽了妻子唠叨的痛苦。

自古以来，女人总是想用唠叨的方式来改变自己的丈夫。但是从古至今，这种方法从没有起过作用，一次成功的例子都找不到。因此，卡耐基才这样说：在地狱中，魔鬼为了破坏爱情而发明的总能成功的恶毒办法中，抱怨和唠叨是最厉害的了。它永远不会失败，就像眼镜蛇咬人一样，总是具有破坏性，总是置人于死地。

所以说，在夫妇生活中，应当特别警惕一些对夫妇关系破坏性最大的因素——抱怨和唠叨。事实上，不少男人离开家庭的原因之一就是因为太太唠叨不停。她们不停地唠叨，其实是在自掘婚姻的坟墓。

社会学家分析说，女人唠叨时尽管有理由，但结果往往是"唠叨"本身破坏了女人一切的合理性，女人由此处于被动甚至更糟糕的境地。破坏女人神秘感的往往是女人的唠叨，而男人最忍受不了的就是女人的唠叨。对于女人的唠叨，如果男人知道错了，你的提醒会让他有一点羞愧，但你再多说一点，会让他们恼羞成怒，他会记不得你唠叨的原因，而你的唠叨反而成为他犯错的依据。生活会教育人的，你不说话不代表你没有话，此处无声胜有声，说的就是这个理。

世界大文豪托尔斯泰的夫人也认识到自己唠叨的极大危害——可是太晚了一点，在她逝世之前，她曾向几个女儿们承认道：是我害死了你们的父亲。她的女儿们也知道她的母亲说得没错，她们知道是母亲以不断的埋怨、永远没完的批评和永远没完的抱怨和唠叨，把父亲害死的。

按常理来说，托尔斯泰伯爵和夫人应该是很幸福的一对。两本巨著《战争与和平》和《安娜·卡列尼娜》奠定了托尔斯泰在世界文学上的地位。但是，托尔斯泰的一生却是一场悲剧，而之所以成为悲剧，原因在于他的婚姻。比如，他的夫人喜爱华丽的事物，但他却看不惯。她热爱名声和社会赞誉，但这些虚浮的事物，对他来说却毫无意义。还有，她渴望金钱财富，但他认为财富和私人财产是罪恶的事。

许多年以来，由于托尔斯泰坚持把著作的版权一分不要地送给别人，她就一直唠叨着、责骂着、哭闹着。她不顾丈夫的反对，执意要拿回那些书所能赚到的钱。当丈夫不理会她的时候，她就歇斯底里起来，在地上打滚，手上拿着一瓶鸦片，发誓要自杀，以及威胁他说要跳井。

直到托尔斯泰 82 岁那年，他再也不能忍受家里那种鸡飞狗跳的氛围了，于是在一个下着大雪的夜里，逃离了他的夫人，漫无目的地四处流浪。11 天以后，他因肺炎死在一个火车站里。他临死前提过一个要求，据说这个要求是不许他的妻子来到他的身边。

这就是托尔斯泰伯爵夫人唠叨、抱怨和歇斯底里所得到的结果，真是可悲之极。可见，如果你要维护家庭生活的幸福快乐，保持美满婚姻，就必须要远离抱怨和唠叨。如果不想毁掉婚姻，请避免唠叨。

第八章 别"踩"批评的"雷区"

俗话说，人要脸，树要皮。这世界上大概没有人不要面子的，爱面子是人的天性。所以，一个人在批评他人的时候，要懂得批评的技巧，这样能和谐人际关系，消除不必要的误会。良药不一定就是苦口的，真正对人有益的话也可以包上一层糖衣。如果你说话火爆，只知直来直去，无视他人面子，漠视他人感受，你的前途就会障碍重重，你又怎么能会说话呢？

忠言逆耳，点到为止

古人说得好："良药苦口利于病，忠言逆耳利于行。"批评自己的人，一般是真心对待自己，希望自己能改正缺点，朝着好的方面发展，对被批评者可谓是一片忠诚。但是，忠言毕竟难以入耳，让人不容易接受。所以，当你要为他人献上忠告或给予批评、指责的同时，必须用好自己的脑，管好自己的嘴，说的话既要切中要害，又不能一下点破，遵守话说三分、点到为止的原则，这样别人对你的"忠言"才能听入耳、记在心。

如果不讲究方法，有些忠告一说出来，有时还可能引起他人的误会，达不到自己预期的效果。遇到这种情况发生时，不妨话说三分，点到为止，像这种似有似无的忠告或指责，往往比直来直去的效果要好得多。

历史上这类事例和教训很多，比如商朝末年的纣王，昏庸无道，比干丞相为了江山社稷，多次向纣王进谏，纣王不但没有将他的进谏听入耳、记于心，反而将其剖心处死。因此，我们在社会上打拼，目的是事业的成功和生活的幸福，这些教训不能不吸取。你只要细心观察，在我们周围总有一些人，嫉妒别人的能力比自己高，才学比自己渊博，遇到这样的人，如果你依然直接向他进献忠言，结果只有一个，那就是不欢而散。

那么，我们要怎样才能把忠言说到他人心坎里呢？

1. 我们的忠言要体现出"忠"

忠言首先应该是对他人诚心诚意的关怀。当你对某人提出批评时，如果对方发现你并不是为了关心他才批评他，而是出于你个人的某种意图，他马上会站到与你敌对的立场上。因而对人提出忠言的时候，应该抱着体谅的心情。诚然他在某些方面可能做得不对，但是他可能有难言的苦衷。所以，我们说忠言的同时，还要体谅他的难处，不要一味地强求或大加责难。必要的时候要深入他的内心，帮助他彻底地解决"心病"。

2. 我们的忠言要从实际出发

忠言要想获得他人承认，必须对真实情况有一定的了解，不要捕风捉影。只有了解了事实，你才能清楚地判断提出忠告是否真的有必要，提出忠告的角度怎么选择，忠告以后会有怎样的效果。倘若你是公司的一名职员，对公司的计划背景等缺乏了解时，就对其提出自己的看法，那么你不可能获得上司的信赖。相反，上司还会认为你思考问题不够周到。所以说，不了解他人的意图，就对他人的行为妄加非议，他人会认为你没有诚心，缺乏责任感。尤其是，你如果仅凭借听到的小道消息忠告别人，则极容易引起误解。

3. 献忠言要选择措辞

掌握了事实真相和对方的心理后，这时就该拿出勇气来进献忠言，指出他应该改善的错处。当然，一定要注意你的措辞，否则就容易得罪人。如果你是一名管理者，就不应用这种口气对下属说话："像你这样的年轻人太自以为是""你这样说太可笑了……"作为一名领导，诸如此类的措辞永远都是不合适的。

4. 献忠言要注意场合

忠言不是随便什么地点都能说的，特别要注意，提出忠告，切忌在大庭广众之下。因为提出忠告的时候可能会涉及他的短处，触动他的伤疤，而每个人都有自尊心，被当众揭短时，很容易下不了台，从而很容易产生抵触情绪。在这种情况下，即使你是善意的，他也会认为你是故意让他在大庭广众之下出洋相，如此一来，你真的做了一件费力不讨好的事。

5. 献忠言要把握时机

张口就要忠告他人的人，是一个没有脑子的人。想在这个社会上混，这些说话的细枝末节都要注意。比如在当事人感情冲动的时候，切忌不要提出忠告。因为在他冲动的时候，理智起不到半点作用，他也判断不清你的用意。这时提出忠告，不仅不能解决问题，反而是火上浇油。

6. 忠言必须简洁而突出重点

我们向他人提出忠告的时候，一定要注意简洁中肯，按照"一时一事"的原则。若是再回溯起对方过去的缺失，并予以责备，当然会引起对方的反感。所以要掌握重点，不要随便提及其他的与之无关的事情，这是敬献忠言时很重要的一个方法。

7. 忠言要给对方留有回旋的余地

我们向他人提出忠告时，不能把话说得太死，也不能把对方的思路堵死，切勿将他批评得一无是处。有些事，有些话，该隐藏的还是要隐藏，否则很容易引起对方的逆反心理，形成破罐破摔的局势，最终导致你的忠告不仅无效，反而被别人误会你存心不良。这就是说，你在提忠告时要有一些说话的技巧，在含蓄的指责同时，不妨加些赞美，比如："你平时工作很努力，表现得也很积极，唯一的一点小毛病就是欠缺那么一点稳重，如果做事前再谨慎些，前途就更明亮了。"用这种口气跟他说话，对方感受到的不是批评而是鼓励，肯定非常愿意接受你的忠告。

可见，忠告他人不是一件容易的事，在我们为别人提出忠告时，同样的一个忠告，不同的提法可能会为你赢得尊敬，也有可能惹来不必要的麻烦。真正会说话的人，总是在指责他人的时候留一手，不直接点明，用含沙射影来代替直截了当；总是能把话说三分、点到为止运用得恰到好处，因为这样才能给他人留有余地。

让批评伴随着祝福

与周围的人保持和气与友爱，最大的原则是不要批评，尽量少批评或委婉批评。

美国俄克拉荷马州恩尼德市的江士顿，是一家工程公司的安全协调员。他的职责之一是监督在工地工作的员工戴上安全帽。他说他一碰到没有戴安全帽的人，就官腔官调地告诉他们，要他们必须遵守公司的规定。员工虽然接受了他的纠正，却满肚子的不高兴，而常常在他离开以后，又把安全帽拿了下来。

他决定采取另一种方式。当他再次发现有人不戴安全帽的时候，他就问他们是不是安全帽戴起来不舒服，或者有什么不适合的地方。然后他以令人愉快的声调提醒他们，戴安全帽的目的是在保护他们不受到伤害，建议他们工作的时候一定要戴安全帽。结果遵守规定戴安全帽的人愈来愈多，而且他们不会产生愤恨情绪。

同样是提醒工人戴安全帽，由于他后来采取了平等和气的方式，收到的效果大不一样。为什么会出现这种情况？因为后一种方式里少了一些批评的意味，而多了一些祝福的味道。

众所周知，林肯是世界上最伟大的成功者之一，但一般人有所不知，他后来的成功很大一部分在于他深切地汲取了恣意批评别人和得罪别人的教训。那时，他还很年轻，在印第安纳州的鸽溪谷，他不仅批评别人，还写信作诗揶揄别人，把那些信件丢在一条会被人发现的路上。其中有一封信所引起他人的反感，持续了一辈子。

林肯在伊州春田镇执行律师业务的时候，甚至投书给报社，公开攻击他的对手。1842年秋天，他取笑了一位自负而好斗名叫詹姆斯·史尔兹的爱尔兰人。林肯在春田时报刊登出了一封未署名的信，讥讽他一番，令镇上的人都捧腹大笑起来。史尔兹是个敏感而骄傲的人，气得怒火中烧。他查出写那封信的人是谁，跳上马去找林肯，跟他提出决斗。林肯不想跟他决斗。他反对决斗，但是为了颜面又不得不决斗。对方给他选择武器的自由。因为他的双臂很长，他就选择骑兵的长剑，并跟一名西点军校的毕业生学习舞剑。决斗的那一天，他和史尔兹在密西西比河的沙滩碰头，准备决斗至死为止；幸亏，在最后的一分钟，他们的助手阻止了这场决斗。

这是林肯一生中最恐怖的私人事件。在做人的艺术方面，他学到了无价的一课。他从此再没有写过一封侮辱他人的信件，也不再取笑任何人了。从那时候起，他几乎没有为任何事批评过任何人。

南北战争的时候，一次又一次，林肯任命新的将军统御波多麦之军，而每一个将军——麦克里蓝、波普、伯恩基、胡克尔、格兰特……相继惨败，使得林肯只能失望地踱步。全国有一半的人，都在痛骂那些差劲的将军们，但林肯因为"不对别人批评，只对大家祝福"，一声也不吭。他喜欢引用的句子之一是"不要评议别人，别人才不会评议你。"

当林肯太太和其他人对南方人士有所非议的时候，林肯回答说："不要批评他们；如果我们在同样情况之下，也会跟他们一样。"

把自己的肩头尽量跟别人摆齐，不故作姿态，不自以为是，不站在别人的肩头评足品头，说三道四和指手画脚，始终保持与对方平等的姿态说话和办事，才不至于伤及别人的面子和自尊心，才有可能与别人保持友好关系，赢得好人脉，才能做好自己的工作和事业。

让批评多一点风趣

在社会交往中，有时要批评他人，却又不能直来直去，怎么办？不妨风趣一点，即在批评时来一点幽默，进行幽默式批评，这种批评他人的方式，可能会起到更好的作用。

"幽默"式批评，是一种巧妙的批评方法，它是在批评过程中，使用含有哲理的故事、双关语、形象的比喻等，缓解批评的紧张情绪，启发批评者思考，增进相互间的感情交流，使批评能有一个轻松愉快的气氛。

幽默式批评重在于启发、调动被批评对象积极思考，它以幽默的方式点到批评对象的要害之处，含而不露，令人回味无穷。

某校有个男孩子，家庭很不幸，父亲车祸身亡，母亲再婚，剩下他与年迈的爷爷奶奶生活。爷爷奶奶管不了他的学习，加上他自己自制能力差，作业经常做不好，反正无论怎样严厉的批评对他来说也是不痛不痒。

又有一次，他没有完成作业。下课后，班主任把他带到办公室，对他说："你怎么又没有完成作业？"他低着头不吭声。班主任接着又说："你是不是怕老师作业判多了累着呀？如果是那样的话，你真是个爱老师的好孩子。"

这个男孩子听了班主任的话，先是有点莫名其妙，然后，他听出了老师的意思，便不好意思地对老师说："老师，你别说了。我明白你的意思了，我以后会完成作业的。"

从此以后，他完不成作业的情况大为好转，学习自觉性和积极性明显提高了。

从这件事中，我们可以知道，每个人都有每个人的个性，无论是老师批评学生还是单位领导批评员工，都要针对被批评者的不同的个性，有的放矢对其进行批评，俗话说得好"一把钥匙开一把锁"，只有这样才会取得意想不到的效果。

幽默式批评这一方法，学校教师运用得最多。教师对待调皮、不听话的学生，恰如其分地运用幽默风趣的批评方式，可以消除学生的逆反心理，沟通师生之间的感情，收到事半功倍的效果。我们即使不是做教师工作，同样也能有所启发。

有一个学生上午第一节上课迟到，教师笑着问他："今天早晨，你们那里的太阳比我们这儿升得晚些吧？"

有一学生自习课讲话，影响他人学习，教师来到他身边，叫他查查"缄默"的词义。

学生课间说粗话脏话，教师拿出餐巾纸叫他擦擦不干净的部位。

下课后，学生在教室里吵得灰尘漫天，教师进入教室对着同学说："抗战早就胜利，怎么还硝烟弥漫？"……

这些充满风趣的批评，在顾及学生自尊心的前提下，比简单粗暴的训斥，效果来得好。

由此及彼，我们可以从中领悟到，在这个社会上，我们谁都难免有做错事的时候，当有人做错事时，如果以严厉的语言、严肃的面孔去回击，批评就如同冰刀霜剑。此时，我们不妨巧用幽默化庄为谐，变雷霆万钧式的说教为和风细雨般的调侃，更能达到"润物细无声"的目的。

让批评多一点风趣，切忌硬对硬，大发脾气，有时候善于避实就虚，将错就错，用调侃式的话语借题发挥，不仅维护了自己的尊严，而且对那些喜欢搞恶作剧的人也是一种无声的回击，从而巧妙地化干戈为玉帛。

现代社会，各种压力接踵而至，竞争加剧，人际关系复杂，个人在社会化的影响下更显得弱小无力，许多人都在感慨：活得真累啊！毫无疑问，如何做人是一门精深的学问，细细想一想，保持平和的心态，凡事不要太较真，特别是面对上级或他人对你的错误批评时更不要较真。

南怀瑾先生所谓"有些地方马虎一点"，实际上是说，处世不要过于较真。过于较真的人往往也过于固执、做事太死板，容易走进"死胡同"。因此，人不要一条道路走到黑，一个死理认到底。天下没有过不去的河，也没有解决不了的问题，关键是要懂得"转弯"。自己拥有的并不一定是真理，他人持不同意见时，也可能是对的，或可能有部分道理。

做人固然不能玩世不恭，游戏人生，但也不能太较真，认死理。太认真了，就会对什么都看不惯，连一个朋友都容不下，把自己同社会隔绝开。镜子很平，但在高倍放大镜下，就成了凹凸不平的山峦；肉眼看着很干净的东西，拿到显微镜下，满目都是细菌。试想，如果我们"戴"着放大镜、显微镜生活，恐怕连饭都不敢吃了。再用放大镜去看别人的毛病，恐怕许多人都会被看成罪不可恕、无可救药的了。

做人做事如此，说话又何尝不是如此？

古语说："水至清则无鱼，人至察则无徒。"孟浩然、辛弃疾、苏东坡等大文豪若不是太较真儿，肯定会借力上青云，实现自己一生的胸襟和抱负，就不会仕途不济，英雄无用武之地；郑板桥"难得糊涂"不失为一种藏巧露拙的自我保护；曾国藩韬光养晦，励精图治终成了一代名臣。清宰相张英的"千里家书只为墙，再让三尺又何妨？万里长城今犹在，不见当年秦始皇。"巧妙地化解了邻里矛盾。

但是，如果要求一个人真正做到面对批评不较真，也不是简单的事，首先需要有良好的修养、善解人意的思维方法，并且需要经常从对方的角度出发，设身处地地考虑和处理问题，多一些体谅和理解，就会多一些宽容，多一些和气，多一些友谊。

有位职员回家后到一个小店买酱油，因自己给错了钱被店主说了几句，于是总抱怨这小店卖酱油的售货员态度不好，像谁欠了她巨款似的。后来该职员的妻子打听到了女售货员的身世，原来她丈夫有外遇离了婚，老母亲瘫痪在床，上小学的女儿患哮喘病，每月只能开四五百元工资，一家人住在一间15平方米的平房。难怪她一天到晚愁眉不展。这位职员从此再不计较她的态度了，甚至还建议大家都帮她一把，为她做些力所能及的事。

由此可见，在公共场所遇到不顺心的事，实在不值得生气。有时素不相识的人冒犯你，肯定是另有原因，不知哪些烦心事使他此时情绪恶劣，行为失控，正巧被你赶上了，只要不是恶语伤人、侮辱人格，我们就应宽大为怀，以柔克刚，晓之以理。

总之，没有必要与这位原本与你无仇无怨的人瞪着眼睛较劲，假如较起真来，大动肝火，枪对枪、刀对刀地干起来，再酿出个什么严重后果，那就太划不来了。与萍水相逢的陌路人较真，实在不是聪明人做的事，假如对方没有文化，与其较真就等于把自己降低到对方的水平很丢面子。另外，从某种意义上说，对方的触犯是发泄和转嫁他心中的痛苦，虽说我们没有义务分摊他的痛苦，但确实可以用你的宽容去帮助他，使你无形之中做了件善事。这样一想，也就会容忍他了。

清官难断家务事，在家里更不要较真，否则你就愚不可及。如果老婆批评你几句，即使她批评错了，也不要去较真。都是一家人，何必要用"异己分子"的眼光看问题？分出个对和错来，又有什么意思呢？人们在单位、在社会上充当着各种各样的角色，一回到家里，脱去西装革履，也就是脱掉了你所扮演的这一角色的"行头"，即社会对这一角色的规范和要求，还原了你的本来面目，使你可以轻松愉悦地享受天伦之乐。假若你在家里还跟在社会上一样认真、一样循规蹈矩，每说一句话、做一件事还要考虑对错、妥否、顾忌影响、后果，掂量再三，那不仅可笑，也太累了。

我们的头脑一定要清楚，在家里你就是丈夫、就是妻子、是母亲。所以，处理家庭琐事要采取"绥靖"政策，安抚为主，不妨和和稀泥，当个笑口常开的和事佬。具体说来，做丈夫的要宽厚，在钱物方面睁一只眼，闭一只眼，越马马虎虎越得人心。妻子对娘家偏点心眼，是人之常情，你根本就别往心里去计较。妻子对丈夫的懒惰等种种难以容忍的毛病，也应采取宽容的态度，切忌唠叨起来没完，也不要在丈夫偶尔回来晚了或女士来电话时，就给脸色看。管得越紧，丈夫的逆反心理越强。家庭是避风的港湾，应该是温馨和谐的，如果不想把它演变成充满火药味的战场，关键就看你怎么去把握了。

有位智者说，如果大街上有人骂他，他连头都不会回，因为他根本不想知道骂他的人是谁。人生如此短暂和宝贵，要做的事情太多，何必为这种令人不愉快的事情浪费时间呢？这位先生的确修炼得颇有城府了，知道该干什么不该干什么；知道什么事情应该认真，什么事情可以不屑一顾。要真正做到这一点是很不容易的，需要经过长期的磨炼。如果我们明确了哪些事情可以认真做，哪些可以敷衍了事，我们就能腾出更多的时间和精力，全力以赴认真地去做该做的事，这样我们成功的机会和希望就会大大增加。

当然，不较真儿，也不是一味地姑息迁就，丧失原则。而是要巧妙转换，注意方法，讲究策略，以柔克刚，在不经意间抓住有利时机，达到双赢。

批评他人切忌没完没了

如果说说话是一门学问、一门艺术的话，那么批评就是学问之上的学问、艺术之中的艺术。我们在生活中都有这样的体会，即有的人会说话，即使是对他人不利的话也会让人听着受用；有的人不会说话，即便是表扬别人，别人也会听着难受，甚至反感。尤其是批评他人时，由于往往涉及他人的缺点或不足之处，因此，批评的方式恰当与否就显得更加重要。

这就是说，如果我们在批评别人时不注意方法，狠狠地将对方批得体无完肤，那么，对方很可能就会"明知道自己错了，可就是不想改正"。

比如，某公司的一位员工迟到了，上司这样批评他："你为什么迟到了？你知道迟到的后果吗？你知道迟到的严重性吗？你知道迟到对公司造成的极大影响吗？公司并不只有你一个人，想什么时候来就什么时候来，你这种行为根本就是无视公司的规定，你该好好反省反省了！你先写一个书面反省交给我，还要到大会上当众检讨……"

其实，与其这样没完没了地批评，倒不如抓住对方的"心"点到为止："我想你肯定也知道迟到是不对的，如果你能坚持这样正确的看法，相信很快你就能发现员工准时上班的乐趣。"这样的说法，相信员工更愿意接受。

实际上，如果对方犯的不是原则性错误，我们就没必要没完没了地批评。我们或者不指名道姓，用温和的语言，只点明问题；或者是用某些事物对比、影射，也就是平常所说的"点到为止"，从而起到一定的警示作用即可。

批评的话最好不超过三四句。会做工作的人，在对人批评教育时，总是三言两语见好就收，不忘给对方留下一定的余地；然而有些人就不是这样，他们总是不肯善罢甘休，非要将对方批评得体无完肤不可，结果是过犹不及，往往将事情推到了反面。

在战国时期，齐景公的一匹心爱的马突然死去，齐景公非常伤心，一定要杀掉马夫，以解心头之恨。众位大臣一起劝阻齐景公不可为一匹马而滥动刑罚，而齐景公已铁定了心，说什么也不听劝告。

这时，国相晏婴走了出来，众臣都以为晏婴也有劝诫齐景公的意思，谁也没有料到，晏婴却明确地表态说："这个可恶的马夫，该杀！"

齐景公十分高兴，就把那个心含冤屈的马夫喊来，听晏婴解释他的罪过。晏婴历数马夫的三大罪状："你不认真饲马，让马突然死去，这是第一条死罪；你让马突然死去，却又惹恼君主，使君主不得不处死你，这是第二条死罪。"

听晏婴痛说马夫的前两条死罪，齐景公心中真是乐滋滋的。可晏婴话锋一转，说出了马夫的第三条罪状："你触怒国君因一匹马杀死你，使天下人知道我们的国君爱马胜于爱人。因此天下人都会看不起我们的国家，这更是死罪中的死罪，罪不可赦！"

齐景公也是一位聪明的国君，当听到晏婴说完第三条时，立刻醒悟了，知道了自己的错误，于是下令放了马夫。

晏婴没有像其他大臣一样直言，也不是没完没了地批评齐景公，而是三言两语点破，让齐景公自己悟出来，明白自己的过错。于今，社会上许多人却不懂得这个道理，他们批评人时，总是没完没了。究竟是怎样没完没了，有人总结了下面两个方面，值得我们引以为戒：

1. 爱翻陈年老账

有的人为了证明自己的观点是正确的，批评人时喜欢翻陈年旧账，把对方过去的错误甚至不足之处一股脑地翻出来，事实上，这样做往往令对方难以接受甚至恼羞成怒，最终导致双方不欢而散。

人在社会上混，我们应该看到，对于任何一个人来说，错误都是在所难免的，更何况曾经的错误只能代表对方的过去，而现在时过境迁，对方不仅会认为你的批评不是实事求是，而且会认为你是有意责难，无疑会对你的批评产生抵触情绪。

再说，在批评他人时翻老账，尤其是一些犯过某些关乎人格的错误的人，往往会使对方产生你对他的过去耿耿于怀，不肯原谅他的想法，极易使对方产生怨恨心理。

此外，曾经的错误或过失往往是一个人的遗憾或伤痛，而揭开他人伤疤不仅是对人不尊重的表现，而且很容易招致对方的强烈不满，进而影响双方关系。因此，在批评他人时，应该尽量避免翻老账。

2. 上纲上线没完没了

某学生早晨喝完牛奶，就随手从窗户往下扔空牛奶盒子，正巧打着了楼下的一位学生。事情闹到了老师那里，乱扔盒子的学生被班主任叫到了办公室——

"你知道这种行为的严重后果吗？"班主任厉声质问。

"老师，我错了，我以后再也不往下扔东西了！"这时，学生眼里的泪水已在打转。

"幸亏你扔的是纸盒，如果是铁盒、砖块呢？还不给人家脑袋砸破？"

"万一砸出人命来怎么办？"

　　班主任连连质问、斥责，由纸盒而铁盒而砖块而人命而……说了一大堆，越说越严重，似乎还不满足，仍想继续"发挥"，但这时，学生已充耳不闻，表情淡漠了。这种刺激过多、过强或作用时间过久，而引起心里极不耐烦或逆反的心理，被人们称为"超限效应"。

　　为避免这种超限效应，我们要把握好批评的"度"，切忌大肆渲染，无限上纲。要学会见好就收，自觉控制不良情绪，留点精力给自己，多点空间给他人，让他人自己去反思，使他人学会自我教育和自我发展，切忌对错误"穷追不舍"，这会让他人产生厌烦心理，反而不利于工作和人际关系的发展。

表达与沟通

情商高就是说话让人舒服

龚　俊◎编著

中国出版集团

中译出版社

图书在版编目（CIP）数据

表达与沟通 . 情商高就是说话让人舒服 / 龚俊编著 .
-- 北京：中译出版社 , 2019.6
ISBN 978-7-5001-5994-0

Ⅰ . ①表… Ⅱ . ①龚… Ⅲ . ①人际关系－口才学－
通俗读物 Ⅳ . ① C912.13-49

中国版本图书馆 CIP 数据核字（2019）第 119556 号

表达与沟通

情商高就是说话让人舒服

出版发行：	中译出版社	
地　　址：	北京市西城区车公庄大街甲 4 号物华大厦 6 层	
电　　话：	（010）68359376　68359303　68359101	
邮　　编：	100044	
传　　真：	（010）68357870	
电子邮箱：	book@ctph.com.cn	
总 策 划：	张高里	
责任编辑：	刘全银	
封面设计：	青蓝工作室	
印　　刷：	北京朝阳新艺印刷有限公司	
经　　销：	新华书店	
规　　格：	880 毫米 ×1230 毫米　1/32	
印　　张：	30	
字　　数：	550 千字	
版　　次：	2019 年 6 月第 1 版	
印　　次：	2019 年 6 月第 1 次	

ISBN 978-7-5001-5994-0　　　　定价：149.00 元（全 5 册）

前　言

　　日本著名文学家、导演大宅壮一说："一个人的脸就是一张履历表。"

　　某种意义上，一个人的嘴也是一张履历表。

　　著名主持人汪涵与何炅，在湖南卫视可谓"一时瑜亮"，关于谁是"一哥"的问题众说纷纭，隔一段时间就会被提及。后来，在一个两人都在场的综艺节目中，这个问题又被问及。汪涵的回答是："当然何老师是一哥，我年龄比他大，我是他大哥。"何炅听了，大为受用。

　　这看似简单的一句话，蕴含了汪涵极高的情商"内功"。他主动将何炅请上一哥的宝座，同时又没有妄自菲薄，顺便营造了两个人是亲密兄弟关系，并没有想象中的明争暗斗。

　　汪涵的巧嘴是他的履历表，高情商则是他的内功。靠着高情商的口才，他在舞台中央持久地散发光芒。

　　所以，一个人的智商决定了他的下限，但是一个人的情商决定了他的上限。我们都知道，演艺圈里"颜值即正义"，长相曾被排名最丑明星第十的黄渤，在知名度、美誉度上却能秒杀无数所谓的"花美男"。这是为什么呢？

　　——情商高，会说话。记得有一次，黄渤和闫妮一起拍戏，闫妮调侃他："我以前都是跟帅哥演戏，这次我跟你演夫妻，我就知道自己要进入丑星的行列了！"

黄渤非但不恼羞成怒，反而机智对答："那我觉得和你一起演，是我要走向帅哥的行列。"

这样让人舒服的应对，怪不得连大美女林志玲也多次公开表示，以后找对象要找黄渤这样的。

情商高就是说话让人舒服。什么话该说，什么话不该说，什么话在什么时候说，话说到什么程度……这些都大有讲究。说话的方式直接反映了一个人情商的高低。情商高的人能够左右逢源，而情商低的人却在不经意间说错了话，甚至在自己都没有反应过来的时候得罪了人，导致不能愉快地聊天。长此以往，他的人际关系也不会有多好。

毫无疑问，高情商的说话高手会比别人赢得更好的人缘与更多的机会。他们一开口，世界就是他们的。

目　录

第一章　情商高的人会说漂亮话

　　情商高的人都喜欢说漂亮话，人人都喜欢听漂亮话，但漂亮话却不是谁都能张口就来的。说话这种能力看似简单，其实却隐藏着很多奥秘。如何巧用一张嘴把话说得漂亮，是一门很大的学问。

认清自我的人情商都高

我是谁？

这是一个很难回答的问题。

我是我。

我也不是我。

在说话之前清楚地认识自己能够让你把握好分寸。每个人都有不同的身份，儿女、朋友、爱人、下属、上司等，不同的身份要说出不同的话，这就是八面玲珑。

回家陪爸妈吃饭，他们伸长筷子，使劲儿往你碗里夹这夹那，装了冒尖儿一碗，生怕你够不着、吃不到，他们却很少往自己碗里夹，要知道父母等这顿饭等了很久，将积攒许久的关爱全都融在那一筷之间，这时候你应该大口大口地往嘴里塞。

"还是爸妈会夹菜，夹的都是我最爱吃的，妈，您厨艺又见长了啊！"

一句话让爸妈笑得合不拢嘴，他们的笑容将会成为你的动力。

上了年纪的人都爱怀旧。父母总会一次次翻箱倒柜，拿出珍藏的物件儿欣赏一番，还顺便向孩子展示一下，孩子小时候穿过的衣服，上学时得的奖状，逛街时买的玩具……孩子给他们买的那件毛衣、那双皮鞋、那个水杯……虽然这些物件儿都已过时或是无用。即便如此，你也不能说："这些东西早该扔了，还留着干什么。"这些物件儿记录着你成长的足迹，融注了你对父母的孝心，守着这些物件儿，他们是非常幸福的。你应该对他们说："哎哟，这不是我的三好学生奖状嘛，好久没见了；呀，我记得买这件毛衣的时候我挑了好久呢，爸穿着倍儿帅，下次我给您买件更帅的啊"，这不是花言巧语的哄骗，而是真心诚意的回馈。

你是父母的孩子，当你对他们讲话，与他们沟通的时候，要融入你的孝心与爱，时时刻刻考虑父母的心情，不能随心所欲，要知道你的话影响的是父母的心情。

朋友一看到小云，屁颠儿屁颠儿跑过来，向小云展示她新买的连衣裙。

"昨儿商场打折，100块钱买的，怎么样？"

昨天小云在门口小店也看到过这件衣服，标价80元，不过小云不能说："呀，你买亏了。"她千挑万选买的衣服，肯定希望得到小云的赞美和夸奖，为了钱破坏她的好心情，那么小云会成为罪人。小云笑笑说：

"挺合适你的，这好事儿你怎么不带上我啊？"

一句话，说得朋友心里美滋滋的。

这不是虚伪，而是不愿给朋友系起心结。

小雨的朋友打来电话。

"喂？"

"哎呀，真烦啊！"

"怎么了？"

"今天早上我又迟到了，被主管痛骂了一顿，气死我了！"

小雨想了想，对她说道：

"你们主管真凶啊，不过没办法，上班拿工资，一半是你劳动所得，另一半就是用来支付你的忍耐的。"

小雨感觉到电话那边火略微小了一点儿，又继续说道：

"早点儿休息，省的明天迟到啊。"

挂掉电话，相信朋友的气已经消了。朋友在那边大喊，听出来她正怒火中烧，这时候，如果小雨来一句"谁叫你迟到了"恐怕非但不会浇灭她的怒火，还会让她更加生气。

和朋友相处，不要以为是朋友就什么都不在乎，尊重与关爱要体现在你的言语里，才能更加拉近你们之间的距离。

相爱的人在一起，总是有说不完的话，道不完的情。

李雪的老公有个朋友小刘，整日无所事事，这家转转，那家玩玩，从来不好好工作，很讨人嫌。一天，那个朋友又打电话找李雪的老公玩，等他挂掉电话，李雪不紧不慢地说道：

"我朋友说她们公司缺人手，我看小刘挺合适的，你要不要和他说说，让他去试试啊，每天闲着多无聊啊。"

李雪的老公很聪明，知道自己老婆不喜欢小刘，笑了一下，没说什么。

有句话说得好："男人的友谊女人不懂，女人的友谊男人也不懂"，面对爱人的朋友，以礼相待是一种本分，爱，就要包容，要接纳，包括他的一切。

有一天，小吴这个部门的一行人要去北京某周边城市参加一个活动，他一合计，一行好几个人，坐公交车不方便，人也受累；打车吧，费用太高；还是包一辆车好，经济又实惠。小吴没有立刻办理，起身去了领导办公室。

"孙总，现在我们有三个选择，各有利弊。我个人认为包车比较可行，但我做不了主，您经验丰富，帮我做个决定行吗？"老板笑笑：

"行啊，你拿主意就行了。"

古代就说"伴君如伴虎"，现在虽然没有"君"与"虎"之说，但是上司与下属之间依然竖着一道不可逾越的藩篱。上面的事例里如果小吴换一句话"坐公交车不方便，人也受累；打车吧，费用太高；我决定包一辆车去"。那么，估计老板会让他们去坐长途车了。要永远知道你是下属，不能代替老板做决定。

给别人打工做下属难，当上司也一样不容易。为了让部门充满紧密无间的味道，很多领导愿意与下属们打成一片，认为这样可以显示出自己的亲切感，但是如果过度，也会起到反作用。

新来公司没多久的文静是个挺开朗的女孩，她抱着一摞文稿来到领导办公室：

"小李，我这稿子结尾没做，你给我加上吧。"

领导笑笑，没有接她手中的文稿，说：

"这是你的分内事，要按时按质完成。"

这不是领导的冷酷，也不是摆官威，这是在下属面前应有的尊严。如果这次这位领导答应了，保证还会有下一次，时间久了，下属们就会对领导的工作提出质疑。

王姐进来向领导汇报新文稿选题，她滔滔不绝向领导讲述这个选题内容，领导对好几处不太满意，不过没有打断她，等她讲完，领导说道：

"我认为这里去掉更好一些，你觉得呢？还有我建议你把结尾再改得新颖一点。"

王姐连连点头，最后还向领导保证一定修改得更好。

在听取下属讲述时，作为上司不应发表评论性意见。评论，应放在谈话末尾，并且作为结论性的意见，措辞要有分寸，表达要谨慎，要采取劝告和建议的形式，以易于部下采纳接受。批评对方时不能无中生有，让下属下不了台阶，而是要本着诚恳与善意的态度，平等地与他们进行交谈。

情商高的人能识人说话

说话，是两个人的事情，我知道了我是谁，但也不能不管你是谁。与不同身份的人讲话，要了解对方的习惯、思维等。

一个美国人来到某公司谈合作，该公司经理在公司门前迎接，美国人刚下车，经理迎上去就问：

"您吃过早饭了吗？"

一句话把这个美国人问蒙了，他看看表，满眼的茫然。

这句话可以说是一句典型的中国式客套话，但是在美国等一些西方国家，问别人吃饭没有，他们会以为你想邀请对方吃饭，假如对方回答"还没吃"，你又不发邀请，对方会认为你在耍他们。

每个国家都有各自的文化习俗，如果不注意交谈对象的风俗习惯，可能会造成误会，影响交际。

除了外国人，与有钱人对话并不是件很简单的事情。他们的富有让我们敬而远之，由于不是一个世界的人，很难找到合适的话题。

当你遇到有钱人时，你可以设法让他们说往事。过去的工作是否比现在更有趣？他们发展到现在这个地步的关键是什么？谁是早年助他们成功的英雄？当年的老板是否使他们紧张？他们的百万财富是不是他们自己创造的？以及他们是怎样赚到第一笔百万金钱的。如果这些问题问得他们不大自在，你就准备跳到其他问题上去吧。不要盯着问，那会很不愉快的。

如果他们不愿意打开记忆之门，你就问他们的工作时间，问他们如何承担那么重大的责任，问他们爱好哪些休闲活动，以及怎样布置他们的办公室——很多有钱人的办公室，布置得就像豪华的皇宫一样，很有谈一谈的余地。同时记住，特别是当对方是一位医生时，不要忘了他也是血肉之躯，也是一个普通的人，你也可以和他谈谈健康问题。

小王要见的一个有钱人是做饮料生意，白手起家的，小王想他应该不喜欢提及太多过去奋斗的记忆。按照上面这段话所写，小王和他聊了一些关于运动、兴趣之类的话题。为了将话题引到他的产品上，小王问了这样一个问题：

"这次有机会能认识您，真令人高兴，有一个困扰了我很久的问题。我想您也许能解开我的疑惑，我发现有些公司生产出来的饮料，瓶盖很难打开，我奇怪为什么要封得那么紧呢？"

他笑笑，看起来很开心地回答了小王的这个问题。他们聊得非常开心。

原来说话说得不仅是话，还是心。

中国是个大国，即使和自己国家的人讲话有时候也有障碍，中国有很多方言，如果你不够了解，很容易造成尴尬。

小木中午去邮局办理点业务，队伍排得不短。她正在为长长的队伍而烦恼，这时候，有人拍了她一下。

"小姐，你最美吧？"

小木当时气不打一处来，这也太猖狂了，大庭广众的，也太直白了。没等小木说什么，他又发话了：

"我爱你。"

听了这话小木更崩溃了，难道现在世风日下到这种程度了？她强压着心中的怒火，临走的时候白了他一眼。

回到公司后，小木和同事说起了这件事，没想到同事听后哈哈大笑起来，随后便向小木讲述了缘由。

原来那两句话是广东话。原意应该是："小姐，你最尾吧？"这句话的意思是"小姐，你排的是最后一个吧？"，而那句"我爱你"是"我挨你"，就是"我挨着你站着"的意思。

中国地域辽阔，南言北语的差别经常会闹笑话，造成误会。

除了地域，年龄也是人际交往中重要的基准点。

华子与几个老同学约好一起去老人院做义工，陪老人们聊聊家常，话话是非，做点力所能及的事情。几个人和老人们坐在一起，聊得十分开心，这时津津对坐在她旁边的老人说道：

"您老身体真硬朗啊，今年高寿？"

老人笑呵呵地答道：

"七十九岁，奔八十了。"

"人生七十古来稀啊，这里您最长寿吧？"

"哪里啊，老宋才是冠军啊，他活了86岁，唉，年岁不饶人，他前不久去世了。"

"哎哟，这回该轮到您了。"

这话音一落，老人的脸陡然一变，不再说话了。

老年人，最忌讳的莫过于"死"字，谁不想长命百岁啊？

这说话真是"见人说人话，见鬼说鬼话"，年龄差异、文化层次差异、风俗习惯差异、性格差异等都会成为交流沟通的障碍，所以一定要了解对方。

香水话术，促进彼此好感度

很少有人不爱吃糖，因为糖甜，甜的东西几乎人人都爱。当然，也包括一张甜嘴。嘴甜，是最轻松的交流方式；因为只要开口说几句赞美话，就能够心想事成。

冰冰是在某饭店公关部工作的，主要负责为客人订购机票、火车票工作。一天某位客人来订票：

"我要两张后天去哈尔滨的D26次二等座车票。"这位客人态度略显不耐烦。

"先生，万一这辆车订不到，其他的可以吗？开往哈尔滨的车次还有……"没等冰冰说完，那位客人便说道：

"不行，我就要D26次。"

"那万一……"

"别万一了，你们就是为客人服务的，怎么就买不到呢？"

"我们一定尽最大努力设法为您买到。"

这位客人这才罢休。

客人走后，冰冰对旁边的同事感慨道："现在的客人好难交流啊。"

同事悄悄告诉冰冰几句话，她半信半疑。

冰冰按照同事说的做了，那位客人非常满意，还送给她一包糖。

客人取票的时候冰冰是这样对客人说的：

"先生，您的运气真好，您要订的这趟车次车票好紧张，就剩下两张票了，看来先生您要发大财了！"

这不过是一句吉言，但是却因为能够给人以美好的感受而起到积极的作用。

从古至今，无论是谁都喜欢被人赞美，都喜欢听好听的话，嘴甜点儿不是虚伪，是触动人心灵的一种方式。乾隆年间有这样一个故事。

有一天，宰相张廷玉精疲力竭地回到家，他刚想休息，乾隆忽然来造访，张廷玉感到莫大的荣幸，称赞乾隆道："臣在先帝手里办了13年差，从没有这个例，哪有皇上来看下臣的！真是折杀老臣了！"

张廷玉深知乾隆好茶，命令把家里的陈年雪水挖出来煎茶给乾隆品尝。乾隆很高兴地招呼随从坐下："今儿个我们都是客，不要拘君臣之礼。生而论道品茗，不亦乐乎？"水开时，乾隆亲自给各人泡茶，还讲了一番茶经。张廷玉听后由衷地赞美道："我哪里知道这些，只知道吃茶可以解渴提神。一样的水和茶，却从没闻过这样的香味。"另一位大臣也乘机称赞道："皇上圣学渊源，真叫人瞠目结舌，吃一口茶竟然有这么多的学问！"乾隆听后心花怒放，谈兴大发，从"茶乃水中君子、酒乃水中小人"开始，论起"宽猛之道"。真是妙语连珠、滔滔不绝，众臣倾耳细听。

乾隆的话刚结束，张廷玉便赞道："下臣在上书房办差几十年，两次丁忧都是夺情，只要不病，与圣祖、先帝算是朝夕相伴。午夜扪心，凭天良说话，私心里常也有圣祖宽，世宗严，一朝天子一朝臣这个想头。我为臣子的，尽忠尽职而已。对陛下的旨意，尽力往好处办，以为这就是贤能宰相。今儿个皇上这番宏论，从孔孟仁恕之道发端，譬讲三朝政纲，虽然只是3个字'趋中庸'，却振聋发聩，令人心目一开。皇上圣学，真是到了登峰造极的地步。"其他人也都随声附和，乾隆听后大为满足。

好听的话儿招人爱，这是人的天性，平时与人交往嘴巴甜一点，你好我好大家好，人人都好。

转眼间又是一年生日，好友寄来了一张小美最喜欢的韩国歌手的专辑，小美爱不释手，急忙给她打去电话。

"亲爱的，这张专辑我早就想买了，想不到你却给我寄来了，太谢谢你了。"

好友那边传来比小美还开心的笑声。

如果小美只是说："谢谢，你的礼物我收到了。"这种形式上的感谢非但不会促进感情，还会起到反效果。当别人送你东西的时候，在称谢的同时再加上对礼物的称赞，那么赠者会非常高兴。而且还要注意要掌握时机，倘若小美过一周再打电话给她，那么就会有一种"马后炮"的感觉了。

雯雯拿着新买的书开心地给朋友看，朋友看了一眼，问道：

"不错，几块钱买的？"

当时雯雯就有种不想说话的感觉，内心的失落感油然而生。

雯雯这位朋友明显不懂得"遇货添财"的道理。当你不知道别人买的东西花了多少钱的时候故意将价格说得高一些，会给对方一种成就感，也就自然而然取悦于对方了。当然不能过分高估，否则别人就会怀疑你的诚意了。

除了"遇货添财"还别忘了"逢人减岁"，谁都希望自己年轻，把对方的年龄尽量往小了说，从而让对方觉得自己年轻或者保养有方，产生一种心理上的满足。说这是"美丽的错误"也好，"真实的谎言"也罢，这种不违反原则还能打动人心的事情我们何乐而不为呢？

电梯里偶遇上周刚见过的朋友。

"上周你说你想跳槽，后来怎么样了？"

"正找着呢。"

"你能力强，应该很快能找到更好的。"

他听完笑着说：

"借你吉言，哈哈哈。"

有的人很喜欢香水，因为一瓶香水的组成，会有各种不同的基调。说话术也可以比作香水，香水最后会融入一个人的肌肤里，留下淡淡的香味。对朋友提过的事情多加着墨，让你的话像花香一样让人愿意亲近，增加彼此的好感度。

情商高的人这样称呼对方

对人的称呼有千种万种，但并不是每一种称呼都可以随心所欲地使用，美丽的嘴唇要说出美丽的话语，称呼也要让人高兴。

下班了，张妍路过一个水果摊位，看着红彤彤的草莓，很有食欲，没等她开口，里面走出一个男人。

"大姐，想来点什么？"

张妍下意识抬头看了看他，怎么也得三十岁了，叫大姐让张妍顿生反感。眼前的草莓看起来也没那么好吃了。

"不用了，谢谢。"

张妍转身离开。

他完全可以称呼张妍为"小姐""女士"或者"同志"，一声"大姐"让人失去与他继续交谈的想法。

不是有句话说吗，宁可把"太太""夫人"叫作"小姐""女士"，也不要把"小姐""女士"叫作"太太""夫人"。

对于女士的称呼还有很多新鲜的词语，例如"美女"等。

我们经常听到诸如这样的对话：

"美女，遛狗呢？"

"呦，亲爱的，今儿下班早啊。"

"美女"这一称呼取的是其中的"女"字，和"美"已经没什么关系了。

"亲爱的"这一称呼一般是女性之间使用的，并且是比较熟络的朋友之间，对于异性还是要慎重使用。

同辈之间的交流相对轻松，而与长辈们沟通则贵在一个"敬"字，虽说年龄是代沟，年龄差异过大往往无法很好地沟通，其实只要你嘴甜一点儿，多大年龄的长辈都会被你折服。

小李刚下班便碰到楼下的张大爷了。

"张老，您这是吃过晚饭来遛弯儿了？"

"哎，是啊，小李下班了？"

"是啊，您慢慢溜达，我先上去了。"

这"张大爷"和"张老"的称呼，前者比较亲切，后者更显尊敬，对于德高望重的老年人，后者更贴切。

称呼老年人，不仅要在心中尊敬他们，也要在语言上体现出来，对于比较熟悉的老人，"王奶奶""孙婆婆""赵爷爷"等可以体现一种亲密之感，而比较陌生的老人，则可以在姓后面加一个"老"字，以表尊敬。一些不礼貌的称呼一定要摒弃，例如，"老太婆""老头""老家伙"等，要知道，谁都有老的那一天。

人，多多少少都会有点儿虚荣心，适当满足别人的虚荣心也会为你带来好人缘。

听说楼下小贾刚被公司提升为主任，小秦碰巧在电梯里遇到他。

"贾主任，上班啊？"

"是啊是啊，好几天没看见你了，忙什么呢？"

直到电梯到达底层，他们都聊得非常开心。

这种情况下，称呼别人是为了满足对方，这不是阿谀奉承，只是一种"我很重视你"的体现，也是联络感情的重要方式。

每个人从小到大，被人取过不少的外号，每一个外号都代表不同的意义，隐藏着不同的情感。

如果把这种亲昵的称呼放在异性之间，更会起到微妙的变化。

燕妮的男友的名字谐音和"洗碗"很像，于是，燕妮称他为"洗碗的"，由于燕妮喜欢猫，他便叫燕妮"养猫的"，亲昵的称呼包含着太多的柔情蜜意。

燕妮对男友还有很多昵称，"卡尔""可爱的小天使""亲爱的小心肝"等。

当然，不管是对朋友，还是恋人，昵称可以拉近距离，但是不能乱用，特别是在公共场所不宜使用，因为这是两个人的秘密。

社会交际，"称呼"是第一个出口的，如同人的第一印象一般重要，使用恰当，能让你迅速赢得对方好感，本来你口才不错，结果由于称呼不当引起对方反感，这是何其尴尬的事情。使用称呼，要看环境和称呼的对象，运用适当的符合人的身份、地位以及体现与自己恰当关系的称呼。

懂得尊重他人，大家都喜欢

无论一个人在社会上扮演什么样的角色，充当什么样的身份，礼貌一直是维持人与人互动的规则。

有句话叫作"尊重别人就是尊重自己"。一个有礼貌的人到处都会受到欢迎，受到人们的热诚接待，而一个习惯口出不逊的人，就不会得到别人的喜欢。

从前，有个年轻人骑马赶路，忽然见一位老汉从路边经过，他便在马上高声喊道："喂！老头儿，离客店还有多远？"

老汉回答："五里！"

年轻人策马飞奔，急忙赶路去了。结果一口气儿跑了十多里，仍然不见人烟。

他暗想："这老头儿真可恶，说谎话骗人，我非得回去教训他一下不可。"他一边想着，一边自言自语道："五里，五里，什么五里！"猛然，他醒悟过来了，这"五里"，不是"无礼"的谐音吗？

于是便掉转马头往回赶，找到了那位老人，急忙翻身下马，亲热地叫道："老大爷……"

话还没说完，老人便说："客店已走过去了，如不嫌弃，可到我家一住。"

俗话说："人而无礼，不知其可。"有这样一个真实的故事，便能说明一个人在言谈举止方面，如果不注意礼貌所带来的后果。

李卫平老师是北京一所高校的教授，一天，他正在办公室里备课，有人敲门，他习惯性地说了声请进。抬头一看，是位女生，但是他并不认识，他想也许是找别的老师的。但是那位女生四下看了看，并没有确认自己找谁，张口就说道："李卫平呢？"

这话一出口，大家都愣了，往李卫平这里看，李卫平心里也很纳闷，在学校这么多年，还没有谁直呼其名的。他脸色微微一变，但还是有礼貌地对她说："我就是，找我有什么事吗？"

那位女生大大咧咧地说："噢，你就是李卫平呀，我可早就听说过你了，我是某某教授的学生，我的论文你给我看一下！"

原来当时有规定，论文答辩时要请一位校外的专家来指导。这位女生是外校的学生，来找李卫平教授给自己批阅论文。

李卫平到底是有涵养的人，看到这个学生这么没有礼貌，并没有发火，只是随口说道："那你就放那里吧！"

这名女生就把论文往他的桌子上一扔，说："你快点看呀！后天我们要论文答辩，你可别耽误我的事！"

李卫平再也无法忍受，说："请问你是找人办事还是下达命令呢？你的论文拿走，我没有时间给你看！"

其实，找人办事得像个找人办事的样子，要表现得谦卑有礼，别人才会愿意帮助你。有位名人说："生活中最重要的是有礼貌，它比智慧、比一切学识都重要。"

礼貌就是一个人的名片，说话有礼貌的人到处都会受到人们的欢迎。礼貌不礼貌，看似小事，可有时会直接影响到大事的成败。正如一位名人说的那样："礼貌是人类共处的金钥匙"。生活中最重要的是有礼貌，它比最高的智慧、比一切学识都重要。所以我们在日常交往中一定要注意礼貌待人。

那么我们在和人交往的过程中应该怎样注意自己语言的礼貌呢？一般需要注意"四有四避"的问题，即有分寸、有礼节、有教养、有学识，要避隐私、避浅薄、避粗鄙、避忌讳。

首先我们来看看"四有"。

第一是有分寸。这是语言得体、有礼貌的首要问题。要做到语言有分寸，必须配合语言要素，要在背景知识方面知己知彼，要明确交际的目的，要选择好交际的体式，同时，要注意如何用言辞行动去恰当表现。

第二是有礼节。语言的礼节就是寒暄。有五个最常见的礼节语言的惯用形式，它表达了人们交际中的问候、致谢、致歉、告别、回敬这五种礼貌。问候是"您好"，告别是"再见"，致谢是"谢谢"，致歉是"对不起"。回敬是对致谢、致歉的回答，如"没关系""不要紧""不碍事"等。

第三是有教养。说话有分寸、讲礼节，内容富于学识，词语雅致，是言语有教养的表现。尊重和谅解别人，是有教养的重要表现。尊重别人符合道德和法规的私生活、衣着、摆设、爱好，在别人的确有了缺点时委婉而善意地指出。

第四是有学识。在高度文明的社会里，必然十分重视知识，十分尊重人才。富有学识的人会受到社会和他人的敬重，而无知无识、不学无术的粗浅的人将会受到社会和他人的鄙视。

我们再来看看"四避"。

第一是避隐私。隐私就是不可公开或不必公开的某些情况，有些是缺陷，有些是秘密。在现代文明社会中，隐私除少数必须知道的有关人员应当知道外，不必让一般人员知道。因此，在言语交际中避谈避问隐私，是有礼貌的重要方面。欧美人一般不询问对方的年龄、职业、婚姻、收入，否则会被认为是十分不礼貌的。

第二是避浅薄。浅薄，是指不懂装懂、讲外行话，或者言不及义、言辞单调、词汇贫乏、语句不通、白字常吐。如果与浅薄者相遇，有教养、有知识的人听他们谈话，无疑会感到不快。社会是知识的海洋，我们每个人都不可能是万能博士或百事通。我们应当学有专攻又知识渊博，但总有不如他人之处，总有不懂某种知识之时，所以要谦虚谨慎，不可妄发议论。

第三是避粗鄙。粗鄙指言语粗俗，甚至污秽，满口粗话、丑话、脏话，上溯祖宗、旁及姐妹、下连子孙及两性，不堪入耳。言语粗鄙是最无礼貌的语言，它是对一个民族语言的污染。

第四是避忌讳。忌讳，是人类视为禁忌的现象、事物和行为，避忌讳的语言同它所替代的词语有约定俗成的对应关系。社会通用的避讳语也是社会一种重要的礼貌语言，它往往顾念对方的感情，避免触忌犯讳。下面是一些重要避讳语的类型：

首先是对表示恐惧事物的词的避讳。比如关于"死"的避讳语相当多，就是与"死"有关的事物也要避讳，如"棺材"说"寿材""长生板"等。

其次是对谈话对方及有关人员生理缺陷的避讳。比如现在对各种有严重生理缺陷者通称为"残疾人"，是比较文雅的避讳语。

最后是对道德、习俗不可公开的事物行为的词的避讳。比如把到厕所里去叫"去洗手间"等。

总之，语言文明看似简单，但要真正做到有礼貌，并非易事。这就需要我们平时多加学习，加强修养，使我们中华民族"礼仪之邦"的优良传统能得到进一步地发扬光大。

"敬人者，人恒敬之"。礼貌是一个人应有的基本修养，在和他人交谈的时候，有礼貌的人都会给人一种好感，受到别人的尊重。所以，在和他人交往的时候，一定要注意自己的一言一行。

不揭伤疤是智慧的表现

人人都有自己的忌讳，人人都有自己的"伤疤"，即使再好听的话，如果你一不留神揭人伤疤，那这样的话不如不说。

公司同事一起聚餐，大家一边聊天一边吃饭，聊着聊着就聊到了时光。

"陈主任运动那么厉害，上大学的时候没少拿奖吧？"小昭挑起了话题。

"是啊，多亏当年当了兵，练就了我的运动细胞。"

"您还当过兵呢？"

没等陈主任答话，邻座的小王插嘴道：

"是因为考不上大学才去当兵的吧，当初我同学也有不少去当兵的。"

一句话，瞬间让气氛冷了下来。

明代开国皇帝朱元璋，出身贫寒，少年时候就放牛。当了皇帝以后，有一天，他儿时的一位穷伙伴来京求见，想讨个差使，朱元璋也很想见见旧日的老朋友，可又怕他讲出什么不中听的话来。他犹豫再三，觉得不能让人说他富贵了不念旧情，还是让传了进来。

那人一进大殿，即大礼下拜，高呼万岁，说："我主万岁！当年微臣随驾扫荡庐州府，打破罐州城。汤元帅在逃，拿住豆将军，红孩子当兵，多亏菜将军。"朱元璋听他说得动听含蓄，心里很高兴，回想起当年大家饥寒交迫时有福同享、有难同当的情形，心情很激动，立即封了这个老朋友一个官职。

消息传出，另一个当年一块儿放牛的伙伴也找上门来，见到朱元璋，他高兴极了，生怕皇帝忘了自己，指手画脚地在金殿上说道："我主万岁！你不记得吗？那时候咱俩都给人家放牛，有一次我们在芦苇荡里，把偷来的豆子放在瓦罐里煮着吃，还没等煮熟，大家就抢着吃，把罐子都打破了，撒下一地的豆子，汤都泼在泥地里，你只顾从地下抓豆子吃，结果把红草根卡在喉咙里，还是我出的主意，叫你用一把青菜吞下，才把那红草根带下肚子里。"

当着文武百官的面，"真命天子"朱元璋又气又恼，哭笑不得，只有喝令左右："哪里来的疯子，来人，把他轰出去。"

皇帝都爱面子，当着文武百官，揭露当年的糗事，让朱元璋下不来台，这不是找死吗？

生活中也有不少这样的例子。

小文怀孕不久因为意外小产了，心情十分糟糕。周末，好友陪她去逛街散心，偶遇同学乐乐，乐乐热情地迎了上来。

"小文，好久不见了，听说你小产了啊？身体不要紧吧？"

原本蛮开心的小文顿时脸色变得很难看，乐乐不识趣地继续说道："孩子没了，还可以再有的，别太放在心上了。"

小文没有说话，好友趁机转移了话题。

小产对于女人来说是件很痛苦的事情，是小文的心结，尽管乐乐是出于一片好心想安慰，想说一些劝慰的话，但是这时候，还是"此时无声胜有声"，话语不当，哪壶不开提哪壶，只会揭开她的伤疤，并不能起到劝慰的作用。如果乐乐这样说："小文，好久不见了，最近身体怎么样？"那么小文就会欣然接受，不会那么难堪。

虽说"良药苦口利于病，忠言逆耳利于行"，但是往别人枪口上撞，给别人伤口撒盐的说话方式并不讨好，非但不会让对方感到你的诚意，还会引起反感。

小文走进商城，她原想购物应该能让自己心情变得轻松一些，她们走进一家商店，店家热情地向她们介绍商品，小文看中一件连衣裙，试穿以后比较满意，于是店家便很有兴致地对她说道：

"这位小姐穿这件连衣裙很合适，不会显得那么胖。"

小文哭笑不得。

"谢谢，我们再看看吧。"

胖，是小文的心病，店家无形中又揭开了她的伤疤，如果她换一种方式：

"这位小姐穿这件连衣裙很合适，显得很苗条。"虽然表达的意思是一样的，但是绝对躲过了"枪口"，小文会很开心地买下那件连衣裙。

每个人都有自己忌讳的地方，如果在说话的时候稍不注意，揭了别人的短处，则会遭人冷眼，甚至惹祸上身。

第二章 情商高，一句话说进你心坎

　　有话好好说，可不见得每个人都能把话说好。因为一句话没说对，把喜剧变成悲剧，把眼前的好事变成坏事的例子数不胜数。情商高的人则能把这样的失误降到最低，把话说进对方的心坎里，这是一种智慧，不让任何触手可及的机会溜走。

情商高的人大多"一见如故"

初次见面是沟通的开始。俗话说，万事开头难，又说第一印象决定了人与人之后的交往，可见初次见面在人际交往中的重要性。形容爱情有一个很美妙的词叫"一见钟情"，的确许多幸福的伴侣都是一见定终身。

说话投缘，自然一见如故。一见如故，相见恨晚，历来被视为人生一大快事。善于跟素昧平生者打交道，掌握"一见如故"的诀窍，不仅是一件快事，而且对工作、学习大有裨益。初次见面，只有敞开心扉，才能让对方很快记住：这个人很不错！无论是哪个人，和知心朋友见面都会很开心和放松，然而和素不相识的人会面总会感到局促和紧张，并且顾虑重重。和初次见面的人面对面谈话，是一件不舒服的事。因为两人之间的视线极易相遇，而导致两人之间的紧张感增加。

初次见面的第一句话，是留给对方的第一印象。第一句话要亲切随和，让人感觉好接近，用以消除彼此间的陌生感。例如，可以从自己的姓名开始，"你好，我姓接，接二连三的接，认识我，你会有接二连三的好运！"在彼此一笑中，你们的友谊就开始了。

其次，对于对方的称呼也十分重要。欧美人在说话时，常说："丹尼尔先生，来杯咖啡好吗？""丹尼尔先生，关于这一点，你的想法如何？"将对方的名字挂在嘴边，令人不可思议的是，此种做法往往使对方涌起一股亲密感，宛如彼此早已相交多年。其中一个原因就是，他感受到对方已经认可自己。

在我们的社会里，大部分人不习惯或者不愿意直呼别人的名字。殊不知，呼喊别人的名字可以增进彼此的亲密感，尤其当你们不熟悉的时候，你喊出对方的名字，会给对方一个惊喜。

除了我们说出来的话，对于初次见面的人来说，最美丽的语言是微笑。和别人第一次见面时，微笑和赞美会有一种微妙的力量。陌生朋友会被你的微笑感染，认为你是一个很有亲和力的人。你对他的赞美，会让彼此一下子从陌生人变成朋友。

人们初次见面，彼此都有一种想了解对方，并渴望得到对方尊重的心理。这时，如果你能及时、简明地进行自我介绍，不仅满足了对方的渴望，而且对方也会以礼相待，自我介绍。这样，双方以诚相见，就为彼此的沟通及进一步交往奠定了良好的基础。而且，在参加社交活动时，主人不可能把每一个人的情况都介绍得很详细，为了增进了解，你不妨抓住时机，多作几句自我介绍。

在自我介绍的时候要适当表达你的缺陷。因为表达缺陷，可以赢得关注。这一丁点瑕疵根本遮掩不了你的光芒，反而让人感觉到你的正直与坦然。不要做作，尤其是在声音上不要作假，把自己真实的一面展示给对方，不要掩饰自己，也不要束缚自己。

与人初次见面，获得别人好感的不二法门自然是把话说得巧。通常那些社交关系广泛的人，都是言谈灵活，初次见面就能给人留下好印象的人。

高情商的人惜字如金

语言就像一颗蒙尘的珍珠，只有在智者的手中，它才能散发出璀璨的光芒。一个会说话的人，话要说到点子上，开门见山直奔主题，或者要点明确，不管怎样，话在于"简"，不在"多"。

史书上记载，子禽问自己的老师墨子："老师，一个人说多了话有没有好处？"墨子回答说："话说多了有什么好处呢？比如池塘里的青蛙整天整天地叫，弄得口干舌燥，却从来没有人注意它。但是雄鸡只在天亮时叫两三声，大家听到鸡啼知道天就要亮了，于是都注意它，所以话要说在有用的地方。"

墨子的话和古语"言不在多，达意则灵"一样，说的都是讲话要少而精的道理。我们要追求的是用最凝练的话语来表达尽可能丰富的意思。

英国人波普说过："话犹如树叶，在树叶太茂盛的地方，很难见到智慧的果实。"的确，讲话简练有力，能使人兴味不减，冗词赘语，反而使人生厌。

话在"简"，但并不代表少，"简"是指"言简意赅"，不是为了"简"而"简"，例如你如果为了达到"简洁"的目的故意把话说一半，或者掐头去尾，那么这不是简洁，而是"草率"了。

从前有个客商新开了一家酒店，为了招揽顾客，特备厚礼请几个秀才为他写一块招牌。甲秀才大笔一挥写下了"此处有好酒出售"七个大字。众秀才议论纷纷，乙秀才说："'此处'二字太啰唆。"

丙秀才说:"'有'字也属多余。"丁秀才认为酒好酒坏顾客自有评价,"好"字应当删去。这时甲秀才带着几分怒气认真地说:"如此说来还是干脆只留个'酒'字算了。"众秀才频频点头赞许,大家也欣然接受。其实说话也如此,有时需要简练,惜言如金,有时需要详述,用语如泼。

说话是否精彩不在于长短,而在于是否抓住了关键,是否说到了点子上,是否能打动听众。听众最喜欢的是有啥说啥,直来直去。对于那些空话套话,他们不但不愿听,甚至觉得是受精神折磨,是浪费时间。

梅女士是一家金融销售公司的业务员,她的工作业绩可谓有目共睹。新的工作年度开始后,她被提拔成为业务经理。经常有下属向她请教如何与客户沟通,并问她是不是有什么秘诀。对此,梅女士从不讳言:"其实,我也没什么秘诀,只不过我与客户沟通时,往往会选择她们感兴趣的话题,尤其是女性客户,由于有着相对较多的共同语言,只要是真心想购买公司产品,一般情况下,能轻松拿下。比如说面对主妇吧,我总是先说起女同志的共同话题——养育孩子,在这一方面,一般的女同志都有兴趣,一说起来就没完没了,而且越说越起劲。慢慢地,我就把话题转到了抚养孩子不容易上面,比如说学杂费太贵啦,好学校难上啦,孩子不听话太淘气啦,等等……当引起了对方的同感之后,我立即就把话题转到了自己身上,这样一来,双方就会产生很多的共鸣,只要对方是诚心购买,一般都会掏钱。"

当然,说话简洁非一日之功,要学会透过事物的表面现象,把握事物的本质特征,并善于分析,善于概括,在这个基础上形成的语言才能够做到"把话说到心坎里"。

小康和小张是某单位的专职司机。前不久,单位精减人员,两个人里面必须有一个下岗，于是，单位搞了一个竞争上岗，让两个人分别谈自己对将来工作的看法。

小康第一个上场，开始自己的演讲，他说如果自己将来能开车，一定会把车收拾得非常干净利索，遵守交通规则，而且保证领导的安全，同时要做到省油，不给单位增加负担。小康滔滔不绝地讲了半个多小时，终于讲完了。

小张上场了，他只讲了不到三分钟，就下来了。他说他过去遵守了三条原则，现在他仍然遵守三条原则，如果能继续为单位开车，他还会遵守这三条原则。这三条就是：听得，说不得；吃得，喝不得；开得，使不得。

众领导一听，好！这个司机说得好！于是最后小张被留下了。

小张最后之所以会成功留下，就在于他不讲废话，单刀直入，切入重点。

如何把话说到点子上呢？平时要注重知识的积累，多给自己充电，如果讲话者知识贫乏，说话的时候即使搜肠刮肚，也绝不会有精彩的谈吐。所以如果想去掉自己语言中多余的"枝叶"，就要尽可能多地掌握一些词汇，养成说话简洁的习惯。

把复杂的话用简单的语言表达出来，这样大家都容易懂，也就更愿意和你沟通。言简意赅，不矫饰、不做作，不画蛇添足，不做废话篓子，既能显出你的干练，也能为你赢得好人缘。

寥寥数语动人心

很多人认为，与陌生人打交道很难，当你走进一个陌生的房间或是与一个不熟悉的人碰面，在心里都会问自己："我该如何开口？"亚里士多德说过这样一句话："因为双方都没有开口，很多友谊就这样失去了。"

其实，只要你掌握了对的方法，同陌生人攀谈也是一件轻松愉快的事情。

说话时言语不流畅、吞吐搪塞、情绪紧张，大都是由于自信心不足造成的。自己对自己没有十足的把握，心虚胆怯，就会造成情绪紧张，而情绪紧张又会造成谈吐上的障碍。所以，在一定程度上来讲，树立自信对自己的口才发挥至关重要。如果信心充足，理直气壮，说起话来就节节有力，感染力也比较强。要想搞定别人的心，先得建立自信，难怪有人这样说："自信是口才的驱动力。"

自信心建立了，还需要一个真诚的态度。真诚总能打动别人的心，把自己的真心捧在手心，别人就会推心置腹地与你畅谈。比如你与陌生人之间本是隔了一层的，你的真诚会让对方怦然心动，那种防备心理就会为之融化。再如与异性交谈，双方存在性别差异，矜持和自重之心很难让人，尤其是女性，对一个异性敞开心扉，但是谁也拒绝不了真诚之心。

真诚是别人体会、感受得到的。你可以表现真诚，让你的真诚表现得更加淋漓尽致，更具有表现力。比如你的表情、眼神、语气、话语本身，都可以用来表现真诚。就是说，不要隐藏你的真诚，而要善于表现真诚。

说话重在开头，俗话道："好的开始是成功的一半。"开一个漂亮的、独特的"头"，才能把对方的心给"勾"住。这"凤头"型"一语"，自然不拘一格，你可以来个出口不凡，一语惊人，形成无限的说话魅力。你可以设置一个悬念，让你的话形成一种神秘性，比如你可以讲一个故事。

另外，谁都希望别人关心自己，如果你对准对方选择话题，对方就会倍感兴趣。对准对方度越高，你的交谈越能打动对方心灵，为对方所欢迎。

例如，在觥筹交错、美女帅哥云集的聚会上，怎样才能勇敢地迈出第一步呢？首先要环视四周，看看他们有没有什么特别的地方，配饰、服装都有可能成为你口中的"亮点"。

对女性你可以这样说："你的配饰很漂亮""你这个鞋子真好看"等等，听到这句话，她一定会开心一笑，这一笑就瞬时拉近了你们之间的距离。

交谈中，尽量不要提一些只能让人回答 yes 或者 no 的问题，要给对方一个展开话题的余地，也不要说话太随便的话，以免冒犯到对方，可以讲一些无伤大雅的玩笑或者轻松的小故事，给彼此留下好印象。

语言是一把锁，只要你用心去和他人沟通，一定可以得到他人的认可。

深圳电车模范售票员王苹不但具有全心全意为乘客服务的热情，而且还有暖人肺腑的语言。她说的话深深打动了乘客的心弦，使她在平凡的工作岗位上创造了不平凡的业绩。

她是怎样工作的呢？

有一天，车上的乘客很多，而这时又上来了一位抱小孩的妇女。

于是王苹同往常一样对乘客们说："哪位同志给这位抱小孩的女同志让个座儿？"

但她连讲两次，无人响应。王苹没有着急，缓缓地站了起来，用期待的眼光看了看靠窗口的几位小伙子，提高了嗓音："抱小孩的那位女同志，请您往里走，靠窗坐的几位小伙子都想给您让座儿，可就是没有看见您。"

话音刚落，"呼啦"一声，几位小伙子不约而同地站了起来。

这位女同志坐下以后，只顾喘气定神，忘记对让座的小伙子道谢，小伙子面露不悦。

王苹看在眼里，心中明白，她忙中偷闲，逗着小孩子说："小朋友，叔叔给你让了座儿，你还不谢谢叔叔。"

一语提醒那位妇女，连忙拍着孩子说："快谢谢叔叔，快谢谢叔叔。"

那小伙子听到"谢谢叔叔"时，连声说："不客气。"

王苹的几句话为什么产生这么大的魔力？因为她了解人们的内心，只有充分了解人们的内心，才能把话说到人家的心窝里。

俗话说："一千句话说到耳朵里，不如一句话说到心坎上。"

春秋时，齐景公很爱打猎，养了很多猎鹰猎犬。一次，负责喂鹰的烛邹不小心让一只鹰跑了。

景公大发雷霆，命令将烛邹立即斩首。晏婴打算去劝阻，但看到景公怒气冲天，一定不会听他的劝告，必须用巧妙的方法才行。

于是他走上前去，对景公说："烛邹有三大罪状，不能轻易地把他杀了，待我公布了他的罪状再处决吧！"景公答应了晏婴的要求。晏婴就指着烛邹的鼻子说道："第一，你放跑了给大王养的鹰，虽不是故意，但违反了大王的私法；第二，你使得大王为一只小小的鸟而用杀人的酷刑，坏了大王仁慈的名声；第三，把你杀了，使得天下的诸侯都认为大王重鸟轻人，说大王不是贤君。你有这三大罪状，真是死有余辜！"晏婴一席话，说得景公满脸通红，只好说："放了他吧，我听懂你的话了。"

我们与人说话，要想收到"心有灵犀一点通"的效果，就要理解人们的合理需要，爱护人们的自尊心。要做到这一点，我们在谈话的时候就要经常注意"转换角度"，即善于"站到对方的立场上，从对方的角度来观察问题"。

捕捉插话时机，避免尴尬沟通

现实生活的各种场合都存在与人交往，请人办事的情况。在与人套近乎时，常常要谈论各种问题，插嘴也是套近乎的一种表现形式。插嘴，一直被人们看作是不好的做法，当我们不是主讲者而是作为旁听者的时候，随便打断别人的话是无礼和没有修养的表现。其实，之所以插嘴让事情变糟，是因为不懂插嘴的艺术，聪明的插嘴也许会让你事半功倍。

首先想要钻缝就要仔细找缝，这就要求你对别人的话要认真倾听，不要在人家还没有说完的时候中途打断，要弄清对方所讲的内容，有的放矢，顺水推舟。例如，对方正在陈述某个问题，其中有你没有听懂的地方，不要在他讲述的过程中说"刚才那句话我没有听懂"，这样突兀的插话一来不礼貌，二来也会影响对方再次发言。遇到这种情况，应在对方全部讲完之后发问："抱歉，刚才中间有个地方我没有听明白……"这样才能达到最好的效果。

其次，要捕捉插话时机，见机行事，见缝插针。不要在别人正滔滔不绝的时候去打扰，要等待他转换话题之时或者短暂静场之时。

一对夫妻到商场挑选洗衣机，他们转来转去，在一台新型洗衣机前停下，妻子说道："这个看起来不错。"

丈夫摇了摇头："太贵了。"

妻子说道："你衣服那么多，又老换，还总急着穿。"

丈夫犹豫不决。

这时，服务小姐插了一句："这台洗衣机虽然贵点，但质量好，容积大，功率也大，洗得干净还快，性价比很高。"

最后二人决定买下这台洗衣机。

这位精明的服务员就是捕捉到了插话的时机，她看准了夫妻二人的心境，知悉了二人的需求，从而达到了目的。

还有，钻缝要注意察言观色，如果发现谈话者正在锋芒毕露之时，万不可蹚浑水，如果你盲目抛出自己的观点，造成三足鼎立，便一发不可收拾了。这种情况，你可以利用他们言谈中"停歇"的时候，巧妙钻缝："两位辛苦了，来，让我来给你们讲个故事吧"，借此来转换他们争吵的焦点，还可以平息"战火"。

夫妻之间巧插嘴还可以增进彼此的感情。感情好的夫妻会适时"打断"伴侣，表达自己的所思所想。过往多项研究显示，善于插嘴的夫妻，感情更稳定。有效的插嘴技巧包括三种，如重复伴侣说的话、确定自己听到的是正确讯息、针对自己不太明白的提问。其中，"重复"是最简单、易掌握的技巧。

有一天，晓莉遇到很多事，回到家一股脑儿地向丈夫倾诉起来："我今天太倒霉了。去修车时，老板说油箱有问题，要收 4000 块。我告诉他一定是弄错了，我们买了保险。可他说保险里没这一条，修理工还嘲笑我，说什么女人就是不懂车。这太侮辱人了，于是我就和他们吵了一架。""他要收多少钱？"丈夫问。"你没听到我说的其他话吗？"晓莉有些生气。因为她向丈夫抱怨的目的，是希望丈夫同情自己，而不是理性地分析孰对孰错。

男性面对抱怨的第一反应，是解决问题。丈夫若善于"插嘴"，情况就会改观。如晓莉说"要 4000 块"时，丈夫插话："4000 块？太贵了。我们有保险。""是。但老板说没这一条，修理工还嘲笑我，太侮辱人了。我就和他们吵了一架。""保险没有这一条？确实该和他们吵一架。别生气了，为了这事不值当。"

再看一个例子。

推销员："科尔先生，经过我仔细观察，我发现贵厂自己维修花费的钱，要比雇用我们来干，花的钱还多，对吗？"

科尔："我也计算过，我们自己干确实不太划算，你们的服务也不错，可是，毕竟你们缺乏电子方面的……"

推销员："噢，对不起，我能插一句吗？有一点我们想说明一下，没有人能够做完所有事情的，不是吗？修理汽车需要特殊的设备和材料，比如……"

科尔："对，对，但是，你误解我的意思了，我要说的是……"

推销员："您的意思我明白，我是说，您的下属就算是天才，也不可能在没有专用设备的情况下，干出像我们公司那样漂亮的活儿来，不是吗？"

科尔："你还是没有搞懂我的意思，现在我们这里负责维修的伙计是……"

推销员："科尔先生，现在等一下，好吗？就等一下，我只说一句话，如果您认为……"

科尔："我认为，你现在可以走了。"

在插话提意见或表示反对时，一定要先看准对方的心境，对方如果正激动兴奋不已地陈述自己观点时，你不要去打断他，插入自己不同的意见；如果对方正针对你发泄不平之气时，你要暂时忍耐一下，不要插话顶嘴。俗话说，出门看天色，说话看脸色，脸色是心情好坏的晴雨表，人心境好时，万事皆乐，心境不佳时，举事皆忧，插话或提反对意见时，务必要考虑这一点，等对方平静下来，心平气和，心情舒畅的时候去说，才能收到良好的效果，达到自己的目的。

打断别人讲话插嘴时，还要注意以下几点。

1. 把握别人谈话主题，插话前先得听明白人家在说什么，说到哪儿了，你才能确定自己应该插什么，可以插什么，什么时候插合适。如果你插些跟他们交谈毫无关系的内容，那只会打乱别人谈话的思路，招人厌恶。

2. 注意自己的身份，要把握好插话者毕竟只是配角，谈话者才是主角，多说话的应是他们，如果没有得到他们同意，你不可说话太多，以免喧宾夺主。

3. 注意礼貌。插话时毕竟会打扰别人的思路或破坏气氛，所以插话前必须获得对方同意。可以先礼貌地的打声招呼，"对不起，我插一句""请允许我插一句吗？"来吸引对方注意或征得同意，不过这样的插话不要太多。

在与朋友相处的时候，把握好插话的时机，非常重要。即使你真的没听懂，或听漏了一两句，也千万别在对方说话途中突然提出问题，必须等到他把话说完，再提出："很抱歉！刚才中间有一两句你说的是……吗？"如果你是在对方谈话中间打断，问"等等，你刚才这句话能不能再重复一遍？"这样，会使对方有一种受到命令或指示的感觉，显然，对你的印象就没那么好了。

听人说话，务必有始有终。但是能做到这一点的人却不多。有些人往往因为疑惑对方所讲的内容，便脱口而出："这话不太好吧！"或因不满意对方的意见而提出自己的见解，甚至当对方略做停顿时，抢着说："你要说的是不是这样……"这时，由于你的插话，很可能打断了对方的思路，他要讲些什么反而忘了。

情商高的人都会缓和气氛

人与人相处，难免会磕磕碰碰，夫妻子女、亲朋好友、左邻右舍……都会发生这样或那样的矛盾，有时候矛盾激化了就会产生争吵。

一天，老板开会时气急败坏地大叫："这次促销要是泡汤了，我要把你们一个个扔进大海里喂鲨鱼！"

小路大模大样地站了起来，转身准备出去。这下老板更生气了："你要去哪儿？"

小路来了一句："学游泳啊。"

众人一下子大笑起来，紧张的气氛也马上缓解了，老板也笑了。

面对这种情形，如果只是逞一时口舌之快，只会越闹越僵，使冲突更加激烈，气氛更加紧张。

清朝时，全国闻名的大才子纪晓岚，深受乾隆皇帝的赏识。

有一天，乾隆宴请大臣。大臣们吃得十分开心，饮得也非常畅快。这时，乾隆又诗兴大发了，他出了上联："玉帝行兵，风刀雨箭云旗雷鼓天为阵。"

乾隆皇帝要求百官对下联，结果都对不上来。乾隆皇帝这下更来兴致了，竟然没人能对得上。他想显示自己的才华，于是，便点名要纪晓岚答对，想让这位大才子在众多大臣面前出丑。

然而，出乎乾隆皇帝意料的是，纪晓岚却把下联对上来了："龙王设宴，日灯月烛山肴海酒地当盘。"

话音未落，群臣已相继发出赞叹的声音，好像是纪晓岚为他们解了围、出了气似的。

乾隆皇帝听后，却不怎么高兴了。他面有怒色，半日沉吟不语，大家颇为纳闷。

鉴于此，纪晓岚知道是自己得罪了皇上，便紧接着又说："圣上为天子，所以风、雨、云、雷都归您调遣，威震天下；小臣们都是酒囊饭袋，因此希望连日、月、山、海都能在酒席之中。可见，圣上是好大神威，而小臣们只不过是好大肚皮而已。"

乾隆一听，立即露出了笑脸，连忙表扬纪晓岚，并说："尽管饭量甚好，但若没有藏万卷之书，又哪有这么大的肚皮？"

乾隆出的上联显示出了一代帝王的豪迈气概，不料纪晓岚下联一出，十分工整，显示不出乾隆上联的才气。乾隆听了，自然感到有些不愉快。幸好，纪晓岚能够及时地发现并为自己开脱，有意识地抬高乾隆，贬低自己。自然，君臣一唱一和，大家都高兴。人有会说话的能力是好，但是话要说到正处，说到关键点上，就像纪晓岚一样，当乾隆不高兴时，又说了一句解决尴尬的话，这才能显示出一个人是否真正地会说话。

一天，克莉丝汀打开门，发现一个凶狠地持刀男子正站在门前。不好，遇到劫匪了！这一念头骤然跃入克莉丝汀的脑海，但她迅速镇静下来。她微笑着说："朋友，你真会开玩笑，你是来推销菜刀的吧？我喜欢，我要买一把。"

接着便让男子进屋，还神采奕奕地对男子说："你很像我以前一个热心的邻居。见到你我真的很高兴，你要咖啡，还是茶？"

本来满脸杀气的男子竟有些拘谨起来，连忙结结巴巴地说："谢谢，谢谢！"

片刻，克莉丝汀买下了那把菜刀。男子拿着钱迟疑了一下便走了。在他转身离去的一刹那，对克莉丝汀说："小姐，你将改变我的一生……"

聪明的克莉丝汀通过自己机智的语言，努力做到既保护了自己，又挽救了别人。在社交中，当碰到危险或困难时，我们一定要冷静处理，用冷静的语言来说服对方，化干戈为玉帛。

在热闹的农贸市场上，一个卖瓜的农民高声叫卖："西瓜两毛钱一斤，保熟。"这时，一位手持自动伞、衣着时髦的姑娘买了一个西瓜，切开一看，很不满意。姑娘说瓜没熟，瓜农说瓜熟了。两个人争吵起来。姑娘气极了，没付钱转身就走。瓜农箭步追上，抓住姑娘手中的伞往回拉，不料伞柄被折断了。瓜农自知理亏，不知所措；姑娘得理不让人，要砸烂所有的瓜。

眼看事态就要恶化，这时一位男同志快步上前，笑着对姑娘说："你要砸烂他的瓜，也许他正在考虑砸烂你的'劳力士'手表呢，你能让他砸烂你的手表吗？"

"当然不让，我要他赔，我要告他！"姑娘理直气壮地说。

"对。个人财物是受法律保护的，你告他，法律会追究他的责任。可是，你想过没有，你若砸烂他的西瓜，他也会告你，法律能放过你吗？为这点儿小事，引起这样的后果，值得吗？"

这么一问，姑娘愣神了。他趁热打铁，又说："刚才大家还在议论，说一看就知道，你是个讲理的姑娘，主要是你不服这口气，而不是为了这把伞。难道你真想要他赔伞吗？我想大概不是的。"

姑娘脸上的怒气消了一半，可是，碍于面子，她没法儿改口，需要给她个台阶。于是这位男同志转向瓜农说："你折坏了人家的伞，人家不要你赔了，还不过来道歉？"他怕瓜农不好意思当众承认错误，又补一句："人非圣贤，孰能无过！谁还没给别人赔过礼！"

听他这么一说，瓜农就坡下驴，立即诚恳地向姑娘赔了礼。姑娘看看被折断的伞柄，虽然满心不高兴，但也没有别的解决办法，只好自认倒霉，就此罢休。于是，一场纠纷就这样平息了。

人与人之间有时难免会因为这样或那样的原因引起争吵，产生交往上的障碍，对于始料不及的纠纷，如果得不到及时解决，化干戈为玉帛的话，往往会使双方积怨加深，妨碍彼此间的正常关系。

聊聊侃侃都是朋友

男人爱侃，女人爱聊。聊聊侃侃是交流思想、沟通感情的方式，也是传递信息、展示风采的一种机会，在这之中，口才能得到出色的发挥。善侃善聊的人一般拥有很好的人缘，有很强的凝聚力和号召力。在聊聊侃侃中，可以彰显自己的魅力，也可以结交到好朋友。

有人认为聊天胡侃只是茶余饭后的一种休闲，不用太在乎太用心，其实，这聊聊侃侃中名堂可不少，如果聊好了，侃对了，不仅可以收获一份好心情，还能够增进彼此的感情。

聊天大都是没有目标的，也大都是即兴的。熟人聊天，能够加深对彼此生活的了解，陌生人聊天，能够给彼此一个相识相知的机遇。

古人云："与君一席话，胜读十年书。"有意义的聊天，确实不亚于读一本好书。聊天聊出心得，聊出收获，的确需要费点心思。

我们每天在公交车上，在电梯里，在行走中，都会遇到形形色色的人，当你开口和他们说话的时候，你们的友谊就此产生了。人与人，最好的沟通方式就是语言。

聊天胡侃，根据对象的不同，话题也不同。与学者聊天，可以讲一些轻松幽默的奇闻逸事，与为父为母的人聊天，可以讲讲子女的教育问题，与青年聊天，可以聊一些时尚话题，等等。

每个人愿意谈论的都是自己关心的问题，或自己个人的事情。只要你肯花一点心思，让对方畅所欲言，那么很有可能他会成为你的生死之交。

有一次，小丹一个人去看电影，然而中途电影院忽然停电了，她感到十分难受，因为旁边没有一个熟人可以交谈。这时候，她旁边一个和她年龄相仿的女孩开口与她搭腔："居然停电了，真讨厌啊，你也一个人来的吗？"

"是啊，本想好好看看电影呢。"

就这样两个人你一言我一语地聊了起来，最后电影散场的时候，两个人竟然成了好朋友。

有时候，友情就在一句话里。人与人交往，都是从交谈开始的。

小芸去云南旅行，晚餐时来到一家小饭馆，进门一看是酒吧式的座位，有许多顾客在用餐。小芸用眼光一扫发现最内侧还有一个空位，但不知道是否有人。

她走过去主动与座位旁边的一位男士打招呼："您好，请问这个位子上有人吗？"

那位男士摇摇头，说："没有。"

小芸又问道："我可以坐在这里吗？"

男士说："当然可以，请坐。"

小芸坐下后，便与对方闲聊："我是今天才从北京来到这里的，云南的街道真是古意盎然，许多白色墙壁的建筑，看了之后让人心情平静了许多。"

对方亲切地回答说："您是从北京来的啊！您去过××吗？那地方是很有历史内涵的……"接着，他同小芸谈起了云南的风土人情、自然景观、历史文化等，那位男士给了小芸一张名片，原来他是云南新闻社的业务主任。小芸也谦虚地递上了自己的名片，这位业务主任看到小芸的名片惊喜地说："嗳！您在广告公司高就啊！今天能够遇到您真是太有缘了！是这样的，我们公司想在北京成立一处新部门,正想找一个广告公司合作呢。"

就这样,第一次见面的陌生人,竟然和小芸谈成了一个合作项目。

可见,闲谈聊天并非只是"闲",同陌生人聊天,只要找到双方的共同点,便很容易打开彼此的心门。

好的人际关系是办事顺利的基础,把握好聊天的机会,可以大大拓展一个人的社交范围,让别人认可你、承认你,那么你也就会很容易在职场以及生活上如鱼得水了。

小魔法让人"束手就擒"

生活中的每个人都渴望友谊，希望拥有更多的朋友。但朋友都是由陌生人发展而来，有相当一部分朋友是萍水相逢时认识的。在风光绮丽的景区、在拥挤的汽车上或者在小型聚会上，凭一个会心的微笑、几句得体的幽默话、一个礼貌的动作等，都可以与他人相识。关键是得找出交往的契机，主动伸出友谊之手，打开对陌生人关闭着的心灵之门。

然而不是所有的人都是善谈的，有的人比较沉默寡言，虽然有交谈的欲望，却不知从何谈起。那么这个时候就需要你略施"小魔法"了。

小魔法之一就是要时时提问。问问题是对对方感兴趣的表现。友好的提问会让对方有话可说，有情可表。例如，你得知对方是在北京的东北人，便可以就此进行提问：

"东北的气候和北京很不同吧？"

"来到北京习惯吗？"

"当初怎么想着来这里了呢？"

当对方回答了你的问题，你不能只说"哦，这样啊"或者"哦，是吗"等无关痛痒的话，要引导对方继续讲下去。

提问就是向对方发出友好信号，激起对方的谈话欲望，达到交流的目的。假若你的一个话题使对方产生了浓厚的兴趣，那么无论他是一个如何沉默的人，都会发表一些言论的。因此你在谈话的停滞之中，一定要想法寻找并且不断地激起对方的兴趣，使谈话能够一直持续下去。

小魔法之二就是多多谈论对方喜欢的话题。如果你能够引导对方谈到他喜欢的话题，那么他必然会滔滔不绝，畅所欲言。

例如：

"你好像很喜欢看恐怖电影啊。"

"是啊，从小就喜欢看。"

"你喜欢看哪国的啊？"

"一般没什么讲究，都挺喜欢的。美国恐怖片过于血腥，日韩的画面比较美好，国内的略微喜剧化，总之都挺好看的。"

"看来你真的很了解恐怖电影啊。"

"哈哈，我还自己写过恐怖小说呢。"

"是吗？太厉害了！"

……

再如，当你对做父母的人称赞他们的孩子，甚至表示你对那孩子感兴趣时，那么孩子的父母很快便会成为你的朋友了。给他们一个谈论其孩子的机会，他们就会很自然而又无所顾忌地滔滔不绝了。

小魔法之三就是学会认同。陌生人彼此之间不了解，这时候最重要的是保持良好的关系，不要为了无关紧要的是非争论，当对方表达观点的时候要表示赞同，鼓励对方说话。当他人受到鼓励的时候自然会往下侃侃而谈。

小魔法之四就是要善于倾听。与陌生人见面，要善于倾听，主动地关心他人，还可以通过慷慨的给予帮助，来激发他们的谈话欲望。初次相见或不太熟悉时，没有谁愿意向有困难的陌生人提供帮助，因为他们怕不清楚对方的底细帮出麻烦来。这种想法固然有一定的道理，但正是这"一定的道理"把自己结识别人的大好机会给赶跑了。善于交际的人是不会这么想的，他们认为与人方便，自己也方便，只有放下顾虑、慷慨解囊，才能赢得别人的感激与好感——这恰恰是一座沟通感情的桥梁。

对于那些腼腆的人，交谈者应主动寻找话题，消除对方的紧张感。朋友相交，重在交流。由陌生人到朋友，需要通过深入的交流才会相互了解。要达到深入交流的效果，就要在掌握交谈艺术的同时激发对方的谈话欲望，只有这样才能彼此加深了解，从陌生走向熟悉，进而成为朋友。

想和陌生人成为朋友，就要给他们最高的礼遇，让他们感觉到自己非常重要，让他们成为谈话中的主角。

第三章　恋爱需要高情商

　　爱情的分分合合都在话语间传递，任何情人都避免不了在恋爱中说话。那么如何讲话才能让对方感觉到舒服呢？恋爱中，情商高的人才是人生赢家。

恋爱情商，缘浅缘深都靠说

两情相悦，两情相依，在对的时间遇到对的人，是普天下所有善男信女的夙愿。但却经常出现"落花有意，流水无情"这般无奈的伤感。本来，缘深缘浅只看造化，但是殊不知这造化却系在了一张嘴上。

恋爱是要靠嘴"谈"出来的，美的语言成就美的爱情，那一场风花雪月是要说出来的。

"一见钟情"是可遇而不可求的，一旦遇到，必要抓准时机，不要让缘分与自己擦肩而过。但东方人矜持与含蓄的本性却造就了被动的情形。如何对心仪的他或她发出爱的信号呢？

小芬对同在一个公司的扬很有好感，但是扬为人低调，性格温和，虽然小芬感知扬对自己也有好感，但是对方一直没有采取行动。

一天趁小芬午休的时间，在没有人注意的空当儿，递给扬一个小本子，并对扬说："我有一个问题想请教你。"扬接过本子一看，上面工工整整地写着这样一个问题：

"今晚八点请到公司对面的咖啡厅，我有几句话要说，请选择：A可以；B对不起，我没有时间。"

扬看完淡淡一笑，回答说："这个问题我下班告诉你。"

下班后，扬走到小芬面前，说道："要一起喝杯咖啡吗？"

当然，两人最后成功牵手。

对心仪的人表白需要的不仅是勇气和胆识，更重要的是巧妙而合理的借口，让自己的邀请变得委婉而不唐突。

"听说你也对身心灵方面有所研究，我也挺感兴趣的，最近新华书店有这样的讲座，不如我们一起去听听吧！"

"今天天气真不错，我们去公园逛逛吧，听说那儿的花儿开得很好看呢。"

"听说你会韩语，我也很喜欢韩语呢，但不知道怎么学，晚上我请你吃饭，顺便讨教一二，不知道你有没有时间呢？"

类似于这种类型的邀请，往往让人难以拒绝。

那么一旦约会成功就代表爱情成功了吗？当然不是的，言谈举止如果引起对方的反感，也会被"pass"掉的。

首先，约会的时候，要放轻松，要自然大方，做最真实的自己。交谈时要避免出现"冷场"，尽量选择可以产生很多话题的地点，例如繁华的街区，热闹的市井，等等，因为那些闪烁的霓虹灯以及过往的人群都会为你提供话题，从而让你侃侃而谈。当然，也不能唱"独角戏"，要给对方发挥的空间，诱出对方的兴趣，互相配合，才能产生共鸣。

还有，要寻找合适的话题，女性多关注美容、衣饰、美食……男人更简单，也就是运动、电子、汽车……多翻翻杂志书籍，也能多准备聊天的资本。试想，如果你喜欢的人知道你喜爱的服装品牌，你心里一定会为他/她加上几分吧。

话题多了，难免也会触到对方的忌讳，所以一定要切记一些能够"破坏"浪漫的话题。

例如：

"你月薪多少？"

"你有车吗？"

"买房子了吗？"

这些话题会让你的个人形象大打折扣，这种现实的问题首先显示了你的肤浅与"拜金"。

除此之外，也不要在对方不熟悉的领域滔滔不绝，这样做只能是暗示对方"我们不是同一个世界的人"。还有，政治、宗教信仰、两性话题都是极其敏感容易引起争论的，最好不要提及。更不要追问对方过往的感情经历，这都会引起对方的反感。

花前月下，喃喃低语，只要你把话说到他或她的心里，让他或她先爱上你的"嘴"，你还用担心"说"不出属于你的那场风花雪月吗？

天长地久靠情商

相识是一种风景，相爱是一种缘分，爱情是人类几千年来亘古不变的话题。都说"谈恋爱"，那么这个"谈"就是重点，只有通过"谈"才能将彼此间的爱表达出来，让彼此依恋，让彼此相守。

从古至今，爱情的语言有千种万种，不仅有"长相思、长相忆"的缠绵悱恻，有"在天愿作比翼鸟，在地愿为连理枝"的铮铮誓言，有"天地合，乃敢与君绝"的坚定信念……如今，我们的生活中，随着各种压力的增大，爱的表达越来越少，要知道，在爱情的世界里，沉默不是金！

很多男士以为自己努力工作、没应酬的夜晚就赶回家里吃晚饭、把所有工资都上交给妻子、节日送束花吃顿饭、平时再送送礼物就是爱妻子的表现。的确，能够做到这样已经是相当不错了，但男士们却忽略了一样重要的东西：他没有表达出能让妻子倾心的爱的语言。同样道理，女士们也是一样。我们都很习惯用自己喜欢的方式去表达爱，但对方不一定能理解……久而久之，夫妻之间就容易出现隔阂，也会伤害了彼此。

在一本书里曾经看到这样一段话：

爱情中最重要的几个字：

最重要的 8 个字：我做错了我会改的；

最重要的 7 个字：这件事亏得有你；

最重要的 6 个字：你看怎么办好；

最重要的 5 个字：我离不开你；

最重要的 4 个字：我支持你；

最重要的 3 个字：谢谢你；

最重要的 2 个字：咱俩；

最重要的 1 个字：爱。

一看便知，这 8 句话的重心都在"你"，这就表明，在爱情生活中，不能以自我为中心，不要觉得对方对自己好是理所当然的，每一个充满爱的人的心都是脆弱敏感的，都需要安慰和关心。

首先，爱情当中，道歉是必不可少的，那些磕磕碰碰在所难免，不要总想和对方一较高下，不是什么都有输有赢的，也许这场争吵你赢了，那么你输掉的有可能是一生的幸福。"对不起"往往比"我爱你"更能抓住对方的心，当你犯下过错，在适当的时机真心实意地道歉，表现了你对对方的尊重，也是对这份感情的珍惜。有一句话说得好："我比你先道歉并不一定代表我承认我错了，而是我比你更加珍惜我们的感情。"道歉更重要的是千万不要在"对不起"后面接个"但是"，因为这个转折会让你的道歉毫无意义。

除了道歉，感谢也是至关重要的。男人为了给心爱的女人幸福常年打拼，苦与累默默承受，非女人能够理解。女人，永远不要用你的想法去想男人。同样的，女人为了给心爱的男人更多的爱，再多的委屈与辛酸也都深埋心底，非男人能够理解。男人，也永远不要用你的想法去想女人。虽然彼此不能真正的相通，但爱的语言就是传递彼此爱的工具。

当她为你准备了可口的饭菜，记得说一声："亲爱的，谢谢你"；

当他用宽阔的肩膀为你遮风挡雨的时候，记得说一声："亲爱的，谢谢你"；

当她将你的脏衣服洗得焕然一新的时候，记得说一声："亲爱的，谢谢你"；

当他拖着疲惫的步伐回到家里时，记得说一声："亲爱的，谢谢你"……

爱，是值得感谢的，只有对爱充满感恩，你才能得到更多的爱。

爱情是两个人的舞蹈，两个人经过不断地磨合和联系，互相习惯对方的舞姿，爱情才能达到默契。

生活中还有许多对这样的夫妻，他们不争不吵，但却过得很乏味，因为爱情过了保鲜期。很多人认为那些情啊，爱啊的语言太肉麻，只能放在影视剧中听听看看，生活中无非是柴米油盐酱醋茶，其实不然，爱的语言无时无刻不需要。

"我想你"抵过千言万语。俗话说："小别胜新婚"，但是为什么那么多的恋人、夫妻距离拉开了，美却没了呢？因为他们不懂爱的语言。当你和恋人短暂分别的时候，免不了要通电话或者邮件沟通，这时候除了汇报家常，一定不要忘记道一声"我想你"，思念虽然不能完全被这三个字代替，但这份情却要靠这三个字来传递。不要觉得别后重逢的礼物就能讨对方欢心，再贵重的礼物也比不上这句"我想你"。

另外，男人女人都逃不过"我爱你"这三个字的魔力。不要以为这三个字是在表白和求婚时使用的，这三个字永远不会超出保质期，几乎是随用随灵。爱要说出来，让对方知道，让对方珍惜。爱的语言有着太多太多，生活中，只要你适当使用爱的语言，天长地久将不再是童话。

让你的语言美丽起来

爱情，是人间最娇艳的花朵，语言是浇灌花朵的甘霖雨露。绵绵情话有着道不完的倾慕和依恋，但很多时候恋人们却总是找不到合适的语言来表达自己内心的感情。其实，爱情的"撒手锏"就是赞美。赞美如同巧克力，能够让你的他或者她甜到心窝里。

每个人都喜欢听甜言蜜语，尤其是爱听自己喜欢的人讲的。无论是男人还是女人都会在甜言蜜语中迷失自己。

每个人也都具备值得他人赞美的地方，要细心观察，用心感受，将他或者她的优点放大，经常给对方吃语言巧克力，你们的爱情也会变得饱满丰富。

今天他穿了一件新衬衫，你可以说："老公真是衣架子，穿什么都好看。"

她做了一个新发型，你可以说："哇，亲爱的，这个发型太适合你了，比林志玲都漂亮。"

他给你打了一个电话，你可以说："你声音真好听。"

她做了一道新菜样，你可以说："我老婆手艺就是好。"

男人女人都是靠哄的，时不时地给他或者她加点巧克力，你们怎么会不幸福，不甜蜜呢？

很多人把搞砸了的恋爱或婚姻，都归结为对方的错。甚至把自己的境遇归罪于"没缘分""遇人不淑""命运不好"。

……

果真是这样的吗？

其实，都是因为你没有发现对方身上的闪光点。总是用放大镜看待其缺点和不足，那些值得赞美的优点却被无情地遮蔽。

妻子回到家里，对着丈夫发起了牢骚："你看隔壁的张文都升为副局长了，而你呢？怎么就这么窝囊？"

"没错，我承认我是个没本事的人。"丈夫有点儿生气地说。

"你就是这样不争气，永远发达不起来。跟着你这个窝囊鬼，真是倒霉！"妻子气不打一处来。

"你真是不讲道理！胡搅蛮缠……"丈夫显然很难忍受，拍着桌子大声责骂起来。

互相攀比，似乎是人性中一种固有的劣根性。人们常常忍不住把自己身边亲近的人拿来和别人做比较，尤其是夫妻之间，比较更是成了家常便饭。而且，更多的时候是把其他男人的优点和自己丈夫的缺点来对比，这样就会对自己的丈夫有一种不好的认识，越比较越觉得爱人的缺点太多，越来越让人难以忍受。于是，夫妻间争吵不休，感情便会受到严重影响，一场家庭悲剧即将上演。

人常常有不知足的心理，每个人都会不自觉地羡慕别人，这样羡慕来、羡慕去，其实不难发现，谁都有值得被羡慕的地方，没有谁真的是最可怜的。你的爱情，你的人生，相信也绝不会是天底下最糟的一个。只要能用点儿心，发掘就在眼前的资源和温情，多赞美你的爱人，你反而可能成为天底下最幸福美满的人。

当然，赞美要发自内心，要有一个诚恳的态度。言不由衷的赞美是最可怕的，不但使赞美的力量消失，可能还会引起对方的反感。因此，赞美的时候一定要注视对方，身体要保持相对固定的姿势来表明内心的真诚与恳切，让对方感到你的赞美是发自肺腑的。如果身体晃来晃去、目光飘来移去，会使对方觉得你说的都是虚伪的客套话。

　　赞美还要有度。再动人的赞美说得太多或超越事实太多，就变成虚伪的谎言，即便是对方本来就存在的优点，过度的赞美也会令对方心生反感。

　　美丽的语言成就美丽的爱情，美丽的语言坚固美丽的婚姻，让你的语言美丽起来，让你的他或她在甜蜜中与你同行。

守得住底线保护好自己

英国名著《德伯家的苔丝》中有这样一个情节：善良的苔丝与乡村教师的儿子安玑·克莱相爱。就在结婚前夕，苔丝犹豫再三，还是决定将自己曾失身于一个无赖的不幸告知安玑·克莱。克莱知道了她这段"耻辱"的经历之后，便断然抛弃了她。从此之后，苔丝便走上悲惨的生活道路。

生活中这样的例子比比皆是。"如果他真的爱我，那么就要爱上我的一切，包括我的过去。"一旦婚姻这层皮子破了，到时候你再理直气壮地说"当初什么都告诉你了，是你愿意娶（或嫁）的"，说这些又有什么用。很多漂亮的言语，其实跟"美好"的理论一样对实践极其有害。爱，的确需要坦诚相待，但不代表要毫无保留，对于一些应当守住的秘密一定要关好门。

男女之间是因为神秘而吸引，男女之间的恋情往往是在互不了解的情况下发生的，但是一旦恋爱双方互相了解了对方的隐私，也就往往会埋下永久的祸根。婚姻更是如此，越是不了解或不知道对方的隐秘，越容易结为夫妻。相反，一旦了解对方的隐秘，分手的可能性就越大。所以，很多人都这样认为，男女之间趁着热恋赶快结婚，时间久了，对方的性格或秘密知道得多了，也就很难结为夫妻。

不论男女，每个人都会有一些"小插曲"，这些往事可以当成回忆深藏在心底，不要让往事成为破坏幸福的炸弹，更不要当成自己炫耀的资本或者真心付出的筹码，因为爱情是赌不起的。

守住秘密是为了守住我们存在的美和真，守住我们的生活的空间，即使是相爱的两个人也是需要私人空间的。

小诺和志龙相恋一年多了，彼此非常相爱，志龙向小诺求了婚，两人本已开始了幸福的旅程。就在新婚之夜，小诺把一个小盒子给了志龙。

"这里面是什么东西啊？"志龙问道。

"这里面是我过去的一切，我把它交给你处理，我现在对于你来讲就是完全透明的了。"小诺深情地讲道。

志龙打开盒子，里面有小诺和前男友的亲密照片，有小诺收到过的情书和礼物等等，看到这些，志龙心情很复杂，表面上他对小诺的坦诚很感动，但是往后的日子他对于这些东西一直耿耿于怀。此后二人的婚姻生活中，每当出现小争吵的时候，那个盒子里的一切都成为一个把柄，刺痛志龙的同时也灼伤了小诺，不久，二人就分居了。

爱，并没有影视剧中那么完美，王子和公主也不会不顾一切，无条件地长相厮守。"山无棱，天地合，乃敢与君绝"的爱情只是一个传说。他或者她也许会不计较你的过去，但是并不代表你的那些过去不会刺痛他或者她的心。每个人都有隐私权，都有保留自己隐秘的权力，这是自己的权利，也是自己的责任。守住隐秘中的底线，就是寻求个人幸福。

有一首《小秘密》的歌曲，歌词大意是："我心里有个小秘密，我不想告诉你，这秘密埋藏在我心里，永远变成回忆。"对于追求幸福的人来说，我们不妨学学这首歌，守住自己隐秘的底线，或许这样能更好地保护自己。

情商高的人在爱里不较真

清官也断不了家务事，在爱情里的人往往爱较真儿，为一些鸡毛蒜皮的小事争论不休，殊不知爱情不是讲理的，也没有对与错，是与非。

情侣之间的吵架无非是这样的：

"你说话小点声不行吗？"

"你不吸烟能死啊？"

"凭什么你说的就是对的？"

"我又没卖给你，干吗都要听你的？"

"你的鞋子脏死了，你就不能擦擦？"

……

这些生活中的琐事，足以让二人反目。

小岚婚后一直受丈夫的宠爱，使得她的公主脾气愈来愈大，经常为一些小事不依不饶。终于有一天，丈夫也爆发了，扔下一句"不要以为我什么事都会让着你"之后，转身离开家，很多天没有回来。

小岚也觉得委屈，"干吗那么凶，至于吗，哼，看谁坚持得最久"。

一周过去了，一个月过去了。直到那一天，丈夫打来电话提出离婚和出国的事情，小岚呆了……

一时的怄气，一时的倔强，赢的是谁？输的又是什么？扪心自问，服输时丢掉的面子，与彼此之间一生一世的相守相比，又算得了什么？五百次的回眸才换来一次擦身而过，这千年修来的相爱怎能因所谓的尊严就灰飞烟灭了呢？

最先放下身段，向对方伸出手说"对不起，都是我不好"的一方是真正的赢家，那一低头的温柔就是对爱最好的维护。

王峰是某公司业务经理，经常有一些应酬回家很晚，妻子对此很是不满。一天，王峰又很晚才到家，妻子忍无可忍，终于爆发了："你干脆别回来了，去和你的业务、你的工作过日子去吧！"

王峰没有反驳也没有辩解，他抱着枕头和被子坐在沙发上，可怜巴巴地望着妻子，然后说道："那……我今天睡这儿？"

妻子"扑哧"一声笑了出来。

见状王峰又说道："亲爱的，我是真的忙，对不起，忙过这段儿我一定天天早点回来陪你。"

妻子也消了气，说道："忙归忙，你自己要按时吃饭，注意身体。"

试想，如果当时王峰与妻子据理力争，必定僵持不下，还会吵得不可开交。

不要非等到彼此天各一方无缘相会的时候才捶胸顿足，要有低头的勇气。当两颗心因一时的伤害而产生隔阂，我们也可以通过外物来表明心意。如果你觉得实在难以启齿，可以把一件小礼物放在枕头旁，借以表达你浓浓的爱意，一切尽在不言中。

道歉，像喜宴给红包，生日红包一样，虽然对方嘴上连声说"不必啦，不必啦"，你还是要强迫对方收下。

人非草木，情绪有起有落，受屈者心情好时不计较，心情不好时就会找你算账了。算账不只是仇人之间的事情，爱人之间也有许多账本，起冲突时，双方翻开盈亏表——对质，比税务局效率还高。

爱是日久生情，埋怨是日久涨利息，如果连本带利一起算的话，会制造出算不完的账，认为老婆越老越爱唠叨老公，都因为年轻时嘴巴上不能跟老公算账，一切付诸"心算"，到了老夫妻阶段，心算就转换为嘴算。

爱情，如同左手和右手，如果不能同心协力，绝不能搬走生活道路上遭遇的石头，所以勉强不得。如果真要勉强，那只能是搬起石头砸自己的脚。

为爱道歉是一门艺术，学好了它，你的爱人不会受到太大的伤害。也许有一天，他或她在你失意的时候，还会给你鼓励和不求回报的关心。

学会争吵的智慧

俗话说："谁家的烟囱都冒烟"。每个家庭都少不了争吵，就像舌头没有不碰到牙齿的一样，不要以为美满的婚姻就没有争吵，那是不切实际的。就像烧菜不能没有盐一样，可以说，世界上没有不争吵的夫妻，倘若真发展到连争吵的气力都没有了，那也就意味着婚姻已经走到了尽头。

夫妻争吵的过程，就是一个不断磨合、不断适应、感情不断升华的过程。有的争吵过后，夫妻之间的感情会更加的甜蜜，而有的争吵却激化矛盾，引出意想不到的结果。夫妻情侣间，小吵小闹可以，但要有一定的"度"。

有道是："打人不打脸，骂人不揭短"，任何人都讨厌别人揭短，夫妻之间更是如此，如果互相揭短，只会激怒对方，扩大矛盾，伤及感情。

夫妻吵架，不仅愿意揭短，还常常翻旧账。当两个人争吵的时候，经常把过去的事情翻出来，拿陈芝麻烂谷子的事情作证据，来指责对方。这样只能激化矛盾，新账旧账纠缠在一起，加深了彼此的怨恨，把原本简单的问题复杂化。

在争吵的过程中，不要一直挖过去的旧账来算。这只不过是在激起双方的坏情绪而已，对于事情的解决一点帮助都没有。建议你常常说一句话："好，那我们以后如果遇到类似今天的问题，我们要怎么办？"

你可以讲出你会怎么处理未来类似的问题，看看对方可不可以接受、他希望你怎么改变。你也可以问看看对方会怎么处理问题，看看你可不可以接受，讲出你的期待。常讲"我们以后如果遇到同样的事情要怎么办？"这样的一句话，可以帮你们把争论的重心从情绪的发泄转移到问题的解决。

夫妻吵架如果止步于彼此指责，问题还不算大，一旦将亲属卷至其中，那可能会一发不可收拾。把矛头指向长辈是对方最不能容忍的事情，特别是不要把争吵指向对方父母，否则会真的伤了彼此的情，痛了彼此的心。

夫妻吵架，只能悄悄地吵，而不能大张旗鼓地吵。有些人，特别是有些男人，只要夫妻间一句话不投机，声音一下子就高了，好像害怕别人不知道他们夫妻在吵架，好像害怕别人说自己不是个男人。只要一开吵，就怒气冲天，大声嚷嚷，不仅弄得和自己住在一起的父母兄弟姐妹都知道了，而且弄得街坊四邻都知道了。这样吵架的害处，一是会惊扰亲属和四邻，让自己的亲人无端为自己操心；二是可能会使本来一件小小的争论几句就可能了事的摩擦，因为悉知范围的扩大而复杂化，甚至弄得不可收拾。

两个人吵架，千万不要在第三者面前吵架。吵架者为了证实自己是对的，经常喜欢倾诉给局外的第三者，希望别人会支持他。而为了争取较多的同情，就必然不断地提到配偶的不是。这种在第三者面前控诉配偶的习惯，对夫妻之间的感情破坏性极大，夫妻之间必须竭力避免，否则受害的还是自己。

"会"吵架的人只希望夫妻两人能面对面地处理彼此之间的冲突，不愿在父母、朋友、同事面前吵，如此两个人感情复原的可能性就可以提高。

吵架既然是观点不同所引起的冲突，成熟的人会极力地设法去避免。而避免吵架的最好的方法就是承认对方的意见可能比自己的好。这种反应需要有足够的自信心，但是值得大家去学习。

对自己的配偶让步绝对不是损失，而是收获。而配偶听到对方先让步时，千万不可说："早就说你错了，到现在才承认！"相反地，应该给配偶更多的鼓励与尊重，那么下一次吵架时，配偶就更愿意让步了。

夫妻间的吵嘴，尽管情绪可能很激烈，也有一个文明吵架的问题。就语言来说，在使用语言上仍然要讲文明。尽量使用一些能够表明自己态度的中性词，而不能使用激烈而又粗俗的词语。

俗话说："火头一句话，三年难修复"。有时气头上，因图一时痛快，说出一句话，就足以让对方记恨一辈子。

吵架是一种负面和消极的行为，但是夫妻双方如果都把握得比较好，适当地吵吵架，也不一定完全就是坏事。凡夫妻应该都有这样的体会，只要两个人的感情基础是好的，只要两个人都是怜爱和疼惜对方的，偶尔因为什么事情一时没有想到一起，或者说到一起而引起了争执。于是就闹上了，吵吵嘴，赌赌气，还有可能变了脸，流了泪，甚至在气头上还说过一些大话和硬话。

但吵着吵着，该说的话都说完了，该发的脾气也发完了，丈夫就会忽然心疼妻子了，妻子也忽然会觉得丈夫很可怜，双方的火气也就慢慢地小了。最后，丈夫先心软了，忍不住了，就主动找妻子说话，道歉，赔不是，献殷勤，打保证以后绝对再不吵架了。这时妻子也就破涕为笑了，于是两口子又和好如初了。正所谓"夫妻没有隔夜仇"。

而且奇怪的是，夫妻之间经过这么一次吵闹后，双方竟然都觉得两颗心挨得更紧了，靠得更近了，感情也更加亲密了。所以，适当的、可控制的拌嘴和吵闹，有时还会成为夫妻感情的增进剂和黏合剂。

第四章 高情商的话术智慧

　　俗话说得好，人心隔肚皮，没有人知道对方的真实想法是什么。所以，我们只能靠外在表象和语言表达来获知对方的意图。因此，情商就显得尤为重要，说话讲究技巧，讲究技术，这就是人们常说的智慧。学会话术智慧，一句抵百句。

"套交情"的亲和力

人与人交往，都有个开始和过程。都说"好的开始是成功的一半"，可见，交往的最初阶段是十分重要的。最初的阶段往往是沟通感情的阶段，俗称"套交情"，这交情"套"得好了，也就为日后的交际创造了好的基础。

一位女记者去采访一位科学家，到了科学家那里，女记者看到墙上挂着几张风景照，就跟科学家聊起了构图啊、色调啊。原来这位科学家非常爱好摄影，于是他兴致勃勃地拿出了自己的相册，谈话气氛十分融洽。正是由于这种融洽，使得后面的正题采访进行得非常顺利。

这个例子给我们的启示就是不打无准备之仗，无论你要接触的对象是何方神圣，只要你有备而来，才能套得交情。

与人交往，首先要得到别人的认同，这种认同就建立在双方的共同点上，例如经历、爱好、追求等等。俗话说："酒逢知己千杯少，话不投机半句多。"如果你引发了共同语言，还担心以后的交往吗？

小玉有事要拜托某位领导，经她多方打听，这位领导脾气很古怪，说不好三言两语就把人打发了。小玉还打听到这位领导是东北人，于是她心里暗暗高兴，因为她也是东北人。

小玉来到这位领导家里，她没有直接讲出自己的请求，而是先从家乡谈起，于是二人越谈越热乎，这一段题外话也为正题做了很好的铺垫。最后这位领导欣然接受了小玉的拜托。

这种"套交情"也是一种亲和力的表现，即使那些冷漠、寡情的人也会为之所动。

明代嘉庆年间，给事官李乐清正廉洁。有一次他发现科考舞弊，立即写奏章给皇帝，皇帝对此事不予理睬。他又面奏，结果把皇帝惹火了，以故意揭短罪，传旨把李乐的嘴巴上贴上封条，并规定谁也不准去揭。封了嘴巴，不能进食，就等于给他定了死罪。这时，旁边站出一个官员，走到李乐面前，大声责骂："君前多言，罪有应得！"一边大骂，一边啪啪地打了李乐两记耳光，当即把封条打破了。由于他是帮助皇帝责骂李乐，皇帝当然不好怪罪。其实此人是李乐的学生。

在这关键时刻，他"曲"意逢迎，巧妙地救下了自己的老师。如果他不顾情势，犯颜"直"谏，非但救不了老师，自己怕也难脱连累。

三国时代的鲁肃是一位擅长"套交情"的高手。他跟诸葛亮初次见面的时候的第一句话是"我是你哥哥诸葛瑾的好朋友"。就凭这一句话使双方一见如故，为孙权和刘备结盟共同抗击曹操打下了基础。

1984 年 5 月，美国总统里根访问复旦大学，被安排在一间大教室里演讲。里根总统面对一百多位初次见面的复旦学生，他的开场白就立刻跟在场所有的人拉上了近乎："其实，我和你们学校有着密切的关系，你们的谢希德校长同我的夫人南希，是美国史密斯学院的校友。照此看来，我和各位自然也就是朋友了！"

此话一出，全场鼓掌。

短短的几句话，不仅打破了国与国之间的隔阂，还增加了彼此间的友好。但是这种套交情要有度，掌握好分寸，过分的拉拢对方，只会让人觉得你居心叵测。

谈话是交际中信息交流最直接的手段。例如，进入一个家庭，见到老人、小孩，要想一见面便产生"一见如故"的融洽气氛，登门人应该主动引出话题打开话匣，而不应该等待对方搜寻话题勉强问答。因为双方刚刚接触的短时间内，登门人有心理准备更容易找到合适的话题，况且对于老人，主动开口也表示了尊敬；对于小孩，主动开口，能表示亲近，消除陌生感。

话不投机要转弯

人际交往中，由于陌生，或者彼此文化差异、年龄差异、兴趣爱好差异等经常会出现一些冷场或者尴尬的局面，如果你不懂得破冰之术，这将成为继续交往的一种障碍。

冷场的出现往往与话题有关，所以与人交往，一定要有所准备，使自己有一些"库存话题"，当尴尬出现时可以及时转弯。

无话可说，要么是因为一方对另一方说的根本不感兴趣，要么是因为一方说的意思和对方的理解有偏差，要么是因为缺乏在某些特殊情景下的沟通技巧。

无论是哪一种情况，即便在沉默的时候，你和对方还是在交流，两个人坐在一起，什么话都不说，但又没有人起身告辞，这种交流会让你焦虑。良好的沟通需要双方在适当的时候分别扮演发送信息者和接受信息者的角色。跳探戈舞需要两个人，一个巴掌拍不响，交流也是需要两个人的配合的。交流是两个人的事情，所以你不能指望对方为交流负起全部责任。

无话可说时，不要退缩，也不要灰心，你是可以做些什么的。在心里默默地责怪自己或对方于事无补，你应该尝试一些新的东西、新的话题，虽然这在开始的时候很困难。

这时候你应该把注意力集中在此时此刻的事情，注意到你在说什么，你在想什么，你的情绪是什么，对方又在说什么、想什么，他的情绪是什么，你们之间在做什么。

即便你们的话题是涉及过去、未来或者其他人，你的注意力也要放在眼下的交流上。

在谈话过程中，要善于抓住对方的话题，从而使谈话活跃起来，例如当我们在夸奖对方取得的成绩的时候，总能听到这样的回答："一般"，如果我们不找话题接下去，就造成了一种冷场，你可以这样回答："'一般'情况尚且如此，那'二般'情况就可想而知了。"如此风趣的转弯，既接住了对方的话茬，也营造了幽默的气氛。

趣闻轶事是人们在生活中津津乐道的闲谈资料，生活中的许多情趣即由此而来。为了抓住人们渴望趣味的视听倾向，你可以恰当而又适时地讲述一些趣闻逸事，会使彼此间的尴尬气氛马上活跃起来。

当年孙中山先生在国立广东大学即中山大学发表演讲，谈论三民主义。当时因为礼堂小，听讲的人多，通风不够，空气不好，所以有些人精神较差，显得比较疲倦。孙中山先生看到这种情况，为了提起听众的精神，改善一下场内的气氛，他于是巧妙地讲了一个故事：

"我小时候在香港读书，看见一个搬运工人买了一张马票，因为没有地方可藏，便藏在时刻不离手的竹竿（挑东西用的粗竹竿）里，牢记马票的号码。后来马票开奖了，中头奖的正是他，他便欣喜若狂地把竹竿抛到大海里去。他以为从今往后就不再靠这支竹竿生活了。直到问及领奖手续，知道要凭票到指定银行取款，这才想起马票放在竹竿里，便拼命跑到海边去，可是竹竿连影子也没有了……"

讲完这个故事，听众当中议论纷纷，笑声、叹息声四起，结果会场的气氛活跃了，听众的精神振奋了。于是，孙中山先生抓住时机，紧接着说，"对于我们大家，民族主义这根竹竿，千万不要丢啊！"很自然地又回到了原有话题的轨道上。

"淡而无味"会引发冷场，"曲高和寡"也会导致冷场。在与人交谈的时候自己不能太清高，他人敬而远之会造成沉默。更不能太自负，引起他人反感也会造成沉默。还有，自己的口若悬河往往也会导致对方无话可说，所以要注意给对方机会。

急事也要慢慢说

"你会说话吗？"这样问你，你一定觉得可笑，只要是正常人，说话谁不会？可实际上问题并没有那么简单。不同的事情，不同的话也要不同地"说"。

第一，急事，要慢慢地说。

遇到急事，如果能够沉下心思考，然后不急不躁地把事情讲清楚，会给他人留下稳重、不冲动的印象，从而增加他人对你的信任度。

第二，没把握的事，谨慎地说。

对于自己没有把握的事情，如果不说，别人会觉得你虚伪，如果你能够措辞严谨地说出来，会让人感到你是个值得信任的人。如果对某事你不确定，一定不要乱说、胡说，要知道"言多必失"。

第三，没发生的事，不要乱说。

人们最讨厌无事生非的人，如果你从不随便臆测，从不胡说不存在的事，会让人觉得你为人成熟、有修养，是个做事认真、有责任感的人。

第四，伤害别人的事，不能说。

语言是双刃剑，好话让人笑，坏话让人跳，一不小心，触碰到别人的痛处，想挽回很难。所以，讲话要三思而后行，万不可口无遮拦。

第五，受伤害的事，不能见人就说。

人在伤心时，都喜欢倾诉，但是如果见人就说，很容易让人心理压力过大，对你产生怀疑或疏远。同时，你还会给他人留下不为他人着想，想把痛苦转移给他人的印象。见人就说，也会让人厌烦，即使你有值得同情的遭遇，说得多了，也会引起他人反感。

第六，自己事，听别人怎么说。

自己的事情要多听听局外人的看法，正所谓"当局者迷旁观者清"，针对你的事，别人的立场和角度往往更加客观，头脑也更加清晰，所以要多听听别人的建议，虚心接受他们的意见，既能够帮助你建立良好的人际关系，也能够帮助你自己解决问题。

第七，别人事，小心地说。

人与人之间都需要安全距离，即使再好的朋友，彼此之间也要有属于自己的空间，不能因为关系亲密就满嘴跑火车，也不要轻易评论和传播别人的事。如果别人对你讲了一些私事，你要严格保守秘密，这不仅是人际交往的技巧，也是做人最起码的道德，只有这样才会给人交往的安全感。

第八，做不到的事，不乱说。

俗话说："言而有信"，俗话也说"没有金刚钻，别揽瓷器活"，不要轻易承诺自己做不到的事，你是一个"言必信，行必果"的人，他人才愿意相信你。

第九，现在的事，做了再说。

对于现在面对的事情，不要做过多的评论，也不要犹犹豫豫、左说右说，想好就做，果断行事，做了再说。

第十，未来的事，未来再说。

没有人可以预知未来，以后的事情只能以后说，说得太早只能徒增烦恼。俗话说："计划没有变化快"，有很多人总是想着明天怎样怎样，担心这，担心那，最后走入杞人忧天的误区。不妨把自己的心态放开，对于未来还没有发生的事情，不要说。

把以上各种事的各种"说"都弄明白了，想必你就能得知做人做事、交际往来的秘诀了。

把握好分寸，说比唱好听

俗语说："站着说话不腰疼"，动舌头总比动手脚省力气，所以在生活中动舌头的时候比动手脚的时候要多，但是很多人却没有真正学会这种事半功倍的推销方法。推销，最重要的就是要说得比唱得还好听。

用通俗的语言说就是："会说话能当钱花。"如果一个人善于驾驭语言，便可以不用分文得到所需要的东西，只靠说话就可以推销，可以升官发财，甚至可以不战而屈人之兵。

口才是一门综合的技术，更是一种艺术，老板们要具备这门技术进行谈判，律师要运用这门技术雄辩，政治家要用这门技术阐述自己的政见，教师和学生，演员和观众，无人不需要这门技术。

口才是人们生活中应用最普遍而最难能可贵的技术，一个人学富五车，如果不会说话，在和人交流时就会难以应付，在无形中损失了自己的优势。

在生活中，能说会道未必就是优点。但是在推销时，能言善辩却是不可或缺的能力。

一切与人交流的过程，都可以看作是广义的营销活动。语言是与别人沟通的媒介，一切营销活动首先是通过语言建立起最初的联系，从而使营销活动不断进展，最终达到目的。所以，语言交流是营销活动的开端，这个头开得好不好，直接关系到营销的成败。

德国女数学家爱米·诺德，在获得博士学位以后，不能立即开课，因为她需要另写论文后，教授会才讨论是否授予她博士讲师的资格。当时正在从事广义相对论研究的著名数学家希尔伯特（1862—1943）十分欣赏爱米的才能，他四处奔走，为爱米谋职，要求批准她为哥廷根大学的第一名女讲师。

在一次教授会上，出现了争论。一位教授激动地说："怎么能让女人当讲师呢？如果让女人做讲师，以后她就要成为教授，甚至进大学评议会。难道能允许一个女人进入大学最高学术机构吗？"

另一位教授附和道："当我们的战士从战场回到课堂，发现自己将拜倒在女人脚下读书，会做何感想呢？"

希尔伯特站起来，坚定地批驳道："先生们，候选人性别绝不应该成为反对她当讲师的理由。大学评议会毕竟不是洗澡堂！"

希尔伯特的发言获得了大家的赞同，爱米·诺德最终成了哥廷根大学的讲师。

一般说来，话说得恰到好处，就会拉近与别人的距离，完成交际的任务。

1908年4月，戴尔·卡耐基来到国际函授学校丹佛分校，应聘销售员工作。

经理约翰·艾兰奇先生看着眼前这位身材瘦弱，脸色苍白的年轻人，忍不住先摇了摇头。从外表看，这个年轻人显示不出特别的销售魅力。艾兰奇询问了他的姓名和学历后，又问道："干过推销吗？""没有！"卡耐基答道。

艾兰奇接着提问："那么，现在请回答几个有关销售的问题。推销员的目的是什么？"

卡耐基想了想，以肯定的语气回答："让消费者了解产品，从而心甘情愿地购买。"

艾兰奇先生点点头，问他："你打算对推销对象怎样开始谈话？"

"说'今天天气真好'或者'你的生意真不错'。"

实际上，戴尔·卡耐基的这个回答，无意中提示了两个人初次见面时，尽快消除生疏感的一个方法：只要找一些无关痛痒的话题开始交谈，就能缩短相互间的感情距离，建立亲密的关系。

语言交际是一种建立在心理接触基础上的人际交往。所以，心理因素对语言交际的影响最大。最直接，也最关键。我们在与别人交谈时，一定要注意使自己的语言贴近对方的心理，尽可能地消除由于心理障碍造成的隔阂。这是因为，人们对任何事物的接受，首先表现在心理上的接受，因此把话说到人的心里，事情才好办。

一位消费者怒气冲冲地拿着一双有质量问题的皮鞋来到商场。正值鞋厂营销人员到商场了解鞋的销售情况，他听完这位消费者的申诉后，马上说了一句："这样的鞋我买了也会气成你这样。"这句话使那位消费者火气消了一半，由先前坚持退货到后来答应换一双。

在营销活动中，有时候把话说得委婉一些，诙谐一些，可能比直截了当地说效果更好。

一位营销人员在市场上推销灭蚊剂，他滔滔不绝的演讲吸引了一大堆顾客。突然有人向他提出一个问题："你敢保证这种灭蚊剂能把所有的蚊子都杀死吗？"

这位营销人员机智地回答："不敢，在你没打药的地方，蚊子照样活得很好。"这句玩笑话使人们愉快地接受了他的推销宣传，几大箱子灭蚊剂很快就销售一空。

营销人员的语言交际要注意的地方还很多，比如说话要文明、不用粗言秽语、要客观真实等等。归结到一点，营销语言一定要有艺术性，必要时不妨"花言巧语"一番，只是要掌握好分寸，说得就可以比唱得好听。

情商高的人好办事

世上没有办不成的事，只有不会办事的人。一个会办事的人，可以在纷繁复杂的环境中轻松自如地驾驭人生局面，凡事逢凶化吉，把不可能的事变为可能，最后达到自己的目的。其中的关键是看你用什么方法、用什么技巧、用什么手段。

人活着就不可能无事，大事、小事、喜事、愁事、烦心事……这些"是是非非"是不以我们的意志为转移的，我们必须面对，必须解决。而想解决一些难办的事，还必须学会求助于人。但求人办事往往难以张口，有时候憋得脸红脖子粗也没吐出一个字。其实，只要你从心出发，掌握技巧，一切都会迎刃而解。

可以说求人第一难就是借钱，经济上周转不灵了，伸手向人借是在所难免的，如何张口不扫颜面是个难题。

首先说话要用商量的语气，不能太强硬。例如你可以说："你最近手头宽绰不，能不能借我500块钱，下个月发工资我就还给你。"这种商量的语气让人听着舒服，只要他手里有钱，不会不帮你忙的。反过来，如果你这样说："我知道你有钱，赶紧借我500块，这点钱对你来说还不是九牛一毛啊？"此类的话连最起码的尊重都失去了，别人怎么会借给你钱呢？

除了语气，还要用诚实的态度，不能为了达到借钱的目的随意编造理由，也不能随意改口。例如开始说借500元，等人家答应了又说借1000元，这会使人感到为难。另外，一旦遭到别人拒绝，不能说过激的话，以免伤人。

如果求人办事能够把人逗乐了，相信下面就好办了。

一个年轻人在一家外资企业工作，在较短的时间内，连续两次提出合理化建议，使生产成本分别下降30%和20%。老板非常高兴，对他说："小伙子，好好干，我不会亏待你的。"

这青年当然知道这句话可能意义重大，也可能一文不值，于是他轻松一笑，说道："我想你会把这句话放到我的薪水袋里。"老板会心一笑，爽快应道："会的，一定会的。"不久，他就获得了一个大红包和加薪奖励。

显然，这个年轻人借用轻松幽默的话使得老板开心，把"加薪"此等严肃的话题用幽默的形式说了出来，让老板欣然接受。

求人，更重要的是诚恳，真正地打动对方。把话说得委婉贴切，富有感情色彩，你的要求也就容易得到满足。

有时候无论怎么努力也张不开口，这时，你就要想办法诱导对方先张口了。

小王准备借助好友小赵的路子做笔生意，在他将一笔巨款交给小赵的第二天，小赵突然暴病去世。小王陷入了两难的境地，这时候开口追款，对未亡人是个刺激。不提此事，自己的局面也难以支撑。

帮忙料理完后事，小王对小赵的妻子说："没想到赵哥走得这么突然，我们的合作才刚刚开始。这样吧，嫂子，赵哥的那些关系户你也认识，你就出面把这笔生意继续做下去吧！需要我跑腿的时候尽管说，吃苦花力气的事情我去做。"

赵妻说道："这次出事让你生意上受损失了吧，我也没法儿干下去了，你还是把钱拿回去再找机会吧。"

小王的话虽然没有提及追款，但是他明知赵妻没有能力也没有心思干下去，于是旁敲侧击，既没有伤到人，也追回了自己的款项。

我们现实生活中有太多无奈，你不得不去求人。假如你是一位待业青年，希望能找到一份如意的工作；假如你是一个职员，希望能平步青云；假如你是一名病人，希望医生能细心为自己治病；假如你有急用，希望能筹措到一笔款子……这许许多多、大大小小的希望便构成了生活。生活会迫使你不得不去求助于别人，而是否能得到别人的"搀扶"，在很大程度上又取决于你有没有求人的技巧和策略。

有些人一提到求人就皱眉头，甚至羞于告人，他们对求人怀有一定的偏见，认为那一定是卑躬屈膝、低三下四的。其实不然，向别人求取帮助必须是以自尊、自重、自爱为前提的，要做到求而不卑、求而不倚。

让口头禅远离口头

口头禅一词来源于佛教的禅宗，本意指不去用心领悟，而把一些现成的经验挂在口头。演变到今天，口头禅已经完全成了个人习惯用语的意思。

美国总统奥巴马不论什么都要说个"恕我直言"；肯尼迪的女儿接受《纽约时报》采访时，曾一连说了142个"你知道"。不论贫富贵贱、文化素养高低，口头禅就像黏在人嘴边的膏药，甩也甩不掉。

人人都有口头禅，它是一种语言，也是一种习惯。习惯是日积月累而养成的。口头禅一旦形成，就会自觉不自觉地掺在平常说话的语句里。

口头禅有讨人喜欢的，也有讨人嫌的。讨人喜欢的口头禅大抵会被视为一种美，因而被人接受。比如较为礼貌的"对不起""我试试看""有请"等，体现出一个人的说话素养和文化气质，没有人不乐意接受。但讨人嫌的口头禅就不一样了。比如满口污言秽语，开口便是国骂、乡骂、地骂等口头禅的人，自然让人觉得粗鲁无教养；比如说话时喜欢插几句摆老资格的"说句大实话""我以前……"；再比如张口闭口总说他人"真没劲""真无聊""真讨厌"……这些讨人嫌的口头禅或多或少地都有损自己的形象。还有更糟糕的口头禅，就是轻易许诺的。比如一些并没有什么真本事的人，逢人逢事便以"有事找我""没问题"之类，都有可能既误人也误事。

大学生小路喜欢用的口头禅是：我晕，狂晕，晕死。并且伴有表情——做呕吐状。一天她生病了，去看医生。

医生："哪儿不舒服？"

小路："说不清楚，晕！"

医生："晕是吧？"

小路："不是！狂晕。"

医生："晕的这么厉害？"

小路："错了，错了，晕死（做呕吐状）。"

医生："知道了。怀孕了。几个月了？来我这儿捣什么乱！一边儿玩儿去！"

可见口头禅如果成为习惯，并非一件好事。

小佳，人很善良，为人也正直，但周围的朋友却很少，这就要归咎于她的一句口头禅了。朋友同事和她在一起聊天时，正说得起劲的时候，她总爱带一句口头禅"话不能那么说"，别人说完了她马上就说"话不能那么说"，但仔细听，她和别人的观点看法是一致的，但正因为她的那句口头禅总是让人反感。

还有一种口头禅是职业用语经过缩略而俗成的惯用词，俗话说："三句话不离本行。"各行各业皆有其常用的行话，职业惯用语用于职场中，只要对话者双方能心领神会，则无可厚非，但若是主客双方并非同一职业，就不可滥用本职业惯用语当口头禅了。如果冷不丁没管好自己的嘴，也将行业惯用语当作口头禅去说，也会惹出大问题。

阿莲刚从失恋的阴影中走出来，对于上一段恋情的告终，她很无奈，原因是男方的长辈认为阿莲太自以为是，总是"质问"他们"明白我的意思了吗"？弄得长辈们非常反感，甚至连男友都开始对她不满。阿莲也挺无辜的："我完全没有质问的意思，这只是我在平时上课时询问学员的口头禅。"谁知小小一句口头禅，竟终止了她的一段恋情。

口头禅的使用还会让我们的沟通效率下降，原本可以通顺的一句话因为口头禅的加入变得让人难以理解。比如说，很多人的口头禅是"嗯"，说几句话，就要说一个"嗯"，这种停顿经常让人反感。

"口头禅"过多看似是一件很平常的事情，但在改正的过程中却要求我们要时刻提醒自己，从细节开始逐步挖掘自身语言方面的错误，通过自己的努力才能得到彻底地解决。要记住，口头禅，有时比原子弹还危险。

人，有美有丑，话也一样，美丽的语言让人心醉，丑言丑语让人心寒。但是生活上却离不开这些丑言丑语，批评、拒绝、道歉等等，都是不可避免的"丑话"，如何把它们说好，说"美"，着实需要下一番功夫。

第五章　情商高的人都懂聆听

对方说的话反映了他的思想，回答则表达自己的意见，情商高的人都有一个特殊的优点，就是善于聆听别人的内心世界。

学会倾听的艺术

美国知名主持人林克莱特访问过一名小朋友，问他说："你长大后想要当什么呀？"小朋友天真地回答："嗯，我要当飞机驾驶员！"林克莱特接着问："如果有一天，你的飞机飞到太平洋上空，所有引擎都熄火了，你会怎么办？"小朋友想了想："我会先告诉坐在飞机上的人绑好安全带，然后我挂上我的降落伞先跳出去。"

当现场的观众笑得东倒西歪时，林克莱特继续注视着这孩子，想看他是不是自作聪明的家伙。

没想到，接着孩子的两行热泪夺眶而出，这才使得林克莱特发觉这孩子的悲悯之情，远非笔墨所能形容。于是林克莱特问他："为什么要这么做？"他的回答透露出一个孩子真挚的想法："我要去拿燃料，我还要回来！我还要回来！！"

通过这个故事，你认为自己真的明白了倾听的艺术了吗？你是不是常常半途打断对方的演讲？是不是又自以为是的进行反驳呢？

还有一个这样的故事：

有个小国的使臣到中国来，进贡了三个一模一样的金人，金光闪闪，把皇帝高兴坏了。可是这小国不厚道，同时出了一道题目：这三个金人哪个最有价值？

皇帝想了许多办法，请来珠宝匠检查，称重量，看做工，都是一模一样的。怎么办？使者还等着回去汇报呢。泱泱大国，不会连这个小问题都不懂吧？

最后，有一位退位的老大臣说他有办法。

皇帝将使者请到大殿，老大臣胸有成竹地拿着三根稻草，分别插入三个金人的耳朵里。插入第一个金人耳朵里的稻草从另一边耳朵出来了，第二个金人的稻草从嘴巴里直接掉出来，而第三个金人，稻草进去后掉进了肚子，什么响动也没有。老大臣说：第三个金人最有价值！使者默默无语，答案正确。

为什么？

上天赐予我们两只耳朵一张嘴，也许就在暗示我们应该多听少说。第一尊金人，左耳朵进右耳朵出，说明没有诚心倾听；第二尊金人，刚听到一些东西就迫不及待地说出来，说明这类人心里守不住秘密；第三尊金人，把从耳朵听进去的一切，都装在了肚子里，说明这类人善于聆听。所以说第三尊金人最有价值。

古人把"听"字写作"聽"，意思是倾听时要一心一意，双目注视，同时以对方为"王"，即体现尊崇对方之意。

飞鸟用啼叫歌唱生活，游鱼用肢体传达信息，我们用语言交流思想，抒发情感，表达对生命的赞美和自然的感叹。倾听是一种交流，是一种亲和的态度，是我们了解彼此心灵、领略大自然的途径。

在人际交往中，倾听是一种礼貌，更是一种修养的体现。只有用心倾听，才能真正了解对方心中所想，心中所需。如何倾听，如何给自己一双美丽的耳朵呢？

首先，表情管理很重要。一边听对方讲话，一边要给对方一些表情上的回应，例如点头、微笑以及恰当的面部表情，这代表能够用诚恳的态度接受对方语言中的信息。谈话者往往都是希望自己的经历受到理解和支持，因此在谈话中可以适当加入一些简短的语言，如"对的""是这样""你说得对"等，或点头微笑表示理解，都能鼓励谈话者继续说下去，并引起共鸣。

另外，在倾听的过程中，不要东张西望，要双目注视对方，眼神也不要飘忽不定，表示对对方的尊重以及兴趣。

在倾听别人讲话的时候，要尽量减少自己的肢体语言，当然动作以及坐姿也不要太拘谨，要自然放松，在对方讲话的过程中，即使偶尔提出意见，也应温婉、贴心，尽量避免中途打断对方。

如果别人对事物的观点和看法有可能是你无法接受的，或者有伤你的某些感情，你可以不同意，但应试着去理解别人的心情和情绪。一定要耐心把话听完，才能达到倾听的目的。

当然，倾听不是默然，不是听而不闻，也不是冷眼旁观，是对对方的高度配合，无论对方说话的内容如何乏味无趣，都要表现出积极的态度和真诚加入话题的热情，因为倾听意味着平等、了解、帮助、关爱和尊重。

倾听是一朵开不败的花，它能绽放出生命之蕊，换取人们的欣赏和信任。愿你也有一双美丽的耳朵，用倾听去创造更精彩的人生。

认真听取他人的心声

生活在都市里的人们，每个人都有一种疏离感，因为我们每个人都在心理上筑了一堵墙，互相隔离，自我保护。我们渴望找到一位肯聆听自己的朋友。

人们通常都只听到自己喜欢听的，或依照自己的方式去理解听到的事情，往往这已不再是对方真正的意思了，因而人们在"听"的时候往往只能获得25%的真意。

为了改进人们的沟通，应提倡"积极地倾听"，所谓积极地倾听是积极主动地倾听对方所讲的事情，掌握事实，借以解决问题，并不是仅被动地听对方所说的话。

倾听可以让你的生活变得更加快乐，倾听可以让你的工作变得更加轻松，倾听让你的订单来得更多，倾听让你身边的人更喜欢你，倾听让你的顾客更信任你。倾听是一种推销手段，倾听更是一种个人的修养。

世界上的难事之一便是闭上嘴巴，假如你不张开耳朵，不适时地闭上嘴巴，你就会失去无数机会。切记，千万不要太忙于说话，要学会"听话"。

在听音乐、看电视、看电影时，我们会在不知不觉中记住了其中的内容，我们甚至把一些流行歌曲的歌词都倒背如流，并整天哼唱，可是，当我们的亲人、我们的朋友在跟我们说句话时，我们可能会说："我没听清，你说了什么？"

你会常常让别人重复他说过的话吗？有人跟你说过"我说过的话你怎么一句也听不进去呀？"为什么我们上学时，考外语听力时，都会如此努力，取得不错的成绩，但对身边的亲人和朋友说的话，听力却比较差呢？

当我们决心做一名好的倾听者时，我们必然希望找到成为那样的人的捷径。其实，要成为好的倾听者，有许多秘密武器，而其中最管用的一件是：闭上嘴巴！

仔细认真地倾听对方的谈话，是尊重对方的表现，能够耐心地听说话者诉说，就等于告诉对方"你说的东西很有价值""你是一个值得我结交的人"。无形中，说者的自尊得到了满足。于是，说者对听者就会产生一个感情上的飞跃，认为"听话"者能理解自己，并欣慰于自己终于找到了一个可以倾诉的机会。如此，彼此心灵间的交流就使得双方的感情贴近了。

听人谈话时，你必须尽可能多地与对方进行沟通，好像是自己在说话。但是，如果你没有清楚地表明这一点，说话者是不可能知道的。如果你毫无反应，什么应答也没有产生，说话者无法肯定你是否已听懂。表明自己对内容感兴趣是一种反馈，能鼓励说话者继续往下说。

有些事应该左耳进右耳出

我们生活的这个世界，几乎每天都存在着争吵。争吵是两个人的事情，如果只有一个人在吵，那么这场争吵就不会发生。所以说，当你面对一个尖叫的人，你就要保持沉默，倾听是你最好的语言。

莎莎在某服装店买了一套红衣服，这件衣服让她很是气恼，因为衣服褪色染红了她的白衬衫。她再次来到店里，找到上次和她交易的店员，讲述了事情的经过，不料，那位店员总是打断她的话。

"我们卖了几千套这样的衣服，"店员声明说，"你是第一位找上门来抱怨衣服质量不好的人。"她的语气让莎莎很不满。这时候又过来一位店员，说道："这是没办法的事情，这种价钱的衣服可能就是会那样，是颜料的问题。"

莎莎气得火冒三丈。这时候，店老板走了过来，她没说什么，仔细听着莎莎和店员们的争吵，然后她仔细看了看莎莎的衣服，说道："我确实不知道这件衣服为什么会这样，您想怎么处理，我一定遵照您说的办。"

莎莎说道："我也不知道怎么办。"

老板笑笑说道："要不您再穿一周，要是到时候还有这样的状况，我们给您退货您看如何？"

莎莎同意了，过了几天，衣服不再褪色了。此后，她还经常光临这家成衣店。

倾听的确是一个聪明的选择和途径，尽量让别人做出反应，你紧闭住嘴坚决不说话，想要争吵的人就会安静下来，这也是对付无理取闹的人最好的办法。

愤怒者往往认为自己是对的，而别人和他们处于敌对状态。这时要倾听他们的抱怨，解释往往给愤怒者不好的心理暗示，认为你在推卸责任，会让愤怒者更愤怒，你要明白温柔地回答将赶走愤怒。

某汽车销售部经理梁小姐在朋友的介绍下，去拜访一位买过她们公司汽车的商人，梁小姐将自己的名片递上去，客气地说："您好，我是××汽车公司的销售经理，我叫……"

没等她介绍完，该顾客就不客气地打断了她的自我介绍，开始抱怨买车后的种种不快，例如汽车质量不好，内部装配不科学，售后服务态度不好，耗油量太大，等等。客户喋喋不休地说着，梁小姐并不回答，只是站在旁边静静地听着，过了一会儿，顾客见梁小姐并不说话，也就不再唠叨了。

当顾客停止了抱怨，才发现这个销售经理看起来非常陌生，似乎不是卖给她汽车的人，原来自己冤枉人了。这位顾客不好意思地说道："同志，您贵姓啊？你们公司有没有好一点的汽车？价目表拿给我看看，顺便给我介绍介绍吧！"

梁小姐离开的时候，高兴得几乎跳起来，因为该顾客向她下了两辆车的订单。

梁小姐在拜访客户的过程中，没有说过几句话，一直处于倾听的位置，但最后却成功了。正如同古希腊的一句话："聪明的人，借助经验说话；更聪明的人，根据经验不说话。"

当别人生气发火，你不气反而认真倾听，首先就表现了你良好的修养和人格，还能够轻而易举地浇灭对方的火焰。倾听总能够给你带去意想不到的收获。

言多必失凡事有度

有句话叫"沉默是金"，也有句话叫"沉默是土"，其实这两句话并不矛盾，也没有冲突。"沉默是土"，因为毕竟要通过语言，才能把自己的才华展现出来，让自己散发光彩，让别人来了解你、欣赏你。"沉默是金"，凡事都要有个度，如果过分张扬，走哪儿说哪儿，滔滔不绝，那么难免"言多必失"。

说出的话就如同是泼出去的水，再也收不回来了，如果口无遮拦，夸夸其谈，只能显示出你的肤浅。

有这样一则寓言故事。

有一天，青蛙问公鸡："你看我每天在池塘里叫呀叫的，多好听啊，这是大自然的声音啊！可是为什么人们还嫌我烦呢？你每天就叫那么一两声，打扰人家睡觉，可是怎么人们还是那么喜欢你呢？"

公鸡微微一笑，说道："那是因为我叫他们起床工作，勤劳播种，才能丰收。你呢，每天在中午人家休息的时候大叫大嚷，什么用都没有，还打扰人家休息，还有谁不烦你呢！"

你愿意做青蛙，还是做公鸡呢？不言自明。

孔子在《论语·季氏》里说："言未及之而言谓之躁，言及之而不言谓之隐，未见颜色而言谓之瞽。"这句话有三层意思：

一是不该说话的时候说了，叫作急躁；

二是应该说话的时候却不说，叫作隐瞒；

三是不看对方的脸色，贸然信口开河，叫作闭着眼睛瞎说。

所以说，说话要掌握好时机，不能随便乱说，乱说不如不说。

沉默也是对争吵进行反击的有力武器，与其卷入争吵的旋涡之中，不如以沉默的方式，使自己置身在是非之外。

小欣是某机关的一名职员，工作能力十分出众，但她从来不因此而炫耀，从不多言多语，同事们闲谈的时候，她总是面带微笑站在一旁静静地倾听。

后来，机关里新来了一个女职员小米。小米嫉妒心非常强，只要她发现有比自己能力强的同事，就主动攻击对方，因此机关里的老员工不是辞职就是请调，最后，老员工就只剩下小欣一个人了。为了巩固自己的地位，小米终于将矛头指向了小欣。

一天，小米无意中抓到了小欣的把柄，立刻点燃火药，劈头盖脸地向她发起一阵猛攻。不料，小欣不但没有被小米激怒，反而向她送去一抹微笑，一句话也没说，只是偶尔蹦出一个字："啊？"

小米见此状况，灰溜溜地离开了小欣的办公室，心里一肚子气，却不好发泄。

没多久，小米递上了自己的辞职报告。

小欣十分聪明，用沉默对待同事的挑衅，没有与之针锋相对，反而赢得了这场"竞争"。

沉默是金，并不是说要一味沉默不语，而是要掌握时机，该说话的时候就不要沉默。比如父母为鸡毛蒜皮的小事吵得不可开交，这时你可以保持沉默，如果他们各自的怒火都平息下来了，陷入双方互不理睬的僵局时，保持沉默就不是明智之举了，这时你就应该说些劝解的话，让他们重归于好。又比如，领导遇到尴尬的情况了，就需要你站出来为领导打圆场，同事有矛盾了，需要你开口化干戈为玉帛，等等。掌握说话时机，该说话时就说话，才能让你为人处世更游刃有余。

该说话时就说话，不该说话时就千万别开口，以免遭灭顶之灾。这里就有一个有趣的小故事可以说明此理。

　　阴曹地府，正见阎罗王升堂问事。

　　有几个小鬼抬上一个人，说："这人在阳世，干尽了缺德事。"

　　阎王命令道："用500亿万斤柴火烧煮。"

　　牛头鬼上来押解。那人私下里探头问牛头鬼："你既然主管牢狱，为啥穿着这么破烂的豹皮裤子呀？"

　　牛头鬼说："阴间没有豹皮，阳间有人焚化才能得到。"

　　那人立即说："我舅家专门打猎，这种皮子多着呢。如果你肯怜悯我，减少些柴，我能够活着回去，定为你焚化10张豹皮。"

　　牛头鬼大喜，答应减去"亿万"两字，烧煮时也只是形式而已。

　　待那人将归时，牛头鬼叮嘱道："可千万不要忘了豹皮呀！"

　　那人回头对牛头鬼说："我有一诗要赠送给你：牛头狱主要知闻，权在阎王不在君，减扣官柴犹自可，更求枉法豹子皮。"牛头鬼大怒，把他扔入滚沸的水锅里，并加添更多的柴煮了起来。

　　奉劝别人的话是应该说，但如果没有到该说的时候说出来，无疑会让事情变糟。

　　所以，说话时千万要记住：掌握时机，该说话时再说话，不该说时一定不要说。

倾听，不是听听就可以

倾听和听都是用耳朵去了解对方的话，但是倾听比听多了一份心情，多了一份尊重。听，也许听过就了之，但倾听要走心。"听"是与生俱来的听见声音的能力，是人的感觉器官对声音的生理反应。"倾听"是将声音转换为意义的过程，它包括感知、理解、评价和反应四个阶段。它需要利用逻辑思维和原有知识对信息进行加工分析，是一个主动参与的过程。倾听不仅局限于声音，还包括语言，非语言信息、概念等。

倾听重点并非在听，而在倾。倾，即身体微微向前的意思。身体前倾，表示对对方的话题有兴趣，这也是双方交流的基点。

倾听的姿势非常重要，除了身体前倾，一定要与说话者平视，不能居高临下。倾听除了要用耳朵听，也要用眼睛听，睁大眼睛，很自然地用眼睛表现出你的兴趣和愉悦感。

倾听是一项可以学会的技能。经过训练，你的头脑和耳朵可以更加敏锐地获取信息，眼睛能看得更加清晰。你还能学会用眼睛听，用耳朵看。让你的耳朵能听见也能看见，让你的耳朵能看见也能听见！"听见"一词并不总是指通过耳朵感觉到声音，而常常指的是留心、注意。当你听别人说话时，你需要留意对方说的是什么，这就要求你了解对方的感受。

当别人讲了一个笑话，但是这个笑话你听过，你也不要说："我早听过了"，这会打击别人与你聊天的积极性。倾听中最忌讳的一种反馈就是"我早就知道了",这是一句很扫兴的话。既缺少尊重,也会在你们之间竖起一道墙。

倾听使人生更加完美。古希腊历史学家普鲁塔克说:"善于倾听是美好生活的开端。"培根说过:"内容丰富的言辞就像闪闪发光的珠子。""一个人从另一个人的诤言中所得来的光明,比从自己的理解力、判断力中所得来的光明更为干净纯粹。"这话告诉我们,倾听是人生不可拒绝的一种生存状态,是寻找快乐、走出寂寞的一种最佳方式,是人类学习的一种基本形态,也是了解认识这个世界的重要途径,获取知识、智慧的重要来源。

倾听是对他人的一种尊重和关爱。美国教育家卡耐基说:"专心听人讲话,是我们给予他的最大尊重、呵护和赞美。"英国哲学家霍布斯也说:"倾听对方的任何一种意见或议论就是尊重,因为这说明我们认为对方有卓见、口才和聪明机智,反之,打瞌睡、走开或乱扯就是轻视。"人们都有这样的体验,当你在课堂讲课、会议发言或广场演讲时,都希望听众安静就座,认真倾听,因为这是对自己人格和劳动成果的尊重。听众一旦出出进进、交头接耳、心不在焉,自己就会心头不悦,顿生反感。可见,倾听是一种尊重与宽容、关爱与赞许、抚慰与体谅、美德与修养,也是一种技巧和艺术、气度和境界、姿态和能力。

善懂话外音，做情商高的人

人与人之间交往都会设有很多防线，是不准许别人轻易穿越的。所以这就要求我们学会察言观色，听懂弦外之音。

"弦外之音"，也就是人们俗话说的"话里有话"。人们借"弦外之音"进行幽默调侃、讽刺发泄、批评鼓励、摸底打探……而作为日常生活的一部分，职场生活也不可避免。"弦外之音"俨然已成为职场人际沟通的必备技能之一。

作为一种人际沟通方式，"接收"弦外之音的重要性丝毫不逊于话外音的"制造"，尤其是在职场上。理由很简单：若你意会不出或意会错别人带有隐含意思的语言，轻则会把别人的鼓励当批评，把别人的嘲讽当作"补药"；重则会把错的事认为是对的，对的事反认为是错误的，从而直接影响你对事物或人的判断。这种情形特别容易出现在一些职场新人的身上。

不要以为对着你微笑的人一定不会为难你，俗话说："害人之心不可有，防人之心不可无。"正是这个道理。尤其是在职场上，由于各种原因人们不会直接把自己的意思表述出来，隐藏起来的另外半句才是对方要表达的真实意思，听懂这些"潜台词"，你才能如鱼得水。

Steven 毕业于美国名牌大学的 MBA，工作能力超强，所以他非常自信。他平时工作也仔细、负责，做任何事情力求面面俱到，按他本人的话来说，他的目标就是将事情都做到完美。

Steven 的上司是一位公认的非常民主的老板，他为人相当宽厚，而且非常愿意给下属表达和表现的机会。有一次，上司把 Steven 叫到办公室，让 Steven 完成一份业务分析报告，要求五天完成，最后还关心地问 Steven 是否需要额外的资源支持。

Steven 非常自信地接受了任务，并拒绝了老板的好意。回到办公室后，他将刚接到的工作像其他日常工作一样，安排进了自己的日程表，并严格按照日程表进行工作。第二天，Steven 在茶水间里遇到了上司。上司问他那件工作进行得怎么样了，Steven 以为老板只是因为他有了额外的工作而担心他的压力，于是随口回了句"放心吧"就离开了。

第三天，两人又在走廊里遇上了。上司又关心地问了一句："需不需要帮助和支持？" Steven 心想反正还有时间，也相信自己只要花两个工作日就能完成这份报告，没有他人支持的必要，于是，Steven 还是那句"放心吧"，就把上司打发了。

两天后，Steven 按照自己的想法按时完成了报告，并呈给了上司。然而上司看完报告脸色非常难看，因为上司认为 Steven 做的和他想的还有很大的差异，有很多需要补充的地方，甚至某些观点的高度也不够。

由此，不难看出 Steven 本身在工作方式上存在的一些问题。

首先，Steven 作为下属，即使再优秀、再出色，也应该主动去了解老板的工作风格、个性以及老板的真实需求。老板是主动积极干预型的，还是比较民主尊重员工型的，等等，这些性格特征都将决定老板的工作风格以及沟通方式。Steven 的老板是那种比较民主、温和而含蓄的人，那么，Steven 就更应该认真地和老板进行沟通，以便了解他真正的需求。

其次，老板第一次安排任务的时候，询问过 Steven 资源是否足够。很显然，老板的潜台词是对这个工作表示了高度的重视，而不是不相信 Steven 的工作能力。但此时的 Steven 并没有耐心地倾听，了解老板的潜台词。

之后两次见面的时候，老板都询问了 Steven 工作的情况，说明老板真的十分关心这项工作。那么在这个时候，Steven 就应该重视，并积极地将这项工作的进度向老板汇报，而不是按部就班地进行。可以说，Steven 在这件事情的整个过程中，忽视了上司发出的很多信号。

一般说来，一个人的感情或意见，都在说话方式里表现得清清楚楚，只要仔细揣摩，即使是弦外之音也能从说话的帘幕后逐渐透露出来。

小李和老板私交甚好，有一次老板特意安排小李和他一起去美国出差。但当时想与老板同去的人很多，一时间这件事被大家谈论得很热烈。考虑到影响的问题，老板当着大伙儿的面先问了小李一句："小李，你的英语很不错吧？"

小李老老实实地回答："我的英语很差啊"，话刚从嘴里溜出，身边的同事便举手自荐，忙说自己英语还不错。果不其然，那位自荐的同事顺利去了美国公干。

对于老板的提问，小李没有注意到他的"别有用心"，所以错失了机会。

一个举动一个表情都可以成为"弦外之音"的一部分。细心的领导者、职场前辈会利用"话外音"达到指导却又不"伤害"对方的完美的效果。"听"职场"弦外之音"，是对自己职场情商高低的一次小测试，是今后自己游刃在职场人际交往的基石。表面上的能否听懂、看懂、读懂绝非关键，重要的是自己在每一次的经历、尝试判断之后，能细腻地进行分析与总结，所谓"吃一堑长一智"，多留个"心眼"。当渐渐形成这种思维模式之后，"听"懂"弦外之音"将成为一种本能与习惯，职场情商也将进一步提升。

对上司的话要洗耳恭听

俗话说："官大一级压死人"，我们在职场中生活，获得上司的好感是必不可少的。而讨上司欢心最有效的方法就是对于上司的话要洗耳恭听。

泰勒在《政治家》一书中写道："专心致志地听就是一种最安全而且最灵验的奉承形式。一个人能做出自己洗耳恭听的样子，他就具有了获得人们好感的才能。"显然这种倾听本身就很有价值，泰勒还有些有价值的东西要告诉我们："上司发表讲演，当他一坐下来你就鼓掌，他会把你的敬意当作是一般的礼节；但是，过了一会儿，你让他知道，你被他讲演中的某些动人之处所吸引。这时，你也许会以为他很快会淡忘了此事，其实不然，他会将你的赞扬长时间地铭记在心，甚至当你对他的讲演已经印象淡薄时，他还会念念不忘。"

一般来说，老板都有好为人师的习惯，不管自己是不是内行，都喜欢对下属指点一番，碰到这样的老板，最明智的做法就是竖起耳朵倾听。即使他说得不对，也要闭紧嘴巴，这就是一种无声的赞美。倾听老板的发言，可以很清晰地认识到他的为人，摸透他的秉性脾气，那么对于日后与他的相处也就容易了许多。

当然，"听"要听出门道来，不能白听，要适当做出回应，俗话说："听话听音"，在倾听老板的话的时候，要用心听，这有助于你日后对症下药。

小芳新到一个公司上班，第一天上司找她谈话，问道："小芳，你出国旅游过吗？"

"还没有，"小芳颇有心机，知道话中有话，不失时机地说道："主任一定到过很多地方了吧？"

"多倒不敢讲，不过这些年来因为工作关系去了英国、韩国、美国、新加坡……"

于是一整天，小芳就跟着主任神游列国，摆出听得津津有味的样子，并表示出一种崇拜与羡慕，最后还感谢上司给她讲了各国的风土人情。

从此，小芳受到了老板的重用。

做老板的，总希望得到部下的信赖和敬爱，身为部下的应该懂得这一点。让上司觉得他是被信赖和敬爱着，最直接的表现是部下很愿意听他的"教训"。一个上司不愿给予"责骂"的下级，通常不是极优秀的人才，就是不被重视的人。"责骂"事实上也含有忠告、指示和鼓励的意味。

因此，被责骂时应该心存感谢，低首倾听。同时切记，眼光不可随意飘动，姿势要始终保持如一。这样即使做错事情，上司还是会觉得你是可原谅的。下属能完全接受教训、理解上司的"苦心"，且积极地谋求改善，还对教训心存感谢。这对上司而言，是再高兴不过的事了。因为在这一瞬间，让上司深切地感受到他的价值，并且得到指导人的成就感和满足感。如果做下属的人在面对上司的教训时，表现一副很不耐烦的态度，或有一句没一句地辩驳，不仅无法理解上司的苦心真意，还会招来上司的嫌恶。因此，对上司的训斥，最好的应对态度是"没有理由"。

第六章　高情商的幽默之道

　　生活中幽默无处不在，或带着黑色，或带着眼泪，但它都是生活的一种色调。情商高的人懂得顺应并加以利用，可以化解烦恼，愉悦身心。幽默也是一种智慧，说出来的话能让人舒服。

谈吐幽默，打碎束缚自己的壳

幽默是一种最生动的语言表现手法，与幽默的人相处、谈话是一件非常有趣的事，而与人发生争执、各有坚持时，幽默常常可以让人立于辩论的不败之地，并化争执为会心一笑。

一句话能把人说笑，也能把人说跳。说笑话，是社会交往中不可缺少的艺术。在会场或课堂上，一席趣语可使笑语满堂，气氛和谐而轻松，增强接受效果；在交际谈话时，一则笑话，常令人捧腹不止，在笑声中交流和深化了感情。

关于幽默，林语堂先生的解释是"亦庄亦谐"，即语言庄重却透露出雅趣风范，雅趣中又蕴含着庄重大方。

幽默的谈吐代表着一个人豁达乐观的个性，也是一个人聪明才智的表现，用幽默的心态直面幸运与不幸，才能对昨日黄昏、今日浮云、明日阳光做出客观的评价与选择。

在戈尔巴乔夫的记者招待会上，一位美国记者问他："戈尔巴乔夫阁下，我们都知道您是一位思想激进的领导人，可是，您在决定内阁名单的时候，会不会先和上头的重量级靠山商量呢？"

戈尔巴乔夫一听，故意板起脸来答道："喂，记者先生，请你注意，在这种场合，请不要提起我的夫人。"

戈尔巴乔夫幽默转移了话题，缓解了自己的尴尬境地。

我国古代大学士纪晓岚就是个幽默高手。

一次，纪晓岚为一个朋友的老母祝寿，当席吟祝寿诗一首，劈头第一句就是："这个老娘不是人"，四座宾客都吓了一跳，纪晓岚却不慌不忙，又念："九天仙女下凡尘"，大家松了一口气，拍手叫好。他又继续念了下去："生个儿子却做贼"，宴会主人脸上勃然变色，四座咋舌，不敢言语，纪晓岚又从容地说："偷得蟠桃献娘亲"，一众开颜，欢笑举杯。

幽默能显示出说话者的风度、素养和魅力，能让人在忍俊不禁、轻松活泼的气氛中工作和学习。幽默是一种高深的说话艺术，恩格斯说过："幽默是具有智慧、教养和道德的优越感的表现。"幽默不仅能给周围的人以欢乐和愉快，同时也可以提高个人的语言魅力，为谈话锦上添花。

在某公司举办的产品展销会上，几位年轻的营销人员用专业术语详细地向消费者介绍产品的性能、使用方法等，给人以业务精通的印象。在回答消费者提出的问题时，他们反应很快，对答如流。最重要的是，他们的表现既彬彬有礼，又幽默风趣，给消费者留下非常难忘的印象。

有消费者问："你们的产品真能像广告上说的那么好吗？"营销人员立即答道："您用过后就会发现它比广告上说得更好。"

消费者又问："如果买回去使用后发现性能并不好怎么办？"营销人员马上笑着回答："不，我们相信您的感觉。"

展销会大获成功，产品销量大大超过往次，更重要的是，产品品牌的知名度得到了提高。

幽默的文字不是老老实实的文字，它需要智慧，聪明与种种招笑的技巧，使人读了发笑，惊异，或啼笑皆非，受到教育。因而，一个人如果能轻松运用幽默，那他将是一个顶尖的交际高手。

有一天，著名诗人海涅正在伏案创作。突然，有人敲门，原来是仆人送来一个邮包，寄件人是海涅的朋友梅厄先生。海涅因紧张写作而感到有些疲倦，又因被人打断写作思路而显得很不高兴。他很不耐烦地打开邮包，里面包着层层纸张。他拆了一层又一层，终于拿出一张小小的纸条。小纸条上写着短短的几句话："亲爱的海涅，我健康而又快活！衷心地致以问候。你的梅厄。"

尽管海涅感到不耐烦，但是这个玩笑却也逗得他十分快乐，疲倦感即刻消失。他调整情绪后，决定对他的朋友也开一个玩笑。

几天后，梅厄先生收到了海涅的一个邮包，那邮包很重，他雇了一个脚夫帮他扛回家去。梅厄打开了这件令人纳闷地邮包，他惊奇地发现里面是一块大石头。石头上有一张便条，上面写着："亲爱的梅厄！看了你的信，知道你又健康又快活，我心上的这块大石头落了地，我把它寄给您，以永远纪念我对你的爱。"

人们凭借着幽默的力量，打碎束缚自己的外壳，还可以增进朋友之间的感情。

乐观的人情商都高

有一种话大家都喜欢听，那就是笑话。除了一些严肃的特殊场合外，随口来一两个笑话就可以吸引听众。因此，说话有幽默能力就像是恒星的引力，能使听众像卫星一样不停围着你转。幽默的能力并不是任何人都有的，但是事实上却是人人都可以做到的。要想一辈子幽默或许做不到，但是其实我们只需要在特定的场合幽默一下就可以了。你所需要做的只是找到一两本笑话集，或者是在网上打开一两个笑话网站，然后把其中的你认为特别经典的笑话背下来，然后在适合的场合说出来就可以了。

这里要特别提到的是，说笑话要注意场合，最好笑话能和说话的场合联系起来，甚至是可以把主角调换成为听众中几个玩得起的人以增加其幽默效果。这就需要你有一个庞大的"笑料库"，要日积月累。当然你没必要像背课文一样把笑话一篇接一篇地背下来，事实上只要你看过，笑过，你就能在相同的场合把你的笑话从"笑料库"中调出来，这样就可以引发出一场场哄堂大笑和一道道崇拜的眼光。

幽默感是个人魅力中最重要一项，使原本枯燥乏味的事情变得轻松愉快，幽默还可以大事化小，小事化了。

有一天，德国伟大的诗人歌德在公园里散步，走在一条只能通过一个人的小道时，迎面走来一个对他的作品提出过尖锐批评的评论家。

这位评论家高喊道："我从不给蠢货让路！"

"而我恰恰相反！"歌德边说边满面笑容地站在一旁。

歌德在笑声中把"蠢货"的头衔还给了批评家，批评家无言以对。歌德幽默地以柔克刚，显示了他的智慧，从而留下了千古佳话。

这就是幽默的魅力。倘若我们生活中多一些幽默，少一些呆板，会让我们的生活其乐无穷，也就能够使人们更加热爱生活。

常在小区活动室玩牌的老李好久没来了，这次一来，牌友老孙就问："老李啊，怎么这几天都没看到你啊？"

老李一脸严肃，说道："别提了，我被'双规'了！"

老孙吓了一跳，问："啊？怎么回事儿？贪污了？"

老李一笑，说："哈哈，我儿子、儿媳妇找我谈话了，宣布我必须在规定时间、规定地点接送小孙子上幼儿园。"

众人这才明白，哈哈大笑。气氛一下子变得轻松融洽。老李的幽默更是深入人心。

列宁说："幽默是一种优美的、健康的品质。"正因如此，才有人把幽默看作一个人成熟的一种表现。幽默是精神上的"按摩师"，生活会因为幽默而更富有乐趣。

具有幽默感的人大都属于乐观主义者，为人处世比较灵活，能比较容易地与周围的人建立良好的关系，枯燥的回忆因他而谈笑风生；朋友聚会因他而火红热闹；面对严肃的上司，他出语诙谐，改变了上司拉长的面孔；面对拘谨的下属，他妙语解颐，缓和其紧张的心情；参与紧张的谈判，在激烈地讨价还价之余，他突然小幽一默，交易很快顺利达成……这样的人怎么不会魅力四射呢？

生活处处充满幽默

人们都说生活是一个艰苦的过程，生活能够磨平人的棱角。由于锅碗瓢盆、柴米油盐等家庭琐事，生活变得平实乏味，每天家和公司两点一线的生活让人疲劳烦躁。其实，如果你用心观察生活的另一面，生活中的点点滴滴，锅碗瓢盆皆可成为幽默的素材，为生活增添新鲜的味道。

某天在公交车上，两个女生在聊天。一个女生说："以后我老公做错事就罚他跪 CPU（有很多针脚）！"另一个女生回答："我老公不跪 CPU，我让他跪遥控器，换一个台就打一顿！"

当然这不会是真的，但是却显露出两个女孩的幽默。

过几天是小兰的结婚纪念日，小兰问丈夫："今年结婚纪念日我们去哪儿呢？"

丈夫说道："去我没去过的地方吧！"

小兰说："哦，那就去厨房吧。"

小兰婉转幽默地调侃老公，相信除了会心一笑，他以后会多进进厨房了。

有一对年轻夫妇，家里只有一台电视机，男的爱看足球赛，女的爱看电视剧，每次都是老公让步。这位老公比较有智谋，平日一有机会就向妻子灌输体育知识，谈谈球赛趣闻。久而久之，妻子的兴趣果然被他培养了起来，有时也会跟他一起收看体育比赛的节目。到了四年一届的世界杯足球赛时，妻子的眼睛已经被精彩的比赛吸引了，这时他才煞有介事地对妻子说："看你这个高兴劲儿，我想起了一句老话。"

"什么话？"

"知足常乐！"

"怎么会想起这句话呢？"

"知足常乐嘛，就是知道足球以后，就会常常乐了呗！"

如此富有情调的幽默调侃，生活怎能不变得有趣呢！

幽默是一种饱含情趣的人生智慧，它有一种能够引发喜悦、消弭冲突、转化情绪、带来欢笑的特性，令人解颐、畅怀、回味和神往。

幽默是快乐的催化剂，是化解敌意的良药，是人生的调味佳品，是智慧的聚宝盆，也是事业的指路明灯。

幽默是使你终身受益的无价之宝。学会幽默，你便赢得了受他人拥戴的人生第一大资本，从而获得众多的支持和理解。它不仅可以使你与周遭世界和谐相处，更重要的是能够使你拥有一个快乐的人生。

幽默是人生交往的润滑剂，也是社会活动的必备礼品，是活跃社交场合气氛的最佳"调料"。生活中不能缺少幽默，而幽默人生则是生活的一种极致。

不要再为生活琐事而烦恼，也不要因为锅碗瓢盆、油盐酱醋而烦躁，敞开心扉，发现快乐，就在一点一滴中让你的幽默成为你的快乐天使吧。

幽默中显露睿智和才华

幽默是一种生活艺术，是一种智慧的表现，幽默从机智出发，赋予机智以新的动力，同时也对幽默自身的意念、态度和手法产生影响。

美国一位女演员坐在餐厅里用餐，这时候，一位古怪的老人走向她，当着众人的面，用手摸了一下这位女演员的脸，然后说道："对不起，我摸不出有多好。"

"省下您的祝福吧！"，女演员说，"我看起来也没有多好看。"

那位老人盯着女演员的五官继续看，然后又说道："不错，是没有多好看。"

女演员笑了，说："又摸又看的，新的也变旧了。"

听了她的话，大家都笑了起来。

这位女演员将自己活泼的个性融入这场谈话中，神色自若、面带微笑的她无形之中将自己的风采展露无遗。

生活中的平淡细节太多，无聊的事也太多，如果我们能够用快乐的心态去看世界，换个口吻去谈论，那么那些看似平淡无味的细节，也会有趣起来，让生活增色不少。

"你不是学美术的吗，应该对色彩很敏感吧，你看我这一身搭配得怎么样？"

"还不错，要是鞋子换成亮银色就更好了。"

"是吗？那我岂不是会闪得别人头昏眼花，让他们招架不住？"

"哈哈，有可能。"

如果只是一板一眼地赞美，听的人觉得没劲，说的人也会觉得无聊，换个幽默的方式，彼此都觉得有趣。

幽默带给我们的风采，仿佛空谷幽兰。你看不到它的盛开，却闻得到它的芳香。幽默也是一种意境之美。

美国南北战争期间，一位将军从前方给林肯发回电报，林肯觉得电报上的战况太简略，就回电要求今后的战报务必详尽。

这位将军是个急性子的人，看了电报后很不高兴，不久就拍了个电报给林肯："缴获母牛六头，请示如何处置。"

林肯看了电报，知道将军生气了，立刻回电："速挤牛奶。"

将军看了，哈哈大笑，怒气全消。

林肯在紧要关头懂得幽默，既让将军消了气，也增添了不少趣味。

一位顾客到饭馆吃饭，米饭中沙粒很多，他把它们都吐了出来——放在桌子上。服务员见此情景很是不安，抱歉地说："都是沙子吗？"

这位顾客摇摇头微笑地说："不，也有米饭。"

面对令人气愤的事情，这位先生成功地运用幽默的话化解，指出了饭中沙粒太多的事实，但也消解了自身的气愤，更显示出他宽容大度的气量和超人的修养。

幽默显示了一种自尊的人格力量和旷达的生命意识。幽默，显露了人的睿智与才华，展示了人的风采与魅力。幽默不但使人笑得含蓄温和，而且笑意里也饱含着智慧，洋溢着自信乐观的精神。幽默在生活中无处不在，像个精灵。

幽默能给你的话语谱上曲

幽默是知识、思想、智慧在语言运用上的结晶，如果在你的口才里加一点幽默，会让你如同多了一双翅膀，可以飞得更高，看得更远。

幽默的话如同优美的乐曲，给人以舒适喜悦的感觉，俄国文学家契诃夫说过："不懂得开玩笑的人是没有希望的人！这样的人即使额高七寸、聪明绝顶，也算不上真正有智慧的人。"

老张做报告，他谦虚地说："同志们，我水平低，说话零零碎碎，像羊拉屎。"

下面的听众立即哈哈大笑。

笑可以缓解人们的情绪，活跃气氛，幽默者会让交际变得更顺利、更自然。

英国戏剧学家萧伯纳堪称幽默大师。有一天，年迈的萧伯纳在街头被一辆自行车撞倒，虽然没发生可怕的事故，但毕竟这一惊吓非同小可。骑车者立即扶起萧伯纳，并连连向他道歉。

萧伯纳笑笑，说道："不用道歉，先生，您比我更不幸，要是您再加点儿劲儿，那就可以作为撞死萧伯纳的好汉而名垂青史啦！"

本来撞到人，就会令人精神紧张，导致气氛很尴尬，萧伯纳的几句戏语让本来僵硬的气氛消失在这份嬉笑之中。这就是幽默的魅力。

有一位先生，常常晚上把客商带回家里，让妻子准备饭菜，边吃边谈生意，不到夜深人静不收场。时间久了，妻子开始吃不消了，又操持家务又要带孩子，她被疲劳压得喘不过气来。

后来，她想到了一个好办法，就近找了家小餐馆，丈夫把客人带来时，她也出面接待，入席坐定后，她还为每一位客人夹菜，一边笑着说："希望筷子的双轨，能给各位铺出一条财路。"然后说明自己要回家照顾孩子，转身告退。

妻子用幽默的手段圆场，既表现了自己贤惠知性的一面，也解决了困扰自己的问题。她美好得体的举止让在场客人啧啧称赞，无不佩服，也让她的丈夫十分满意。

加拿大有一位外交官朗宁，出生在中国湖北的襄樊，是喝中国妈妈的乳汁长大的。他回加拿大后，在30岁的时候参加省议员竞选。当时反对派多次诽谤诋毁他："你是喝中国人的奶长大的，你身上一定有中国人的血统。"

朗宁沉着地回击道："据权威人士透露，你们是喝牛奶长大的，你们身上一定有奶牛的血统。"

最终，朗宁赢得了竞选。

造谣中伤是任何人都无法避免的，如果急于辩解，很可能越描越黑，懂幽默的人会利用幽默来保护自己，同时提升自己的魅力。

幽默的力量是属于我们自己的，在生活中，我们可以利用幽默自由自在地表现自己，表达我们的想法，表露我们的感受。

幽默有度，小心踏入对方禁区

凡事都要有个分寸，幽默也要适"度"。如果过了度，做出了有失礼节的事，则其效果肯定也会适得其反。因此，应掌握恰如其分的尺度，还要因时、因人、因地和因内容而定，避免误入禁区。一个懂得幽默的人知道，玩笑的趣味很少含在话语本身的台词中，之所以能够变得有趣，完全得看想幽默的人是怎样的讲法了。一百个人讲同一个幽默故事，可能会有九十九人要失败。如果你确实想成为一个具有幽默感的人，千万不要假装幽默，而应该努力培养你的悟性，使你无论去到什么地方，都备受欢迎。

不要不分场合开玩笑，如果场合不对，玩笑不仅无法达到效果，而且可能受到别人的讥笑，乃至引起别人的反感。

当你出席一位朋友父亲的葬礼时，如果你安慰朋友说："你一定是个很坚强的人，因为你父亲是个有名的石匠呀！哈哈哈。"将石匠和坚强联想在一起的幽默，固然无可厚非，可是由于使用的场合不对，结果只能是使得周围的人感到气愤：这个人怎么如此没礼貌？大家都这样伤心，而他一个人却嬉皮笑脸！如果换成另一种场合，效果也许就大大地不同了。

有种族歧视性以及嘲笑残疾人的笑话都不适当，因为这可能会冒犯到别人。例如，拿别人的生理缺陷开玩笑，这是在故意揭别人的"伤疤"，把自己的快乐建立在别人的痛苦之上。

恶作剧可能会导致意外，而且不是每个人都能够接受。例如：

捕风捉影，以假乱真，把小道消息作为茶余饭后的笑料，这是种不负责任的低级趣味。

还有就是不要刺伤别人的心。如果玩笑可能刺伤在场的任何一个人，你还是不要说出来的好。因为受到伤害的人会因为别人的笑声，内心更为难受，甚至对你产生怨恨。固然，当你事先注意这点的话就不会伤害到任何人，但有时你可能会有所疏忽，说出口后才猛然想道：糟了，这个玩笑刺伤了某人！

不可用玩笑来蔑视别人的职业。玩笑不应含有蔑视别人职业的成分存在，如果你拿来开玩笑的职业和对方的职业无关的话，那倒还不要紧。例如，你在一个推销员前面开糖果业商人的玩笑。但是如果你开玩笑的职业正是对方的职业，那就不高尚了。一般人虽未必对自己的职业很满意，可是和人谈到他的职业时，总是要客气一些。

不要挖苦女性的容貌。若对方同是女性的话，尤其是妙龄少女，那么你的玩笑只会使得对方感到厌恶，对方甚至会对你的人格大打折扣。

不要露出心不在焉的表情。当大家聚集在一起时，人们一定会表现出各种表情，你不笑会破坏整个场所的气氛。因此，即使你觉得并不够好笑，也应笑一笑，以表示你的赞赏。这本身就表现了你对幽默的融合和理解。一旦大家笑出声后，整个场面的气氛就变得更融洽，大家的心情变得更轻松，接下来一旦你再表现出幽默，则一定会产生更好的效果，于是受惠的还是你自己。

不要错过适当幽默的时机。幽默的效果与把握适当的时机具有密切的关系。当你和别人在谈话中，脑海里突然浮现出一句幽默的话时，本来你想说出来，然而，你又突然想说："我说出来会使对方感到好笑吗？"于是犹豫了一下而错失良机。要记住：一有灵感就要毫不犹豫地说出来，否则时机一过，纵使后来说出，效果也要减半了。

巧设悬念，吊足人的胃口

"悬念"是促使对方产生某种好奇紧张、急切期待和强烈关注的心情；是推动听读者产生急于知道"下回分解"的心理。好的悬念常常具有诱惑性，巧妙地设置它，可以为话语增添生动活泼幽默风趣的气氛。

"巧设悬念"，实际上就是说话者为了达到增添气氛的目的，通过某种方式（叙述、描写、交代等）来改变或创造一些条件，把某个"悬念"施加于语言材料之上，诱使对方不知不觉地沿着他所设计的路线，去接受他所发出的语言信息。要使悬念真正能为下文铺路搭桥，产生诱惑力，悬念的设置就必须做到"巧"和"悬"。

一天，国王问阿凡提："阿凡提，要是你面前一边是金钱，一边是正义，你选择哪一样呢？""我愿选择金钱。"阿凡提认真地回答。国王说，"要是我呀，一定要正义，绝不要金钱。""谁缺什么就想要什么，我的陛下"。阿凡提说，"你想要的东西正是你最缺少的呀！"

阿凡提不愧是一个超级语言大师，他在说出最关键的那句话之前，就早已埋下伏笔，而当对方正在迷惑不解时，最后才来个180度的大转弯，一语点破，产生意想不到的幽默效果。这种幽默技巧和艺术手法，可以称为巧设悬念法。

在这则《金钱和正义》的故事里，我们不难看出，阿凡提在回答"我愿选择金钱"时就早已制造了悬念，并引导国王顺着自己设下的"圈套"往里钻，从而使国王与阿凡提的谈话很快发生戏剧性的变化，有力地讽刺了表面上不选择金钱，而实际上满脑子都是金钱的国王。

一天下课，一位英俊的男老师叫住了英英。

"这位同学，你今天晚上有事吗？"

男老师极为温柔地看着她。

"没有。"英英摇了摇头。

"那晚上早点睡，别每次上课都打瞌睡！"

这位男老师的目的是要对女学生上课打瞌睡进行幽默的批评，为此，老师先以问句"晚上有事吗？"这个"小悬念"来掩藏"大悬念"，让对方按常规思维去思考作答。当学生按照老师设计的方向跌进语言陷阱以后，老师便出其不意地亮出了新信息的底牌，使得女学生堵了自己狡辩的退路，失去了狡辩的空间。老师也就这样轻松地达到了幽默批评的目标。

悬念并不是愈奇愈好，愈险愈吸引人。悬念的魅力不在于悬念本身的险怪奇绝能达到何种程度，而在于悬念中所蕴含的生活本身的内在逻辑是否具有迷惑性。因为悬念本身不一定能构成审美意象，况且，新奇感不一定就是美感，只有当悬念成了显现客观事物内在规律的一个内涵时，悬念才能调动人们的审美情趣。而任何新奇的事物，也只有在逐步地显露了它合乎规律性的内涵以后，它的新奇感才能变成美感。

第七章 捕捉关键点，造就高情商

　　当今社会，竞争日趋激烈，每个人都承受着生活所带来的巨大压力，都强烈地渴望事业的成功与辉煌，生活的幸福与美满。这就需要我们能够敏锐地捕捉关键点，造就高情商的能力，才能赢得生活和事业上的双丰收。

站在领导的角度想问题

人，活在社会上，为了生存和生活，就要工作，所谓工作就是给人打工。有人说，给人打工要屈就，要明白自己的地位，虽然你是老板非常器重的人才，但是有句话叫："伴君如伴虎。"永远要和老板保持一定的距离，保持清醒。其实，只要你掌握好技巧，未必对付不了那只"大老虎"。

上司再优秀，也会有做得不到位、不周到的地方，作为下属，如何在"虎口"里"拔牙"？这就需要你的智慧和口才了。

有一次，拿破仑自得地对他的秘书说："布里昂，你也将永垂不朽了。"布里昂迷惑不解。

拿破仑继续说道："你不是我的秘书吗？"意思是布里昂可以沾他的光而扬名于世。而布里昂是个很有自尊心的人，他不愿接受这子虚乌有的"恩惠"，但又不便直接加以反驳，于是他反问道："请问亚历山大的秘书是谁？"拿破仑答不上来，这才意识到自己太过傲慢，于是反而为他喝彩："问得好！"

在这里，布里昂巧妙地暗示了拿破仑，亚历山大名垂青史，但是他的秘书却不为人知，那么，拿破仑的名气再大，也不会让他的秘书扬名于世的。布里昂巧妙的暗示，使拿破仑明白了自己的失言，又维护了双方的自尊。

阿强在一家公司工作已经有五年多了，一直以来他都是保持少说多做的作风，和谁都不多说话，别人说什么都和他无关。

一天，他正在研究一个新的工作，却看见上司怒气冲冲地向他走来，将一个文件"啪"地拍在桌子上，怒吼着："阿强，你在这里也不是一天两天了，怎么连这点事都做不好呢？简直是一塌糊涂，不可理喻！"阿强正专心工作着，没有想到上司会来这一手，一时没反应过来是怎么回事，被这突如其来的事情弄晕了。

拿过文件一看，上面虽然写的是他的名字，但是却不是他做的。于是他平心静气地说："这个文件不是我做的，虽然写的是我的名字……"没有想到他的话还没有说完，上司就更加怒气冲天了："不是你做的是谁做的？写的就是你阿强的名字，你以为我不认识字呀？也不知道现在的年轻人这是怎么了，喜欢推卸责任了！"

上司的话让阿强非常生气，心里想：我已经辛辛苦苦在这里工作五年了，别说这份报告不是我写的，就算是我写的，出了什么毛病，也不至于如此吧！办公室里那么多人，怎么就不懂得给我留个面子呢？这就说明上司连最起码的尊重也没有给我！既然这样，那我还说什么呢？阿强压住火气说："我想，从今天开始，你就再也不是我的上司了！"

上司愣了一下，问："你这是什么意思？"阿强平静地说："我要辞职！"上司指着文件问："这报告怎么解释？你要赔偿我损失！"阿强拿起文件："我不干了，你要损失，上法院告我去吧！"说完就离开了。

一年以后，阿强遇到了那位上司，才知道，当时他的举动完全是为了证实阿强的应变能力，因为他想把阿强调到外联部门做主任，而外联工作需要很强的应变能力。五年来阿强给他的印象是工作踏实、性格沉稳，但是他却不知道阿强处理突发事件的能力如何。所以，他就想出了那个主意。阿强听了之后心里十分后悔，但是一切都迟了。

上司对你发火的时候，你一定要静下心来听明白。切记千万不要和上司发生争执。因为一旦发生争执，受伤的最终是你自己。你可以告诉上司，你已经做好听的准备了，请他坦诚地说好了。如果是你的错误，请你恳切地道歉，弥补自己的过失。如果错误不在你这边，你的上司更加不会责怪于你。

不要以为那是一件很小的事情，你就可以擅自做主。很多时候，即使你所决定的是一件很小的事情，即使你的主张真的很完美，但是话从你的嘴里说出来，最后的效果就会不一样。

什么话该说，该在什么时候说，该怎样说，都是有技巧的。在不该说话的时候说话、不该做主的时候做主，是职场人常犯的毛病。无论你的决定帮了上司多大的忙，无论你的上司有多糊涂，他们都不会高兴，也不会觉得你很有能力。

此时，你要做的是学会引导你的上司说出你的决定。这样做的结果是，你的想法得到了实现，你的上司也会感觉很有面子。

小项是一名杂志社编辑，有期杂志为一名作家做了一次访谈，杂志出来之后，这位作家得到一本杂志社免费赠送的杂志。但是，这个作家想多得到几本送给朋友，于是他打电话给杂志社主任。此时，主任恰好不在，小项接了电话。当他听到这位作家说"麻烦你转告一下主编，我希望多要几本这期杂志"的时候，小项觉得不就几本杂志吗？于是不假思索地说："这个啊，没问题！您直接派人过来拿就行。"

就在这位作家非常高兴地到杂志社拿杂志的时候，他接到杂志社主任的电话，主任说："我们的杂志已经出版了，按照规定只能送您一本，但是我又派人给您送了几本，估计一会儿就到您家了。"这位作家一听，赶紧制止说："哎呀，我在去你们杂志社的路上呢，有一个先生说叫我过去拿。"主任本来想派人给作家多送几本杂志，以表示自己对这位作家的尊敬，没有想到却有人已答应送作家杂志。主任有点不高兴了，问："对不起，我想知道是哪位先生说您可以立刻过来拿。"

就这样，小项得到的是领导的一顿批评和谴责！

严厉在一家公司工作三年了，不管是环境还是领导，以及周围的同事，他都非常满意。但是突然，他的顶头上司要调动工作了，要离开公司，临走的时候请严厉喝茶。

上司语重心长地说："和你在一起工作非常开心，有你做我的助理我也非常放心，所以我希望你能跟我一起走，我们到新的单位会有更好的发展。"严厉知道顶头上司要去的单位比这里好很多，不管是薪水，还是其他。但是他仔细想了想，他和上司的情况不同，上司是别人请过去的，而他如果去了，只是上司的一个附带品，别人未必像对待上司一样对他。而且进入一个新的环境，还要重新融入进去，这是需要花费时间和精力的。而他不想离开已经相处了三年的同事，还有手中的这份工作。

但是，如果直接拒绝了上司，显然不好。严厉想了想，说："我也非常非常喜欢和您在一起工作，但是我和您不同，您的处事能力和思维能力，都是我所不及的。再说，我对新的公司一点儿都不了解，您也不了解，我们两个生人在一起工作，起不到互补的作用。这恐怕对您的工作不利。"上司听了直点头："也是，到时候就我俩一个办公室，我们都不熟悉业务和公司的运转情况，那该如何是好？"

两个人都笑了，上司最后笑着说："等我混好了，你想跳槽了，就来找我吧！"

知道地狱与天堂有什么区别吗？

在一个故事中，居住在地狱里的人，在每天就餐的时候都会看到一张很大的餐桌，桌上摆满了丰盛的佳肴。但是他们的手中拿着一双长十几尺的筷子。每个人用尽了方法，尝试用他们手中的筷子去夹菜吃。可是由于筷子太长，最后每个人都吃不到东西。

天堂也是同样的情景，同样的满桌佳肴，每个人同样用一双长十几尺的筷子。不同的是，他们喂对面的人吃菜，而对方也喂他们吃。因此每个人都吃得很愉快。

地狱与天堂本质上没有什么区别，不同的是居住在其中的人。地狱里的人只为自己着想，最终大家都吃不到东西；而天堂里的人都为对方着想，大家都吃得很开心。

和上司相处也是如此，也需要我们经常换位思考。当你站在上司的角度思考问题时，上司也会为你着想的。

捕捉关键点，掌握主动权

在谈判辩论的过程中，双方唇枪舌剑，互不相让。如果你能够及时抓住对方的"把柄"，就能够控制主动权，从而制服对手。

鲁迅在厦门大学任教授的时候，校长常常克扣教学经费。这钱不能花，那钱没有预算，再一笔钱又可以不花，老是这样刁难师生，弄得大家意见很大。

这天，校长又决定把经费削减一半，他把各研究院的负责人和教授们召集起来，一说出削减方案，马上遭到教授们的反对。大家说："研究经费本来就少得可怜，好多科研项目不能上马，正进行的一些科研工作也日子难熬，不能往纵深发展。再说，许多科研成果、论著因为没钱不能印刷，再削减经费怎么得了？不行，不行！"校长根本听不进去教授们的意见，他说道："对于经费问题，你们没有发言权，学校是有钱人掏钱办的，只有有钱人才可以发言，在这个问题上应当充分重视有钱人的意见。"

校长话音刚落，鲁迅霍地起身，从长衫里摸出两个银币，"啪"的一声放在桌上，说："我有钱！我有发言权！"接着，他历陈经费只能增加不能减少的道理，证据充分，无懈可击，驳得校长哑口无言，不得不收回主张。

鲁迅在这里抓住了校长那句"只有有钱人才有发言权"，将自己的"小钱"掏出来拿到发言权，诙谐而又讽刺，最终取得了胜利。

抓住对方的"把柄"并为自己所用，将对方一步步引入自己的主张，达到自己目的这就是一种大智慧。

软磨硬泡功夫深

我们经常把软磨硬泡等同于死皮赖脸，然而，究其实质，它与死皮赖脸、无理取闹有着根本不同。它立足于韧性与耐心，着眼于感化对方，所谓"精诚所至，金石为开"。

厚着脸皮而克服害羞和自卑，在交际中主动出击，不达目的誓不罢休。拿出耐心，妙示诚意。结果必然是胜利与感化对方。

笑脸相向、幽默开道，或者调动眼泪、苦苦哀求，从上面的意义上来说，是软磨硬泡最为有力的技巧。取得对方的认可、同情甚至赞赏才是我们所要达到的目的。如果不分对象、不顾自身条件一味纠缠，定会落个无赖之名，甚至惹祸上身。

毕加索之子小科劳德正是用软磨的办法才敲开了正埋头作画的母亲的门。其母弗朗索瓦兹·吉洛特十分爱好绘画，一入画室便不容有人打扰。

一次，儿子想让妈妈带他去玩，可吉洛特已全身心投入到绘画中，听到敲门声和儿子的喊声，只是回应了一声"嗯"，仍旧埋头作画。

停了一会，儿子又说："妈妈，我爱你。"可得到的回应也只是："我也爱你呀，我的宝贝儿。"

门还是没开。儿子又说："我喜欢你的画，妈妈。"吉洛特高兴了，她答道："谢谢！我的心肝，你真是个小天使。"可仍旧不去开门。

儿子又说:"妈妈,你画得太美了。"吉洛特停下笔,但没有说话,也没有动。儿子又说:"妈妈,你画得比爸爸好。"

吉洛特的画当然不会比丈夫——绘画艺术大师毕加索画得更好,但儿子的话却句句说到了她的心里,她也从儿子那夸大的评价中感到了儿子的迫切心情,最终还是把门打开了。

俗话说"一回生,两回熟",与陌生人,尤其是异性打"第一回交道",是值得潜心研习的艺术。和人家一点交情也没有,何谈去"泡"得他心软呢?人情,永远是关系学的核心所在。

香港有位女作家,在浓浓的浪漫情调中与大陆某男士结为夫妻,她曾经称那位男士是追她的男朋友中条件最差的。

事情的起源要追溯至几年前,那位香港女作家第一次赴上海,是为洽谈自己的小说授权给上海某家出版社出版。一次晚宴上,女作家和男士相遇,男士深为女作家的人生体验所感动,晚宴后就告诉她一句惊人之语:"我可以追求你吗?"女作家当时只当成是一句玩笑话。

不料男士真的开始展开猛烈追求,每天从早上开始,他带了好多朋友,一起在她下榻的酒店"站岗"。对于男士此举,女作家感觉如遇恐怖分子,不敢踏出饭店一步。而紧盯不放的男士便不断以电话"骚扰"女作家,并告知她"如果再不露面,便要通知你的所有朋友,告诉他们我要追你。"被逼得无路可走的女作家,争中生智说:"你请我喝咖啡,我们好好聊聊。"

女作家认为大陆人收入低,索性一口气喝了五六杯咖啡,准备使追求者"破产"。结果那位男士也跟着叫了五六杯咖啡,结账时不但没有囊中羞涩,反而给了服务员一笔数目不小的小费。女作家让对方知难而退的计谋没有得逞。

当女作家离开上海时,那位男士更是一路穷追猛打。赴西安,追踪到西安，抵达台北，越洋电话不知打了多少遍。

至此，女作家说："只要残存在地球上一天，似乎都无法逃出他的手掌心。"只好宣告投降，宣告结婚。

当然，我们这里说的"软磨硬泡"是指友好地赖着对方，直到达到目的，并非恶意纠缠，这是一种特殊的求人术，它能以消极的形式争取到积极的效果，可以表现自己不达目的誓不罢休的决心。

软磨硬泡要"磨"到点子上，"磨"不是耍赖，是一种礼貌地等待，不能让对方觉得你在找麻烦，要做到通情达理，等待对方回复，这样才能达到自己的目的。

不拿鸡蛋碰石头

领导往往有着很强的尊严感。行使权力、发布命令，使事情向着自己所预想的目标发展，会给他带来尊严。而尊严是一个人最敏锐、最脆弱的感觉。因为它总是同一个人最本质的某些东西相联系的，侵犯尊严便等于是对人的污辱和蔑视。这在自认为理所当然地享受人尊重的有权力的领导的眼里，是绝对不能容忍，更不能谅解的。

许多时候，下级的冲撞会使领导下不了台，面子难堪。如果领导的命令确有不足，采用对抗的方式去对待领导，这无疑会使领导感到尊严受损，以敌意来对抗敌意。特别是在一些公开场合，领导是十分重视自己的权威的。或许他会表示，可以考虑你的某些提议，但他绝不会允许你对他的权威提出挑战。

下级冲撞领导，一般都会使用比较过激的言辞，特别是一些很伤感情的话，这些话会像一把把尖刀直冲领导的内心，这势必会惹得他怒火中烧，大发雷霆，视你为敌。在这种情形下，你可能是出于某种忠心才说的，但如言辞不当，反而会使领导认为你一直心怀不满。他会想："这家伙隐藏得好深，竟骗过了我！原来他一直对我有意见，一直是三心二意，今天终于暴露出来了！"一种算总账的仇恨就会像火焰一样地烧起来，以致失去冷静的分析。

对抗会使领导失去理智。一旦尊严受损，便觉得权威受到挑战，在面子感到相当狼狈难堪时，会使他把事态看得十分严重，一时也不会考虑什么是非曲直，只有一味地宣泄。在此种情形下，领导一般都会十分激动，甚至是头脑发昏，恼羞成怒。然后，你就成了他的第一号敌人，过激行动常常会因此而发生。

三国时，诸葛亮初展才华，火烧博望坡，杀得曹军大败。曹将夏侯惇对曹操说："刘备如此猖狂，是心腹之患，不可不先下手为强，除掉他。"而曹操也认为，刘备、孙权乃自己统一天下之大障碍，所以决定发兵讨伐，扫平江南。

孔融以刘备是汉室宗亲，孙权虎踞龙盘为名，称曹操是"兴无义之师，恐失天下之望"，因此惹得曹操大怒。孔融退出，仰天长叹："以最不仁义去讨伐最仁义者，怎么能不败呢！"结果被人听去，报告了曹操，于是曹操大怒，诛杀了孔融全家。

据说，早就有人对孔融说过："你这人刚直得有些过分了，这是你自取祸患的根本。"

孔融不谓才不高，但他未领会主人的意图和决心，出言不逊，特别是以"最不仁"来形容曹操，这怎么能不使曹操心怀懊恼，必欲杀之而后快呢！

所以，下属在与上级说话时切勿激动，而是要时刻提醒自己，即使自己是对的，也要注意态度、方式方法和时机，不要冲撞对方，引起上级的怒火，使他怨恨于你。鸡蛋碰石头的结果，下属一定要牢记于心。

一次，两个女孩子一起到集市上，每人买了双鞋，到家后发现鞋子质量有问题，便赶回去换。谁知这种款式的鞋子只有两双了，并且都有毛病。见到这种情况，她们要求卖主退钱给她们，可卖主不耐烦地说："你们俩不是存心找麻烦吗？这么多鞋怎么就挑不出两双好的？买东西的要都像你们，那我生意还做不做？钱是不退的，这么多鞋你们挑吧。"

"你的鞋都有毛病，总不能让我们买双破鞋回家吧。你如果还有的话，就给我们换一换，如果没有这种款式的鞋就请退钱给我们。"

"鞋是没有了，钱也不能退。"卖主说话有点火药味。

"你这人怎么这样？"一个女孩有些不耐烦了，就吵了起来。就在这时，从人群里挤出一位中年男子，一把抓住一个女孩的手就嚷："你想干什么？"

另一个女孩一看这架势，知道不是他的对手。如果跟他来硬的，只能是鸡蛋碰石头。于是，她就决定给他几句好话。她走上前去，在那个男子身边说：

"大叔，真对不起，刚才是我们出言有误，我们向你道歉。大人不计小人过。你能否把手松开，听我说两句。"

他本来是想帮那位卖主来打架的，可万没想到女孩来了这么一招，就像炙热的钢铁上泼了一盆凉水，迫使他急剧降温，他松开了手。

这个女孩见事态已被控制，便凑上前去，用一种和气的口吻把事情从头至尾讲了一遍，最后又说道："大叔，你这人最讲道理，你来给我们评评理。"

他听了女孩的一席话，心里的火已经全熄灭了，对那卖主说："给她们把鞋换了，让她们走了算了。"

那卖主说："我这只有这几双鞋了，你还不知道？"

那男的就说："这样吧，这种款式的鞋我那儿有好几双，拿过来让她们挑好了，别耽误生意。"

就这样，一场剑拔弩张的"战争"让那个女孩给平息了，并且还达到了换鞋的目的。如果女孩没有这样做，而是一起理论争吵，那么最后不但鞋子换不到，还可能造成严重的后果。

关键时刻，不拿鸡蛋碰石头，并不是懦弱，而是理智对待问题，聪明化解问题的表现。

妙语连珠应对刁难

哪里都有难相处的人，如果那个人只是令人讨厌，你也许还能与他和平相处。但如果那个人有意攻击你、诋毁你，你就很难与他相处了。你无法改变对你"蓄谋已久"的攻击者，但是你也可以用语言巧妙地避免自己成为"受害者"。

当我们遇到一些不愿意回答甚至于很尴尬、受到刁难的问题，我们的表达技巧和反应能力以及心理素质就成了一个关键。如何把握分寸、滴水不漏呢？

面对刁难，首先要勇敢面对，不能回避，但能够勇敢地面对别人的侮辱而又不至于受到伤害，并不是一桩容易的事。这考验的有人的反应程度、智慧还有口才。

2005年成龙作品《神话》出品后，成龙在韩国做宣传，一个日本记者挑衅地问道："成龙先生，您以前几乎一直在好莱坞打拼，为什么又回到国内发展？是不是因为您在好莱坞不景气？"

成龙一愣，随即回答说："我是一个中国人，永远也不会忘本，在好莱坞打拼如何也不妨碍我在国内发展，我们中国人不像有些国家，因为一部电影在好莱坞略有影响就改了美国籍（这里暗指日本的一个演员），像我，李连杰，杨紫琼等不管在好莱坞发展如何，都会回到国内献给影迷们一些作品，这是我们中国人的品德。而不是有些国家（再一次的讽刺日本）。"

日本记者当时脸红无语。

成龙没有直接回答记者的问话，而是从对方的短处入手，巧妙言语，最后让对方无地自容。

在一次明星见面会现场，大家谈到"南京大屠杀"，在座的一个日本女记者就问蔡依林，你们中国人老说被杀了30万人，难道你们有数过啊。

蔡依林有些尴尬，李连杰当即抢答："我们是没数过，难道你们日本妇女被美国大兵强暴过后，你们还要去问她是否有快感？"

李连杰的回答可谓是正中对方要害，不但解决了自己的危机，把尴尬和难堪反丢给了对方。

一次梁朝伟出席某活动，记着又问起他和刘嘉玲的关系："在北京《无间道》的首映式上，你和刘嘉玲非常亲密，我们想知道，你们什么时候能走上红地毯呢？"

梁朝伟回答道："我们在人民大会堂的首映式上，就已经走过红地毯了啊！"

对于个人隐私，梁朝伟偷换概念，这个回答无懈可击。

2004年雅典奥运会上，刘翔勇夺金牌，一名外国记者不怀好意地问他："亚洲人在短跑上一直是一个弱势，许多人怀疑你的成绩的真实性，认为可能是服用了查不出来的兴奋剂，请问你怎么看这个问题？"

刘翔盯着对方，略加思索，从容地回答道："贵国的医学一向比中国发达，服用兴奋剂的历史比中国悠久很多，如果有这种药，你们的运动员一定用过了。不过可以肯定的是，你们就算服用了兴奋剂，也没有进世界前三。"

一句话把这位记者噎得满脸通红，哑口无言。

生活中，普普通通的人也经常会遭到来自方方面面的刁难，很多出言不逊的人往往是心烦意乱需要发泄，大多数并不是存心找麻烦，所以说我们还应用宽容的心去面对。有时候，机智地开点玩笑也能够扭转刁难的气氛。

玛丽买了一条新裙子，来到公司后，一同事说道："你穿的这是什么啊，座椅套的家具布啊？"

玛丽笑笑，说道："是吗？那就请尊驾到我的腿上来坐好了。"

玩笑态度，是对付刁难侮辱的有效方法。当别人刁难你的时候，你始终保持微笑，这是最有杀伤力的武器。

用滴水不漏的语言回答刁难的问题，关键的一点就是要有一个平和的心态，一个娱乐的心态，不能心胸狭隘，暴跳如雷。只有这样才能够激发你的智慧让对方落荒而逃。

酒不醉人人可自醉

喝酒应酬是职场上司空见惯的事情，"酒文化"也是一个既古老而又新鲜的话题。现代人在交际过程中，已经越来越多地发现了酒的作用。的确，酒作为一种交际媒介，迎宾送客，聚朋会友，彼此沟通，传递友情，发挥了独到的作用，所以，探索一下酒桌上的"奥妙"，有助于你交际的成功。

酒桌是连接陌生人变为挚友的纽带，也是办事的最佳途径之一。在生活中，我们如果学会巧妙利用酒桌求人，即使天大的难事，也会化难为易。

抗战前夕，蒋介石派他的侍从晏道纲，到驻扎在陕西的东北军任参谋长，实际上是去西北当监军，督促"剿共"的。晏道纲俨然以蒋的化身自居，趾高气扬。对此，东北军将领倍觉反感，但又敢怒不敢言。

在一次有晏道纲出席的宴会上，正当大家尽情欢娱、举杯畅饮之际，忽见东北军的一位军长王以哲，连喝两口酒，把酒杯往身后一掷，前仰后合，一副醉态。他推开搀他的人，醉醺醺地说："不要拉我，让我讲几句话……我们的老家在东北，被日本鬼子占了！我们以为委员长能领导我们打回老家去。我们从东北到华北、华中，这次到了西北，辗转数千里，无非是想实现打回老家去的愿望！谁想，到陕西打仗，损失得不到补充，牺牲的官兵和家属得不到抚恤，阵亡的遗族，流落西安，一点救济都没有。张学良副总司令的处境更让人伤心，他每月的特支费才 10 万元，还赶不上胡宗南一个师长，真令人悲伤啊！"

王以哲说着号啕大哭，满面泪流。在座的东北军将领无不感到悲痛和义愤，而晏道纲坐在席位上十分尴尬，不知所措。

在回家的路上，王以哲突然问随从："你看我这出戏，做得怎样？"

随从很是吃惊，而后恍然大悟，说："好，好得很，不但代表我们东北军慷慨陈词，也代表张副总司令倾吐出无法说出的心里话！"

"醉翁之意不在酒"，王以哲并没喝醉，只是借酒撒疯，说话给晏道纲听的。他把长期积在东北军官兵心中的郁闷，对蒋介石消极抗日、积极反共的强烈不满，以及对前途的担忧，一股脑儿地发泄了出来。这些话，在国民党统治下，是"犯禁"的，在其他公开场合绝对不敢说。然而，王以哲利用酒席这个特殊的场合，不但说了，而且把对手置于有口难辩的境地。可见，在现实生活中，运用酒桌办事定会收到很好的效果。

酒宴上一般宾客是很多的，所以要多谈论一些能够众欢同乐的话题，不能够唯我独尊，忽略他人。更不能与他人窃窃私语，这样往往会激发别人的嫉妒或者好奇的心理。酒宴一般也都是有目的的，并不是为了喝酒而喝酒，所以要认清目的，不要做哗众取宠的酒徒。

俗话说："以酒论英雄"，很多人愿意把酒桌当成战场，想方设法地劝对方喝酒，有时这也会伤及对方感情。劝酒要适度，不能勉强。

除了劝酒，敬酒更是一门学问。一般情况，敬酒应以年龄大小、职位高低、宾主身份为序，一定要分清主次。如果是与陌生人喝酒，更是要问清对方身份，避免发生尴尬。敬酒重点在一个"敬"字，任何场合都要先给长者敬酒，如果弄错，大家会很难为情。

酒宴上不可以"打肿脸充胖子"，要正确估价自己的能力，尽量保留一些酒力和说话分寸，不能过分表露自己。

酒，可醉人，但不能因醉而忘乎所以，巧妙地利用酒桌酒宴，能够帮助你交际的成功。

激将法的巧妙运用

俗话说："请将不如激将"，求人办事，有时候苦口婆心、苦苦哀求并不能起到很好的效果，这时候，可以试试激将法，巧妙地激发人的自尊心和自信心，从而达到自己的目的。

有一对夫妻，丈夫趁妻子周末回娘家之际，邀请了自己的哥们儿在家吃喝玩乐，弄得杯盘狼藉，全都醉倒在床上。妻子回来后，见状立即拿出主妇的威风，大喊："都给我起来！"自然，丈夫的哥们儿前脚一走，后脚便是夫妻之间的内战爆发。两人针锋相对，寸步不让，争吵得十分激烈。丈夫怒不可遏，高高地举起一只巴掌，正欲打下去，妻子却突然狂笑道："好，好，没想到你还真进入角色了……你打吧，这一巴掌打下去，你会后悔一辈子的！"说也奇怪，此言一出，丈夫那高举起的手掌便戛然而止，一场冲天怒气也化为乌有了。

这种逆反心理的应用，也是一种好的激将法。对于有些人，在某种事情上，你禁止他做，他便会禁不住去做，尤其是倔强的人更会如此。反之，你放手不管，说"你尽管做吧"，对方反而不愿服从，或者起了怀疑，结果就不去干了。

"难道说'圣胡安山英雄'，竟是这样的一个弱者？"这是历史上一句经典的激将之语，因为它"激"出了美国第 26 任总统！

1898 年，西奥多·罗斯福因在美西战争中战功卓著而被国民誉为"圣胡安山英雄"。当年，这位勇敢的骑士刚从古巴战场回来，就被推举为纽约州州长的候选人。但是他的反对党却诬指他不是纽约合法的居民，他知道以后，心里很恐慌，准备就此退出竞选。他的一个好朋友伯拉德为激励他而对他大声说出了上面那句话。就是那句话，让罗斯福踌躇满志，跟反对党展开了有力的竞争，他不仅州长竞选成功，而且在1900年当选副总统，1901年继任美国总统，时年42岁的他，成了美国历史上最年轻的总统。

可见，谈话中巧妙运用"激将法"，往往能收到"点石成金"的奇效。朋友激将的成功，在于他看清了激将的对象，罗斯福是一个极具自尊心、不愿服输的人，最怕被他人视为"弱者"。这一句激将之语，不仅改变了罗斯福的一生，对美国的历史也产生了深远的影响。

"激将法"就是用反面的话激励别人的一种语言表达方式。要运用好"激将法"，在实践中要注意以下三个条件。一要看对象。被激的一方必须是那种能激起来的人物。换句话说，就是要在充分了解对方的基础上，注意激发起其强烈的自尊心。二要注意分寸。"激将法"需要使用刺激性语言，但出发点要正确，应体现出对他人的尊重、信任和爱护。无关痛痒的语言当然不行，但语言过于尖刻，又会令人反感。三还要看时机。如果时机不成熟，"反话"容易使人泄气；出言过晚，又成了"马后炮"，不能取得良好效果。

有一位设计师，脾气非常暴躁，只相信自己看好的技术和产品，专心致志地进行研究。全然不顾是否能得到市场的认可。老板为此十分纠结：辞退他吧，不行，他研究出来的产品一半是超前的，给公司带来很多利润，可是他研究出来的另一半产品实在是在浪费公司的人力和财力，没有市场，只能积压在仓库里。

有一天，老板发现市场上有一款机器非常畅销，技术十分领先，要是自己的公司能够生产出来这样的一款产品一定能够带来丰厚的利润，但是那设计师向来崇尚大气，对于这样的小东西，未必会上心研究。老板灵机一动，先是去买了一款那个小机器，然后叫来了设计师。

"你看这小东西，用途真是大，可惜咱们这么大的工厂，竟然设计不出来这样的小东西，前两天在产品展销会上，我就被××公司的老总彻底嘲笑了一次，说咱们厂没人。"

"这个有什么了不起，就值得他们那么嚣张，我还能做出比这更好的呢！说咱们厂没人，他们实在太轻狂了。"

"是啊，咱们也不是没人，只不过是没人在这上面用心，这和没人也没什么区别。"老板叹了口气。

"怎么没人用心，我就用心一次给他们看看！"

"你说的是真的？可不能说大话啊，要是你能设计出来个这样的东西，我们公司可就翻身了！"

设计师只顾着研究眼前的机器，频频点头："简单简单，等我好消息吧！"

激将法是从古至今屡试不爽的方法，在运用"激将法"时，只要注意把握好语气的分寸和感情色彩，把褒贬抑扬有机地结合起来，就能够让话语达到出奇制胜的效果。

红脸白脸我都唱

在京剧里，演员在脸上涂有特定的谱式和色彩以寓褒贬。其中红色表示忠勇，黑色表示刚烈，白色表示奸诈……不同的脸谱显示了不同的角色特征。

在实际生活中我们虽然借用京剧脸谱的名称，可人的心态千奇百怪，脸谱色彩多种多样，不是两三种名称所能道明其中奥妙和差别的。

一种单一的方法只能解决与之相关的一种特定问题，而且，只用一种方法不可避免地会有一定的副作用。对人太宽厚了，便约束不住，结果无法无天；对人太严格了，则万马齐喑，毫无生气……有一利必有一弊，不能两全。聪明人深知此理，为了避免此弊，应当运用红、白脸一起用的对策。

为什么"红脸""白脸"都要唱呢？

一方面我们要对一些人适时地展现热情，让对方乐于和我们交往；另一方面，我们也要展现我们的狡猾性，让对方觉得我们不容易接触。这其实主要是一种因人而异的"变脸"——对我们喜欢的一些人付出真情，进行深一步的接触和交往；对我们不喜欢的那种人，尽可能地让其感到我们不可捉摸的一面，从而淡化与其关系。

从原则来看，"变脸"有点让人觉得不可捉摸，缺乏一种真诚；但从现实看，随着天南地北的变化而适当的变脸，不也是一种圆融的处世姿态吗？

生活中人际交往也好，商场上唇枪舌剑也罢，总有人唱"红脸"，也有人唱"白脸"，但是更厉害的就是软硬兼施，红脸白脸都唱。

一味地用和气温柔的语调讲话，一味地退让，并不能让对方信赖或者让步，反而给人一种误解，你必须依附于他或者认为你是个软弱的对手。相反，如果以你开始就以很强硬的态度出现，显得异常高傲，一步也不退让，那么会使对方对你的诚意有所怀疑，而导致失去对你的尊敬。

最好的办法就是既唱红脸，又唱红脸，强硬使对方看出你的决心和力量，温柔使对方看到你的诚意。因此在谈判过程中要善于察言观色，不轻易退却，但要适时地提出建议或者做出适当的让步。

从红脸、白脸的角色分配来看，两种角色的分配应和本人的性格特征基本相符，即扮红脸的人应态度温和、经验丰富、处事圆滑、言语平缓、性格沉稳；而扮"白脸"的人则应雷厉风行、反应迅速、善抓时机、敢于进攻、言语有力。如果让性格特征不相称的人去扮演这种角色，就会出现强硬派硬不上去，而红脸反倒硬了起来，结果导致希望和实际效果不符，场面一团糟，反倒使对方有机可乘，乘虚而入。

两种角色一定要注意相互配合，看准时机，把握火候，在"白脸"发动强攻时，"红脸"要注意对方的反应，如果对方以牙还牙，以硬对硬，"红脸"就要在适当的时候出现来调节，让"白脸"有台阶下，否则，"白脸"收不了场，而"红脸"又不及时出面，就可能使得谈判僵持、暂停或是破裂了。

在使用红白脸策略时，要求担任"白脸"角色的人既要善于进攻，又必须言之有理、讲究礼节，不轻易让步，但不是胡搅蛮缠。而"红脸"也不能过于软弱，要掌握好分寸，既要掌握好让步的分寸，也要适度使用语言。

从角色的分工来看，"红脸"一般由主谈人来充当，"白脸"由助手来充当，因为从红白脸策略的整体特点来看，"红脸"掌握着让步的分寸，总揽全局，而且从心理学角度来讲，"红脸"的观点也易为对方所接受，所以这样分工比较合适。

谈判的最佳结果是双赢

一场谈判如何判定是否成功，很多人认为是以自己获得利益的多少作为评判标准，其实，真正的成功是"你赢我也赢"，谈判本身是一种互利合作，双赢才是最终的目的。

现代谈判，双方总想争个你死我活，只考虑自身利益而忽略对方，最终"不欢而散"的例子数不胜数。因为双方都想从谈判中或多或少得到他们想要的东西，谁都不想无功而返。虽然不可能每个人都对结果感到十分满意，但是寻求满足各方需求的途径这就是双赢。

考虑对方的利益并不代表迁就、迎合，而是一种尊重，如果你不考虑对方，不表明自己对他们的理解和关心，也就无法让对方认真听取你的意见，讨论你的建议和选择，自然，也就无法实现你的利益。

商业谈判也好，生活谈判也罢，都是各取所需，并不是互相伤害。

有个妻子要过生日了，她希望丈夫不要再送花、香水、巧克力或只是请吃顿饭，她希望得到一颗钻戒。

"今年我过生日，你送我一颗钻戒好不好？"她对丈夫说。

"什么？"

"我不要那些花啊、香水啊、巧克力的。没意思嘛，一下子就用完了、吃完了，不如钻戒，可以做个纪念。"

"钻戒，什么时候都可以买。送你花、请你吃饭，多有情调！"

"可是我要钻戒，人家都有钻戒，我就没有……"结果，两个人因为生日礼物，居然吵起来了，吵得甚至要离婚。

显然这位妻子是不懂得谈判的，她只是一口咬准自己的所需，而没有考虑到丈夫。再来看一个类似的事例。

有个太太，想要颗钻戒当生日礼物。但是她没直说，却讲："亲爱的，今年不要送我生日礼物了，好不好？"

"为什么？"丈夫诧异地问，"我当然要送。"

"明年也不要送了。"

丈夫眼睛睁得更大了。

"把钱存起来，存多一点，存到后年。"太太不好意思地小声说，"我希望你给我买一颗小钻戒……"

"噢！"丈夫说。

结果，生日那天，她还是得到了礼物———一颗钻戒。

显然，相对于第一位妻子，这位妻子更加聪明，她懂得谈判，她虽然要钻戒，却反着来，先说不要礼物，最后才把目标说出。因为她说后年才盼有个钻戒，丈夫提前，当年就给她一份惊喜，无论妻子或丈夫，感觉都好极了，这就是"双赢的沟通"。

美国成功学大师斯蒂芬·柯维指出，任何谈判想要达到双赢结果，应遵循下列策略。

1. 知己知彼。大部分人都知道他们想在谈判中获得什么，但是很少人会考虑到他们愿意妥协的部分。还有，另一方的目标是什么？尽量了解对方的立场，然后估计各方信息，找出一个对大家都有利的结果。

2. 认清立场。彻底了解议题，并能清楚解释给他人听是非常重要的。用什么理由来说明你的立场？如何提出这些理由，让对方了解你的立场，并且能够设身处地地为你着想？

3. 需要和欲求的区分。想要大家都赢，必然你要放弃某些东西，以获取你需要的，所以谈判前必须了解自己牺牲的底线。

4. 会面。有时候谈判的失败仅仅因为你把对方当成了"敌人"，把谈判变成你死我活的竞赛，认为凡是与你意见不统一的人都是蠢材。

5. 点明主题。这是任何一个谈判的第一个步骤，让双方都表明自己的立场，当大家对问题的看法越一致就越容易达到双赢的效果。

6. 倾听。认真倾听对方的话，包括遣词用字、细节、音调等。对方是否一再重复某些观点？对方是否离题？如果能够了解对方心思，之后的谈判也就会变得顺利。

7. 观察。肢体语言也会泄露秘密。例如对方是否眉头紧锁？对方是否汗流浃背？手和腿是否姿态僵硬？等等，这些都可能成为你谈判的筹码。

8. 表达方式。要把焦点放在现在和未来，说出你想要的，但要让对方知道你的解决方式对双方都有利。

9. 再度倾听，并再度表达。

10. 不要破坏谈判。谈判是非常细腻的过程，一个失误就可能全军覆没。所以不能懦弱，不能没有耐性，不能情绪失控，不能言过所需，不能提高声调，更不能提出最后通牒。

谈判时时刻刻考验着你的耐力与机智，要懂得割舍你想要的，留住你需要的，只要用心，很容易达到你赢我也赢的圆满结局。

投其所好是一把万能钥匙

每个人都喜欢谈论自己感兴趣和熟悉的话题，"投其所好"是一把万能钥匙。当碰到陌生人的时候不妨从对方的志趣和爱好开始，这样不仅会引起对方的兴趣，更容易拉近彼此的距离。每个人都有弱点和软肋，我们在和别人交流沟通的时候，总觉得找不到话题，就是因为不善于抓住对方的弱点、软肋，如果能够做到"投其所好"，那么不管你面对的是什么人，**都能够让你们的交谈"津津有味"**。

一位顾客来到某酒馆喝酒，店主以半杯酒当满杯卖给他。他喝完第二杯后，转身问店主："你们这儿一星期能卖多少桶酒？"

"35桶。"店主扬扬得意地回答。

"那么，"顾客说，"我倒想出了一个能使你每星期卖掉70桶酒的办法。"

店主很惊讶，忙问："什么办法？"

"很简单，你只要将每个杯子里的酒装满就行了。"

聪明的顾客在此利用店主唯利是图的心理，"投其所好"，巧设圈套，待其落入，再奋力一击，揭露了店主的半杯酒充一杯酒的恶劣行径。此种说法比起一般的斥责要有力得多，也深刻得多。由这个实例可见，"投其所好"术又是论辩中的"疑兵"之计，可以迎合对方的某种爱好和心理，巧布疑阵，**麻痹对方**，使之放松警惕，误入陷阱，从而达到战胜对方的目的。

律师伦斯为有杀妻嫌疑的亨利辩护，这时律师麦纳斯提出了对亨利十分不利的证据：亨利曾向麦纳斯提出过，要麦纳斯帮助他与妻子离婚，并由此推论亨利在无法达到离婚目的时，会采取极端措施。

伦斯知道要直接反驳"要求离婚就有杀人动机"是困难的。于是他采取了"投其所好"的策略，与对方周旋，试图找到最佳战机。

伦斯向麦纳斯承认，自己对离婚是外行，一边恭敬地问对方是不是很忙。

麦纳斯踌躇满志地回答："要我处理的案子要多少有多少。"后来又补充说，"每年至少有 200 件。"

伦斯赞叹说："呀！一年 200 件，您真是离婚案的专家，光是写文件就够您忙的了。"

麦纳斯的声音犹豫起来，感到说得太多人们难以相信，就只好承认说："可是……其中有些人……嗯……因为这样那样的原因改变了主意。"

破绽出现了，伦斯抓住这一点，进一步诱导道："啊！您是说有重新和好的可能，那大概有 10% 的人不想为离婚付诸行动？"

麦纳斯说："百分比还要高一些。""高多少，11%？20%？""接近 40%。"

伦斯用惊奇的眼光盯着他说："麦纳斯先生，您是说去找您的人中有近一半最后决定不离婚？"

"是的"麦纳斯突然感到有点不妥，但退路已经没有了。"嗯，我想这不会是因为他们对您的能力缺乏信任吧？"

"当然不是！"麦纳斯急忙自我辩解，"他们常常一时冲动，就跑来找我。可是一旦真的要离婚，便改变了主意……"他突然止住，意识到自己上当了。

"谢谢，"伦斯说，"你真帮了我的大忙。"

在这场法庭论辩中，伦斯见正面反驳难度较大，就采用了"投其所好"术，从侧面迂回。他先坦率地承认自己对离婚案是外行，恭维对方很忙，当对方得意忘形，吹嘘自己处理离婚案件的数目时，又进一步恭维对方是离婚案专家。当对方感到吹过了头，说有些人因这样那样的原因改变了主意时，战机出现了。伦斯抓住这一点，步步诱导，最后使对方说出了自己否定自己的话。由这个实例可见，在论辩中如果正面说理难以奏效，可以采用"投其所好"术，与对方巧妙周旋，当对方对抗心理弱化，疏于防范，就有可能自我暴露出一些破绽，这就为我方提供了战机，接着我方乘隙而入，即可一举制敌。可见"投其所好"是论辩中的"迂回"之计。

一位知识测验的主持人向一位应考者提问："先生，您是足球方面的行家，理所当然知道所有足球方面的事，是吗？"

"那当然。"应考者悠然地答道。

"那么，请问球门上的球网有多少个孔？"

应考者一愣，但随即镇定下来，说："能提出这样问题的一定是知识十分渊博的大学问家。""那当然。"主持人面露喜色地答道。

"那么，你一定知道保塞尼亚斯是一个什么样的人，他研究的是什么学问？"应考者问道。

"保塞尼亚斯是古希腊一位能言善辩的哲学家。"主持人自信地答道。

"完全正确。"应考者又问道："你知道有关保塞尼亚斯的一件轶事吗？有一次，雅典的首席执政官听说保塞尼亚斯很有口才，想当众考他一下，就请他出席贵族会议。首席执政官让每一个贵族议员提一个难题，请他用一句话来回答所有的难题。贵族议员一个接一个向他提了几十个难题，而保塞尼亚斯只用了十分简单的一句话就回答了所有的难题。你知道他说的是一句什么话吗？"

"面对这样多的难题，他只能说'我不知道'。"主持人得意地回答。

"完全正确，您真不愧为保塞尼亚斯的后代。"应考者又问道："今天我想再提一个问题，你还能再用一句话回答吗？"

"请问吧！"主持人颇为自负地答应了。

"那么，现在我问你，足球球门上的网有多少个孔？"

"啊，嗯……"主持人无言以对。

在这里，应考者面对主持人的刁问发难，先巧妙地回避，再"投其所好"恭维主持人"知识渊博"，主持人在自我陶醉中不知不觉充当了被考者的角色，应考者又一再恭维他"回答正确""完全正确"，使主持人更加自鸣得意，完全忘记了自己的角色身份，最后落入了对方的陷阱。而应考者巧妙地运用"投其所好"术，反客为主，反守为攻，掌握了论辩的主动权，反而控制了主持人，也使自己的知识水平、应变能力和杰出的辩才得到了充分的展示，可见，"投其所好"术还是论辩中的一种"骄兵"之计。

但是"投其所好"并非是让你信口开河，如果你不了解对方而胡编乱造，那不仅达不到"套近乎"的效果，反而会引起别人的反感。"投其所好"的要领在于找到你和对方的共同语言，也就找到了突破口，使交谈热烈地进行下去。并且你一旦事先知道了对方讨厌什么，反感什么，就要避开那些令他敏感的话题和行为。

1979年，著名物理学家、诺贝尔奖获得者李政道首次来华讲学，在科学界引起轰动。但是他声明不见记者，原因是当时某些媒体对科学的报道"不科学"，总是用一些不合实际、故意拔高的形容词，李政道对此十分反感。

新华社记者顾迈南别出心裁，他天天跑到科学会堂去听李政道的课，从侧面了解了他的经历、成就、治学精神，以及他拒绝同记者交谈的原因。

有一天，顾迈南在休息室里见到了李政道，几句寒暄之后，他诚恳地对李政道说："李教授，我知道您对国内一些报刊颇有微词，对他们用些故意拔高的词很不满，您的批评是中肯的，我们十分感谢，如果我写了有关您的报道，一定请您过目之后再发表。"

"这样才好，这样才好……"李政道点头说道，他被记者诚恳的态度打动了，同他交谈了起来，谈了许多有价值的信息。顾迈南就此写出了长篇通讯稿《李政道在中国讲台上》，在国内外都产生了好的影响。

顾记者首先了解了李政道反感媒体采访的原因，然后对症下药，投其所好，消除了对方的顾虑，于是距离拉近了，才有了畅所欲言的交谈和这份效果非凡的稿子。要是他也像其他记者一样，一见面就大肆恭维李政道先生的成果，正好就犯了人家的忌讳，那么下面的工作也就无法进行了。

无论你面对的是什么人，只要你能够站在对方的角度思考，并由此展开话题，那么你们的交往就会轻松而又愉快。

第八章　看高情商名人教我们"说话之道"

古往今来，有很多历史人物、偶像明星，他们身上有着耀眼的光环，我们仰望他们的才华，更钦佩他们的高情商，让我们看看，高情商名人是如何教我们"说话之道"。

铁齿铜牙的智者——纪晓岚

历史上的纪晓岚不仅风流倜傥，更以能言善辩、巧舌如簧周旋于皇帝和权贵之间。他纵横官场五十一年而立于不败之地，靠的就是他那张能说会道的嘴。正如电视剧名字一样——铁齿铜牙纪晓岚。

少年时期，纪晓岚就聪颖过人。一次，他和小伙伴们在街上玩球。恰好府官乘轿经过，一不小心，球被掷进轿内。孩子们面面相觑，不知如何是好。纪晓岚壮起胆子上前讨球。

府官想要戏弄他，于是出了个上联，"童子六七人，惟汝狡"。让纪晓岚对下联。对得出，就还球给他。

纪晓岚一寻思，"太守二千担，独公……""怎么不说完？"府官问。"你要是还我球，就是独公廉，不然就是独公贪。"府官一愣，只得把球还给了纪晓岚。小伙伴们都从心里佩服这个机敏聪慧的玩伴。

纪晓岚幼时读私塾，聪敏过人，过目不忘，有小神童美誉。其师石先生甚爱之，只因功课对纪晓岚来说毫无压力，他便偷闲喂家雀，然后塞进墙洞里，再用砖头把洞堵上。石先生发现这个秘密，怪其不务正业，便偷偷将家雀摔死又放入洞中，然后在堵洞口的砖上戏题一上联：

"细羽家禽砖后死"

纪晓岚下课后又去喂家雀，见砖上对联言明家雀已死，知是石先生所为，便在旁边续对下联：

"粗毛野兽石先生"

石先生看到下联大为恼火，手持教鞭责问纪晓岚，为何辱骂先生。纪晓岚不慌不忙地答辩说：

"我是按先生的上联续对的下联。请看，粗对细，毛对羽，野对家，兽对禽，石对砖，先对后，生对死。如果不是这样对，请先生指教。"

石先生无言对答，拂袖而去。不几天纪晓岚去见石先生，石先生怒气未消，面沉似水，稳坐太师椅，不迎不送。纪晓岚又出了怪招，从先生屋离开而复返，又请教"阃"字的念法和写法。石先生并无介意，等纪晓岚走后才醒过味来。原来"阃"即"门内龟"，是骂自己不出门送客，但又不好加责，暗骂：

"竖生，歪才也！"

大臣和珅贪婪成性。一次他新修了一座竹园，知道纪晓岚墨迹珍贵，便要他题个匾额。

纪晓岚略加思索，挥笔在纸上写了"竹苞"两个大字。和珅赶快让工匠刻成匾额，悬挂在亭台上。

一天，乾隆皇帝来游园子，见到亭台上"竹苞"的匾额，忍不住哈哈大笑起来。和珅在一旁赔着笑，谁料皇帝说道："好一个纪晓岚。这'竹苞'二字，拆开来不就是个个草包嘛！"

烟是纪晓岚平生三大嗜好之一，纪晓岚吸烟成癖，烟瘾奇大，所用的旱烟袋是定做的，容量很大，有人说一次能装三四两烟丝，这虽有夸张之嫌，但在京中是独一无二的，在全国也属罕见。因此纪晓岚就有了"纪大烟袋"的绰号。

纪晓岚烟瘾大，旱烟袋常攥手中，口里不停喷云吐雾，倍感舒心惬意。但也有忍痛割爱的时候，那就是吃饭、睡觉和见皇上这三个时段。有一天，乾隆皇帝驾临圆明园巡视《四库全书》的编纂情况。

纪晓岚正一边吸烟一边手不停挥地忙碌，硕大的一袋烟刚吸到一半，忽听"万岁爷驾到"的喊声，他匆忙间把没熄去烟火的烟袋随手插入自己的靴筒里，跪地给万岁爷请安。纪晓岚起身后觉得脚踝上火辣辣地疼，但皇上正说着话，又不好打断，他只好咬牙忍着，疼得他腿直打战。乾隆看他满脸焦灼难耐的样子，吃惊地问："纪爱卿，怎么了？""臣……臣靴子里失……失火啦。"话都成颤音了。

乾隆急忙挥手道："快点出去！"纪晓岚急忙跑到殿外，顾不得有失体面，坐在石阶上一下子扒掉了鞋袜，靴筒里即刻冒出一股黑烟，脚上皮肉已烧焦一大块。乾隆皇上出来看时，烟袋锅还探在靴筒里冒着烟，人们一时被逗得笑弯了腰。此后一段时间里，纪晓岚成了地道的"铁拐李"了。

纪晓岚在当朝才高八斗，人缘也好，在家养伤期间同僚们多去探望，看他手握大烟袋依然如故，劝他说："既然深受其害何不戒掉。""诸君只见我身受其累，却不知道我深得其利啊！每天写作之时，吸上几口便思如泉涌，挥洒自如。缺少它便文思枯竭，寂寞难耐啊。"纪晓岚大言吸烟之利，颇有一番宏论。

相传，有一个庸医，医道拙劣，常出事故，曾把纪晓岚耽误了好几次，纪晓岚对他十分不满。这医生却偏偏再三来请求纪晓岚的"墨宝"，其用意当然是想借纪晓岚的名望地位来抬高自己的身价。

纪晓岚一时磨不开情面，只好替他写了一块匾额："明远堂"。医生看这字面很漂亮，就高高兴兴而去。旁人不解纪晓岚题这三字究竟什么用意，他解释说："经书上不是有'不行焉，可谓明也已矣'和'不行焉，可谓远也已矣'的句子吗？像这样的医生，只好说他'不行'。"听的人为之哑然，于是又问他："假如这医生再来纠缠不休，定要配副对联，你打算怎样？"

纪晓岚回答说，早已想好了两副对联，一副五言的，是把孟浩然一首五言律诗里的"不才明主弃，多病故人疏"两句变换两个字，成为："不明财主弃，多故病人疏"（上联中的"不明"是指医道不高明，"财主"就是指求医的病家，下联中的"故"字解释为"事故"）；另一副七言对联，上联是用杜甫《兵车行》诗里的现成句子："新鬼烦冤旧鬼哭，"下联是用李商隐《马嵬》诗里的现成句子："他生未卜此生休。"

想来这两副对联后来是不会写出去的，但就其对仗而言，就可以说是天衣无缝，而且引人发笑。

纪晓岚常在皇帝面前揭和珅的短儿，弄得和珅很尴尬。乾隆也是有意偏袒和珅，总想找个机会捉弄纪晓岚。一天，乾隆在批阅奏章时，忽然发现一件参劾纪晓岚的奏折。奏折上说，纪晓岚宽于治民之说是有意收买人心，博取虚名，不如和珅严刑峻法，敛财富以利国家，堪称治世能臣。乾隆看完，眼前一亮，心想，待我逗一逗纪晓岚，看他如何分解？

次日早朝，议完政事散朝时，皇帝把纪晓岚与和珅这对儿冤家留下。皇帝先对纪晓岚说："纪爱卿，你天天说和珅如何奸诈，如何贪婪，群臣如何愤恨，敢怒而不敢言，还说天下皆曰可杀，可是你看看这个奏折，有人称和珅是治世之能臣，而你纪晓岚只不过是好图虚名罢了。"

纪晓岚接过奏折，用眼一瞅就放在龙书案上，和珅连忙抓到手里，一边看，一边得意扬扬。"纪晓岚，你还有什么话说。"乾隆故意敲山震虎。

和珅在一旁奸笑："皇上，其实臣也没有奏折上说得那么好，只不过为皇上尽职尽责，尽心尽力而已。至于纪晓岚嘛，嘻嘻，虽然好图虚名，可也不至于罪大恶极。我看皇上就开恩留下他这条小命，料他一条小泥鳅也翻不了大船，把他削职为民也就算了。"

纪晓岚微微一笑："启禀皇上，臣有话要说。"

"说吧！"乾隆把脸一黑。

"臣虽下愚，亦知世间万物，纷繁复杂。凡事不可一概而论。有人奏称和大人为能臣，并诋毁臣下，不足为怪。譬如春雨如油，农夫喜其润泽，而行旅之人则恶其道路泥泞；月光皎洁，佳人悦其舒朗，而盗贼则恶其光亮。上天尚且不能尽如人意，何况臣乎？至于和大人之能，臣亦明了其中道理。大粪臭污，其质倒可肥田；乌龟丑陋，皮肉却能延寿。"

和珅听了，自然气得咬牙跺脚，指着纪晓岚的鼻子："你，你，你——"乾隆哈哈大笑，心中暗想，这个纪晓岚，言语虽然尖刻，释辩倒也得体，举例妥帖，终是机智敏捷。于是赶紧打圆场："两位爱卿，不要闹了，你俩都是朕的股肱之臣，朕需要你，也需要他，一个也不能少，望你们能携起手来，共保大清江山。"

巧舌如簧的奇才——诸葛亮

诸葛亮舌战群儒，三寸之舌能抵百万之师的故事流传至今，他不仅是个军事奇才，在口才上，也是万里挑一。"舌战群儒"是口才、学识的较量，更是敏捷的思维和胆识的较量，下面一段故事非常精彩，经常被后人津津乐道。可以说是"三寸不烂之舌，强于百万之师"的有力佐证！

当时，曹操拥兵百万南下，意在一举消灭刘表、刘备、孙权等割据势力，统一全国。荆州刘表新亡，其继承人幼子刘琮望风而降，暂依刘表的刘备在诸葛亮的辅佐下，虽然用计火烧博望、火烧新野，小胜了两阵，但最终还是因兵微将寡难以抵敌，不得已弃新野，走樊城，后来到江夏与刘琦（刘表长子）会合。

曹操大兵压境、虎视眈眈，在这危急关头，诸葛亮自请出使东吴，意在促成孙刘联盟，共同抵抗曹操。

在东吴的阵营中，对于曹操的百万雄兵压境，文臣武将有两派主张，即投降派和主战派。投降派的代表人物就是张昭、顾雍、虞翻、步骘、薛综等。要说服吴侯孙权，不说服这些整天在孙权耳边散布曹操威胁论、散布曹兵不可战胜论，并吵嚷着要投降的一班文臣谋士是不行的。

那么面对一群文臣谋士，诸葛亮是如何能言善辩的呢？

张昭："我，张昭是江东一个很不起眼的读书人，听说孔明先生在隆中的时候，将自己比作管仲和乐毅。这是真的吗？"

诸葛亮："哦，是的，这不过是我平生一个小小的比喻罢了。"

张昭："听说刘豫州三顾草庐，才幸运地得到先生。还说有了先生后就会如鱼得水，大展宏图。但是，现在却连自己驻扎的荆州也被曹操夺去了，不知你们是怎么策划和决策的？"

诸葛亮："是的，我们现在暂时处于不利形势，但那些失利都是客观原因造成的。我的主公刘豫州讲仁义，不忍心夺取他哥哥刘表的城池。而刘琮那小子，却听信谗言，偷偷地投降了。至于我们下一步将采取什么策略，这是军事机密。恕我无可奉告！"

张昭："这么说，先生的言行好像有点不一致哦。先生自比管仲和乐毅。我们都知道，管仲帮助齐桓公在诸侯中称霸；乐毅扶助微弱的燕国，夺得了齐国七十多座城池。这两个人都有着治理国家的才能。先生自比管、乐的话，那也应该为老百姓除害，消灭乱贼。但是，事实却是，刘豫州没有得到先生之前，还能够打些胜仗，占据一些城池；现在得到了先生却被曹操打得丢盔弃甲，到处逃窜。一路上弃新野，走樊城，败当阳，奔夏口，连住的地方都没有了。为什么豫州既得先生之后，反而不如没有得到先生的时候呢？（众谋士有人偷偷地笑出了声音来）管仲、乐毅，是这样的吗？恕我直言，请别见怪。"

诸葛亮（哑然而笑）："大鹏鸟展翅翱翔万里，它的志向岂是那些小鸟们能知道的？比如说，有人得了重病，应该先给他吃些小米粥之类的营养品，再服些药性温和的补药；等他胃口好些，再吃些鸡鸭鱼肉来补补身子。等到身体好些了的时候，用药性猛的灵丹妙药才能起到作用。否则一开始就用猛药的话，不把人治死才怪呢。"

"我的主公刘豫州，以前在汝南打了败仗，暂时投靠了刘表。他的军队还不到一千人，将军则只有关羽、张飞和赵云而已。这就像是得了重病的人一样，而且，刘豫州所占据的新野只是一个小县城，人也少，粮食就更少了。刘豫州不过是暂时借以容身而已，难道还会真的能以新野这个小地方来称霸一方吗？即便是凭借着这些装备不精、军粮短缺的军队，我们还能够用计火烧博望、火烧新野，打败了兵精将广的百万曹军先头部队，使夏侯惇、曹仁吓得心惊胆战。我想管仲、乐毅之用兵可能也不过如此吧。而且，寡不敌众，一时胜败是很平常的事情。先前汉高祖刘邦多次被项羽打败，但在垓下一战就取得了最后的胜利，这就是因为有像韩信这样的真正有谋略的英雄辅佐的结果。不像某些夸夸其谈的人，坐在家里谈天说地，没有人能够比得上，但是真正在战场上临机应变、出谋划策，却一点办法都想不出来。这真是让天下人觉得太好笑了。"

（张昭无言以对）

虞翻："现在的曹操拥兵百万、良将千员，大兵南下，气势如虹，一举吞并了江夏。真可谓锐不可当，你说我的分析对吗？"

诸葛亮："曹军是乌合之众，虽然有百万之众，也没有什么可怕的。"

虞翻（冷笑道）："你们累战累败，还说什么不怕，这不是吹牛皮，说大话吗？"

诸葛亮："我主刘豫州只有几千人的军队，都不怕曹操的虎狼之师，而你们东吴兵精粮足，还有长江天险作为屏障，但却人人怕得要死，个个都想劝说自己的主公屈膝投降，你们这样胆小如鼠，还有什么脸面存活于世间？"

（虞翻不能对）

步骘："孔明先生不会是想学苏秦、张仪来游说我们东吴来帮你们打败曹操吧？"

诸葛亮："就算是苏秦、张仪，也都是能为国分忧、出谋划策的英雄豪杰。绝不会像你们这些怕死鬼一样只知道投降，你们还有什么资格嘲笑苏秦和张仪？"

（步骘默默无语，满面羞惭）

薛综："曹操现在是天下三分而有其二，取代汉朝是不可阻挡的历史规律。我们不必违背历史潮流，做无谓的抵抗。"

诸葛亮："薛敬文，你怎么能说出这种无父无君的话呢！人活在天地之间，首先就应该做到忠于君主、孝敬父母。你既然是汉朝的臣子，居然说出这种无父无君的言论！"

（薛综满面羞惭，不能对答）

陆绩："曹操是相国曹参的后代，而刘备是卖草鞋的小贩子，怎么能和曹操相提并论呢？"

诸葛亮："曹操既然是曹相国的后代，就应该忠君报国，但他现在却是独断专行，成了汉朝的乱臣贼子。而刘豫州是堂堂皇室的后代，当今皇帝都称他是皇叔，身份何等的高贵？况且汉高祖一开始也不过是一个小小的亭长而已，最终还不是创立了汉朝吗？就算是小时候卖过草鞋，又有什么可以觉得耻辱的呢？"

严畯："孔明先生就是会强词夺理。请问孔明先生发表过什么著作啊？"

诸葛亮："有些人虽然写了很多书，但只知道舞文弄墨、搬弄是非，却不能领兵打仗，帮助主公治理国家。你认为，在这样一个动荡的社会里，像这样的读书人对国家会有什么作用呢？"

（严畯低头丧气而不能对）

程德枢："你这样的读书人就是喜欢说大话，未必有什么真才实学，难道不怕被天下人耻笑吗？"

诸葛亮："读书人有两种，一种是忠君爱国，服务社会，流芳百世。另一种则是书呆子，一天到晚就只会坐在书房里写诗作赋。文章确实写得洋洋洒洒，文采风扬，却没有正确的是非观。像扬雄一样，虽然是个大文豪，却为王莽这样的大奸臣服务，结果，跳楼而死。请问你想做哪种读书人呢？"

（程德枢不能对）

众人见诸葛亮对答如流，尽皆失色。

一部《三国演义》中，以口谋生的谋士无数。但是，他们的口才只能为他们的智谋服务，却不可以作为制胜的手段。唯有这个被对手贬为"诸葛村夫"的诸葛亮，却以他出众的口才完成了一个个几乎不可能完成的任务。从三分天下的论证中，到舌战群儒的风云场中，再到三气周瑜的连环套中，以及后来的骂王朗、收姜维的人生高潮中，他的口才无时无刻不在闪耀着炫目的光辉。

一个既能言善辩又修养高雅的人，在人生之中才会如鱼得水，事事如意。

说尽世界的魔女——王熙凤

熟悉《红楼梦》的人都知道,《红楼梦》的四大主角儿是宝、黛、钗、凤,而在《红楼梦》众多人物中,塑造得最鲜活、最生活化又最出彩的是"凤辣子"王熙凤。关于王熙凤的正反评论数不胜数,但是对于她的口才没有人不佩服的。

王熙凤最善于八面玲珑,逢人说人话,逢鬼说鬼话。

黛玉刚进贾府拜见老祖宗时,屋里的人"个个敛声屏气"。黛玉是初来的客人,是贾母的"心肝肉儿",又是母亲过世了来投靠外祖母的,悲欢离合,喜忧参半,这个场合确实不好多说话。正当屋子里寂静得近似于尴尬时,王熙凤笑语盈盈地出场了:"我来迟了,未能迎接远客!"接着便"携着黛玉的手,上下细细打量一回",笑道:"天下竟有这样标致的人儿!我今儿才算看见了!况且这通身的气派,竟不像老祖宗的外孙女,竟是嫡亲的孙女似的……只可怜我这妹妹这么命苦,怎么姑妈偏就去世了!"说着就用手帕拭泪。贾母说:"我才好了,你又来招我……",王熙凤又忙转悲为喜:"正是呢!我一见妹妹,又是喜欢,又是伤心,竟忘了老祖宗了,该打,该打"……

这一番精彩的表演,八面玲珑,有声有色,既讨了黛玉的好儿,又向贾母承欢邀宠,令人拍案叫绝。

"元宵夜宴"的时候,贾母问袭人为什么没有跟宝玉来。言下有责怪袭人的意思,贾母不高兴。王夫人立马回说:"她娘前日没了,去世了，因有热孝，不便前来。"贾母听了不以为然，她说："跟了主子，讲不起这孝与不孝，若是她还跟我，难道这会子也不在这里不成？"奴才没有什么个人的自由，跟了主子，一切就要以主子的意志为转移。所以贾母对袭人没有跟来，很不满意。

凤姐听了以后，马上接过来解释。她说："袭人没有跟来，"一则因为那个是元宵节，"灯烛花炮是最耽险的"。那园子须得细心的袭人来照看，这是从安全的角度；再则"屋子里的铺盖茶水，袭人都会精心准备，宝兄弟回去睡觉，各色都是齐全的"。

贾母听了以后就称赞说："这话极是，比我想得周到。"她不但不怪袭人，反而是关爱有加，说袭人一个人在屋子里头，那么让鸳鸯去做个伴儿，还说应该拿点心给袭人吃。

同是一件事，可以有截然不同的效果。王夫人说了以后，就是那样子。凤姐说了，它就有不同的效果。凤姐的这番话，既符合主仆上下名分次序，又投合老太太的心理。元宵节到处是灯火，灯花花烛，老太太怕失火。另外，更投合了老太太疼爱孙子的心理，那么宝兄弟回去了，各色都是齐全的，袭人在屋里妥当。

这些伶牙俐齿、讨巧卖乖的例子还不能十分说明王熙凤的能耐，她在处理事务中言语流畅、思路清晰、逻辑严密、简洁扼要的风格才真正显示了她作为贾府"女总理"的"杀伐决断"和"历练老成"。她在"协理宁国府"时宣布"施政纲领"道："既然委托了我，我就说不得要讨你们嫌了。我可比不得你们奶奶好性儿，诸事由得你们。再别说'这府里原是这么样'的话，如今可要依着我行，错我一点儿，管不了谁是有脸的，谁是没脸的，一例清白处理！"

这段话开门见山，直奔主题，威风凛凛，言简意明。这王熙凤式的"就职演说"，把松懈惯了的家奴们一下子"镇"得服服帖帖。

王熙凤的口才不仅用于外交，还用于联络夫妻感情。贾琏送黛玉从南方奔丧回来了，夫妻见面，王熙凤笑道："国舅老爷大喜！国舅老爷一路风尘辛苦！小的听见昨日头起报马来报，说今日大驾归府，略备了一杯水酒洗尘，不知可赐光谬领否？"——谁说王熙凤是个"悍妇"？这时候凤姐分明是个俏皮风趣、妩媚可人的娇妻！喜得贾琏忙道："岂敢！岂敢！"

当贾琏谢王熙凤操持辛苦时，王熙凤一方面得意于协理宁国府政绩卓越，一方面又害怕"弄权铁槛寺"的事被贾琏发现，王熙凤便巧簧一动，说："我哪里管得这些事来？见识又浅，口角又笨，心肠又直率；人家给个针，我就认作棒槌。脸又软，搁不住人给两句好话，心里就慈悲了。况且又没经过大事，胆子又小，大大略有些不自在，就连觉也睡不着了。……更可笑那府里蓉哥媳妇死了，珍大哥再三在太太跟前跪着讨情，只要请我帮他几日……至今珍大哥还抱怨后悔呢。你明儿见了他，好歹描补描补，说我年纪小，原没见过世面，谁叫大爷错委了她？"王熙凤的这番话，似贬实褒，正话反说，真不愧"语言大师"！

乐观幽默的顽童——马克·吐温

马克·吐温是幽默大师，也是近代幽默学的泰斗。

某一个"愚人节"，有人为了戏弄马克·吐温，在纽约的一家报纸上报道说他死了。结果，马克·吐温的亲戚朋友从全国各地纷纷赶来吊丧。当他们来到马克·吐温家的时候，只见马克·吐温正坐在桌前写作。亲戚朋友们先是一惊，接着都齐声谴责那家造谣的报纸。

马克·吐温毫无怒色，幽默地说："报道我死是千真万确的，不过把日期提前了一些。"

一次，马克·吐温应邀赴宴。

席间，他对一位贵妇说："夫人，你太美丽了！"不料那妇人却说："先生，可是遗憾得很，我不能用同样的话回答你。"头脑灵敏，言辞犀利的马克·吐温笑着回答："那没关系，你也可以像我一样说假话。"

马克·吐温收到一封信。这是一位青年人写来的，他想向马克·吐温请教成为大作家的诀窍。信中说："听说鱼含大量的磷质，而磷是有利于脑子的。看来要成为一个大作家，一定要吃很多鱼吧？但不知道你究竟吃的什么鱼，又吃了多少呢？"

马克·吐温回信说："看来，你得吃一条鲸才行。"

一次，马克·吐温乘车外出，火车开得很慢。当列车员过来查票时，马克·吐温递给他一张儿童票。列车员调侃道："我还真没看出您还是个孩子呢！"

马克·吐温回答："现在我已经不是孩子了，但我买票上车时还是个孩子哩。"

一位商界阔佬对马克·吐温说："我想借助您的大名，给敝公司做个广告。"

马克·吐温说："当然可以。"

第二天在马克·吐温主办的报纸上登出了如下文字：

"一只母苍蝇有两个儿子。她把这两个儿子视若掌上明珠，爱护备至。一天，母子三个飞到某某商业公司的商店里。一只小苍蝇去品尝包装精美的糖果，忽然双翅颤抖落下来，一命呜呼！另一只小苍蝇去吃香肠，不料也一头栽倒，顷刻毙命。母苍蝇痛不欲生，扑到一张苍蝇纸上意欲自杀，尽管大吃大嚼，结果却安然无恙！"

商界阔佬看完广告，气得直翻白眼。

一次偶然的机会，马克·吐温与雄辩家琼西·M.得彪应邀参加同一场晚宴。

席上演讲开始了，琼西·M.得彪滔滔不绝，情感丰富地讲了20分钟，赢得了一阵热烈的掌声。然后轮到马克·吐温演讲。

马克·吐温站起来，面有难色地说："诸位，实在抱歉，会前琼西·M.得彪先生约我互换演讲稿，所以诸位刚才听到的是我的演讲，衷心感谢诸位认真的倾听及热情的捧场。然而，不知何故，我找不到琼西·M.得彪先生的讲稿，因此我无法替他讲了。请诸位原谅我坐下。"

法国名人波盖取笑美国人历史太短，说："美国人没事的时候，往往喜欢怀念晚辈，可是一想到祖父一代，就不能不打住了。"

马克·吐温回敬说："法国人没事的时候，总是想弄清他们的父亲是谁，可是很难弄清楚。"

当马克·吐温还是一个不太知名的作家时，有人把他介绍给格兰特将军。

两人握过手后，马克·吐温想不出一句可讲的话，而格兰特也保持平日的那种缄默态度。最后还是马克·吐温结结巴巴地说了一句："将军，我感到很尴尬，你呢？"

有一次马克·吐温乘车外出。当列车员检查车票时，他翻遍了每个衣袋，也没有找到自己的车票。刚好这个列车员认识他，于是就安慰马克·吐温说："没关系，如果您实在找不到车票，那也不碍事。"

"咳！怎么不碍事，我必须找到那张该死的车票，不然的话，我怎么知道自己要到哪儿去呢？"

马克·吐温有一次到某地旅店投宿，别人事前告知他此地蚊子特别厉害。

他在服务台登记房间时，一只蚊子正好飞来。马克·吐温对服务员说："早听说贵地蚊子十分聪明，果不其然，它竟会预先来看我登记的房间号码，以便晚上对号光临，饱餐一顿。"

服务员听后不禁大笑。结果那一夜马克·吐温睡得很好，因为服务员也记住了房间号码，提前进房做好了灭蚊防蚊的工作。

曾有一位专门喜欢在细节上吹毛求疵的批评家指责马克·吐温说谎。马克·吐温回答说："假如你自己不会说谎，没有说谎的本领，对谎话是怎样说的一点儿知识都没有，你是怎样判断我是说谎呢？只有在这方面经验丰富的人，才有权这样明目张胆地武断指责。"

有一次，马克·吐温因为看不惯国会议员在国会通过的某个法案，因此在报纸上刊登了一个广告，上面写着："国会议员有一半是混蛋。"报纸一卖出，许多抗议电话随之而来，这些国会议员可不认为自己是混蛋，纷纷要求马克·吐温更正。于是，马克·吐温又刊登了一个更正："我错了，国会议员，有一半不是混蛋。"

有人问马克·吐温："小错与大错有什么区别？"

马克·吐温答道："如果你从餐馆里出来，把自己的伞留在那儿，而拿走了别人的伞，这叫小错。但是，如果你拿走了别人的伞，而把自己的伞留在那里，这就叫大错。"

有一位牧师在讲坛上说教，马克·吐温讨厌极了，有心要和他开一个玩笑。"牧师先生，你的讲词实在妙得很，只不过我曾在一本书上看见过，你说的每一个字都在上面。"

牧师听了后不高兴地回答说："我的讲词绝非抄袭！"

"但是和那本书上确是一字不差。"马克·吐温说。

"那么请你把那书借我一看。"牧师无奈地说。

于是，过了几天，这位牧师收到了马克·吐温寄给他的一本书——字典。

马克·吐温的幽默富有攻击性，所谓"滑稽中含有讽刺，逗趣中有所针砭"，他的幽默既含蓄又犀利；既在情理之中，又在意料之外；看似夸张泛谈，其实蕴含了许多哲理。不但深刻还能让人回味，笑过之后能让人反思，让人明白许许多多的人情世故。

率真犀利的勇者——韩寒

韩寒被称为"80后"的领军人物，他是"80后"的代表。曾经，"叛逆"成了他的代名词，韩寒对高考制度多有诟病，遵从自己心灵的选择，放弃上大学，自由自在地写作，参加车赛，颠覆了许多人考大学、盼成才的传统观念，可谓另类。他的语言功底毋庸置疑，他的口才也是一把利剑，他说常人想说而不敢说的，让人笑过之后留下深思。

韩寒出过一本《通稿2003》，此书销售量颇佳，在青少年读者中传阅率极高。但一位读者在读书时发现，韩寒关于"十月革命"的发生日期写错了，韩寒写成了发生在10月，而实际是发生在公历11月，而非10月。

当这位读者问到这个问题时，韩寒这样回答："是啊，是写错了。因为我写'十月革命'，只是想补充一点，日子并不重要，结果我写错了，也证明了日子确实不重要。以后我会写'七七事变'是在7月7日发生的。当然，有错就该改嘛，以后我会注意的。"

人非圣贤，孰能无过。我们在进行人际沟通时，难免会出现错误。出错很正常，关键是看以什么样的态度去面对。

面对这位读者突如其来的"温柔一刀"，韩寒足够冷静，方寸未乱。首先，他勇敢地承认了自己的错误，不遮不掩，实事求是，坦诚之情溢于言表。但为什么会错呢？是写作态度不够认真，还是自己的知识储备量有所欠缺？韩寒没有作答，其实在此也完全没必要作答。可如果只说一句"写错了"便再无后话，也不妥当，毕竟大家都在竖起耳朵听。于是，韩寒以退为进，用开玩笑的口吻补充了一句——"日子确实不重要，以后我会写'七七事变'是在7月7日发生的"。半真半假，调侃之中，一个敏感的难题就迎刃而解了。最后，韩寒不忘表达自己知错就改的态度。在这一点上，韩寒的应对无疑是相当明智的。

有一次，韩寒做客《凤凰非常道》，主持人何东替读者问了这样一个问题："我问你一句话，你感觉你是一个写作的天才吗？"

"其实还真说不上是一个天才，"韩寒说道，"因为我一直没觉得自己有什么特别的。"

何东穷追不舍，接着问道："这个话是由你说还是由看书的人来说？"

韩寒："关键是我不好意思吹嘘自己，这个肯定得由旁人来说，肯定不能自己来说，我的确是觉得自己说不上写作的天才，我回过头去看以前写的东西，我都觉得挺不好意思的。"

"写作天才"这个说法过于大，如果韩寒承认，会给人狂妄自大的印象，他婉转发言，没有肯定也没有否定，既显示出他谦虚低调，又化解了难题。

曾有记者问韩寒："你小时候有没有对自己进行职业规划？"

韩寒回答说："我小学作文里写的是想做联合国主席，发现联合国只有秘书长之后，我决定成为一个科学家，但是数学太差了，于是我想做售票员，因为售票员每天可以坐车。我很喜欢汽车。最终的职业和售票员最接近，都是坐在车上。"

这里韩寒就展现了自己幽默的一面，他没有直接回答问题，却已经回答了问题。

下面是韩寒的几条语录。

1. 在抗击"非典"的时候，有的航空公司推出了教师和医护人员机票打六折的优惠措施，这让人十分疑惑。感觉好像是护士不够用年轻女老师全上前线了。但是，我实在看不到老师除了教大家勤洗手以外有什么和"非典"扯上关系的。那我是清洁工坐飞机能不能打六折？

2. 建议以后的作文评分取消优良中差，改成"正合我意""相差不远""参考大纲""逆我者亡"四种得了。

3. 我会不会加入作协？如果我去了就能当主席，我就去，我下一秒就把作协给解散了。

4. 我的长篇小说《像少年啦飞驰》里出现过一些人物，但是到后来再也没有交代，为什么？是因为这样体现了人生的飘忽和沧桑，很多生命都像过客一样闪过，都不能在人生里留下痕迹而感到的无奈？不是。是因为《像少年啦飞驰》是一段一段写的，作者没有打草稿，有些人写到后面就忘了使了。

韩寒的发言一向是犀利的，这并非叛逆，而是率真，能够在言谈上做真正的自己，这也是他的难得所在。

感性搞怪的鬼才——蔡康永

蔡康永的主持风格犀利俏皮，饶有趣味，他被公认为"名嘴"兼"才子"。蔡康永说过："把说话练好，是最划算的事。"一身儒雅之气的蔡康永用他的巧嘴巧舌立足于台湾主持界，节目中他风趣幽默妙语连珠，深谙"说话之道"，经典语录遍布生活中的各个角落。他在某大学做演讲的时候讲过这样的话："中国人形容口才的成语大多是一个美丽的误会，像滔滔不绝、口若悬河，都带有三点水，觉得说话像流水一样关不住是好事。但现实生活中，这样的人只会让我们头疼，真正口才好的人说话很舒服，很关心他人。"

一个舌灿莲花的口才达人并不是天生的，需要后天的努力和培养，就连蔡康永也曾犯过小错误。

有一次，蔡康永在餐厅看到一个高中时候的女同学，对面坐着一位白发苍苍的老先生，就对那位女同学说："你陪爸爸出来吃饭啊？"这时他看到同窗尴尬的表情，才晓得对面坐的是她先生。

蔡康永非常尴尬，只得默默离开。

蔡康永表示，自己久病成医，因为怕出错，后来他就留神说话要克制，等候对方给予更多信息。

蔡康永还说过："口才流畅不是会说话的尺度，一些口拙的人，说出来的话往往很动人。像做节目时，他们说十句，兴许有一句特别宝贵，咱们把它剪出来，观众会说，说得真好。生活不能剪辑，但人脑能够剪辑，人们会记住这句动听的话。不含有情感的话是不会动人的，因而只有关怀别人，才会变成很棒的谈话者。"

蔡康永在节目中，很考虑嘉宾的情绪，也经常拉回滔滔不绝的搭档，与之互相配合。同时他非常坦诚直率，面对节目中突如其来的尴尬提问，蔡康永不会遮遮掩掩，反而开诚布公的直面回答问题，显示出他临"危"不乱的淡然胸怀。

某日，蔡康永来到某大学演讲，其中一个环节是由他来抽取同学们写的纸条。当他打开一张"神秘纸条"之时，脸上露出了"诡秘"的笑容。他念到"你是我梦见次数最多的明星……"时，场下已沸腾。蔡康永见状收势，停止阅读，开始笑而不语。同学们纷纷起哄，要求蔡康永继续读下去……

蔡康永则泰然自若地折起纸条，放回了纸箱内，淡定地对同学们说："这位同学很有'种'，其实我不介意继续读下去，但是为了这位同学好。不然我也无法'救'他。"

虽然这个"神秘纸条"惨遭"PASS"，但蔡康永不但通过婉转的话语渗透出"有料"，愉悦了大家，他灵活变通的处理方式又为那位"神秘求爱者"留有余地。

"体会、关怀到别人的存在才是正道，说话技巧反而是最次要的。"蔡康永认为说话之道的"道"，概括为最简洁的一句话，就是"要在乎他人的存在，一直关心别人的感受，把对方放在心上"。

蔡康永觉得，尽管人们一直标榜说话要有深度，但其实在过程中所需求的却是很"浅薄"的事情。举个简单的例子，在日常生活中，赞美一个女孩子懂事乖巧、有气质、才华横溢，都比不上简简单单的一句"你好漂亮"来得让人欢喜。

谈起自己的搭档，蔡康永毫不掩饰对小Ｓ的喜爱和支持。被问到如何夸小Ｓ能讨她欢心时，蔡康永笑称，明星喜欢的夸奖和普通人一样简单，"就夸她说'小Ｓ你好漂亮哦'！"

"人家说良言一句三春暖，就是很冷的天气跟人家说一句好话，会让人感觉是春天。"所以，蔡康永坦言，即使看到办公室的同事烫了一个可怕的发型，自己也会送上一份赞美。"我说这个事情实在跟良心没有关系，我们赞美别人用到的不是良知而是善意。"蔡康永深信生活中的说话之道，应该是要在乎他人的存在，一直关心别人的感受，把对方放在心上。

他的好朋友小S曾经这样形容蔡康永："跟他聊天绝对不会被刺伤，还会被附加的一两句小夸奖逗得心花怒放，又感觉真诚不滑头。"

睿智敏锐的开心果——何炅

何炅，可以说是内地娱乐主持的"一哥"，他在节目中处理突发问题时表现出来的冷静和理智，以及鬼马精灵的插科打诨，蕴藏智慧的幽默言语，赢得了观众的认可。

2009年《快乐女声》总决赛的现场，当选手程晨被淘汰时，她向主持人与观众道别，黯然说："走了。"这时候，何炅意味深长地说："走了，是对过往旅程的告别，也是新一段征程的出发。"

"走了"本来是一句伤感的道别话，却被何炅以一句哲思慧言赋予其正面积极的意义，隐喻终点也就是起点。就此，悲伤的气氛开始转为明亮的色调，充分显示了何炅把控现场的超常能力。

有一次节目，谢娜送嘉宾祝福时说错了话，她大大咧咧地说："……所以我也希望你跟你的妻子好聚好散，希望你们……"现场一下子陷入冷场的尴尬局面，何炅赶紧解围说："有一次人家结婚，她上去送给大家一首歌：'分手快乐，祝你快乐'。"

自己的搭档一时口误，难免尴尬冷场，何炅用他的才智和机灵巧妙地打圆场，以"她送人结婚贺词'分手快乐，祝你快乐'"的玩笑话岔开话题，顺利转移了嘉宾与现场观众的注意力，巧妙暖场，轻松化解了现场即将"爆炸"的局面，使得现场的气氛活跃了起来。

曾有位观众问他："你作为一个走红的主持人，可以称得上一个大牌，请问作为主持人最重要的是什么？"

何炅上下打量自己一番，然后俏皮地说道："有见过像我这样瘦的'大牌'吗？我觉得主持人最重要的是一种'台缘'，看他怎么样跟观众互动和沟通。其实主持人很像一个交际家，他要在各个环节间起到很好的沟通作用，很重要的一点是大家喜欢不喜欢他。可能有种人台下看起来，不是很漂亮很有学问，但一上台，大家都喜欢他，其实就看观众给不给机会，'赏不赏饭'吃。"

面对观众的热情夸奖，假如何炅"照单全收"的话，一定会给观众留下不知天高地厚的狂妄印象；但假若他一味推辞的话，又显得有些虚伪。而何炅把"大牌"这个词语的意思曲解了一番，把"大牌"中的影响力大的"大"曲解成身材大小的"大"，两者对比反衬，通过调侃自己瘦小的身材而产生很强的幽默感。随后在传授主持经验时说："主持人最重要的是'台缘'"，生动而准确地概括出成主持的标准——善于沟通。最后何炅把"观众喜欢与否"说成是"赏不赏饭"吃，更是将幽默的一面展现得淋漓尽致。通过他的回答，我们看到了何炅深厚的语言功底和灵动的幽默感。

在谢娜《音乐不断》歌友会上，刚与谢娜传出绯闻的张杰作为嘉宾来参加。一上来，谢娜跟张杰站在一起，何炅站在另一边。

何炅打趣两人说："这个站的位置就有说法了。怎么站？是你俩站在一起还是我站在你俩中间？如果他俩站在一起说明他俩真的在一起了。"

谢娜说："我们俩站在一起！"马上走到何炅另一边，让何炅在中间。

何炅打趣说："如果我站在中间，就真的像传闻那样是我牵的线搭的桥。"引得一阵哄堂大笑。

他那插科打诨般的解颐妙语，不光打趣了两位好友，连带着演播厅的气氛也变得轻松起来。

曾经有位大学生问何炅："你是一个非常优秀的娱乐节目的主持

人，可是你的正式工作又始终没有离开大学校园，你又是一位大学老师，所以从某种意义上说你是业余主持人，也没有错，你怎么会选择这样一种生活方式？干吗不全身心投入娱乐圈去挣更多的钱？"

何炅回答道："因为我觉得我赚的钱已经不少了。可能是因为我比较贪心吧，两样生活我都喜欢，都想要。昨天主持我们学校的毕业晚会，看到学生们在舞台上依依惜别，看着他们很热切的眼神，很多人问我为什么不离开校园，我想答案就是你们。因为我觉得娱乐圈里的浮躁，可以在学校里得到冲刷、涤荡；娱乐圈里的压力，可以在学校里得到缓解，释放。我自己离不开校园，舍不得校园。学校特殊的氛围让我永远保持一种年轻心态，一种舒服，舒心的感觉。宁静的校园和朝气蓬勃、进取向上的学生，给我种非常好的心理调适作用，他们会让我觉得永远很舒服，很年轻。这样一片沃土是我永远不想离开的。现在的我，首先是个教师。"

和金钱有关的问题可能是名人最忌讳的，许多名人一被问到钱就脸黑，不是怒发冲冠，就是不理不睬，总之是谈"钱"色变。而何炅面对学生的发问，可谓语出惊人，出人意料，他坦率地表示自己"赚的钱已经不少了"，这说明他有着坦荡的胸怀。随后又直言自己"比较贪心，两样生活我都喜欢"，我们看到何炅率真的性格。接下来在说到选择教书的原因时，他表示"娱乐圈里的浮躁可以在学校里得到冲刷，涤荡"。这坦率的话语让人倍感亲切，而"不离开校园的原因就是你们"一句更是把对学生的喜爱，对教育事业的热爱表露无遗。

知性优雅的金话筒——杨澜

亚里士多德说过:"漂亮比一封介绍信更具有推荐力,也更容易被人们所接受。"事实上也的确如此。可以说,出色的美貌是女人的一种竞争力。但天生容貌出众的女人并不多,庆幸的是,与美貌相比,良好的口才更是女人脱颖而出的资本。

有些女人虽然外貌标致俊美,服饰更是新奇漂亮,但素养较差,语言浅陋,不仅当众说话毫无魅力可言,其外表的美貌也因此而丧失了光彩。而有些女人则是天生的社交高手,这不一定是因为她们拥有多么出众的外貌,而是因为她们无论在什么场合,都能妙语连珠,博得满堂彩,从而也为自己增添了人格魅力。

她是中国最具代表性的知性女人,被评为"亚洲20位社会与文化领袖",她一直用她的口才"主持"着自己的人生,她就是著名主持人杨澜。

杨澜一直是自信的。当初她应聘央视主持人时,本来是学院推荐的,可是当时导演并未看中她。导演对她说:"我们是想找一个比较纯情的女大学生,然后跟一个比较成熟的男主持人搭配。"杨澜听了以后脱口而出:"那你们为什么不找一个职业妇女呢?我觉得我特别有一种职业妇女的气质!"她这句话震住了导演们,禁不住对她刮目相看,也给了她的口才一个初试锋芒的契机。

杨澜用自信的口才为自己争取到了机会。

有一次杨澜接受采访,主持人问:"怎么你增肥的效果会这么好呢？"

杨澜一语戳穿"奥秘"："女性最幸福的肥胖就是怀孕啊！"

被问及身材，对于女人来说是个尴尬的话题，杨澜用一句玩笑话，"怀孕"代替"增肥"，既回答了问题又展现了自己为人母的骄傲。

一次她问某女学生观众："长大了干吗？"

对方说："长大了一定当名作家。"

杨澜不以为然地叹了口气："你当作家就行了，为什么非要把目标定在当名作家上呢？"

那女生说："没有名还活着干吗呢？"

杨澜以此事为切入点，对观众坦露心迹道："一个人要做成什么事，如果仅从主观上认为只是为做这件事，而把整个的人生变得非常片面狭窄，我是从根本上反对的。我更希望做一个幸福的人，而不仅是个成功的人。"

她的这番话，在触景生情之中，又附带衍生出一番人生哲理，同时还稍带批评了那种好高骛远、不切实际的人生态度，显现其言谈可贵的率直一面。

在一次做客《艺术人生》时，主持人朱军介绍完后，杨澜并没有马上出现在舞台上，她说："我带了两盒面巾纸，一盒给你，一盒给我，因为《艺术人生》容易让人感动。"

1996年杨澜在美国与东方卫视合作一个节目叫《杨澜视线》，介绍百老汇的歌舞剧和美国的一些社会问题。其中有一集就是关于肥胖的问题。一位体重在三百公斤以上的女士，接受了她的采访。一般的椅子她坐不下，宽度不够，杨澜就找来另外的椅子，亲自搬来，请她坐下，与她交谈。最后那位女士说："我一直不知道中国的记者采访会是什么样，但我很愿意接受你的采访。"杨澜就问她为什么，她说："别的记者来采访，都是带着事先准备的题目，在我这儿挖几句话，去填进他们的文章里。而你是真正对我有兴趣的。"

可见在镜头面前也好，在与人交流时也好，你对对方是否有兴趣，对方是完全可以察觉的。杨澜的细心也可以从这件事上看出来，往往细节决定成败。

杨澜给人的印象始终是优雅得体的，带有女性温柔的智慧。谈话中沟通的效果取决于语言的魅力，这种魅力也表达着谈话者的人格魅力。语言魅力不仅需要丰富的知识系统，还需要言辞表达的技巧。可以说，语言的魅力是知识、形体语言、言辞表达技巧的统一。通过语言的魅力能够"先入为主"，向对方传递一种感染力、吸引力，这种"力"的作用促使对方的思维自觉或不自觉地和你的语言融会在一起。

无厘头恶搞的尤物——小 S

小 S 拥有超强的应变能力，拥有语不惊人死不休的口才。她犀利、搞怪的主持风格，为她稳稳地占据了台湾娱乐主持大姐大的宝座。

小 S 的说话风格大胆、搞怪，每一个上过《康熙来了》节目的嘉宾都会对小 S 刮目相看，甚至是有些见识过她的提问技巧的嘉宾曾放言再也不会上小 S 的《康熙来了》，可见小 S 在娱乐圈中的"名嘴"是名副其实。

不管是大胆泼辣还是恶搞嬉闹，小 S 都把说话的技巧运用得炉火纯青，即使是令人恨之入骨的刁钻提问也让人又爱又恨，既不得罪人，又让嘉宾对她的直言不讳而钦佩赞赏。在娱乐圈中，能够将"说话"这门学问运用到如此地步的人中，简直屈指可数。

小 S 的语录里有这样一段话："在打破砂锅璺到底前，我都会评估一翻是否值得，是否会伤害到对方。如果是，我会选择用更多的时间来倾听。"小 S 是在斟酌思量之后才采取行动的。也许，正因为这样，她才会得到那么多嘉宾的喜爱。

某期节目，康、熙二人聊到嫁给有钱人，蔡康永："有钱人，但是有耳毛怎么办？"

小 S："（倒抽一口气）没关系，我帮他修剪…（还是不放心）是长者还是……？"

蔡康永："长者，很有钱啊！"

小S："（再抽一口气，非常为难的）寿命是不是快结束了？"

与齐豫讨论她的民族风打扮。

蔡康永："你身上这是一个真的披肩，还是说是桌布？"

齐："（强作镇定）它是个真的披肩……"

小S："所以你的裙子也是真的裙子，不是窗帘？"

金马奖颁奖典礼，观看电影片段。

小S："刚刚那位是洪金宝老师吗？我发现他完全没有变老。"

蔡康永："你总算说出一句好话。"

小S："也没有变瘦。"

颁奖典礼上，小S即将与昔日情敌曾宝仪同台。

小S："你难道不知道我们两个不能同台啊？好啦我愿意过去迎接她，但我要把她绊倒。"

与曾宝仪拥抱后称前嫌尽释。

小S："其实都是成熟女性，已经没有计较过去小情小爱的东西。"

（对曾宝仪说）："你不是我的敌人，你是我的恩人。"

与人交往，在特定场合说话太直、太透，稍有不慎，可能就会引起对方不满，对自己产生不利的影响。不过，不可否认的是，谁都喜欢与直来直去的人交朋友。因为与这类人交往，压力不大，不用费尽心思去琢磨对方言语在哪里转过弯。小S正是验证了这一点，她一向直来直去，从不拐弯抹角。

有一次黄小桢做客《康熙来了》，小S竟然利用广告时间拔眉毛，她还问黄小桢："我拔眉毛没关系吧？"也许黄小桢觉得这个主持人挺逗的，就说："有什么关系！"她并不介意。这下，小S就觉得心安理得了。

当然，这并不是倡导大家在工作期间，做一些与工作无关的杂事。不过，小S却直来直往，她当时确实想拔眉毛，于是就直接问嘉宾是否介意，她的坦率、不做作赢得了黄小桢的尊重。黄小桢也因为小S的坦率，没有介意对方忽视自己，这就是坦率的价值。

小S的直来直往、不做作，在圈中已经是出了名的。如果小S明明想拔眉毛，却找各种理由和借口搪塞，估计嘉宾才会真的受不了。

直来直往是真性情的体现，在不同情况下会产生不同的效果。其实，只要清楚在哪种情况下可以这么直接，能避免对方反感，就会将自己单纯、真诚的一面流露出来，得到对方的认可。

真诚、坦率的小S带着她搞怪而又无厘头的主持风格成了台湾主持界的"金话筒"，无论是自卖自夸、自我解嘲，还是互相斗嘴在她的嘴里都会变得妙趣横生。

表达与沟通

说话的艺术

龚　俊◎编著

中国出版集团

中译出版社

图书在版编目（CIP）数据

表达与沟通 . 说话的艺术 / 龚俊编著 . -- 北京：中译
出版社 , 2019.6
　ISBN 978-7-5001-5994-0

　Ⅰ . ①表… Ⅱ . ①龚… Ⅲ . ①人际关系－口才学－
通俗读物 Ⅳ . ① C912.13-49

中国版本图书馆 CIP 数据核字（2019）第 119449 号

表达与沟通
说话的艺术

出版发行：中译出版社
地　　址：北京市西城区车公庄大街甲 4 号物华大厦 6 层
电　　话：（010）68359376　68359303　68359101
邮　　编：100044
传　　真：（010）68357870
电子邮箱：book@ctph.com.cn
总 策 划：张高里
责任编辑：刘全银
封面设计：青蓝工作室
印　　刷：北京朝阳新艺印刷有限公司
经　　销：新华书店
规　　格：880 毫米 × 1230 毫米　1/32
印　　张：30
字　　数：550 千字
版　　次：2019 年 6 月第 1 版
印　　次：2019 年 6 月第 1 次

ISBN 978-7-5001-5994-0　　　定价：149.00 元（全 5 册）

中 译 出 版 社

前　言

朱自清在《说话》一文中说："人生不外言动，除了动就只有言，所谓人情世故，一半儿是在说话里。"我们天天说话聊天，不见得就能熟能生巧，个个练出好口才。许多人说了一辈子话，没有说好过几句话；一些人就凭几句好话，千百年来让人津津乐道。

战国时期，口才大师苏秦与张仪，一纵一横，皆词锋锐利，议论透辟，推事论理，切中时弊。他们"一怒而诸侯惧，安居而天下息"，可谓凭口才而纵横天下。三寸之舌，强于百万雄兵；一人之辩，重于九鼎之宝。这就是说话的艺术。

《尚书》有云："唯口，出好兴戎。"大意是：口可以说出良言而成为好人，也可以说出恶语而成为谗贼寇仇，这其中的分野在于口才的好坏。那么，什么样的口才才能称得上好口才呢？

说话并非简单的动动嘴皮子，而是一门艺术，是一个人综合素质的集中体现。一个人若没有广博的知识，没有开阔的视野，没有良好的心态，没有严密的逻辑，是不可能把话说得到位的。"良言一句三冬暖，恶语伤人六月寒"——怎样多说良言不出恶语，怎样恰当地表达，还真不只是个人的意愿问题，更涉及说话艺术的高低。

鉴于此，本书将带领读者学习说话的艺术，掌握说话的技巧，领略高超的说话境界里的奇妙与魅力。

目 录

第一章　说话显示一个人的风度

　　说话是一个人风度美的窗户。出言不逊，满口粗话，即使打扮得无懈可击也谈不上风度美。在中世纪的时候，欧洲的骑士就视谈吐不凡、出口成章为骑士的基本素养。

与人说话称呼要得体

与人谈话，称呼是必不可少的。在社交中，人们对称呼是否恰当十分敏感，尤其是初次交往，称呼往往影响交际的效果。有时因称呼不当会使交际双方发生感情上的障碍。不同时代、不同国家、不同地区、不同社会集团之间都有不同的称呼。但也有共同的称呼，如"太太、小姐、女士、先生"等。

有时候，称呼别人不是为了满足自己，而是为了满足别人。遇到一位朋友，最近被提升为局长。见面时就应先跟他打招呼："X局长，真想不到能在这儿见到你。"如果他听到你跟他打招呼，就会显得格外高兴，忙跑过来和你并肩坐。虽然平时他是个不大健谈的人，但那天却可能显得很健谈。

举个例子，当瑞典国王卡尔·古斯塔夫访问旧金山时，一位记者问国王，他希望自己怎么被称呼。他答道："你可以称呼我为国王陛下。"这是一个简单明了的回答。

不论我们如何称呼人，最重要的是要传达这样的意思："你很重要，你很好，我对你重视。"

在社交场合，使用称呼还要注意主次关系及年龄特点。如果对多人称呼，应以先长后幼、先上后下、先疏后亲的顺序为宜。如在宴请宾客时，一般以先董事长及夫人、后随员的顺序为宜，在一般接待中要按女士们、先生们、朋友们的顺序称呼，使用称呼时还要考虑心理因素。如有30多岁的人还没有结婚，就称为"老张""老李"，会引起他的不快。对没有结婚的女人称"太太、夫人"，她一定很反感，但对已婚的年轻女人称"小姐"，她一定会很高兴。

除此之外，称呼应该根据社会习惯来进行。例如，称呼一般分为职务称、姓名称、职业称、一般称、代词称、年龄称。职务称：经理、科长、董事长、医生、律师、法官、教授等；姓名称：一般以姓或姓名加"先生、女士、小姐"；职业称：是以职业为特征的称呼，如上尉、秘书小姐、服务小姐等；一般称：太太、女士、小姐、先生、同志、师傅等；代词称：有代词"您""你们"等来代替其他称呼；年龄称：主要是以亲属名词"大爷、大妈、伯伯、叔叔、阿姨"等来相称；对工人：比自己年龄长的可称"老师傅"，与自己同龄或小于自己的人可称"同志、小同志、师傅、小师傅"；对农民：比自己年长的可称"大伯、大娘、大妈"，与自己同龄或小于自己的人可称"同志"；在北方也可称"大哥、大姐、老弟、小妹"等；对经济界人士：可用"先生、女士、小姐"等相称；也可用职务相称，如"董事长、经理、主任、科长"等；对知识界：可以用职业相称，如教授、老师、医生（大夫），还可用"先生、女士、太太"相称；对文体界：可用职务称，如"团长、导演、教练、老师"等；对于一般的演职员、运动员，就不能称"XX演员"或"XX运动员"，而要称呼"XX先生"或"XX小姐"。

另外，入乡随俗，这一生活常识对称呼至关重要。到什么山上唱什么歌，在不同的环境里，就要根据当地人们不同的文化观念、好恶态度去决定选择什么样的称呼语。

中国人都认为老年人是经验和睿智的象征，因而用对自家长辈的称呼语去称呼年长的人便是尊重的好办法。孩子们叫60岁以上的女性为"奶奶"会得到"乖孩子"的称赞。可若对方是个美国人，结果可能就会不太美妙了，也许她会问："难道我很老了吗？"

有趣的是，我国南方、北方的文化差异也影响着人们选择不同的称呼语。到了北京，似乎天下一家，满街的"大叔、大妈、大哥、大姐"，您要去了，最好也入乡随俗。而在上海可要保持点距离，"先生、师傅"要保险得多。北方似乎更重父权，管老年人叫"爷爷奶奶"是个讨巧的好招，南方好像母系当家，"外公外婆"声里，洋溢着甜蜜温暖的亲情。

优雅的谈吐使人印象深刻

语言是社会交际的工具，是人们表达意愿、思想感情的媒介和符号。语言也是一个人道德情操、文化素养的反映。在与他人交往中，如果能做到谈吐优雅，就会给人留下良好的印象；相反，如果满嘴脏话，甚至恶语伤人，就会令人反感讨厌。

谈吐优雅主要有以下几层含意。

1.态度诚恳、亲切。说话本身是用来向人传递思想感情的，所以，说话时的神态、表情都很重要。例如，当你向别人表示祝贺时，如果嘴上说得十分动听，而表情却是冷冰冰的，那对方一定认为你只是在敷衍而已。所以，说话必须做到态度诚恳和亲切，才能使对方对你的说话产生表里一致的印象。

2.用语谦逊、文雅。如称呼对方为您、先生、小姐等；用贵姓代替你姓什么，用不新鲜、有异味代替发霉、发臭。如你在一位陌生人家里做客需要用厕所时，则应说：我可以使用这里的洗手间吗？或者说：请问，哪里可以方便？多用敬语、谦语和雅语，能体现出一个人的文化素养以及尊重他人的良好品德。

3.声音大小要适当，语调应平和沉稳。无论是普通话、外语、方言，咬字要清晰，音量要适度，以对方听清楚为准，切忌大声说话；语调要平稳，尽量不用或少用语气词，使听者感到亲切自然。

总之，语言文明看似简单，但要真正做到并非易事。这就需要我们平时多加学习，加强修养，使我们中华民族礼仪之邦的优良传统发扬光大。

敬语与谦辞谨慎使用

中国自古有"礼仪之邦"的美称，加上一些传统的敬语与谦辞，使这种文化因此而更丰盛。在社交时，适当地用一些传统的敬语与谦辞，能够显示出一个人的修养，让对方产生好感。如：

初次见面说"久仰"，久别重逢说"久违"；

请人批评说"指教"，求人原谅说"包涵"；

求人帮忙说"劳驾"，求人方便说"借光"；

麻烦别人说"打扰"，向人祝贺说"恭喜"；

请人看稿称"阅示"，请人改稿说"斧正"；

求人解答用"请问"，请人指点用"赐教"；

托人办事用"拜托"，赞人见解用"高见"；

看望别人用"拜访"，宾客来至用"光临"；

送客出门说"慢走"，与客道别说"再来"；

陪伴朋友用"奉陪"，中途先走用"失陪"；

等候客人用"恭候"，请人勿送叫"留步"；

欢迎购买叫"光顾"，物归原主叫"奉还"；

对方来信叫"惠书"，老人年龄叫"高寿"；

自称礼轻称"菲仪"，不受馈赠说"反璧"。

上面这些客套话，都属敬语和雅词，如能恰当地运用它们，会让人觉得你彬彬有礼，貌若君子，很有教养。它可以使互不相识的人乐于相交，熟人更加增进友谊；请求别人时，可以使人乐于提供帮助和方便；发生矛盾时，可以相互谅解，避免冲突；洽谈业务时，使人乐于合作；在批评别人时，可以使对方诚恳接受。

在称呼方面也要注意一些问题：

称呼长辈或上级，可以用老同志、老首长、老领导、老先生、大叔、大娘、叔叔、伯伯等；

称呼平辈可以用兄、姐、先生、女士、小姐等；

询问对方姓名可用贵姓、尊姓大名、芳名（对女性）等；

询问对方年龄可用高寿（对老人）、贵庚、芳龄（对女性）等。

敬语中，"请"字功能很强，是语言礼仪中最常用的敬语，如"请""请坐""请进""请喝茶""请就位""请慢用"等。"请"字带来了人际关系的顺利进展，交往的顺利进行。

此外，在社交中，谦辞也是有礼的一种表现。所谓谦辞，也就是指自我谦虚、谦逊之辞。谦辞较敬语数量要少一些。如谦称自己用在下、鄙人、晚生等。

谦称家人可以用家父、家母、家兄、舍妹、小儿、小侄、小婿等。

当言行失误之时，说"很抱歉""对不起""失礼了""不好意思"等。

请求别人谅解之时，可说"请包涵""请原谅""请别介意"。

有些敬语或谦辞是把日常使用语进行文雅化的修饰，而使之成为日常通用的谦让语。比如，把"我家"说成"寒舍"，把"我到您那儿去"说成"我去拜访您"，把"请您看看"说成"请您过目"，把"我认为"说成"以我的肤浅之见"，把"您收下"说成"请笑纳"等，都是这样的。

家中有客人来访时，端出茶点向客人说："你吃不吃？"这是很无礼的，应该泡茶一杯，说："请您尝尝看。"或说："请您慢用。"这才较为合适。

　　值得注意的是，敬语和谦辞不可滥用。如果大家在一起相处很久了，特别是非正式场合中，有时就可不必多用谦让语。熟人之间用多用滥了谦让语，反而会给人一种迂腐或虚伪之感。

　　当然在平时，即使你是率直、不拘小节的人，对别人说话时也应尽量注意礼貌及谦和的态度，如此习惯性地以诚恳的口吻说"请""谢谢""对不起""您好""麻烦您""抱歉""请原谅"等谦让语，必定会让他人对你心生好感。

提升说话涵养

有一位学者曾说过，如果你能和任意一个人连续交谈十分钟而使对方感兴趣的话，那么你就是一流的沟通高手了。学者这句话，看起来似乎很简单，其实做起来并不容易，因为人有形形色色，三六九等，无论是哪个阶层的人物，你如果能做到和他交谈十分钟而不让他生厌的话，需要很高的说话涵养，即俗话所说的"肚子里有货"。

"肚子里有货"的人，说话才有说服力。有一句古话，叫"工欲善其事，必先利其器"，说的就是这个意思，它要求人们，若想提高自己的说服力，首要的任务就是先充实自己，让自己有涵养。试想想，一个胸无点墨没有涵养的人，是不可能说出有说服力的话来的。

所谓说话涵养，是人生的一大学问，这种学问是一种利器，有了它很多事情都会迎刃而解。一个人要是缺乏说话涵养，缺乏说服力，拥有再好的想法也白搭。

历史上最伟大的成就都是说服力的最佳体现。恺撒大帝与拿破仑能够成功创立帝国，都得益于他们能说服他人服从领导。哥伦布说服了西班牙女王伊莎贝拉，让他往西边航行，到达东方的印度；然后又说服她赞助船只费用。奴隶出身的美国废奴主义者弗雷德里克·道格拉斯写道："如果我能说服他人，我就能扭转世界。"最后他说服林肯总统发表了《解放黑人奴隶的宣言》。

如果哥伦布肚子里没货，他能说服西班牙女王吗？如果弗雷德里克·道格拉斯肚子里没货，他能说服总统林肯吗？如果他们缺乏说服力，又会怎样？没错，什么事也不会发生。

那么，怎样才能提高自己的说话涵养，做到"肚子里有货"呢？

首先，要善于学习各种知识，只有知识渊博，你才能肚子里有货，妙语如珠地说服他人。

据报载，有一家美容院生意兴隆，在当地颇有名气。在金融危机的那几年，另外几家美容院皆因门庭冷落而关张了，唯独这家美容院一直顾客满门，红红火火。有人不解其故，于是就去找店老板了解其中的奥秘。店老板很直爽，直言相告：我店生意兴隆的原因，主要归功于店内美容师在工作时善于和顾客攀谈。

"您是怎样让您的美容师在工作时有那么好的口才的呢？"

"这很简单，我每月把各种报纸杂志都买了回来，规定各职员在每天早晨在未开始工作前一定要阅读，这样，他们自然会获得最新鲜的话题，从而博得顾客的欢心了。"

这个案例对于提高我们的口才表达力和说服力很有启发意义。因为，知识是任何事业的根本，你如果要让自己的谈吐能适应任何人的喜好，并能说服他人，你就要多读书报杂志，多了解各类信息，使各种知识都储备在你的头脑中，待需要应用的时候，就可以有选择地拿出来，从而说服他人了。

这就是说，学习各种知识能够从容地与各类人谈话，而不尴尬。比如，你不能对每一种人都谈同样一件事情，一个研究科学的人通常不会对做生意的人感兴趣，同样，对一个生意人大谈人生哲学的大道理，也不是很恰当的。

曾有一则小笑话，颇耐人寻味：

Q君以口才见长，于是有人向他请教说话的诀窍，他说："很简单，看对方是什么人，就说什么话。例如遇到屠夫就大谈猪肉，看见厨师就大谈烹调。"那位求教的人又问："如果屠夫和厨师都在座的话，你又谈什么呢？"Q君回答："我谈三明治。"

从以上故事里，我们不难看出，拥有好的口才是建立在深厚的学识基础之上的，如果脱离了这个根本，那么口才就会成为"无源之水、无本之木"，就会像白开水一样，哪里还能说服别人呢？

一个人不可能样样专长，但运用全在自己。为了说服形形色色的人们，你就得具备多方面的知识。

其次，要善于调查了解，知己知彼，才能做到肚子里有货，从而说服他人。

调查了解指的就是要在说话前有所准备，不打无准备之仗。为了说服他人，做调查研究是首要的，也是必需的。因为任何交谈要建立在对一系列相关内容进行深入细致的调查研究基础上才有说服力。如果不调查、不研究，心中无数，就不能做到有的放矢，也就不可能使自己的谈话产生实际的效果。要知道，那种脱离实际、脱离群众的高谈阔论是永远不会受到欢迎的。

著名演讲家罗索·康威尔有一个著名的讲演，题目为《如何寻找自己》，他先后就这个题目讲过近六千次。人们也许会想，重复这么多次的讲演应该已经根深蒂固地印在讲者的脑海中了，讲演的字句与音调可能不会再变了。其实不然，康威尔博士晓得听众的程度与背景各异。他觉得，必须使听众感到他的讲演是个别的、活生生的东西，是专门为这一次的听众而作的。他如何能在一场接一场的讲演中成功地维持着讲演者、讲演与听众之间活泼愉快的关系呢？他这样写道："当我去某一城或某一镇访问时，总是设法尽早抵达，以便去看看邮政局长、旅馆经理、学校校长、牧师们等，然后找时间去同人们交谈，了解他们的历史与他们拥有的发展机会。然后，我才发表演说,对那些人谈论,就得适用他们当地的题材。"正是这些扎扎实实的调查研究,才使他很快地进入角色,从而走向成功。

最后要注意的是,肚子里有货要有真货,要懂得吸收利用,而不能照本宣科,把学到的知识重述出来,这样不仅不会说服他人,还有可能引起他人的反感。

当我们说话的时候,我们不能像背书一样把要说的话鹦鹉学舌般地重述出来,而是要应用这些话来表述我们的态度和看法,这样才能说服别人。所以,你在吸收这些知识的时候,要用自己的态度和观点去衡量一番。这些知识都在提供一些对人对事的看法,都在影响你对人生的观点和态度。

由此可见,口才的好坏与说话的技巧有关,但更与自己掌握知识的多少有密切关系。古人有一句话说得好:"腹有诗书气自华。"肚子里没有多少知识的人,说出来的话肯定没有多少说服力,又怎么能让别人信服呢?读过历史的人都知道,当年诸葛亮在隆中苦读二十七载,一出山后便有舌战群儒之功,恐怕当年的诸葛亮并不曾专门去学习过如何辩论,所依靠的是他数十年的苦读。

所以,我们平时要加强修养,拓宽知识面。只有那种以丰富的知识为坚强的后盾,能够给人以力量、愉悦之感的谈话,才是真正的好口才,才能说服他人。

改掉自己的小毛病

一般人在说话时常犯些小毛病，虽然无关紧要，但也会降低对方与你交谈的兴趣，甚至引起别人的反感，所以还是小心防范，设法加以纠正才好。

有的人在谈话中，常常会有些字句含含糊糊，叫人听不清楚，或者误解了他的意思。所以，不说则已，只要开口，就最好把每一个字、每一句话，清楚准确地说出来。

有许多人喜欢用一个字去替许多字，譬如，他在所有满意的场合，都用一个"好"字来代替。他说："这歌唱得真好！""这是一篇好文章。""这山好，水也好！""这房子真好！""这个人很好！"……其实，别人很想知道这一切究竟是怎样好法。这房子是宽敞，还是设计得很别致呢？或者是材料很结实呢？这人是很老实呢，还是很爽朗呢？或者是很能干呢？又或者很愿意跟别人接近呢？抑或是很慷慨、很喜欢别人呢？单是一个"好"字，就叫人有点摸不着头脑。

还有这样的人，用"那个"这两个字代替几乎所有的形容词，例如："这部影片的确是很那个的。""这件事未免太那个了。""这封信叫人看了很那个的。"……这一类毛病，主要是由于头脑偷懒，不肯多费一点精神去寻找一个适当的恰如其分的字眼。如果放任这种习惯，所说的话就容易使人觉得笼统空洞，从别人认为你语言能力差，而联想到你的思维也不行，因而也就得不到别人适当的重视了。

有的人喜欢在自己的话里面加上许多不必要的字眼，例如，三句话里面，就用了两次"自然啦"这个词。又有的喜欢随意加上"反正""不过""然后"这两个字。有的人又喜欢老问别人"你明白吗？""你说是不是？"……最好尽量避免说这类多余的词句。

说话有杂音比喜欢用多余的字句更令人不舒服，在说话的时候，加上许多没有意义的杂音。例如一面说着话，鼻子里面一面"哼，哼"地响着，或是每说一句话之前，必先清清自己的喉咙，还有的人一句话里面就会加上两个"呃"字……这些杂音会使人产生一种生理上的不快之感，还会给你的精彩的语言，蒙上一层灰尘。

有的人喜欢用夸张的语言去强调一件事物的特性。这样虽然可以引起别人的注意，但无论在什么场合都采用这种说法则不对了。例如："这个意见非常重要！""这一本书写得别提多精彩了。""这真是一部非常伟大的戏剧。""这样做法是非常非常危险的。""这个女人简直是无法形容的美丽。"……如此这般，讲得就太过了，别人也就自然而然地把你所夸大的字眼都大打折扣，这就使你语言的威力大为降低了。

矫揉造作也是较为常见的一个小毛病。它有多种形式的表现，有的人喜欢在交谈中加进几句英文或法文；有的人喜欢在谈话中加进几个令一般人难以理解的学术性的名词；有的人喜欢把一些流行的缩写词挂在口头；有的人又喜欢引用几句深奥的名言，放在并不适当的地方。这会让人觉得你在卖弄知识，故作高深，还不如自然、平实的言语更容易让人接受。

琐碎零乱、东拉西扯是一些人的小毛病。在叙说事理的时候，最重要的是层次清晰，条理分明。所以，在交谈以前，必先在脑子里把所要讲的事物认真地梳理一下，分成几个清楚明确的段落，摒除一些不大重要的细节。不然的话，说起话来就会啰唆拖拉，意思不清了。特别是当一个人叙述自己亲身经历的时候，更容易因为特别激动，巴不得把所见所闻，全盘托出，结果反而叫人听起来非常吃力。

这类毛病虽"小"，但"千里之堤，毁于蚁穴"。你要小心自己讲话时无意中跑出来的"蚂蚁"，把你的口才之堤搞得千疮百孔。

第二章　如何才能以理服人

俗话说得好：有理走遍天下，无理寸步难行。良好的口才，首先要建立在讲理的基础之上。但"理"这个东西，看不见摸不着，人人都难免有困惑的时候。这时候，就需要一个来"说理"的人，或用确凿的事实、清晰的表达，来说明事理的必然，或用客观的理论、严密的逻辑，来证明事理的正确。

以理服人是口才当中最为"名门正派"的功夫，相当于武林当中的少林、峨眉、武当等正门正派的"以德服人"。口才纵横术的第一招第一式，非此莫属。

条分缕析，一语中的

"横看成岭侧成峰，远近高低各不同，不识庐山真面目，只缘身在此山中。"苏轼这首咏庐山的诗揭示了一个深刻的道理：处身其间的人，往往看不清事物的本质。

人们经常会被情感、欲望以及种种错综复杂的事件蒙蔽了双眼，以致不能明白一些最简单的道理。要想用语言打动别人，就常常需要帮助对方拨开眼前的迷雾，拓宽狭隘的视野。这就不仅需要一个如簧之舌，还要有透过现象抓住本质的锐利眼光。

抓住问题的利害，条分缕析、一针见血，这样说出来的话就能掷地有声、振聋发聩。

卡耐基曾经租用纽约的一个饭店的会议室来举办讲座，每个季度需要使用20个晚上。但是刚租了一个季度，饭店就通知卡耐基：要求他付出比以前高三倍的租金。此时，讲座正办得红火，广告也已经在很多地方公布了，改换场地损失将是巨大的。看来，饭店也正是掌握了卡耐基生意红火、不愿意改换场地的心理，才敢漫天要价。

卡耐基非常不想换场地，同时也极其不想多付房租(特别是一下子涨了几倍)。怎么办呢？如果是你，会气愤，会抓狂吗？

卡耐基很冷静。他找到饭店经理，对他说："收到你的信，我有点吃惊，但是我没有理由怪你，如果我是你的话，我也可能会这么做的。你身为饭店的经理，有责任尽可能增加饭店收入。"接着，卡耐基话锋一转："但是你也不能不仔细考虑一下增加租金后的利和弊。"说着，卡耐基很快拿出一张白纸，在纸的中间画上一条线，一边写上"利"，一边写上"弊"。

在"利"这边，他写上：会议室空下来。然后他说："当然，你可以把会议室再租给别人开会或者举办讲座，这样你可以增加不少收入。但是，你得冒一定的风险，屋子不一定就能租出去。"他又拿笔在"弊"这边写："我无法支付你所要求的高额租金，所以，您不仅不能从我这儿增加收入，反而会减少你的收入。这是第一点。还有一个坏处，我的讲座将会吸引不少受过教育、水准很高的人到你的饭店来。这对你们饭店将是一个很好的宣传，不是吗？事实上，即使你花钱在报纸上做广告，也不一定像我的课程这样吸引这么多人来看你的饭店。"卡耐基写完，把纸递给饭店经理，恳切地说："我希望您能好好考虑这件事的利和弊，然后告诉我您最后的决定。"

第二天，卡耐基就收到了饭店经理的电话，说租金只涨50%，而不是300%。卡耐基欣慰地接受了这个折中的结果。

俗话说：有理行遍天下。为什么？因为"理"是规范大家行为的一把尺子，一个人不讲理，会损害其他人的利益，遭到其他人的唾弃、谴责与攻击。有理才会有利，而"趋利避害"是人之常理。因此，开门见山，直接告诉他人这样做的利、那样做的害，不失为一个可取的讲理方法。相信如果你是经理，也会这样做的。因为你也会被卡耐基所说服。而如果你是卡耐基，你会像他那么做吗？

有些人在说服他人接受自己的观点时，一开始就站错了队，他们总想达到说服他人的目的，却忽略了对方的感受，结果激起了被说服者的逆反心理。

在说服别人时，首先要站在对方的立场上，考虑问题的利害关系，把对被说服者有利的因素一一陈述出来，这样，被说服者会认为你是诚心诚意地为他着想，认为你是一个值得信任的人。这时，他的心理防线便会逐渐松弛下来。在这种情况下，就会很容易地实现说服目的。

说话时，如果只围绕自己的利益讲话，别人会怀疑你的动机，这是一种正常的心理状态。虽说"人之初性本善"，但经过现实生活的洗礼，人们善良的本性也可能会有所改变，嫉妒、怀疑便成了现代社会的"特产"，人在这种"风气"下，会变得越来越敏感，越来越务实，凡是触及自己利益的问题，都要仔细斟酌。在这种大趋势下，如果说话时不注意这一点，很可能招人非议。

人们在利益面前，很少持躲避心理，当你站在被说服者的立场上考虑问题时，被说服者会认为你是在为他的利益着想。但是，如果直接说出来，他们往往会怀疑你的动机。因此，说服别人时要学会用利益去打动别人。利常在理中，利益清楚，理也就明白了。

我们说直接告诉别人利害关系，并非虚张声势的恐吓，或咄咄逼人的威胁。那种"如果你这样，我就要那样"的话，不是说理。恐吓与威胁，本身就是不讲理。说理要说得人自己醒悟，心服口服。

公元前 630 年，晋文公和秦穆公联手进攻郑国，三下五除二就兵临郑国国都，把郑国国都团团围住。瓮中之鳖的郑文公失去主意，求老臣烛之武设法解围。当夜，烛之武趁着天黑叫人用粗绳子把他从城头上吊下去，私下会见秦穆公。

晋文公和秦穆公虽然结成了同盟，但作为春秋时期的两位霸主，他们之间也免不了明争暗斗。烛之武巧妙地利用他们之间的矛盾，对秦穆公说："秦晋联军攻打郑国，郑国怕是保不住了。要是郑国灭亡对您的国家有好处，我就不会为这件事来烦劳您。从地理位置上讲，你的国家和咱郑国之间还隔着一个晋国，郑国灭亡后您要越过晋国来控制郑国，恐怕是难以做到的吧？您灭掉郑国只会加强晋文公的实力。秦晋本来势力相当，这回晋文公实力的加强，就是您实力的削弱。如果您放弃灭亡郑国，作为您东路上的主人，您的外交使者来往，郑国可以供给他们资粮馆舍，对您多少有点好处。"

看秦穆公似乎有所动，烛之武继续添了一把柴："再说，晋文公这个人你又不是不知道，他的欲望是很难满足的。您曾经对他有恩，他答应给您焦、瑕两地，可是他早上渡过黄河，晚上就在那里构筑好了防御工事，这事您是知道的。晋文公今日东进灭郑国，他日必然会西上攻秦。您难道忘了晋国假途伐虢的教训了吗？"

秦穆公是何等人？一听自然就掂量出轻重了。秦晋两国都是强国，他们结成"秦晋之好"灭郑，都是无利不起早，奔利而去的。可是经烛之武一分析，秦穆公发现灭郑这场杀戮中，自己非但得不到丝毫好处，还存在极大的隐患，而得到好处的全是晋文公。而如果不灭郑的话，秦郑友好，郑做东方道上的主人，秦国便能得到好处。损人不利己的事情，本来就做着没意思，更何况损人兼损己呢？于是，秦穆公当即顿首称是，遂与郑文公结盟，又派遣杞子、逢孙、杨孙等人在郑国戍守，然后撤军返归。晋文公见失掉同盟国家，也就没有继续进攻郑国。

由此可见，将事情掰开揉碎，利弊各自分开，不需多言，其理自明。俗话说：人不为己，天诛地灭。这话说得虽有点残酷，但确也是人性的弱点。

说话要有理有据

宋玉，是战国后期楚国的一位文学家。不但文章出色，据说还是仪表堂堂、英俊不凡。当时的大夫登徒子，曾在楚襄王面前攻击文学侍从宋玉"好色"，襄王便把宋玉找来问话。

宋玉辩解说："没有这回事。相反，好色的不是我，恰恰就是登徒子自己。"楚襄王问他有什么根据。宋玉就说自己有位邻家姑娘长得艳若天仙，没有一处不美。这位邻家姑娘，常常攀登墙头来偷看我，已经整整三年，我至今都没有搭理过她。

接着宋玉又说到登徒子，大意是："至于登徒子，就和我截然不同了。他的妻子蓬头垢面、耳朵痉挛，嘴唇外翻、牙齿参差不齐，弯腰驼背、走起路来还一瘸一拐的。这样的女人，登徒子却与之结为夫妻，已经同她生了五个孩子了。"

最后宋玉反问楚襄王："您看，我们俩究竟谁才是好色之徒呢？"襄王听了，觉得似乎也有道理，也就算了。

这是宋玉在《登徒子好色赋》中写的故事。故事中，宋玉用两个事实的对比，明显得出了"谁才是好色之徒"的答案，让襄王不得不信服。我们在讲道理说服人时，要注意少用大道理，多借用事实与事例。讲大道理容易出现一种教训人的腔调，何况不少人从小到大听了很多的大道理，早就麻木甚至反感了。

历史的事实也可以用来作为说理的理据。历史常有惊人的相似，因此有所谓"以古为鉴，可以知兴替"一说。

1937 年 10 月 11 日，罗斯福总统的私人顾问亚历山大·萨克斯受爱因斯坦等科学家的委托，在白宫同罗斯福进行了一次会谈。会谈的主要目的是，要求总统重视原子能的研究，抢在德国之前造出原子弹。

萨克斯先向罗斯福面呈了爱因斯坦的长信，接着读了科学家们关于发现核裂变的备忘录，然而，总统对这些枯燥、深奥的科学论述不感兴趣。虽然萨克斯竭尽全力地劝说总统，但罗斯福在最后还是说了一句："这些都很有趣，不过政府若在现阶段干预此事，似乎还为时过早。"

这一次的交谈，萨克斯失败了。

第二次，罗斯福邀请萨克斯共进早餐。萨克斯十分珍惜这个机会，决定再尝试一次。萨克斯知道总统虽不懂物理，但对历史却十分精通。

"英法战争期间，"萨克斯开始谈历史，"在欧洲大陆一往无前的拿破仑，在海战中却不顺利。这时，一位年轻的美国发明家罗伯特·富尔顿来到这位伟人面前，建议把法国战舰上的桅杆砍断，装上蒸汽机，把木板换成钢板，并保证这样便可所向无敌，很快拿下英伦三岛。但是，拿破仑却想，船没有帆就不能航行，木板船换成钢板船就会沉没。他认为富尔顿是个疯子，把他赶了出去。历史学家在评价这段历史时认为，如果拿破仑采取富尔顿的建议，19 世纪的历史将会重写。"

萨克斯讲完后，目光深沉地注视着总统。他发现总统已陷入了沉思。过了一会儿，罗斯福平静地对萨克斯说："你胜利了!"萨克斯激动得热泪盈眶，他明白胜利一定会属于盟军。

引用史实可以借助史实无可辩驳的说服力，生动形象而且引人入胜，有助于人们从中得出结论。

逻辑严密的口才

《战国策》中记载着这样一个故事，姚贾面对韩非的诽谤，用有条有理、逻辑严密的口才逐一辩白，维护了自己的尊严。

燕、赵、吴、楚四国结成联盟，准备攻打秦国。秦王召集了大臣和宾客们商讨对待。秦王说："目前四国已经结成联盟，对秦不利，我国目前正处于财力衰竭的状况，百姓听到这个消息后都纷纷逃到其他国家去了，我们该怎么办呢？"大臣、宾客们都默不作声。姚贾说："我愿意出使四国，破坏他们的阴谋，阻止战争爆发。"

于是，秦王为姚贾准备了百辆车和千两黄金，并且，让他穿着自己的衣服，佩带自己的剑。于是，姚贾辞别秦王，拜访四国。姚贾此次出行，不但阻止了战事发生，还与四国建立了友好的外交关系，秦王对此非常满意，并封他为上卿。

韩非得知此事后，对秦王说："姚贾用金银珠宝等贵重的礼品，出使荆、吴、燕、代等地，长达三年之久，这些国家未必是真心与秦合作。姚贾是想用大王的钱财，私自结交诸侯、权贵，请大王明察。再说，姚贾身份低微，只不过是魏都大梁一个守门人的儿子，曾在魏国有过偷盗的行为，虽然在赵国当过官，但是后来因种种原因被驱逐出境了，这样一个人，怎么能让他参与国家大事呢？"

秦王将姚贾叫来说："我听说你私下里用秦国的财产，去结交各国诸侯、权贵，有这样的事吗？"

姚贾说："有这样的事。"

秦王一听，顿时大怒："那你还有什么面目来见我？"

姚贾说："昔日曾参孝敬父母，任何人都希望有这样的儿子；伍子胥尽忠报主，每位诸侯都希望得到这样的臣子；贞女擅长女工，每一位男子都希望娶这样的女子为妻。我对大王忠心耿耿，可大王却不知道，如果我不把珠宝送给那四个国家的诸侯，怎么能让他们归顺秦国呢？大王再想想，如果我对大王不忠，那四个国家的国君又怎么能相信我呢？夏桀因听信谗言，而杀害了忠臣良将关龙逢，纣王因听信谗言，而杀了比干，结果国破身死。现在，大王又听信谗言，以后还会有忠臣为您出力吗？"

秦王说："我听说你是魏都大梁一个看门人的儿子，而且有过偷盗行为，虽在赵国做过官，但最后却被赵国驱逐出来了。"

姚贾不卑不亢地说："姜太公是一个被老婆驱赶出家门、连猪肉都卖不出去的齐人，在荆津时，即使做劳力都没有人雇佣，可最终却建立了丰功伟业。管仲只不过是齐国边界的一个小商贩，在南阳的时候非常贫穷，在鲁国时曾经被囚禁，最后却帮助齐桓公建立了霸业。百里奚只不过是虞国的一个乞丐，其身价只值五张羊皮，穆公任用他作为宰相，而使西戎各少数民族诚服。文公任用中山国的盗贼，而打了胜仗。这四位贤人，都没有显赫的身世背景，出身也并非高贵，甚至曾被命运抛弃，可最终却取得了出色的成绩，主要原因是得到了明主的重用。倘若人人都像卞随、务光、申屠狄那样，谁还能心甘情愿为国效命呢？因此，英明的君主是不会计较臣子以往的过失、不会听信他人谗言的，他们只会考验臣子们的能力，然后加以重用。大凡能保住江山社稷的人，不会听信谣言，不会封赏没有功绩的人。这样，臣子们就不敢用虚名欺骗国君了。"

秦王说："的确如此。"于是，保留了姚贾的职务。

综观姚贾的自我辩白，有条有理、逻辑严密。我们在说理时，也要做到一件一件来、一条一条说，切不可东扯葫芦西扯叶，让人听了云里雾里。此外，不管引证了多少事实、典故，多少知识，都要纳入逻辑的轨道，才能具有无可辩驳的说服力。离开了逻辑规则，再生动的事例，再迷人的故事，你的听者都可能无动于衷。我们只有用逻辑的法则，把要表述的思想、事例、典故等材料有机地组织起来，组成很有逻辑性的讲话，才能达到正面说理的目的。

但有一点需要注意，在运用逻辑方法进行说理的时候，不能够讲歪理，说反逻辑，也就是将非正确的说成是正确的。事实胜于雄辩，任何不正确的事情一旦放在光天化日之下，都会露出马脚的。没道理的话听者不服，有道理没有事实，道理无所依托，听者口服而心并不一定服。所以说理时要以事实为基础。大家都有这样的体验，向人讲总结出来的一般原则，与介绍个性化的事例或实践经验相比，人们容易接受后者。

不要得理不饶人

　　道理操之在手，天下虽任你走，但你也不能横着走。否则，有理也会变成无理。春风化雨的态度、敦敦诱导的言辞，比强硬的"讲理"要更易令人接受。大部分人一陷身于是非的旋涡，便不由自主地焦躁起来，一旦自己得了"理"便不饶人，咋咋呼呼，穷追不舍，非逼得对方鸣金收兵或竖白旗投降不可。然而，你施加的作用力太大，得到的反弹力也越大。我们自己也一定有这样的经历：其实自己心里也觉得别人说得对，但就是接受不了对方的态度，因此死扛着就是不改。结果沟通的目的没有达到，反而引起了单纯的口角之争，甚至从"嘴力"上升到"武力"，酿成悲剧的事都时有发生。

　　理不直的人，常用气壮来压人，理直的人要用气和来交朋友。"即使是最深刻的言论，如果一个人说的时候态度粗暴，傲慢或者吵吵嚷嚷，即便是在辩论上面获得了胜利，在别人心目中也是难以留下好印象的。"著名的人际沟通专家卡耐基这样告诫那些"理直气壮"的人。

　　除非是事关国计民生之类的大是大非，我们有必要理直气壮外，生活中的事情大多属于一般性的问题，没必要那么剑拔弩张。理直气要和，得理需让人。经常得理不让人的人，经常被人们称为"刺头"，说明这种人不受欢迎。他们习惯于斤斤计较，和他们打交道很困难，很少人愿意跟他们交朋友，躲得远远地。他们感觉不到自己的问题，原因就在于认为自己占了理，他们最喜欢讲的一句话，就是按照规矩办事。殊不知你有你的规矩，别人有别人的规矩。什么是规矩并不那么清楚。只有自己的规矩，经常看到的是别人的错。他们的错误之所以难以改正，也正因为自己认为有理。理，本来是疏解矛盾的原则，可是到了得理不让人那里，反而成了矛盾难解的原因。天下本来就没有什么绝对的理，只强调自己的理，反而使得矛盾难以解决。设身处地，寻求双方可以接受的方案，倒可以减少纠纷，增加合作的机会。

《菜根谭》中说："锄奸杜佞，要放他一条生路。若使之一无所容，譬如塞鼠穴者，一切去路都塞尽，则一切好物俱咬破矣。"所谓"狗急跳墙"，将对方紧追不舍的结果，必然招致对方不顾一切地反击，最终吃亏的还是自己。做事如此，说话亦然。

第三章　怎样做到以情感人

在与人沟通中，除了要善于使用能阐明观点的话语外，还要懂得以情动人，多使用具有情感交流作用的词语来舒缓气氛、沟通心灵、理顺情绪。

其实，人与人之间在绝大多数时候没有什么原则性的冲突，一味地拘泥于"摆事实，讲道理"，难免小题大做，适得其反。这个世界最难征服的不是山峰是人心。如果你学会了用情感去征服人心，你的口才将更上台阶。

调动自己的积极情绪

有一次，一个乡下传道者，去问一个著名的牧师，怎样才能在炎热的星期日下午，使听讲者不打瞌睡？那位名牧师诙谐地回答，只要叫人拿根棍子把那个传道者痛打一顿就好了——滑稽吗？不，这确是一个再好不过的办法，这短短的两句话，给演讲者的深刻印象远胜于万卷专业论著的书。

为什么呢？你该知道有许多著名的拳击运动员，都懂得在登台之前刺激自己情绪的重要性。他们有的握紧了拳头向空中乱挥，好似向假想的敌人出拳，有的人则想出一种使自己发怒的借口，使精神亢奋起来，有时他们在后台等候出场时，用力拍着自己的胸部。因此，我也劝告准备上台演说的人们，先走到隔室去运动一下，直到全身血液畅流，脸上和眼中都充满兴奋和活力的光辉。还可以尽量高声朗诵一篇诗歌，或做出激怒而有力的姿势。如果可能的话，在你演讲之前，最好先做一些适当的休息：要想使演说得到成功，一样要用到脑力和体力。著名演说家卡尼基告诉我们："当我年轻时，劈过木材，也曾对听众接连讲两小时的话，我发现这两件事，同样要使我耗费不少体力！"

第二次世界大战时，有一位麦伦先生对大约数千听众演讲，他不断地大声疾呼，接连有一个半钟头，当他情绪达到顶点的时候，竟昏了过去，后来被人抬下讲坛还不自知呢。他声情激动的演讲的确使他耗尽了气力。

不错，一个成功的演说家，大都是富有活力而精神抖擞的人，他具有超越的爆发力，才能够在关键时刻把他的情绪像大山般地喷射出来。

所以，你要想引起对方的兴趣，就得先把自己的兴趣激发出来，你自己兴奋了，方可以使别人兴奋。

一篇演说最着重的，并不是华丽的词句，而是演说的精神活力，以及词句背后的自信力！许多年前英国下议院议员谢粹丹攻击哈斯廷的那篇著名演说，被当时在场的大演说家毕特传克斯等人公认为英国有史以来最流利的一篇演说，然而，谢粹丹认为他演说的最高价值，还是在于他的精神。因此，当某书店拟出 5000 镑向他购买那篇演说的出版权时，被他一口拒绝了。虽然那篇演说的原稿已经失传了，但是现在若有人买到的话，他一定会大失所望，因为那只是一篇空洞的遗稿罢了，正如一只老鹰的标本一般。

尽量理解对方的观点

我们生活在社会群体中，人与人之间发生矛盾、产生误解是常有的事。如何处理好这方面的问题，我们的祖先留下了许多闪光的思想和可供借鉴的经验。明代朱衮在《观微子》中说过："君子忍人所不能忍，容人所不能容，处人所不能处。"在为人处世上动辄发怒使性子的人，最终毁掉的不仅仅是自己的风度，还包括自己的前途。

被人误解，不要太委屈，错的是别人，不是自己，相信事情真相终会大白。当我们做错了事，免不了会受到责备时，先冷静下来，从自我意识中深刻地反思，这样就不至于发生争吵。

在人与人相处的过程中，有的人常会抱怨、批评对方难以说话，认为别人无法理解自己的想法，因而产生诸多争执。这是因为对说话的真实意义有认知上的错误。他们认为说话就是要让别人接受自己所希望、所预期的一切结果，但他们往往却忘了要体察别人的需求和想法。

人与人相处时，如果彼此意见相左，应该先放下自己的看法、意见，以接纳的心去倾听对方真正的想法与需要，然后再看自己的想法与对方想法和需要之间的差异。然后，依据对方的经验，以其能理解及接受的语言模式来表达自己的看法。说话对象的认知取决于其教育背景、生活环境、过去的经历以及他的情绪等因素。如果没有意识到这些问题的话，以对方无法理解的语句来表达意见，只会让对方思路杂乱，那样的说话将会是没有结果、没有成效的。

如果我们无法接受说话者的观点，那我们可能会错过很多机会，而且无法和对方建立融洽的关系。就算是说话的人对事情的看法与感受，甚至所得到的结论都和我们不同，他们还是可以坚持自己的看法、结论和感受。

　　尊重说话者的观点，可以让对方知道我们一直在听，而且我们也听懂了他所说的话。虽然我们不一定同意他的观点，但是我们还是很尊重他的想法。若是我们一直无法接受对方的观点，就很难和对方彼此接纳，或建立融洽的关系。除此之外，尊重说话者的观点，也能够帮助说话者建立自信，使他更能够接受别人不同的意见。

　　要做到接受别人的观点，首先自己要有很高的修养，有大度的胸怀，能容忍他人，能宽容他人，能求同存异，少计较个人得失，多考虑大局利益。

　　每个人都有自己的立场与价值观。当对方说话时，我们必须站在对方的立场，仔细地倾听他所说的每一句话，即使不认同也要包容，不要用自己的价值观去指责或评判对方的想法。我们要包容那些意见跟我们不同的人，要试着去接受别人的观点，这样才能与对方保持良好的说话。

　　杨朱到宋国去，住在旅店里。旅店主人有两个妾，其中一个漂亮，一个丑陋。可是长得丑的受到宠爱，而长得漂亮的却受到冷淡。杨朱问其缘故，年轻的店主回答："那个长得漂亮的自以为漂亮，但是我不觉得她漂亮；那个长得丑陋的自以为丑陋，但是我不觉得她丑陋。"杨朱转而对弟子说："你们要记住！品行贤良却不自以为具有了贤良品行的人，到哪里去不会受到敬重和爱戴呢？"

　　是非往往是由偏见造成的，人们喜欢自以为是，以自己的观点去否定对方，而不设身处地地为对方着想。刚刚肯定随即就否定，刚刚否定随即又予以肯定；依托正确的一面，同时也就遵循了谬误的一面；依托谬误的一面，同时也就遵循了正确的一面。因此，圣人不走划分正误是非的道路，而是观察比照事物的本然，也就是顺着事物自身的情态。

很多人希望把自己的观点告诉别人，希望把自己好的建议介绍给别人。很多时候，往往自己觉得说得很有道理，而且明明是对对方有好处的，但是对方却总是不相信，即使自己说得再有道理，对方也好像总是将信将疑，不能彻底相信。

说话中，如果只愿意给别人灌输自己的观点而不愿意听取别人的意见，那么会阻碍说话的进行。

如何能让一个人心甘情愿地接受自己的意见和建议，得到自己的帮助呢？最好的说服不是在嘴上说服，而是从心上说服。为了解决这个问题，我们在这里介绍给大家一个以平等思维说服人的模式。利用平等思维说服，对方会觉得您提给他的建议是他自己的选择，而不是被您说服了。

1. 真心接受对方的观点

每个人在成长过程中，学到了不同的东西，有各自不同的经验，形成了自己的一套知识和经验系统。基于这套知识和经验系统，形成了稳定的判断事物的标准。他所有的选择都是基于这种标准判断的。

当您想把自己的观点介绍给别人、试图劝服对方的时候，首先要接纳和理解对方的观点。这时候，对方才会跟您和谐相处，才容易接受您的观点。当您发现对方的观点明显偏激、不完善甚至是愚蠢时，只是因为您不了解他的判断标准或他的判断依据而已。

2. 展示另外的选择

短期来看，人们看待事物和评判事物的标准是稳定的。但从长期来看，人们在不断介绍新知识和新经验的过程中，新的知识和经验都会不断地影响着人们的心，改变着人们的判断标准。

要想改变一个人的判断，可以有两种方法：一是改变这个人所依据的条件；二是改变这个人的判断标准背后的知识和经验系统。

改变人所依据的条件是一个短时间解决问题的好办法。人们由于有不同的知识和经验系统，看问题的角度也往往不同，所以，他们在看待同一事物的时候，往往会看到不同的结果，依据这些结果来判断事物，他们当然会得出不同的结论。

改变人的判断标准背后的知识和经验系统，就要长期让这个人接受正向的熏习，这就是所谓的近朱者赤、近墨者黑的道理。

3. 尊重对方的选择

当对方已经看到了我们提供的选择的时候，他如果还是选择原先的做法，我们当然要尊重对方。

平等尊重，真诚待人

被道理说服的人，是在"道理"的制约中按照你的想法去做。而被你的情感打动的人，是在"内心"的呼喊中按照你的想法去做。前者是：我必须那样去做，否则就是不讲道理。后者是：我必须那样去做，否则就是没有良心。两者之间没有高下之分，只是技艺不同而已。有的人吃硬（理），有的人吃软（情）。如此而已。

法国企业家拉蒂艾专程来到印度首都新德里，打算找拉尔将军谈一桩飞机销售的大买卖。

拉蒂艾在新德里几次约拉尔将军洽谈，都没能如愿。最后总算逮着通话机会了，可拉蒂艾只字不提飞机合同的事，只是说："我将到加尔各答去，这只是专程到新德里以私人名义来拜访将军阁下，只要10分钟，我就满足了。"拉尔勉强地答应了。

秘书引着拉蒂艾走进将军办公室，板着脸嘱咐说："将军很忙！请勿多占时间！"拉蒂艾心想，太冷漠，看来生意十有八九要告吹了。

"您好！拉蒂艾先生！"将军出于礼貌伸出了手，想三言两语把客人打发走。

"将军阁下！您好！"拉蒂艾表情真挚、坦率地说："我衷心向您表示谢意……"

将军感到莫名其妙。

"因为您给了我一个十分幸运的机会，在我过生日的那一天，终于又回到了自己的出生地。"

"先生！您出生在印度吗？"将军微笑了。

"是的！"拉蒂艾打开了话匣子，"1929年3月4日，我出生在贵国名城加尔各答。当时，我的父亲是法国歇尔公司驻印度代表。印度人是热情好客的，我们全家的生活得到了印度人民很好的照顾……"

拉蒂艾动情地谈了他对童年生活的美好记忆："在我过3岁生日的时候，邻居的一位印度老大妈送我一件可爱的小玩具，我和印度的小朋友一起坐在大象背上，度过了我这一生中最为开心快乐的一天……"

拉尔将军被深深感动了，当即发出邀请说："您能来印度过生日真是太好了，今天我想请您共进午餐，以示对您生日的祝贺。"

汽车在开往餐厅的途中，拉蒂艾打开公文包——不，不是飞机销售的合同样本，而是一张颜色已经泛黄的照片。拉蒂艾庄严肃穆地双手捧着照片，恭恭敬敬地展示在将军面前："将军阁下，您看这个人是谁？"

"这不是圣雄甘地吗？"

"是呀！您再瞧瞧左边那个小孩，那就是我。4岁时，我和父母一起回国，在途中很幸运地和圣雄甘地同乘一艘轮船，这张合影照就是那次在船上拍的，我父亲一直把当它当这世上最珍贵的礼物珍藏着。这次，我要去拜谒圣雄甘地的陵墓……"

"您对圣雄甘地和印度人民的友好感情，令我深表感谢！"拉尔说。

自然，午餐的气氛是极为融洽的。

当拉蒂艾告别将军时，这宗大买卖已经成交了。

试想，如果拉蒂艾一见拉尔将军，就大谈飞机业务，纵使他将道理讲得头头是道，估计也谈不成这笔大买卖。

美国著名人际沟通专家卡耐基在他的著作《怎样使你的谈吐更动人》中说："言传心声，动之以情，是任何消极对立的观点都难以招架的。"为了进一步说明，卡耐基谈到了自己的一次亲身经历。他曾经应邀作为一所大学演讲大赛的评委。参加最后冠军角逐的是六名大学生。其中有五名大学生有过专业系统的演讲训练，但最终冠军被那位从来就没有接触过演讲的学生获得。那个获奖者是来自非洲的祖鲁人，其演讲题目为《非洲对现代文明的贡献》。卡耐基评价这个来自非洲的学生说：他在自己的每一句话里都倾注了深厚的感情。卡耐基领悟到：理性的光辉有时会使别人站在远处难以靠近，感性的语言却可以拉近人心、引起共鸣。

美国二战英雄麦克阿瑟将军，历来有"刚烈将军"之名。作为将一生献给军营的职业军人，他的身上更多的是铁的规矩与血的躁动。但刚烈将军也有柔情，在他告别国会大厦的演讲中，他用饱含情感的语言，打动了所有的听众，以及几十年来阅读到该讲演稿的人。这篇讲演叫《老兵不死，他们只是慢慢凋零》。限于篇幅，我们摘录其中两段如下，让读者体会体会"动情"的力量——

"当我听到合唱队唱的这些歌曲，我记忆的目光看到第一次世界大战中步履蹒跚的小分队，从湿淋淋的黄昏到细雨蒙蒙的黎明，在透湿的背包的重负下疲惫不堪地行军，沉重的脚踝深深地踏在炮弹轰震过的泥泞路上，与敌人进行你死我活的战斗。他们嘴唇发青，浑身污泥，在风雨中战斗着，从家里被赶到敌人面前，许多人还被赶到上帝的审判席上。我不了解他们生得高贵，可我知道他们死得光荣。他们从不犹豫，毫无怨恨，满怀信心，嘴边叨念着继续战斗，直到看到胜利的希望才合上双眼。这一切都是为了它们—责任—荣誉—国家。当我们蹒跚在寻找光明与真理的道路上时，他们一直在流血、挥汗、洒泪。

"20年以后，在世界的另一边，他们又面对着黑黝黝的肮脏的散兵坑、阴森森的恶臭的战壕、湿淋淋的污浊的坑道，还有那酷热的火辣辣的阳光、疾风狂暴的倾盆大雨、荒无人烟的丛林小道。他们忍受着与亲人长期分离的痛苦煎熬、热带疾病的猖獗蔓延、兵燹地区的恐怖情景。他们坚定果敢的防御，他们迅速准确的攻击，他们不屈不挠的目的，他们全面彻底的胜利——永恒的胜利——永远伴随着他们最后在血泊中的战斗。在战斗中，那些苍白憔悴的人们的目光始终庄严地跟随着责任—荣誉—国家的口号。"

值得注意的是，在说话或演讲中，煽情时要控制住自己的情感的状态，不能一味泛滥。毕竟我们不是为煽情而煽情，要知道收和放。煽别人的情，说自己的理。有些人讲到伤心处泣不成声，愤慨时词不成句，高兴时手舞足蹈，结果别人根本就听不清你说的是什么，无法和你产生共鸣。

说话要有人情味

人情味是什么？要准确地定义还真不是一件容易的事情。抽象地说：人情味是人类情感互动的一种表现，引起他人的情感上共鸣，或使他人感到温暖。人情味有一种说不出的滋味，是一种意味深长，耐人寻味的情感。

俗话说："人非草木，焉能无情？"人情味是一种复杂的混合味道，是以真诚为基础的，不是博爱而是关怀，不是表面的礼貌而是内心的尊重。人情味是一种克己敬人，是一种淡淡的味道，闻了沁人心脾。一个没有人情味的人，如同草木般独自枯荣一世。

美国原总统布什在 1988 年与对手杜卡基斯对垒竞选总统时，之所以能战胜强敌，这在很大程度上因为他在电视辩论中的讲话比他的对手更富有人情味。1988 年 10 月 24 日在电视上，他们两人进行最后的公开辩论。在这难解难分的最后时刻，在公众面前谁的形象塑造得好，谁就能赢得更多选票。所以布什和杜卡基斯都对这次公开辩论异常重视，不敢掉以轻心。

当记者问"你是如何对付曾经刻骨铭心的困难"时，杜卡基斯这样回答："1978 年，我在竞选麻省民事党州长候选人时落选，我感到十分痛苦。我知道，是我自己造成这次选举的失败。我没有去责备别人。然而，没有痛苦就没有前途，我从中悟出了不少道理——虽然失败了，但失败却丰富了我的人生。有幸的是我有一个非常幸福的家庭，我想假如你也有同样痛苦的时刻，那么你的家庭将会给你最强有力的全力支持。"

　　对同一个问题，布什是这样回答："我的孩子的死是我迄今生活中最痛苦的时刻。有一天，医生对我们说：'你们的孩子得了白血病。'我问他，这是什么意思。医生告诉我们：'这意味着她就要死了。你们必须决定，如何对她进行治疗。或者让她听凭自然走完这个过程——这样的话，她大约能活三个星期。'假如我们决定，不给她任何医治听凭其死去，那么我们会感到极大的痛苦。然而医治她，却要使这个幼小的孩子承受各种痛苦，我们实在于心不忍。但是，在我那坚强的妻子的帮助下，在温暖和谐的家庭支持下，我增强了信念，很好地处理了这件事。我的女儿又活了六个月。当然，要是在今天，她可能多活好几年。"

　　两相比较，杜卡基斯的话显然令人乏味，而布什则在政治辩论中跳出来大谈生活，极富人情味。布什虽然说的是一件伤心的事，但由于话语中含有人人——广泛处于社会各个阶层各个角落的父母子女都能体会到的浓烈的亲情，就像加过糖的咖啡一样，尽管底味有点苦，却恰到好处地托出了糖味的甘甜。布什的话成功地让选民觉得他是个可敬可亲的富有人情味的人，与杜卡基斯相比，他是更为合适的总统人选。正由于布什这段极富人情味的话赢得了不少善良选民的心，使本来与布什不相上下的杜卡基斯的形象在选民中急转直下，最后满怀遗憾地落选。由此可见，人情味在社会语言中很重要。人的感情总是可以相通的，只要不是故作多情，无病呻吟，在社交场合与人交谈时，我们就要恰如其分地使自己的话带有人情味，让人觉得你的话像加过糖似的，亲切、甜美而又切实可信。

　　我们在一开始进入社交场合，就得不断地提醒自己：在整个交谈的过程中，都应带有浓浓的人情味。中国有句俗话，叫"良言一句三冬暖"。古代大思想家荀子也说过："与人善言。"正是我们提倡的话语中所要讲求的人情味的真谛。

在拥挤的火车上，一位疲惫不堪的妇女，带着一个四五岁的孩子站了很久，也没有人让座。孩子指着坐在旁边的一个小伙子对妈妈说："妈妈，我累了，你跟这位叔叔说说，让我坐一会儿吧。"妈妈轻声地对孩子说："妈妈知道你是一个非常懂事的好孩子，叔叔也很辛苦，也很累，再坚持一会吧。"一番话说得小伙子再也坐不住了，站起来说："小朋友，你来坐吧，叔叔不累。"这样，小伙子主动让了座。

妈妈的话为什么有如此巨大的感染力？原因就在于她的话语能够克己敬人，充满了对别人旅途艰辛苦累的深深理解，有一种浓厚的人情味。话不多，情却浓。其所取得的实际效果是很明显的。

在人际交往中，人情味常以其产生的巨大征服力和凝聚力而备受青睐，给咖啡加点糖，给我们的谈话加点人情味，这样的语言将深得人心，何乐而不为呢！

一唱三咏，欲罢不能

在文学艺术的殿堂中，很多优秀的抒情作品都喜欢用"一唱三咏"的煽情方式，让人读之欲罢不能。如戴望舒从《雨巷》中的丁香姑娘，读时分明能感觉到最柔弱的地方被其一咏三叹的文字所触动。

不单在文学作品中，在我们日常的演讲沟通中，也能运用这种"一咏三叹"的技巧，来达到传递思想观点的目的。在演讲中运用排比句式，可以净化思想、加强语势、增强语言的节奏和韵律。用它来说理，可以使论述细密严谨；用它来叙事，可以使事物集中完美地表现；用它来抒情，可使感情激昂奔放。

罗斯福著名的演讲——《1941 年 12 月 7 日——一个遗臭万年的日子》中，曾有这样一段话：

"昨天，日本政府已发动了对马来西亚的进攻。

昨夜，日本军队进攻了香港。

昨夜，日本军队进攻了关岛。

昨夜，日本军队进攻了菲律宾群岛。

昨夜，日本人进攻了威克岛。

今晨，日本人进攻了中途岛。"

这段话简洁有力，掷地有声，充分说明了日本军国主义侵略成性和企图称霸世界的野心。话虽不多却句句切中要害，激起听众对日本法西斯无比的愤恨。

美国著名的黑人解放运动领袖马丁·路德·金，不仅是个卓越的政治家、革命家，还是一位雄辩家。他的演讲有如春风化雨，美国黑人内心无比的激情在瞬间就能被激发。

1963年8月28日，在美国首都华盛顿举行的"自由进军"黑人集会上，马丁·路德·金再一次为千百万黑人做了演讲，其中有几段话极为精彩：

"一百多年前，一位美国伟人签署了《解放宣言》。现在，我们怀着无比敬仰的心情站在他纪念像投下的影子里。

"这份重要的文献，为千千万万正在非正义烈焰中煎熬的黑奴点起了一座伟大的希望灯塔。这文献，有如结束囚室中漫漫长夜的一束欢乐的曙光。

"然而，100年后的今天，我们都不得不面对黑人依然没有自由这一可悲的事实；100年后的今天，黑人的生活依然悲惨地套着种族隔离和歧视的枷锁；100年后的今天，在物质富裕的汪洋大海之中，黑人依然生活在贫乏的孤岛之上；100年后的今天，黑人依然在美国社会的阴暗角落里艰难挣扎，在自己的国土上受到放逐。

"所以，我们今天到这里来，揭露这骇人听闻的事实。

"这就是我们的希望。

"这就是我带回南方的希望。

"怀着这个信念，我们能够把绝望的大山凿成希望的磐石；怀着这个信念，我们能够将我国种族不和的喧嚣，变为一曲友爱的乐章；怀着这个信念，我们能够一同工作、一同祈祷、一同奋斗、一同入狱、一同为争取自由而斗争。因为，我们明白，我们终将得到自由，我们终将得到原来属于我们的幸福！"

马丁·路德·金的这番讲话，感动了在场的所有人。黑人们流下了眼泪，白人们也流下了眼泪。黑人们为他们所遭受的不公正的待遇而伤心、难过；白人们也许是感到对这一切自己无能为力而深感不安。

马丁·路德·金使用的一段段的排比，言辞恳切，情深意长。既是对黑人遭遇不平的声讨，又是战斗的号角，将自己的感情表达得淋漓尽致，极富感染性和鼓动性。

梁启超曾写过一篇《少年中国说》的文章。在文章中，梁启超也大量运用了排比，表达了他对未来中国繁荣、富强的期盼；同时也充分说明了只有重视青少年的发展、教育才是强国之道：

"少年智则国智，少年富则国富，少年强则国强，少年独立则国独立，少年自由则国自由，少年进步则国进步，少年胜于欧洲则国胜于欧洲，少年雄于地球则国雄于地球。"

寥寥数言却寄托着巨大的爱国之情，在那个被人欺凌的时代里，民富国强是每一位中国人梦寐以求的理想。这几句话既是国人们的热切期盼，也是他们坚定的信念——中国一定要雄立于世界。反复咏叹在说话尤其是演讲的过程中，能产生一种震撼人心的力量。

在生活中，我们也可以运用这种说话的技巧。例如一个读初中的孩子，在妈妈要他帮忙做些力所能及的家务事时，孩子非要妈妈支付工钱才做。爸爸听了，将孩子叫到书房，轻声地问他："你妈妈十月怀胎，你要不要付她工钱？她在你小时候为你换洗尿布，你要不要付工钱？你生病了她半夜带你看医生，你要不要付工钱？……"话还没有说完，孩子就低下了头，承认自己错了。

学会说"我们"

作者曾经在一家公司当过人事主管，负责过几次招聘。记得在接待应聘者时，一些喜欢用"我们"（或"咱们"）的应聘者，特别让人听着舒服。比如，有应聘者问："咱们公司现在是以哪些业务为主呀？"听上去比"贵公司"或"你们公司"要亲切得多。用"我们"的应聘者，相对来说，我们的距离会无形之间缩短。而用"贵公司"或"你们公司"的应聘者，始终会有一种若即若离的感觉存在。对于这个有趣的现象，作者在其他同行那里也得到了印证。

与人交谈时，把"你""我"变成"我们"有意想不到的好处。表明了"我"和"你"身上一个叫"我们"的战壕，是同甘共苦的"兄弟"。经常把"我"字摆在前面的人，会给人留下独断专行、自高自大的印象，对与人交往有百害而无一利。如果能把"我"字变成"我们"，则显得非常谦虚，说出来的话别人也更愿意听。

一位先生对太太大手大脚很不满，经常劝太太说："您就不会省一点，现在的钱我难赚，物价还涨得那么快，别的不说，总要为孩子的将来多准备一点教育储备金吧。"太太每次听了都没效果，有时还会引起争吵。苦恼的先生找到人际沟通专家咨询沟通方法。回家后，先后调整了说话的方式，多说"我们"，少说"你"和"我"，结果效果非常理想。例如他在劝太太时，会说："我们最近花钱多了点……"甚至，他的建议"我们应该制订一个消费预算"还获得太太的认可并正式执行。前后的区别，就是"我""你"与"我们"的区别，前者有自私的指责味道，后者有共同承担的意思。

当然，"我们"也不能滥用。"我们的公司"可以说，"我们的妻子"可不能乱讲，乱讲说不定会挨嘴巴。此外，还要注意"我们"要用得顺畅，不要生硬，这样不但达不到目的，还会给人造成反感。

"我们"这个词，用得好具有神奇的魅力，它不但能给听话者带来亲切的感觉，还可以体现出讲话者的深明大义与宽广的胸襟。使听话者倍感尊重，而说话者也会有所收获。用这种双方受益的说话方式与人交谈，又何乐而不为呢？

小孩通常喜欢说"这是我的""我要……""你不许动我的东西"等，对于小孩子说出这样的话，人们可能不会在意，但如果这些话出自一个大人之口，就令人很难接受了。人们会将这类人归结在自私自利、以我为中心的行列当中，这就相当危险了。究其原因是"我"字惹的祸。

顺便提及的是，很多时候，用"我"来代替"你"的表述也有很好效果。其具体举例说明。对方做错了事，你说："你怎么会犯这样的错呢"不如说："我感到很遗憾"或"我感到很伤心"，两者视错误的程度而定。如果有人没有遵守承诺，我从不指责他："你怎么不讲信用！"我只会说："我很失望！"描述自己的心理，比指责对方的行为更有效。

第四章　赞美他人的艺术

口才高手早就知道：人人都喜欢听好话、受赞美。口才高手的出众之处在于：知道如何恰当地赞美别人。赞美是一门精致的艺术，高手们总是能不露痕迹地说到别人最受用的地方。

学会赞美，一团和气

常言道："泰山不拒细壤，故能成其高；江海不择细流，故能就其深。"所以，无论在什么场合说话，如果我们能够于细微处下功夫，从话语细节入手，就能使说话既收到"润物细无声"的效果，又有极强的针对性。

事物是由无数个局部构成的，因而局部可以反映整体的某些特性。一个人也是如此。一般来说，人的整体形象反映在一个个有意无意地小动作、一件件微不足道的小事情中。

很多人懂得从细微之处赞美他人，更能显出赞美的力量，更能激发个人的内在潜质，使他人做出更大的贡献。所以说，从细节入手的赞美话语，往往会有神奇的效果。

当我们说话想赞美他人时，越细致的赞美会越有力量。称赞得越广泛越庞杂，它的力量就越弱。因此，说赞扬别人的话时，要针对具体的某一件事情。例如，"比尔，你今天的穿戴非常得体，你的领带跟你的黑色西服很相配"要比"比尔，你今天穿得很好看"更能说到比尔的心里去；而"玛丽，你每次和人们说话时，都能让他们觉得自己很重要"就比"玛丽，你很会与人相处"会更有力量。

某学校元旦晚会上，大家都兴高采烈，有说有笑，台上节目正精彩纷呈。而在一个角落里，有一个叫王朋的学生闷闷不乐，心事重重。这时候，主持人发现了王朋，他疑惑地想：王朋平时表现得挺积极的，做事很热情，今天是怎么了？同时，主持人还想到，王朋是新转来的学生，可能与新的同学还没有相处融洽，或者是在想以前的同学、朋友了。于是，他就对大家介绍到："王朋是这学期刚转到我们班的同学，平时各方面都表现得很积极，与同学关系也很融洽，我们现在就像是一家人了，共欢乐，同进步吧。现在，欢迎王朋同学为我们唱支歌好吗？"

王朋听了这番话，深深感动，感到了新班集体的温暖和凝聚力，就很快与大家融合在一起了。

从案例中看出，这位主持人是很细心的人，他懂得说话要从细微处入手，才有良好的效果。对于王朋来说，主持人的话就像丝丝细雨，滋润了他心中的不快。

说话是一门艺术，不同的词语组合，不同的语气都会收到不同的效果。人际交往中，说话交往的时候一定要注意到一些细节问题，从细节入手，否则可能会产生一些很不好的结果。

赞美是最好的口德

赞美是一种美德。佛教里，弥勒菩萨和释迦牟尼佛本乃同时修行，释迦牟尼佛因为多修了一些赞美的语言，因此早于弥勒菩萨三十劫成佛。

不要相信真的有不喜欢"奉承话"的人，而疏于对某人的赞美。

古时有一个说客，当众夸口说："小人虽不才，但极能奉承。平生有一愿，要将1000顶高帽子戴给我最先遇到的1000个人，现在已送出了999顶，只剩下最后一顶了。"一长者听后摇头说道："我偏不信，你那最后一顶用什么方法也戴不到我的头上。"说客一听，忙拱手道："先生说得极是，不才从南到北，闯了大半辈子，但像先生这样秉性刚直、不喜奉承的人，委实没有！"长者顿时手捋胡须，扬扬自得地说："你真算得上是了解我的人啊。"听了这话，那位说客立即哈哈大笑："恭喜恭喜，我这最后一顶帽子刚刚送给先生你了。"

这虽然只是一则虚构的笑话，但谁又能否定我们身边没有类似的长者呢？

威廉·詹姆斯说："人性中最深切的禀质，是被人赏识的渴望。"林肯也说："每一个人都喜欢人家的赞美。"在美国芝加哥发生过这样一个案例：有位丈夫掐死了他的妻子，原因是他对妻子畅谈白天说的得意事时，发现妻子竟然睡着了。他感到异常恼怒，竟然失手就将妻子给掐死了。这说明人对被尊重被赏识的渴望是何等强烈。

所以，我们在每天所到之处，不妨多说几句肯定别人的话、赞美别人的话，播下一些友善的种子。看到朋友买了一件新衣，不要忽视。称赞一下穿上去很合身、很精神、很漂亮或者很酷。也可以打听一下价钱，"遇货添钱"的传统赞美手法，永远都不会过时。

不要说别人身上没有值得赞美的地方。世上没有完美的好人，同样也没有万恶的坏人。只要你愿意，您总是能够在别人身上找到某些值得称道的东西，也总是可能发现某些需要指责的东西，这取决于你寻找的是什么。一位心理学家曾成功地改变一位被认为不可救药的儿童，他的方法就是善于发现他值得赞美之处。

孩子的父亲说："这是我见过独一无二的孩子，简直没有一点可爱的品质，没有一点。"于是，心理学家开始从孩子身上寻找某些他能给予赞美的东西。结果他发现这孩子喜欢雕刻，并且工艺很巧妙，而在家里他曾因在家具上雕刻而受到惩罚。心理学家便为他买来雕刻工具，还告诉他如何使用这些工具，同时赞美他："你知道，你雕刻的东西比我所认识的任何一个儿童雕刻得都好。"不久，他又发现了这个孩子几件值得赞美的事情。一天，这个孩子使每一个人都大吃一惊：没有什么人要求他，他把自己的房子打扫一新。当心理学家问他为什么这样做时，他说："我想你会喜欢。"

任何事物都有两面性，明白了这个道理，你就能从别人身上所谓的缺点找到值得赞美的闪光点——

对热衷斗嘴的人，可以说："你说话很有逻辑。"

碰到喜欢啰唆的人："你很细心！"

面对敏感的人："你有艺术气质。"

对于顽固的人，你可以说："你很好，是一个有信念的人。"

恰到好处的赞美

搔痒要搔到痒处，这是一个很浅显的道理。同样，赞美别人也要赞到痒处。口才高手的赞美，高就高在能够发现平常人所未注意到的痒处，用语言作为搔痒的搔子，帮别人搔得神清气爽，五体通泰。

人云亦云的赞美虽然也是赞美，但也最多是聊胜于无的赞美而已。口才高手会努力去发现、挖掘别人所看不到的地方下手。你要是赞美袁隆平的对于水稻培育、甚至对于人类做出了多么大的贡献，虽然说的是事实，但他一定不会怎么在乎。因为这一块早就被众多高官、媒体以及千万张嘴赞过了，早就结了厚厚的茧子，你的这一下搔过去，铁定没有任何感觉。口才高手的赞美就会不同，会发掘他不为大众所知的一面来赞美，夸他摩托车技术好，赞他饭菜做得好。这样效果一定会好很多。爱因斯坦就这样说过，别人赞美他思维能力强，有创新精神，他一点都不激动，作为大科学家，他也听腻了这样的话，但如果赞美他的小提琴拉得不错，他一定会兴高采烈。巧的是，袁隆平也爱好拉小提琴，并且技术也不错，在公开场合有过即兴表演，或许从这个角度来赞美，也是会有不错的效果的。

对于任何一个人而言，最值得赞美的，不应是他身上早为众所周知的明显长处，而应是那蕴藏在他身上，既极为可贵又尚未引起重视的优点。正如安德烈·毛雷斯曾经说过的："当我谈论一个将军的胜利时，他并没有感谢我。但当一位女士提到他眼睛里的光彩时，他表露出无限的感激。"

有一位非常精明强干的大商业家叫沃普尔，吉斯菲尔伯爵对他评价道："他的才干是无须别人赞美的，因为对于这一点，他自己知道得很清楚。他喜欢周旋于美女之间，有风流浮滑的名声，因此他愿意别人谈他温文尔雅。他在这一点上是极易被人赞美恭维的，这也是他常常爱好与人交谈的话题。由此可以证明，这是他的弱点所在。"

于是，我们找到一把钥匙来打开他人的渴望赞美的隐秘之门。赞美只要你观察他们最爱谈的话题便可。因为言为心声，他们心中最希望的，也是他们嘴里谈得最多的。你就在这些地方去搔他，一定能搔到他的痒处。

几句恰到好处的赞美，之所以起到金石为开的作用，皆因能找到各种不同的典型人物所偏爱的赞美。一个叫凯雷的人自己对赞美的妙处总结道："有一回，我得到机会对身居最高法院大法官的博罗试用赞美术。你知道，大法官总是铁面无私的一副面孔，其内心世界隐藏得很深，一般人想赞美他，恐怕马屁会拍到蹄上了呢。那时，博罗刚刚在西部某大学做完演讲。但我很明白，如果我对这位老先生说一些关于他的演讲的话，是不会讨好他的。因为演讲对他来说，已经是老调了，可以说犹如锦囊探物一般有把握。于是我对他说：'大法官，我真想不到一位主宰最高法庭的人，会这样富有人情味。'他立刻对我发出会心满意的微笑。"

"有不少人，他们喜欢听相反的话；更有许多的人，喜欢别人把他们当作有思想、有理智的思想家。有一回，我与一个人讨论一件颇有争议的社会问题，我对他说：'因为你是这样的冷静、敏锐，因此我想知道，我们究竟应该站在什么立场？'他听了我的话，立刻现出满面春风的样子，并详细对我说了他对此事的立场态度。原来此人是愿意人家看他是敏锐、冷静的。"

吉斯菲尔还告诉我们："几乎所有女人都是很爱美的，这是她们最大的虚荣，并且常常希望别人赞美这一点。但是对那些有沉鱼落雁之容、闭月羞花之貌的倾国倾城的绝代佳人，那就要避免对她容貌的过分赞誉，因为她对于这一点已有绝对的自信。如果你转而去称赞她的智慧、仁慈，如果她的智力恰巧不及他人，那么你的称赞，一定会令她芳心大悦，春风满面的。"毫无疑问，吉斯菲尔的话，能启发我们赞美的思路。

相对搔在长了厚茧的麻木处来说，搔到别人疼处就更加失败与倒霉透顶了。大李去老吴家拜访，见了墙上挂着一幅照片，照片上是一个十七八岁的女孩。大李问："这是……"老吴回答："哦，我女儿。"大李一阵子猛夸孩子长得漂亮乖巧，赞老吴命好，却没有得到老吴多少回应。后来，大李才在偶然之中，从别人口里得知老吴的女儿在几年前因为车祸离开了老吴。虽说不知者无罪，但大李要是警醒一点的话，或者说话水平高一点，是不至于发展到拼命夸赞，甚至说什么命好之类的话去伤害老吴的。

赵总今年四十岁，但看起来比较显老。一天，来了一名新员工，在办公室聊天，新员工说赵总显得年轻。赵总就让他猜猜他的年龄，新员工说："您最多五十。"赵总很失望地摇摇头，周围的老员工也忍不住在偷偷地笑。新员工连忙问："那我猜的与您的年龄相差多少呀？"赵总说："十岁。"新员工兴奋地说："您真显年轻，说您六十，我还真不信。"看看，又是一个蹩脚的"赞美大师"，老总长得太显老不是你的错，你眼拙猜错了十岁也就算了，无法更改了。为什么不在听说相差十岁时，把年纪往小十岁来说呢？"哎呀，您原来是四十岁，您看我真笨，猜得太离谱了！"管他到底是四十还是六十，反正就该往好的地方说。

由上面的两个例子可见，没有把握的事情，切不可随意贸然行事、放肆赞美。如果一定要赞美，不妨先尽量来点火力侦察，探探底，摸摸情况再作是否深入的定夺。

赞美不是阿谀奉承

赞美要有点专业精神，大而泛之的"真好啊""真美啊"之类的赞美，虽也属于赞美，但让人感到乏味与空洞，受到你赞美的人也激不起多少惬意。如果碰上多心或不够自信的人，说不定还会引起困惑或不安：会不会是故意这样说的呢？难道⋯⋯

打个比方，别人要你看一篇他发表的文章。你看完后，只知道说"好啊好啊"的，很难取得赞美的效果。好在哪？视角独特？结构严谨？行文雅致？字字珠玑？这些话不说到，难道是因为在他的文章中找不到半点此类优点，才不得不空泛地说好？

我们在前面谈到的邹忌，他在赞美齐威王琴艺时，是这么说的："⋯⋯大王运用的指法十分精湛纯熟，弹出来的个个音符都十分和谐动听，该深沉的深沉，该舒展的舒展，既灵活多变，又相互协调，就像一个国家明智的政令一样⋯⋯"

邹忌的赞美恰到好处，让人听了不会觉得他在故意逢迎，是真心的赞美。但要恰到好处，多少需要一点专业知识，也就是说要"懂行"。懂行的话，你就能抓住需要赞美的事和物的实质，不会说乏味肤浅的空话。许多人常犯外行的错误，见了什么都说好，见了谁都说高，有的是不懂装懂，有的是只知其一，不知其二，语言不到位，说不到点子上，切不中要害，缺乏力度。

当然，世上的行业多如牛毛，我们不可能成为一个全才或通才。很多事物我们都没有拥有足够的知识去品味。这需要我们在平时有空多学习，扩大知识面。同时，对于你不具备基本知识的事物，在主动赞美时就应该避开。而在别人请你鉴赏或评论时，也可以实实在在地说明自己不懂，然后以外行的眼光简单地赞美也无可厚非。

有一次，我和几个朋友去拜访一位作家，谈到他新发表的中篇小说，有的说："写的真感人！"还有的说："我恐怕一辈子也写不出这么优秀的小说出来了。"其中有一位朋友说得有点特色："常言道，文如其人。您的这个中篇，全文大开大合，显示了您为人的大气；行文洗练，和您做事干脆利落的风格一致；对于小人物的细腻刻画中，又见您善良悲悯的人文情怀；写的虽是悲剧但没有过多地沉浸于伤感，而是将视角抬升到了产生悲剧的原因，说明您对社会有着深刻的思考。"夸文赞人，在行在理，独辟蹊径，巧妙换了个新角度，令人耳目一新。他的赞美与众不同，技高一筹。

可见，见解深刻的赞美是多么与众不同。不仅能让人对你刮目相看，更重要的是：能让被赞美者产生了真实的认同感，能让他产生了与你积极沟通与交流的愿望。

嬉笑怒骂皆可赞美

在球场上，我们经常听到踢球或打球的小伙子们用粗俗的语言来赞美对方，大家不仅不觉得刺耳，反而觉得有一种十分朴实、真挚的情谊隐于其中，而受到夸奖者也不以粗话为不敬，相反，往往更加得意、十分快活，有时还会用粗话还击，将对方着实地再夸上一番。在一场足球赛中，一个小伙子截到球后，快速出击，左躲右闪，连过数人，飞起一脚攻破对方大门。只见胜方的队员们个个大喜，一个小伙子冲上去就给那位破门勇士一拳，大叫着："真是'牛'脚。"两人哈哈大笑。

看来，只要骂得得体，同样会有夸奖的效果。这大概正反映了男人们渴望挣脱枷锁、追求野性力量的一种心态吧！嬉笑伴怒又何尝不是赞美之法呢？

赞美一个人，并不是做报告或谈工作，没必要十分严肃。赞美贵在自然，它是人际交往活动中在一定场景下的真情流露。僵硬、虚夸、作样的赞美，即使是出于真心实意，也会让人反感、提防，甚至将你归于阿谀小人之列了。所以，赞美的方式是多种多样，而且是千变万化的，在嬉笑怒骂间常可收到出奇的效果，从而增进你与朋友的友谊。

有位大学生，成绩总是第一，大家打心眼儿里佩服他、尊敬他。一次，他又考了第一名。在饭后的"侃大山"中，好几位同学夸了他，却没有一位是用直接赞美的方式。一位同学故作心痛，手捂胸口，叹息道：“既生我，何生你。”引得众人大笑。另一位作嬉皮笑脸状："今晚跟我去看录像吧，既然我赶不上你，把你拉下马也成。"而另一位同学则一副怒不可遏的样子："这日子没法过了。"惹得同学们一阵欢笑。那位成绩第一的同学也跟着大伙笑，并真诚地表示自己一定会尽全力帮助别人。他在同学们中的形象更好了。

嬉笑怒骂皆赞美是要讲究对象、场合和方式方法的。如果不顾及你与对方的关系、所处的环境而滥用此法，别人就会觉得你不庄重、不真诚、粗不可耐，不但不能收到赞美对方的效果，反而影响了自己的形象。

一般来说，嬉笑怒骂应用于非正式的场合，如在聊天、锻炼、娱乐中，在比较正式的场合，特别是大庭广众之中，切忌这些太随便的方式。

另外，嬉笑怒骂用之于青年人中间，特别是同学、朋友间比较合适。对话人之间应彼此熟悉，关系较为亲密。一般的朋友或初次见面时，则不宜采用此法。在有上、下级关系或长、晚辈关系的人之间，更不宜用嬉笑怒骂的方式来赞扬对方。

嬉笑怒骂还不宜使用得过于频繁。因为这种正话反说、随随便便的赞美方式本身就有一定的冒犯他人的性质，如使用过滥，不仅会使赞美串了味，使对方误以为你是在挖苦他，而且你个人的形象也会因此受到极大的损害。

拿捏准赞美的分寸

在与人交往时，有些人总是竭力恭维、美言别人。他们认为既然人都是喜欢听好话的，那么，自己多说好话自然就能取得好效果。殊不知别人并不怎么买好话的账。这是什么原因呢？

赞美并不等于善言，赞美适度才是善言。如果错误地把赞美当作善言，不分对象、不分时机、不分尺度，在交际中总是千方百计、搜肚刮肠找出一大堆的好话、赞词，甚至把阿谀当作善言，那么常常会事与愿违。

那么，如何准确地把握赞美，使赞美恰如其分而不失度地成为真正的善言，取得事半功倍的效果呢？

1. 因人而异，使赞美具有针对性

赞美要根据不同人的年龄、性别、职业、社会地位、人生阅历和性格特征进行。对青年人应赞美他的创造才能和开拓精神；对老年人则要赞美他身体健康、富有经验；对教龄长的教师可赞美他桃李满天下，对新教师这种赞美则不适当。

2. 借题发挥，选择适当的话题

赞美本身不是目的，而是为自荐创造一种融洽的气氛。比如看到电视机、电冰箱先问问其性能如何；看到墙上的字画就谈谈对字画的欣赏知识，然后再借题发挥地赞美主人的工作能力和知识阅历，从而找到双方的共同语言。

3. 语意恳切，增强赞美的可信度

在赞美的同时，准确地说出自己的感受，或者有意识地说出一些具体细节，都能让人感到你的真诚，而不至于让对方以为是过分的溢美之词。如赞美别人的发式可问及是哪家理发店理的，或说明自己也很想理这样的发式。美国前总统罗斯福在赞扬英国前首相张伯伦时说："我真感谢你花在制造这辆汽车上的时间和精力，造得太棒了。"总统还注意到了张伯伦曾经费过心思的一个细节，特意把各种零件指给旁人看，这就大大增强了夸赞的诚意。

4. 注意场合，不使旁人难堪

多人在场的情况下，赞美其中某一人必然会引起其他人的心理反应。假如我们无意中赞美了某职称晋升考试成绩好的人，那么在场的其他参加考试但成绩较差的人就会感到受奚落、挖苦。

5. 措辞适当，不使人产生误解

在现实生活中往往会出现这样的事情，说话者好心，而听话者却当成恶意，结果弄得不欢而散。我们要尽量使赞美的语意明确，避免听话者多心。

6. 适度得体，不要弄巧成拙

不合乎实际的赞美其实是一种讽刺，违心地迎合、奉承和讨好别人也有损自己的人格。适度得体的赞美应建立在理解他人、鼓励他人、满足他人的正常需要及为人际交往创造一种和谐友好气氛的基础之上。

第五章　委婉表达的艺术

　　中国人委婉含蓄的说话，也被称为艺术。除了一些约定俗成的婉语之外，在我们生活中，还不停地创造着新的婉语与方法。在委婉含蓄、曲折迂回的声音中，人们快活地做着一种开发智力、融洽氛围的猜谜游戏。

张弛有度，进退适宜

口才高手并非指那些说起话来锋芒毕露、刀刀见血的人。真正的口才高手说话张弛有度，进退适宜。或直指对方，咄咄逼人，达到震慑对方的目的；或委婉曲折，循序渐进，达到使对方心领意会的目的。

生活中，我们有时会听到有人这样评价一个人："他说话能噎死人！"这就说明说话太直接了容易使人一时难以接受，事倍功半。甚至有时我们的本意虽然是好的，但是由于说得太突然太直接了，而难以达到目的，误人误己。其实，咱们中国人对这方面还是挺注意的，比如说在我国传统的修辞方法中，就有一种"婉约"手法。求人办事说得委婉一点，含蓄一点，使对方领悟到那层意思，可以给双方更多地考虑空间，也容易让人接受。

杨洪是三国时期的蜀郡太守。他的门下书佐何祗出道时间短，却升职很快，居然当上广汉太守。每次朝会，杨洪都要和同为太守的昔日部下何祗平起平坐。杨洪心里有点不平衡，在一次朝会空闲，他语带嘲谑地问何祗："你的马怎么跑得这样快？"

很明显，说的是马快，但实则是指升职的速度快。

这个问题，暗藏锋芒，不好回答。老老实实地回答为什么自己的马快（马的品种好？驾车的人技术好？），没什么意思，也有答非所问之嫌。那么直接把问题说开，解释自己快速升职的理由？也不好，有自以为是、自我吹嘘的嫌疑。当然，对于这类问题，完全可以糊涂视之，打个呵呵就过去了。

但何祗不同。他笑呵呵地回答："不是小人的马跑得快，实在是因为大人您没有给快马加鞭啊。"

抛开杨洪的阴暗心理不说，他的提问的确够水平。而何祗的回答更为高明，委婉地解释了自己升职快的原因是勤勉，而对方升职慢的原因是不够努力。两人的对话都很委婉，不明就里的人还真不知道话里有话。他们在委婉中完成了一场小小的交锋，却又照顾了彼此的身份与面子。

做人固然要正直、直率，但并不意味着说话都要直言，因为直言最容易伤人，使人反感厌恶。例如，当妻子买了一块布料征求丈夫的意见，丈夫觉得妻子用这块布料做成衣服穿不太合适，如果丈夫不尊重体贴妻子的心情，直露地批评说："你看你的审美观真成问题，一把年纪了还穿这么鲜艳的衣服，岂不成老妖婆了？"这样生硬、贬损的话必定会伤害妻子的自尊心。如果丈夫换一种方式来表达："不错，颜色真鲜艳，女儿的同学就穿的是这种料子，真的很漂亮。"这意见说得委婉得体，不但反对的意见传递出去了，还更容易被妻子接受。

总之，委婉说话不仅是一种策略，也是一门艺术。含蓄委婉地说话，正是为人成熟的表现。作为一个现代人，应当有这种文明意识，掌握这一有利于人际交流的语言表达方式。

活用暗示，巧解难事

暗示是一种隐蔽的、含蓄的提示，是一种巧妙的说话方式。运用暗示的说话方式，可以将一些不便明说的意思表达出来。

美国经济大萧条时期，找到一份工作是很困难的。有位小女孩幸运地在一家高级珠宝店找到了一份销售珠宝的工作。一天，珠宝店里来了一位衣衫褴褛的青年人，青年满脸悲愁，双眼紧盯着柜台里的那些宝石首饰。

这时，电话铃响了，女孩去接电话，一不小心，碰翻了一个碟子，有六枚宝石戒指落到地上。她慌忙拾起其中五枚，但第六枚怎么也找不到。此时，她看到那位青年正惶恐地向门口走去。顿时，她意识到那第六枚戒指在哪儿了。当那青年走到门口时，女孩叫住他，说："对不起，先生！"

那青年转过身来，问道："什么事？"

女孩看着他抽搐的脸，一声不吭。

那青年又补问了一句："什么事？"

女孩这才神色黯然地说："先生，这是我的第一份工作，现在找工作很难，是不是？"那位青年很紧张地看了女孩一眼，抽搐的脸才浮出一丝笑意，回答说："是的，的确如此。"

女孩说："如果把我换成你，你在这里会干得很不错。"

终于，那位青年退了回来，把手伸给她，说："我可以祝福你吗？"

女孩也立即伸出手来，两只手握在了一起。女孩仍以十分柔和的声音说："也祝你好运！"

青年转身离去了。女孩走向柜台，把手中握着的第六枚戒指，放回了原处。

本来，这是一起盗窃案。在通常情况下，大多数人可能会大叫抓偷窃者或者报警。但是，这位女孩却巧妙地运用了暗示，既没惊慌也没声张，却使小偷归还了偷窃物，那小偷也没有当众出丑，体面地改正了自己的错误。假如那女孩大喊大叫，说不定小偷会在情急之下飞快跑了，或偷偷将戒指扔到某个难以寻找的角落。

暗示的显著特点是"言此而意彼"，能够诱导对方领会你的话，去寻找那言外之意。从心理学的角度来看，委婉暗示的话，不论是提出自己的看法还是劝说对方，都能维护对方的尊严，使对方容易赞同，接受自己的说法，进而也就达到了沟通的目的。

生活中有很多尴尬的事情发生，如果直截了当，可能会让大家陷入难堪的境地。此时，不妨巧妙地旁敲侧击，用暗示的方式来提醒对方。

张小姐是王老板的秘书，一次他们去陪几个重要的客户。酒桌上推杯换盏，气氛友好而热烈。突然，张小姐无意中发现刚从洗手间出来的老板忘记了拉裤子的拉链。张小姐连忙迎上还没落座的老板，低声说："王总，您刚才出门是不是忘记关车库门了？"老板一听，这个幽默我在网上看到过啊，难道……忙下意识低头看，好在张小姐早就帮他挡住了客户的视线。老板嘿嘿笑了笑，转身进了洗手间。过会儿出来时，说："哎哟，把手表给忘在洗手台上了，幸亏张小姐眼尖，否则就丢了。"一场尴尬就这样化为无形。

暗示最怕的是太"暗"，"暗"到别人很难明白你的真实意思，那就白暗示了。拿上面的轻喜剧来说，车库门忘关代指忘记拉拉链的小幽默，几乎上网的人个个都看到过。因此，秘书的话老板一听就马上能联想到发生了什么事情。而要是秘书直接说："老板，你忘记了拉下面的拉链了。"老板当时一定会脸红、不好意思，双方也会有尴尬。而秘书采取暗示的说辞，双方都会随和多了。

春秋时，有一次晋文公率军进攻卫国，行军途中，看到有一个人在路边仰面大笑。此人叫公子锄，他想阻止晋文公进攻卫国。晋文公问："你因何发笑？"

公子锄说："有个人送他的妻子回娘家，在半路碰到一个很漂亮的采桑女，就嬉皮笑脸地和人家搭话。等他回头一看，却见另一个男人正在向他的妻子频频招手致意。"

晋文公听后，猛然明白了公子锄的意思，立即下令火速回师，还没到家，就发现果然有人在攻打晋国的北部边疆。

这么高明的暗示，大约只有高手才想得出，也只有高手才能会意。

暗示最怕碰上榆木脑袋，你再怎么点拨都不开窍。在《梁山伯与祝英台》中，祝英台不停地暗示再暗示，可憨厚的梁兄就是不开窍，怎么点也点不醒点不透，让看的人急都急死了。但观众急没有用，祝英台急也白搭。最后，悲剧不可避免地出现了。好在那是戏剧，人物与情节的安排要符合剧情的需要，生活中这样榆木的人不多见，要是你有幸碰上了，还是不暗示好。这本书里介绍了很多说话的方式，不要吊死在一棵树上。

说话要学会拐弯

左三圈右三圈，脖子扭扭屁股扭扭……兜这种圈子有益健康。说话兜圈子，左三圈右三圈，天南海北古今中外……会有什么益处呢？

某天，一位年轻媳妇看到小姑子穿了件新的羊毛衫，猜想是婆婆给买的，便故意高声地对小姑子说："哇，从哪儿买来的羊毛衫，真漂亮！"婆婆便在一旁答话道："从街口那家商场买的，刚进的货。我先买了一件，让你俩穿上试试，要是看中了，明儿再买一件。"

年轻媳妇其实也想要一件，但又不好意思说出口，于是转向小姑子去夸羊毛衫，"顾左右而言他"。聪明的婆婆也听出了弦外之音，便答应也给她买一件，于是，年轻媳妇达到了她的目的。

有位年轻人早早回家做了一锅红枣饭。妻子下班回来，端起碗，高兴地问道："这枣真甜啊，哪来的？"丈夫说乡下姑妈捎来的。妻子不无感慨地说："姑妈想得可真周到啊，年年捎枣来！"丈夫说："那还用说，我从小失去父母，就是姑妈把我抚养大的嘛！"妻子说："她老人家这一生也真够辛苦的。"稍停，丈夫忽然叹了口气，说："听捎枣的人说，姑妈的老胃病又犯了，她一个人在乡下真够难的……""那就接来呗，到医院好好治治。"不等丈夫把话说完，妻子说出了丈夫想说还未说出的话。年轻人想接姑妈来城里治病，但不直说，而是通过吃枣饭、忆旧情，左三圈、右三圈地兜来兜去造成一种适宜的氛围，然后再说姑妈生病，而让妻子接过话题，说出接姑妈来的话。这样言来语去，自然圆满，比直说高明多了。

在我们日常生活和工作中，有时候，我们还真的需要在说话时"兜兜圈儿"。那么，在什么样的情况下，我们需要在说话时兜圈儿呢？

第一种情况是，为了顾及情面，有些话不方便直说出来，这时需要兜圈了。比如婆媳之间、恋人之间、两亲家之间等，都是后天建立起来的情感之塔，基础欠牢固，交往中双方都比较谨慎、敏感，言语中稍有差错，都会带来不快或产生误解、造成矛盾。

第二种情况是，为让对方更易接受，这时可以运用"兜圈子"的说话方法。有些话直接挑明了估计对方一时难以接受，一旦对方明确表示不同意，再要改变其态度就困难多了。在这种情况下，为了强调事理，说服对方，就可以把基本观点、结论性的话先藏在一边。而从有关的事物、道理、情感开始兜起圈子。待到事理通畅、明白，再稍加点拨，更能化难为易，达到说服对方的目的。前面举的那位年轻人就是针对这种情况而兜圈子的。如果他直言要接姑妈来城里治病，妻子不一定同意。而通过吃枣饭、谈红枣、忆旧情，事理人情双关，形成了把姑妈接来的充分理由，水到渠成，所以不用自己讲，妻子就把他的心里话说出来了。

兜啊兜，绕啊绕，避实就虚，多路进攻，旁敲侧击，曲径通幽。在运动的过程中，去寻找沟通的最大公约数，或是争取更多的时间以利沟通的进行。这种兜来绕去的方式，总能把不好听的说的中听一点，把不雅观说得好看一点，把不能让人接受的说得能让人接受，最终是图个听的人舒服，说的人顺心。

婉转拒绝，不伤面子

身为社会人，我们要遵循的做人原则之一是乐于助人。但并不是每个人都有时间、能力、精力，总是去乐于助人的。想做个有求必应的好好先生并不容易，人们的要求永无止境，往往是合理的、悖理的并存，如果当面你不好意思说"不"，轻易承诺了自己无法履行的职责，将会带给自己更大的困扰和沟通上的困难。更何况，在你的责任范围里，还有帮助家人、成就自己的任务。

喜剧大师卓别林曾说：学会说"不"吧！那你的生活将会美好得多。是的，说"不"的确能替自己省很多事。但这个"不"不是就一个字那么简单。对别人的请求，简单的一个"不"字，不给别人面子，也很容易给自己脸上贴上不近人情、冷酷的标签。

"不"的意思一定是要表达出去，因为我们不能一辈子就做别人手里的牵线木偶。我们需要自己的时间与空间来发展自己。那么，如何巧妙一些，既表达了"不"的意思，又不至于让人际关系陷入冷漠？

我们在此提倡一种婉转拒绝，既拒绝了别人，又不至于让彼此难堪。其大致常用的方法有四种。

一为条件应承法。条件应承法，顾名思义，是带有条件的应承。你要我做什么可以，但是有一个前提，而前提没有达到的话就不能履行了。举个例子，庄子当年找监河侯借钱，一开口，好家伙，要三百两金子！监河侯听了，这么多啊，不借。不借是不借，但人家拒绝得非常有水平。监河侯说:"好,过段时间我要去收租,如果能够收齐,就借你三百两金子。"这话听上去是应承了,但里面透露出信息,隐含了条件,留足了退路。透露了什么信息呢?——我现在不借,不借的原因是手里不宽裕,要收了租才有。隐含了什么条件呢?——如果能够将租收齐。留足了什么退路呢?——一是要过段时间,二是如果没有收齐租的话不借。庄子是多么聪明的人,一听这个回复也没有半点办法。

在运用条件应承法时,要注意条件的设置,要与别人的请托有密切关系,方才说得过去。比如别人问你借钱,你说好吧,等太阳从西边出来吧。这成了什么,太阳从哪边出和借钱有什么关系,再说太阳也不可能从西边出来啊。你不是存心刻薄、调戏人家吗?那要怎么说呢?你看现在股市不是不景气吗?如果你炒股的话,可以说:"好啊,等我的股票解套了吧。"天知道你有多少股票被套、套了多深、何时能解套!

其二是推托其所法。人处在一个大的社会背景中,互相制约的因素很多,为什么不选择一个盾牌挡一挡呢?如:有人托你办事儿,假如你是领导成员之一,你可以说,我们单位是集体领导,像你的事儿,需要大家讨论,才能决定,不过,这件事恐怕很难通过,最好还是别抱什么希望,如果你实在要坚持的话,待大家讨论后再说,我个人说了不算数。——这就是推托其所,把矛盾引向了另外的地方,意思是我不是不给你办,而是我办不了。听者听到这样的话,一般都要打退堂鼓,会说:"那好吧,既然是这样,我也不难为你了,以后再说吧!"

其三是答非所问法。答非所问是装糊涂,给请托者以暗示。如:"此事您能不能帮忙?"答:"我明天必须去参加会议。"

答非所问,婉拒了对方,对方从你的话语中感受到,他的请托得不到你的帮助，只好采取别的办法。这种情形常常发生在上下级之间，比如找老板要求涨工资，小心谨慎地说出后，被老板一些东南西北的话给岔散了。怎么拧也拧不回来。

其四是含糊拒绝法。如："今晚我请客，请务必光临。"答："今天恐怕不行，下次一定来。"

下次是什么时候，并没有说定，实际上给对方的是一个含糊不定的概念。对方若是聪明人，一定会听出其中的意思，而不会强人所难了。

说了那么多拒绝别人的方法，并不是说我们就应该拒绝一切求助。每个人的时间、金钱、资源都是有限的，对于有些请求，我们实在是没能力或必要去硬充好汉。同时，需要提醒读者的是，也不是所有的拒绝都要用糊涂法，事实上，有些情况下你也完全可以直接拒绝对方。要根据具体情况来选择适合的方法。比如你的好友打电话要你陪她去逛超市，你完全可以直接告诉她："对不起，我没空，我要做什么什么事情。"不需要任何拐弯抹角，效果更好。

拒绝别人最好能够委婉，因为没有人喜欢被拒绝；被别人拒绝一定要大度，因为拒绝你的人总有他的理由。

第六章　幽默说话的艺术

口才再好，若是没有幽默感，就好比一个园林里楼亭阁榭，有山有水，有草有木，就是没有花。没有花的园林，布局再合理，也少了些灵气与生动；没有幽默的口才，说话再雄辩，同样也少了些灵气与生动。

人人都喜欢有幽默感的人

马克·吐温曾经说:"让我们努力生活,多给别人一些欢乐。这样,我们死的时候,连殡仪馆的人都会感到惋惜。"马克·吐温的话既有幽默感,又富有哲理。

有人说:笑是两人之间最短的距离。会心一笑,可以拆除心与心之间的戒备;超然一笑,可以化解人与人之间的隔膜;开怀一笑,可以放松身心——这就是幽默谈吐在人际交往中的巨大作用。一个具有幽默感的人,能时时发掘事情有趣的一面,并欣赏生活中轻松的一面,建立起自己独特的风格和幽默的生活态度。这样的人,容易令人想去接近;这样的人,使接近他的人也分享到轻松愉快的气氛,这样的人,更能增添人的光彩,更能丰富我们生活的这个社会,使生活更具魅力,更富艺术。

法国作家小仲马有个朋友的剧本上演了,朋友邀小仲马同去观看。小仲马坐在最前面,总是回头数:"一个,两个,三个⋯⋯"

"你在干什么?"朋友问。

"我在替你数打瞌睡的人。"小仲马风趣地说。

后来,小仲马的《茶花女》公演了。他便邀朋友同来看自己剧本的演出。这次,那个朋友也回过头来找打瞌睡的人,好不容易终于也找到一个,说:"今晚也有人打瞌睡呀!"

小仲马看了看打瞌睡的人,说:"你不认识这个人吗?他是上一次看你的戏睡着的,至今还没醒呢!"

小仲马与朋友之间的幽默是建立在一种真诚的友谊的基础之上的，丢掉虚假的客套更能增进朋友之间的友谊。可见，交朋友要以诚为本。朋友之间要以诚相待，互相关心，互相尊重，互相帮助，互相理解。爱人者人恒爱之；敬人者人恒敬之。关心别人，才会得到别人的关心；尊重别人，才会得到别人的尊重；帮助别人，才会得到别人的帮助；理解别人，才能得到别人的理解。

在家庭生活中，男人常常会因为自己的妻子为赶时髦去购买时装而产生烦恼，免不了一番发泄，但这往往会伤害夫妻感情。如果你是一个有修养的男子，面对这种窘境，即使是批评，也应采取一种幽默的方式，既消弭矛盾，又不伤感情，并给生活增添一份情趣。

妻子："今年春天，不知又流行些什么时装？"

丈夫："和往常一样，只有两种，一种是你不满意的，另一种是我买不起的。"

这位丈夫的幽默，一般通情达理的妻子均能接受，两个人此时都会为之一笑。我们再来看另一则充满智慧的幽默：

谁不喜欢富有幽默感的人呢？即便是没有幽默感的人，对于幽默的人大概也是欣赏与喜欢的吧？因为任何人的内心都喜欢阳光与欢乐，而具有幽默感的人，他们身上散发着阳光与欢乐的气息。一个具有幽默感的人，会时时发掘事情有趣的一面，并欣赏生活中轻松的一面，建立出自己幽默的生活态度。这样的人，容易令人想去接近；这样的人，使接近他的人也分享到轻松愉快的气氛；这样的人，更能增添人生的光彩。

人们已经厌倦了腥风血雨，已经厌倦了指桑骂槐，已经厌倦了人际之间的指责与谩骂。现代生活中的幽默，也就是与人为善，它追求的是人际之间的和谐与人的发展与完善。麦克阿瑟将军，他在为儿子所写的祈祷文中，除了求神赐他儿子"在软弱时能自强不屈；

在畏惧时能勇敢面对自己；在诚实的失败中能够坚忍不拔；在胜利时又能谦逊温和"之外，还向上帝祈求了一样特殊的礼物——赐给他儿子"充分的幽默感"。可见，幽默是人生多么值得拥有与追求的馈赠。

西方人对于幽默非常重视，但或许由于文化上的差异，幽默在我国并不太受到人们的重视。据南开大学社会学系的一项调查显示，我们的家庭成员在情感交流中，在六成的妻子认为丈夫少有幽默的情调，七成的丈夫认为妻子缺乏幽默感，而认为父母毫无幽默细胞的子女接近有九成！这一数据显然应该引起我们的重视和警觉。

每逢时代踏进新阶段时，幽默便会兴旺起来。它对于生活中古旧的一切、虚妄的一切，都宣告了它们的末日的来临。我们正在迎接这一时代！

说话幽默，活跃气氛

与人初次见面时，若没有一个善于说话的人，有时候场面会出现拘谨。如果有一个人说话幽默一点，能将空气搅和，不仅交流会更顺畅，而且有利于迅速增进友谊。

著名国画大师张大千与著名京剧艺术大师梅兰芳神交已久，相互敬慕。在一次张大千举行的送行宴会上，张大千向梅兰芳敬酒，出其不意地说：

"梅先生，您是君子，我是小人，我先敬您一杯！"

众人先是一愣，梅兰芳也不解其意，忙问："此语做何解释？"

张大千朗声答道："您是君子——动口；我是小人——动手！"

张大千机智幽默，一语双关，引来满堂喝彩，梅兰芳更是乐不可支，把酒一饮而尽。

大多数人有广交朋友的心，苦的是没有行之有效的方法，如果我们能像张大千一样，注意感受生活，勤于思考，有一天我们也会变得和他一样幽默风趣，到那时候，对我们来说世界就不再是陌生的了，因为陌生人也会乐意成为我们的朋友。

在陌生的场合登台，或在人多的场合演讲，也是考验一个人口才的地方。启功先生是个幽默风趣的人，平时爱开玩笑，他当老师时，给新生们说的第一句话常常是："本人是满族，过去叫胡人，因此在下所讲，全是胡言。"引起笑声一片。他的老本家、著名作家、翻译家胡愈之先生，也偶尔到大学客串讲课，开场白就说："我姓胡，虽然写过一些书，但都是胡写；出版过不少书，那是胡出；至于翻译的外国书，更是胡翻。"几句"胡话"，就将课堂气氛搞活、师生关系拉近。

社交需要庄重，但长时间保持庄重气氛就会使人精神紧张。寓庄于谐的交谈方式比较自由也比较轻松，在许多场合都可以使用。美国人柯林斯是第一批登陆月球的太空人，有一次参加一个私人餐会。酒足饭饱之余，大伙儿起哄要求作为名人的他进行即席演说。柯林斯推却不过，只得站起身来，高举双手让大家安静下来，随即便开口问道："我想提出一个老问题，究竟谁比较话多？是女人，还是男人？"

由于美国人有携伴参加晚宴的礼节习惯，餐会中的宾客们，在柯林斯的问题提出来之后，所有人立刻分成两派，两边的人数居然不相上下。认为男人话多的，清一色全都是女人；而认为女人话多的全部是男人。

柯林斯满意地看了看两边的男男女女，继续他的话题："根据社会行为学专家的研究证实，女人平均一天说大约28000个字；而男人一天当中，则说33000个字。所以，按照科学的观点来看，应该是男人比较长舌。"宴会中马上传出一片嘈杂的嗡嗡声，女人们得意地向她们的男伴示威，而男性则对柯林斯发出不平之鸣。

柯林斯又再次挥了挥手，等众人平静下来之后，他继续道："这当中的问题是，每天当我在外面工作，将配额内的33000字基本用完了，下班回到家里时，我太太的那28000个字，却才刚要开始。"众人随着柯林斯的话沉寂了不到半秒钟，马上爆出一阵热烈的掌声及喝彩。看来，似乎每个人都对这样的结果满意到了极点。

此外，在交谈中，不时穿插一些意想不到的、貌似荒谬而实则有意义的问题，是很好的一种活跃气氛的形式。一群闺中密友聚会，叽叽喳喳，谈到了找对象的问题。刘妹妹问吴妹妹："你愿意嫁给一个有钱但丑的富公子，还是嫁给一个很帅却没钱的英俊哥？"这类问题其实没多大的意义，但女人们似乎都喜欢探讨。吴妹妹的回答很风趣："我白天在富公子家生活，晚上到英俊哥家住宿。"那些一本正经的人会给人古板、单调、乏味的感觉，也会把交谈变得索然无味。也许会有人时常问你一些荒谬的问题，如果你直斥对方荒谬，或不屑一顾，不仅会破坏交谈气氛、人际关系，而且会被人认为缺乏幽默感。

　　和朋友久别重逢后不免寒暄一番，你完全可以借此幽默一把。例如见到一个戴了帽子的朋友，你可以用羡慕的口气对他说："老兄你真的是帽子向前，不比往年啊。"轻松幽默的高帽子，立马使整个气氛变得和谐。对方听了，笑哈哈地将帽子反转，你还可以跟进："哎呀，这下是帽子向后，齐步快走！"帽子还变吗？变左变右，总有话说。怎么说？读者你自己去想吧，四个字最后一个押韵，不难。

幽默表达更温和

如果你在餐厅点了一杯啤酒，却赫然发现啤酒中有一只苍蝇，你会怎么办？在你回答之前，让我们看看别人是怎么办的。英国人会以绅士的态度吩咐侍者："请换一杯啤酒，谢谢！"西班牙人不去喝它，留下钞票后不声不响地离开餐厅。日本人令侍者去叫餐厅经理来训斥一番："你们就是这样做生意的吗？"沙特阿拉伯人则会把侍者叫来，把啤酒递给他，然后说："我请你喝杯啤酒。"德国人会拍下照片，并将苍蝇委托权威机构做出细菌化验，以决定是否将餐馆主人告上法庭。美国人则会向侍者说："以后请将啤酒和苍蝇分别置放，由喜欢苍蝇的客人自行将苍蝇放进啤酒里，你觉得怎么样？"美国人的这种处理方式既幽默又能达到让人接受的目的。

一位顾客在某餐馆就餐。他发现服务员送来的一盘鸡居然缺了两只大腿。他马上问道："上帝！这只鸡连腿也没有，怎么会跑到这儿来呢？"

一位车技不高的小伙子，骑单车时见前边有个过马路的人，连声喊道："别动！别动！"

那人站住了，但还是被他撞倒了。

小伙子扶起不幸的人，连连道歉。那人却幽默地说："原来你刚才叫我别动是为了瞄准呀！"

幽默并不是回避、无视生活中出现的矛盾，而是以幽默的方式展示一种温和的批评。设身处地地想想，在餐厅点的啤酒里有苍蝇，要的鸡全是骨头，走路无辜被骑车人撞倒，你还有心思开个玩笑吗？

这修养，不知要多少年的火候才能修炼出来。由于有了幽默、洒脱的态度，生活中的许多尖锐的矛盾，并不需要大动干戈就能得到解决。

男女朝夕相处，天天锅碗瓢盆，始终举案齐眉、相敬如宾反而是一种不正常的现象，有人戏称为"冷暴力"。小吵小闹有时反会拉近夫妻间的距离，同时也能使内心的不满得以宣泄，如果再佐之以幽默、机智的调侃，无疑使夫妻双方得到一次心灵的净化，保证了家庭生活的正常运行，请看下面这几对夫妻的幽默故事。

驾车外出途中，一对夫妻吵了一架，谁都不愿意先开口说话。最后丈夫望着不说话的妻子，指着远处一头驴子说："你不说话，难道和它是亲戚关系吗？"妻子答道："是的，夫妻关系。"

丈夫本来想把不会说话的驴子和不愿说话的妻子拉扯到一起，既调侃了妻子，又打破沉默的气氛。但想不到妻子更加厉害，一句妙语把丈夫的话挡了回去，玩了一个更大的幽默。这样的聪明幽默的夫妻，即使吵架也不会吵得打架上吊。

妻子临睡前的絮絮叨叨总是令老王十分不快。一天夜里，妻子又絮叨了一阵后，又说："家里的窗门都关上了吗？"老王回答："老婆子，除了你的话匣子外，该关的都关了。"

以上两则故事中的夫妻幽默均恰到好处地表达了自己怨而不怒的情绪。有丈夫对妻子缺点的讽刺，但其幽默的答辩均不至于使对方恼羞成怒。如妻子用夫妻关系回敬丈夫也是一头驴，丈夫用巧言指责妻子絮叨，这些幽默的话语听上去自然天成，又诙谐有趣。这些矛盾同样有可能发生在我们每一个家庭之中，有时却往往因为两三句出言不逊的气话而使矛盾激化。

善用幽默，化解矛盾

做人要力避树敌，但一个有才能的人避免不了有或多或少的反对者。正所谓"木秀于林，风必摧之"。如何面对反对者充满敌意的进攻？

有一次，温斯顿·丘吉尔的政治对手阿斯特夫人对他说："温斯顿，如果你是我丈夫，我会把毒药放进你的咖啡里。"

丘吉尔哈哈一笑之后，严肃而又认真地盯着对方的眼睛说："夫人，如果我是你的丈夫，我就会毫不犹豫地把那杯咖啡喝下去。"

阿斯特夫人的进攻是如此咄咄逼人，丘吉尔若不回击未免显出自己的软弱，而回击不慎却可能导致一场毫无水准的"泼妇骂街"。丘吉尔毕竟是丘吉尔，一记顺水推舟的幽默重拳，打得飞扬跋扈的阿斯特夫人满地找牙却无从回手！

民主党候选人约翰·亚当斯在竞选美国总统时，遭到共和党污蔑，说他曾派其竞选伙伴平克尼将军到英国去挑选四个美女做情妇，两个给平克尼，两个留给自己。约翰·亚当斯听后哈哈大笑，马上回击："假如这是真的，那平克尼将军肯定是瞒着我，全都独吞了！"

约翰·亚当斯最后当选，成为美国历史上的第二任总统。亚当斯的胜利当然不应全归功于幽默，但却不能否认幽默魅力的功用。

几乎人人都有遭受冷箭伤害、谣言中伤的经历。放冷箭、造谣言的成本极低，杀伤力却极大。加上"好事不出门，坏事传千里"的传播学原理，一旦处理不当，便会对被诋毁者造成极大的不利局面。试想一下，如果亚当斯听到攻击之后气急败坏、暴跳如雷、脸红脖粗，或辱骂共和党的卑鄙中伤，或对天发誓："若有此等丑闻，天打雷劈！"这样地抓狂，不仅有失一个总统候选人的风度与理智，也有可能陷入无聊无趣又无休止的辩论泥潭之中——何况真理是越辩越明还是越描越"黑"都有待商榷。

在冷箭的包围中、谣言的旋涡里，如何从容脱身，实在是一门大学问。置身此类局面下的人，不妨运用幽默的武器，以四两拨千斤的姿态，或许可以潇洒地把对方打个四脚朝天。

值得注意的是，幽默的用心是爱，而不是恨。林语堂先生说过：幽默之同情，这是幽默与嘲讽之所以不同，而尤其是我热心提倡幽默而不很热心提倡嘲讽之缘故。幽默绝不是板起面孔来专门挑剔人家，专门说俏皮、奚落、挖苦、刻薄人家的话。并且我敢说幽默是厌恶此种刻薄讽刺的架子。

轻松写意，应对尴尬

有一位身材矮小的男教师走上讲台时，学生们有的面带嘲讽，有的交头接耳暗中取笑。

这位老师扫视了一下大家，然后风趣地说："上帝对我说：'当今人们没有计划，在身高上盲目发展，这将有严重后果。我警告无效，你先去人间做个示范吧。'"

学生们哄然一笑，然后鸦雀无声。很显然，他们都为老师的幽默智慧所折服，忘记了他身材的缺陷。

幽默是社交之中的润滑剂，能使难解的麻纱顺畅解开，还能使激化的矛盾变得缓和，从而避免出现令人难堪的场面，化解双方的对立情绪，使问题更好地解决。

有一位女歌手举办个人演唱会，事前举办方做了大量的宣传，但到了演出的那天晚上，到场的观众不到一半。女歌手没有面露失望的表现，她镇定地走向观众，拿起话筒，面带微笑地说道："我发现这个城市的经济发展迅速，大家手里都很有钱，今天到场的观众朋友每人都买了两三张票。"全场爆发出了热烈的掌声。第二天的许多媒体娱乐版的报道，也纷纷为这位歌手的豁达和幽默叫好，为原本陷入尴尬的女歌手树立了良好的形象。

这位歌手在演唱会上，面对过低的上座率，心里没有遗憾与痛楚是不可能的。心里不舒服，但又必须战胜这种不舒服，以阳光的姿态去把最好的自己献给买票进场的观众。怎么办？唯有借助幽默。

幽默是有文化的表现，是痛苦和欢乐交叉点上的产物。一个人不经历痛苦、辛酸，便不懂得幽默。而假如他没有充足的自信和希望，也不会幽默，他的痛苦与辛酸也就白费了。

无独有偶。一位著名的歌手参加一个大型的露天晚会。她在走上舞台时，不慎踢到台阶突然摔倒。面对这种情况，如果什么也不说就起来，就会给全场观众留下不好的印象，但她急中生智，说道："看来走上这个舞台不是一般人都能来的，门槛真高呀！"大家都笑了，她更是保持了自己的风度，巧妙地借幽默摆脱了尴尬。

在总统竞选大会上，西奥多·罗斯福演说完后，轮到回答听众提问的时间的，由他身边的一个主持人帮他念观众递上来的条子。在回答了几个选民们关心的问题后，照本宣科的职业习惯让主持人将一张条子上写的两个字原原本本地大声念出："笨蛋！"

主持人的话刚落，连他自己也傻眼了，台下的反对派开始大声起哄。

"亲爱的同胞们！"罗斯福镇静地说："我经常收到人们忘记署名的信，但现在我生平第一次接到一封只有署名但没有内容的信！"

罗斯福明知是反对派在搞鬼，用这种无聊的方式漫骂自己。但他并不正面去斥责这种行为，而是用幽默的手段，轻巧地将"笨蛋"的帽子还给了对手，从容地化解了尴尬，控制住局势。

人是情感动物，都有着一方自己的情感天地，可是这块天地没有"篱笆"，经常有外物闯入，恣意践踏，让情感受到伤害，自尊受到打击。特别是人的薄弱环节，如缺点、毛病、难堪等，经常受到别人的侵害、笑话。面薄的人内心就会受到很大的打击，对生活失去信心，但有的人却能应付自如。面对对方的诘难，他自己吹着喇叭，自己擂鼓，把自己夸耀一通，巧妙地渡过难关。这有时不免有些滑稽，因为现实情况与其所吹嘘的反差太强烈，明眼人一下就能看穿，但是，幽默似乎就在其间产生了。

萨马林陪着斯图帕科夫大公去围猎，闲谈之中萨马林吹嘘自己说："我小时候也练过骑马射箭。"

大公要他射几箭看看，萨马林再三推辞不肯射，可大公非要看看他射箭的本事。实在没法，萨马林只好张弓搭箭。

他瞄准一只麋鹿，第一箭没有射中，便说："罗曼诺夫亲王就是这样射的。"

他再射第二箭，又没有射中，说："骠骑兵将军也是这样射的。"

第三箭，他射中了，他自豪地说："瞧瞧，这才是我萨马林的箭法。"

萨马林本不善射箭，无意中吹嘘了一下，不料却被大公抓住把柄，非要看他出丑不可。好在萨马林急中生智，把射失的箭都推到别人身上，仿佛自己失败是为了做个示范似的，终于射中一箭，才揽到自己身上，并不失实际地再次夸耀一番。靠幽默的帮助，他总算没有当场出洋相。而斯图帕科夫大公也一定知道这家伙在吹牛，但有这么有趣的幽默垫底，谁会去计较那些无伤大雅的事情呢，开怀一笑多好。

威尔逊是英国的前首相。有一天，威尔逊在一个广场上举行公开演说。当时广场上聚集了数千人，突然从听众中扔来一个鸡蛋，正好打中他的脸，安全人员马上下去搜寻闹事者，结果发现扔鸡蛋的是一个小孩。威尔逊得知之后，先是指示属下放走小孩，同时叫助手记录下小孩的名字、家里的电话与地址。

台下听众猜想威尔逊可能要处罚小孩子，开始有些骚动起来。这时威尔逊对大家说："我的人生哲学是要在对方的错误中，去发现我的责任。方才那位小朋友用鸡蛋打我，这种行为是很不礼貌的。虽然他的行为不对，但是身为一国首相，我有责任为国家储备人才。

那位小朋友从下面那么远的地方，能够将鸡蛋扔得这么准，证明他可能是一个很好的人才，所以我要将他的名字记下来，以便让体育大臣注意栽培他，将来也许能成为棒球选手，为国效力。"威尔逊的一席话，把听众都说乐了，演说的气氛顿时变得轻松融洽。

幽默不是天生的

幽默有时让人感到神秘。有人想学，却无法学会；有人没怎么学，却脱口而出。于是，有些不够幽默的人便认为：我不幽默，是因为我没有幽默细胞。

幽默细胞是什么呢？毫无疑问，用高倍显微镜来进行物理观察，我们是无法看到一种叫"幽默"的细胞的。这也许能成为幽默非天生的一个论据。下面笔者用人文的视角来分析幽默的构成。

只要我们留心那些幽默感十足的人，就会发现他们的心理素质一般都优于常人，而良好的心理素质也不是天生的，需要后天的锻炼和培养。以幽默口才素质和需要来说，心理素质首先需要自信。一个常常为自己的职业、容貌、服饰、年龄等因素而惴惴不安、自惭形秽，如何在适当的场合进行优雅的表演？

安徒生很俭朴，经常戴个老式的帽子在街上行走。有个过路人嘲笑他："你脑袋上边的那个玩意儿是什么？能算是帽子吗？"安徒生干净利落地回敬："你帽子下边的那个玩意儿是什么？能算是脑袋吗？"没有高度的自信，恐怕安徒生早就在他人的取笑中发窘，或者勃然大怒，哪能灵光一现，作一个绝妙的反击？

其次，冷静也是幽默高手的一项心理特质。冷静，是使人们的智慧保持高效和再生的条件。因为只有在头脑冷静的情况下，人们才能迅速认准并抑制引起消极心理的有关因素，同时认准和激发引起消极心理的有关因素。英国首相威尔逊在一次群众大会上演讲时，反对者在下面鼓噪，其中一人高声大骂："狗屎、垃圾！"面对听众可能产生的误解和骚动，威尔逊首相沉稳地报以宽厚的微笑，非常严肃地举起双手表示赞同，说："这位先生说得好，我们一会儿就要讨论你特别感兴趣的脏乱问题了。"捣乱分子顿时哑口无言，听众则报以热烈的掌声。

最后，乐观是有幽默高手另一项重要素质。俄国著名寓言作家克雷洛夫早年生活穷困，他住的是租来的房子，房东要他在房契上写明，一旦失火，烧了房子，他就要赔偿15000卢布。克雷洛夫看了租约，不动声色地在15000后面加了一个零。房东高兴坏了："什么，150000卢布？""是啊！反正一样是赔不起。"克雷洛夫大笑。幽默感的内在构成，是悲感和乐感。悲感，是幽默者的现实感，就是对不协调的现实的正视。乐观，是幽默者对现实的超越感，是一种乐天感。没有幽默感的人不会积极地看待这个世界，不会乐观地看待自己的生活。当然乐观不是盲目的，而是有所依附，是一种透彻之后的豁达。乐观地看待你的生活，幽默自然而生。

良好的心理素质是幽默的根基，幽默的主干是广博的知识。幽默的思维经常是联想性与跳跃性很强，如果不具备广博的知识来支持，你的思维跳来跳去也就那么大的一块地方。因此，提高自己的幽默水准，需要不断地拓展知识门类和视野，提高对事物的认知能力。

有了根基与主干后，幽默要开花结果，还需要一些具体的枝枝叶叶。也就是说，究竟哪些话容易形成幽默，给人带来笑声呢？

首先，奇特的话使人开心而笑。幽默的最简单的表现方法就是令人惊奇的发笑。康德所讲的"从紧张的期待突然转化为虚无"，正是来自幽默的结构常常能造成使人出乎意外的奇因异果。例如，爸爸对儿子说："牛顿坐在苹果树下，忽然有一个苹果掉下，落在他的头上，于是，他发现了万有引力定律。牛顿是个科学家！""可是，爸爸，"儿子从书堆中站了起来，"如果牛顿也像我们这样整天放学了还坐在家里埋头看书，会有苹果掉在他头上吗？"本来爸爸是讲牛顿受苹果落地的启示，但儿子却冷不丁冒出一句含有不应该埋头读书的结论，真是出乎意外，超出常理。儿子的话在逻辑上是不合常理的，但这样的话新奇怪异，使人大大出乎意料，所以能引来别人的笑。相信故事中的爸爸在笑过之后，对于自己的教育方式会有所反思。

幽默就是要能想人之未想，才能出奇致笑。有人说："第一个把女人比喻成花的是智者，第二个把女人比喻成花的是傻瓜。"这句话似乎有点偏激，但新奇、异常的确是构成幽默的一个重要因素。

其次，巧妙的话使人会心而笑。运用幽默的核心是应该有赢得使人赞叹不已的巧思妙想，从而产生令人欣赏的欢笑。俗话说："无巧不成书。"巧可以是客观事实上的巧合，但更多的是主观构思上的巧妙。巧是事物之间的某种联系，没有联系就谈不上巧。如果能在别人没有想到的方面发现或建立某种联系，并顺乎一定的情理，就不能不令人赏心悦目。

比如，某学生的英语读音老是不准，老师批评他说："你是怎么搞的，你怎么一点都没进步呢？我在你这个年纪时，已经读得相当准了。"学生回答："老师，我想原因一定是您的老师比我的老师读得好。"

再者，荒诞的话使人会心而笑。运用幽默的内容是往往要含有使人忍俊不禁的荒唐言行，从而使人情不自禁地发笑。俗话说："理不歪，笑不来。"荒谬的东西是人们认为明显不应该存在的东西，然而它居然展现在我们面前，不能不激起我们心灵的震荡，发笑。张三的女儿周岁那天，有上门祝贺的朋友开玩笑说闺女长大了给他儿子做老婆，两家结成儿女亲家算了。指腹为亲在新时代当然已经只是一种玩笑而已，当不得半点真，张三答应下来无伤大雅，粗暴拒绝则有看不起对方之嫌。但张三居然巧妙地拒绝了，他说："不行不行，我女儿才1岁，你儿子就2岁了，整整大了一倍，将来我女儿20岁，你儿子就40岁了，我干什么要找个老女婿！"

风平浪静的水面，投进一块石头，就会一下子发出响声。常规思维的心理，被超常的信息搅扰，也会引起心波荡漾、心潮起伏、心花怒放。奇异、巧妙、荒谬就是这种超常的信息，就是幽默之所以致笑的要因，也是我们学会幽默应把握的要诀。

说来说去，幽默其实与人的气质培养类似，而幽默本身也是一种独特性情气质。如果你知道一个人良好的气质该如何培养，也应该联想得到一个人高超的幽默感是如何拥有的。

掌握幽默说话的尺度

生活中的你，也许根本就不知道什么是真正的幽默。当然，也许你就是一个非常有幽默感的人，但你却不知道不适时的笑话或是幽默可能导致的后果是什么，并且你也不明白如何去正确地运用它。你需要明白的是，平等从容才能幽默，聪明透彻才能幽默，装腔作势难以幽默，迟钝拙笨亦难以幽默，多一点幽默并不是仅仅为了一笑，而是为了使语言更加丰富，更富于美感。

如果你不能正确地运用幽默，那别人就会把你也看成是一种笑话，因此，在你需要用幽默或是笑话来调节你所处的场合的气氛时，你一定要明确地知道在场的听众是不是有幽默的禀赋，不然的话你所说出来的幽默就根本得不到认可，甚至在场的所有听众对你所表演的幽默一点也不会有所反应。

如果你的幽默与当时的形势以及场合极不协调，那么你的那种自以为是的幽默或笑话，周围的人可能会不屑一顾，在很多的时候还往往会引起别人的反感，甚至于被人视为是对自己的侮辱而遇到反对。

你还要了解自己，弄清楚自己是否是一个具有幽默禀赋并能灵活运用的人。如果不了解这一点，只是凭自己的兴致，不分场合地去说一些你自己认为十分有趣的笑话或是幽默，是不会收到良好效果的。

你要对自己和你所面向的人有一个正确的估计，要学会正确地运用幽默这种精神调节剂，因时因势，因地制宜地幽默一下，才能使幽默真正起到它该有的效果，才能做到不至于导致别人的误解。

在你运用幽默感的过程当中，一定要注意运用的对象和场合。幽默让人愉悦，能达到说话的效果，但是不合时宜的幽默只会令人厌恶。

幽默要分对象，要区分不同的性别、身份、地位、阅历、文化素养和性格。不是什么人都可以随便说幽默的笑话的。同一个玩笑，能对甲开，不一定能对乙开。比如，就性格而言，有的人内向，如果对这样的人使用幽默语言，就要小心谨慎。关系到他们自身的玩笑话最好少开为妙，即使要开也要注意分寸。不然开过了头，就会使他们感到不悦。而对性格外向的人则可以多开玩笑，但也要注意程度。

一般来说，同辈之间可以开玩笑，同事之间可以开玩笑，而晚辈则不宜与长辈开玩笑，下级不宜与上级开玩笑。在家人、同乡、朋友、同学、爱人、同事、部下之间，可以开开玩笑，说些幽默风趣的话。而对陌生人尤其是陌生女性、性格忧郁或孤僻的人，一般不宜随便开玩笑。

日常生活中，有许多场合可以说幽默的笑话，如月下漫步，乘船候车，盛夏纳凉，课余小憩，酒前宴后闲聊，等等。在一些特殊的场合则不宜说幽默的话，如在庄重的会议或在葬礼上等说一些幽默的话则会不合时宜；在婚礼的宴席上，可以就新郎、新娘的恋爱逸闻说些幽默的话，但切忌以新郎、新娘的隐私问题作为笑料来大肆宣扬，肯定会令人不快。

幽默是一种美好的情感交流，像一块糖，使得本来逆耳的建议让人乐于接受。但是运用幽默是要保证它的前提，在正确的场合下，幽默才能达到效果，否则，只会让幽默变成利剑，伤害了别人的自尊，也让自己的好意化为讽刺。

在人际交往中，一个得体的玩笑可以活跃气氛，让人紧绷的大脑得到松弛，创造出一个充满欢乐氛围的环境。但是如果不分对象、不分场合乱开玩笑，则会适得其反。

幽默是体现一个人社交能力的重要标准。在适当的时机和场合，讲个笑话，开个玩笑，既能活跃气氛，又能消除疲劳。幽默能化平淡为笑料，化乏味为神奇。

幽默可以让我们的生活更加多彩，然而开玩笑一定要掌握"度"，适可而止才能活跃气氛，增进彼此之间的友谊。

第七章　家长里短的闲聊艺术

　　闲聊是一种平常之中见真功的艺术。一个口才高手，绝对不会忽略占人生话语 99% 的闲聊。他们在闲聊中练习口才，如同在足球比赛前做热身运动。他们知道，只有闲聊聊得有水平，才有可能在非闲聊中发挥高水平。

聊一聊如何闲聊

朱自清说：人生不外言动，除了动就只有言，所谓人情世故，一半是在说话里。柴米油盐式的聊天，是我们说得最多的一些话题。聊天看似平常，却是能在平常之中见口才真功。聊得来的人，距离迅速拉近，感情立马升温。

闲聊一般是没有一个特定的话题，天马行空，可以由小孩吵架聊到美伊开战，可以从绣花针聊到原子弹。但是在寻找话题的时候，最好不要涉及政治与宗教信仰这两个主题，因为这类话题最容易引起激烈的争辩，而将原来的轻松场面一扫而空。最好谈一些小的、不重要的事情。

人们在闲聊这件事上最容易犯的错误，就是一见面就从对方所从事的工作谈起。我们总以为，和医生谈开刀、和运动员谈打球、和商人谈生意经是"天经地义"的事。殊不知，他们一年到头做同样的事情，已经够烦的了，如果你在业余时间还谈及这类事情，很可能会让对方心烦意乱。美国前总统肯尼迪最讨厌和别人谈政治，可是偏偏许多人找他谈政治，还自以为此举可以讨好他。

那么，到底应该谈哪些事情呢？最好的办法，就是经常阅读报纸和一般性的杂志，以增加各方面的常识。不然，除了"你好吗？""今天天气不错啊！"之外，接下来你就不知道要聊些什么了。

闲聊中不要当无"聊"分子，无"聊"分子在交际中不受欢迎。而那些口才高手则善于打破沉默、谈笑风生、能带动会场气氛的人，走到哪里都会受到大家的欢迎。这种人不会让场面尴尬与沉默，他们懂得适时转变话题，让大家都有台阶下。

闲聊聊些什么呢？平时除了你所最关心、最感兴趣的问题之外，你要多储备一些和别人闲谈的资料。这些资料应轻松、有趣，容易引起别人的注意。

例如，买东西上当啦，语言上的误会啦，或是办事摆了个乌龙，等等，这一类的笑话多数人爱听。如果把别人闹的笑话拿来讲，固然也可以得到同样的效果，但对于那个闹笑话的人就未免有点不敬。讲自己闹过的笑话，开开自己的玩笑，除能够博人一笑之外，还会使人觉得自己为人很随便，很容易相处。

惊险的故事也是一个不错的话题。特别是自己或朋友亲身经历的惊险故事，最能引起别人的注意。人们的生活常常不是一帆风顺的，每天大家照常吃饭、睡觉，可是忽然大祸临头，或是被迫到一个很远的地方，可能遭遇到很多危险……怎样应付这些不平常的局面，怎样机智地或是幸运地在间不容发的时候死里逃生，都是人们永远不会漠视的题材。

未婚女人喜欢谈美容与购物。已婚女人则更愿意谈儿童教育、夫妇之间怎样相处、亲友之间的交际应酬、家庭布置……

夏天谈游泳，冬天谈溜冰，其他如足球、羽毛球、篮球、乒乓球，都能引起人们普遍的兴趣。娱乐方面像盆栽、集邮、钓鱼、听唱片、看戏，什么地方可以吃到著名的食品，怎样安排假期的节目……这些都是一般人很感兴趣的话题。特别是有世界著名的音乐家、足球队前来表演的时候，或是有特别卖座的好戏、好影片上演的时候，这些更是热闹的闲谈资料。

轰动一时的社会新闻是最常用来作谈资的题材。假使你有一些特有的新闻或特殊的意见和看法，那足够可以把一批听众吸引在你的周围。

找一个合适的话题

闲聊就像打乒乓球，要有来有往，有问题有答才有趣。如果两人聊着聊着，突然出现了冷场。那意味你们已经打了一个回合。你该重新发球了。

提问就好比乒乓球赛里的发球，看似平常实则内有乾坤。要阐明自己的主张、阐述自己的意见，让对方关注地倾听自己的论述，使其理解、同情，进而接受、支持自己的主张，无疑需要一些良好的提问技巧。人们就常用"查户口"的比喻来讽刺那些僵化的、一问一答的讲话。死板生硬的提问不仅不能起到提问应有的功能作用，甚至会完全窒息友善的讲话空气，破坏讲话的气氛，使讲话难以进行下去。

在国际新闻界，意大利著名女记者法拉奇能娴熟地运用提问艺术进行采访，她在《采访历史》一书中谈到了一次采访霍梅尼的经历。

法拉奇采访霍梅尼，伊朗方面制造了许多障碍，甚至提出法拉奇必须身着伊斯兰妇女的黑色长袍，跣足木屐，并把脸和身都蒙起来等，并威胁不这样干，霍梅尼将拒绝接见。法拉奇从内心对这种以宗教名义实行强迫命令的做法很不满，但为了达到这次采访的目的，她还是勉强地穿上了一套伊斯兰妇女的服装。但在与霍梅尼见面后，她却根据自己身上的服装提出了关于伊斯兰妇女的地位问题。

法拉奇激动地说："他们要我披上这片长纱来见您，您坚持所有女人都必须披上这片长纱。请告诉我，您为什么强迫她们掩盖自己？全被捆在那些不舒服而怪诞的服装里面，让人工作和行动感到不便？"

访问这样迅速进入了主题。

可见，要问得巧，必须做到善于针对场合、对象，有针对性的提问。比如，你可对小朋友问："你几岁啦？"但对老年人却不宜这样直直地发问，例如"您高寿？"这类问话还不如问："您有五十多岁了吧？"把对方的年龄往小说，当然也不能小得离谱。

闲聊时问话须注意的是：问对方所知道的，问对方能够回答的。如果你不确知对方能否回答，那么还是以不问为好。例如问一个医生"去年本省患甲肝的病人有多少？"这是不容易回答的。要是对方的答语是"不大清楚"，这样不仅使答者有伤体面，而且双方都感到没趣，这并非说话艺术。

其次，有关宗教及政治的观点要慎重提问，除非你的对手是一个专家或权威人物。因为普通人对宗教与政治各有各的立场和见解，他也不知道你有什么用意，也不知道你有无成见。聪明的人大抵不会开诚布公地答复这种问题，所以不问为好。

有些问题，在你得不到圆满的答复时，是可以再继续问下去的，但有些问题问过以后就不宜再问。比方说，你问对方住在哪里，如果他说"在朝阳区"或者说"在海淀区"，那么你就不宜再问某街某号。如果他乐意让你知道，他一定会主动详细说出，而且最后还会补上请你光临的客气话。举一反三，其他诸如此类的问题也是一样，适可而止，以免误事。

此外，在日常会话中还要注意：不可问女士的年龄（除非她是60岁左右的），不可问别人的收入多少，不可详问别人的家庭情况，不可问别人用钱的方法，不可问别人工作上的秘密如化学用品的制造方法等。

凡对方不知道或不愿让别人知道的事情都应避免发问。问话的目的是引起两方的兴趣，不是使任何一方没趣。要是能使答者起劲，同时也能增加你的见识，那便是问话的最高本领。

有一位西方的学者说："倘若我们不能在任何一个见面的人那里学到一点东西，那就是我们沟通的失败。"这话发人深省，虚怀若谷的人往往是受人欢迎的。记着，问话不仅可以打开谈话局面，而且可以从对方的话里学会许多你不知道的学问。

问话是表示虚心，表示谦逊，同时也是表示尊重对方。"帮我把信寄了"就远不如说"能不能帮忙寄信？"后者使人听了觉得舒服。

同样，对某件事情不明白，就不妨请教别人，自作聪明是最吃亏的。一个坦白的、求教于人的问话，最能博取别人的欢心。

不要轻易否定

有些人很不讨人喜欢，不管走到哪里都令人讨厌，这些人通常在和别人沟通时，总是不断在否定对方所说的话。我们可以来看看以下的例子。

"你有车子吗？有吧？我还以为你没有呢。什么颜色？白色，那太没个性了，满街到处都看得到白色的车子，你应该选个比较个性的颜色才好嘛。什么？自动排档车？那太危险了！才两个车门？这样进出多麻烦，后座的人很辛苦吧？"

听听这段话，车子每一样都被否定，有谁会不生气呢？但是，这却是很多人不知不觉中常犯的毛病。

如果换成另一种说法："白色的感觉明亮，很不错哦！自动排档车开起来很轻松，尤其是山坡路，开起来一定特别顺手吧？如果是这种车的话，还是两车门比较轻便……"这样称赞一下人家，可以说是小事一桩，对方高兴，自己也达到了保有良好人际关系的目的，何乐而不为呢？

肯定对方、对方的家人、对方所拥有的一切，是建立良好人际关系的基本方法。

如果对方的意见和你的想法不同，也绝不要劈头就直接否定人家。如果对方说："人生还是金钱最重要。"就算你不同意，也可以婉转地回答："我也这么想。但是，应该也有一些例外吧……"先接受对方，听完对方的说明，再表明自己的主张，态度可以坚决，但是语气要尽量委婉。

　　人一旦被对方认同，就会在潜意识里觉得自己很重要，自然也就会对对方产生好感，也就愿意接受对方的意见。

　　有一点要注意，绝不能一味地肯定对方。如果有朋友在你面前抱怨他的女友实在不怎么样。你若傻傻地回答说："是呀，身材也不好！"虽然是附和了对方的意见，但对方心里其实可能是希望得到反驳，希望你称赞他的女友，结果却得到反面的回应，这样不只场面尴尬，想想两人的谈话还谈得下去吗？和人交谈千万不要只听表面上的话，要用心察觉对方的心思。

　　特别需要注意的是，不要随便否定自己觉得不好应付的人。因为一旦持这样的心态与人接触，我们就很容易被对方贴上负面的标签。

　　"那个人很阴沉，实在讨人厌！""他是个没有能力的人，不适合当朋友。""她很骄傲，我没办法喜欢她。"这些评语都只是对那个人的部分评价，而这样断章取义的判断只会破坏彼此关系。

　　其实，不管是什么人，必定有好的一面。如果能够这样深信，对方必定也会给予肯定的信赖回应。

把握插话的时机

　　有些人过分相信自己的理解和判断能力，往往不等别人把话说完就中途插嘴，因此常发生错误。这种急躁的态度不仅会弄错说话意图，还会因中途打断对方的话引起反感。

　　当然，在别人说话时一言不发也不好。对方说到关键的时刻，说完后你只看着对方而不说话，对方会感到很尴尬，他会以为没有说清楚而继续说下去。

　　人们常会轻率地问："刚才这个问题的意思，能说明白一点吗？"或者不经大脑就说："我不太了解刚才这个问题的意思。"这些话都不算得体，你不妨这样表示："据我听到的，你的意思是否是这样的……"

　　即使你真的没听懂，或听漏了一两句，也千万别在对方说话时突然提出问题，必须等到他把话说完，再提出："很抱歉！刚才中间有一两句你说的是……吗？"如果你是在对方谈话中间打断，问："等等，你刚才这句话能不能再重复一遍？"这样，会使对方有一种受到命令或指示的感觉。

　　俗话说："听人讲话，务必有始有终。"但是能做到这一点的人却不多。有些人往往因为不满意对方的意见而提出自己的见解，甚至当对方停顿时，抢着说："你要说的是不是这样……"由于你的插话，很可能打断了他的思路，要讲些什么他反而忘了。

　　中间打断对方的话题是没有礼貌的行为，有时会产生不必要的误会，说不定对方会想："那么你来讲好了。"一个精明而有礼貌的人与他人交谈，即使对方长篇大论地说个不休，也绝不会随意插嘴。

在宴会、生日舞会上，我们时常可以看到朋友正和另外一个不认识的人聊得起劲，此时，每个人都有加入的想法。但是，一方面你们不知道他们的话题是什么，而且你突然地加入，可能会令他们觉得不自然，也许因此而话题接不下去，会使场面气氛转为尴尬而无法收拾。

如果碰到这种情况，你最好等他们说完再过去找你的朋友，即使真有事必须当时告诉他，给他一些小动作的暗示，他就会找机会和你讲。

有一点要注意，不要静悄悄地站在他们身旁，好像在偷听一样。尽可能找个适当机会，礼貌地说："对不起，我可以加入你们吗？"或者，大方、客气地打招呼，叫你的朋友介绍一下，就能很自然地打破这种僵局。千万不要打断他们的话题，也不要制造尴尬的气氛。

招人反感的六种话

　　酒逢知己千杯少，话不投机半句多。话说得有水准，自然招人喜欢。那惹人反感的谈话方式表现在哪呢？

　　第一，喋喋不休的话。在与人交谈中，总将自己放在主要位置，自始至终一人唱主角，喋喋不休地推销自己，滔滔不绝地诉说自己的故事。有个名人说过，漫无边际、喋喋不休无疑是在打自己付费的长途电话。这样不但不能表现自己的交谈口才，反而令人生厌。"一言堂"不能交流思想，不能增进感情。交谈时应谈论共同的话题，长话短说，让每个人都充分发表意见，留心别人的反应，这样才能融洽气氛，众情相悦。正如亚历山大·汤姆所说："我们谈话就像一次宴请，不能吃得很饱才离席。"

　　第二，逢人诉苦，散播悲观情绪的话。在人的生涯中，每个人都会遇到挫折和苦难，但每个人对待的方式不同，有的人迎难而上，有的人知难而退，有的人却将苦难带来的愁苦传染给别人，在众人面前条陈辛酸，以获同情。交流中一味地诉苦会让别人觉得你没魄力，没能力，会失去别人对你的尊重。

　　第三，无事不通，显得聪明过人的话。言谈中，谈话的内容往往涉及天文、地理、历史、哲学等古今中外、日月经天、江河行地般的话题。如果在交谈中表现"万事通""耍大能"，到时定会打自己的嘴巴，砸自己的脚。因为交谈是相互了解、相互交流的方式，而不是表现学识渊博、见识广泛的舞台。更何况老子曾说过："言者不知，知者不言。"交谈中什么都说的人未必什么都知道。

第四，空话套话，就是不讲实话。大多数的孩子都喜欢肥皂泡，被吹出来的肥皂泡在阳光下闪耀着色彩艳丽的光泽，实为美妙。随着五彩泡泡的不断升高，接着一个接一个纷纷破碎。所以人们常把说空话喻为吹肥皂泡，真是恰当不过。对一些充满各种动听、虚幻诱人的词句，细细咀嚼却没有任何实在的内容，是迟早会破灭的。

说话的目的是交流思想，传达感情。因此，交谈总得让对方知道你心中要表达的是什么。只要开口，不管是洋洋万言，还是三言两语，不管话题是海阔天空，还是一问一答，都应使人一听就懂。一些人惯用一些现成的套话来代替自己的语言。三句话不离套词，颠来倒去那么几句，既没有思想性，更没有艺术性，令人听后味似嚼蜡。

央视有个一度受观众喜欢的栏目，叫"实话实说"。其受观众喜欢就是因为说实话，不说空话套话。

第五，武断的话。武断是交谈的毒药，如果你开口"当然"、闭口"绝对"，那别人还有什么话可说呢？

所以，你要尽可能避免说这样的话："所有的政治，都是欺骗。""所有的战争都是罪恶。""所有的女人都是弱者。"像这样的话，不但使你显得偏激，而且也不符合事实。在你的语句中，要多用一些这类字眼："有的人……""有的时候……""可能""也许""或者"……给你的意见或判断略为加一些限制，留一点余地。在说完自己的意见之后，也不妨问一问对方："这是我个人的看法，你觉得怎样？"或者说："我可能有错，我希望知道你的看法。"

更重要的是，要警惕自己不要用一种非常肯定的语调来讲话，好像大将军发布命令似的。不管你说什么，这种腔调别人一听就不舒服，就觉得你把自己抬得太高了。这种把自己放在一切人、一切事之上的态度，不久就会使你陷于完全孤立的地位。

第六，质问的话。谈话时习惯质问对方的人，多半胸襟狭窄，好吹毛求疵，与人为难，或性情孤僻，或自大好胜，所以即使在说话小节上，也把他的品格表现出来。其实，除了在不得已的场合如在法庭上辩论之外，质问的对话方式是大可不必采用的。如果你觉得意见不对，你不妨立刻把你的意见说出来，何必一定要先来个质问，使对方难堪呢？

例如，甲："昨天我想是今年以来最酷热的一天了。"乙："你怎会这么说呢？"

对方虽然说错了，但你何必要先给他一个难堪的质问呢？你既知道昨天热度不过34℃，而前天却达到35℃，那么你就说出来好了。先质问，后解释，犹如先向对方打了一拳，然后再向他解释一样。这一拳，足以破坏双方的情感。被质问的人往往会被弄得不知所措，自尊心受到很大的打击，如果他也是个脾气不好的人，必会恼羞成怒，而激起剧烈的争辩。

万一说错了怎么办

写错的字可以涂改，说错的话却如飞出去的箭无法回头，但每个人都难免偶尔说一句两句昏话、胡话、蠢话、废话，下面我们将谈谈在言语失当时，该如何巧妙化解的几种招数。

1. 及时改口

美国前总统里根在访问巴西时，由于旅途疲乏，年岁又大，在欢迎宴会上脱口说道：

"女士们，先生们！今天，我为能访问玻利维亚而感到非常高兴。"

有人低声提醒他说溜了嘴，里根忙改口道：

"很抱歉，我们不久前访问过玻利维亚。"

尽管他并未去玻利维亚。当那些不明就里的人还来不及反应时，他的口误已经淹没在后来的滔滔大论之中了。这种将说错的地点时间加以掩饰的方法，在一定程度上避免了当面丢丑，不失为补救的有效手段。只是，这里需要的是发现及时、改口巧妙的语言技巧，否则要想化解难堪也是困难的。

2. 巧妙转换话题

错话一经出口，在简单的致歉之后立即转移话题，有意借着错处加以发挥，以幽默风趣、机智灵活的话语改变现场上的气氛，使听者随之进入新的情境中去。

曾有一个新毕业的大学生去某合资公司求职，一位负责接待的先生递过名片。大学生神情紧张，匆匆一瞥，脱口说道："滕野先生，您身为日本人，抛家别舍，来华创业，令人佩服。"那人微微一笑："我姓滕，名野七，地道的中国人。"大学生面红耳赤，无地自容，片刻后，神志清醒，诚恳地说道："对不起，您的名字使我想起了鲁迅先生的日本老师——藤野先生。他教给鲁迅许多为人治学的道理，让鲁迅受益终生。希望滕先生日后也能时常指教我。"滕先生面带惊奇，点头微笑，最终录用了他。

3. 将错就错

这种方法就是在错话出口之后，能巧妙地将错话续接下去，最后达到纠错的目的。其高妙之处在于，能够不动声色地改变说话的情境，使听者不由自主地转移原先的思路，不自觉地顺着我的思维而思维，随着我的话语而调动情感。

纪晓岚称皇上为"老头子"，不巧被皇上听到，龙颜大怒。纪晓岚急中生智，说："皇上万岁，谓之'老'；贵为至尊，谓之'头'；上天之子，谓之'子'。"皇上听了，转怒为喜。

纪晓岚的将错就错令人叫绝。错话出口，索性顺着错处接下去，反倒巧妙地改换了语境，使原本轻慢的失语化作了尊敬的称呼，颇有些点石成金之妙。

4. 借题发挥

素有"东北虎"之称的张作霖虽然出身草莽，却粗中有细，常常急中生智，突施奇招，使本来糟透了的事态转败为胜。

有一次，张作霖出席名流集会。席上不乏文人墨客和附庸风雅之人，而张作霖则正襟危坐，很少说话。席间，有几位日本浪人突然声称："久闻张大帅文武双全，请即席赏幅字画。"

张作霖踱到桌案前，在满幅宣纸上，大笔挥写了一个"虎"字，左右端详了一下，倒也匀称，然后得意地落款"张作霖手黑"，踌躇满志地掷笔而起。

本来应该是"手墨"（亲手书写的文字），怎么成了"手黑"？秘书连忙贴近张作霖身边低语提醒。

只见张作霖眉梢一动，计上心来，他故意大声呵斥秘书道："我还不晓得'墨'字下面有个'土'？因为这是日本人索取的东西，不能带土，这叫寸土不让！"语音刚落，立即赢得满堂喝彩。

5. 自己批驳

这个方法很简单，也很有实效。比如："我认为公司的发展在近期不理想……"说着说着，发现自己把意思说反了。这时，可以停下来，问："大家认为这个看法对吗？"不等别人回答，自己马上抢先给出答案："很显然，这个看法是错误的。"然后再针对自己之前的口误进行批驳，别人还以为你开始的说辞是故意在给自己"树靶子"，哪会想到你是口误？

有位领导在记者面前说了这样的话："到海南去旅游要小心，各种陷阱太多，旅游业不规范。"说完后感觉不妥，忙改口："这是网上部分网民的观点，我认为是片面的。首先……"一句差点酿成祸的话，就这样巧妙化解了。

第八章　饭局上谈笑风生的艺术

作为一个社会人，难免有这样那样的应酬，托关系找人办事要请客，三朋四友聚一起要吃饭，都离不开饭局酒席。中国人自古都讲礼仪，不像西方人，吃饭多是自助餐，AA制，大家好比在单位食堂，可以和你坐一起进餐，但吃完饭各付各的钱，吃饭就是吃饭，不附带其他内容。而中国人吃饭还有其他功能，比喻说联络感情，拉近关系，甚至于谈工作、找对象都可以借吃饭这种活动来完成。

在饭局、酒桌上谈笑风生的人，不仅能借应酬敲定一些工作与生活上的问题，还可以借此提高个人的影响力。而那些坐在角落一言不发，或者胡言乱语的人，要么成为默默无闻者，要么成为大家所鄙夷的对象。

酒桌上说话有技巧

谈起喝酒，几乎所有的人都有过切身体会，因为"酒文化"是一个既古老而又新鲜的话题。"酒精考验"的国人，已经越来越多地发现了酒的作用。

的确，酒作为一种交际媒介，迎宾送客，朋友聚会，彼此沟通，传递友情，发挥了独到的作用。所以，我们完全有必要探索一下酒桌上的"奥妙"。

1. 众欢同乐，切忌私语

酒宴宾客都较多，所以应尽量多谈论一些大部分人能够参与的话题，得到多数人的认同。因为个人的兴趣爱好、知识面不同，所以话题尽量不要太偏，避免唯我独尊、天南海北、神侃无边，出现跑题现象，忽略了众人。

特别是尽量不要与人贴耳小声私语，给别人一种神秘感，往往会产生"就你俩好"的嫉妒心理，影响喝酒的效果。

2. 瞄准宾主，把握大局

大多数酒宴都有一个主题，也就是喝酒的目的。赴宴时首先应环视一下各位的神态表情，分清主次，不要单纯地为了喝酒而喝酒，从而失去交友的好机会，更不要让某些哗众取宠的酒徒搅乱东道主的意思。

3. 语言得当，诙谐幽默

酒桌上可以显示出一个人的才华、学识、修养和交际风度，有时，一句诙谐幽默的语言会给别人留下很深的印象，使人无形中对你产生好感。所以应该知道，什么时候该说什么话、语言得当、诙谐幽默很关键。

4. 劝酒适度，切莫强求

在酒桌上往往会遇到劝酒的现象，有的人总喜欢把酒场当战场，想方设法劝别人多喝几杯，认为不喝到量就是不实在。

"以酒论英雄"，对酒量大的人还可以，那些酒量小的人可就犯难了，有时过分地劝酒，会将原有的朋友感情完全破坏。

5. 敬酒有序，主次分明

敬酒也是一门学问。一般情况下，敬酒应以年龄大小、职位高低、宾主身份为序，敬酒前一定要充分考虑好敬酒的顺序，分明主次。即使与不熟悉的人在一起喝酒，也要先打听一下对方身份，或是留意别人如何称呼，这一点心中要有数，避免尴尬或伤感情。

敬酒时一定要把握好敬酒的顺序。有求于席上的某位客人，对他自然要倍加恭敬，但是要注意：如果在场有更高身份或年长的人，则不应只对能帮你忙的人毕恭毕敬，也要先给尊者长者敬酒，不然会使大家都很难为情。

6. 察言观色，了解人心

要想在酒桌上得到大家的赞赏，就必须学会察言观色。因为与人交际就要了解人的内心，左右逢源，才能演好酒桌上的角色。

7. 锋芒渐射，稳坐泰山

酒席宴上要看清场合，正确估价自己的实力，不要太冲动，尽量保留一些酒力和说话的分寸，既不让别人小看自己，又不要过分地表露自身，选择适当的机会，逐渐放射自己的锋芒，才能稳坐泰山，不致给别人产生"就这点能力"的想法，使大家不敢低估你的实力。

祝贺词的四种说法

在饭局酒桌上，很多时候我们难免要说几句祝贺的话。通过祝贺表达你对对方的理解、支持、关心、鼓励和祝愿，以抒发情怀、增进友谊。

从语言的表达形式看，祝贺词可以分为祝词和贺词两大类，祝词是指对尚未实现的活动、事件、功业表示良好的祝愿和祝福之意；贺词则是指对于已完成的事件、业绩表示庆贺的祝颂。

一般来说，祝贺总是针对喜庆意义的事，因此，不应说不吉利的话和使人伤心不快的话，应多讲一些吉利、欢快的话，使人快慰和感动。祝贺词要注意以下几点。

1. 情景性

祝贺总是在特定的情景下进行的，因此一定要考虑到特定的环境、特定的对象、特定的目的，使之具有明确的针对性，绝不能离开情景瞎说。

2. 情感性

祝贺语要达到抒发感情、增进友谊的目的，必须有较强的鼓动性与感染力，因此要求语言富有感情色彩，语气、语调、表情、姿态等都要有浓烈的感情色彩。大多数成功的祝词本身就是一篇短小精悍的抒情演讲。

3. 简括性

祝贺词同样可以事先做些准备，但多数是针对现场实际有感而发，讲完即止，切忌旁征博引，东拉西扯。语言要明快热情、简洁有力，才能产生强烈的感染力。有些祝词、贺词可以进行由此及彼的联想，由景生情的发挥，但必须紧扣中心，点到为止，才能给听众留下咀嚼回味的余地。

4. 礼节性

祝贺词既然是在喜庆场合发表，就要格外注意礼节。一般需要站立发言，称呼要恰当。不要看稿子，双目要根据讲话的内容，时而目视致礼与祝贺的对象，时而含笑环视其他的听众。要同听者作感情的交流，还可以用鼓掌、致敬等肢体动作，加强同听众心灵的沟通，以增强表达效果。

其实，喜庆活动本身就很讲究礼仪，致辞"祝贺"只是其中一个环节，要适时地穿插进去。例如：

祝酒。在饮第一杯酒之前，主人要致祝酒词。祝酒词内容要围绕此次邀请的主旨，一般包括：感谢来宾光临酒宴；阐明宴请的目的；对未来的美好祝愿。话语一定要简短，最好要有点幽默感，要能够使人欢愉、使人快慰、使人兴奋。为此，辞藻可稍加修饰，但不要矫揉造作。致祝酒词时一定要起立，致辞后与客人们轻轻碰杯，然后干杯。

贺婚。贺婚词的内容一般包括三部分：对新郎新娘的幸福结合表示祝贺；对新郎新娘的爱情加以赞颂或介绍有关趣事；对他们的美好未来真诚祝愿。语言宜简洁优美而富有激情。

活跃气氛有绝招

如果你想在聚会中给别人一个好印象，就应该巧用精彩的语言活跃气氛。无论是主人还是客人，都有责任把聚会气氛搞得轻松活泼。当你跨进大厅，千万不要让冰霜结在脸上，须知一个面带愁容的人是决不会受人欢迎的。所以最好是神态自若。神态自若是难得的心理平衡的体现，它包含有嘲笑自己的勇气和对别人的宽容与真诚。

大家欢聚一堂，为了让场面活跃，你不妨运用以下几招来"秀"一把自己。

1. 善意的恶作剧

有分寸地、善意地取笑别人并不是坏事。善意的恶作剧具有出人意料的效果，它能导致众人的欢笑。人们在捧腹大笑之际，超脱了习惯、规则的界限，享受不受束缚的"自由"和解除规律的"轻松"。

2. 带些小道具

朋友相聚，也许在初见面时因打不开局面陷于窘境，也许在中间出现冷场。这时，你随身携带的小道具便可发挥作用。一个精致的钥匙链可能引发一大堆话题；一把扇子，既可用来遮阳光，又可在上面题诗作画，也可唤起大家特殊的兴趣。小道具的妙用不可小瞧。

3. 引发共鸣

成功的社交应是众人畅所欲言，各自表现出最佳的才能，做出最精彩的表演，最忌一个人唱独角戏，大家当听众。为达到这一目的，就必须寻找能引起大家最广泛共鸣的内容。有共同的感受，彼此间才可各抒己见，相互交流看法，气氛才会热烈。所以，你若是社交活动的主持人，一定要把活动的内容同参加者的好恶、最关心的话题、最擅长的拿手好戏等因素联系起来，以免出现冷场。

4. 自我解嘲

人活在世间，都难免遇到一些难堪的、痛苦的事，如果不能及时地调整情绪、沉着应对，就容易陷入其中不能自拔，甚至能做出一些可能后悔一辈子的蠢事。这时，如果采取恰当的自我嘲讽，不但能让自己在心理上得到安慰，更可能使困难消弭于无形。

5. 怪问怪答

怪问怪答看似有些荒谬，实则蕴藏着很深的玄机。在交谈时可以起到活跃气氛、化解僵局的作用。如有人故意问你一个很怪异的问题，而你若直指对方无理取闹可能就正好钻进了对方的"套"里，不妨也幽默一把，回敬对方一个古怪而好笑的回答，往往会收到意想不到的效果。

6. 夸张的赞美

谁都爱听赞美的话，所以多赞美别人总没有坏处。而在一些特定的场合，赞美别人的力度也可以大一些。所谓的夸张般地赞美，并不是说一味地迎合奉承，而是要发自内心，对别人某一突出亮点大赞特赞，将会使交谈气氛立即活跃起来。

7. 寓庄于谐

庄重与诙谐本不矛盾。在庄重的场合，适时适度地讲一些诙谐但不低俗的内容，往往会产生"奇效"。

8. 制造悬念

　　每个人都有一颗好奇的心，如果讲话时先抛出一个悬念，吊足了听者的胃口，再在火候到了的时候解开谜团，会令对方更加叹服。正所谓"柳暗花明"嘛！

扮演好自己的角色

现代社会中，人与人之间接触的机会越来越多，如何运用介绍艺术来穿针引线，使你认识更多的朋友，从而拓展自己的人际关系，帮助自己的事业走向成功，这实在是一门艺术。

也许有些人会这样认为："介绍？那还不简单，只要彼此通报姓名就够了，没什么了不起！"事实上，介绍之道包罗许许多多必须注意的礼貌和技巧：如何善用说辞，把自己的特点推介出去，让别人对自己留下深刻的印象；如何面面俱到，不夸张、恰如其分地给两个陌生的朋友牵一条友谊的线，使人人都如沐春风，这都是需要有相当功力的。

与人第一次相见时，措辞适当、态度有礼能使人对你产生好感，愿意继续与你交往，并且乐意和你做朋友；假如自我介绍时口齿不清或态度轻慢，那么，人人避之唯恐不及，还会和你深入交往吗？

总之，不论是自我介绍、被人介绍还是充当介绍人，你都应该表现得恰如其分，不必过度渲染，更不可含糊其词，最重要的是扮好自身的角色。熟习社交礼节、把握要点，贴切得当地介绍，才能使宾主尽欢，满堂和气，座间人人和悦愉快。

在应酬中，自我介绍是必不可少的。从交际心理上看，人们初次见面，彼此都有了解对方并渴望得到对方尊重的心理。这时，如果你能及时、简明地进行自我介绍，不仅满足了对方的渴望，而且对方也会以礼相待、自我介绍。这样，双方以诚相见，就为进一步交往奠定了良好的基础。

在参加社交集会时，主人不可能把每一个人的情况都介绍得很详细。为了增进了解，你不妨抓住时机，多作几句自我介绍。时机有两种：一是主人介绍话音刚落时，你可接过话头再补充几句；二是如果有人表示出想进一步了解你的意向时，你可作详细的自我介绍。

自我介绍时应注意以下几点：

第一，要有自信心。在日常交往中，有些人怕见陌生人，见到陌生人，似乎思维也凝固了，手脚也僵硬了。本来伶牙俐齿的，变得说话结巴；本来拙嘴笨舌的，嘴巴更是如贴了封条。这种状况怎能介绍好自己呢？要克服这种胆怯心理，关键是要自信。有了自信心才能介绍好自己，给别人留下好的印象。

第二，要真诚自然。有人把自我介绍称为自我推销。既然推销产品时需要在货真价实的基础上做宣传，那么推销自我也不能不顾事实而自我炫耀。因此，作自我介绍时，最好不要用"很""最""极"等极端的词语，给人留下"狂"的印象；相反，真诚自然的自我介绍，往往能使自己的特色更闪闪发光，引起人们的注意。

第三，要考虑对象。自我介绍的根本目的是要给对方留下一个印象，因此要站在对方理解的角度来说话。比如第一次参加某方面的研讨会，你站起来说："我叫XX，我来发个言。"此时在场的人一定会想：这是什么人？怎么从来没见过？他代表哪方面？他的意见值得听吗？所以，面对有这么多想法的听众，你只介绍"我叫XX"是不行的，别人不会专心听你的发言。如果你理解了听众的心理，就可这样介绍："我叫XX，是XX大学的教师，我第一次参加这样的研讨会，望大家多多指教。现在我就这个问题谈谈自己的看法……"

这样的介绍，才不会使听众心中结下疑团，才能使听众专心听你的发言。

所以，在介绍自己时，一定要重视与你打交道的人，要随机应变。如你面对的是年长、严肃的人，你最好认真规矩些；如与你打交道的人随和而具有幽默感，你不妨也比较放松地展示自己的特点，做出有特色的自我介绍。

在应酬中，经常需要介绍他人。一般来说，介绍他人时应先向双方打个招呼"请允许我介绍你们认识一下"或"我介绍你们相互认识一下好吗"等。这样可以使双方有思想准备，不会感到突然。

按一般的习惯，做介绍时，如果不同性别的两个人，应该先把男士介绍给女士；如果男士年纪比女士大很多时，则应先把女士介绍给男士；如是不同辈分、职务的两个人，应先介绍晚辈给长辈，先介绍下级给上级；把一对夫妇介绍给他人，在一般情况下应先说丈夫，后说妻子；把两个群体相互介绍时，一般只介绍带队的、职务高的，随员笼统介绍即可。

有时，需要把某个人介绍给很多人，应该先向全体介绍这个人的姓名、职业，然后再依照坐着或站着的次序一一向这个人做介绍。如："各位，这是电视台的记者刘方。小刘，这是公司董事长 XX，这是总经理 XX，这是……"

向大家介绍新来的领导、来讲课的老师或做报告的专家学者时，只要把这个人介绍给全体人员就可以了，不必再一一向他做介绍。被介绍者要站立，向众人表示谢意，众人一般应鼓掌致意。介绍的内容，一般只包括姓名、身份；如有必要，也可介绍籍贯、个人性格、爱好、工作成就、所熟悉的老师、同学、朋友等。通过这些内容的介绍，使双方能够很快沟通。

在介绍他人时，应注意以下几点。

第一，介绍时要热情诚恳，面带微笑，神情要镇定自若，落落大方，充满自信。即使遇到意外情况也不要慌乱，造成一种融洽随和的气氛，给被介绍的双方留下难忘的印象。

第二，介绍时口齿要清楚，并作必要的解释和说明，以便使听的人能够很快记住双方的姓名。

第三，介绍方法要灵活，要随机应变。面对长者或领导，要使用尊称，如说"请允许我向您介绍……"。在朋友之间，可用轻松活泼的方式，有时不妨幽默一点。

秀自己要有尺度与分寸

在人多的场合，某些自诩有才能的人会不甘寂寞，总是试图把自己"秀一秀"。"秀"自己没错，但要有尺度与分寸。

19世纪时的英国尚处在鼎盛时期，号称"日不落帝国"。它的使臣们也有恃无恐，在与各国的交往之中，摆出一副"霸主"的强蛮姿态，因而引起东道主强烈的不满。有一次，英国新派遣了一位公使到玻利维亚去赴任。作为玻利维亚这样的小国，对英国公使的到来，自然十分恭敬。国王命令设宴款待，亲自陪宴。在宴会上，这位英国公使以为是强国之宾，目空一切，丝毫不把东道主放在眼里，该履行的礼节也不履行，举止粗鲁，使得国王十分难堪，大大伤害了东道主的自尊心。国王一怒之下，拍案而起，下令把这位傲慢的英国使臣带下去，剥光他的衣服，叫他光着身子走出首都拉巴斯城，让他蒙受了极大的羞辱。因为这件事英国和玻利维亚之间还差点引发了一场战争。

这位英国使臣所犯的错误，就是"喧宾夺主"，或者叫"强宾压主"，这是交际中的大忌。在有些交际场合，交际的双方是有主次之分的，主和宾就是其中的一类。这时作为宾客要有对主人的尊重意识，明白自身所处的宾客地位，从而注意以宾客的言谈举止来规范自己。作为主人来说，他是居于自己所熟悉的环境，拥有"居家优势"。这时候，他的自尊意识比较强。不管他在国际上、社会上的地位如何，他们在待客上自然处于东道主的地位，对交际活动有主导的权利和义务。他希望宾客支持理解并尊重自己，维护主人的声誉和地位。而对于客人来说，不管你的地位多高，权势多大，知识多广博，一旦去做客，就应充分意识到你的身份是宾客，应该充分尊重主人的安排，不能把自己的意志强加于主人。不可以盛气凌人，甚至卖弄自己的优势。这样才能成为受主人欢迎的客人。这位英国公使正是没有充分尊重东道主，缺少宾客意识，才遭到这样的羞辱，有了这样的下场。

可见"喧宾夺主"是交际的"毒瘤"。切忌"喧宾夺主"，应该成为现代交际中的原则，不然的话，沟通就无从谈起。这应该引起我们的注意，因为在现实生活中，这种"喧宾夺主"的交际失误还在以各种各样的形式重演着。

有位发了财的年轻个体户到朋友家做客。贵客来临，主人自然殷勤招待，端茶倒水，热情有加。可是这位个体户一副"大拿"的样子，自恃富有，形容高傲，半躺在沙发上，脚翘在茶几上。主人拿香烟给他抽，他却不屑一顾地说："你这烟能抽吗？来，抽我的九五之尊！"主人立刻就受不了，沉下脸说："哥们，你少来我这里摆谱！烟虽然不如你的，但这是我的心意，你要觉得对不起你这个富豪，那就请回吧！"这位青年的脸唰地一下红了，忙解释绝无小瞧的意思。但从此两人关系明显疏远了。

因此，饭局酒宴之上，千万不要喧宾夺主，千万不要盛气凌人。做人还是谦虚谨慎一些为好，说话还是低调一些为好。

第九章　有话巧说的艺术

有道是"来得早不如来得巧"，套用这句话，说话也是"说得好不如说得巧"。真正的好口才，讲究的是"巧"，能因人而言，因事而言，当言则言言无不尽，当止则止片言不语。他们以独特的眼光去审视世界，以特有的智慧去指挥嘴巴。

高明的口才大师，即使是遇到再刁钻古怪的问题，再难解的语言方程，他们也能以惊人都合理的方式来巧妙破解。当然，这需要深厚的知识沉淀与口才磨炼。

借别人的口说自己的话

汉献帝十三年，曹操大军压境，剑指蜀汉。诸葛亮奉刘备之命，去游说东吴联手抗曹。

诸葛亮并不了解周瑜的个性与为人，也不了解周瑜对抵抗曹军的态度，于是决定透过鲁肃探寻一番。

这一天，诸葛亮在鲁肃的陪同下去见周瑜。周瑜听完鲁肃的军情报告后，顺口说了句："应该向曹操投降。"周瑜之所以这样说，是想看看诸葛亮的反应，摸清孔明的意图。

诸葛亮明知周瑜说的是假话，但不点破。他只是微微一笑，说："将军所言极是！"之后，他又装作很诧异的样子，说："主战派的鲁肃将军，竟然不理解天下大势。"

就这样，诸葛亮借鲁肃的口，把自己心里要说的话说了出来，以此来探周瑜的口风。

明明是自己想说，但怕说出来遭到对方反对，或被对方抓住把柄，便"揪"来一个人，"借"他的口说自己的话。这样，给双方的交流留下了一个缓冲地带，使自己可进可退，游刃有余。

西安事变前夕，张学良和杨虎城就频繁会面，都有心对蒋介石发难。可对于这个关系到身家性命和国家前途的大事，在对方亮明态度之前，谁也不敢轻易开口，眼看时间越来越近，双方都是欲说还休。

杨虎城手下有个激进人士叫王炳南，张学良也认识。在又一次会面中，杨虎城便以他投石问路，说道："王炳南是个激进分子，他主张扣留蒋介石！"张学良及时接口道："我看这也不失为一个办法。"于是两人开始商谈行动计划。

当时，张学良的实力比杨虎城的实力大得多，且又是蒋介石的拜把兄弟。杨虎城如果直接把自己的观点摆在张学良的面前，而他却不赞成，后果实在堪忧。于是便借并不在场的第三者之口传出心声，即使不成也可全身而退，另谋他策。

杨虎城从侧面下手，己话他说，既暗示了自己的立场，有助于问题解决，又能顾及自身。张学良听出弦外之音，也向前跨了半步，用"也不失为一个好办法"来婉转示意。他们之前的谈话，真是滴水不漏。

"借口"有个好处，就是"诡文而谲谏"，明明是你想说的，你却说是别人这么说。听话的人如果不同意，也不会搞得两人难堪。

"借口"还可以借"公正第三者"的口说话。例如你丈夫邀人来家打麻将，你自己不抱怨，只淡淡地说："楼下的人都说咱家成了麻将馆了。"

总之，借人家的口来说自己的话，好处自己得，坏处给了别人。只是，在施用这个技巧时，不要造谣生事、搬弄是非：明明张三根本没说过，你"诬蔑"是他说的；或者张三说过，但你在借用时可能会引起你对面的人的极大反感，为张三带来不良的后果。其实，你纵是想无中生有地说，或别人的确说了但不宜直接说出是谁说的时，完全可以用模糊"说话人"方式来"借"。比如："我听有人说您要将店铺转让？"对方若是真的有心转让，怕也不会追问到底是谁说的，而若一味追问，你也大可打个哈哈，一句"我不太记得了，或许是我听错了"就轻松打发。如果不甘心，再问一句："那么看来没有这回事了？"这话既达到了目的，又说得圆滑，讲得体面。

指桑骂槐，言此及彼

"指桑骂槐"是我国古典兵法《三十六计》中的计策。在纵横家的口里，偶尔也会运用这个战术，表面上骂这个人，实际上是骂那个人；表面上说张家的事，实际上讲的是李家的事。

指桑骂槐的特点就在于巧妙地利用词语的多义性或双关性等特点来做文章。说话者说出的话语，从字面上的意思看似乎并不是直接针对对方，但话语中却暗含了攻击对方的深层意思，使对方虽有觉察却又抓不住把柄，只好哑巴吃黄连，自认倒霉。

从前，有个瞎子被无辜地牵涉到一场官司中，开堂审判时，他对县太爷说："我是一个瞎子。"

县官一听，立刻厉声责问："混账！看你好好的一只眼睛，怎么说是瞎子？"

瞎子接过县官的话："我虽然有眼睛，老爷看小人是清白，小人看老爷却是一团黑的。"

这里，盲人采用的就是指桑骂槐法。他所说的"清白"和"一团黑"，实际上是利用一词多义的现象而造成的一语双关的修辞效果，从而达到了"指桑骂槐"的目的。

指桑骂槐是一个致人内伤的阴招，一般用于恶人身上。此外，非常要好的朋友之间开开无伤大雅的玩笑，也可以用。一个人如果不分对象地滥用，只怕会落个言辞刻薄的恶名，令人避而远之。这一点大家不可不察。

指桑骂槐大多数时候只是图个口里痛快、心里舒服，但高明的说话高手却能将这一战术指向具体的诉求。

著名国画家张大千先生留有一口长胡子，人称美髯公，他自己也颇以自己的胡子为荣。可是，在一次吃饭时，有一个好友以他的长胡子为题材，连连不断地开玩笑，言辞逐渐出格。

张大千等朋友说了个七七八八，才不慌不忙地开腔：

"既然你那么喜欢讲胡子的故事，我也来凑一个热闹，讲个有关胡子的故事。刘备在关羽、张飞两弟亡故后，特意兴师伐吴为弟报仇。关羽之子关兴与张飞之子张苞复仇心切，争做先锋。为公平起见，刘备说：'你们分别讲述父亲的战功，谁讲得多，谁就当先锋。'张苞抢先发话：'先父喝断长坂桥，夜战马超，智取瓦口，义释严颜。'关兴口吃，但也不甘落后，说：'先须长数尺，献帝当面称为美髯公，所以先锋一职理当归我。'这时，关公立于云端，听完禁不住大骂道：'不肖子，为父当年斩颜良，诛文丑，过五关，斩六将，单刀赴会，这些光荣的战绩都不讲，光讲你老子的一口胡子又有何用？'"

听完张大千讲的这个故事，朋友哈哈大笑，连说"甘拜下风、甘拜下风"。在饭桌上再也不敢提胡子二字——因为一提又会做了张大千的儿子。张大千的指桑骂槐显然有点刻薄，但既然是好友之间，再说也是对方出格在先，似乎这样说说也无可厚非。但在此笔者要重申的是：指桑骂槐乃伤人重器，切不可轻易示人。

正话反说，绵里藏针

在相声里，悬念是相声大师的"包袱"。交谈中有意制造悬念，会使人更加关注你的一举一动。当大家精力集中、全神贯注时，你抖开"包袱"，让人们发觉这是一场虚惊，大家都会付之一笑，报以掌声。

在生活与工作中，有时由于场合因素和人际关系等原因，对于对方的评判或反对意见，坦言辩驳并不合适，这时不妨采用正话反说的技巧。正话反说是话中有话、绵里藏针的攻心术，即用表面肯定而实际带有反对、评判意思的话来含蓄地说服对方。

运用反话正说的方法，重要的一点在于处理好一反一正的关系。在交谈中，准备对对方进行否定时，却先来一个肯定，也就是在表达形式上，好像是肯定的，但在肯定的形式中巧妙地蕴藏着否定的内容。正说时要一本正经，煞有介事，使对方产生听下去的兴趣。然后，再以肯定的形式抖出反话的内容，与原先说的正话形成强烈的对比，从而产生鲜明的讽刺意味，让人信以为真，增加谈话的效果。

值得注意的是，"正话反说"毕竟是一种讽刺性的表达方式，使用时要特别注意语意的轻重和火候。既不能过分隐晦，令对方不能顺利领会话中的"话"，也不能火药味太浓，以免伤及对方的自尊，引起反感，反而弄巧成拙。

最后，让我们看一篇美国中学生写的文章。该文用正话反说的方式，本来是要宣传环保，却糊里糊涂地大谈"如何毒化地球"。文章短小，却让人过目不忘。

如何毒化地球

〔美〕林尼·索克

毒化地球确非易事，因为地球总是努力地为自己除垢去污，恢复原貌。考虑到这一点，我们就要尽可能地从以下物质中生产出废料。如铀238，其半衰期为100万年，或者是钚，其半衰期为50万年。它具有剧毒性。如果均匀分配的话，10磅的钚就能毒死地球上的一切生灵。美国每年生产大约18万吨钚。因此，这是能够长期毒化地球的最好物质。如果我们建造更多的核电站，它将有助于这一目的。因为一个核电站每年能生产500磅钚。当然，我们还必须使用包括诸如聚氯联苯和滴滴涕在内的这类具有持久毒效的化学物质，以保证我们有足够的毒素来毒化地球，包括地核和大气层。首先，我们必须制定出许多能把这些核物质和化学物质的废料塞入、堆满和包围地球的不同方法。

在毒化过程中，把这类物质塞入地球是最主要的一步。采用深井注射，我们便能够一直毒化到地核。深井注射需要挖掘一口深达几千英尺的洞，然后用超高压射入毒性物质。于是，这些毒性物质就会渗入地球内部。根据美国环境保护局的报告，美国大约有360口这样的深注射井。同时，我们不要忘记紧靠地面的地下水层，必须也把它毒化。这只要浅井注射就能轻易达到，其操作原理与深井注射是相同的，只是洞在地下不那么深。被排入毒物的地下水会在地球内部扩散污染。美国环境保护局估计，美国大约有50万口浅注射井。

把毒物埋入地下是仅次于深井注射的最好方法。填土、废物场和泻在湖里的毒物会慢慢地渗进地球内部，保护污染持久不衰。美国环境保护局估计，在美国约有5万座这样的废物场。因而这些废物场应建于废料能够渗入周围地下水和地表水的地区。

往地球上喷洒农药以及其他毒品是毒化地球的另一途径。这有利于用毒物覆盖地球表面。毒药会被作物吸收，会渗入地面，还会流入地下水。

污染地表水尤其重要。因为地表水能把毒物送到不能直接受到污染的地方。湖泊是长期储存污染物的好地方，而且湖泊里的一些污染物会流入河流。但河流是地球上的一个自然净化系统，这点太糟了。不论倾入多少毒物，河流总会设法把它们送入大海。

要污染海洋是很困难的，海洋拥有巨大的容积和自然稀释能力，会逐步中和一些污染物。因此，我们必须把海洋当作废料场，倾入尽可能多的废料，海流将帮助把污染物送到本来无法达到的地方。

接着，不要忘记重重地污染地球上的空气。焚烧和氧化是污染空气的主要方法。我们必须连续不断地进行污染，否则风会吹散毒素，雨也会把它们从空气中清除。但是这也有好处，酸雨每年要杀死一些湖泊中的所有生物。低层空间很容易自我净化。因此，我们就必须进行原子弹爆炸试验，以便把放射性粒子射入高层空间，笼罩整个地球。这样它们会经年不散。地球引力可能使一些粒子掉落地面，所以我们必须不断地爆炸原子弹。

总而言之，事情就这么简单，只要保证尽可能多地生产毒性物质，保证把毒性物质塞入、堆满和包围地球的速度大于地球自身的净化速度。通过这些简单的步骤，我们就能有把握地毒化地球。

模糊语言，明哲保身

学习口才的目的之一，本来就是要提高自己的表达能力，以便将自己所想的准确地传递出去，让别人更好地理解与接受。但是，在一些特定的场合，我们不说不行，但说太清楚了就会伤害到其他人，进而对自己不利。这时，我们应该使用一些模糊语言，来巧妙地周旋。例如下面案例里的小赵，就真面临这样的窘境。

李经理在三天前宣布了一份新的业绩考核制度，对工资构成进行了一个很大的改革，引起了公司业务部不小的震动。业务部里的人为此议论纷纷，总的来讲是多数赞成少数反对。正当大家踊跃各抒己见之时，李经理走了进来。大家顿时住嘴，各忙各的活。李经理当然知道这些人在讨论什么，他想借这个机会整一整反对他的人。

于是，他当着大家的面，问资历最浅的业务员小赵："小赵，对于新的业绩考核，大家的观点怎样？"

"经理，有的赞成，有的反对。"小赵回答。

"哦？那你的态度是……"李经理设下了套子。

"经理，我赞成同事们的观点。"小赵不卑不亢地避开了陷阱。

小赵的回答很高明，我们现在分析一下他的高明之处。首先，在李经理问"大家的观点怎样"这个问题时，小赵选择了基本如实的汇报，即"有的赞成，有的反对"。但他没有画蛇添足的具体说明"多数赞成"和"少数反对"。他如果说得太具体了，势必招来反对方的怨恨。接下来，面对李经理设下了套子："你的态度是……"，小赵更是不敢怠慢。我们姑且不论他的态度如何，总之不论他答"赞成"还是"反对"，都会招来一些同事的怨恨。而且，他回答赞成吧，难免有人怀疑他拍马逢迎；说反对吧，正好被李经理抓个典型杀鸡骇猴。所以，他将模糊语言进一步发挥，用"我赞成同事们的观点"轻易地化解了危机。

也许有人会担心：这样的回答会不会惹恼李经理？我想这个担心是多余的，聪明圆滑的人谁都喜欢，何况作为业务部门，更需要这种人才。而且，小赵的闪挪腾躲，丝毫不影响李经理统一思想的步骤。李经理有了这个话头，已经可以洋洋洒洒地发表自己的观点了。

谁料李经理不甘心，在得到"有的赞成，有的反对"的答复后，追问："哪些人赞成，哪些人反对？"小赵被逼得没有退路了，只得面向同事们，问："刚才是哪些人赞成？"将烫手的山芋给丢开却不露丝毫痕迹，不留丝毫把柄。

歪嘴评论模糊语言在外交场合上用得最多。什么"我们关注到"之类的话，经常出现在外交发言人的口里。因此，模糊语言也叫外交辞令。外交辞令是运用不确定的，或不精确的语言进行交际的一种语言表达方式，在公关语言中运用适当的外交辞令，是一种很好的"铁布衫"防身术。外交辞令主要表现在语言的含糊上。

1962年，中国在自己的领空击落美国高空侦察机后，在记者招待会上，有记者突然问外交部部长陈毅："请问中国是用什么武器打下U-2型高空侦察机的？"这个问题涉及国家机密，当然不能说，更不能乱说，但对记者的提问，又不能不答。于是，陈毅来了个闪避："嗨，我们是用竹竿把它捅下来的呀！"用竹竿当然不可能捅下来，但大家都心照不宣，哈哈大笑一阵便罢了。

国家大事上经常要用外交辞令，生活中的小事情也有必要用。有些人老实忠厚，不善外交辞令，他们认为外交辞令是政治家的事，在日常生活和工作中用外交辞令没有必要。事实上，外交辞令在任何场合都大有用处。

　　例如夫妻间吵架，要你去评理。你还真的把自己当公正的法官，问清事情的来龙去脉，"知无不言，言无不尽"地把谁是谁非分析得头头是道。结果，被你分析得没有道理的人不服，争吵继续。吵架过后，先是一方怨恨你，等到他们夫妻和好，怨恨你的说不定变成了两个。这样的例子屡见不鲜，真是何苦呢！人家的家务事，你判得清？还不如一上场就施展外交辞令，做一个糊涂的和事佬。

　　最后，笔者还需补充的是：模糊式的外交辞令只能在特定的场合用一用。老是用这种语言的人，会因为虚伪而得不到他人的信任。就像我们例子里的小赵，如果是单独与经理讨论这个问题，如果他的确觉得有必要发表自己的看法，完全可以坦承自己的观点；不过对于同事的观点，还是不能过于具体落到具体的人身上，要适当运用模糊语言。

不妨来点"行为艺术"

行为艺术是一种比较新兴的艺术手法，指艺术家采取很大胆、夸张、刺激的表现手法，用行为来表达人对世界的看法。在会话或演讲中，若能恰当地借用行为艺术的手法，将行为与自己所讲的主题联系起来，能够取得非常好的说服效果。

1938年，日军的铁蹄在中华大地肆虐，全国陷入屡败屡战的抗日血战之中。是年秋天，冯玉祥将军到湖南益阳，向几万人发表演讲，鼓励他们抗日。冯玉祥将军出场时，左手握着一根树枝，将一个草编的鸟窝放在树枝的枝杈间，鸟窝里还有几个鸟蛋。

台下的人不知冯玉祥拿这个干什么。这时，冯玉祥将军开口说话了，他说："大家知道，先有国家，然后才有小家，才有个人的生命保障。我们的祖国遭到了日本帝国主义的侵略，我们都要用自己的双手保卫她，那就是起来抗日。如果不抗日——"说到这里，他手一松——树枝落地、窝摔了、蛋破了。

古人云：覆巢之下，焉有完卵。地上破碎的鸟蛋让听众联想到自己的命运，顿时热血沸腾、群情激昂。在这里，冯玉祥将军用树枝比做国家，用鸟窝比作家庭，用鸟蛋比作个人，用握着树枝的那只手比做捍卫国家的人。他借助道具进行实物展示，真实而又生动，大大地增强了言辞的说服力。

陶行知是我国著名的教育学家，对于教育有着很深的理解。有一次，他去某师范大学演讲。走上讲台，对着下面众多将要走向讲台的学子，不慌不忙地从箱子里拿出一只大公鸡。台下的学生全愣住了，不知陶先生要干什么。陶先生从容不迫地又掏出一把米放在桌上，然后按住公鸡的头，强迫它吃米，可是大公鸡只叫不吃。怎么才能让鸡吃米呢？他掰开鸡的嘴，把米硬往鸡的嘴里塞。大公鸡拼命挣扎，还是不肯吃。陶先生轻轻地松开手，把鸡放在桌子上，自己向后退了几步，大公鸡自己就吃起米来。这时陶先生开始演讲："我认为，教育就跟喂鸡一样。先生强迫学生去学习，把知识硬灌给他，他是不情愿学的。即使学也食而不化，过不了多久，他还是会把知识还给先生的。但是如果让他自由地学习，充分发挥他的主观能动性，那效果一定会好得多！"台下一时间欢声雷动，为陶先生形象的演讲叫好。

陶行知用一个实物演示，将道理形象地展示出来。这种借助道具的说服方式，值得学习与借鉴。

说服别人有妙招

不愿意听到别人的反对与拒绝，这是人之常情。口才高手们总结出一些让别人高兴地、顺利地、心悦诚服地接受"不"的技巧。

日本明治时代的大文豪岛崎藤村被一个陌生人委托写某本书的序文，几经思考后，他写下了这封拒绝的回函。

"关于阁下来函所照会之事，在我目前的健康状况下，实在无法办到，这就好像是要违背一个知心朋友的期盼一样，感到十分的懊恼。但在完全不知道作者的情况下，想写一篇有关作者的序文，实在不可能办到，同时这也令人十分担心，因为我个人曾经出版《家》这本书，而委托已故的中泽临川君为我写篇序文，可是最后却发现，序文和书中的内容不适合，所以特别地委托他，反而变成一种困扰。"

在这里，藤村最重要的是要告诉对方"我的拒绝对你较有利"，也就是积极传达给对方自己"不"的意志的一种方法。而这样的说辞，又不会伤害到委托者想要达成的动机。

通常，当我们被对方说"不"而感到不悦的理由之一，是因为想引诱对方说出"好"而达成目的的愿望在半途中被阻碍，因而陷入欲求不满的状况。所以既不损害对方，又可以达成目的说"不"的最好方法，就是让对方想委托你时，当"达成动机"被拒绝后，反而会认为更有利的是另一种"达成动机"，而只要满足这一种"达成动机"就可以了。

藤村可以说是十分了解人的这种微妙心理，所以暗地里让对方觉得"被我这样拒绝，绝对不会阻碍你目的的达成"。我们在拒绝他人时，也可以用这样方法，让对方觉得说"不"，是为了让对方有好处，这不仅不会损害到对方的感情，而且可以让对方顺利地接受你所说的"不"。

我们在必须向别人说出他们不容易接受的"不"时，千万不要先否定性地给出结论，要运用在提议阶段所否定的论点，即"否定就是提议"的方式，不说出"不"，只列举"是"时可能会产生的种种负面影响，如此一来，对方还没听到你的结论，自然就已接受你所说的"不"的道理了。

我们曾听说过可以负载几万吨水压的堤防，却因为蚂蚁般的小洞而崩溃的例子。最初只是很少水量流出而已，但却因为不断地在侧壁剧烈地倾注，最后如怒涛般地破堤而出。

这种方法可以适用于说"不"的技巧里，也就是说，要对不可能全部接受的顽固对方说"不"时，反复地进行"部分刺激"，而让对方全盘地接受你的"不"的意思。

例如，朋友向你推荐一名大学毕业生，希望在你管辖的部门谋求一个职位时，想在不伤害感情的情形下加以拒绝，这时可以针对年轻人注重个人发展和待遇方面，寻找出一种否定的理由，反复地说："我们这里也有不少大学生，他们都很有才华……""这里的福利待遇都很一般……""在这里干，实在太委屈你了……"等等，相信那位大学生听了这些话后，心里就会产生"在这里干没什么前途"的想法，再也不做纠缠，客气地向你告辞。

说得好不如说得巧。真正的好口才，讲究的是"巧"，能因人而言，因事而言，当言则言言无不尽，当止则止片言不语。他们以独特的眼光去审视世界，以特有的智慧去指挥嘴巴。

第十章　简洁说话的艺术

山不在高，有仙则灵；话不在多，到位就行。说得到位，一句可以顶别人十句百句。再说，话多了别人反而容易迷失在你纷繁的信息之中，达不到有效的信息传播。而从概率的角度来说，话说得多，在绝对数值上出的漏洞与错误就会多。

一句话的力量

两千多年前，恺撒大帝在一举击溃的帕尔纳凯斯的军队时，给朋友的捷报只用了三个拉丁词："Veni, Vidi, Vici！"翻译成中文就是："我来了，我看见了，我征服了！"用词简洁得不能再简洁，却传递了胜利的信息，以及他志得意满的心情与豪气干云状态。

提高好口才的终极目标，是为了高效推销自己的思想。如果能很快很准确地把话说在关键时，把力用在点子上，你就是一个赢家。

如果要评一个史上福布斯百富榜，和珅大概是一个争夺首富的热门人选(皇帝不参与角逐)。在嘉庆四年查抄这个首富时，估算其总资产当有8亿两白银以上。乾隆末年国家财政每年的实际收入大概是7000多万两白银，和珅的财产相当于清朝盛世十多年的财政收入，这个数目真是大得匪夷所思。

和珅的发迹，和一句话有莫大的关系。他屡次应举不中，就通过关系成了协同管理皇帝銮舆、仪仗的侍卫。依照现在的话说，也就一个元首的司机班成员。有一次，乾隆皇帝出宫。起行之际，仓促间找不到御用的黄龙伞盖。乾隆很生气，借用《论语》上的一句话发问："是谁之过欤？"在场者面面相觑，不知如何回答。此时和珅却立刻站出来答道："典守者不得辞其责。"

乾隆帝很吃惊，因为《四书》上对上句话的注解是："岂非典守者之过邪？"这里，和珅变通得自然贴切。乾隆皇帝是一个很爱才的人，当场就把和珅叫过去询问。而和珅回答得很得体，很让乾隆皇帝满意。

就这样，和珅通过这一句话获得了乾隆皇帝的青睐，让他总管仪仗队。不久，又升为御前侍卫兼副都统，管理官中的琐碎事务。就这样，和珅成了乾隆最贴身的人。再后来，他通过努力，变贴身为贴心。

可以说，和珅适时的一句话，拉开了他平步青云的序幕。当然，和珅的贪腐应该抨击，但其过人的口才却值得我们学习。口才无罪，有罪的是他的贪婪。

有人用三个字传递捷报，有人凭一句话平步青云。还有人用一句话来做演讲。在我们的印象中，演讲应该是长篇大论、旁征博引、纵横捭阖，才能将事情说清，把观点讲透。但合适的一句话演讲，也能起到有过之而无不及的效果。

1936 年 10 月，邹韬奋先生在上海各界公祭鲁迅先生的大会上发表演讲，就只有一句话："今天天色不早，我愿用一句话来纪念先生：许多人是不战而屈，鲁迅先生是战而不屈。"

按照常理，万人景仰的鲁迅先生英年早逝，悲痛与缅怀的感情就是千句万句也说不完。但邹韬奋先生只用了一句话，而在这一句话里蕴含着胜过千万句的内容——既有对当时政治战线、思想战线、文化战线上"不战而屈"的投降派的谴责，又有对鲁迅先生"横眉冷对千夫指"，勇敢战斗，决不屈服的可贵品格的赞颂。"不战而屈"和"战而不屈"，同样四个字的不同组合，成为衡量一个人有没有硬骨头精神的试金石。这极其精练的一句话演讲，巧妙地采用了鲜明的对比，使卑微者更渺小，使高尚者更伟大，尽管只是一句话，却激发了人们奋起抗争的勇气，鼓舞人们以鲁迅先生为榜样，挺身而出，战斗不止。

在民国时期，因为政府对新闻的严格管制，经常会抽掉即将下印刷厂的报纸内容。为了反对这种对自由言论的严重践踏，报纸一度用"开天窗"（即将抽去的文字留白）来表示无声的反对。但后来国民政府连"开天窗"的自由也给剥夺了。有家报纸在一次被抽走一篇文章后，在空白的版面刊了六个大字："今天无话可说！"这六个字既免了"开天窗"之嫌疑，又有力地传达了报人对于言论自由的向往以及对当局的绝望与愤懑。

北宋真宗年间，北宋与西夏边界战事连绵。地处边界的渭州，处于这场战事的多发地。当时渭州知州是曹玮，此人处事稳健，足智多谋。

有一天，曹玮大宴宾客，一名士兵慌慌张张跑进来，大声报告："大事不好，几十名士兵叛逃到西夏去了。"

听到这个消息，众将官和宾客面面相觑，曹玮也暗吃一惊。但曹玮身为主帅，举止失措有可能动摇军心。他故意压低声音说："不要惊慌，那是我特意派过去的。"

宴席散后，人多嘴杂，曹玮的话很快就以情报的方式传到西夏人耳里。西夏人如获至宝，以为逃跑过来的宋营士兵都是奸细，立即一个不留的全给杀了，并把这些人的头抛到宋营的边境。

曹玮这一句话，如同一支利箭，既安抚了军心，又杀掉了叛逆，还除去了对方的有生力量。这一箭，真可谓一箭三雕。

嘴巴长你的身上，喋喋不休废话一筐最不可取，滔滔不绝言之有物令人钦佩。而有的人，在适当的场合，把自己的意思恰当地浓缩成一句话，犹如一颗原子弹，能起到摧枯拉朽的力量。

有理不在话多

有理不在话多。对于那些高超口才的人，除非万不得已，否则尽量不会与别人周旋绕圈，而是抓住关键、简明干脆、一语中的。

法拉第为了证实"磁能产生电"，在大厅里对着许多宾客表演，只见他转动摇柄，铜盘在磁极间不断地旋转，电流表指针渐渐偏离零位。客人们赞不绝口，只有一位贵妇人不以为然。

贵妇人问："先生，这玩意儿有什么用？"

法拉第回应："夫人，新生的婴儿又有什么用呢？"

人群中爆发出一阵喝彩声。

针对贵妇人取笑式的问话，法拉第来了一个反问。

众所周知，新生婴儿是有着强大的生命力的，这个比喻是如此的贴切，难怪宾客们要喝彩了。后来，他的预言也确实完全被科学所证实。

英国人波普说："话犹如树叶，在树叶太茂盛的地方，很难见到智慧的果实。"

清代画家郑板桥有诗云："削繁去沉留清瘦，画到生时是熟时。"当今语言大师们认为：言不在多，达意则行。可见，用最少的字句包含尽量多的内容，是讲话水平的最基本要求。滔滔不绝、出口成章是一种"水平"，而善于概括、词约旨丰、一语中的同样是一种"水平"，而且更为难得。很显然，纵横口才追求的是后一种"水平"。

有人问马克·吐温，演讲词是长篇大论好，还是短小精悍好，他没有直接回答，而是讲了一个故事。

"有个礼拜天，我到教堂去，适逢一位传教士在那里用令人哀怜的语言讲述非洲传教士苦难的生活。当他说了 5 分钟后，我马上决定对这件有意义的事情捐助 50 元；当他接着讲了 10 分钟后，我就决定把捐助的数目减至 25 元；当他继续滔滔不绝地讲了半小时后，我又决定减至 5 元；最后，当他讲了一个小时，拿起钵子向听众哀求捐助并从我面前走过的时候，我却反而从钵子里偷走了 2 元钱。"

这个幽默故事告诉我们，讲话还是短一点、实在一点好，长篇大论、泛泛而谈容易引起听众的反感，效果反而不好。

林肯的葛底斯堡讲话是美国历史上被誉为一篇最优美的、不朽的演说词！全篇只有 10 句话，271 个字，仅用了两分钟，却成为林肯一生不朽的纪念！

我们知道，上林苑是古代皇帝打猎消遣的园林。上林苑占地很大，可谓皇家气派十足。汉朝丞相的萧何，有一次向汉高祖刘邦建议将上林苑中的大片空地让给老百姓耕种。

刘邦一听，不干了，皇家的娱乐场所怎么能对外开放？刘邦认为，萧何胆大包天居然要来动皇家脚下的土，一定是接受了老百姓的大量钱财，才这样为他们说话办事的。于是萧何被捕入狱，同时接受审查准备治罪。

在皇权至上的时代，皇上开了金口要办谁，下面的人自然心领神会，不惜用大刑侍候也要办出一个"经得起历史考验的铁案"。就在这紧要关头，刘邦旁边的一位侍卫官上前向刘邦进言："陛下是否还记得当年楚汉战争以及后来铲除叛军的时候吗？那几年，皇上在外亲自带兵讨伐，只有丞相一个人驻守关中，关中的百姓非常拥戴丞相。假如丞相稍有利己之心，那么关中之地就不是陛下的了。您认为，丞相会在一个可谋大利而不谋的情况下，去贪百姓和商人的一点小利吗？”

这话简短，却从楚汉战争时期谈到当今。简短的几句话，句句击中要害。刘邦尽管心里有火，但也不得不承认侍卫官说得在理。于是当天便下令赦免萧何。

周勃和萧何一样，也做过宰相。吕后乱政时，周勃曾经帮助汉室铲除吕后的势力，迎立汉文帝，可谓功勋卓著。可后来他罢相回到自己的封地后，一些素来忌恨周勃的奸伪小人便趁机向汉文帝诬告周勃图谋造反。汉文帝竟然也相信起来，急忙下令廷尉将周勃逮捕下狱，追查治罪。按汉代当时的法律，凡是图谋造反者，不但本人要处死，而且要灭家诛族。就在周勃大祸临头的时候，薄太后出来劝文帝说：“皇上，周勃要谋反，何必等现在，在您未登基时，先皇留给你的玉玺都在他手上，那时他还手握精兵，要反早就反了。但是他一心忠于汉室，帮助汉室消灭了企图篡权的吕氏势力，把玉玺交给陛下。现在罢相回到自己的小封国里居住，怎么反而在这个时候想起谋反呢？”

汉文帝一听这话，对呀，有道理呀。于是所有的疑虑都没了，并立即下令赦免了周勃。

我们看上面两人对皇帝的分别进言，完全是简明干脆地一语中的。若东拉西扯地找来论据为两个苦主辩白，可以找来很多。但多不如精，太多的论据说来说去都没有让人信服的一条，别人听了会厌烦。就算其中有那么一条两条有说服力的，也容易淹没在论据的海洋之中，还不如单拣出来加以说明，反而更加令人信服。

要拥有从繁杂事物中选取最有说服力的论据，这当然需要说话者拥有锐利的眼光、丰富的知识，以及严密的逻辑思维。这些都需要通过后天的学习与锻炼才能逐渐积累起来。否则，腹内空空，即使想简洁也不知道如何简洁，即使想说到位也表达不到位。

简洁并非简单

记得有位作家在领一个文学奖时，应邀发表了这样的即兴演讲："瓜田里有很多瓜，我是一个瓜，并不比别的瓜大、好，只是长在路边上，被人发现了。"

作家将自己比作普通的瓜，被人发现只不过是运气好而已，谦逊、雅致而又幽默。感言简洁，但绝不简单，其含义深刻，让人听后难忘。

一个人要在社交中做到说话简洁却不简单，真正让自己的说话有艺术，需要从以下三个方面加强自己。

首先，学会概括。我们在交流思想、介绍情况、陈述观点、发表见解时，为了让对方能够很快了解自己的说话意图，领会要领，往往要使用高度概括、十分凝练的语言，提纲挈领地把问题的本质特征描述出来，以达到一语中的、以少胜多的效果。很多伟人有这种能力，他们善于把握形势，抓住问题的症结，且能用精准的语言加以概括描述，其作用和影响非同一般。恩格斯曾说："言简意赅的句子，一经了解，就能牢牢记住，变成口号。"难怪毛泽东同志的"星星之火，可以燎原""人不犯我，我不犯人，人若犯我，我必犯人"等名言警句至今仍闪耀着真理的光辉。

其次，学会应急。由于受客观环境的限制，有时容不得你长篇大论，侃侃而谈。例如在战场上、在抢险工地、在各种危急关头，甚至是一对情侣在汽笛拉响的站台前话别，根本来不及去高谈阔论。

此时，唯有简明扼要的话语，才能显示其特有的锋芒。反之，在紧急关头作长篇大论，则事与愿违。比如，1812年英美战争全面爆发前夕，美国政府召开紧急会议讨论对英宣战问题。会上，一位议员的发言从下午开始一直持续到午夜，发言者竟然不理会会场上许多议员四起的鼾声。结果另一位议员又急又怒，用痰盂向发言者头上掷去，才结束那人的发言。待通过决议时，英国人已经打到了美国人的家门口了。很显然，这种"马拉松式"的发言，超出了听众的心理承受能力，不但无法让人接受，而且因贻误战机所造成的损失更是难以计算。如果说写文章可以"有话则长，无话则短"，那么，在快节奏的今天，说话应该提倡"有话则短，无话则免"的原则。

再次，学会通俗。简洁的语言一般通俗明快，若要追求辞藻的华丽、句式的工整，则必然显得拖沓冗长。

要使自己的语言简洁凝练，不是一件很容易的事，从"两句三年得，一吟双泪流""吟安一个字，捻断数茎须"等名句中，我们似乎揣测到古人追求语言简洁精当的良苦用心。如何使自己的语言达到"少而准""简而丰"，重要的是要培养自己分析问题的能力，要学会透过事物的表面现象，把握住事物的本质特征，同时要善于综合概括。在此基础上形成的语言，才能做到准确而精辟，有力度和魅力。

多言生厌，多言招祸

夜路走多了。自然容易碰上鬼；说话说多了，自然容易咬到自己的舌头。曾国藩曾说过："人生坏事的两个因素，一是自傲，二是多言。多言生厌，多言招祸，多言致败，多言无益。"

在我们身边，有一些人讲起话来喋喋不休，看上去似乎是伶牙俐齿，但经过仔细琢磨你就会发现原来此人言之无物；有的人出言看似高深，但言语晦涩，听得你一头雾水；有的人口若悬河，滔滔不绝，但实际上是虚张声势的空话；有的人辞藻华丽、巧言谄媚，实际是哗众取宠。而生活中有些人惜言如金，但言之既出则一针见血；有的人语言简练，但却深入浅出言之有理。

《鬼谷子·本经符》中有云："言多必有数短之处。"这就是成语"言多必失"的出处。为什么言多必失，我们可以从两个角度来分析这个问题。首先，任何一个人都客观存在一定的语言失误率，从概率的角度来说，"言"的基数越大，失误的绝对数目就会越大；其次，言语过多，难免把时间与精力侧重在了说上，给思考留的时间与精力过少，必然会增加语言的失误率。

我们从小被教育做人要"知无不言，言无不尽"，意思是知道的就要说，要说就毫无保留地说。但长大后却发现，这句箴言是有问题的。首先，什么是"知"，是"真知"还是你所"知"？其次，如果什么都"知无不言，言无不尽"的话，人岂不成了一台不知停歇的肉喇叭？再者，无所顾忌的"言"，难免变成伤人的刀。

聪明的人，在非原则问题上懒得作计较，在细小问题上懒得去纠缠，对不便回答的问题佯装不懂，对有损自身的问题假作不知，以理智的闭嘴化险为夷，以聪明地闭嘴平息可能发生的种种矛盾。一个人唯有静下心来，才能集中精力，才能心地空澄，才能明察秋毫之末，才能多听、多看、多想，才能不鸣则已，一鸣惊人。而且，因为你恰如其分的闭嘴，无疑给别人留下了足够广阔的表演空间，而你则是一个好听众、好观众，这样无疑是会赢得别人的好感与尊重的。

无声却胜有声的力量

有时候，不说话比说话更有说服的力量。例如当爱人处于极度悲痛之中时，搂她入怀，让她靠在自己的肩上痛苦，也许比任何口头的安慰更有力量。当孩子闯了祸，一个关切与忧心的注视，或许更能让他下不为例。记得在一部反映美国独立战争的电影中，一场残酷的攻坚战将要在荒原上展开，所有的将士都知道这一仗将是无比凶险，将会有无数战友有去无回。将军最后一次检阅了他的部队。他从整齐的方阵前缓缓走过，眼里噙着泪水，注视着他眼前如他儿子般年轻的脸庞，似乎要将每一张脸都镂刻在脑海。这名将军自始至终没有说一句话，但他的举动震撼了每一个士兵的心灵。士兵们发出震耳欲聋的喊声："自由万岁！"然后在将军的挥手之下，如猛虎般朝敌阵发起了冲击。在那场决定整个战争胜负的惨烈战役中，他们发起一次又一次的冲击，终于用鲜血凝成了胜利。

——这就是沉默的力量！无声却胜有声的力量！它如大地，高山，黑夜，石头，平静的湖水，等等。在我们这个喧嚣繁闹的时代，很多人已经远离了沉默。他们认为，沉默会使别人把自己看得懦弱、害羞、卑微、愚蠢、平凡。于是人们即使心里恐慌无比、一无所知、手足无措也要大声嚷嚷，也要愤怒一下。其实，真正自信的人是沉默的，他的力量在沉默中你就会明显地感觉到。

有这样一段关于沉默的描述，墨子与公孙班探讨"非攻"之学问。

公孙班：我知道怎么对付你，但是我不说。

墨子：我也知道怎么来对付你，我也不说。

两个都不说的人，用沉默来完成了心灵的碰撞，是一种智慧的较量。它无疑体现了高瞻远瞩和大彻大悟的成竹在胸。

台湾有一个经营印刷厂的老板，在商场打拼多年后萌发了退休的念头。他原来从美国购进了一批印刷机器，经过几年使用后，扣除磨损费应该还有 250 万美元的价值。他在心中打定主意，在出售这批机器的时候，一定不能以低于这 250 万美元的价格出让。有一个买主在谈判的时候，针对这台机器各种问题滔滔不绝地讲了很多缺点和不足，这让印刷厂老板十分恼火。但是他在自己刚要发作的时候，突然想起自己 250 万美元的底价，于是又冷静了下来，一言不发，看着那个人继续滔滔不绝。结果到了最后，那人将机器贬损得一无是处后，这样说："嘿，老兄，我看你这些机器我最多能够给 350 万美元。"于是，这个老板很幸运的比计划多赚了整整 100 万美元。

说话的艺术，同时也包含不说话的艺术。荀子说：说话而恰当是智慧，沉默而恰当也是智慧。西方也有一句名言：聪明的人借助经验说话，而更聪明的人根据经验不说话。

在我国的佛教中，"沉默"具有其特殊的意义。当年文殊法师问维摩诘有关佛道之说时，维摩诘一言不发。维摩诘的沉默，在后来的禅师们看来"如雷声一样使人震耳欲聋"。这种"如雷的沉默"，犹如台风中心，看似无声无力，却是力量的源泉。如果我们抛开略显晦涩的禅宗教义，从老子的"大辩若讷"以及庄子的"不言而言"中，都可以感知古代先贤对于沉默的推崇。

值得指出的是，对沉默是金这句话当然也不应机械地去理解。什么都不表态，什么都保持沉默，并非一种积极向上的人生态度。

成天板着脸，冷冰冰地让人难以靠近、难以琢磨，装酷或许可以但酷得远离了生活。沉默要恰到好处，火候不足，内不足以修身养性，外不足以亲切感人；火候过老，显然已是身如槁木，心若死灰，又何来生趣呢？

　　总之，我们不能因为沉默而沉默，沉默不是最终目的。沉默的最终目的是把话说好。只有这样，沉默方才是金。

静下心，听听别人说什么

如何与人真诚沟通、交流？很多人认为，交谈是最好的办法。其实不然，比倾诉更让人倾心的是倾听。多倾听对方的心声，你会发现，原来，倾听才是增进人际关系的润滑油。

倾听是一项技巧，是一种修养，更是一门学问。懂得倾听，有时比会说更重要。倾听具有一种神奇的力量，它可以让人获得智慧和尊重，赢得真情和信任。

有句谚语："用十秒钟的时间讲，用十分钟的时间听。"善于倾听，是说话成功的一个要诀。据美国俄亥俄州立大学一些学者的研究，成年人在一天当中，有7%的时间用于交流思想，而在这7%的时间里，有30%用于讲，高达45%的时间用于听。这说明，听在人们的交往中居于非常重要的地位。

在我们的周围，很多人一心只想表现自己，喜欢高谈阔论、夸夸其谈，却不能耐心倾听别人的意见与想法。诚然，他们是能说会道的人，却不是最招人喜欢的人，因为他们不懂得倾听比倾诉更重要。

在人与人的交往中，倾诉是表达自己，倾听是了解别人，达到心灵共鸣。在人与人的沟通中，除了倾诉，我们还应该学会倾听。当一个人高兴的时候，我们要学会倾听，倾听快乐的理由，分享快乐的心情。当一个人悲伤的时候，我们要学会倾听，倾听痛苦的缘由，失意的原因，理解倾诉者内心的苦处，表示出怜悯同情之心，淡化悲伤，化解痛苦。当一个人处于工作矛盾、家庭矛盾和邻里矛盾时，倾听矛盾的症结，帮助分析，为其分忧解难……倾听是一种与人为善、心平气和、虚怀若谷的姿态。有了这份姿态，就会多听一些意见，少出几句怨言。

愿意倾听别人，就等于表示自己愿意接纳别人，承认和重视别人。如果你能面带微笑，用一种专注而又迫切的眼光看着他，那会让人感觉你是欣赏他的。在这种氛围里，对方会充分地展现自己。如果你是一个领导，下属向你提建议，即使开始还有点紧张，但你的倾听会使他马上感到放松和自信。所以说，学会倾听，对领导来讲，也是个重要的领导思想和领导方法。县委书记的好榜样焦裕禄，新时期领导干部的楷模郑培民，人们念念不忘他们。为什么？并不是因为他们有翻江倒海的本领，也不是因为他们有经天纬地的才华，而首先在于他们心里装着人民，善于倾听群众的呼声，为人民群众排忧解难。

倾听，在人们生活中如此重要，那么，就让我们重视起来吧。只有这样，我们的生活才会更加和谐舒畅，我们的人生才会到处充满阳光。当然，学会倾听，更要学会鉴别。学会倾听，并非逆来顺受，而是要具体问题具体分析。对那些混淆是非、造谣中伤、无中生有的无聊倾诉，则要给予善意的劝解，必要的话，还要给予严厉的批评，坚决制止。

戴尔·卡耐基曾经说过："当对方尚未言尽时，你说什么都无济于事。"这句话告诉我们，无论是想和他人进行良好的沟通，还是想有力地说服他人，首先我们要学会积极地倾听别人的话语。积极地倾听，是促进理解的金色桥梁，是人际交往的一种艺术，体现了一个人的品德。那么，怎样才能成为一名积极的倾听者呢？

要实现积极地倾听，首先就要做到耐心、专心、虚心。就日常生活中的交谈而言，并非所有的话语都包含着重要的信息，并且我们的思维速度是说话速度的四到五倍，因此，如果在谈话中不能保持足够的耐心，我们的思想就会开小差，注意力就无法集中。要改进聆听技巧的首要方法就是尽可能地消除那些来自内部或外部的干扰。我们必须把注意力完全放在说话者的身上，耐心聆听，才能明白对方说了些什么、没说什么以及对方的话所代表的态度和含义。

其次，当我们在和他人谈话的时候，即使我们还没有开口，我们内心的感觉就可能已经通过肢体语言清清楚楚地表现出来了。因此，运用一些有利的肢体语言，如自然的微笑、得体的坐姿、亲切的眼神、点头或手势等，能够起到促进交流、消除心理隔阂、鼓励交谈者自然而尽情地表达等作用。当然，除了肢体语言以外，话语在积极倾听过程中也发挥着十分重要的作用。可以提出一些诸如"你认为这是关键问题吗？""你的意思是……吗？""你能说得明白一些吗？"之类的问题。这些提问让对方感到你对该话题感兴趣，从而更乐意与你交谈，为你提供更多的信息，有助于你理解问题的各个方面。

俗话说："酒逢知己千杯少，话不投机半句多。"在聆听别人谈话的过程中，要认真揣摩对方要表达的感情和含义，努力理解说话人的内心世界，这样会加快你和谈话者彼此之间的沟通，帮助你迅速找到能够与谈话者产生精神共鸣的话题和内容。"有动于中，必形于外"，当你内心的感情与倾听对象达到共鸣时，表情会自然而然地随着谈话内容而发生变化，情感上会和对方产生交流，比如当对方在讲笑话或幽默时，你会开怀大笑，更增添了讲话人的兴致；说到紧张之处，你会屏气凝神，让讲话人感受到你的专注。这种积极的情感反馈自然会获得良好的倾听效果。

当言则言，当止则止

能言善辩的人，不一定就是讲话滔滔不绝的人，其实在大多数场合中，无视别人感受，只顾自己夸夸其谈的人，并不讨人喜欢。而那些懂语言技巧、说话好、善于表达自己意思的人，他们的话也许不多，但往往讲在最重要、最关键的时刻，适当的时候一句话就决定了事情的成败。怎样才能在关键时刻说出关键的话呢？这里面有许多的功课要修炼。

语言同文化、社会背景是相承又制约的，即：我们在传递信息的过程中，语言会受到不同社会和文化的影响，因此，要想使语言的运用达到最佳效果，就需要明辨各种社会及其文化对双方的影响。

人与人在进行交谈时，其言行举止都是在一定的社会和文化背景下进行的，这就要求所说的话要符合所谓的文化特色、社会规范或伦理准则。要做到这一点，并不是单纯地避免和克服与特定场合不协调、不适应的情况，更重要的是还要有意识地主动联系社会规范，并选择恰当的表达方式，从而使语言的表达功能达到最佳状态。

一般来说，社会环境、历史背景以及文化特征，往往会使语言具备除本身意义之外的附加意义和功用，从而对人际往来产生重大影响。因此，在使用具有"附加意义"的词语时，务必要特别小心谨慎，不要随意乱用，弄巧成拙。不同的民族有不同的文化特征，而不同的民族语言也是其不同文化特征的表现，因此，运用语言的时候一定要注意文化差异。

比如，谁都会对同事、朋友或邻居说："吃过饭了吗？""早啊，这是去哪儿呀？"人人都知道这是一种亲切的问候和招呼，然而在不同的民族文化里，却可能会引起误解或不快。倘若对欧洲人或美国人说"吃过饭了吗"，对方就会认为你要请他吃饭，当最终被人家发现你只是随口问候一声的时候，人家就会认为你这个人虚情假意、言不由衷，从此对你印象极差。"要多穿些衣服啊，别感冒了。"在我们听来这依然是一种关怀，可倘若你是对美国人说的，他们很可能理解为你是在指使他，会因此对你产生反感。

所以说，在与人交谈的时候，一定要对对方的社会、文化背景多多了解，这样一方面可以避免或克服某种不协调的情况，另一方面还可以有意识地运用其背景加强谈话效果。所谓"知己知彼"，对于谈话人物的了解，将使你充分掌握对方有兴趣的话题并维持说话过程的热络。面对初识者，选择的谈话内容可以从他的自我介绍中获得信息。

以下是一小段的示范：

"大家好，我叫吴铭，能够跟诸位齐聚一堂，我十分荣幸。由于我刚从上海北上，对于这里的环境还不熟悉，请诸位多多关照。"

好了，有了这个自我介绍，你就可以得到以下这些信息作为接下来的话题了。

1. "我刚从上海北上"——告诉你对方熟悉的环境，这样你就可以把"上海"作为话题的开端，请他谈谈城隍庙的小吃等等。

2. "对于这里的环境还不熟悉"——你就可以用"介绍新环境"为话题，然后从彼此更进一步的交谈中得到更多的话题。选择"与对方相关"或是"对方想了解的事物"为话题，是使话题延续的最佳方法。

在这里，我们必须要注意的是如何适合情境。适合情境就是要求语言的运用与所处的环境相契合。事实上，也只有语言和环境相适应的时候，说话才能产生最佳的效果。不然的话，就算话语的意思再好，想要达到预期的目标也会有一定的困难。

古人早就注意这一点了。《战国策·宋卫策》中讲述了这么一则趣事：

一个卫国人迎娶新媳妇。新媳妇刚坐上车，就开口问道："驾车的三匹马是谁家的？"

驾车人答："借来的。"

于是新媳妇就告诉仆人："一定要爱护马，不要鞭打它们。"

车子到了家门口，新媳妇边拜见家人，边吩咐随身的奶妈："赶紧去把灶里的火灭掉，别失火了。"

进屋后，她看见石臼又说："把它搬到窗台下边，放在这儿会妨碍别人走路的。"夫家的人都觉得她十分可笑。

故事中新媳妇的三句话可谓至善之言，可是怎么还会被别人笑话呢？

原因就在于"早晚之时失也"。也就是说她说话的时机不对。她刚刚过门，而且婚礼还在进行中，居然指使这指使那，这时，即使她的语气很温柔，也免不了让别人觉得好笑。

中国有句俗话："见人说人话，见鬼说鬼话。"这句话告诉我们在说话时要根据谈话对象的不同适时适地决定谈话的内容。话总是说给别人听的，至于说得好坏，不仅要看话语是否适当地表达了自己的思想感情，也要看别人是否能够确实理解并乐于接受。

由于文化背景的差异，操不同语言的人在交谈时，往往会在语言的理解上产生很大的不同，在中国一个让人笑得前仰后合的笑话，在国外很可能发现听众对此毫无反应，面无表情，这就是因为文化背景的差异而造成的理解上的差异。

与人交流的时候，首先要注意文化差异，调整自己的言语内容，否则说者的语言意图将无法很好地传达给听者。

有一个中国人到国外旅游，到了一个城市，闲来无事时去游泳，不久就回来了。和他同住一室的一个中国人和一个外国朋友感到很奇怪。他解释道："游泳池里人太多，水太脏。简直就像芝麻酱煮饺子。"这个比喻别致而生动，和他同住一室的那个中国朋友笑了，而那个外国人却丝毫不觉得这个比喻幽默，显出一副茫然不解的神情。原因很简单，他既没有吃过"芝麻酱"，也没有见过"煮饺子"。

西方人形容某地人多、拥挤不堪的时候，常说这个地方塞得"像沙丁鱼罐头一样"拥挤不堪。这个比喻有些年纪大的中国人可以理解，但能够欣赏其妙处的并不多，因为现在很少有人真正见过打开的沙丁鱼罐头，也很少有人看到过一个又小又扁的罐头盒里，塞满整整齐齐的几排手指头长的沙丁鱼。

美国前总统卡特曾因说话与情境不符而陷入窘境。

一次，他把助手教给他的笑话全用上了。那时他准备出访盐湖城，他当时正被摩门教信徒授予"本年度家庭男人"的称号。秘书为他写了一份讲稿，其中特别注明"加幽默"，于是助手又给他加了三四个笑话，他全用上了。然而，失败的是卡特和他的助手们并没有意识到，摩门教徒一贯教育孩子看待事物不要轻率。他的助手说："我们站在一座圣堂里，在场的大约有两千人。卡特讲笑话时，他们只是瞪着他，呆若木鸡。"

所以说，讲话应注意对象，要区分性别、身份、地位、阅历、文化素养和性格，就是说笑话也一样，不是什么人都可以说幽默的笑话的。一般来说，在熟人、同乡、同学、老同事、老部下之间，可以开开玩笑，说些幽默风趣的话，即使玩笑开得有些过火也无大碍。但倘若是上级、名人、长者、陌生人、女性尤其是妙龄少女、性格忧郁或孤僻的人、对工作或职业不满的人，说话就应该有所顾忌了。

由此可见，说话要想达到理想的效果，除了会说话，还要看说的话是否与当时的环境相吻合、相协调。

语言环境就是指说话时所处的现实环境或具体情况。而构成语言环境的因素又有很多，包括社会环境、自然环境、交际的场合、来往的对象、对话双方的各种相关因素，如身份、职业、经历、思想、性格、处境、心绪等。

另外，经过专家的研究，语言环境还可分为内环境和外环境两类，也有专家将其分为主观因素和客观因素两种。

所谓外环境，即指所处的地方、时空和场合；而内环境则是指当时听你说话的人，他的内心是什么状态或情绪如何，这点尤为重要。

第十一章　肢体语言的艺术

　　肢体语言在人们交流与沟通中的重要作用。人类在感知上，视觉的冲击力要比听觉强烈得多。国外研究肢体语言的专家认为：在一条信息所产生的全部影响力中，有多半来自无声的肢体语言。

　　一个无心的眼神，一个不经意的微笑，一个细微的小动作，就可能决定了你的成败——即使这是一次千万元级别的商务谈判。是的，那些被我们所忽略的微小的肢体语言，有着如此之大的魔力。正是这些微妙的肢体语言，决定了我们在与他人的交往中，是掌控别人还是为别人所掌控。

说话时正视对方的眼睛

运用眼神，可以使说话更为有效。眼睛是人与人说话中最清楚、最正确的信号，因为它是人身体的焦点。人们通常所说的"眼睛是心灵的窗户""她的眼睛会说话""他的眼神不定"，都是说眼睛对人类行为的巨大作用。与对方保持最直接的说话，除了语言之外就是眼神了。

在倾听别人说话过程中，一定要运用好自己的眼神。要想使对方知道自己在认真听取对方的讲话，你的眼神与对方的眼神一定要保持好联系。对方讲话时，你最好与他的眼神不断地会合，不要东张西望。随便看其他东西听人讲话，说话人一定会感到不高兴。

眼睛盯着一件东西看，这对有些人来说有点困难。但是，如果你正在努力赢得人们的好感，并且想表示你所说的话很认真，这就显得很重要了。例如，当你走进老板的办公室要求他给你提职时，如果你的眼睛紧盯着他，而不是低着头，那么他会更认真地考虑你的请求。当你在单位陈述你的一份商业计划时，如果你用自信的眼神看着周围的人，那么大家就会更加信任你并认可你的计划。

理解了对方的意思时，要表现出领会的眼神；渴望得到对方的讲解时，要表现出诚恳的眼神；对方说到幽默处，表现出喜悦的眼神；对方出现悲伤时，要表现出同情的眼神。耳朵与大脑是语言的接收器，眼睛则是接收后的反应器。听到别人的信息也置若罔闻、呆若木鸡，谈话的双方就无法说话下去，应该及时接受、及时反应，从而吸引住说话人的注意力。

用眼睛和别人说话，不仅表明你很自信，同时也表示你对别人很尊敬。当你发表演说时，要注视着对方，语气里要带有更多的强调成分，加入更多的感情色彩。如果你看着别处或盯着地板，那就说明你对自己所说的话并不确信，或者你说的可能根本就不是事实。例如，当销售人员的眼睛炯炯有神地向客户介绍产品时，眼神中透射出的热情、真诚和执着，往往比口头说明更能让客户信服。充满热情的眼神，还可以增加客户对产品的信心以及对这场推销活动的好感。

俗话说："一个目光表达了1000多句话。"这句话也同样体现在职场中。在工作中，目光中除了能看出上级与下级、权力与依赖的关系外，还能揭示出更多的东西。

上司说话时，不看着你，这是个坏迹象。他想用不重视来惩罚你，说明他不想评价你。上司从上到下看了你一眼，则表明其优势和支配，还意味着自负。上司久久不眨眼盯着你看，表明他想知道更多情况。上司友好地、坦率地看着你，甚至偶尔眨眨眼睛，则表明他同情你，对你评价比较高或他想鼓励你，甚至准备请求你原谅他的过错。上司用锐利的眼光目不转睛地盯着你，则表明他在显示自己的权力和优势。上司只偶尔看你，并且当他的目光与你相遇时马上躲避。这种情形连续发生几次，表明面对你，这位上司缺乏自信心。

眼睛能作为武器来运用，使人胆怯、恐惧。常见的瞳孔语言为，在表示反感和仇恨时，瞳孔缩小，还露出刺人的目光；相反，睁大眼睛则表示具有同情心和怀有极大的兴趣，还表明赞同和好感。

俗话说："眼睛是心灵的窗户。"眼神往往最能反映一个人的内心。因此，在与客户说话时，不但要学会从客户的眼神中来了解他们的内心，也要学会利用自己的眼神表达自己的情意。一方面，与客户说话时，要注意看着对方的眼睛，用眼神来与客户进行交流，显示出对他们的尊重。此外，眼神又要用得恰到好处，既不能死盯着对方，又不能让人感觉到不自在，或者使人觉得你别有用心。

有人对你说话时，眼睛要注视着他；有人发表意见时，你的身体和脸要正对着他。无论我们和周围的人用什么方式交流，也不管表达的内容是什么，我们肯定会对那些用眼神和我们说话的人给予更多的关注和回应。

微笑架起友谊的桥梁

微笑作为一种特殊而重要的身体语言，对于现代商务人士来说非常重要。商务交往中，你的客户可不想看到你愁眉苦脸的样子。相反，如果不时地施以真诚的微笑，就可能感染他，使之愉悦并更愿意与你相处。

当微笑的时，眼睛也要"微笑"，否则给人的感觉只能是更糟糕的"皮笑肉不笑"。"一条缝的眼睛"一定是大笑时的结果，而正常状况下至少应该是眼睛微眯，这样会令你的微笑更传神、更亲切。微笑着说"您好""是啊""嗯""我同意"等礼貌用语会让你更有亲和力。微笑要与正确的身体语言相结合，才会相得益彰。你绝不应该在微笑时还表现出一种消极的身体语言。

有微笑面孔的人，就会有希望。因为一个人的笑容就是他传递好意的信使，他的笑容可以照亮所有看到他的人。没有人喜欢帮助那些整天愁容满面的人，更不会信任他们；很多人在社会上站住脚是从微笑开始的，还有很多人在社会上获得了极好的人缘也是从微笑开始的。

任何人都希望自己给别人留下好感，这种好感可以创造出一种轻松愉快的气氛，可以使彼此结成友善的联系。一个人在社会上要靠这种关系才可以立足，而微笑正是打开愉快之门的金钥匙。

如果微笑能够真正地伴随着你生命的整个过程，这会使你超越很多自身的局限，是你的生命自始至终生机勃发。

现实的工作和生活中，一个人对你满面冰霜，横眉冷对；另一个人对你面带笑容，温暖如春，他们同时向你请教一个问题，你更欢迎哪一个？当然是后者，你会毫不犹豫地对他知无不言，言无不尽，问一答十；而对前者，恐怕就恰恰相反了。一个人的面部表情亲切，温和，充满喜气，远比他穿着一套高档、华丽的衣服更吸引人注意，也更容易受人欢迎。

微笑是一种宽容、一种接纳。它缩短了彼此的距离，使人与人之间心灵相通。喜欢微笑着面对他人的人，往往更容易走入对方的天地，难怪人们强调："微笑是成功者的先锋。"

罗曼·罗兰曾说："面部表情是多少世纪培养成功的语言，比嘴里讲的更复杂到千百倍的程度。"在面部表情中，人们最偏爱的就是"微笑"了。我们的生活需要笑容，因为它有益于我们的身心健康；我们的工作更需要笑容，它会满足客户和所有人的希望。

微笑能表达一种良好的精神风貌，是生活的魔力棒。它能给人解除忧虑，带来欢乐。善意的微笑，对覆冰盖雪的角落是一缕和煦的春风，让人感到一股春风送爽的温暖。微笑是美的，因为它表现了许多难以言传的感情。

笑有真有假，真正的微笑是不受控制的，是真的从心里往外、压抑不住的高兴，是一种由衷地感到满足而喜形于色，这样才能感染对方，从而产生呼应，达到最佳的效果。笑的时机要恰当，并要注意选择笑的场合。该笑的时候笑，不该笑的时候就不能笑，否则会适得其反。比如，欢庆、轻松的气氛中应该笑；悲伤的场面或看望久治不愈的病人时就不该笑。

微笑是通过不出声的笑来传递信息的，不仅是人的外在表现，更是内在精神的反映。只要我们出自真诚、运用得当，就会赢得对方的好感，从而获得意想不到的收获。

微笑不仅能让人驱走心灵的阴霾，还会让人变得友善。

有一次，一位窘困不堪的乞食者将手伸到了屠格涅夫面前。屠格涅夫找遍身上的每一个角落，什么也没有。于是，他紧紧握住乞者的手，微笑着说："兄弟，很抱歉，今天我忘记带了。"乞讨者眼里荡漾着异样的光芒，感动地说："这个手心，这个微笑，就是周济！"

温暖的微笑在人际交往中具有丰富的内涵，是自信的象征，是心理健康的标志，是礼貌的表示，是和睦相处的反映。生动目光的微笑，就像明媚的阳光一样，使人心旷神怡，可以驱散阴云，淡化矛盾，可以化干戈为玉帛。

人生的美好就是心情的美好；人生的丰富就是人际关系的丰富。当用发自内心的微笑对待对方时，便主动地掌握了人与人之间真诚交往的尺度。如果可以用微笑开始，用微笑结尾，那微笑的价值是不言而喻的。

微笑是零距离人际交往的明信片，架起了彼此间友谊的桥梁，打开了从表面驶向心海的航线，达到了最接近的说话交流方式。

保持适当的距离

人与人之间在面对面的情境中，常因彼此间情感的亲疏不同，而不自觉地保持不同的距离。如果一方企图向对方接近，对方将自觉地后退，仍然维持相当的距离。你可以由此判断，你身边的人对你是否亲近和信任，身边的人之间相互关系如何。

打手机时，肢体语言所包含的信息是最为丰富的。有个短信说得很形象："给上级打电话，声音越讲越小；给下级打电话，声音越讲越大；给情人打电话，声音越讲越远。"旁人从其肢体语言就可以判别电话那头是谁。有的人接电话时下意识地背过身去，是不想让你听见，其实他说的每句话你都能听见。这时，你就要考虑回避，否则你就是不受欢迎的人。

最亲密的友谊和最强烈的憎恨，都是过于亲近的缘故。因此，我们在人际交往中，还需要注意与人保持适当的距离。

保持人与人之间的距离，是一种交际艺术。许多人认为只要不是陌生人，就可以保持一种较为亲近的关系，还有一些人认为，人与人之间还是疏远一些较为妥当，而这些，都不是最佳的相处方法。

人际关系太过亲密，会让人觉得很随便，或认为你缺乏独立生活的能力，凡事都要让别人替你思考，都要与人商量。随后，他们就会认为你是"应声虫"，没有独立的人格与尊严。人际关系太过疏远，又会让人感觉到你的傲慢、离群。有些人还会认为你瞧不起人，不喜欢与他们相处，甚至讨厌他们。

心理学家曾针对人际关系中的亲密与疏远的程度做了一项调查，得出了一个结论：男性之间一般比较疏远；女性之间喜欢保持亲密关系；异性之间，若有爱慕之意则关系密切，否则一般较为疏远。性格孤僻的人，多与人保持疏远的关系；性格外向的人，多与人保持亲密关系。从社会地位来看，地位高的人之间关系较为疏远，地位低的人之间关系则较为亲密。

　　人与人之间，只有保持适当的距离，才会有适当的人际关系。我们在人际交往中，也应时刻注意这个问题。保持适当的距离，真诚地提出自己的意见，彼此会更加欣赏，情谊会更加长久。合理掌握与他人的空间距离，会使我们取得意想不到的交际效果。

　　在非语言说话中，空间距离可以显示人们相互间的各种不同关系。我们每个人都生活在一个无形的空间范围圈内，这个空间范围圈就是他感到必须与他人保持的间隔范围。它向一个人提供了自由感、安全感和控制感。

　　在人际交往中，当你无故侵犯或突破另一个人的空间范围圈时，对方就会感到厌烦、不安，甚至引起恼怒。

　　就一般而言，交往双方的人际关系以及所处情境决定着相互间自我空间的范围。心理学家曾将人际交往中的距离划为四种。

　　1. 亲密距离

　　其近范围在约15厘米之内，彼此间可能肌肤相触，耳鬓厮磨，以至相互能感受到对方的体温、气味和气息；其远范围在15~44厘米之间，身体上的接触可能表现为挽臂执手，或促膝谈心，仍体现出亲密友好的人际关系。

　　这种距离只限于在情感上联系高度密切的人之间使用。在社交场合，大庭广众之前，两个人（尤其是异性）如此贴近，就不太雅观。在同性别的人之间，往往只限于贴心朋友，彼此十分熟识而随和，可以不拘小节，无话不谈。在异性之间，只限于夫妻和恋人之间。

2. 个人距离

其近范围为 46~76 厘米之间，正好能相互亲切握手，友好交谈；其远范围是 76~122 厘米。任何朋友和熟人都可以自由地进入这个空间，陌生人进入这个距离会构成对别人的侵犯。

人际交往中，亲密距离与个人距离通常都是在非正式社交情境中使用，是与熟人交往的空间。在正式社交场合则使用社交距离。

3. 社交距离

这已超出了亲密或熟人的人际关系，而是体现出一种社交性或礼节上的较正式关系。其近范围为 1.2~2.1 米，一般在工作环境和社交聚会上，人们都保持这种程度的距离；其远范围为 2.1~3.7 米，表现为一种更加正式的交往关系。公司的经理们常用一个大而宽阔的办公桌，并将来访者的座位放在离桌子一段距离的地方，这样与来访者谈话时就能保持一定的距离。

在社交距离范围内，已经没有直接的身体接触。说话时，也要适当提高声音，需要更充分的目光接触。如果谈话者得不到对方目光的支持，他（她）会有强烈的被忽视、被拒绝的感受。这时，相互间的目光接触已是交谈中不可缺少的感情交流形式了。

4. 公众距离

这是公开演讲时演说者与听众所保持的距离。其近范围为 3.7~7.6 米，远范围在 7.6 米之外。人们完全可以对处于空间的其他人装作没看到，不予交往，因为相互之间未必发生一定联系。

在现实生活中，这些距离范围并不是固定的，尤其是个人距离，是由社会规范和交流者的个性习惯所决定的，也就是说，与人们的种族、年龄、个性、文化、性别、地位和心理素质等有关。因此，在说话中应根据不同的对象选择不同的距离。

学会用双耳倾听

最有价值的人，不一定是最能说的人。老天给我们两只耳朵一个嘴巴，本来就是让我们多听少说的。善于倾听，才是成熟的人最基本的素质。

一位美国女作家曾说："说话的最高境界就是静静地倾听。"的确，倾听所表现出的正是一种宽容、谦逊的人格，也展示了对他人的尊重。一个善于倾听的人，必然是一个对他人充满敬意、知道尊重他人的人。这样的人，也是我们愿意与之交往的人。

当你认真倾听客户的谈话时，客户感觉自己被重视，于是，他们便对你产生了亲切感和信任感，感觉你是他们的朋友。所以，正在洽谈的生意成交了，已经发生的纠纷平息了。倾听成为一种润滑剂，能让财富更快地流入你的口袋。

当你倾听别人的倾诉时，给予他贴心的理解和真诚的疏导，他就能振作精神，重新开始奋斗。我们也将因此获得更多的友谊、更多的亲情和更多的爱情，就能更多地了解人生的酸甜苦辣，更多地积累人生的宝贵经验。每个人的生活经历不同，都有值得总结的成功经验，也有值得吸取的失败教训。我们可以从他人的倾诉中警戒自己的言行，避开前进中的荆棘。

只有善于倾听的人，才会从别人失败的经验中不断地吸取经验，加快趋向成功的步伐。对于这样的人，成功路上的艰辛会减少许多。在倾听的过程中，要取别人所长，补自己所短。

有的人认为自己听见了就是在倾听，那是不准确的，因为倾听不是一般意义上的听。听对方说出来的内容，只是常规意义上的听。有效倾听则是要听出对方说话背后的真心，明白说话人的真正思想才是最重要的。

　　人与人之间都需要说话、交流、协作、共事。一个人善不善于倾听，不仅体现着他的修养水准，还关系到他能否与其他人建立起一种正常和谐的人际关系。

　　有人说，办公室就是功利社会的缩影。此话虽有失偏颇，但也有一定的道理。

　　那些没完没了、絮絮叨叨地大说毫无意义的闲话的同事，的确惹人反感，让人头痛。彼此都是低头不见抬头见的同事，所以即使他那无聊的闲话让你痛苦，你也应该忍一下，难得糊涂一把，必要时还应该找机会赞美他几句。

　　办公室里，向别人倾诉、要别人倾听的，并不全是那种絮絮叨叨的同事。其中，还有和我们关系很好、把我们当作朋友的同事。我们的倾听，能使他们心中充满阳光和爱意，从而有益于双方的友谊。

　　倾听可以帮助他人减轻心理压力。相信大家都有这样的体会，每当我们遭遇逆境时，总是会有找个朋友一吐为快的想法。科学研究证明，对于焦虑、失望、难过等心情，认真、有效的倾听往往能够在不经意间起到有效缓解的作用。

　　美国内战初期，当时的总统林肯曾陷入危机四伏的境地，他的心情自然沉重无比。于是，他找来了他的老朋友，向他倾诉自己的心事。当老朋友离开时，林肯的心情已经舒畅多了。因此，当有朋友来找我们倾诉时，我们一定不要拒绝，否则我们很可能会与好友产生隔阂。相反，如果我们能够认真地倾听朋友的心事，并尽力帮助他们，那么彼此之间的感情无疑会更上一层楼。

那么，倾听是不是就意味着坐在那里听对方说个不停呢？答案无疑是否定的。俗话说："会说的不如会听的。"这里的"会"字，就表示倾听也有技巧。

听人说话时，必须全神贯注、专心致志。只有这样，我们才能够紧跟对方的思路，发现对方的真实想法，从而在交流时做到有的放矢。同样，心不在焉、东张西望的倾听不仅是对他人的不尊重，而且很容易使我们漏掉某些内容，从而造成双方说话障碍，甚至引起他人反感，影响双方的交往。

通常情况下，即使我们对他人的话题不感兴趣，我们也应该出于礼貌洗耳恭听，尤其是对方谈兴正浓时，我们更要耐心地听下去。当然了，如果对方的话题太过无聊，甚至令人难以忍受，我们也可以对其做出暗示。对方如果识趣，也一定会中止话题或改变话题。需要注意的是，在任何情况下，我们都不能流露出厌烦的神色，以免影响双方交往。即使我们不想与对方交往，但这样做起码对我们没有害处。

无论对方说得对还是错，我们都应该在对方说完之后再发表自己的意见，绝对不可以中途插嘴，一吐为快。当对方因为思路中断或知识有限无法继续说下去时，我们还应该适时提醒，以免对方尴尬。与此相反，随意打断他人、任意发表意见或者嘲笑对方都是极为失礼的表现，其结果也只能是引人反感、被人讨厌。

触摸是一种无声的语言

触摸是一种无声的语言，是非语言说话交流的特殊形式，是人际关系中最亲密的动作，包括抚摸、握手、依偎、搀扶、拥抱等。触摸能增进人们的相互关系。它是用以补充语言说话及向他人表示关心、体贴、理解、安慰和支持等情感的一种重要方式。

触摸行为也是一种说话方式，能起到比言语更为有效的效果。

触摸也应得当。它是一种表达非常个体化的行为，其影响因素有性别、社会文化背景、触摸的形式、双方的关系及不同国家民族的礼节规范和交往习惯等。比如，在西方社会中，熟人相见亲吻拥抱是习以为常的事情，但在东方社会中，这种行为方式常被视为不端或有伤风化。因此，在运用触摸时，应保持敏感与谨慎，尊重地方习俗，注意分寸，尤其是年龄相近的异性间，应避免误会。

身体动作是最容易被觉察到的一种肢体语言，因为身体动作更容易引起人们的注意。比如，一些聋哑人通过自己的手势语言，实现了与人说话。当你躲闪某个事物的时候，可能是感到害怕，或是厌恶；当你拥抱他人的时候，表示你对他人的喜爱、同情或是感激；当你不由自主地拍拍自己的脑袋的时候，往往代表着你有某种自责，或是懊悔情绪。

触摸是人际说话中最有力的方式之一，因为每个人都有被触摸的需要。心理学的研究表明，人们不仅对舒适的触摸感到愉快，而且会对触摸对象产生情感依恋。如果你谈过恋爱，你会发现，你和恋人关系的进步往往取决于身体接触的一瞬间，哪怕是牵手的一瞬间，你们的情感也会发生质的变化。

每一个个体都有被触摸的需要，这是一种本能。婴儿接触温暖、松软物体感到愉快，喜欢拥抱、抚摸。比如，触摸孩子的头、手等能满足他们对爱的需求，可以转移其注意力，能给他们安全感、信任感，消除他们的恐惧心理。

触摸行为，能够传递出各种不同的信息。

1. 传递情绪信息

心理学专家研究发现，触摸能够传送五种不同的情绪：漠不关心、母亲般的照顾、害怕、生气和闹着玩。另一项研究发现，大部分的人在向另一个人致意和说"再见"时，都使用触摸，而长久分别时的触摸（如握手、拥抱等）更为强烈些，使分别更富于情感。一个人触摸另一个人的肩膀，意思就是："不要感觉这个讨论是一种威胁。"或者可能是："这真的很重要。"

2. 传递地位信息

一般来说，主动触摸对方的人往往是地位较高的人，而且两人之间没有障碍和矛盾。所以，在日常交流中，大多是教授、老板、大人主动触摸学生、雇员、小孩。通常，地位低的人往往希望得到地位高的人的触摸。具有支配性个性的人或者企图显示这种支配性的人，往往主动采取触摸行为。

表情语言大用处

表情语言是人的情绪变化的寒暑表，许多心理学家的反复试验，已经无可置辩地证明，人们的情绪变化，往往在面部有所表现。

当人们情绪欠佳或心怀不满时，身躯往往宁静不动，脸上表情木然，脸部肌肉动作往下；当人们心情愉快时，往往表现出活泼好动、喜形于色，甚至手舞足蹈，脸部肌肉动作向上；当人们专心致志地思考某一问题时，往往嘴巴紧闭，身体前倾，眉毛紧锁；当人们在对某一事物表示不以为然和轻蔑时，往往脑袋稍偏，嘴角斜翘，鼻子上挑；当人们感到诧异和吃惊时，往往口张大，眼瞪大，眉挑高……

人的表情语言是人的心理活动的反映，人们往往有什么样的心理活动，就会产生什么样的面部表情。当我们能够灵活、积极地利用各种丰富的表情与人交流时，就会使自己的魅力大增。

日本研究夫妻相貌的专家发现：一些卓有成效的男士面部表情威严、睿智，而他们的妻子却庸俗不堪。这是为什么呢？原因就在于这些男士还是小职员的时候与门当户对不可能多高贵的妻子结婚，但是婚后由于工作需要或者自身完善需要，他们每天大量地接触外来的信息，不停地追求着更高的目标；而他们的妻子却沉溺于小家庭生活，每天围着柴米油盐、锅碗瓢盆、奶瓶尿布转。久而久之，原先较相似的两个人慢慢在气质、性格、才能、智慧等方面距离逐渐拉远了。

在表情语言中，以下两种最为常见。

1. 笑容语

笑容也是一种很重要的体态语言。笑是口语交际活动中的很好的润滑剂，可以迅速缩短交际双方的心理距离，体现人与人之间融洽的关系。在谈话时我们不但要注意笑的作用，还应当力求善于笑。

要注意选择笑的时机、场合、话题，该笑的时候笑，不该笑的时候就不能笑。在欢庆的场合，在轻松的气氛中，在诚恳坦率的交谈中，应该笑；但在谈起不见好转的病情、同去世的同志的家属谈话、说起工作中的重大失误和损失时，就不能面带笑容。

在日常生活的谈话中，笑容主要是根据交谈者的关系、谈话的内容以及谈话者的性格、习惯等自然体现出来的。

笑的方式很多，可取的有微笑、轻笑、大笑等。微笑是一种不露齿的笑容；轻笑表现为上齿露出，嘴巴微微张开；大笑则表现为嘴巴张成弧形，上下牙齿都露出来。

在谈话中，一般以微笑为基调。微笑是一种恰到好处的可控性的笑容，它使人觉得和蔼、可亲、文明，是仪表的一个构成要素。微笑时面部肌肉容易控制，可以较长时间地维持笑容。笑的时候应该自然大方，得体适度。那种咧嘴龇牙的笑、嘻嘻逢迎的笑、挤眉弄眼的笑、忸忸怩怩的笑，都会给人一种不愉快的感觉和不良的印象。

笑容也反映了一个人地方化修养水平。每一个人都需要不断提高文化情操的修养。使笑容反映出美好的心灵。只有发自内心的笑才能感染对方，产生呼应。嘲笑、冷笑、幸灾乐祸的笑都是应该尽量避免的。

2. 目光语

目光是一种更含蓄、更微妙、更有力的语言。确实，眼睛是人体发射信息最主要的器官。目光持续的时间、眼睛的开闭、瞬间的眯眼以及其他许多细小的变化和动作都能发出信息。眼睛传递的信息最丰富、最复杂、最微妙。

合理地运用眼神来与人说话交流，通常有以下三种方式。

（1）环顾

环顾是指视线有意识地自然流转，观察全场。环顾多用在有较多听话的人的场合。运用环顾可以同所有听话者保持眼睛的接触，使每个听话人都感到你看到了他，你在同他说话，从而增强相互之间的感情联系，提高他们参与谈话的兴致。同时，这种方法还可以使说话人通过多角度的接触，比较全面地了解听众的心理反应，以随时调整自己的话题。当然，环顾要自然适度，速度应适当放慢，说话时不能眼神总是频繁乱转，那样会分散听众的注意力，还会使人感到你心不在焉、目空一切。

（2）专注

专注是指目光注视着对方，在有较多听众的场合，可把目光较长时间地停在某一个人脸上，然后再变为抽象注视对象。说话人和听话人目光对视可以起到感情和情绪微妙交流的作用，有助于了解对方的心理及其变化。

目光专注还表现出对对方的尊重、对所说内容的重视。不能在说话时随便东瞧西看，做一些无意义的小动作，那样会使人觉得你是心不在焉，敷衍搪塞。不能在说话时总是望着天花板或是看着地面，那样会使人觉得你对谈话没有兴趣，或是小里小气不大方。也不能不断地看表，这样会使对方觉得你对谈话不耐烦，希望他赶快住口。当然，目光专注也不能死盯着对方，对不熟悉的人或年轻妇女更不应如此，那样会被认为很不礼貌。

（3）虚视

虚视是指目光似视非视，好像在看着什么地方、什么听众，但实际上什么也没看。这种目光一般适用于同较多的人谈话的场合。虚视的范围一般在听众的中部或后部。虚视可以穿插于环顾、专注之间，用以调整、消除环顾所带来的飘忽感和专注可能带来的呆板感。"视而不见"的虚视还可以消除说话人的紧张心理，帮助说话人集中精神思考讲话的内容。

在运用眼神时，要增强自觉的控制能力，要使眼神的变化有一定的目的，表现一定的内容。热情诚恳的目光使人感到亲切，平静坦诚的目光使人感到稳重，闪耀俏皮的目光使人感到幽默，冷淡虚伪的目光使人不悦，咄咄逼人的目光则使人不寒而栗。

表达与沟通

一开口就让人喜欢你

龚　俊◎编著

中国出版集团

中译出版社

图书在版编目（CIP）数据

表达与沟通.一开口就让人喜欢你/龚俊编著.--
北京：中译出版社，2019.6
ISBN 978-7-5001-5994-0

Ⅰ.①表… Ⅱ.①龚… Ⅲ.①人际关系—口才学—
通俗读物 Ⅳ.① C912.13-49

中国版本图书馆 CIP 数据核字（2019）第 119443 号

表达与沟通

一开口就让人喜欢你

出版发行： 中译出版社
地　　址： 北京市西城区车公庄大街甲 4 号物华大厦 6 层
电　　话： （010）68359376　68359303　68359101
邮　　编： 100044
传　　真： （010）68357870
电子邮箱： book@ctph.com.cn
总 策 划： 张高里
责任编辑： 刘全银
封面设计： 青蓝工作室
印　　刷： 北京朝阳新艺印刷有限公司
经　　销： 新华书店
规　　格： 880 毫米 × 1230 毫米　1/32
印　　张： 30
字　　数： 550 千字
版　　次： 2019 年 6 月第 1 版
印　　次： 2019 年 6 月第 1 次

ISBN 978-7-5001-5994-0　　　定价：149.00 元（全 5 册）

前　言

　　也许我们来不及计划未来的旅行，却可以从此时此刻开始，用一种全新的方式，感受口才带来的心灵萌动，遇见那个一开口便让别人喜欢你的自己。

　　人外在的美丽靠着装打扮，内在的魅力靠气质修养，而说话则是展示一个人美丽和魅力的一种艺术，如何用双唇讲出一个人的品位是至关重要的。语言，具有神奇的力量，男人驾驭语言是一种风度，女人驾驭语言是一种优雅。说话的魅力不是只有一个火烛的灯笼，它是持久闪耀的恒星，它会带给你感动，也会带给你成功。

　　纵观古今中外，成功者无一不具备出众的口才。东汉的诸葛亮，在东吴舌战群儒，最终说服孙权联合刘备抗击曹操，取得了赤壁之战的胜利；毛遂凭借胜过百万雄师的三寸不烂之舌自荐出使楚国，促成楚赵合纵，声威大振……由此可见，好口才可以改变命运。

　　现代社会，更是着重口才，在美国，20世纪40年代就把"口才、金钱、原子弹"看作是世界上生存和发展的三大法宝，60年代以后，又把"口才、金钱、电脑"看成最有力的三大法宝，可见，无论时代如何发展，世界如何变幻，"口才"一直是人生重头戏。

　　如一首歌所唱："我知道我一直有双隐形的翅膀，带我飞，给我希望。"口才就如同是一双隐形的翅膀。有些人因有了翅膀便腾空而起，有些人无论如何都张不开翅膀，只能在地上扑腾。会说话的人可以凭借三寸不烂之舌升官发财，不会说话的人却因为言语不当遭到灭顶之灾。在会说话与不会说话之间，其实并非横着一条不可跨越的鸿沟，好的口才，并不是天生的，而是经过后天不断地练习培养出来的。

《一开口就让人喜欢你》就是从挖掘自己说话潜能的角度，重新审视自己，并回答了所有有关说话的问题。本着发现自我口才弱点—开发自我口才潜能—突破自我口才极限—创造自我口才奇迹这一根金线，从多方面多角度出发，通过具体生动的案例"抛砖引玉"，让每一个人对于自己面临的说话问题都能找到答案，让你感到"柳暗花明又一村"，最后让你对于自己面临遇见舌绽莲花的自己。

目 录

第一章　优雅谈吐，塑造良好的印象

　　生活是一种状态，而它的状态又取决于外在与内在的许多因素。当外在的因素激起人的斗志时，他便勇往直前，无往而不胜，而这种成功的力量便是他自身蕴含的宝藏。

　　每个人身上都埋藏着无尽的宝藏，人们发掘出这些宝藏，就好像挖到一个永不干涸的水源，取之不尽，用之不竭。与人说话亦是如此，发掘自身潜能，培养良好修养，谈吐优雅，给别人留下良好的印象，才能赢得别人的喜欢。

克服羞怯，侃侃而谈

有一位叫彼得森的医生，他是个热心的棒球迷，经常去看球员们练球。不久，他就和球员成了好朋友，并被邀请参加一次为球队举行的宴会。

在侍者送上咖啡与糖果之后，有几位著名的宾客被请上台说几句话。在事先没有通知的情况下，宴会主持人突然宣布："今晚有一位医学界的朋友也在现场，我特别请彼得森大夫上来给我们谈谈棒球队员的健康问题。"

作为一位已从医30余年，有丰富卫生保健知识的人，按说应对此类问题应该是小菜一碟。平时，他可以坐在椅子上，就此话题和朋友侃侃而谈一整晚。但是，要他当众谈论这个问题，就不是一件容易事了。这突如其来的问题令他不知所措，心跳加速，面红耳赤，张口结舌。他一生中从未作过演讲，而他脑海中关于这方面的记忆，已经全飞到"爪哇国"去了。

宴会上的人全在鼓掌，大家都望着他，他却摇摇头，表示谢绝。但他这样做反而引来了更热烈的掌声，人们纷纷要求他上台演讲。"彼得森大夫！请讲！请讲！"的呼声越来越大，也越发坚决。

他心情非常矛盾。他知道，如果他站起来演讲一定会失败，他甚至无法讲出完整的五六个句子。因此他站起身来，一言不发，转身背对着他的朋友们，默默地走了出去。他深感难堪，更觉得是莫大的耻辱。

此后，他不愿再度陷入脸红及哑口无言的困境，开始进行当众讲话训练。通过锲而不舍地努力练习，他的进步简直是一日千里，紧张的情绪消失了，信心也越来越强。两个月后，他甚至开始接受邀请，前往各地演讲。他现在很喜欢演讲的那份成就感以及荣誉，更喜欢从中结交更多的朋友。

生活中有很多人，他们畏首畏尾，羞于当众讲话。在美国，有人曾经在很大的范围内进行调查，问题是："你最怕什么？"答案有很多，有人怕蛇，有人怕鬼，有人怕金刚，有人怕猛虎……让人意想不到的是，居然有78%的人最怕当众说话，而其他的"最怕"中没有一项超过10%。人们坦然承认自己的羞怯："我总是因为羞怯而不敢在众人面前讲话，那会使我心跳加快，脑中一片空白……"

说话羞怯的人通常认为别人很勇敢，只有自己怯场。因此，他们总是责备自己："为什么只有我是这样的呢？"其实，说话怯场的人非常多，绝非某个人特有的"专利"，只不过别人怯场时，你没有在意罢了。

那些口才了得的主持人，说话时也并非你所想象的那样毫无顾虑，他们也时常会感觉到羞怯。据说，美国某播音员在播音之前要先到浴室洗澡，否则就会因羞怯而无法从容播音。

由此可见，与他人交谈时心生羞怯是正常现象。在大庭广众之下自然、流畅地说话，对每个人来说都是一种挑战。对于那些生性羞怯、不善言辞的人来说更是难上加难。

经常会有人自我解嘲地说："我口才不好，不会说话。"其实，只要能克服羞怯这个障碍，每个人都能打开话匣子，侃侃而谈。如果你总是压抑自己，羞于当众讲话，就无法享受到说话的乐趣。

古希腊哲学家埃皮克提图曾经说过："人不为外物所动，而为自己的认识所左右。"由于思维惯性，我们对外界事物的认识往往会变得僵化。正所谓"一朝被蛇咬，十年怕井绳"。如果你曾经在跨栏比赛中摔过跤，就很可能再也不敢练习跨栏赛跑。这并不是因为你缺乏运动天赋，而是因为一次失败给你带来了误导，成为你心里的一个障碍。由此推知，如果你认为自己根本不擅长与别人打交道，很可能是由于在过去的交往过程中，你犯过小错误而给彼此带来了不快。这样的失误在你心中留下阴影，使你感到自卑、感到羞怯，这个心理障碍才是阻止你前进的最大顽石，而实际上你可能根本不缺乏与他人正常交往的能力和技巧。

卡耐基训练班的一个毕业生说："开始说话前的两分钟，我宁可挨鞭子也不敢开口讲话；可是一旦开口，临结束前两分钟，我又宁可吃枪子儿也不愿停下来。"卡耐基的经验证明，要取得这样的效果并不是一件困难的事情，经过训练，你一定可以做到。

说话是一门实践的艺术，不进行实践，你永远也不可能会说话，更不要说获得"绝妙口才"了。我们谈话的场所有很多种，与人共进晚餐，上班时工作交谈等，都是锻炼说话的好机会。平常说话轻而易举，遵循一些简单的规则你便能滔滔不绝。

自信的人说话招人喜欢

蜚声世界影坛的意大利著名电影明星索菲亚·罗兰之所以能够成为令世人瞩目的超级影星，离不开她对自己价值的肯定以及自信心。

为了生存和对电影事业的热爱，十六岁的罗兰来到了罗马，想在这里涉足电影界。没想到，她第一次试镜就失败了，所有的摄影师都说她达不到美人标准，都认为她的鼻子和臀部不够完美。没办法，导演卡洛·庞蒂只好把她叫到办公室，建议她把臀部和鼻子整一整。一般情况下，演员都会对导演言听计从。可是，小小年纪的罗兰却非常有勇气和主见，拒绝了对方的要求。她说："我当然知道我的外形跟已经成名的那些女演员颇有不同，她们都相貌出众，而我却不是这样。我的脸毛病太多，但这些毛病加在一起才更能突出我的特点。如果我的鼻子上有一个肿块，我会毫不犹豫把它除掉。但是说我的鼻子太长，那是无道理的，我喜欢我的鼻子和脸本来的样子。我要保持我的本色。"

正是由于罗兰的自信，导演卡洛·庞蒂重新审视了她，并真正认识了索菲亚·罗兰，开始了解并且欣赏她。

罗兰没有为迎合别人而放弃自己的个性，没有因为别人而丧失信心，所以她才能在电影中充分展示与众不同的美。而且，她独特的外貌和热情、开朗、奔放的气质最终得到人们的认可。后来，她主演的影片《两妇人》获得了巨大成功，她也因此而荣获了奥斯卡最佳女演员奖。

美国作家爱默生说过："自信是成功的第一秘诀。"在与他人沟通时，你的自我感觉会在很大程度上影响着别人如何看待你。如果你心里都觉得自己不行，那么如何让对方赏识你，与你继续沟通下去呢？所以说，培养自信是非常重要的，它会让你在与人沟通的过程中受益无穷。

一个人没有自信，那么，在沟通中别人会潜意识地对你有所忽视，这样不利于与他人建立良好、公平的人际关系。一个人如果没有自信，那么这个人言语的影响力就会相对较弱，所要表达的思想就不会被有效地传达，也不利于和他人进行有效的沟通力。

一个人没有自信，那么他在别人心目中的分数就会大打折扣，因为大多数人还是喜欢和自信的人在一起。自信的老板不喜欢唯唯诺诺的员工，因为他们不能提供不同的想法。

所以，我们在日常人际交往的过程中，要有成功沟通的信心，不要总是被沟通失败所困扰。只有多与人沟通，才能增加与他人比较的机会，也才能发现自己的长处，从而有利于形成正确的自我认识与评价，增强自己的信心，克服自卑感。当然，自信不是盲目地妄自尊大，不是表演出来的，它首先是建立在自我认知之上的。所谓的自我认知，就是对自己有一个明确的、实事求是的看法和评价。

悦耳的声音吸引听众

每个人都会说话，但说起话来使人感到悦耳动听、具有穿透力却不是件易事。说话的内容固然重要，但如何将所说的内容有效地表达出来，使对方欣然接受，是我们需要关注的。

当一些人讲话时，我们会坐端正并注意倾听——他们的声音厚重、威严而热情；另一些人讲话时，我们可能会心不在焉——他们的声音扁平单调，或者自以为是，华而不实。一些人声音轻快，一些人声音严厉，一些人声音愉快，一些人声音神秘。我们喜欢更多地听到某些人的声音，而不愿再听到另一些人的声音。

我们的声音不仅影响听者的第一印象，而且也影响所收到信息的最终质量。事实上，38%的听者的第一印象基于我们声音的表现力。

每个人都喜欢饱满圆润、悦耳动听的声音，而不愿听那种干瘪无力、沙哑干涩的声音。所以训练出一副好嗓子，练就一腔悦耳动听的声音，是拥有绝妙口才的基础。要想让你的声音像乐器一样悦耳，就得有意练习自己的嗓子，练声可以分为以下几步。

1. 第一步：练气

"练声先练气"。只要有一些唱歌的基础，就知道"气"是发声的动力这个道理。"气"就像发动机，是发声的基础。"气"的大小对发声有直接的关系。气不足，声音微弱无力；气过猛，声音难以持久，并有损声带。所以练声要先学会用气。

首先是吸气，基本要求是吸气要深。吸气时，小腹要尽量收缩，胸部要尽量撑开，这样才有利于把更多的气吸进体内。可以体会一下，如果突然一股香气袭来，你是怎样吸气的，这就是深吸气的基本要领。注意吸气时不要提肩，一提肩，胸腔的空间就会缩小，影响更多气的吸入。

其次是呼气，基本的要求是呼气要慢。为什么要让气慢慢地呼出呢？这是因为在演讲、朗诵、辩论或说话的时候，需要较长的气息，只有慢慢地呼气，才能达到这个要求。练习呼气要把两齿基本合上，留一条小缝让气息慢慢地通过，不要张开大嘴，这样就能让呼气的时间延长了。

吸气、呼气，可以每天到室外、公园等地方去练习，练习深呼吸，只要坚持下去，天长日久，定能见效。

2. 第二步：练声

语言的声源是在声带上，也就是说，声音是通过气流震动声带而发出来的。所以，声音的好坏与声带关系密切。

练发声之前，应该先做一些准备工作。

首先是放松声带。让一些轻缓的气流通过，让声带有所准备。接着发一些轻慢的声音，不要一张口就大喊大叫，这样会对声带产生破坏作用。这与激烈运动之前做些准备动作是一样的道理，否则就容易使肌肉拉伤。

声带活动开了，还要做一些口腔的准备活动。口腔是人的一个重要的共鸣器，声音是否洪亮、圆润，与口腔有着直接的关系。

可以按下面的方法活动口腔。

(1) 张闭口的练习。这种练习能够很好地活动嚼肌，也就是面皮。经过这样一番活动，到练声时嚼肌运动起来就轻松自如了。

(2) 挺软腭。学鸭子叫"嘎嘎"声，你就知道什么是"挺软腭"了。

人体另一个重要的共鸣器是鼻腔。有的人发音时只会在喉咙上使劲，根本不知道在胸腔、鼻腔这两个共鸣器上下功夫，所以这种人的声音显得很单薄，音色、音质都很差。他们只要一说话，不用多少时间，保准声音就沙哑了。最根本的原因就是不会使用共鸣器以减轻声带的压力。

练习鼻腔的共鸣方法，一般都是"学牛叫"。牛叫的声音是"哞哞"的，不断地发"哞哞"的声音，就可以达到训练鼻腔的目的。值得注意的是，在平时说话时，不要过多使用鼻腔共鸣，否则鼻音太重，影响说话的效果。

在练声时，不要在早晨起床后就马上到室外去练习，因为这样会使声带受到损害。如果室外与室内温差较大，更不能张口就喊。如果这样，冷空气很容易进入口腔刺激声带，对声带不利。

(3) 练习吐字。说到练习吐字，一般人认为这似乎离发声远了些，其实两者息息相关。因为只有发音准确、清晰、圆润，吐字才能"字正腔圆"。

我们在小学都学过汉语拼音，知道每个字都是由音节组成的，而一个音节可以分成字头、字腹、字尾三部分。从语音结构划分，这三部分大体上是：字头就是声母，字腹就是韵母，字尾就是韵尾。

练习吐字发声，最重要的是咬住字头。"咬字千斤重，听者自动容"说的就是这个意思。所以，在练习发音时，一定要紧紧咬住字头，这时嘴唇一定要有力，把发音的力量放在字头上，利用字头带响字腹与字尾。

字腹的发音，口型要正确，字音要饱满、充实。从感觉来看，发出的声音应该是立着的，而不能是横着的；发出的声音应该是圆的，而不能是扁的。如果处理不好字腹的发音，就容易使发出的声音扁、塌、不圆润。

字尾的发音关键是归音。归就是回，所以归音一定要到位，要完整。也就是说，不要念"半截字"，要把音发完整。字尾要能够收住，不能把音拖得过长。

如果你能够按照以上方法进行练习，经过一段时间，你的吐字一定会圆润、响亮，你的声音就会变得悦耳动听。

下面是一些类似的练习，你可以试着做。

(1) 吸一口气，然后数数，看你能数多少，越多越好。

(2) 先跑 20 米左右，然后朗读一段文章，要尽量避免喘气声。

(3) 按字正腔圆的要求读下列成语：

英雄好汉兵强马壮争先恐后光明磊落深谋远虑果实累累

五彩缤纷心明眼亮海市蜃楼优柔寡断源远流长山清水秀

(4) 读绕口令：

"八百标兵奔北坡，炮兵并排北边跑；炮兵怕把标兵碰，标兵怕碰炮兵炮。"

"哥挎瓜筐过宽沟，赶快过沟看怪狗；光看怪狗瓜筐扣，瓜滚筐空怪看狗。"

"洪小波和白小果，拿着笤筐收萝卜。洪小波收了一筐白萝卜，白小果收了一筐红萝卜。不知是洪小波收的白萝卜多，还是白小果收的红萝卜多。"

总之，我们应该留心自己的说话方式——声音、音调、语气、语速、吐字等，然后通过练习来完善。如果我们口齿清晰、表意清楚明白，别人会更愿意倾听我们的话。

学问改变谈吐气质

"工欲善其事，必先利其器。"一个胸无点墨的人，很难想象他如何与人对答如流。如果你拥有渊博的学识和丰富的生活体验，那么不同的场合，不同的话题你都能够参与其中，而且能够在交谈中"如鱼得水"。

如何才能让自己拥有渊博的学识并将这些学识运用到谈话当中去，使得自己的说话水平得到提高呢？其实，渊博的学识大都来源于书本和思考。一个人的博学，不在于知晓天下之事，而在于对天下事有自己的理解和看法。

古人云："腹有诗书气自华。"高尔基也说："学问改变气质。"由此可见，读书是气质、精神永葆的源泉，也是与人交往所需话题的重要来源。

读书是一件值得提倡的事，但是如果只读而不去实践，就会使其变成毫无意义的死知识。所以，在与人交谈前，必须要预备一些知识性的话题。无论这些话题的来源是生活还是书本，记住它们，然后将其输入自己的大脑，再视时机或气氛，适当地加以运用。美国总统林肯就使用这个方法获得了惊人的成就。现在，就让我们深入地学习林肯是如何丰富自己的内涵的。

首先，我们可能会问，林肯是不是具有特别的语言天赋而成为天才的演讲家呢？林肯的父亲是个木匠，不识字；他的母亲没有特殊的学识、技能；林肯也没有接受过专门的语言训练。没有数据证明老天垂爱林肯，给了他突出的语言天赋。林肯当选为国会议员之后，官方的记录中用一句话来描述他所受的学校教育："不完全。"父母没有培养林肯特殊的才能，他所受的学校教育又"不完全"——时间不超过两个月，那么，谁是他的良师呢？

　　肯塔基森林内几个巡回小学教师，一个是萨加林·伯尼，一个是卡里伯·哈吉尔，一个是亚吉尔·都赛，一个是安德鲁·克诺福。这些巡回小学教师从一个拓荒者的屯垦区"巡回"到另一个屯垦区，只要当地的拓荒者愿意给他们火腿、玉米等食品，他们就教小孩子读、写、算等知识。林肯的启蒙就是从这样的巡回教师身上开始的，可是林肯从这些老师的身上学到的东西也并不多；而日常环境对林肯的帮助也不大，他接触的那些农夫、商人、律师、诉讼当事人，都没有什么特殊或神奇的语言才能。

　　那么，林肯到底是靠什么成功的呢？其实，林肯的口才是从书本里学来的。林肯能够很熟练地背诵整本的伯恩斯、拜伦、布朗宁的诗集，还写过一篇评论柏恩斯的演讲稿。在他的办公室里，一直放着一本拜伦的诗集，在家里也准备了一本拜伦的诗集。在办公室里的那本拜伦诗集，因为经常翻阅，只要一拿起来，就会自动摊开在《唐璜》那一页。

　　林肯入主白宫之后，"内战"的负担消耗了他大量的精力，他的脸上因此刻下深深的皱纹，可是他仍然在少许空闲的时间拿一本英国诗人胡德的诗集躺在床上翻阅。有时候，在深夜醒来，他也会随手翻开这些诗集。如果凑巧发现一些自己特别喜欢的诗，他就会立刻起床，穿着睡衣，趿拉着拖鞋，悄悄找他的秘书，把一首又一首的诗念给秘书听。

他在当总统的时候，经常抽空阅读他早已看熟的莎士比亚名著，有时还发表一些言论，批评有的演员念错了莎剧的台词，并且提出自己独到的见解。

林肯喜爱读诗，不仅在私底下背诵及朗诵，也经常公开背诵及朗诵，有时甚至还试着写诗。在妹妹的婚礼上，他曾朗诵自己的一首长诗。到了中年时期，林肯的笔记簿写满了自己的作品，可是他对这些诗作缺乏足够的信心，甚至连最好的朋友也不准翻阅。

罗宾森在《林肯的文学修养》一书中写道：

"林肯这位自修成功的人物，用真正的文化素材把他的思想包装起来，简直是一个天才。他的成就过程与艾默顿教授描述的文艺复兴运动领导者之一的伊拉斯莫斯的教育情形几乎是一样的。林肯很早就离开了学校，他用一种独特的方法来自己教育自己，并且最终获得了成功，这个方法就是：永不停息地练习和研究。"

毋庸讳言，林肯不过是一位举止笨拙的拓荒者。青年时代，他在印第安纳州鸽子河的农场里干活，一天只能得到三角一分的微薄工资。可就是这样一个人，在盖茨堡发表了人类"有史以来最精彩的一篇演讲"。由于这次演讲，17万大军浴血奋战，7000人阵亡。

林肯去世后，著名演讲家索姆奈说："这次战斗的记忆从人们的大脑中慢慢消逝了，可是林肯的演讲仍然活生生地印在人们的脑海中，而且，如果这次激烈战斗能够再度被后人记起来，最主要的原因就是人们不能忘记林肯的这次演讲。"

很有意思的是，在盖茨堡战役之后，著名政治家艾维莱特一口气演讲了两个小时，可是他的话早已被人们遗忘，而林肯的演讲不到两分钟——据说，有位摄影师企图拍下他发表演讲的照片，可是摄影师在架起那架老式的照相机并对准焦距之前，林肯的演讲就已经结束了。

林肯在盖茨堡演讲的全文被刻在一块不会腐烂的铜板上，陈列于牛津大学的图书馆，作为典范。学习演讲的每一位人士，都应该好好地朗诵、背诵这篇不朽之作。

很多人认为，这篇演讲稿结尾的那个不朽的句子是林肯创造的。其实，这些不朽的句子却是林肯从先贤圣哲那里学来的。

事情是这样的：林肯当律师的时候，他有个朋友叫作贺恩登，在林肯发表盖茨堡演讲的几年前，曾送他一本巴克尔的演讲全集。林肯很认真地读完了全书，并记下书中的这句话："民主就是直接自治，由全民治理，属于全体人民，由全体人民分享。"

而巴克尔的这句话很可能是从韦伯斯那里借来的。韦伯斯在一封写给海尼的复函中说："民主政府是为人民而设立的，由人民组成的，对人民负有责任。"

林肯是不是吸取了前人的经验之谈并不重要，而是他把这句话用在了最恰当的地方。

因此，如果你希望自己有内涵有修养，多读书，细读书，并且把书中的精华在实践中不断应用，你就能够与时俱进。如果希望不断地获得更多的灵感，你就应该经常让自己的头脑接受洗礼。

说在点子上的话得人欢喜

如果有人问你："你会说话吗？"你肯定会很气愤，太小看人了，说话谁不会。谁都知道，在人类发展的历史上，特别是从猿到人的转变中，会说话就是人类区别于动物的一大特征，就是人类从猿进化到人的一大飞跃。

可是，在我们的身边，我们也常常听到有人在指责他人："你会说话吗？"这是为什么？是因为这些人没有用恰当的方式把自己想说的表达明白，或者是不应该实话实说的时候说了实话，结果把事情搞砸了。

鲁迅在《立论》中讲过这样一个故事：

一户人家生了个男孩，全家都高兴极了。满月的时候，家人把孩子抱出来给客人看。

一个说："这孩子将来要发财的。"于是这个人得到了一番感谢。

一个说："这孩子将来要做官的。"于是这个人收回了几句恭维。

一个说："这孩子将来是要死的。"于是这个人得到了一顿大家合力的痛打。

虽然死是必然现象，可是在主人万分高兴，想听到许多欢乐、吉祥、喜庆的话语，图个"好兆头"的时刻，居然有个傻得不透气的家伙竟然说"这个孩子将来是要死的"，这种实事求是未免太煞风景了。

尽管鲁迅在这篇文章中的寓意不在于此，是讽刺在当时黑暗的时局下，人们要想说实话、说真话是难上加难，可是，把这个故事用在生活中的话，先生就是在告诫人们，说话应该审时度势，合乎场景规矩礼数。

有一位中文系毕业的教师，不论在讲台上侃侃而谈还是参加各种活动，他的发言都很精彩。可是，就是这样一个很会说话的人却因说话不到位把应该办成的事情搞砸了。

一天，亲戚托他为孩子找一所好点儿的学校。他一口答应下来："没问题。"本来，自己就是搞教育的，又是省级师范学院毕业，在市属各个学校几乎都有他的同学，让一个学生入学简直易如反掌。

于是，在一个晚上，他先去一个自己看好的学校了解情况，因为他担心自己的老同学总是锦上添花，无法了解该学校的真实情况。

当他来到学校门前时，装作是学生的家长，先和传达室的大爷聊了起来。他想从这个最基层的地方了解实情。

可是，没想到的是，当他说完学生的情况后，门卫大爷竟然一口拒绝说："像你说的这种情况，我们学校恐怕不会接受。"虽然一个看门大爷不能决定学生是否能入校，但是让他一口回绝却是有原因的，这位教师说话时没有注意方式，透露出的都是对孩子不利的信息。他在和门卫大爷的谈话中说到该学生有些偏科，而且爱打游戏，缺乏自我约束力，因此，头疼无奈的家长才想到让孩子上管理严格的寄宿学校。

尽管这位教师说的都是大实话，可是在门卫大爷听来，这孩子有很多缺点，这样的学生很可能是其他学校都不收所以才找到这里的，因此，他自作主张先代表校长发表了意见。

这样的后果，是这位自诩口才好的教师万万没有想到的。他本来还想说出一番大道理，诸如：没有教育不好的学生，再说小孩子发展空间大，主要是老师的教育方法是否对头；如果学生本身学习好，素质高，还需要老师教育吗？学校如果只接收好学生不是太势利了吗？可是，这番道理对门卫大爷说又有何用？因此，这位教师很后悔自己没有注意说话的方式。

从这个案例我们可以看出，说话不是自说自话，不是像背课文一样流利干脆、朗朗上口就行；也不是面对学生讲课，只要他们被动地接受就可以；更不是像那种比较专制的家长，居高临下地对孩子训斥一番就能达到目的。说话就是平等地沟通，如果不注意对方的态度和感受，有时候，看起来希望很大的事情恐怕也办不成。

在职场上，也有一些不会说话、表达不到位的人。和领导相处时，他们时常会说出一些令领导不快的话。比如，他们对领导说："你辛苦了！"或者"你的做法真让我感动！"这样的话本来应该是领导对下级说的，一旦由下级对上级说，就像凌驾于上级之上一样，上级心中怎会爽快？还有些人对领导说："这事你不知道！我知道！"这样的语气太唐突，表达方式太直接，也不太合适。

再如，不经意地对领导说："太晚了！"这句话的意思在领导听来可能是嫌他的动作太慢，误事了，有明显责备的意味，领导也不会高兴地接受。另外，对领导说："不行是不是？真没劲！"这句话明摆着是对领导的不尊重。这些就是说话不讲方式、表达不恰当的典型表现。对于这样的人，怎能说他们会说话，口才好呢？可想而知，在上级的心目中，会给他们打下怎样的印象分。

不论在职场还是在社会交往中，要用语言准确表达出自己的思想又不至于让他人产生误解，的确不容易。因此，一定要在口才上提升自己，向那些说话高手学习，把话说到点子上，既不让人产生误解，又能顺利达到自己的目的，这才是真正的会说话。

会说也要会听

倾听是搞好人际关系的要素之一。人有两只耳朵一张嘴，就是为了少说多听。不重视、不善于倾听就是不重视、不善于交流，而交流的一半就是用心倾听对方的谈话。不管你的话说得有多好，你的话有多精彩，都要注意听听别人说些什么，看看别人有些什么反应。俗话说得好："会说的不如会听的。"也就是说：只有会听，才能真正会说；只有会听，才能更好地了解对方，促成有效的交流。尤其是和有真才实学的人一起交谈时更要多听，不仅要多听，还要会听。所谓"听君一席话，胜读十年书"，大概正是这个意思。

那么，是不是我们什么都不说，只一味地去听呢？当然不是。假如一句话都不说，别人即使不认为你是哑巴，也会认为你对谈话一点儿兴趣都没有，反应冷漠。这样会使对方觉得尴尬、扫兴，不愿再说下去。到底多说好，还是少说好呢？这就要看交谈的内容和需要了。如果你的话有用，对方也感兴趣，当然可以多说；倘若你的话没有什么实质内容和作用，还是少说为佳。即使你对某个话题颇有兴趣和见解，也不要滔滔不绝，没完没了，更不要打断别人，抢话说，因为那样会招致对方厌烦，甚至破坏整个谈话气氛。

听话也有诀窍。当某人讲话时，有的人目光游离，心不在焉，看表、修指甲、打哈欠、打电话……这些小动作会给人一种轻视谈话者的感觉，让对方觉得你对他不满意，不愿再听下去，这样肯定会妨碍正常有效的交流。当然，所谓注意听也不是死盯着讲话者，而是适当地注视和有所表示。

给讲话人语言暗示，告诉他你在专心地听。对他所说的话感兴趣时，展露一下你的笑容；用"嗯、噢"等表示自己确实在听并鼓励对方说下去。或者"明白了""再讲具体一点""然后怎么样了？"注意，每一个暗示都要简短，但这足以使讲话人深受鼓舞。

提出问题。凭着你所提出的问题，让对方知道，你是仔细地在听他说话。而且通过提问，可使谈话更深入地进行下去。如："要如何才能改变这一现状呢？""如果不这样还有其他好的办法吗？"

要巧妙地表达你的意见，不要表示出你与对方不合的意见，因为对方希望听的人"听"他说话，或希望听的人能设身处地地为他着想，而不是给他提意见。你可配合对方的证据，提出你自己的意见，比如对方说完话时，你可以重复他说话的某个部分，或某个观点，这不仅证明你在注意听他所讲的话，而且可以以下列的答话陈述你的意见。如："正如你指出的意见一样""我完全赞成你的看法"。

在忠于对方所讲话题的基础上，引导好话题的走向。无论你多么想把话题转到别的事情上去，达到你和他对话的预期目的，但你还是要等待对方讲完以后，再岔开他的话题。对方也许是一个不善表达的人，不是短话长说，就是说些与主题无关的话，甚至连陈年往事也牵扯上了。这样的谈话枝叶太多，往往会脱离主题。因此听者须及时予以引导，使谈话重上轨道。这是听者的重要责任，也是听话技巧之一。记住，是引导而不是指导。

要听懂对方的意图，而不仅仅是话语。管理学大师彼得·德鲁克说过："沟通就是倾听对方没有说出来的话。"因此，请细心体会说话人"话里话外"的意思，并且在抓住事实的同时感受他的情绪。

当一个话题告一段落，你要适时引入新的话题。人们喜欢从头到尾安静地听他说话，而且更喜欢被引出新的话题，以便能借机展示自己的价值。你可以试着在别人说话时，适时地加一句："你能不能再谈谈对某个问题的意见呢？"

如果我们把每一次倾听都当作学习的机会。即便谈论的话题一开始显得很无趣，也请紧跟说话人的思路。而在你学习的同时，你也会获得谈话人的好感与尊重。认真按照这些要求去做，你一定会成为一个成功的倾听者，成为一个会说话的高手！

说话高手，惹人喜欢

我们知道，生活中很多时刻都离不开口才，口才好的人能把普普通通的话题讲得引人入胜，嘴笨口拙者即使讲的内容很好，让人听起来也索然无味。同样的矛盾和纠纷，其他人束手无策，而那些说话高手几句话也许就能化干戈为玉帛。

美国经济大萧条时期，一位女孩非常幸运地在一家高级珠宝店找到了一份售货员的工作。可是，她上班第一天就遇到了珠宝失窃的事情。找不到珠宝，她不但工作保不住，而且还要赔偿一大笔损失，这对家庭条件拮据的女孩来说无疑是雪上加霜。可是，女孩没有向警察寻求帮助，而是凭借自己巧妙的语言找到了这颗失窃的珠宝。

原来，在女孩营业时，电话铃声响了起来，女孩去接电话，却不小心碰翻了一个碟子，六枚宝石戒指落到了地上。她慌忙拾起了五枚，却怎么也找不着第六枚了。就在抬头的一刹那，她看到有个衣衫褴褛的青年正慌张地朝门口走去。女孩立即走过去叫住他说："对不起，先生！"

那位青年转过头来，问道："什么事？"

聪明的女孩没有直接问珠宝的事情，而是神色黯然地说："先生，现在找工作很难，您说是吗？"

青年紧张地看了女孩一眼，不明白她问话的意思，但还是认同地回答："是，确实如此。"

女孩紧接着说："这是我的第一份工作，我相信，如果换成您，您会干得很不错的！"

也许是女孩对青年充满信任和鼓励的话语打动了他，青年说："我相信你也同样可以干得不错。"说着，他把手伸给女孩，"让我先祝福你吧。"

女孩也立即把手伸出来与其相握。就这样，第六颗珠宝失而复得了。

俗话说："不会烧香得罪神，不会说话得罪人。"谨言慎行，可谓是处事之道。本来对于这起突发的盗窃案，通常情况下，人们都会大喊大叫，设法将偷窃者抓住。然而这位手无缚鸡之力的女孩却用自己巧妙的表达方式让小偷归还了窃物，小偷没有当众出丑，她自己也没有受到任何伤害。这样的口才的确让人佩服。像这样的人，可以说是掌握了口才的基本要领和原则，口才不是伤人的利器，更不是自我表演的舞台，而要从尊重对方的前提出发。因此，要想成为口才高手，就要克服以自我为中心的表演倾向，本着和人平等沟通的原则。

当然，口才高手也很讲究文采。他们不论是辩论还是演说，都会运用很多联想、修辞、比喻、夸张等手法，通过各种表现形式去打动听众。他们的嘴上功夫甚至达到了"一人之辩，重于九鼎之宝；三寸之舌，强于百万之师"的境界。

秦国使者王稽向秦昭王引荐范雎后，居然没有得到重用。一年来，秦昭王只是为他解决了基本的食宿问题，根本没有打算接见他。在这种情况下，身为辩士的范雎要想建立功业似乎希望渺茫。但是，范雎怎能甘心屈居于此，他要运用自己的口才为自己争得出头的机会。

他细心观察了秦国的形势。原来，当时秦昭王在位已经长达36年，他已经开始厌恶只会动嘴皮子的辩士。可是，范雎要改变秦昭王的偏见，于是上书说："臣听说贤明的君主在治理政务时，能够根据功劳的大小来封赏，根据能力的大小来安排职位。因此，没有能力的人不会久居其位，有能力的人不会被一直埋没。"这些话语的前提是承认秦昭王不会亏待有能力的人。

接下来，范雎结合自己的处境说："大王如果认为臣说得对，那么按照臣的提议一定会把国家治理得更好。"对于这些言语，秦昭王自然不会反对。

可是，怎样能证明自己有能力、值得重用呢？范雎接下来说："古语说'庸主赏所爱而罚所恶；明主则不然，赏必加于有功，而刑必断于有罪'。首先，我不敢用不成熟的言论来迷惑大王。因为那样的话，刀能够剁烂臣的胸膛，斧头能够斩断臣的腰部，我怎么敢把生命视为儿戏？"

这段话就是为了说明范雎说的话都是正确的，应该引起昭王的重视。为了打消昭王的疑虑，范雎又说道："即使大王认为臣身份卑微、对生死不怎么在乎，大王难道会容忍受到推荐臣的人的欺骗吗？"

是啊！王稽在秦昭王的心目中有着很重要的地位，如果范雎没有才华，不正是证明了王稽欺君，昭王自己也偏听偏信吗？这段话，就把范雎的命运和王稽、昭王联系在了一起，可以说有着"一荣俱荣，一损俱损"的关系。

仅是这样侧面地互相关联还没有达到目的，范雎接下来又运用比喻正面论述人才不能被人马上识别重用的实例。他说："臣听说周、宋、梁、楚各有美玉，分别是砥厄、结绿、悬黎和和璞。在这四件宝贝刚从土中被挖掘出来时，即使是有名的工匠也无法识别，但它们最终却成了天下名器。既然如此，圣明的君王，不该白白遗弃胸怀治国安邦之才的贤士。"

秦昭王当然是圣明的君主，而且他还曾量才录用。他可不想做让明珠埋没的人。范雎最后这段话，击中了秦昭王的软肋，因此，他对范雎刮目相看，他要看看范雎有什么治国安邦的良方，故派人把范雎接入宫，而且还重赏了王稽。

范雎的一席话说得谦卑得体、诚实恳切，运用正面侧面的论证和恰当的比喻，打动了秦昭王。

可见，要做一个说话高手，还需要讲究文采，这样才能充分表述自己的想法。想让口才为自己的成功插上腾飞的翅膀，还需要修炼、汲取他人的成功经验。在接下来的章节中，我们将会看到那些口才高手们是怎样运用语言的魅力应付各种场面、克服各种困难的。相信我们可以从中得到口才训练的有益启示。

合理结尾，管理印象

在戏剧中有句俗语：只要看他上场和下场的表演，就可以判定这个演员所有的本领。这句话应用到演说方面来，真是再恰当不过了。无论做什么事，开头和结尾，都是不容易做得好的，而尤其是演说，最重要的、最精彩的，正是在结尾的时候。因为最后的字句，虽然已经停止，但仍在听众的耳中盘旋，使人记忆得最久，即人们常说的"余音绕梁，三日不绝"。可是，初学的人，最不容易注意到这一点。往往一篇演说，总是在开始时打起精神，努力表现着自己的本领，可是说到后面，以为演说将完，听众不大注意了，于是常常虎头蛇尾，失之于平淡，甚至不能善始善终。

这里有一个很好的例子，是威尔士亲王在加拿大帝国俱乐部演说的结束语：各位，恐怕我说得太远了，并且关于我自己的话，也说得太多了。但是我今天能和各位说出了自己的地位和责任，真是十分荣幸，我可以向各位担保，我一定尽我的力量去完成重大的责任，不负各位的托付。这样一说，大家都知道演说已经完了，而就此结束也不会使听众感到茫然。

在演说完毕的时候，听众常会把演说中的要点忘记。可是许多演说者不大注意这一点，以为他所说的一切，听众早已听得明白，其实这是错误的。你把说过的一切，重复给听众述说一下。这是最好的归纳总结法。

另外，还应当让听众有一种余音绕梁、意犹未尽的感受。假如你的讲话简明生动、切中要害，并且能妙语连珠活泼有趣，结尾又能引人深思，那么听众就会有许多值得回味的感受。

演讲的结尾不一定要让听众笑个不停。有些演讲需要严肃的结尾，有的演讲则需要戏剧性的结尾。具体采用哪种方式为好，完全取决于演讲的内容，取决于你要传播的信息的要求，也取决于会议的性质，甚至包括听众的组成情况和演讲的具体时间与地点。假如你演讲的场合是宴会或冷餐会，或者是在晚会，都可以用几句妙语来结束讲话，当然不要忘了切中主题。运用几句妙语的结尾可以消除听众们一天的疲劳之感，使他们在精神上得到愉悦和放松。

"很荣幸，我是今天最后一个讲话的人，我想我们大家都可以轻松一下了。"

"今晚我们吃了那么多鸡，我想我们都该回窝里去了。"

在结束讲话的时候，不妨试一试激发全体听众发自内心的笑容。用有趣的口吻讲一则故事，或是说两句与主题有关的俏皮话、双关语，或者是幽默的祝愿词，都可能收到良好的结尾效果。

"今晚已一去不复返了，但是不要忘记，您是未来的主人。"

"如果您认为昨天的成就很不错，那么今天就可能无所作为。"

让你的听众们面带微笑和满意之情离开会场，那么你运用幽默力量所传达的观点和信息就会不胫而走，传遍各处，你演讲中的主要内容，就会被更多的人所了解，并且给人们的工作与生活带来积极的影响。

林肯在讲述尼亚加拉瀑布时所用的结语说：在很久以前，哥伦布发现这块新大陆，一直到今天，尼亚加拉瀑布一直在这里怒吼。古时候的伟人，像我们一样，他们都会见过这个瀑布，从那久远的年代，一直到如今，这瀑布永远在奔流，从不静止，从不干涸，从不冰冻，从不休息。

无论用什么方法结尾，必须注意下列要点，使结论自然有力。

- 简洁明快恰到好处。
- 加重演讲语气，使听众深受感动。
- 从结尾中使听众深深地回味你的演说。
- 在紧张的地方中止，使听众觉得恋恋不舍。

在演说中，最重要的一点，还是在结束语上。最后的字句，虽然已经停止，但仍在听众的耳中盘旋，使人记忆长久！用名人的话及古今中外的格言，都可增加演说结尾几句话的力量！

第二章 真诚话语，最动人心

在人际交往中，什么样的人受欢迎？是那些见什么人说什么话的人吗？这些人初次见面也许会给人留下八面玲珑的印象。相比之下，说话坦诚的人更能给人留下踏实、稳重、可靠的好印象。因为他们对人真心诚意，从不遮遮掩掩，更不会说一些夸张无用的大话空话。人们通过他们的话语能感到其待人的真诚。因此，这样的人身上散发出一种难以抗拒的魅力。

礼貌待人，真诚谈话

一位顾客走进一家电器商场，一台音色纯正、低音浑厚、震撼力强的音响引起了他的注意。这时一位男售货员热情地迎上来，满脸职业微笑，主动介绍这种新产品。他的介绍很专业，很流畅，从性能优势到结构特点，从性价比到售后服务，一边讲解，一边进行演示。

这位顾客被售货员热情而熟练的介绍所感动，对产品产生了几分好感。本想再问点什么，可是售货员连珠炮似的讲着，顾客总也插不上嘴。售货员不管这位顾客懂还是不懂，也不管这位顾客反应如何，一直喋喋不休地讲着。于是，这位顾客心里已有几分不悦了，特别是当售货员褒扬自己的品牌而贬低其他品牌时，顾客不免对他的动机产生了疑问，如此夸夸其谈，产品性能是否果真高超？顿时，顾客的这种疑虑把先前产生的好感一扫而光。只是出于礼貌不好意思走开，幸好这时又来了一位顾客，这位顾客便乘机"逃"出了商场。售货员为他白费了口舌，难免会有几分失望和怨愤。

为什么售货员滔滔不绝的介绍，反而打消了顾客的购买欲望呢？其实这一抗拒心理，不是对货物有所抗拒，而是售货员在销售过程中的僵硬术语，让人越听越烦，这是个值得深思的问题。

大量事实证明，说话的魅力并不在于你说得多么流畅，滔滔不绝，而首先在于是否善于表达真诚！最能推销商品的，并不一定是口若悬河的人，而是善于表达真诚的人。当你用得体的话语表达出真诚时，你就赢得了对方的信任，建立起人与人之间的信赖关系，对方也就可能由信赖你这个人，而喜欢你说的话，进而喜欢你的商品了。

不仅推销员讲话如此，就是日常说话也是同样道理。比如背得很熟，讲得最顺畅的演讲，不一定是最好的演讲。滔滔不绝，一泻千里的演讲虽然流畅优美，但是如果缺少诚意，那就失去了吸引力，如同一束没有生命力的绢花，很美丽但不鲜活动人，缺少魅力。因此，谈话者首先应想到的是如何把你的真诚注入谈话之中，如何把自己的心意传递给对方。只有当听者感受到你的诚意时，他才会打开心扉，接受你讲的内容，彼此之间才能实现沟通和共鸣。

美国有线电视新闻网 (CNN) 的著名脱口秀主持人拉里·金在美国家喻户晓。拉里·金是他的艺名，他本名叫劳伦斯·哈维·齐格。他出生在纽约布鲁克林区，10 岁时父亲因心脏病去世，他是靠公众救济金长大的。年轻时他就醉心于广播，他先在迈阿密一家电台当管理员，后来才当上主播。他非常机智，反应灵敏，声音很有魅力，被公认为口才出众。可他认为，口才好除了天赋之外，最重要的是靠勤练。

他写了一本有关沟通秘诀的书，叫《如何随时随地和任何人聊天》。

在书里，他提到第一次担任电台主播的经验，说如果你在那一天碰巧听到他主持的节目，当时你一定会认为这个节目完蛋了。

那是在 1957 年的 5 月 1 日。早在这之前三个星期，他就跑去找电台的老板，告诉对方他想当节目主播。老板说他的声音不错，但当时没有空缺，叫他耐心等待，有机会会考虑他。因此，他每天跑到电台，东瞧瞧西看看，看别人怎么广播，自己也练习写些讲稿，希望能被电台播出。

三个星期之后，恰巧电台的主持人辞职，老板找他补缺，叫他从星期一早9点开始上班，周薪55美元，从星期一到星期五，每天早上到中午主持音乐节目，午后到下午5点播报一般新闻和体育新闻。

得到主持人的工作以后，他高兴得不得了，感觉梦想成真了，自己现在能上电台，也许有一天就会成为一个名主播。那个周末，他兴奋得睡不着，一直想象自己上节目时的状况。

星期一上午8点30分，他走进了电台，感觉紧张得不得了，于是拼命喝咖啡、喝水润嗓子。

上节目之前，老板祝他好运，问他用什么名字。他说了本名。老板说你的本名太难记，一眼看到书桌上有个金氏烈酒批发商的名字，就说："叫拉里·金好了，又好念又好记。"

那一天开始，他得到一个新的工作、新的节目和新的名字。

节目开始了。他先播放音乐，音乐播完后，他想讲话时，却感到喉咙像被人割断了，怎么也讲不出话来。结果他只好连播了三首乐曲，还是一句话都讲不出来。这时他才深深地感到自己还没准备好做专业主播，或许自己根本没胆量主持节目。

终于，老板踢开控制室的门，吼给他一句话："这是传媒事业！"随后就摔上了门。

于是，他向前靠近麦克风，开始人生第一次广播："早安！这是我这辈子头一回主持广播节目。我一直希望能做节目主持人。我已经练习了整个周末来做准备。15分钟之前，他们才给了我一个新名字。虽然我已经播放了主题音乐。但我仍是口干舌燥，我真的感到非常紧张。老板刚刚把门踢开，告诉我，'这是传媒事业！'……"

当拉里·金开口说完这一番话后，他感到稍微有点自信了，这才顺利地把剩下的节目播完。

那就是他广播生涯的开始，从此以后，他再也不感到紧张了。第一次广播经验告诉他：说自己心里的话，别人会感受到你的真诚。

拉里·金认为口才可以训练，就像开车和打高尔夫球一样，你练得越多，技术就越高。想把嘴练好，只有不停地练、不停地改进。

因此，只要有机会，他就尽量参加各种主持节目，如果有播音员生病，他就主动帮人家代班。

他认为沟通的秘诀，就是以诚实、开放的态度介绍自己。你很坦诚地介绍自己，告诉别人你的背景、经历，你喜欢什么，不喜欢什么，就能和人打成一片。

作为著名主播，拉里·金多年的经验是："谈话必须注入感情，表现你的热情，让别人真正体验和分享你的真实感受。"

某高校有位教员写了一本《思想政治工作方法》的书，出版社让他推销 1000 册。对他来说，这远比讲课要难得多。为了把书推销出去，他在学生中搞了两次演讲，他说："……当老师的在这里推销自己写的书，总不免有些尴尬。不过，如今作者也很难，写了书，还得卖书。出版社一下压给我 1000 册，稿费一文没有，所以我不推销不行。这本书写得怎样，我自己不好评说。不过有两点可以保证：第一，这本书是我用三年时间完成的，是我心血的结晶；第二，书的内容绝不是东拼西凑抄下来的，是我自己长期思考的见解。前不久，这本书被思想政治工作研究会评为社科类图书的二等奖，这是获奖证书。说实话，对于我们这些教书匠来说，搞推销远比写书还要难，只能硬着头皮来找大家帮忙了。不过，大家买不买完全自愿，决不强迫。如果觉得这本书对你有用并且你又有财力就买一本吧，算是帮我一个忙。谢谢。"他的这次演讲立即产生了效果，一次就卖掉了300多册。

这位教员不是专职推销员，但是他却获得了成功。从某种意义上说，他的成功就在于他恰到好处地表达了自己的真诚，赢得了听众的信赖。这再一次说明，在讲话中学会表达真诚，要比单纯追求流畅和精彩更重要。

言为心声，温暖人心

在日常生活中，有些人认为那些能说会道、伶牙俐齿的人才是口才好的人。其实，这是对于口才认识的误区。因为无论这个人口才如何了得，若是言不由衷，不是发自内心，就无法打动人心。

俗话说："言为心声。"如果一个人说得好听却做不到，交往时间长了，人们就会对这个人产生反感。如果一个人心地善良，而且话语总是很坦诚，总能温暖人心，人们就会喜爱他。因此，可以说，真诚也是一种口才的魅力。真诚首先让人们能彼此信任，之后才能进一步达到心与心的交融。

在中央电视台的主持人中，敬一丹很受观众喜爱，她主持的《焦点访谈》不仅能伸张正义，而且话语坦诚亲切、纯朴自然，总能打动人心。

一次，朱镕基总理要来《焦点访谈》节目组。领导安排给敬一丹一个任务，让总理为节目组题字。朱镕基总理是最反对领导人题字的，这个任务让敬一丹感觉很为难。但是，敬一丹顺利完成了。她是怎么做到的呢？

这天，当朱总理来到演播室后，大家簇拥在他的周围，七嘴八舌、争先恐后地与总理交谈，演播室里的气氛活跃、和谐。敬一丹感觉这是一个很短暂的、稍纵即逝的时机，于是，她走到朱总理面前说："总理，今天演播室里聚集在您身边的这二十几个人只是《焦点访谈》节目组的十分之一。"

总理听了这话，说："你们这么多人啊！"

敬一丹接着说："是的，他们大多数在外地为采访而奔波，非常辛苦。他们也非常想到这里来，想跟您有一个直接的交流，但他们以工作为重，今天没能到这里来。"朱总理被打动了。他非常喜欢《焦点访谈》的年轻记者们，因为他们不畏艰难，深入基层，挖掘到许多深受老百姓欢迎的题材。这时，敬一丹非常诚恳地说道："您能不能给他们留句话？"这句话虽然说得婉转，但是言辞恳切，既代表了敬一丹他们这些留在节目组的人的心声，也代表了那些在外奔波的记者们的心声。于是，朱总理看了一下敬一丹，接过纸和笔，欣然写下"舆论监督，群众喉舌，政府镜鉴，改革尖兵"16个字。

由此可见，发自内心的真诚话语才能打动人心。不论是亲朋故交还是初次见面的陌生人，如果你能用得体的话语表达出你的真诚，就能搭建起一座顺畅交往的桥梁。

1952年，艾森豪威尔竞选美国总统，年轻的参议员尼克松则是他的副总统搭档。正当尼克松为竞选四处奔波时，《纽约时报》突然报道他在竞选中秘密受贿的丑闻。

消息一经散布，当时全美国的64家电视台和700多家电台同时将镜头与麦克风对准了尼克松。很明显，能否澄清事实、取得选民认同，此举将是关键。而尼克松万万没有料到，当他走进全国广播公司的录音室之前被告知，他在广播结束后需提出辞呈。此时，尼克松决定毫无保留地把自己的财务状况公之于民。

在演说中，尼克松详细地说明自己的经济状况，他满怀深情地说："我要告诉大家，我太太没有貂皮大衣。还有一件事也应告诉你们，获得提名后，我们确实收到一件礼物！那是得克萨斯州一个不知名的朋友在收音机中听到我们的孩子很想要一只小狗的消息后，从遥远的地方送来一只小狗，我6岁的小女儿很喜欢它。各位，我的家产就是这些，现在，不管别人说什么，我只说明一点，我们要留下这位朋友所送的小狗。"

这次谈话结束后，尼克松自己都没有料到，他这些极富人情味的坦诚的话语最终打动了听众的心。当他走出录音室时，到处都是欢呼声，之后数百万人通过打电话、电报或寄信来赞扬他。而尼克松凭着自己坦诚的话语终于澄清了事实，最终赢得了大批的选票。

不论你从事何种职业，也不论要与什么人交往，真诚都是一种最有感情、最精彩，也最能打动人心的品质。真诚的语言不仅能赢得人心，有时甚至能创造奇迹。因此，有远见卓识的人，都会把真诚视为人际交往的基础。

了解对方的真实想法

某大都市的火车站前，有一栋以现代人的眼光看来显得略微陈旧的大楼。这栋5层楼的市场，占地面积为7500平方米，数年前落成的时候，在那一带附近，以钢筋水泥大楼的开路先锋姿态，成为众人瞩目的焦点。

该大楼是商场前任董事长特地从美国聘请首屈一指的工程师精心设计而成的。不论外形还是内部陈设，都流露出浓厚的艺术气息，颇具美术建筑的风味。但是，随着时代的变迁，这栋著名的大楼终于难逃拆除的噩运。

一家拆屋公司的董事长 A 先生负责此项工程。他对该大楼的所有者——董事长二世说："哇！这栋大楼实在太棒了！您准备将它拆除改建，不是太可惜了吗？多年来，这栋美轮美奂的建筑物，早已成为本市代表性的景观之一，您是否有义务把它继续保存下去呢？您可曾事先征得令尊的同意。倘若令尊还健在的话，又会有何种反应呢？……面对这么一栋杰出的大楼，即使您决定要我拆除，我也不敢贸然从命哩！"

说老实话，A 先生是希望能承包拆屋工程的，孰料他竟然再三强调，不可轻易拆除此楼，连董事长也大感意外。可是，过了一会儿，董事长炯炯有神的眼睛，闪现"深获我心"的喜悦，但他的神情却流露出无限的慨叹。

长辈们耗费大量的精力和财物，建造出象征家族精神的大楼，才历经一代，就必须被摧毁，大家的心情必定十分沉痛。虽然，拆屋之举已势在必行了，但是，若有人轻描淡写地说："好吧！我们就择日动工吧！"董事长的心里必定更加难过，很可能还会因此产生反感。A 先生能在瞬间洞察对方心底的奥秘，提出反对的意见，难怪会博得董事长由衷地嘉许了。

经过十几分钟的交谈，A 先生已赢得董事长全面的信任，且欣然决定由他负责拆屋工程。

接着，A 先生诚恳地说："敝公司既然有幸承办拆除工程，我们绝对全力以赴，干净利落地完成任务。请问董事长：您是否想将这些大楼的某些部位，保留下来当作纪念呢？只要交代一声，我一定不负所托！……"

在旁聆听的人，忍不住暗中喝彩。A 先生可谓用心周密，处处为客户设想啊。其洽谈业务的方法，完全符合攻心说服术。其实，针对说服本身而论，根本无须高举"攻心说服术"的旗帜。因为若不能洞悉对方的心理，并提出切中要害的说辞，是绝对无法令人心悦诚服的。

攻心说服术的出发点，应先把握对方深层的心理构造。我们把它比喻成由外及内 1~5 层叠压在一起的同心圆，每向圆心缩进一层，他人入侵时的难度都会增加。最里面一层则达到不愿让他人入侵，私人秘密的领域。同心圆内侧的部分，属于个人的领域，向外侧扩展的部分，则为公众的领域。

为使读者易于理解，遂用极为平整的形状，来说明表层和深层的界线。可是，人类事实上并未拥有此种明确的心理构造。表层和最深层的界线，或许位于第三层附近，有时候也可能在第四层附近。

此外，各层心壁的厚度，也往往因人而异。有些人表层的心壁特别厚实坚韧，几乎使人无法接近；相反，某些人的表层则薄弱柔软，但自第二、三层以后，依次增厚，绝对不使他人接触其核心部分。

自我核心部分是每个人的心理密室，其中珍藏着最贵重的私人隐秘。那么，我们如何能明确地探查对方深层的心理状况呢？如何寻求迫近该处的捷径呢？

现在，我们将游说时可能成为阻碍的心理因素分成八类，即警戒心、成见、心理压力、欲求不满、反感、自尊心、不安感与猜疑心，均应该观察对方表面上的言语或心理活动，了解其拒绝或否定的想法，然后以由浅而深的攻心术为主要的着眼点，分析出对方的排斥心理，继而采取最佳的应对方法，消除其心理屏障。这些即是攻心说服术的要点。一旦我们能找出操纵对方深层心理的引线，使其按照我们的意愿行事，那么，要说服对方也就易如反掌了。进一步说，只要能清除盘踞于对方深层心理上的障碍，无论以何种方式进行说服，都可以达到意愿。

读者们若能理解并把握上述的深层心理分析，然后熟练地运用，除了能扩展良好的人际关系外，更能够以自我的思想和见解，成功地转移他人的思想和感受，使他们和自己并列于同一阵线。

信任是交谈的基础

我们在进行游说之前，若能先打消对方警戒的想法，使他产生"姑且听之"的心理，就可以获得成功一半的把握。

"我绝无任何不良的企图，请你不必如此心怀警戒嘛！"

如果你这么率直地指责对方，不但无法化解紧张、沉闷的气氛，反而会造成反面效果。对方发现你已看透他隐藏在心灵深处的思想，可能立即加强心理防线，以免自己屈居不战而降的下风。这时候，你必须见风转舵，把来意暂时搁置一旁，先努力促进双方情感的交流，使对方不自觉地松懈情绪，乐意和你做进一步的交谈。

每个人的心理构造，都是极为复杂的，可以概分为外侧的表层和内侧的深层。人与人的交往过程，经常配合心理构造，必须由外而内，亦即从点头之交，依次渐达灵犀相通的境界，心理学家称此种关系为互信和谐的关系，确立友善的关系之后，双方的心弦可以产生共鸣，自然地形成说服对方的先决条件。

曾经在百老汇名噪一时的魔术大师哈佛·萨斯顿，在其40多年的表演生涯中，共吸引了6000万以上的观众，总收入亦高达200余万美元。探究其成功的秘诀，并非他拥有无与伦比的神技，而是由于他面对观众时，那种敬业的精神所致。一般魔术师常把自己的表演当作谋生的手段，学习几套江湖把戏之后，就趾高气扬地站在舞台上，心中暗忖：

"哼！骗骗这些乡巴佬，还不是轻而易举的事！"

据说，萨斯顿每次上台之前，必定在心中反复告诫自己：

"我爱观众！绝不能辜负大家对我的期待。我一定尽全力表演自己拿手的戏法，博得观众的喜爱……"

这种诚挚的信念，通过他的表演，传达至万千观众的心灵，难怪大家会为他痴迷，并且赞不绝口了。

纵观古今中外所有的艺术家和大明星，都是将自身出众的才艺，完全贡献出来，他们与观众建立互信和谐的关系，并且历久弥新地活跃在观众的心目中。

个性内向或城府较深的人，通常不会轻易向外人吐露心声。倘若继续保持沉默，绝不可能有任何收获。此时，游说者就必须设法打开僵局，除一面聊有关天气等大家都关心的话题外，还可以借机观察对方的服饰，如服装的颜色、领带、手表、袖扣等，大致了解对方的嗜好及性情，提出一些相关而有趣的话题。如此，受瞩目的一方，必定不好意思再拒人于千里之外了。

提示对方某种无意识的举动，也是打开话匣子的最佳途径。譬如，你发现对方用手指不断地轻敲桌面，就可以顺口发问：

"你平常喜欢弹钢琴或是其他乐器吗？"

遇到喜欢在桌面用小指尖画写的人，就应该说：

"哇！你的小指既纤细又漂亮……"

这一类的话题，必定能够吸引对方的注意力，而无暇兼顾警戒心，自然可以轻松融洽地沟通双方的意见了。

有位刚出道的新闻记者，到一家即将倒闭的公司访问该公司的宣传科长。对方严阵以待，拒绝提供任何与倒闭有关的消息。记者的经验不足，虽然有无可奈何之感，却不甘心就此打退堂鼓，遂预备采取持久战。

记者只想借抽烟来解闷，他摸遍全身衣服的口袋，竟然找不到香烟。只得走到衣架旁，想到风衣口袋里搜寻。那位科长忍不住用关怀的语气探问：

"有什么事需要我效劳吗？"

记者红着脸，把原因告诉对方。科长莞尔一笑，立刻热忱地取出自己的烟，请记者同享吞云吐雾之乐。经过这一转折点，双方开始畅谈，记者如愿以偿，做了一次翔实而精彩的独家报道。

这桩事例，仿佛"无心插柳柳成荫"一般，记者歪打正着地取得开启对方心灵的钥匙。但是，见微知著，此种借小动作消除对方警戒心的方法，倒是颇值得我们借鉴。

有时候，我们发现无法与深怀戒心的人沟通感情的原因之一，在于对方保持着"我俩根本处于不同世界……"的想法所致。试想：不同生活环境、思想背景、宗教习惯……完全不相同的人，初次见面，当然会有格格不入之感。为了突破此种障碍，必须让对方相信，我们都隶属于同一世界，皆是某集团内的一分子。

要想规劝酗酒者除此恶癖，最具说服力的，是曾经尝过酒精中毒之苦的"过来人"。因为互相间的相同的集团意识，足以迅速地化解彼此的警戒心，使其愿意敞开胸怀，虚心接纳善意的劝导。

一个熟练的家庭访问推销员，只要一进入某户人家的大门，就能够立即找出一个使主妇感兴趣的话题，引发对方的谈兴。例如：客厅的茶几上，摆放着一束康乃馨，他就会极力夸赞，并且说：

"康乃馨，这是我最喜爱的花，经您的慧心巧手安排之后，更显得秀逸不凡，实在太美啦！"

如此，定能使对方有深获我心的喜悦，很快地并列于相同的阵营内，不好意思让你失望而返了。

一对初次见面的朋友，通常会提起诸如此类的话题：

"您是南方人吧！……"

"您是哪所大学毕业的？"

这种惯例，虽然使人有不足为奇之感，但一旦发掘出双方有某项共同点，都会觉得分外亲切。譬如两人都是北大毕业的，立刻就会紧握双手，喜形于色地说：

"哈！真巧！我们竟然是校友哩！"

陌生感和警戒心遂在刹那间化为乌有了。

"君家在何处？妾住在横塘。

停舟暂相问，或恐是同乡。"

此首五言绝句，充分表达出每个人都喜欢发掘"认同感"的心理。仅需借"同乡"这一微小的共同点，即可以成为结识朋友的最佳契机。

周恩来总理在为革命忠心耿耿，为国家日理万机，呕心沥血的一生中，有一项令所有人望尘莫及的特长。他和每一位初次会晤的人交谈时，都会亲切地询问对方的姓名、家庭状况、职业及政治见解等，然后牢记于脑海中。甚至在十几年之后，他们再度见面时，周总理还能够如数家珍地道出对方的名号及亲友的轶事，并亲切地向他们一一问好，这种卓越的外交才能，遂使周恩来成为当时国内外政坛上的风云人物。

真诚交流是相互的

在说服对方时，用真诚的态度，会招人喜欢，易于被人接纳。人情入理的话，一方面显示说服者坦诚的态度；另一方面又尊重对方并为对方着想。这样无论在交易原则上还是在人的情感上都达成了共识，促使合作成功。

当松下电器公司还是一个乡下小工厂时，作为公司领导，松下幸之助总是亲自出门推销产品。每次在碰到砍价高手时，他总是真诚地说："我的工厂是家小厂。炎炎夏日，工人们在炽热的铁板上加工制作产品。大家汗流浃背，却依旧努力工作，好不容易才制造出了这些产品，依照正常的利润计算方法，应该是每件……"

听了这样的话，对方总是开怀大笑，说："很多卖方在讨价还价的时候，总是说出种种不同的理由。但是你说得很不一样，句句都在情理之中。好吧，我们就按你开出的价格买下来好了。"

松下幸之助的成功，在于真诚的说话态度。他的话充满情感，描绘了工人劳作的艰辛、创业的艰难、劳动的不易，唤起了对方深切的同情，也换来了对方真诚的合作。

我们与人交谈时，秉持着一颗"至诚的心"，不流于巧言令色、油嘴滑舌，适当将自己最好的一面通过"说话"表达出来，才能建立良好的人际关系，使自己融入群体之中。

罗马诗人帕利里亚斯·赛洛斯说过："当别人真诚地对待我们的时候，我们也要真诚地对待他们。"真正站在对方的立场上，为对方着想，并全面分析对方的利弊得失，说话真诚，语气亲切随和，不卑不亢，入情入理，这是成功打动对方的诀窍所在。

说话如果只追求外表漂亮，缺乏真挚的感情，开出的也只能是无果之花，虽然能欺骗别人的耳朵，却永远不能欺骗别人的心。一位著名演说家曾经如是说："在演说和一切艺术活动中，唯有真诚，才能使人怒；唯有真诚，才能使人怜；唯有真诚，才能使人信服。"

与人交谈，贵在真诚。只有你与人交流时能捧出一颗恳切至诚的心，一颗火热滚烫的心，才能让人感动，才能动人心弦。

美国总统林肯就非常注意培养自己说话的真诚情感。他说："一滴蜂蜜要比一加仑胆汁能吸引更多的苍蝇。人也是如此。如果你想赢得人心，首先就要让他相信你是他最真诚的朋友。那样，就会像一滴蜂蜜吸引住他的心，也就是一条坦然大道，通往他的理性彼岸。"

林肯在一次竞选辩论中说："你能在所有的时候欺骗某些人，也能在某些时候欺骗所有的人，但你不能在所有的时候欺骗所有的人。"这句著名的格言，成为林肯的座右铭，对于我们也不无借鉴之处。

如果能用得体的语言表达你的真诚，你就能很容易赢得对方的信任，与对方建立起信赖关系，对方也可能因此喜欢你说的话，轻易答应你提出的要求。

人与人之间，无论是雇主关系，还是朋友关系；无论是亲戚还是顾客，相互之间都应真诚相待。那么，我们该如何换来他人对我们的真诚呢？答案很简单，只有七个字，那就是：用真诚换取真诚。

拳王阿里因为年轻时不善于言辞而影响了他的知名度。一次，阿里参赛时膝盖受伤，观众大失所望，对他的印象更加不好了。当时，阿里并没有拖延时间，而是要求立即停止比赛。阿里对此解释说："膝盖的伤还不至于不能进行比赛，但为了不影响观众看比赛的兴致，我请求停赛。"

在这之前，阿里并不是一个多有人缘的人，但是由于他对这件事的诚恳解释，使观众开始对他产生良好的印象。他为了顾全大局而请求比赛暂停的真诚，是在替观众着想，由此也深深地感动了观众。

阿里以一句发自内心的真诚之语挽回了观众对他的不良印象，也换来了观众对他的支持与喜爱。一个人能成功，很多时候并不在于他能滔滔不绝地吹嘘自己，而是他能为他人着想，关心他人的利益，用自己的真诚换来他人的信任。

以诚相待，得人喜欢

在社交场合，有些人奉行这句话：赞美是社交成功的通行证。可是，并不是任何赞美的话都能使对方高兴。如果你无根无据、虚情假意地胡乱赞美别人，对方不仅会感到莫名其妙，更会觉得你油嘴滑舌、虚伪。只有坦诚的赞美才能达到好的效果。

坦诚的赞美是发自心灵深处的，当你心中对对方产生了一种认同感，才能促使自己去衷心地赞美，同时也会使对方的心灵发出共鸣。因此，在交际中，要以诚与人相交。这样，不但能给别人带来快乐，而且也可以顺利地搭建起一座交往的桥梁。

拿破仑出席过一个大型的聚会。当时，许多来宾都想借机来认识他。因此，许多人见到拿破仑就笑嘻嘻地迎上前来，一开口就是恭维的话："将军真是神勇非凡！""您对国家贡献十分伟大，如果没有您，我们如何能享受如此幸福的生活"之类的话。可是，这些话拿破仑听得十分不舒服，因为他非常厌恶虚伪奉承。他脸色冷淡，令那些人也不好再说什么，自然更达不到进一步交往的目的。

此时，有位客人走过来敬酒说："将军您最讨厌逢迎巴结的话，今天这个聚会一定使您很难受吧！"拿破仑看着这位客人无可奈何地笑了。

这位客人的一句体恤的话一下子让他和拿破仑的距离拉近了。在整场宴会中，拿破仑和他谈的话虽然不多，但是对他很有好感，因为拿破仑感到遇到了知音。

可见，在社交场合，一句发自内心的真诚体贴别人的话语远远比十句、二十句刻意恭维的话更能得到他人的认同。因此，要以诚心诚意、诚实的话语来广交天下客。

众所周知，在企业中，推销员要让产品在竞争激烈的市场上站稳脚跟，需要广交朋友，赢得客户。可是，很多情况下推销员与顾客都是"初次见面"，怎样才能让顾客相信自己的产品呢？首先需要搭建信任的桥梁。因为顾客对商品、企业乃至推销员的信任感会影响其购买力。而这种信任感又常常取决于推销员的语言，话语真诚才能给顾客带来信任感。因此，最能推销产品的人并不一定是口若悬河的人，而是善于表达真诚的人。如果不真诚，即便竭尽所能把自己的商品吹得天花乱坠，顾客对这样的推销员也是很反感的。相反，当推销员用得体的话语表达出真诚时，即便坦言商品有缺陷，也会赢得顾客的好感和信任。赢得了对方的信任，对方也可能由信赖这个人而信赖他的产品。

在电视台，制片人也担任着类似推销员的任务，需要为节目拉赞助。有的制片人可能吹捧自己的节目如何好，以此来说服对方。但是，在北京电视台《超级访问》节目担任制片人的李静却反其道而行之，也获得了成功。

当《超级访问》节目运作近一年后，李静通过朋友拿到了大红鹰集团总裁的电话，希望他们能冠名。但是，李静没有客套寒暄，也没有拐弯抹角，而是实事求是地说："我们现在没有什么广告，我也不会拉广告，但是你给我冠名，我保证你受益，不会后悔。"结果，她的率真打动了"大红鹰"的总裁，最后双方仅用了一天的时间就签约，由此诞生了《大红鹰超级访问》节目。

当人们佩服李静高级的公关手段时，李静很平静地说："其实所谓口才，就是把自己内心最真实的想法用语言表述出来。特别是在谈话类节目的采访过程中，你说出来的话，一定是最真实、朴实的话。哪怕有些不当之处，大家也会理解你的。千万不要把真实的自我隐藏起来。"李静发自肺腑的一番话也许就是她的成功秘籍。坦诚就是信誉，只有在互利互惠的基础上建立信誉，才是最可靠的长期投资。

不论在任何行业，要干一番事业都需要积累人脉，广交朋友。朋友相处，贵在真诚。因此，不管目前市场竞争多么激烈，需要运用多少手段和方法，"以诚相待、以心换心"是对待朋友、对待公众的基本原则。以真诚的态度对待他们，树立起以诚为本的正确导向是成功的起点。

精诚所至，金石为开

"精诚所至，金石为开。"只要诚心诚意去做，什么疑难问题都能解决。

有位书记就用"精诚"留住了人才。

20世纪90年代初，深圳、广东、珠海、海南等地开发热一浪高过一浪，全国各行各业，有先知先觉的人都到南方淘金去了。有个大学生也想到南方去，因为当时厂里的工资太低了。因此，他进厂不久就偷偷跑到南方打工去了。

在南方，他见识了十分自由开放的人才使用政策，过了一段时间，他回厂里准备取走档案，正好碰见了厂党委书记。这下，小伙子认为书记肯定要批评他几个月没上班的事了，说不定调动还要告吹，他忐忑不安地等待着。可是，出乎他的意料，书记却十分坦诚地说："从国家大局讲，人才流动是大趋势，你走是对的。我们这儿收入低，我也没有关心到你们，这是我的失职。"小伙子没想到书记这样通情达理，一颗悬着的心放了下来。

接下来，书记把小伙子邀请到自己的办公室，说道："我像你这个年龄也有这样的想法，可以理解。但是，你毕竟在我们企业待过，走之前还是希望你对企业多少了解一点。"紧接着，书记把个人的经历、企业的坎坷讲了一遍。小伙子这才知道书记竟然是清华大学的毕业生。只是因为他当时看到工人们任劳任怨的干劲儿和厂长经营的辛苦，被打动了，才选择留了下来。而且，小伙子也是他点名要来的，为的是给厂里增加新鲜血液。

书记的一席话，使小伙子看到了书记对自己的深情厚爱，也明白了书记挽留自己的良苦用心。于是，他放弃了去南方的打算，而后，他努力工作，每年都能为企业创造可观的经济效益。这正是书记的"诚心"带给他的动力。

可见，精诚所至，金石的确能开。

有一男子持刀劫持人质，某公安局派一名有经验的干警与嫌疑人谈判。谁知，他刚一敲门，嫌疑人就紧张地怒吼："你给我走开，我不需要你们。"

警察："希望你能配合我们的工作，只要你放了人质，有什么要求，我们会满足你的。"

嫌疑人："少来这套，你们总是说话不算数，等我放了人质，你们就变卦了。"

警察："可是，如果你不配合我们，你就要坐牢，你不考虑自己，还不考虑你爸妈，你忍心把你年迈的父亲和母亲扔下吗？你那一双儿女多好啊，你也不管他们了？"

嫌疑人情绪激动："不管了！我谁也管不了！"

警察："你小时候摔倒了，你爸妈没有搀扶你吗？他们也是说'不管你'吗？"

嫌疑人没有回应，显然是被警察的这番话打动了。警察紧接着又说："你原来可是远近有名的好孩子，不值得为一点小事大动肝火。我之所以帮你，是因为我看出来了你不是坏人，对吗？"

这时，嫌疑人从警察的话中听出这些话确实是出于真心，他有些动摇了。

警察："把门打开吧，有事慢慢说。我没有带枪，也绝对不会伤害你。"嫌疑人终于将门打开了。

"唉，说了半天，渴坏了吧，喝点水吧。"警察边说边在沙发上向前坐了坐，趁机对嫌疑人说："孩子和老人以后还得靠你啊。把刀给我可以吗？我保证你可以得到从轻处理。"觉察到自己的话深深地打动了嫌疑人，警察把水递了过去，顺势将刀拿了过来。

在这个案例中，警察的话语很坦诚，他不是用一番大道理来说服嫌疑人，而是先让嫌疑人为自己的父母儿女考虑。当嫌疑人拒绝这些理由后，警察又质问他"你小时候摔倒了，你爸妈没有搀扶你吗？他们也是说，'不管你'吗？"一句话说到了嫌疑人的痛处。父母对儿女的爱总是无私的，那么，儿女为什么要抛弃父母，不承担自己应尽的责任呢？

接下来，警察又告诉嫌疑人"我之所以帮你，是因为我看出来了你不是坏人"。这句话足以令嫌疑人震撼。连警察都如此相信自己，实在没必要破罐破摔。

警察所说的这些话没有一点儿花言巧语，句句是真情实理，肺腑之言。因此，嫌疑人最后被打动了。

由此可见，不论在什么不利的情况下，如果能以一颗坦诚、包容的心好好用真诚的话语与对方交流，也许就能峰回路转，最终得到好的结果。

坦诚沟通，消除误会

松下事业刚刚起步时，为了推广一种新型照明灯，希望合作伙伴免费为他提供一万个新型的干电池来配合。对此，合作伙伴当然感到惊讶。他问松下："你说什么，一万个，而且是免费的？松下先生，我不太明白您的意思。"

松下想到对方误会自己了，担心自己的偿还能力，于是说出了自己的理由："先生，最近我发明了一种照明灯，很实用而且也有发展潜力。可是，我能力有限，如果一个个地慢慢卖，不如将这一万个当作样品分发下去。因此，我真诚地希望您能配合我。"

对方听后说道："你这个想法的确是挺伟大的，可是，我也是小本生意，利润微薄，你也知道的。"

松下明白对方还是担心他给不了现钱，于是进一步解释道："我不会毫无缘由白拿您一万个干电池。我保证一年之内把20万个干电池卖出去，所以请您先送给我一万个。如果卖不了20万个，您就按规矩收钱。"为了打消对方的疑虑，松下接着解释说："现在我三十岁，正年轻呢，即便亏损了也有机会弥补。我事业发展起来，一定不会忘记你们对我的帮助。"

松下既坦率地说明了自己的难处，又为对方考虑，不论输赢都不让对方承受风险。这时，对方终于明白了他的意思，露出笑脸说："年轻人，好好干吧。你若是能够在一年之内卖掉20万个干电池，这一万个我就免费送给你。"

松下没想到对方不但通情达理，而且还反过来鼓励自己，于是马上就将新产品投向市场进行试用。大获成功后，松下的事业迈上了新的台阶。

在事业的打拼中，离不开他人的支持合作，特别是当你的要求他人不理解，产生误会时，一定要坦诚向对方说明理由，千万不能为了达到自己的目的而蒙骗对方。那样，即便自己一时计谋得逞也会落下不良的口碑，不利于以后的发展。只有坦诚地说出自己的想法、自己的苦衷，得到他人的理解，才能赢得他人的支持。

同样，在职场中，当你和上司之间发生了误会时，你更需要及时坦诚地告诉上司自己的想法，因为上司可能不会主动找你沟通。

小孙一直兢兢业业地工作，从来也没请过假。可是，上司开会时很明确地说："在同来的几个员工中，只有小李的工作态度好，尤其难能可贵的是他非常注意细节。"

小孙听了感觉非常委屈，自己也做出了很多成绩，难道上司都没有看到，却抓住细节不放？因为小孙有两次吃着早点进办公室正好被上司看到。还有一次，因为工作忙他忘记关复印机电源了。可是，上司只看到他吃着早点来上班，却没有看见他晚上加班到深夜……于是，他想，应该好好和上司谈一下了。

会后的一天，小孙来到上司的办公室。他汇报完工作后问："您认为我的工作表现如何？"上司想了想说："你的成绩很突出，但是经常不注意细节。"

小孙坦诚地说："我本来认为，作为一名员工，只要干好工作，做出成绩来就可以了，一些芝麻一样的细节问题没有这么严重。没想到，恰恰在这方面，我们发生了分歧。"

"唔，原来你这么想，"上司明白了小孙的看法后说，"我以前也这样想过，但是事实已经证明不注意细节让我吃了大亏，公司和客户都因此受到了损失。"接下来，上司又向小孙讲出自己因为在包装雪糕时没有认真检查装进了一个苍蝇而使企业品牌遭受影响的事情。小孙终于明白了上司对自己的用心，是为了让自己吸取他的教训，不败在细节上。

不论在上下级之间还是与客户、合作伙伴之间，都需要沟通。沟通无处不在。要沟通就需要用坦诚的话语表达出自己的真实想法，不必担心因此而破坏了彼此的交情。其实，理是越说越明。不沟通，小误会也会产生大分歧。

有这样一个客户，他的生意做得很大，因而，很多企业都有求于他。可是，有个企业偏偏没有答应他的某些要求，因此，该企业的推销员去拜访时常常会被他骂。对此，推销员为了不得罪这位"大爷"，不得不忍气吞声。

这次，轮到了小贾的头上。他刚进门自我介绍完之后，就被骂了一通："你们公司的人都是一群废物！废物！废物！还来干什么？"

小贾一下子愣住了，不知道自己为什么无端遭此辱骂。但是，小贾觉得为了公司的形象，为了个人的尊严，他有义务驳斥一下。因此，他平静而有力地说："××经理，我知道你对我们公司有些误会，可是，我是礼节性拜访，你不应该这样对待我。更何况你现在还在做我们的产品，这说明还是赚钱的！有问题可以说出来，我们一起商量，这才有解决问题的可能！"

听到小贾这番真诚的话语，再看看小贾心平气和的态度，这位经理感觉自己有些过分了，因此主动道了歉。之后他将抱怨的原因全部说了出来。小贾帮他分析原因后商量出了解决问题的办法。后来，他们也成了好朋友。

在人和人的交往中，由于背景、身世、风俗习惯、所受教育等不同，难免会产生一些误会。这些误会不仅在社会上有，在家庭中也会存在。如果不及时坦诚沟通，只会产生更多误会。因此，当你发现自己与他人之间有一定的隔阂或误会时，就要与他们坦诚沟通，及早消除误会，这样就会避免产生一些不必要的摩擦和纠纷。

赔礼道歉要真诚

不论在社会上与人交往还是在面向客户的服务中，谁都会做错事，向他人赔礼道歉是避免不了的，如果赔礼道歉敷衍塞责、油腔滑调，会让人感觉没有诚意，有时反而会激化矛盾。因此，赔礼道歉一定要表现出自己的真诚。真诚不但可以赢得他人的信赖，在危急时刻还可以化干戈为玉帛。

一次，有位顾客在喝酸奶时，从吸管里吸出了一小块玻璃，于是怒气冲冲地去牛奶公司投诉。他直冲经理办公室，张口就说："你们只顾赚钱，难道不顾别人的死活吗？"

可是，正在办公的经理并没有因这些刺耳的话而恼怒。他听完后关切地问："啊，真对不起，那碎玻璃伤着你没有？"当他听说没伤着才转忧为喜，同时又自责说："那真是不幸中之大幸！如果不是你，而是老人尤其是孩子喝了这瓶酸奶的话，后果就真的不堪设想了！为了弥补给你造成的惊吓，我们免费送你一箱酸奶。我代表员工向你赔礼道歉。"说完，经理郑重地弯下身子向顾客鞠了一躬。

这位顾客看到经理先关心他的态度，和他丝毫不做作、也不找理由辩解，而是真诚向自己鞠躬的行为，反而被打动了。因此，怒火先消了一半。他想，其实这家公司是始终把顾客放在心里的，也许是因为偶尔的失误才会发生这样的事。看他们经理的态度，不像是不负责任的人。这样想后，他也不再埋怨这家公司了。

真诚地向对方道歉，并主动承担责任，一般情况下，总能得到别人的谅解。诚挚的歉意不仅可以弥补破裂的关系，而且还可以促进彼此心理上的沟通，从而增进感情，使双方关系变得更为牢固。因此，认错、道歉要真心实意，不必找客观原因做过多的辩解。如果真的是有非解释不可的客观原因，也最好将其安排在诚恳道歉后稍做解释，而不要一开口就辩解不休。

那么，怎样的道歉才算是诚心诚意呢？

1. 语气温和

既然是赔礼道歉，语气和声调一定要温和，不能声音太高，似乎自己有理一样。这样对方会感觉你没诚意。当然，也不必低声下气。用温和的语气和适合的声调表达出自己的诚意和歉意，对方才会容易接受。

2. 注意说话方式

有些人在赔礼道歉时总爱说："不就是赔礼道歉，说句对不起就行了吗？"这种方式似乎是在挑衅对方。对方是否能接受你的赔礼道歉，决定权在他们手中，不是你自己说了算。因此一定要注意你的说话方式。

3. 态度坦诚

道歉既不能模棱两可，也不能不着边际、躲躲闪闪，找这样那样的借口，别人不仅不会接受你的道歉，反而还会认为你这个人非常虚伪，从而对你更加反感。例如，因为变幻无常的天气原因给对方造成一定的麻烦时，如果你只强调客观原因，即使对方嘴上不说心里可能也会对你有所抱怨。

当然，道歉也不能把错误全部往自己身上揽。要实事求是，应该自己承担的责任就不要推卸，不该自己承担的也没必要替他人承担。

另外，如果你求人办事，对方已经尽了全力，然而因受多方面条件的限制，事情最终没能办成时，你也要发自内心地表达自己的歉意。因为也许是你要求太高让对方为难了。这样做，既给了对方面子，而且自己下次开口，对方能办的事还会帮你。

在繁杂的人际交往中，赔礼道歉也是其中的重要环节，要把这个环节做好，关键要表现出你的真诚，让你的真诚帮助你获得别人的理解和谅解。

真诚表达，机遇多多

很多时候，口才的魅力并不在于你说得多么流畅、滔滔不绝，而在于是否善于表达真诚。你只要能用真诚、坦率的话语真实地表达出自己的感受，对方就会对你有较好的印象，否则再伶牙俐齿也是枉然。

在竞争激烈的求职场上，能找到一份满意的工作并不容易，因此，有些人便想尽办法用各种谎言为自己贴金。在他们看来，用人单位对自己不了解，不会明白真相。因此在面试时花言巧语，说得天花乱坠，只求把主考官蒙骗过去。也许谎言能让他们暂时得到工作，但终究经不住时间的考验，最终会永远失去对方对他们的信任。

小孟本来是一个省级非重点大学的本科毕业生，但是她在北京求职时把自己的简历改成了东北某全国重点大学的硕士生。在小孟看来，在北京这样人才济济的大都市，本科生没有太大的竞争力。

凭借着出色的简历，小孟得到了面试的机会。她抓住了这个宝贵的机会，尽量展现自己的优势，说自己"熟练操作 word、excel……"于是凭着出色的口才和个人形象，小孟从众多的竞争对手中胜出。小孟应聘的是北京某大型企业的办公室秘书的岗位，当然离不开办公软件的应用。但小孟平时只是上网，连表格都不会制作，至于文秘工作更是知之甚少。她想先得到这个岗位，业余时间可以再学习所需的相关知识。

但是，仅仅不到半个月，办公室主任便发现了小孟的缺陷。这天，办公室主任要求小孟起草一份项目书，并且数字部分需要用表格标注，打印出来。可是，小孟忙了一天也没有眉目。于是，第二天，人力资源部主管就把她叫到了办公室里，对她说："孟小姐，你的简历上说熟练操作 word，为什么连普通的表格制作都不会呢？而且堂堂的中文硕士居然写了很多错别字。"小孟听到这里，脸上一阵红一阵白。

为了缓解尴尬，人力资源部主管又说："本来，我们可以考虑安排你去其他岗位，可是，你居然说谎，任何一个岗位都不需要这样的员工。希望你以后再找工作的时候能学会诚实。"

小孟的故事说明，谎言带来的只能是别人对你的鄙视与不信任，同时，谎言也是不尊重对方的表现，会让你的形象和人品也大打折扣。如果一个人在语言上不遵循"诚实"的原则，轻则影响个人的形象和声誉，重则危及组织的前途和生存。因此，每个公司都希望员工具备诚实的品质。

有时，为了试探未来的员工是否诚实，某些公司在招聘面试时会假设一些不可能办到的事情或情景。对此，有的人唯恐求职失败，用尽各种巧妙的语言极力掩饰自己，将自己表现得无所不能。而结果往往是那些真诚、坦率的人最后胜出。

当年，戴尔·卡耐基在应聘国际函授学校丹佛分校销售员的工作时就遇到了一个十分难以回答的问题。负责面试的经理约翰·艾兰奇先生看着眼前这位身材瘦弱、脸色苍白、丝毫显示不出特别的销售魅力的年轻人，提出了一个十分棘手的问题："年轻人，听说你要应聘销售员，那么我问你，公司现在有打字机需要销售，请问你能用什么办法把它推销给农场主呢？"

卡耐基一听，确实愣住了。在当时的条件下，农场主还没有发展到现代化办公的地步，他们也不是智力障碍者，谁会甘心情愿去买又贵又根本不需要的东西呢？可是，自己应聘的是推销员，如果连一台打印机都推销不出去，怎么能证明自己适合这个岗位呢？

但是，卡耐基想想自己确实没有这个能力，因此有点儿泄气地回答："抱歉，先生，我没办法把这种产品推销给农场主，因为他们根本就不需要。"

谁知，艾兰奇先生听后高兴地从椅子上站起来，走过来拍拍戴尔的肩膀说："很好，你通过了，好好干，年轻人，你会成为一名出色的推销员的。"

原来，在众多面试者中，唯有卡耐基对这个问题的回答令他满意，而以前的应征者总是胡乱编造一些办法，唯恐面试官小看他们，但实际上根本就行不通，因为农场主没有这个需求。而卡耐基与众不同，坦诚地说出了真心话，既表现出了自己的真诚，也表现出了对工作负责任的态度。用这样的推销员，老板放心，企业放心，客户也会放心，而有了信任才有进一步交往的可能。

由此可见，不论在工作中还是在日常生活中，真诚都是一个人必备的品质。友谊和信赖是要靠真诚来换取的，如果只图眼前利益，失去了他人的信赖，就不可能有长远的发展，而真诚的人却总能适时地为自己赢得机遇。

第三章　言简意赅，招人喜欢

有些人在说话的时候，总是喜欢喋喋不休、滔滔不绝。这样不仅无法表现出他们的交际口才，还会惹人厌烦。

其实，在谈话中，不论是自己唱主角还是与他人交谈，都要留心观察其他人的反应，要长话短说，言简意赅，才能得到别人的喜欢。因为这既是对他人的尊重，也能节约自己的时间。何乐而不为呢？

话多了就不甜

中国有句古话"话多了不甜"。话多了不仅不甜，还会让人厌烦，如果是在商务合作中，对方也许会从你那些不该说的多余的话中听出不利的信息，从而使合作失败。

美国一位实力雄厚的企业家曾经计划在中国某大城市投资建厂，因而，前来中国寻找适合的合作伙伴。我国某大型企业有幸接到这位外商抛出的"绣球"。

外商对该企业进行了一番考察后，颇为满意，尤其对该企业的领导颇为欣赏。这位领导精明能干，通晓经营，外商似乎从他身上看到了合资企业的光辉前景。

万事俱备准备签约时，该企业领导又颇为自豪地侃侃而谈道："我们企业虽然只有 2000 多名职工，但是去年共创利润 700 多万元，在本市企业中名列前茅啊……"听到这儿，外商一算：700 万元人民币相当于 90 多万美元，2000 多人一年才赚这么点儿利润就引以为豪，目光有些短浅了吧？似乎不是干大事业的胸怀。

于是，外商觉得如果与他合作，离自己预定的利润目标差距太大，很难谈得上跨越式发展，于是决定立即终止合作谈判。

这个例子说明：说话越多，漏洞可能就越多。那位领导最后那些画蛇添足的话，不仅暴露出他自身的弱点，更令外商失去了合作的信心。试想一下，如果那位领导不说最后那几句沾沾自喜的话，结果也许会是另一番景象。

《鬼谷子·本经符》中有云："言多必有数短之处"就是成语"言多必失"的出处。为什么言多必失呢？首先，任何一个人都客观存在一定的语言失误率，从概率的角度来说，"言"的基数越大，失误的绝对数目就会越大；其次，言语过多，难免把时间与精力侧重在"说"上了，给思考留的时间与精力过少，必然会增加语言的失误率。你总是滔滔不绝地说话，言语中就自然而然会暴露出许多问题。例如，你对事物的态度，你对事态发展的看法，你今后的打算等。这样一来，对方对你有了更全面、立体的了解，他们或许会发现，原来对你的好印象是经不起推敲的。

大家一定都有过这样的感受，一个陌生人往往在说第一句话时就让人形成了对他的印象，这就是所谓的"先入为主"。为了给对方一个好的印象，少说话是较好的办法。因为你和对方彼此不太熟识，没必要推心置腹多说；另外，因为彼此不熟悉，你认为很好理解的话语对方也许会产生误会；少说话也可以适当掩盖一下自己的一些缺陷。等到对方和你交往加深了，即便暴露这些缺陷，对方也能理解、包容。

另外，话语太多也容易给自己招致灾祸。试想，如果对身边一些看不惯的事情滥发议论、不加节制、不计后果，很容易被别有用心的人以讹传讹，这样就会给自己造成很多负面影响。如果为了表现自己的口才不分场合地信口开河、夸夸其谈，迟早都会吃亏。

因此，说话要把握分寸，哪些话该说，哪些话不该说，应该做到心中有数，说得恰到好处，在最短的时间内让对方明白你所说的意思，这才是口才好的人，这既是一种修养，也是一种水平。

聪明的人注重说话的质量

有这样一个笑话：一个慢性子人奉命照顾主人家唯一的小少爷。一天，主人外出，吩咐这个慢性子的人看管好小少爷。主人回来后，没看见孩子急忙问慢性子："小少爷呢？"

慢性子回答："……后花园。"

主人到后花园一看没有，又回来问："怎么没有啊？"

慢性子说："在井边玩。"

主人又到井边去找，还是没有，气急败坏地要打他，慢性子这才说："掉井里了。"

"啊！为什么不捞啊？"主人大吃一惊。

"……都半天了。"

"都什么时候了还绕弯子，不能一气说完吗？"主人气得把慢性子打了一顿，开除了事。

这个故事虽然有夸张的成分，但是在现实生活中，有些人说话的确很爱绕弯子。能一句话说完他们十句还说不到正题，能一个小时说完他们要说上半天。他们为了在人前炫耀自己的这种能力，常常会故意地把简单的问题复杂化，把本来可以说短的话说长。

1812年英美战争全面爆发前夕，美国政府召开紧急会议，讨论对英宣战问题。会上，一位议员的发言从下午开始一直持续到午夜，发言者竟然不理会会场上大多数议员四起的鼾声。结果有一位议员又急又怒，将痰盂向发言者头上掷去，才结束了那人的发言。待通过决议时，英国人已经打到了美国人的家门口了。

很显然，这种"马拉松式"的发言，超出了听众的心理承受能力，无法让人接受，而因贻误战机所造成的损失更是难以计算。

其实，说话的质量和说话的长度并不成正比。特别是在快节奏的今天，如果废话连篇，东绕西绕，啰里啰唆半天说不到正题，只会让听者生厌，因为这是不珍惜他人时间的表现。而且，喜欢说话绕弯子有时还会影响自己人生的定位和成功。

以《少年维特之烦恼》《浮士德》等不朽名著蜚声世界文坛的德国大诗人歌德，就是因为意识到自己在说话时喜欢绕弯子、不适合当律师之后，从法学转为从事文学创作的。

青年时代的歌德曾攻读法学，获得法学博士的学位，成了一名律师。

有一次，有人请歌德在法庭上担任辩护律师。这位年轻的律师心潮澎湃，热情很高，他一走上法庭，就发表了一通演说："啊，如果喋喋不休和自负竟能预先决定明智的法院的判决，而大胆和愚蠢竟能推翻已得到证明的真理……简直是很难相信，对方居然敢向你提交这样的文件，它们不过是无限的仇恨和最下流的谩骂热情下的产物……啊！在最无耻的谎言、最不知节制的仇恨和最肮脏的诽谤的角逐中受孕的丑陋而发育不全的低能儿……"

这一段"带有一股热情的行吟诗人的气味"的辩护词，辞藻华丽而很有热情，充分显示了歌德潜在的文学才能，可惜效果并不好，旁听席上的听众公开表示对这种辩护的不满，并不时发出低低的嗤笑声，法官也微笑着摇摇头。结果，对方的律师抓住这个机会狠狠地驳斥和讥笑了他。

歌德被激怒了，随即用一种"戏剧性的感叹"来继续他的发言：
"我不能再继续我的发言，我不能用类似的话来玷污自己的嘴，面对
这样的对手还能指望什么呢……需要有一种超人的力量，才能使生
下来就瞎眼的人复明，而制止住疯子们的疯狂，这是警察的事。"

这次连法官们也不能保持缄默了，法官向他指出，这样的发言
不能被允许，法庭上不能用这种语言来进行辩护。歌德的第一次出
庭辩护就遭到旁听者的非议，受到法官们的指责，以失败而告终。

后来，歌德思虑再三，终于放弃了律师的职业生涯，转而从事
文学创作。

虽然歌德具有非凡的驾驭语言的能力，但是他的辩护绕弯子太
多，让人不知所云，说服力不强。不但说服不了律师，连旁听的人
也不明所以，作为律师，显然不适合。

其实，不仅是在法庭辩护中，就是在其他场合，说话也要简洁
明了，因为说话不是自说自话，是为了让人们明白你的意思。如果
说了半天还云山雾罩，不见庐山真面目，谁都会失去耐心的。

某些特定的时候，滔滔不绝、出口成章是一种"水平"，但善于
概括、词约旨丰、一语中的更是一种"水平"，而且更为难得，因为
浓缩的都是"精品"。因此，要有"精品"意识，多出"精品"才是
对自己宝贵时间的节约，对他人的尊重。

喋喋不休，招人厌烦

在我们身边，有一些人讲起话来喋喋不休，但经过仔细琢磨就

会发现原来言之无物；有的人出言看似高深，但言语晦涩，听得你一头雾水；有的人口若悬河，滔滔不绝，但实际上是虚张声势；有的人辞藻华丽、巧言谄媚，实际上是哗众取宠。其结果往往是，不仅不能说服众人，很可能还会使自己的利益受到损害。

马克·吐温讲过这样一个故事：

"有个礼拜天，我到教堂去，适逢一位传教士在那里用令人哀怜的语言讲述非洲传教士苦难的生活。当他说了5分钟后，我马上决定对这件有意义的事情捐助50元；当他接着讲了10分钟后，我就决定把捐助的数目减至25元；当他继续滔滔不绝地讲了半小时后，我又决定减至5元；最后，当他讲了一个小时，拿起钵子向听众哀求捐助并从我面前走过的时候，我却反而从钵子里偷走了2元钱。"

马克·吐温用幽默的方式告诉世人：说话宜短小精悍，长篇大论、泛泛而谈容易引起听众的反感。

事实上，语言的精髓，在精而不在多，只要能表达清楚自己的意思就可以了，没必要"戴帽穿鞋"打扮得"太臃肿"。

墨子的一个学生曾问他："老师，一个人说多了话有没有好处？"墨子回答说："话说多了有什么用呢？比如池塘里的青蛙整天整天地叫，弄得口干舌燥，却从来没有人理它。但是雄鸡只在天亮时叫两三声，大家听到鸡啼便知道天要亮了。所以话要说在有用的地方。"如果你留意就会发现，中外历史上的那些口才大师，都是喜欢而且善于运用简洁明了的语言的高手，他们惜言如金，言之既出则一针见血；他们语言简练，却深入浅出、言之有物。

由此可见，简洁的语言不仅可以在短时间内表达清楚自己的观点，而且对于听者来说也更易于接受。所以，言不在多，达意即可。能以简练的语言表达丰富内容的人，才是口才的高手。

千言万语几句话

有些人可能会问，简洁说话能把道理说明白吗？特别是需要说服他人时，简单的话语能有强大的威力吗？

其实，简练的语言是对丰富内容的高度概括。正是因为发言人能够根据实际情况灵活机动地调整自己的思维，能把自己的千言万语汇成几句话，所以，它比那些长篇大论更能增强说服力，更具有威力。

二战初始，英法联盟之一的法国投降了，英国孤立无援地同纳粹德国作战。不可一世的德国人以为英国也会像法国那样不堪一击，因此，希特勒在1940年7月19日的帝国国会作了长篇演说，先是对丘吉尔进行了一番痛快淋漓的臭骂，而后"语重心长"地劝说英国人民停止抵抗，并要求丘吉尔做出答复。

可是，希特勒没有料到的是，就在他的这番劝诫发出不到一个小时，英国广播部门就用一个简单的词做出了答复："No!"

后来，人们才得知，当时的这个"No"不是英国政府通知广播部门的，而是广播部门的职员在收到希特勒的演讲后自行决定播出的。

丘吉尔得知后激动地表示：他为他的人民感到骄傲。因为这正是丘吉尔要对希特勒说的话。

在战争期间，时间是尤为宝贵的。这位广播员能够用一句话表明英国人民誓死不屈、奋战到底的决心无疑是给德军的"迎头重击"。而且广播员那简洁明了的清晰声调，也使人备受鼓舞，不仅说出了广大英国人民保家卫国的心声，就连那些持观望态度的人也因此坚定起来。因为他们通过广播员坚定的声音，感受到了英国人民充满必胜的信念和积极向上的力量。

可见，简洁有力的话语有时就像战鼓和号角一样，在关键时刻确实能起到鼓舞人心的作用。

1981 年世界杯排球赛的最后一场是中日之战，中国女排轻松地赢得了前两局，世界冠军近在咫尺。可是，也许是女排姑娘们太兴奋了，轻视了对方，接下来的两局却稀里糊涂地输给了日本。尽管主教练袁伟民一再喊暂停，却依然不见成效。

排球比赛虽然只是体育赛事中的一项，可是当时，我国的体育事业在世界舞台上刚崭露头角，全国人民都期盼着中国女排的胜利，这会给中华民族带来强大的自信。所以，观众看得都十分着急，万分担心。此刻，怎样才能使女排姑娘们镇定下来，无愧于"铿锵玫瑰"的称号，不负祖国人民的厚望呢？

接下来，在第五局开始前的短暂时间里，袁伟民只说了短短几句话：

"要知道，我们代表的是中华民族，祖国人民在电视机前看着你们。要你们拼，要你们搏，要你们胜。这场球不拿下来，你们要后悔一辈子！"

就是这短短的几句话，女排姑娘们将其牢牢地记在了心中。在连失两局的情况下她们奋勇拼搏，胜了最后一局，赢得了全场比赛。

虽然在比赛间隙，袁伟民只说了短短的几句话，但是却有着千钧的重量。袁伟民的话语含义深远，首先，他将比赛和中华民族的精神和尊严、祖国人民的期望以及这场球的关键意义联系起来，让姑娘们不能轻视；更重要的是他将赛事和女排姑娘们自己的人生辉煌联系在一起，使她们想到自己肩头的重任，让她们感到此时不搏更待何时，这样就化压力为巨大的动力。可以说，袁伟民短短的话语起到了稳定军心、振奋精神的作用，成为中国女排赢得世界冠军的关键因素。

由此可见，越是在分秒必争的关键时刻，简短的话语越可以发挥"定乾坤"的作用。

抓住重点，受人欢迎

简单说话之所以受人欢迎，就是因为这样总能让听众在最短的时间内，听到他们想要听到的或者应该听到的东西，总是能让人很快就明白发言者说话的关键所在。那么，说话的时候，最关键的部分又是什么呢？

人们常说，"说话要说到点子上"，这个"点子"就是关键部分。

从前有个客商新开了一家酒店，为了招徕顾客，特备厚礼请几个秀才为他写一块招牌。

甲秀才为了显示自己的文采，大笔一挥写下了一副对联："借问酒家何处有，此处就是杏花村"，横批是"好酒在此"，给了店家。

众秀才看到议论纷纷。乙秀才不甘示弱地指责"此处"二字太啰唆；丙秀才也说"有"字纯属多余；丁秀才则认为让写招牌没必要搞成对联形式。

结果，甲秀才带着几分怒气唰唰几笔把其他字都抹掉，只留了个"酒"字。结果，店家很高兴。因为这样一来既醒目又不用给秀才们多付钱了。

结果，这个斗大的酒字被挂出后，格外醒目，好几里远都能看见。

这个故事说明不论说话还是写文章都需要简练，要抓住关键，说到点子上，让对方在最短时间内明白自己的意思。只要能把关键的意思表达出来，其余部分都可以割舍。因此，说话的时候，要考虑好哪些是最重要的，哪些又是最紧急的事情，找出问题的关键点，将之简练地表达出来。

在林肯当律师的时候，有一次，他为当事人辩护，在那个官司审判的最后一天，对方律师整整花了两个小时来总结此案。林肯本来可以针对他所提出的论点逐一加以驳斥，但他并未那样做，而是只抓住了对方最关键的部分进行辩驳，结果赢了这场官司。

对此，林肯曾说：在一场官司的辩论过程中，如果第七点议题是关键所在，我宁愿让对方在前六点占上风，而我在最后的第七点获胜。这一点正是我经常打赢官司的主要原因。

这也说明了抓住重点才能"一招制敌"的道理。

抓住重点，就不会浪费自己和别人的时间，才能有效利用资源，在最短的时间内说出自己最想说、最该说的话，让听者听到他们最想听到的内容。

简洁不等于简单

有些人可能会认为，要做到说话简洁还不容易吗？只要话语简短不就可以了吗？不是的，语言简洁是指语言表达要简明扼要，高度凝练、言简意赅。如果话语简短而说明不了意思，或者表达的话语模糊，反而会令人产生误解。所以，简洁不等于简单。如果仅仅是为了追求简短而使语义模糊，便会给人们带来很多麻烦。

在二战期间的英国，就曾发生过因为语言简单、表达的语意模糊而导致对方误会的事情。

当时，由于德军经常空袭伦敦，英国空军时刻保持着高度警惕。一个浓雾漫天的日子，伦敦上空突然发现一架来历不明的飞机，于是战斗机立即升空迎击。可是，等他们靠近后才发现原来这是一架中立国的民航机。在无法决定应该采取什么措施的情况下，他们向地面指挥部报告了这一情况，得到的回答是："别管它。"

这三个字的确够简单了，于是，英国战斗机听到后就把这架民航机打落了。因为"别管它"可以有两种解释：一种是"别管它，任它飞"，另一种则是"不管它是什么飞机，先打下来再说"。偏偏英国空军理解成"宁可错杀一千，不可放过一个"。可想而知，英国为此支付了怎样的一笔巨额赔偿。

是的，语言简短有时是很难将复杂的思想感情清晰地表达出来的，如果在万分危急的时刻，再掐头去尾，听者又怎能理解到位呢？所以，话语简练并不是为了追求简单而用模糊不清的语言去表达。只有恰到好处、表达清楚自己的意思才是真正的简洁。

中国人民大学的金正昆教授曾经谈到这样一件事：一次，中国作协的一位作家皮鞋坏了，拿到修鞋的摊位去修。修鞋师傅问他是哪儿的，他回答"作协"的。修鞋的师傅马上就有些不满意了。他认为，既然都是"做鞋"的，我天天辛辛苦苦风吹日晒，一天最多挣一百元，可是你一双皮鞋就八百元，而且还是进口的名牌，太不公平了吧。这就是那位"作协"的语言表达太简单造成的误会，造成了修鞋师傅的心理不平衡。可见，过于简单的语言有碍于人们相互间的了解和沟通。

谈到说话太简单，金教授还说，如果中国人民大学的教授在学校里或者是和圈内人说话，可以自我介绍说"人大的"。如果在社会上这样自我介绍，人们会马上问一句"北京人大的还是全国人大的？"完全把意思弄错了，这也是语言表达太简单所引起的。因此，简单说话要看场合，如果太简单容易让对方误会，就不能只为简单而简单。

总之，说话要简洁精练，既不拖泥带水，也要把自己的意思表达清楚，这样沟通才会更有效。

强化删繁就简的能力

想做到说话简洁，需要从很多方面来强化自己。

清代画家郑板桥有诗云："削繁去沉留清瘦，画到生时是熟时。"

说的是画竹需要的化繁为简的能力。其实，不单是作画，要培养简洁说话的能力，同样也需要"删繁就简"。

具体来说，要锻炼自己在语言上的删繁就简的能力，可以从以下几方面做起。

1. 直奔主题

当你想发表观点时，不妨直奔主题，不必先说许多无用的铺垫话，如国家的什么政策，原文是什么，是哪天下发的等等，你完全可以直接说，"我想说说关于节约用电的一些注意事项……"围绕你的主题，你可以进行尽可能简洁的表达，比如提醒大家随手关灯等，千万不要节外生枝。

2. 学会概括

概括就是用十分凝练的语言，提纲挈领地把问题的本质特征描述出来，让对方能够很快了解自己的说话意图。为了锻炼自己这方面的能力，可以找一段文章，自己对文章大意用尽量简短的语言表达出来。另外，在说话时，要锻炼自己迅速选好角度、组织语言的能力。这样慢慢锻炼，就会有成效。

3. 多用短句少用长句

简洁的语言一般通俗明快，因此在句式运用上，易说易听的短句更受欢迎。因为长句一般听起来比较烦琐，若要追求辞藻的华丽、句式的工整，则必然显得拖沓冗长。因此，要多用短句，表达效果明快、活泼有力，还可以表现出激动的情绪、坚定的意志和肯定的语气。

4. 学会应急

由于受客观环境的限制，有时容不得你长篇大论，只能说三言两语。此时，唯有简明扼要的话语，才能显示其特有的锋芒。因此，可以有意识地锻炼自己在各种紧急场合下的语言表达能力。

5. 限时反驳

很多时候人们的话语是有意义的，但是缺乏针对性，太宽泛，也会让听者抓不住他们所表达的核心意思，这样的表达显然是失败的。对于有这种缺陷的人，可以通过限时反驳的方式来锻炼自己。

我们知道，反驳他人时不需要面面俱到，也不能模棱两可，要抓住本质，击中要害。此时的话语应非常简洁。因此，平时可以有意识地为自己设几道限时反驳的论辩题进行限时训练，每题限时两分钟做出反驳，面对录音机说，说后复听，看看是否击中要害。这样也可以提高自己简洁说话的能力。

比如：

人为什么有两只手、两只耳朵、两条腿，却只有一张嘴？

什么样的学生是最好的学生？

能人不是完人。我当了厂长，一个人救活一个厂，养活了几百人，吃点喝点有什么不对？现在是社会主义的初级阶段，初级阶段不可能尽善尽美，大吃大喝在所难免……

总之，找到几个难以反驳的话题，让自己限时反驳，也可锻炼出简洁说话的能力。

6. 注意观察他人的反应

在日常生活中，与他人沟通时要注意观察对方的反应。如果对方对你说的话感兴趣，就会做出积极的反应；如果对方表情冷淡、哈欠连连，你就要赶紧"刹车"，适可而止。这样也可以提醒自己说话要简洁些。

第四章　委婉表达，张弛有度得人心

　　委婉含蓄是生活中一种常见的表达方式。比如，若是谁家大龄女子还未婚配，人们可不能说"她还没有找好对象"或"她还没有嫁出去"，常见的得体说辞是："她还没有动姻缘。"按照传统的说法，姻缘是天生的，因此，之所以没有结婚和其自身的素质或其他客观原因无关，只是因为婚姻的缘分尚没有到而已。

　　真正的口才高手说话张弛有度，进退适宜。他们或直指对方，咄咄逼人，达到震慑对方的目的；或委婉曲折，循序渐进，达到使对方心领意会的目的。

口无遮拦败好感

我们知道，坦诚的话语可以赢得人们的好感，使交往顺利。可是，坦诚并不等于口无遮拦、直言直语，任何时候都无所顾忌。

日常生活中不乏一些心地善良而又率性而为的人，心里想什么嘴上马上就说出来，从来不经过大脑思考。虽然他们内心善良，但是他们的好心一经自己的嘴说出来就完全变了味，即使是好意，他们所说的话也不容易让人接受。

小宝是一家公司的职员，他的心地是公认的"好"。可是，别人虽然都称赞他心眼好，但对他的人缘却不敢恭维。小宝的朋友不多，不但下了班没有应酬，在公司里也常独来独往。这是为什么呢？因为他总是直言直语、不加修饰，因此人们都尽量躲着他，以防被他口无遮拦地"轰炸"一番。

比如，一天，小宝的一位女同事穿了一件新衣服，不料小宝劈头就是一句："像你这种腿短而粗的人不适合穿这种裙子。"结果，该同事脸一沉，扭头便走了。

再如，有个新来的同事往纸篓里倒茶叶，弄得地面湿淋淋的。小宝看不惯，边收拾边忍不住说："你这孩子在家里肯定娇生惯养，怎么这么不懂事啊！"

小宝不但对同事如此，对上司也是直言不讳。一次他看到上司的发言稿有一些错别字，就自告奋勇改了起来，改好后告诉上司想表现一下自己，结果上司的脸色顿时由晴转阴了。

尽管小宝说的都是实话，可是，他这种不顾他人脸面、总是口无遮拦的方式实在让人感觉不好接受。不久后就有人传言，小宝惯于打击他人，抬高自己……小宝实在想不通，实话实说有什么错？

实话实说本身没有错，而且也是做人正直的根本，但这并不意味着在任何时候，不分场合都可以口无遮拦、一律直言。我们所处的社会是纷繁复杂的，如果不加选择、不分对象，不注意方式一味地实话实说，那只会破坏自己的人际关系。

生活本身就是艺术，既然是艺术，就要用艺术的方式来对待，不能不注意方式，说话太直白。假如没有经过考虑直接说出口，便很容易产生一些自己不想要的后果。说过的一句话就等于投入池塘的一块石头，它会掀起层层波澜。因此，要懂得对自己说的话负责任，不要想什么就说什么，等说出去了再后悔就晚了。直接批评他人是一种消极和否定的语言暗示，不仅使人抵触反感，还会使人顾虑重重，增加心理压力。

比如一位中年妇女买了一块很鲜艳的布料，征求丈夫的意见，如果丈夫毫不顾忌地直言："你这么一大把年纪了，还穿这么鲜艳的衣服，岂不成老妖婆了？"可想而知，这样生硬的话会怎样伤害妻子的自尊心。

由此看来，不论在社会还是在家庭中，都要三思而后"言"，要在充分考虑后果的基础上说话，才能赢得他人的好感。

委婉用语，愉悦舒适

在现实生活中，谁都想听好听的话，谁也不想得罪他人。可是，有时候你却不得不说一些对方不愿意听或者对对方不利的话。

通常，当你不得不说的时候，对方不但不认错反而会责问你："为什么不早一点儿告诉我？"因此，说出这些话会让人们大为苦恼："我怎么专门做这种得罪人的事呢？这话可真不好说啊！"

那么，如何才能把一件不便说出口的事表达出来呢？这就需要你委婉地说话，让对方听懂你的弦外之音。

在一家高级餐馆里，一位顾客因为不懂得餐巾的使用方法，便把餐巾系在了脖子上。餐馆的经理见状感到很不雅观，叫来一位服务生说："你去让这位先生懂得，那样做是不妥当的。但是，你不能激怒了那位先生。"

服务生接受了任务前来劝说顾客，可是，直接说餐巾应该如何放，顾客可能不会接受。因此，这位服务生稍微思考了一下，来到那位顾客的桌旁，很有礼貌地说：

"先生，我想向您请教一个问题。"

那位脖子上系餐巾的顾客看到服务生满脸真诚的微笑，还弯下身子，不知要请教什么，大度地说："说吧，凡是我知道的，一定知无不言。"

服务生笑了一下，看着他脖子上的餐巾说："其实我只是想随便问一下，你是想刮胡子还是要理发呢？"

那位顾客愣了一下，马上明白了服务生的意思，不好意思地笑一笑，取下了餐巾。

这个服务生是个十分机智的人，他既没有驳客人的面子，又让客人从自己的语言中明白了话外之音。这就是委婉表达的妙处。

试想，如果当时服务生直接指出顾客的做法不对，客人并不容易接受，若是脾气大点儿的顾客甚至可能会大吵大闹起来，影响其他顾客就餐。而巧妙地用"弦外之音"，对别人的错误点到为止无疑是不错的选择。

因为，委婉表达是为了帮助对方，而不是为了贬低对方，故以适可而止、给对方留有余地的方式为好，这会令对方对你充满感激。

不但在服务顾客时需要委婉表达，就是在日常生活中，也需要注意用委婉的口气来表达自己的不满或者看法，这也是尊重他人的表现。

比如，有一位朋友不邀而至，贸然闯进了你的办公室，如果直接告知对方"来得不是时候"，很可能让他不高兴。这时，可以换用一些委婉的语言来表达："什么风把你吹来了，真是稀客。我本来要去参加公司的例会，可你这位稀客驾到，我岂敢怠慢。所以专门告假五分钟，坐下来跟你叙一叙。"这句话的"话外音"，乃是告诉对方"只能谈五分钟时间"。这样说，既没有怠慢对方，又使对方不好意思多打扰。

在处世中，委婉用语使用得当可以让人掌握主动权，进退自如，皆大欢喜。

比如，你向老板提出加薪时，如果直言自己的业绩，非要当面要老板答复不可。这样没有商量的余地，反而会使你以失败告终。

你不妨这样说:"我已工作多年,有丰富的工作经验和实际能力。我想我的薪水是否应高于该项工作的中等水平,这样才与我付出的劳动相吻合。"这种诚恳又含蓄的方式,会使老板觉得不过分又很愿意考虑你的意见。

另外,在家庭生活中对待自己的亲人,如果能够注意运用这种方式,也会减少摩擦,平息"战火"。

比如,当女主人下班后急急忙忙钻进厨房,忙活半天把菜端上桌后,男主人和孩子先吃了一口,齐声说:"天哪!怎么这么咸?这盐是免费发放啊!"

试想一下,女主人会是怎样的反应?如果当天她情绪不好,也许会立马把筷子一摔,说:"好哇!那你们做好了!"

可是,如果孩子先喊"好咸哟!"丈夫却尝一尝后说:"还好嘛!可能对孩子咸了点。"妻子马上就会明白丈夫的弦外之音,这时她也许会主动道歉:"这次确实盐放多了,下次我注意点。"

还有,当丈夫总出差,总是不在家,身为妻子的你可以淡淡地说:"今天孩子说了,爸爸好像家里的客人,家好像成了旅馆。"他当然能听懂你的弦外之音。

不论是亲人还是陌生人,在和他们相处时,总有一些话不好明白地说出来,这时,不妨把自己的弦外之意巧妙地传达出来。需要注意的是,委婉表达自己的弦外之音不能故弄玄虚,也不能太深沉,要根据对方的身份和文化程度说不同的话,要以让人能听懂为目的。

总之,很多时候,直接地表达未必能收到预期的效果,而间接委婉的说话方式往往能让人感觉舒服愉悦,可以把直言带来的负面影响减小到最低限度。

婉言批评胜过当面指责

批评是一个敏感的话题，哪怕是轻微的批评，都会使人感到难受，如果批评者态度不诚恳或者居高临下、冷峻生硬，甚至还会引发矛盾，产生对立情绪，使批评陷入僵局。特别是那些"心直口快"的人，在批评他人时，往往不能体谅对方的情绪，图一时"嘴快"，随口而出，过后又把说过的话忘记了，而在被批评者的心里蒙上了一层阴影。

王斌是某大型私企的产品检验主管，他不仅人长得英俊，能力也是数一数二的，因此难免有些得意。

在工作中，他和助手因为对一个产品的质量标准问题发生了争执。助手说产品已经达到行业标准，而且现在离交付给客户的时间已经不多了，没有必要再做了。

王斌对助手的这种态度很不满意，他说："我们自己苦点累点都没有关系，但要对客户负责，要对自己的职业道德负责。这次实验的意义非常重大，所以有必要再精确地做一次，以防万一。"

助手本来性格就有点急，再加上连日来加班身体疲惫，一听到这些话就有些火了。他反抗说："我哪一次没有对客户负责了？还用不着你提醒我。难道全厂只有你一个人对客户负责吗？"说完，气呼呼地转身就走。

王斌以为自己是部门负责人，而且工作又有经验，这样就能使助手听从他的意见，其实他错了。

有的人批评人时总喜欢用"你应该这样做……""你不应该这样做……"仿佛只有他的看法才是正确的，这种自以为是的口吻只会引起别人的反感。

"人只有敬服的，没有打服和骂服的。"当你说出"你错了"或"你为什么这么笨？犯这样的错误……"这种直白的指责时，很容易挫伤对方的自尊。罗宾森教授在《下决心的过程》一书中说过一段富有启示性的话："人，有时会很自然地改变自己的想法，但是如果有人说他错了，他就会恼火并且更加固执己见。如果有人不同意他的想法，那反而会使他全心全意地去维护自己的想法。不是那些想法本身多么珍贵，而是他的自尊心受到了威胁……"

所以，在批评、纠正他人的错误之前，先要停一下，想一想如何更客观、更准确、更婉转地表达你的意思才能达到目的。

其实，批评不需要声嘶力竭的教训，有时候，温和友善的言辞比愤怒粗暴更有力。

有一位著名的飞行员，他经常参加飞行表演。有一次，他在返回洛杉矶驻地途中，飞机的两个发动机在300米高度时突然熄火，他凭着熟练的飞行技术使飞机降落了。虽然无人伤亡，但是飞机遭到了严重损坏，着陆后，他立刻检查，发现是机械师把燃料加错了。于是，飞行员要见见这位机械师。

当时，这个年轻的机械师得知因为自己的过失造成了昂贵的飞机如此大的损失，而且差点使三个人送了命时，他感到非常痛苦。当飞行员走近他时，他泪流满面，浑身发抖，简直不能想象这位死里逃生的人会怎样惩罚自己的粗心大意。

可是，完全出乎意料的是，飞行员没有怒气冲冲地批评、指责他的失误，而是上前搂着他的肩膀说："为了向你表明我坚信你不会再这样做，我希望你明天为我的 F-15 提供优质的服务，好吗？"

这位机械师被感动了，后来，他果然没有再犯类似的错误，而且干得更加出色。

"人非圣贤，孰能无过？"人难免会因一时的糊涂而犯错误。很多人做错事都不是故意的，当他们做错事时，内心也在反省，觉得抱歉、恐慌、不知所措，此时如果再遭遇严厉的批评指责，效果往往适得其反。性格懦弱的人会因此看轻自己、破罐破摔，性格偏激的人会因此直接反驳，从而伤了大家的和气，影响团结。因此，假如对方真的错了，你必须让他承认并纠正错误，也切忌态度生硬，自以为是。不妨用委婉的语气指出他的错误，也许会取得不错的效果。

1. 若无实有地提醒对方

一位人际关系学家说过："必须用若无实有的方式教导别人，提醒他不知道的好像是他忘记的或者是一时疏忽造成的错误。"如"你出这样的错，可能是不小心、缺乏经验造成的……以后做事，自己可要多加注意了"。或者说"我想，下次你一定不会再犯类似的错误了"。诸如此类的话，对方不仅会感激你对他的信任，更重要的是，他会为了感激你的大度而提醒自己注意不再犯此类错误。

2. 商量的口气

纠正对方时，最好用委婉、商量的语气，如把"你不应该用红色！"改成"你觉得如果不用红色是否会好看一点呢？"这种商量的口吻可以维护对方的自尊心。

3. 把批评和建议融合到一起

另外，可以把批评和建议紧密联系在一起，给对方指明改正的方向。因为有些人不一定知道自己的缺点，更不知道怎样做才是对的。此时，可以用这种办法。

比如，有客人要来你家吃饭，丈夫却在盯着电脑下棋，不肯挪动地方，更没有做任何准备。这时，你可以对他说："你能不能帮我摆好桌椅、碗筷，客人就要来了。"这样就从另一个角度婉言批评了丈夫的懒惰。

4. 自我贬低

人和人都是平等的，沟通中的双方也是如此，对某事持有不同的观点是常有的事。

如果有人说了一句你认为是错误的话，而你又想提醒别人，此时这样说会比较好："唔，我倒有另外一种想法，也许不对。如果不对，你就当耳旁风。"这样也会收到神奇的效果。

5. 及时补过

如果你批评对方时不小心说了令对方讨厌的话，也要委婉地说明："哎呀，你看我的嘴真笨哪！其实，我的意思是……"及时将自己的意见婉转地告诉对方，这样就可以避免伤了和气。

总之，在批评他人时要把握分寸，既要指出对方的错误，又要给对方留面子。另外，也要考虑场合问题，只要含蓄委婉地表达出来你的意思让对方领悟就可以了，要尽量避免让对方当众出丑。给对方多些理解，他才会更容易接受你的批评或建议。

婉言拒绝，不招埋怨

生活中，你也许会遇到这样的事情：一个品行不良的熟人不知怎么打听到了你的工作单位或者住宿的地方，死磨硬缠着你要向你借钱；你明知借给他钱无异于"肉包子打狗"，可是又碍于情面；或者当你在公园遛弯儿时遇到一个熟识的人向你兜售物品，你明明不想买但不知怎样拒绝；或者至亲好友因为老人住院、孩子升学等问题前来找你帮忙等。

能帮忙的自然要帮忙，可是，如果有些事是自己力所不能及的，就需要掂量一下了。

要知道，你的精力和时间是有限的，你也有自己的工作要做，你也有需要担负的各种责任，而且你也不是万能的，没有有求必应的本领。如果向别人承诺了自己不愿、不应、不必履行的职责，一旦事办不成，反而会让对方更生气。因此，该拒绝别人的时候要懂得拒绝。

当然，拒绝人也需要技巧。虽然你们都是老朋友、老熟人，可以坦诚相见，互不隐瞒，但如果不考虑方式，直言拒绝，一次拒绝也可能把多年的朋友得罪了。所以不到迫不得已，千万别用这种方式。拒绝他人时，最好能做到不招来非议和埋怨。

1. 对事不对人

拒绝应当对事不对人，不应看对方地位的尊卑以及双方利害的大小，而要视事情的大小、自己能否办成而定。如果对方要求你办的事超出了你的能力范围，比如工作调动等，你办不成，就要婉言拒绝，当然也可以给对方指一条路，让他们找某个人去试一下。这样对方考虑到你的实际情况或许会接受你的意见，也不会埋怨你。

2. 暗示

当对方的要求不符合公司或部门的有关规定时，你就要委婉地表达自己的工作权限，并暗示他如果自己帮了这个忙，就超出了自己的工作范围，违反了公司的有关规定。

老刘在单位负责行政管理，他邻居的儿子在报社当推销员。一次，邻居的儿子找到他推销报纸。虽然这种报纸和单位的经营没有丝毫的联系，但老刘也不能一口回绝啊！因此他很有礼貌地请对方看了看单位订的报纸后说："我知道你们的服务很周到，可是今年行政费用缩减，我们只订阅了这几家和经营密切相关的报纸。"最后，老刘说："实在对不起了，请谅解。等明年效益好转一定考虑订你们的。"

像这种暗示的方法，比直接拒绝要好得多。对方既明白了原因不再纠缠，也没有伤害彼此之间的友谊。

再者，如果你是一个领导班子的成员之一，当有人托你办事时，也可以这样说："我们单位是集体领导，类似你这样的情况，需要通过集体讨论后才能决定。"

3. 拒此应彼

某电视台要举办一次歌唱比赛，一位民营企业家找到自己的朋友——电视台策划人说："你们比赛不是需要钱吗？我赞助2万元，你安排我当个评委怎样？"这个人其实根本不懂艺术。面对对方的要求，策划人一拍对方的肩膀说："老兄，你的钱多得没处花了吗？

把2万元扔到这里只为露一下脸，亏大了。还不如赞助我开个小餐馆呢，那样你还能去免费吃饭，多实惠！再说你想露脸去当观众，我让摄像给你个镜头，免费就可以露脸了啊！"

这个企业家一听，也不好再说什么。

可见，对于不合理的要求，可以拒此应彼，也就是说在拒绝对方一方面要求的同时，尽量满足对方另一方面的合理要求来作为补偿，以使对方的遗憾和失望之情得以缓解。

4. 让对方做决定

身在职场，许多下属很难拒绝上司的要求或者指令。比如，当上司把大量工作交给你，使你难以负荷时，你可以主动请求上司帮你定出先后次序。例如，你对上司说："我现在有两个大型项目，5个小项目，我应该最先处理哪个呢？"明智的上司自然会懂得你的言外之意，不再强迫你。

5. 肯定对方的能力

当同事因为无关紧要的工作想让你伸出援助之手时，有人会直接回答"不行，不行，我没有时间"。或者"我能力不够，你另寻他人吧"。理由虽然不错，但如果连续用上两三次，也不太好。

这时，你可以打趣地说："其实这件事很简单，你一定可以应对自如的，被我的意见左右，可能不妙。"你如此肯定他的能力，估计他也不好再说什么。

6. 拒绝玩伴

有时，你想休息时，爱打台球的朋友却来找你。这时，你可以自嘲说："我们都是好朋友了，说出来不怕你们笑话，我学了几年可是一直都玩得不像样子，肯定会扫你们的兴。为了不影响你们的兴致，我还是不去为好。"

另外，一定要注意拒绝的态度和拒绝的时间。倘若对方是个胸襟开阔的人，那就及早说明原因。倘若对方毫无思想准备，遭受出其不意的拒绝后可能会因此烦恼、痛苦，这时要以商量、研究作为借口，用拖延时间和旁敲侧击的方法，让对方意识到被拒绝的可能性。如果对方是你的上级或长辈，就要主动登门说明原因，委婉拒绝。如果对方是你的下级或晚辈，无论对方提出的要求合理与否，都不宜当众耻笑、训斥，而应耐心解释或暗示拒绝的原因。

倘若是合理的要求，即便自己一时不能解决，也要给予对方希望、鼓励，让对方耐心等待时机。这样会让对方感到虽然要求未能满足，但还是有希望的。得到你的鼓励，对方对你的好感也会加深。

总之，在拒绝别人时，无论采取哪种办法，都需要态度温和，尽量从他人的角度来看待事情，不能认为对方是故意给自己添乱，拒绝的语气也要很委婉。拒绝他人后，最好隔一段时间询问一下对方事情是否已经妥善解决了。这样，会让对方感觉你是一个诚恳的人，的确是你力所不能及，而非故意不帮忙。

暗示是一种巧妙的表达

在人与人之间，有一种特殊的相互影响的方式——暗示，即说话者出于自己的目的，采取隐晦、含蓄的语言，巧妙地向对方发出某种信息，使其不自觉地接受一定的意见、信息或改变自己的行为。那么，什么时候使用这种语言表达方式呢？

比如，当你茶余饭后，刚想静下心来休息一下，不料饶舌客不请自来，东家长西家短，唠唠叨叨，没完没了，弄得你心烦意乱。你勉强敷衍，心不在焉，焦急万分，想下逐客令却难以启齿。此时，应该怎么办？可以运用暗示的语言技巧，既不挫伤饶舌客的自尊心，又能使其知趣而退。一般来说，这种方法比较容易被对方接受。

1. 以借口暗示

比如："最近我妻子身体不适，吃过晚饭就要休息。咱们是否说得小声一点？"

此话虽然用的是商量口气，但传递的信息十分明确：你的高谈阔论有碍女主人的休息，还是请对方少说为妙。

2. 以写代说

有些饶舌者可能大脑比较迟钝，虽然主人屡次暗示，但他们却"执迷不悟"。此时，对这些人可以用张贴字样的方法，表达自己的意思。

比如，在门上或者墙壁正中贴上"我家孩子即将参加高考，请勿大声喧哗"之类的字样。当饶舌客看到这些后，会自觉地停步。因为这些不是通过自己的嘴直接说出来的，而且又不是针对某一位来客，因而不会使哪位来客有太多的难堪。

当然，在饶舌客知趣地告辞时，主人可致意："真抱歉。让你意犹未尽实在感到对不起你。等孩子高考取得好成绩，一定不会忘记你的支持。那时咱们再好好聊。"这样说对方也就没有什么怨言了。

3. 急中生智

小云是某公司的会计，每逢月底总是她最忙的时候。可是，恰恰有一次家里来了一位客人，坐在客厅里一直聊，很长时间都没有离去的意思。

小云想着自己要核对的账目，有些心不在焉，急得坐立不安。

她突然看到园中的菊花，心生一计说："我家的菊花开得正旺，院子里空气也好，我们去看看吧？"于是客人欣然而起，到花园里观赏起了菊花。

看完后，小云趁机说："还去坐坐吗？"

这时，客人看看天色，恍然大悟，连忙说道："不了不了，我该回家了，不然会错过末班车的。"

4. 巧接对方的话题

有这样一个例子：晚饭后，几个青年人去拜访某教授。他们精力充沛，聊天的兴致很高，完全不顾教授是否疲惫。已是夜深，这些人还没有离去的意思，教授第二天还要参加会议，不能一直陪着。因此，当一个青年人提到建设和谐社区的话题时，教授巧妙地接过来说："你提的这个问题非常有研究价值，明天我要去一个大型社区参加学术会，正好就这个问题找几位专家一起探讨一下。"

几个青年一听立刻起身告辞："抱歉，不知您明天还得出差，耽误您休息了。"

5. 无意中插话

比如，无意中问起对方是否很忙？然后再跟他说你最近很忙。一般情况下，稍微敏感点儿的客人，听完此话，肯定会起身告辞。

模糊回答，明哲保身

在处世中，模糊回答是一种明哲保身的方法。虽然在交友中，人们欣赏为人正直、疾恶如仇、心直口快的人，但是他们有时很容易给自己惹麻烦，因为"刚者易折"。有些人即使"患病在身"，也喜欢"甜药和顺言"。因此，正直的人有时也需要"揣着明白装糊涂"。

在戏剧《杨八姐游春》中，宋朝皇帝仁宗出朝游春，被八姐的美貌所迷倒，回朝定要娶八姐入宫。佘太君看过圣旨，有心不许杨八姐，可是，谁敢胆大抗君呢？于是，她模糊应对，要出了那份不听不知道、一听吓一跳的礼单。

她要：东至东海红芍药，南至南海牡丹根，西至西海灵芝草，北至北海老人参。这还不算，她还要：一两星星二两月，三两清风四两云，五两火苗六两气，七两炭烟八两琴音。雪花晒干要二斗，冰溜子烧灰要二斤，井里塌灰要二斗半，人参汗毛要七斤。四棱鸡蛋要八个，搂粗牛毛要三根，苍蝇心来蚊子胆，兔子犄角蛤蟆鳞。

这些不能称量的无形物却偏要你用秤称量出来，而且把彩礼想象到天地山河之大：蚂螂翅膀红绣袄，蝴蝶翅膀绿罗裙。泰山大的一块玉，黄河长的一锭金；天那么大的梳头镜，地那么大的洗脸盆。

好了，即使这些不可能办到的真的全办到了，仍旧还是不行。还有一个最后的条件，就是必得等到一定岁数、等到一定时间才能成亲。

我女儿在家算过命，八十八岁动大婚；泰山不倒女儿不出嫁，黄河不干女儿不成亲。

佘太君用这些揣着明白装糊涂的语言故意为难对方，结果自然是皇上没有娶到杨八姐了。

由此看来，在一些特殊场合，当碰到不便直接回答但又不能不回答，一时无法回答但又必须回答的问题时，就需要"揣着明白装糊涂"。

小丽是一个单纯的女孩，她在一家大型集团公司工作。可是，刚到单位，她就耳闻目睹了单位里的一些派别争斗。为了保全自己，她定下了"多听少说"的"处世哲学"。

　　一天，一个同事神秘兮兮地对她说："小丽，我总觉得咱们的科长有点'那个'。你来几十天了吧，你对他的印象如何？"小丽沉思片刻回答道："我只是对他的印象挺深刻的。"同事听了这话，拍拍小丽的肩膀说："没想到你年纪轻轻还挺成熟。好，好，真有你的。"

　　在这里，小丽就运用了"模糊语言模糊答"的特殊策略，让自己置身事外。

　　另外，在一些新闻场合，也可以用这种模糊应对的方式。

　　我们知道，作为新闻发言人或者大众人物，接受记者的采访是很常见的。有些记者不但会提出一些使人为难发窘甚至十分荒唐的问题，而且还特别善于故意曲解被采访者的本意。因此，面对记者们刁钻的问题，若正面坦率的回答不适宜时，不妨模糊回答。

　　2010年8月4日，黄光裕的一封要求召开股东大会罢免陈晓等职位的函件，正式拉开了国美控制权之争的大幕。对此，媒体质疑陈晓是否会在一年内离开。陈晓含糊应对说"媒体现在说法太多，无法一一回应"。

　　有小股东担心陈晓若留任，将会有千万人不再到国美购电器，怎么办呢？王俊洲接过话题说：这是股东大会，不是董事会。他用这种打岔的语言带过了这个话题。王俊洲的回答也是模糊表态。

　　在涉及国家主权等比较敏感的外交语言中，更需要讲究委婉、含蓄、模糊。因为模糊语言多义性的特点恰好符合外交语言的要求。为此，外交家们常常用其回答敏感性问题以及缓和交际气氛。

　　二次世界大战期间，丘吉尔力主与苏联联合共同抵抗德国。当记者问他为什么替斯大林讲好话时，他说："假如希特勒侵犯地狱，我也会在下院为阎王讲好话的。"丘吉尔没有正面回答自己对苏联的态度，而是借比喻表明了联合苏联抗击法西斯的必要性，这种模糊语言无疑是高明的回答。

总之，"糊涂"与"明白"是一对冤家，如影随形，又常常互相换位。如果你能在适当的场合，装装糊涂，模糊应对，也许就能让你远离可能会吞噬你的旋涡。

随圆就方，巧妙圆场

在演讲的过程中，有时可能会出现这样几种情况：

第一，演讲中幽默的运用不适当，把握不住听众的注意力，或者是找不到合适的幽默形式，失去吸引听众的力量。

第二，因客观条件发生变化，影响演讲的顺利进行，例如突然停电，服务员打翻了水杯等等。

第三，听众当中有人有意无意地插嘴，打断正常的讲话。

这三种情况都会使演讲者与听众之间的信息交流受到阻碍，影响演讲者的水平发挥。

其实，只要我们用一两句妙语即可处理这些问题，就不至于造成尴尬的局面，从而使演讲顺利进行。

比如忽然停电了，你可以说："看来这家饭店没有按时交付电费。"如果演讲晚点开始或是拖延太久，听众之中已有人坐不住，议论之声越来越大，你就可以说："我们等候太久了，好像听到苍蝇在我们头上嗡嗡作响了。"

对所有细小问题和意外事件，你都可以用一句话解围，"这场面可不好对待，就好像手中拿了一大把衣架，却不知挂在何处"。

幽默运用得不太适当，或是生搬硬套，或是牵强附会，都会造成不利的局面。如果我们对听众心理缺乏全面的了解，幽默也会失败。

一个幽默故事或趣闻经过两次试验，都不能发挥作用，我们就应该放弃它。而当你面对因为应用幽默失败造成的尴尬局面时，就应该学会自我解围。例如说："这个笑话的真正含意恐怕要由警方侦察才能查清。"也许这句话会使自己和听众一起笑起来。也可以这样说："我有个设想，如果大家听了之后笑起来，我就免费赠送五个笑话。"我把这类话称为"救星"，因为它可以帮你对付讲台上的困境，而且对生活中的尴尬场面也会有解救的作用。例如：

"你是否觉得我讲得太快了？"

当你看到听众之中有人交头接耳，你可以说："你们为什么不回家后再进行讨论呢？"

还可以说："最近一个时期，你们也许会有幸地请到一位优秀的演说人，也可能不幸地碰上了个糟糕的演说人。今天你们可以享受到以上两种待遇，因为我妻子说我又好又坏。"

面对一群不好应付的听众，演讲可真不是件容易事。特别是在失控的情况下，还可能造成敌视的局面。例如听众中有人问："是你把他们杀死了吗？"为了扭转这被动难缠的局面，必须用礼貌和友好的态度加以引导，可以用几句妙语消除紧张的情绪。演讲人可以回答："不是的，在我到的时候，他们已经死了。"

如果有人打断你的讲话，你应设法说几句解围的话。例如可问打断讲话的人："请问您贵姓？"如果他回答一个古怪的名字，你可以再问："这是您的真名还是化名？"然后就接着开两句玩笑，尽量使他平静。之所以这样做，是因为多数人宁肯被别人笑一笑，也不愿被人轻视和排斥。

演说家麦克法伦在演讲结束之后，喜欢让听众提出问题。有一次，一个人挤到台前，说是要提个问题，实际上他是想发表一番演说，他讲了五分钟还不想收尾。当他滔滔不绝讲完之后，麦克法伦问他："能不能请你把问题再重复一遍？"这句解围的话使全场哄堂大笑，一件不愉快的事情就这样过去了。

第五章　幽默交流，赢得他人青睐

　　在人与人的交流谈话中，互动的齿轮有时会出现干涩的情况。这时，幽默是最理想的润滑剂，它能使僵滞的人际关系活跃起来。此外，幽默还是缓冲装置，可使一触即发的紧张局势顷刻间化为祥和；幽默又是一枚包裹了棉花团的针，带着温柔的嘲讽，却不伤人。

幽默说话，趣味无穷

相比起其他的语言表达形式来说，幽默是最受人欢迎的一种口才。幽默充满着无穷趣味，即便尖锐刺痛，甚至一针见血，仍是藏锋芒于微笑之中，使人们在轻松活泼的气氛中，有所醒悟。另外，具有幽默口才的人常常在逗笑别人的同时也能逗笑自己，悦人悦己。人们之所以喜爱相声、小品、笑话等艺术，就是因为它们具有幽默的特点。

同样的事情、同样的话语让幽默的人说出来就会令人捧腹大笑，而且在笑的同时还会接受他们的建议。

请看下面这个故事。

在一家世界风景区，餐厅的啤酒杯里发现了苍蝇。当然，客人会很不满。于是，同来的几位不同国籍的旅游者同时对这种现象进行了批评。不过，他们给服务员的感受却不同。

以精细著称的日本人令侍者把经理叫来训斥道："你们就是这样做生意的吗？"经理虽然会吩咐侍者另换一杯，但是在心目中留下了对日本人"教师爷"的看法。

而英国人以绅士的态度文质彬彬地吩咐侍者："请换一杯啤酒来！"

法国人呢？一句话也不说，将这杯啤酒泼洒出去。够潇洒。

西班牙人呢，不但不喝它，还会留下钞票转身就走。这种方式经理当然很满意，可是以后也许就不会出现这种情况了。

沙特阿拉伯人，则以其人之道，还治其人之身，他们把侍者叫来说："我让你喝……"

而美国人呢？他们向侍者微笑着说："以后请把啤酒和苍蝇分别放置，可由喜欢苍蝇的客人自行把苍蝇放在啤酒里，你觉得怎么样？"

上面这几位客人的做法，显然是美国人的说法绝妙有趣，居然能够把叫人生气的事说得令人发笑，而且，还巧妙地教育了侍者。连侍者也会因为他幽默的语言而喜爱他。比起那些一本正经的批评，他会很愉快地接受这种幽默的批评的。这就是幽默口才的独特作用。

由此可见，幽默的口才能化解困境，使人感到舒适、轻松，在一番幽默风趣的话语之后，又往往可以让听者悟出一些道理。

总之，不论是口才高手还是口才一般的人，如果能在自己的语言中添加幽默的调料，你的语言都会充满情趣，令人喜爱。

幽默不是天生的

幽默有时让人感到神秘。有人想学，却无法学会；有人没怎么学，却脱口而出。那么，幽默是不是与生俱来、天赋而生的呢？经过研究发现，幽默是人的独特性情气质，和游戏一样，是人的本能。在对一些具有幽默感的人进行研究之后发现，幽默确有某种遗传基因存在。我国著名相声表演艺术大师侯宝林和他的两个儿子，著名喜剧表演艺术家陈强和他的儿子陈佩斯，都可以作为幽默是天赋的证明。虽然有遗传的因素存在，但幽默感并不神秘。它主要还是在后天的社会实践中培养和训练而成的。

幽默是形象思维，因而联想和想象是不能没有的。不但要研究幽默名家的作品和来自民间的幽默精品，而且还要广泛地了解各种艺术形式，增强自己的艺术敏感，训练自己由此及彼、由表及里地在各个意象间构建想象的能力。

当然，法无定规，幽默没有现成的模式可以遵循。我们面对的是变动不息的人群，所以幽默也只能因人因事而异，才能达到效果。

幽默感的内在构成，是悲感和乐感。悲感，是幽默者的现实感，就是对不协调的现实的正视。乐感，是幽默者对现实的超越感，是一种乐天感。悲感，让幽默者可以勇于面对现实，正视人生的弱点；乐感，让幽默者在别人或者我们以前的弱点面前产生"突然的荣耀感"，给幽默者以信心和勇气，在困境中扬起胜利的风帆。

由痛苦到快乐，一定要具备某种超越精神。只有超越了现实，才能俯视现实，对待困难采取乐观的态度。

在社会生活中，人们有可能会遭遇不公正的待遇。一般来说，这种情形是暂时的，一旦真相大白，含冤者就会昭雪。如果我们学会幽默，就会在所谓的委屈之外发现令人无比快乐的东西。

意大利著名作曲家罗西尼听人说，他的一批有钱的爱慕者准备去法国为他建一座雕像。感动之余，他问道："他们准备花多少钱？""听说一千万法郎吧。"罗西尼大为吃惊，"如果他们肯给我五百法郎，我愿意亲自站在雕像的底座儿上！"

诙谐风趣，幽默人生往往为淡然处世、淡泊名利、超脱的人所享有。试想想，如果罗西尼没有这样谦恭，而是对用一千万法郎雕像欣喜若狂，也绝不会有这般的幽默感。

没有幽默感的人不会积极地看待这个世界，不会乐观地看待自己的生活。当然乐观不是盲目的，而是有所依附，是一种透彻之后的豁达。乐观地看待你的生活，幽默便会自然而生。

生活中大多数人喜欢幽默的人，喜欢幽默的话。那些机智的妙语中蕴含着人生的大智慧，能让人开怀一笑。每个人都希望自己成为一个幽默的人，能以诙谐幽默的语言给他人带去快乐，也给自己带来荣耀。但是很多人却哀叹自己没有幽默细胞，学习他人似乎也学不来，于是就认定幽默乃天生注定，是人的天赋。

其实，只要平时注意观察、模仿、学习，幽默感还是可以培养的，只要我们用心学就会发生改变。培养幽默感，可以从以下几个方面着手。

1. 正视幽默

幽默给我们带来快乐，让我们化解尴尬，增进人们之间的关系。幽默不是油腔滑调，也非嘲笑或讽刺。浮躁的人难以掌握幽默，装腔作势的人难以掌握幽默，钻牛角尖的人难以掌握幽默，捉襟见肘的人难以掌握幽默，迟钝笨拙的人难以掌握幽默，所以，要培养幽默感首先要培养良好的性格。只有从容，平等待人，超脱潇洒，游刃有余，聪明透彻才能学会幽默处世。

2. 陶冶情操，学会乐观宽容

只有拥有乐观精神的人才会使用幽默。我们要善于体谅他人，拥有一颗宽容之心，凡事不斤斤计较，如此，才能培养出幽默细胞。

乐观、宽容的态度是幽默的精髓之所在。学会幽默就要以乐观宽容的态度对待他人。乐观的心态会传递，宽容让我们的生活更加和谐。如果生活中多一点乐趣，多一些笑容，也就会少一点摩擦。

3. 不断积累知识

拥有渊博的知识，才能急中生智，以幽默的话语应对自己一时的失语。如若是知识贫乏之人，也许就不能脱口而出机智的话，摆脱尴尬的境地。一个人只有有了丰富的知识，才能有审时度势的能力，谈话的内容才会丰富，妙语连珠，并且做出恰当的比喻。我们要培养幽默感就必须广泛涉猎，充实自我。日常生活中要不断积累，多读、多看、多听、多学，在自己所处的环境中多练习使用幽默的语言，形成幽默的语言习惯。

言语幽默，平易近人

不论在日常生活还是在工作中，人人都喜欢和机智风趣、谈吐幽默的人交往，而不太愿意同郁郁寡欢、言语乏味的人来往。因为幽默的人，他们的语言妙趣横生，像一块磁铁一样吸引着大家。而且，那些幽默的人通常很豁达，能够包容别人，不会斤斤计较，也不会睚眦必报，容易给人留下良好的印象。

生活中如果言语幽默，总会为自己赢得好人缘。有时，尽管这些人也有一些缺点，人们还是可以包容他们。而良好、融洽的人际氛围，非常有助于事业的成功。

在影视界，葛优的幽默人所共知，即便和媒体相处时，他也是时不时幽默一把。当他主演的电影在国外获奖时，记者采访他为什么不去国外，他回答："国内的老百姓还照顾不过来呢，国外不国外不重要。"

国外的领奖台是多少影视界的人都向往的啊！可是，葛优把这些看得很淡。他的这些幽默的话语经媒体传播后，人们对他的好感更深了。

媒体记者也反映，和葛优相处很愉快。他不但言语幽默，而且待人真诚热情。因为他的幽默，他的亲切平和不仅观众喜爱，媒体也喜爱，这些都给他带来了好人缘。

由此可见，幽默不仅可以让你受到众人喜爱，在某些时候，还可以帮助你渡过危机、化险为夷。因此，在职场中，你不妨适时运用幽默与人交往。一来，可让同事与上司都能感到你的幽默风趣、平易近人；二来也可以让上司特别注意你，让你在他的脑海里留下好的印象。

有一次，某公司的老板因迟到人数渐多欲惩罚职员。此时，负责行政的主管如果站到员工的立场考虑，直接和老板顶撞，肯定会引起不快。于是，这位行政主管向老板说："初级职员简直没法到公司办公！坐出租车吧，嫌车费太贵，坐公交车吧，又苦于不易挤上。唉，谁叫他们命运太坏，生在这个时候！谁叫他们不去想发财的门路，来干这样苦的职业！他们坐不起出租车、公交车，都是活该。因此，还是出一通告，让他们赤足上班吧，既省车费又不用破费买鞋袜。"

行政主管一面说，一面笑，说得老板也笑起来。他反思这些话感到自己做法也有些过分，于是放弃了惩罚员工的决定。

本来，员工认为行政主管此时会站到老板的立场说话，没想到行政主管居然用这种方式支持他们，大家都很感动。老板看到员工皆大欢喜，对行政主管也加深了好感。

可见，无论在日常生活中，还是在职场中，幽默都非常有助于你与周围的人们建立良好的关系，让你拥有好人缘，赢得更多成功的机会。

自我解嘲，化解尴尬

一个具有幽默感的人，他的魅力不仅在于其谈吐风趣，还在于他具有灵活的应变能力，特别是在自己不慎"出洋相"或者遭到他人的捉弄而尴尬时，能发挥机智，自嘲一下，为自己"救场"。

成功的自嘲不是油滑肤浅的耍贫嘴，而是触景即发、即兴而成、出口成趣的精言妙语，能让人们在舒心一笑中，轻松无比。

1. 拿自己的特点开玩笑

多数情况下，人们对自己的某种缺点或是缺陷都会有意地掩盖。可是，有的人不但会自己主动说出来，并且会拿来开玩笑。他们那种乐观、积极的心态，那份大度和豁达也会为他们增添魅力。

古代有个石学士，某日刚从饭馆里出来，准备骑驴上路，不慎摔在地上，引来了周围的人一团哄笑，可这位石学士不慌不忙地站起来说："亏我是石学士，要是瓦的，这次一定被摔成碎片了！"一句妙语，说得在场的人哈哈大笑，自然这石学士也在笑声中免去了难堪。

一般人遇到这种情况可能会感觉很不自在，如果自己的尴尬引起了别人的注意，会进一步加深自己的尴尬。其实，对付这种尴尬局面的办法最好是自我救场。

在圣诞节期间，某外资公司举行联欢会，大家都兴高采烈。此时，一位员工模仿杂耍艺人托着一只大火鸡走进来。可是，他打开门后一不小心被门的惯性撞到，火鸡"啪"的一声掉在了地上。顿时，所有人面面相觑。

这时，这位员工利索地捡起火鸡，对大家说："看起来这家伙不老实。我现在就把它放回厨房，换只乖一点的来。"顿时，尴尬的局面被笑声打破了。

2. 以工作特点比喻自己

自嘲之所以有着别样的魅力，是因为自嘲谁也不伤害，既安全，又可以彰显自己的豁达。

抗战胜利后，张大千从上海返回四川老家。行前好友设宴为他饯行，并特邀梅兰芳等人作陪。宴会伊始，大家请张大千坐首座。张说："梅先生是君子，应坐首座，我是小人，应陪末座。"

梅兰芳和众人都不解其意。张大千解释说："不是有句话'君子动口，小人动手'吗？梅先生唱戏是动口，我作画是动手，我理该请梅先生首座。"满堂来宾为之大笑，并请他俩并排坐首座。

张大千自嘲为小人，是表现自己的谦虚，也和自己的工作特点相联系，比喻巧妙之极。

3. 坦然对付"揭短"

"揭短"就是揭示其他人的短处。那些敢在你面前"揭短"的人，大都是你的朋友、亲戚和熟人，只是开开你的玩笑，并不是存心要伤害你。

因此，当你面对这样的"揭短"时，最好不要反唇相讥。如果一时找不到恰当的解嘲方式和回敬的语言，那就暂时把"揭短"搁置一边。

有时候默认对方的"揭短"会觉得心里不舒服，此时，可以运用机智的语言淡化尴尬。

比如，一位爱好写作的人在报纸上发表了一篇作品，很是得意。他在朋友面前炫耀时，妻子却揭他的短："你别听他瞎扯。他那篇报纸上的作品，只是一篇豆腐块般大的小文章。"

面对这种情况，他接着妻子的话说："小文章怎么了？作家的大作品中不也有小文章吗？不信你问曹雪芹。"

4. 假装不懂

生活中会遇到这样的事，有些人故意设置令你尴尬的场景，此时，可以用假装听不懂的幽默方式来表达，这样既可以避免自己的尴尬，又显示了你的宽宏大度。

此时，对方被你的人格魅力所感，也会有积极的反应。那样比直接教训、驳斥更有效。

里根在任美国总统期间曾经访问意大利，他访问的过程中发表了许多演说。可是，多次演说都被反美示威的游行人群打断了。而里根却不在乎地对意大利总统说："在美国也经常发生这样的事情。这些人一定是特地从美国来到贵国的。可能他们是想让我感觉到一种宾至如归的感觉吧。"

里根的一句幽默话，使得意大利总统顿时眉开眼笑。

5. 打岔转移

每个人都希望在社交中从容不迫，洒脱大度，但是在现实生活中我们经常会遇到一些尴尬的场面。有时候和人交谈时因为彼此不太熟悉，容易说漏嘴，说了让人忌讳的话或者是误会了他人意思的话，自己不自在，别人也不自然。此时，不妨把话题岔开，自我圆场，化解困窘，对方一般也能心领神会。

一日，几位毕业的大学同学一起去看望中学时的班主任。因为他们现在工作很忙，和班主任见面不多，又相隔了五六年，班主任对他们的情况也不了解，只是热情地问候着。

当班主任老师见到一位二十七八岁的女生时，高兴地问了这样的问题："你比过去变漂亮了，你老公长得一定也很帅吧？"

"老师，还没人看上我呢。"女生笑着回答。

"噢，这么说，你老公还没娶你！"老师马上微笑着为自己的话打圆场。

两人的话，把在场的人都逗笑了。

总之，适时适度的自嘲，是一种良好的修养，是一种充满魅力的交际技巧。自嘲，能制造宽松和谐的交谈气氛，使人感到你的可爱和人情味，有时也能维护他人的面子，建立起新的心理平衡。

谈吐幽默，受人欢迎

人是群居动物，免不了要与人打交道，而语言便是交往的桥梁。如果在交谈时，一不小心把气氛搞得很紧张，就要用心发现其中所包含的幽默成分，调和谈话气氛，建立和谐的人际关系。

幽默可以沟通感情，融洽气氛；还可以调节矛盾，化解怒气。幽默好比温润的细雨、融融的春光，它能把人与人之间的气氛变得愉快、祥和，甚至使剑拔弩张的双方相视一笑，握手言和。

我们知道，在过去，还没有实现互联网买车票的时候，每年的春节，对于在异地他乡工作的人来说都面临着买票难的大难题。当你顶着刺骨的寒风，露天排着长长的队伍，好不容易要轮到你了，却被那些明明来得晚的人插队时，你的气愤可想而知。你会忍不住想要教训他们一顿。

但是，这些人既然能这样做，教训恐怕起不了什么作用，相反，话说得过头还会因此引起争吵。这时，你可以高喊一声："大家要小心第三者插足啊！"这句话马上就会引起哄堂大笑。当然，那个插队的人为了不当"第三者"也会把伸出的脚收回去，头也不抬地跑到后面去排队！这种时候，剑拔弩张的气氛消失了，你在捧腹大笑的同时是不是感到原来生活中充满许多令人快乐的时刻呢？

其实，当谈话双方有了隔阂，产生了误会时，用一句带有幽默的话，往往便可消除双方的对抗心理，使紧张的关系变得融洽、和谐。因此，我们要学会用幽默为紧张的生活增添一些快乐，这样还可摆脱许多不必要的麻烦。

在一家百货大楼里，一位女顾客正在对售货员大发雷霆。她指着售货员的鼻子说："我没见过像你这样对待顾客的，因为你根本不是一个合格的售货员。幸好我没有指望在你这里得到优质的服务，我看你还是改行吧。"

售货员气愤地说："真是没见过你这么挑剔的顾客，我这样服务没有其他人提出批评，你纯属挑眼拔刺。既然不想买东西，就不要耽误我的时间。"

旁边一位老大爷把这个过程全看在了眼里，他走到柜台前，客气地对售货员说："小姐，这里卖'吵架'吗？"

售货员一听便笑了。那位女顾客对老大爷说："对不起，打扰您买东西了。"说罢，转身离开了。

聪明人往往不会使自己陷入与别人争吵的旋涡中去。他们能以机智而充满善意的言语打破僵局，在愉己悦人的同时化解他人的怒气。因此，可以说，幽默也体现了一个人良好的品质和社交能力。

幽默表达，亦庄亦谐

鲁迅先生有这样一句名言："嬉笑怒骂皆文章。"幽默也是如此，方式多，亦庄亦谐，可以根据所处的情况，不拘泥于题材形式，任意发挥。特别是面对那些不怀好意的人的攻击，可以毫不留情地反驳，捍卫自己的尊严。

一位作家刚发表一篇小说，获得了赞誉之声。可是，一位读者却不以为然地说："这本书还不错，只是，我想知道，是谁替你写的？"作家回答说："哦，谢谢你的称赞，不过，我也有个问题，是谁替你把它读完的？"

提问题的人可谓尖酸刻薄，明显是想让作家猝不及防，无法下台，作家的回答同样是针锋相对，恰当地批评了这位乱发意见的读者。

生活中，总有一些人想故意让他人难堪，他们以为自己最聪明，看不起他人，因此处处要显示自己高人一等。对待他们，你可以运用幽默口才，嬉笑怒骂。

在第二次世界大战期间，希特勒曾经到一个精神病院视察。当时，希特勒问那些病人是否知道他是谁，结果病人们都摇摇头。希特勒是何等耀武扬威的人物，居然有人不知道他。他发怒了，大声吼叫起来："我就是你们最伟大的领袖阿·希特勒。我的力量能与上帝相比！"

可是病人们听后并没有理睬他，神情不是冷漠就是茫然。正当希特勒感到万分难堪时，有一位病人拍了拍希特勒的肩膀。希特勒以为遇到了知音，只听这位精神病人说道："唉！真是没想到啊！我们刚开始得病的时候，也就是你这个样子。"

不可一世的希特勒听了这句话，顿时气得说不出话来。可是，他怎么能和一个精神病人计较呢？如果计较了，希特勒自己不也成了疯子吗？

这就是嬉笑怒骂的威力。在别有用心的挑衅前，看起来似乎是信手拈来的一句话，却总能以其清晰的思维、准确无误的语言，一语中的，即便是那些不可一世的人也会被击中。

一天，一位衣衫褴褛的人去饭店吃饭。当他走进饭店大门后，既没有人出来迎接他，更没有人招待他。因为服务人员在忙着招待那些西装革履的人们。

第二天，这个人把最好的衣服穿上后又来到这家饭店。不大一会儿，他点的菜就端了上来，服务人员客气地对他说："先生请慢用。"

此时，只见客人麻利地脱下外衣，并将其放在桌子上说："衣服吃饭了。"

服务员好奇地问："先生，您这是什么意思？"

"你们这里的酒和菜，不是给衣服准备的吗？我在招待我的外衣吃东西。"

服务员一听，脸顿时涨得通红，连忙向客人道歉。

这位客人的语气明是嬉笑，实际是怒骂，用反笔写正文收到了很好的效果。可是，如果他教训服务员以貌取人，恐怕就不会收到这样的效果。因此，幽默口才的运用也要根据实际情况以适当的方式和力度，做到收放自如。特别是用幽默去讽刺挖苦他人时，要做到尖而不戳破，刻而不留痕，薄而不危人。

在我国古代，大学士纪晓岚就是这样一个收放自如的幽默高手。一次他为一个朋友的老母祝寿，当席吟祝寿诗一首，劈头第一句就说："这个老娘不是人"，四座宾客都吓了一大跳，纪晓岚却不慌不忙，又念："九天仙女下凡尘"，大家松了一口气，鼓掌叫好。纪晓岚又念下去："生个儿子却做贼"，宴会主人脸上勃然变色，四座咋舌，不敢言语，哪知纪晓岚又从容地说："偷得蟠桃献娘亲"，众人开颜，欢笑举杯。

嬉笑怒骂不是心胸狭隘的嘲笑或讥讽，也不同于粗俗的闹剧，它是一种挥洒自如的幽默口才。它蕴含的是智慧性、趣味性、知识性。只是对这种幽默方式的使用要掌握好场合和分寸，无论怎样幽默消遣，也应给人留台阶，心存厚道。对那些尖酸刻薄的话语不要谑而至虐，谑而不虐，才是善谑。

提高自己的幽默能力

既然幽默的口才这样令人喜爱，幽默的人这样受人欢迎，相信很多人都希望自己也能拥有幽默的口才，让自己快乐开心，人见人爱。那么，幽默感可以培养吗？

有些人的幽默感可能是与生俱来的，但是，通过后天的学习，幽默也是可以培养出来的！不妨从以下几方面培养自己的幽默细胞。

1. 热爱生活

生活是幽默的源泉。幽默永远属于那些心胸宽广、对生活充满热情的人。一个心胸狭隘、思想消极的人是不会有幽默感的。因此，只有以对现实生活充满热爱，对未知领域充满向往，去学习、去探索、去感悟，才能创造出幽默。如果只是急着到幽默之中找幽默，简单地复制，则有可能弄巧成拙。

2. 培养高尚的情趣和乐观的信念

幽默是一种高雅的口才艺术，不同于某些低俗的笑话。因此，要拥有高尚的情趣和乐观的信念，这样才能培养出真正的幽默感。

3. 拓宽知识面，积累幽默素材

幽默表现的是一种才华和智慧，因此，需要博览群书，拓宽知识面。从知识的海洋中汲取有益的智慧，积累幽默素材。比如，可以多看一些漫画和笑话，从中体会幽默。久而久之，你就可以自己制造幽默，至少你可以把看来的笑话运用到你的谈话中。

4. 提高想象力和观察力

幽默作为一种"错位"的语言艺术，常常运用意外的甚至"驴唇不对马嘴"的移植或组合，形成令人捧腹的效果，因此，要突破常规思维，必须具有丰富的想象力，这样才能巧发奇中。

另外，要多接触有幽默感的人，观察体会别人的幽默感，然后进行模仿，直到自己能有所创新。

5. 在实践中历练

任何一门知识的学习都需要通过实践锻炼，要学习幽默的口才也需要多参加社会交往。因为你要说笑话，总不会自说自听，或自逗自笑，一定是几个人在一起，触景生情，有感而发。因此，要有意识地训练自己对他人话语的快速应变能力和分析能力，以此来锻炼自己的即兴幽默感。

另外，培养具体的幽默语言，可以从以下几方面着手尝试。

1. 巧设悬念

幽默的话语要想吸引听众，应该巧设悬念，之后再抖开包袱。

当年伍蕯昭在一次演讲中谈到袁世凯时说："可以说，袁世凯在世时只做了一件大利大益于中国的事。"所有人听后都感到非常愕然，都非常急于知道究竟是哪一件事。这时他回答说："这件大利大益于中国的事就是他死了——绝对的死了，而且很合时机的死了，很合适的死了。"这幽默的话语，使在场的人都为之会意地笑了。

2. 一语双关

在一定的语言环境里，可以用多义、同音和同形等词，把两种不同的事或物联系在一起，这样就会使语句产生奇妙有趣的效果。

在电影《刘三姐》中，有这样一段刘三姐和三个秀才的对歌。刘三姐唱道："姓陶不见桃结果，姓李不见李花开，姓罗不见锣鼓响，三个蠢材哪里来。"

这就是利用谐音说陶、李、罗他们三个秀才根本就没有真本领，达到了幽默讽刺的效果。

3. 反常规

比如，当别人问某个人每月工资是多少时，因为他工资少，故意夸张地回答："6000——"当对方充满惊讶羡慕的表情时，他才接上后句"角"。故意把元换成角为计算单位，也可以凸显幽默效果。

4. 使用比喻

如果能够利用一些比较形象的比喻，语言自然就具有一定的幽默性了。

有个销售员这样形容自己的工作："出门时要像兔子那样，推销时要像孙子那样，回来时要像骆驼那样。"

虽然销售确实是个吃苦受累的活儿，但是从销售员风趣的语言中人们不仅没有感受到他的累，反而觉得他热爱这个工作。

5. 语言倒置

例如，有位老太太夸赞邻居："你的命真好呀，有儿子孝顺你，而我是孝顺儿子。"这句话语义倒置，产生了非常强烈的幽默效果。

6. 话中有话

刘大爷去幼儿园接孙子回来，孙子骑在他脖子上，高高兴兴地边走边拽他头发。老伙计看到了问他，"又去接孙子了啊！"

他回答："这年月，也不知道谁是孙子！"一句话说得大伙哈哈大笑。

有时候有些话不好明说，直接说出来可能会引起不必要的纠纷，这时就可以用这种话中有话的方式。

有一年，南唐税收严苛，百姓不堪重负。大臣纷纷劝谏烈祖减轻赋税，却没有结果。

一天，烈祖在朝堂问群臣："外地都下雨了，为什么唯独京城不下？"

大臣申渐高一听，诙谐地说："因为雨怕收税，因此不敢入京城。"

烈祖明白他话中有话，大笑一阵后便颁发圣旨，减轻税收，给百姓休养生息的机会。

7. 以错讹错

清朝时，有个人胸无点墨却热衷科举。眼看就要交卷了，他忽然灵机一动，在卷面上写道："我乃李鸿章中堂大人的亲妻。"因"戚"字不会写，"亲戚"就变成了"亲妻"。

主考官批阅试卷时读到了这句话，拈须微笑，提笔批道："所以本官不敢娶你！"

主考官针对这个人的错别字，来了个绝妙的"错批"！既富情趣，同时也毫不客气地回敬了这个想"走后门"的考生。

8. 使用歇后语

例如，"你这个人真是和尚打伞——无法（发）无天。"或者："下雨天出太阳——假晴（情）。"

不过说歇后语的时候，只说出前半截就可以了，这后半截要留给对方，让他细细地去体会其中的含义。

总之，培养幽默口才和学习其他任何一项技能一样，需要付出真诚的努力。如果你认为自己缺乏幽默感，不会说幽默的话，没关系，可以用上面这些方法来慢慢培养。通过训练，终有一天，你也可以成为一个幽默的人。

第六章 口才出彩，在职场左右逢源

对于职场人来说，如何敲开求职的大门，如何赢得老板的青睐，如何和同事顺畅沟通，直接影响着自己的工作和生活。

职场是双向沟通，既不能自己唱独角戏，更不能知无不言，不看场合。不论是敲开职场的门还是工作中和上司、同事沟通，都要有出色的口才。该表现自己时就要表现得出彩，不该表现的时候就要谨言慎行。

面试说话有技巧

对于求职者来说，面试是很关键的。面试可通过你的介绍让用人单位对你有个大致的了解。只要面试这一关通过，才可以进入下一轮更高级别的竞争。至于那些笔试在前、面试在后的单位，如果通过面试，就会顺利被录用。

能否顺利通过面试，一看形象，二看口才。其中口才至关重要。只有用人单位对求职者的介绍感兴趣，才会进一步介绍公司的要求和待遇情况。如果对方对你的介绍不感兴趣，就不会再开金口。因此，可以这样说，面试考核的就是你的语言表达能力。如果有好形象配上好口才当然相得益彰；如果形象并不出众，而口才出众，同样也能够打动主考官。再者，对于用人单位来说，求职者口才的重要性显然要比一纸文凭要高出许多，因为口才就是你能力的表现。当你没有什么工作经验可以证明你的能力的时候，口才无疑就是最好的证明。因此，对于面试中的口语表达一定不要忽视。

一位青年去面试某公司的推销员职位，人事主管让他简单说说自己的经历。可是，不到两分钟人事主管就听不下去了。他说："我敢打赌，像你这样出去推销，恐怕无法说动客户。你说话平淡无味，连我都没有兴趣，更不用说吸引别人了。"最后，人事主管劝他说："我建议你多看看这方面的书，否则以后还会吃亏！"

相信在求职者中，像这位青年一样碰壁的不在少数。的确，如果你的面试表达没有任何特别之处，用人单位又怎能对你情有独钟呢？因此，不论你应聘的是什么行业，在面试中语言都要出彩，要与众不同，那样才能给主考官留下深刻的印象。如果能够打动主考官的心，让他对你产生好感，就会有成功的希望。

那么，面试语言怎样才能出彩呢？

1. 着重突出自己的优势

例如："我在××公司工作，成功地令竞争对手在当地的市场份额减少……"或"我在某加盟店工作，开发了更多新客户"等。这些都会引起主考官的注意。

另外，在表述自己的成就时，一定要先说最后一次，然后依次倒叙过去。因为最后一次是距离目前最近的时间，能够代表你现在的水平，这是主考官最关心的。

2. 把优势和行业有机嫁接

当然，自己的优势只有和用人单位的价值取向一致，才有成功的可能。因此，突出优势要注意有的放矢。

如一位求职者在某建设公司面试时，主考官看了他的简历后惊讶地问："咦，你是农村的？"

"农民质朴、厚道，能吃苦，这一点恰恰是城市青年所缺少的，而且也正是我们这个行业需要的。"

主考官听到这些，满意地微笑着在他的简历上画了个大大的勾。

3. 介绍自身的优点

也许有人会说，我和众多的应聘者一样，毕业于相同的学校，同在一家单位实习了，没有什么与众不同的工作经历；我很普通，毕业的学校很普通，成绩也很一般，没有得到很多的荣誉，别人有的我没有，我有的别人也有，实在找不出什么优势。这种情况下，该怎么做自我介绍呢？即便你与他人有着同样的求学经历甚至实习经历，但是你也有自己与众不同的优势和优点。

如果你感觉自己在其他方面没有过人之处，可以强调一下自身的优点。比如，你性格开朗，乐于帮助同事；或者忠诚敬业，对工作不斤斤计较等。这些也许就是你优于他人的地方。因此在自我介绍中千万要把这些与众不同之处展现出来。

虽然面试有很多技巧，但良好的开端是成功的一半。只有语言出彩，让主考官记住你，对你的印象加深，才有机会从众多的应聘者中脱颖而出。

投其所好，赢得喜爱

在介绍自己时，选择让对方乐于接受的观点，与对方保持观点的一致性和相同点，能够缩短同对方心理上的差距，有利于求职成功。

那么，怎样才能与对方找到共同点呢？欣赏对方。因为没有人不希望他人欣赏自己，这就是自己价值的体现。所以说，欣赏对方是求职成功的密码。

1. 欣赏岗位

想一下在用人单位众多的岗位中你为什么单单看好某个岗位呢？你可以表达自己对这个岗位的向往。

比如，你可以说："我非常喜欢这个岗位，在上学期间，就对此岗位需要具备的知识投入了很大的精力去学习。我相信，这个岗位可以调动我的热情，让我大展身手。"这样说，会让主考官看到你对岗位的热爱和自信，也会对你有好感。

2. 欣赏公司

如果应聘者对岗位的职责和要担当的工作及专业不甚清楚，比如，物流公司是新兴的行业，众多的岗位设置和工作内容也不是大学生能够了解的。这时，你可以表达自己对应聘公司的认可，如："贵公司是一个在行业内很有影响的企业，而且这一行业非常有发展潜力。我很希望到贵公司工作，拓宽自己的视野和知识面。"

3. 欣赏老板

有些求职者应聘的不是赫赫有名的大公司，可能是榜上无名的企业，此时，也要真诚地表达出对该公司老板的认可和赞美。他们虽然公司小，但毕竟为求职者提供了起步的平台，因此，如果能诚心诚意找出公司突出的方面来，企业首先会认可你的态度。

小钟对营销策划很感兴趣，对业界知名的策划人李先生更是充满崇拜。但是他没想到，这样赫赫有名的人物创办的公司规模很小。即便这样，在面试中小钟还是充满热情地说："我早就关注您和您的公司了。您是营销策划高手，我早就想投奔您门下发展。今天终于如愿了。"三言两语，既表达了对老板的崇敬之情，又激发了对方的荣誉感，缩短了双方的心理距离。听了他的话，面试官当场拍板录用了他。

4. 认同主考官

如果你对岗位、公司、老板没有什么了解，也可以表达对主考官的认同和欣赏。这些欣赏的角度可以从自然属性和社会属性两方面入手。自然属性：如籍贯、年龄、性别、社会地位、民族、学历、文化背景、老乡关系、同龄人等。社会属性，一般指认识、感情和意向以及兴趣、爱好、个性、需要等因素。其中，社会属性较自然属性更容易产生共鸣。因此，如果能从社会属性入手，一旦发现共性就很容易引发人际吸引，为求职成功铺平道路。

某市机关公开招聘文秘和法律人才，其中有位学教育专业的面试者专业不对口。面试中，当处长指出他这个缺陷时，他回答说："专业对我来说也许并不是最大的障碍。一个人最重要的是不断学习的能力，我的经历表明我具有接受新事物、不断进取的个性特点。"

接着，他开始简短介绍自己的经历。他说："我一直在乡村当教师。从农村出来的人都知道，乡下学习条件很差。但是我凭着自己的毅力，以每天只睡三四个小时的代价自学完所有课程。我之所以应聘这个岗位，就是想更加充分地发挥自己的才能。"

这时，处长把目光投向他，赞同地说："这种毅力和吃苦精神，是很重要的素质。"两周后，他从众多应聘者中胜出，接到了录用通知书。

原来，这位人事处长也在贫困山区当过民办教师，后苦读自学考上大学。于是，这位考生没有像其他考生一样夸夸其谈自己在教育方面的特长，而是通过与之相同的经历来打动处长，成功地勾起了对方的回忆，使之产生心灵共鸣。这种情感沟通对考官的选择能产生积极影响。

在面试中，任何能接近或靠拢考官内心世界的言行，都可能促成彼此之间的沟通。

有一家公司招聘员工，小申前去应聘。他看到正面坐着一位农民模样的人，他有一张风吹日晒饱经风霜的脸，没有一点儿商人的狡黠和城市人的精明，而且还挽着裤腿。小申主动与他握手，热情而坦率地说："您不像个商人，倒像个农民。"

没想到，他这句话刚出口，对方脸上马上露出真诚的笑容。他说："我刚洗脚上田。你好眼力。"小申以赞赏的口吻说："我也是农民出身，看到农民老板就感觉亲切。"就这样，一种朋友交谈的气氛出现了。可是，很多求职者看到一位种地的农民居然要领导自己，心里不平衡，就在面试这一关败下阵来。

5. 认同对方的观点

欣赏对方，除了欣赏对方本身外，还可以是对主考官或者用人单位观点的认同。

一个出身高干家庭的青年，到一个公司去面试，在介绍自己时，他说："我虽然生于高干家庭，但我对自己要求很严格。我能干的活从来不让保姆给我做，我也从不依赖父亲的职权。所以到你们公司来，你们受的苦，我都能吃。"结果他获得了自己喜爱的那份工作。

这位求职者巧妙地利用自己虽出身高干家庭，但是能吃苦、自立等优点，找到了和对方的共同点，让对方认可了自己。

认同对方的观点还包括，在应聘中，及时把自己与主考官相同的感受告诉对方。如"我完全赞同您的看法……""我也是这样想的……""我很重视您的要求，也非常赞同您的见解。"当别人没有表达出这种意思，而你却运用这种句式述说时，能有效地激发对方的认同感，彼此间的沟通渠道就更加畅通了。有一位求职者在面试结束时，就是这样表达了自己的观点。结果，三天后，他接到了录用通知。

在求职中，每个人都有强烈表现自己的欲望，但表现自己也要考虑对方的感受，毕竟，对方决定着你是否能面试成功。在应聘者众多的情况下，利用好这 1~3 分钟的自我介绍，就可以给面试官留下好的印象。如果能够投其所好，使对方心里有一种满足感和被尊重感，这样，不但可以增加求职成功的机会，还可以增加自己的信心。

当然，不论是赞美主考官还是赞美应聘单位，都要诚心诚意、恰到好处。这样，既能给主考官留下深刻的印象，也能营造令人身心愉悦的氛围，并为下一轮的竞赛开个好头。

自以为是，不得人心

在求职中，有的人丝毫不考虑面试人员的心理，而是把面试机会当成自我表现的舞台，一个人大唱独角戏，为了表现自己的口才，信口开河、高谈阔论或者自以为是，故意掩盖自己的不足之处。这种人自以为最聪明，但却并不一定符合用人单位的条件。因为他们不懂得怎样表现自己才是最得体、适宜的。

下面这些现象就是这类人的典型表现。

1. "我"字不离口

有一类求职者说话总是"我"字不离口。比如："我有足够的把握和胜任工作的能力""我认为我适合这个岗位"等。他们总是忙于在短短的时间内把自己的优势全部展现出来，并没有想到这样说会给对方什么印象，甚至对于对方的感受也无暇倾听，结果常常使对方反感，最终失去工作的机会。

有一家合资企业到某经管类学院去招聘职员，一位幸运地进入面试环节的学生上来就夸夸其谈，炫耀自己的学习能力和社交能力如何强，并且对公司的工作提出一大堆建议和设想。面试官几次做出不耐烦的举动，他都没有注意到，最后面试官只能提醒他时间到了。

这个案例说明，求职者在应聘时做自我介绍不能总是以"我"为中心，因为面试的机会是用人单位给你的，他们要看一下你的表现是否符合他们的需要。因此，介绍完自己后要把话题放在对方身上，比如"我很愿意为您工作""我会努力与您合作""我能为您和您的公司做些什么"等等。这样说，对方才会感到你也在为他们着想。

2. 习惯说"没什么大不了"

有些求职者也许是对自己过于自信，也许是先天性格大大咧咧，他们对什么都满不在乎，总是习惯说："没什么大不了。"有些时候，这种表达方式会让主考官认为是不认真对待面试。

肖强在一次面试中，主考官故意问他："假如你未被我们公司录取，你会怎么想？"肖强不假思索地回答说："这没什么大不了的。人才招聘本来就是双向选择。我虽然失去在贵公司就业的机会，但是很可能会在其他地方找到适合我的岗位，毕竟，'条条大路通罗马'。"

主考官觉得肖强这番话表明他对该单位和该岗位不太看重，毫不犹豫地把他的名字删除了。

3. 想当然

面试中，常常会遇到这样的时候：主考官提出的问题意思不明朗，不知从何答起。这时，千万别"想当然"地去理解对方所提的问题，否则，他们会认为你不认真。

有一位应聘者被问道："如果你被录取，能处理好同事关系吗？"这位面试者想，假如直接回答"能"或者"不能"都不太高明：回答"能"显得太武断，回答"不能"更是不合适。因此，他想主考官这样问肯定是对人际关系比较看重，于是利用自己所掌握的有关人际关系的知识乱讲了一通。主考官看到他有意炫耀自己的知识，回答问题不着边际，很不满意。

4. 大吐苦水

大凡离开原单位的人都有各种各样的苦衷，即便这样也不要在面试时大吐苦水，把原单位或者原来的老板说得一无是处。在主考官看来，你今天能对原单位说坏话，明天跳槽到其他地方也许又会重复这一套，他们不会喜欢这样的人。

因此，在新单位应聘时要简短地说明离职原因，但要避免大吐苦水。

5. 一口回绝刁钻问题

在面试时，主考官有时也可能故意挑选些古怪的问题，或者故意提出不礼貌或令人难堪的问题让你回答，考察你处理随机问题的"应变性"和"机敏性"。对于此类问题，你如果理解有误，与主考人员激烈地争论，就大错特错了。

在香港小姐选美大赛中，有位评委问参赛者："如果让你嫁给希特勒，你会怎么办？"这种问题很刁钻，嫁给这样的人，自己成了什么人？此时，如果一口回绝："我绝不会嫁给这样的人。"那显然不是大家所希望得到的答案。而那位小姐的回答很巧妙，"那就不会有第二次世界大战了"。结果评委对她的机敏反应非常满意。

因此，对于类似刁钻的问题，首先要冷静，要不动声色，以察其动机，然后再以妙语回答。这样，既显示了你对问题理解的准确性，又会给主考人留下一个很好的印象："这是个聪明、冷静的人。"

6. 含糊回答

有些人在求职中总是要小聪明，比如，对自己从前工作的职位和头衔、工资回答得含含糊糊，担心用人单位以此为标准。如果是被解雇的，就隐瞒自己离开原单位的原因，担心用人单位小看自己。其实这完全没有必要，这一切并不一定就是你的错。再者，行业不同，用人标准不同，待遇也没有什么可比性。因此，一定要实事求是，以前干什么工作、什么职位、什么头衔一定要说清楚。这样，用人单位才可以全面考虑你，以便做出适合的选择。否则，会给对方留下不诚实的印象。

面试时虽然求职者说话多，但是，求职成功的主动权掌握在主考官手中。因此要学会换位思考，从对方的角度考虑一下自己的话语是否是他们希望听到的，千万不要自以为是，自说自话。那样，求职成功的希望就很渺茫了。、

把握与领导沟通的技巧

当你求职成功，迈入自己理想的单位大门后，就面临着和同事和上司交往沟通的问题。如果说和同事沟通相对来说没有那么多规矩，不必太拘谨的话，那么，和上司沟通是应该比较慎重的。能够和领导特别是和自己的顶头上司沟通顺畅，不仅有利于今后和领导相处，而且也利于以后的职业发展！

职场中，很多人都认为沟通是一件非常简单的事情，甚至没有人会承认自己不会沟通。在他们看来，沟通不就是说话吗？说话谁

不会？也有些人认为，沟通就是发个邮件，打个电话，留个言或者发个短信。其实这些远远不是沟通的真正含义，在一个组织中，下属和领导之间要想沟通到位，并没有想象的那么简单。

小刘在公司做销售主管，除了工资，其他费用一概和业绩挂钩，没有享受过其他待遇。他偶然听说办公室主任的手机费实报实销，很不服气。销售开拓市场需要多少手机费用，竟然不能实报实销，然而享清闲的办公室主任却享受此等待遇，于是他借汇报工作之机向老板提出申请，希望自己也能实报实销。

老板听了很惊讶，说销售人员不都是和业绩挂钩，没有免费的通信费吗？但是，小刘不服气地说："办公室主任就有呀！她的费用实报实销，据说还不低呢。"老板听了沉吟道："是吗？我了解一下再说。"

这一了解就是两个月，按说老板没动静也就算了，可是，小刘不依不饶，又找到老板也没有得到解决。之后，小刘又向同事抱怨时，有知情的同事告诉他，以办公室主任名义报销的手机费并不是主任自己的，而是老板的一位朋友的电话。

从此，小刘再也不提手机费的事了。

虽然和上司沟通不见得都是像小刘这样触及上司隐私的敏感问题，但是足以说明，和上司沟通远远没有想象的那样简单。由于领导和下属的身份、地位和工作内容不同，有时候出于某种需要，领导不可能把自己心中所想的明白无误地告诉下属，有些含义需要下属去用心揣摩。因此，和领导相处，一定要明白他们的潜台词，这样沟通才会到位。

特别是当领导心情不舒畅或者工作不顺利时，和他们沟通更要讲究方法。如果一开口就是惊人的坏消息，那样领导没有心理准备，说不定会被你一闷棍"打晕"。

某工厂的推销员推销新产品时，由于竞争对手太多，效果很不理想。回厂后的一天，他敲响了经理的门。

"情况怎样？"急性子的经理见到他劈头就问。

此时，如果开口就直接将不利的情况汇报给经理，经理肯定会不高兴，推销员没有急于回答经理的问话，而是显出一副心事重重的样子。经理见到推销员这副模样，已经猜到了出师不利，于是改用关切的口气问道："情况糟到什么程度，有没有挽救的可能？"

看到经理反而安慰自己，此时推销员自信地回答："有！"

"那谈谈你的看法吧！"经理求之不得。这时，推销员开始把自己构思好的推销计划一步步汇报给经理。经理听后频频点头："嗯，不错。你找到了问题的症结所在，还想出了解决的办法，这件事就交给你全权处理吧。"

就这样，通过巧妙的沟通，推销员受到重用，公司的新产品销量也节节上升。

这位推销员能够将不利的工作情况成功地汇报给经理并得到称赞，是因为他掌握了沟通的技巧，从而占据了主动。

在职场中，还有一种现象是因为待遇低、工作重等对上司说偏激的话，其实这也是愚蠢的做法。即使你真的有委屈之处，也不能用偏激的语言说出来，而应该用委婉的语言恰到好处地向上司提出你的要求。

某公司广告部门在春季销售的旺季，十分繁忙。可是，公司领导却将其他部门的宣传文案也交给他们做。这下，本来就缺乏人手的广告部门显得更加力不从心。在这种情况下，员工们心里很不舒服。可是，如果说上司分工不正确，上司肯定会一口否认。于是，他们决定派一个代表去和上司沟通。

当这位员工代表敲开上司的门后，非常抱歉地说："经理，打扰您一下。您交代完任务后，我做了个详细的工作计划表，想给您看看。"上司有点不耐烦地说："不用了，只要你们完成任务就行！"但是，这位员工停顿了一下，怯怯地说："我们倒不怕加班，只是担心时间不够用，即使完成了任务也不能保证质量，所以希望得到您的支持和指教。"

上司一听，马上眉开眼笑，他说："这个表我收下，先看一下。"后来，上司详细看过后，认为确实时间紧张，于是就给老板打了个报告，把让该部门做的多余的工作减去了。

总之，当下属在工作中与上司发生分歧时，最好避免与之发生正面冲突。上司与下属需要合作，即便有分歧，也要重在沟通达成一致。这样大家才能步调一致，共赴成功。

和同事交流注意分寸

同事是与自己一起工作的人，与同事相处得如何，直接关系到自己的工作、事业的进步与发展。同事与同事间的谈话，如何掌握分寸也就成了人际沟通中不可忽视的一环。因为"讲错话"常常会给你带来不必要的麻烦，会造成同事关系紧张，甚至影响工作。

一位小伙子在单位做司机，和一个同事私交甚好，常在一起喝酒聊天。彼此感到情投意合后，小伙子向这个要好的同事说了一件从未对任何人说过的事。原来他在没有找到工作心灰意懒的时候，借着酒醉曾经偷过摩托车。

最后，小伙子真诚地说："我再也不会这样做了。只是感觉说出来心里还舒坦一些。你我是好朋友，相信你也能原谅我一时的冲动。"

不久后，在单位的小轿车司机岗位竞聘中，小伙子由于表现突出成功受聘。可是，没过两天又被刷下来了。

事后，落选的小伙子才了解到，是自己最要好的同事把他那天酒醉后说出的话透露出去了。不难想象，曾经做过这样的事，领导怎能放心把高级轿车交给他来开呢？

可见，同事之间如果知无不言，言无不尽，不知道会在什么时候给自己带来麻烦。

当然，这并不是说，要对所有的同事都提防，把所有的人都往坏处想。过于敏感其实是一种自我折磨，一种心理煎熬，那些神经过于敏感的人，同事关系肯定搞不好。

在单位中，特别是同一个办公室的人，每天见面的时间很多，谈话可能涉及工作以外的各种事情。但是，办公室不是互诉心事的场所。即便是下班后的彼此闲谈，也不要涉及单位敏感的事情和自己的一些隐私。特别是对公司有消极影响的言辞，比如领导喜欢谁，谁最吃得开，谁又有绯闻等等，最好三思而后行。因为这些耳语就像噪声一样，会影响人的工作情绪，而且不小心会传到他人耳中，还会引起矛盾，你也可能因此成为别人"攻击"的对象。如果是对上司不满，开口骂领导，抱怨工作太多，待遇又差，同事大多会随声附和，这就会成为"定时炸弹"。因此，聪明的你要懂得，该说的就勇敢地说，不该说的绝对不要乱说。

另外，也不要因为和某个同事交往过密，就打听人家不想说出的私事，或者把人家要隐瞒的事情四处传播。那样的话，即使你不是故意的，人家也会忌你三分。

至于自己的一些得意之事，比如，即将争取到一位重要的客户，老板暗地里给你发了奖金等，最好也不要全部拿出来向别人炫耀。不懂收敛，锋芒太露，很容易引起别人的反感或嫉妒，对你有害无益。

总之，同事之间可以亲密，但不能无间。假如你实在对说话情有独钟，总想夸耀自己的口才，那么建议你把此项"才华"留在更适合的场合，对那些和自己没有利害关系的人去发挥，那样就不会因为自己在嘴上逞能而招来是非。

与同事沟通，要因人而异

该如何与同事相处，并没有标准答案。但是与同事之间的沟通可以因人而异。在这里，"因人而异"不是势利的意思，而是说要根据每个人的性格特点采用不同的沟通方式。

1. 对内向的人开玩笑不能过分

有些人比较爱开玩笑。可是，他们常犯的错误是不分场合，不分对象，见到什么人都嬉皮笑脸。如果对方是个内向的人，特别是在工作中，有他人在场时，你同他开比较过分的玩笑，他们会感到破坏了自己稳重的形象，会很不高兴。

小敏虽然内向、不爱说话，但她平时的生活是无忧无虑、自由自在、开开心心的，很少有什么烦恼。可是现在却因为一件小事让她寝食难安。原来，一位总爱开玩笑的女同事在元旦要狂欢一场，下班后给她发了这样一条短信："亲爱的，你今晚有兴致出来吗？如果不出来，我就在你家门口一直等你到天明。"

小敏忙于做饭没听到，却被老公看到了，一口咬定她有第三者，小敏告诉老公那是女同事的玩笑，老公非说她是找借口。可是小敏又不善言辞，解释不清，因此，家庭冷战了好长一段时间。为此，小敏对同事也有意见。

一般说来，性格内向的人脸皮较薄，不像性格外向者那样大大咧咧，他们也多不善言辞，不爱在众人面前表现自己。因此，最好不要和他们开过分的玩笑，以免引起不必要的误会。

和他们说话，最好一是一、二是二，不要乱开玩笑。即便开玩笑，也要注意分寸，不要让他们下不来台。

2. 对外向的人要直截了当

对于性格外向、直率豪爽的人，说话就不必藏着掖着，更不必拐弯抹角，因为他们不喜欢这一套，这样会给他们装模作样的感觉，如果你拐弯抹角，只会令他们反感。因此，可以直截了当、开门见山地和他们交流。即使你们之间起了争执、冲突，对方可能也会觉得这是很过瘾、很有效的沟通方式。如果你觉得吵得太过厉害，感觉不舒服，也不妨直接告诉对方你的感受。如果他意识到是自己不对，可能马上就会停止争吵。

当然，你也可以和他们开一些无关大局的玩笑，只要不太过分，他们都不会计较。不过你要做好被他们反唇相讥的准备。因为当众说话表现自己也是他们的爱好之一。

3. 对敏感的人要多加关心

那些过于敏感的人，总是担心别人会取笑他们。特别是当他们要面对众人表达自己的想法时往往会感到困难，所以不要在这方面给他们太大的压力，不要讥笑或批评他们的多疑，这会使他们更缺乏自信。要表现出亲切的善意，以减轻他们的紧张、焦虑。

当他们心中有一些难以启齿的隐私时，要用关爱的语气询问他们当下的感受。让他们感觉到你是真心关心他们，让他们有机会发泄不良情绪。

当他们发挥自己的才华而有所贡献时，一定要记住当面夸奖他们，因为他们容易否定自我，这样做会给他们极大的信心。

4. 对具有艺术气质的人要重视他们的感觉

比如，与爱好文学艺术、想象力十分丰富的人沟通，一定要重视他们的感觉，不要老是以理性来要求、评判他们，因为他们通常对那些枯燥的理论和呆板的说教不感兴趣，他们也不喜欢过于严肃、拘谨、无趣的人。因此，可以用直觉或形象的方式和他对话，这是他们乐于接受的。

另外，在言行中也不要表现出要控制他们、干涉他们的意思。他们向往的是自由和无拘无束，因此，要给他们充分的话语权和沉思的权利。他们感受到了你对他们的尊重，就会和你成为好朋友。

5. 和性格平和的人说话应不温不火

有些人的性格既非典型的外向型也非内向型，说话总是不偏不倚，看不出他们的立场观点，这也许是因为他们性格比较平和。因此，对于这样的人，切不可直言，说一些偏激的话，可以含蓄委婉地说一些不温不火的话。

6. 和理性的人说话应简明扼要

对于那些头脑清晰、说话逻辑性强的人，不必"穿靴戴帽"，说话要挑重点，简明扼要，三言两语能说清楚最好。因为他们判断力很强，常常你说了上句，对方就猜出了下句的意思，没必要啰唆。

对于他们，如果时间充裕、心情好的话，可以开一些高雅的玩笑。这样既能调节气氛，也能让他们对你留下深刻的印象。

当然，在现实生活中，每个人的性格可能都比较复杂，而且，随着年龄、地位、环境等因素的变化，人的性格会有很大的变化，不会这样单纯地显现出来。但是，你和他们在一起的时间长了，就会发现他们主要的性格特征，这样，就可以因人而异去和他们沟通啦。

第七章　温暖良言，赢得爱人欢心

　　爱，需要我们用心去体会，用语言来表达。

　　不论是男人还是女人，在谈恋爱的时候，都喜欢听对方充满柔情的甜言蜜语。甜言蜜语就是感情的催化剂。来自恋人的甜言蜜语不仅能说明自己在他（她）心目中非常重要，而且这份特殊的温暖和关爱会让他（她）感到很幸福。所以，千万不要忘记对恋人多说甜言蜜语。

爱，就要大声说出来

相信每个人在朝气蓬勃的青春时代都曾有过美好的感情。只是，最终的感情归属却不同。有些人有情人终成眷属，有些人却与美好的感情失之交臂，只能悄悄地埋在心底。如果要寻找原因的话，很可能与其不善于表达有关。

许多年前，在高三毕业班的一个早自习上，天蒙蒙亮，教室里没有开灯，所有的同学桌前都点着蜡烛埋头学习。可是，有个漂亮的女孩却不知所措，因为她实在听不懂数学老师的课，当然作业也不会做。这一切，被后排细心的男生看到了。不知什么时候，他主动坐到了女孩的身边，帮她一一地分析解答试题，并轻声鼓励她说："没关系，只要你多做一些习题，慢慢就能找到窍门了。"

十分钟课间休息，男孩没了踪影。就在上课铃声响起时，男孩绕到女孩桌前飞快地放下了一个本子。女孩低头一看，那是男孩给她的数学笔记，全部是每节课的解题心得体会。而且扉页上写了一句鼓励她的话："只要敢征服，希望的曙光就会闪现。"

终于，在男孩的帮助下，女孩的数学取得了可喜的进步。当他们考进不同的大学后，女孩的心中一直都抹不去男孩的身影。高中自习课上那温暖关切的话语就如同初恋的味道一直温暖着女孩的心。可是，性格内向的她怎么也不好意思开口表达自己的感情。

最终，男孩成了另外一个女孩的丈夫。因为这个女孩比较大胆，而且嘴巴很甜，让这个离开家乡在异地上学的男孩心中感到很温暖。最终，这个女孩俘获了他的心。

而今，早已成家立业的男孩和女孩在偶然的小聚中，虽然常常会一起回忆起那段青葱岁月和那些淡淡的甜蜜，可是，女孩的心中总是有些遗憾。曾经，那个点着蜡烛的清晨，爱的种子已经悄悄种在了女孩心里。就是因为女孩的不善于表达，幸福便与她擦肩而过了。

虽然爱情是美好的，可是，如果总是"爱在心头口难开"，总是自己一个人把这份感情深深地埋在心底，对方又怎能知道呢？所以，爱一个人就要大胆地表达自己的感情，这样才可以让自己的人生少一些遗憾。

当然，要表达自己的感情，是离不开甜言蜜语的。甜言蜜语既可烘托恋爱的气氛，也可以推动爱情的进程，最重要的是，甜言蜜语可以打动恋人的心，会让恋人有一种满足感、幸福感。

有的人可能不善于用言语表达爱，对爱慕的人说一些情话会让他们感觉很肉麻，那就不妨将想说的话编成短信，或给对方发个电子邮件，或留张小纸条。

有个性格非常内向的男孩对一个女孩心仪已久，可是怎么也无法开口，于是在 2009 年的情人节那天，他送给女孩一份礼物，并用记事贴给她留言"相爱的人每天都是情人节！"这句话，让女孩深受感动，并将这页纸贴在床头上。每天晚上，她都会看到这句话，感觉特别温暖。结果，这一句情话，就成了他们爱情的催化剂，男孩最终心想事成。

爱情是心与心的碰撞，要撞击出火花，就必须借助于语言。因为爱情就是谈出来的，语言在爱情中具有非常重要的作用。如果你在恋爱中善于表达自己的爱，那么一定会牢牢地"俘获"对方的心。

初次见面的聊天技巧

有些人在初次约会时总会有几分拘束，有几分羞涩，怎样才能如平日般落落大方，轻松和对方聊天呢？

1. 聊对方感兴趣的话题

一般情况下，初次约会聊天要以对方感兴趣的话题为主，这也许是你恋爱成功的第一步。特别是对于女性，如果初次见面能谈她关心的、感兴趣的话题，会让她觉得你尊重她、关心她，非常善解人意。

因此，在见面前你应当尽可能地多了解一些她的兴趣、爱好等，对交谈有所准备。

2. 在交谈中了解对方的爱好

如果你没有办法事先了解对方的爱好，可以在交谈中了解。

比如，在交谈中，你可以问她"业余时间你喜欢做些什么"，"平时都喜欢看哪些方面的书"等。一旦你知道她的兴趣，而对此你又比较熟悉，那你就可以抓住这个话题，以此来沟通相互间的感情。

小刚与女友的初次约会是在公园的长廊上，两人寒暄了几句后就陷入了沉默。

小刚感到，这种沉闷的气氛简直让人窒息，怎样才能打破僵局呢？突然，小刚瞥见女友的鞋子款式很别致，就说："哇，你这双鞋子好漂亮啊，在哪里买的？"

女友一听，顿时眼睛放光，神采焕发："这双鞋啊，我星期天转了很多商场才买到的，韩国款式，新到的货呢！"

于是，女友的话匣子一下子打开了，开始讲述自己在购物中的心得，还善意地指出小刚平时在工作中应该注重哪些着装细节，两人谈得很融洽。女友感觉小刚很细心，对小刚留下了不错的印象。

在初次约会中，恋爱双方不妨多观察对方的衣饰，并进行适度赞美，只要你们找到共同话题，聊起来就很轻松了。

3. 谈共同感受

初次约会，最好不要总说"我……"而要说那些你们共同见到、感觉到或都知道的东西，即你们的"共同感受"。可以是音乐、汽车、旅游等，也可以谈谈共同的兴趣和爱好，这会使两颗心更加贴近。

4. 把专业抛在一边

初次约会，彼此还不太了解，暂时把那些所谓的专业知识抛在一边吧，这时需要的是轻松、有趣的话题。试想，如果刚见面你就谈自己的专业论文，对方会感兴趣吗？

总之，初次约会和对方交谈时，要放松自己，自由自在、开心地交谈，把和对方约会、谈话当成一种乐趣。

赞美恋人，缩小心理距离

有一个电视小品，说的是一个恩爱家庭的故事。

一天，妻子准备打扫卫生，发现吸尘器坏了。于是，丈夫很自信地打开外壳，像内行般地修起来。

这时，细心的妻子无意中发现：原来是电源插头的接线脱落了。她没有惊动丈夫，悄悄地把线头接上。等丈夫装上机壳，插上电源，吸尘器修好了。妻子对孩子们说："你爸爸真行！"丈夫的眼神一下子变得得意起来。

这位妻子很聪明，她让丈夫在孩子面前非常自信。

可是，有些女人却总是不厌其烦地把对丈夫的不满"如数家珍"地抖搂出来。不是抱怨丈夫"弄了一屋子书，能当吃还是能当喝"就是指责他们"好不容易做顿饭，连个鸡蛋都给炒煳"等等。这些女人在说话方面太随意了，没有照顾到爱人的情绪，而且常常会打击他们的自信心。

生活中常常会看到这样的事：对一个小孩子说"他很笨拙"，他就会变得比以前更加迟钝。其实成人也是一样，假如让男人总是生活在一种充满指责的氛围中，他的意志会更加消沉，更加自卑，最终，成功也会离他们远去。因此，每个妻子都应该学会称赞丈夫，这比直接"教训"的言语更有推动作用。

聪明的女人都能使别人注意到丈夫的长处，将丈夫的缺点减少到最低的限度，通过自己的嘴把丈夫"捧"上更高的顶峰。特别是当男人失意时，更需要女人用一片关爱之心怜惜他、陪伴他、劝慰他，让他再振雄风。倘若身边的女人不懂抚慰他，那男人就很可能到外面去寻找能使自己振作的女人来重建信心了。

1929年，纽约股市崩盘，美国一家大公司的老板忧心忡忡地回到家里。

"你怎么了？亲爱的。"妻子关心地问道。

"完了！完了！我被法院宣告破产了，家里所有的财产明天就要被法院查封了。我一无所有了。"他说完便伤心地低头饮泣。

妻子这时柔声问道："你的身体也被查封了吗？"

"没有！"他不解地抬起头来。

"那么，我这个做妻子的还有孩子们也被查封了吗？"

"没有！你们和这档子事根本无关呀！"他不解地望着妻子。

"亲爱的，"妻子对他报以微笑，接着说："既然你还有支持你的妻子以及有希望的孩子，怎么能说一无所有呢？何况你有着丰富的经验，还拥有上天赐予的健康的身体和灵活的头脑。至于丢掉的财富，以后还可以再赚回来的，不是吗？"

三年后，他的公司再度成为《财富》杂志评选的五大企业之一。

如果能在丈夫失意时懂得及时地关心他、安慰他、赞美他，那比什么灵丹妙药都管用。这也是女人口才的用武之地和所具有的独特价值。如果你能真诚地赞美他，让他深刻感受到你的爱意与体贴，让他在你的赞美中觉醒奋起，那么，你们的婚姻会更坚固、更美满。

杨华就是这样一个女人，她的丈夫因为太正直遭受排挤，一夜之间从大公司副总裁的位置落马。由于爱面子，他把自己封闭起来，不与任何人交往。

但是，杨华没有抱怨丈夫不懂得圆滑的为人处世之道，她总是在人前人后夸老公有才华、聪明，只是不太适合当官而已。杨华这样说，丈夫的心态逐渐平静下来，经过一段时间的调整，他开始对自己的职业生涯重新定位，到一家大型集团公司担任了技术总监。

丈夫的才华得以充分施展后，感激地对杨华说："你是最好的女人。没有你，我就不会重新崛起。"

男人的失意，其实给了女人一个证明自己的机会。所以，在他失意时，不妨多给他鼓励和赞扬。不论是枕边细语还是湖边软语，都是他的"良药"和"补药"。这种心灵的对话会让丈夫感到妻子在最困难的时候支持着自己，他的自信心也会大增，前途也终将会柳暗花明。

每个人都希望得到他人的肯定和赞美，他人的赞美能使你的自尊心得到极大的满足，从而缩小你和对方的心理距离。当然也可以用到恋爱中来，巧妙的赞美可以帮你打开对方的心扉。

那么，如何巧妙地赞美对方呢？

1. 直接赞美对方的优点

既然是自己喜欢的人，那么，对方肯定有值得你欣赏的魅力或优点，或者漂亮，或者有才华，或者贤惠能干等，在适当的时机，你可以用不加修饰的语言赞美他们。

2. 赞美对方过去做过的事

如果彼此了解不深，最好不要赞美对方的人品与性格，而应赞美对方过去做过的事。因为这种对既成事实的评价，与彼此了解的深浅并无关系，不会产生误解或有恭维之意。

3. 从无人夸奖的地方入手

俗话说：美话过三淡如水。如果你夸奖对方的都是他人已经夸奖过的，对方已司空见惯，就会认为你与一般人没什么差别。如果能由一处他人没有夸赞过的地方入手，对方会认为你很留意他／她，从而体会到一种幸福感。因为恋人之间，对方会希望你比一般人更关心体贴他／她。

例如，你的女友因她的美丽而听到的赞美太多了，那你就可以夸她有才华或温柔如水，她一定会非常高兴。

4. 模棱两可的赞美

如果是初次见面，可能双方会比较拘谨。这时候，对对方的赞美要多加小心，赞美得越具体，越容易出错。比如对女孩说："你身材真苗条"或"你眼睛真动人"，如果对方真有苗条的身材或漂亮的眼睛还好，倘若不是那么回事，对方就会觉得你在讽刺她，不但不会高兴，还会生起气来。因此，这时，模棱两可的赞美较能收效。比如，告诉女孩："你的气质很好"，会使她很高兴。

5. 赞美对方的父母

俗话说"爱屋及乌"，如果你爱一个人，也要爱上和他/她有关系的人或事物。而适当夸赞对方的家人也会令对方对你产生好感。

李梅到男友家做客，男友爸妈张罗了一桌好菜，留她吃饭。席间，李梅对男友说："伯父伯母的手艺可真不错，我要拜他们为师，好好学两手。"男友的父母听到，乐得合不拢嘴，连声说："行，行……"李梅这一句话，既夸赞了男友的父母，又表现出了自己的谦虚。男友父母看到未来的儿媳勤劳贤惠，乐于操持家务，非常高兴。男友对李梅的表现也非常满意。

另外，也可以借他人之口表达你的赞美。比如，"难怪大家都夸你温柔……""群众的眼睛是雪亮的，你真是善解人意"。这样说一是有公信度，二是会让对方觉得你提前对他/她进行了了解，对恋爱很重视。

总之，赞美恋人也需要巧妙表达，这样才能让恋人真正感受到甜蜜与幸福。

多些浪漫，少些争执

两个陌生人从相爱到结婚后，生活多了一些平淡和现实，少了一些浪漫。有时，由于双方所受的教育水平不同，为人处世的价值观不同等，有争执也在所难免。

可是，有些夫妻却像中了"恶咒"一样，把吵架当成了家常便饭，而且争吵时一定要分出"胜负"。据某社会调研所对上海等大城市的家庭调查发现，越来越多的夫妇都有这样的困惑，自己和伴侣"不会"交流了，一开口就是抱怨，火气大的时候，真是针尖对麦芒。殊不知，他们正在向家庭温馨和睦的氛围挑战，正在伤害着彼此的感情。

那么，怎样才能缓和夫妻间的矛盾，有效促进交流呢？柔情是打动人心的法宝。特别是在高效率快节奏的都市中生活的人们，随着市场竞争的激化和拜金主义的泛滥，人与人之间的感情更加淡漠，越是这样，在家庭这个避风的港湾中就更需要感情来维系。而用柔情的话语给对方关爱就是增加感情的有效方式。充满深情、柔情的话语可以化干戈玉帛，可以使滴血的伤口愈合，可以使迷途的羔羊归家。因此，夫妻之间发生矛盾和冲突时可以采取以下方式，把自己的一腔柔情表达出来。

1. 商量而不是斗争

两个人走到一起就是缘分，其中一方犯了错误，另一方不要厉言批评，而要给他（她）讲道理，真心诚意地帮助对方认识错误，改正错误。因为你对爱人的脾气、性格等都比较了解，因此更能说到点子上。再者，即便双方意见有分歧，也应该一起商量解决问题的方法，而不是争个面红耳赤。因为婚姻生活是需要夫妻双方共同经营的。

2. 敢于说出"我错了"

有的人明知自己错了，也不肯认错，特别是当着孩子的面更是不肯认错。其实，如果你低声说一句："我做错了，我会改的。"事情就会向好的方向发展。这一句真诚而充满柔情的话语既是你对爱人的尊重，也是你构建和谐家庭的决心。相信你的爱人也会被你诚恳的态度所打动。

3. 包容对方

如果对方是在无意中办错了事情，不要声嘶力竭地指责，要学会包容，站到对方的角度去考虑一下，用温情的话语去安慰对方。

吴英的丈夫因事外出，不小心将随身携带的 3000 元钱弄丢了。他心里非常着急，因为家里并不富裕，这些钱是妻子辛辛苦苦攒下来的。

后来，当他垂头丧气地回到家，妻子安慰他说："钱不是人挣的吗？人没有丢就是最大的平安，以后咱们还能挣回来。"听完妻子的话，丈夫很感动。

4. 柔情蜜语沟通感情

美国有本两性杂志建议，夫妻每天要花 5 分钟，跟对方说好话。在这 5 分钟里，只能称赞对方，或是说些甜言蜜语，以增加彼此的热情和好感。对于爱吵架的夫妻来说，这也是一个很好的可以借鉴的方式。如果你能抽出 5 分钟时间来称赞对方，吵架的机会和概率就会降低。

甜言蜜语、柔情蜜意可拉近夫妻间的距离，可以使夫妻矛盾化解、夫妻情感历久弥新。柔情的话语对夫妻的幸福生活会起到潜移默化的作用。

巧妙回答各种问题

"自我"是人之天性，人们往往会从自我的立场出发来对对方的言行进行各种猜测、评判，这种先入为主的观念可能会造成偏见、曲解，乃至妄想、盲目的偏激态度，给恋爱双方的相处制造种种矛盾。这时，该如何应对呢？

1. 当女友心烦意乱时

每个人都有心情不好的时候，当女友心情不好时，也许会无缘无故地冲你发脾气或说一些无理的话。比如：

"你为什么从来不陪我出去玩？"

"你真无聊，从来都不会做有趣的事。"

"你老是做同样的事，我已经厌烦了。"

因为心情不好，她们也许是在无事生非，没事找事。这时，男方要适当由着她发泄，倾听她的抱怨，别拒绝她。等她说完后，一定要用适当的话语给予安慰，千万不能针锋相对，让对方有火上浇油的感觉。或者你可以这样说："既然那样，我们就换种方式，下星期我陪你去听音乐会好吗？"或者"我们到海边去玩好不好？你也正好散散心。但是，千万不要生气，那样容易衰老啊！"她如果没有拒绝你的要求，心情会因此慢慢转好，你们即可度过短暂的低潮。

如果她说："我没时间出去，我有好多事要做。"那么，男方应该安慰她一下："注意别累着身体，要适当放松一下。"这种体谅的话也可以缓解她们的紧张情绪。

2. 当女友抱怨工作时

当女友抱怨工作时，"我讨厌我的主管，他对我要求太多了。"男方千万不要随声附和，或者让她辞职，要尝试把她从这种情绪中拉出来。

可以这样告诉她："也许因为你比较有能力，所以，给你分配的任务重，工作多，他只是希望看看你有多大的潜力。"这样她们就会少一些怨气。

3. 当女友担心你不爱她时

在恋爱中，不太确定的因素有很多，或者是一方态度变化，或者是出现了第三者，或者是男方的言谈让女方多疑。这时候，女方会提出各种问题来试探男方。此时，不需要为这些问题寻求理智的答案，因为她只是想确定一些事实罢了。

例如，如果她说："你觉得我胖吗？"男方最好不要说："是啊，你是没有模特儿的身材。"而应该告诉她："你不需要这么苛求自己，我觉得你很美，我就喜欢这样的你，这不就足够了吗？没必要和模特的身材相比。"

如果她说："你觉得我们相配吗？"男方不要说："我觉得我们还有些方面必须再沟通。"最好这样说："你是我生命中最特别的女人。"或"我越了解你，就越爱你"。这样对方也会打消疑虑。

4. 表达自己的贴心

你可以仔细地探询对方喜欢吃什么、玩什么，把对方所说过的话，都放在心上，努力帮她实现愿望，甚至包括一些连对方自己都忽略的小事情，出其不意地给她一个惊喜。记住对方提过的小事情不是为了显示你记忆力过人，而是要表明对方在你的心目中占有极重要的位置。

如果一个女人因为某件事而心情不好，她最不希望的就是男友将那件事看得一点儿也不重要，认为她小题大做。此时，她们最需要的是关心，特别是当她们在某些方面感觉不自信，担心对方变心时。因此，男方此时就要用自己甜蜜的语言给她们足够的安慰，让她们放心、宽心、舒心。

甜言蜜语，让爱人心动

当两个人的感情发展到一定程度，就应该抓住时机，向心上人表达爱意，千万不要错过你的真心爱人。

为了抓住属于自己的爱情，学会一种或几种表达爱慕之心的方法是必要的。

1. 开门见山法

如果你对自己的感情很有自信的话，就可以直抒胸臆，大胆而毫无保留地向对方倾吐自己的感情。一般而言，性情直率的人宜采用此法。

香港有位女作家，与大陆某男士结成了两岸情缘。可是当时，那位男士是追她的男朋友中条件最差的。那么，这位男士是怎样如愿以偿的呢？

事情的起源要追溯至几年前女作家第一次赴上海时。她为洽谈自己的小说授权问题来到上海某出版社。在这次晚宴上，女作家和那位男士相遇了。通过交谈，男士深深地为女作家的人生体验所打动，当时就直截了当地告诉她："我可以追求你吗？"

　　这显然有些突然，女作家没有丝毫心理准备，只当成是一句玩笑话。不料，那位男士真的开始展开猛烈追求，总是用电话"骚扰"女作家，当然少不了甜言蜜语，比如，"你像月亮，没有你的夜晚暗淡无光"等。还有更直白的"最后通牒"："如果再不露面，便要通知你的所有朋友，告诉他们我要追你。"

　　女作家在上海的最后一夜，那位男士终于鼓足勇气在大庭广众面前亲吻了女作家。霎时，女作家激动得几乎落泪说："你怎么可以这样！"

　　面临着这个天不怕地不怕的男人如此强烈的攻势，最后，女作家只好"投降"，和他结婚了。

　　其实，很多女人欣赏那些有男子气概、直率的男性。在合适的时机，直率地向她们表白爱意，常常能让她们心动。

　　2. 浪漫示爱法

　　小孟的女友小兰是学理工的，小孟当初喜欢她，是因为她稳重踏实。可是，经过一段时间的恋爱后，他发现女友不善于制造浪漫，等女友主动加快恋爱的节奏是不可能的。

　　于是在情人节那天，他精心布置了自己的房间，当女友敲开房门时，他手捧着99朵玫瑰花含笑而立，并且写着"茫茫人海、唯兰馨香"的红色条幅随气球腾空而起。顿时，女友被这种"突然袭击"的求婚方式惊呆了。她感动极了，羞涩地低下了头。

　　其实，每个女人的内心深处都是渴望浪漫的，浪漫是爱情中的润滑剂，它在爱情中是必不可少的。

3. 制造悬念法

对于有一定的感情基础或者两人已经暗暗互相倾慕，只需"捅破那层纸"的双方来说，直抒胸臆有时不那么浪漫，而制造悬念法却别有一番情趣。

革命导师马克思向深爱的人燕妮表白爱情时，便运用了这种方法。他说："燕妮，我已经爱上一个人，决定向她表白。"燕妮一直爱恋着马克思，此时不由得一愣，急切地问："你真爱她吗？""爱她，她是我遇见过的姑娘中最好的一个，我将永远爱她！永不放弃！"

燕妮按捺住激动的心情，平静地说："祝你幸福！"

就在燕妮伤心之时，马克思说："我身边带着她的照片呢，你想看看吗？"说着递给燕妮一个精致的小匣子。

燕妮惴惴不安地打开，看到匣子里的"照片"正是她自己。一场虚惊后，燕妮接受了马克思的爱情表白。

在这里，马克思有意在燕妮心中树立了一个无形的"横刀夺爱"的"第三者"，制造悬念使对方的内心感到矛盾和紧张，然后再以有趣的方式使对方恍然大悟，真是让人又惊又喜。

4. 善于利用各种方式交谈

恋人间要善于利用各种机会，交流彼此的感受。尤其是节日或属于两个人之间的特别纪念日等，要适时送上表示爱意的绵绵情话，可以是面谈、电话，也可以写信。最好是每周都有一次长谈，多则更好。

要把你心中最真挚、最甜蜜的话告诉对方："我不能失去你。""真希望能和你结婚。""不管怎么样，我要和你在一起。"

5．水到渠成法

有位大学刚毕业的小伙子在参加工作后，由于工作表现优秀，单位奖励给他一个微波炉。小伙子高兴地告诉心上人这个消息，姑娘兴奋地说："祝贺你呀！"

此时，小伙子提议说："我们搞个家宴，怎样？"

"好，我吃食堂都吃腻了，就想尝尝家里做的菜是什么味道。"姑娘兴奋地说，"可我不会做菜，怎么办？"她又犹豫起来。

小伙子自告奋勇地说："我可以试试呀。"于是，小伙子洗菜烹调，很是麻利。

等小伙子做出来后，姑娘品尝一番，不无羡慕地说："太好吃了，如果我天天都能吃到你做的菜，那该多好啊！"

此时，小伙子抓住机会说："这很容易，只要你不嫌弃我做得不好，我可以天天给你做。只不过，你这位女主人要收拾碗筷啊！"

6．忌过分张扬

年轻人渴望爱情，用一些与众不同的方式追求自己心仪的异性未尝不可，可是，如果表达不当或者过于张扬，就是不妥之举了。

据网上报道，武汉某高校，一名男生的另类示爱行动引来数百名学生围观。

风雨中，一名西装革履的小伙子手捧玫瑰，背后拉一条长约8米的横幅："韩××，我爱你！一生一世！李×"。该男生的大胆示爱，引来众多学生围观，造成了校园内交通拥堵，数名学校保安在现场维持秩序。可见，你可以用自己的方式示爱，但最好不要影响别人。

总之，恋爱是两个人的舞蹈，再忙也要每天坚持跳上一段。不论是"长相思、长相忆"的缠绵倾诉，还是"在天愿做比翼鸟，在地愿为连理枝"的铮铮誓言，还是在日常生活中一点一滴的关爱，只有两个人经过交往，感觉到对方的甜言蜜语确实是发自肺腑、诚心诚意，感觉到对方确实是那个真心爱自己的人，双方才会步入幸福的婚姻殿堂。

温情的言语力量大

在婚姻生活中，令妻子最伤心的是丈夫不再对自己百般疼爱。此时，是大吵大闹地离婚？还是委曲求全，眼泪往肚里咽？

2007年，轰动网络的3377事件中，丈夫有了外遇，妻子得知后，一怒之下将丈夫赶出家门，拒绝和解。最终，将丈夫推向了情人的怀抱。

而委曲求全呢？委屈自己的结果可能就是心情抑郁，生命之花过早地凋谢。自从小冰的丈夫成为市里有名的企业家后，身边围绕的漂亮女人也越来越多。终于有一天，丈夫提出离婚。可为了让儿子有个完整的家，小冰委曲求全和丈夫分居，结果，不到30岁的她患上了乳腺癌。大医院救治无效，年轻的生命就这样消失了。

由此可见，以上两种方式都不是明智之举。

此时，如果能用温情对待丈夫，唤醒丈夫对曾经的美好生活的回忆，那他很有可能会回心转意。

也许，有人会说，温情的语言有这样大的力量吗？的确，不仅是婚姻危机，在世界历史上，一个女人曾以她温情的感召力改写了近代欧洲的历史。

1815年6月18日拿破仑兵败滑铁卢，反法联军要求拿破仑"停止抵抗，离开法国，否则将血洗巴黎。"但是，拿破仑决心要与反法联军决一死战。

就这样，巴黎面临着"血洗"的危机。此时，突然有人想起了欧仁尼·克莱雷，她曾经是拿破仑的初恋情人。当年由于政治的需要，拿破仑与约瑟芬结为夫妻，欧仁尼曾痛不欲生要自尽，幸亏被拿破仑手下的大元帅贝纳多解救。

多年后，贝纳多即将成为瑞典的王位继承人，欧仁尼也成了未来的瑞典皇后。而瑞典是反法联军成员国，如果反法联军得胜，欧仁尼的丈夫也将有很大的功劳啊！因此，人们得知拿破仑对欧仁尼一直怀有深深的爱恋之情后决定请她出面说服拿破仑。

当欧仁尼出现在拿破仑面前时，败局已定的拿破仑看着高贵的欧仁妮感到万分自责，无地自容。可是，此刻，欧仁尼没有用激烈的言辞去刺痛他，斥责他，而是与他一起回忆当年的甜蜜岁月。欧仁尼充满温情的话语让拿破仑热爱和平生活的愿望重新出现，最后，他把战剑交给欧仁尼，表示投降。

像拿破仑这种坚强无比的铁腕人物都能被温情的语言打动，更何况其他人呢。因此，一位心理研究所博士提醒，无论是什么性格的女人，遭遇婚姻危机时千万不要忘记使用这个秘密武器来感动丈夫，消除隔阂。如果有些话你感觉不好说出口，可以以笔代言，让对方明白你的心声。

同样是在法国，一位赫赫有名的作家被一个刚离了婚的女人用魅力征服了。作家面临着离婚的选择。

可是，怎样与妻子摊牌呢？虽然夫妻生活20多年了，没有什么激情如火的岁月，可是，无缘无故地提出离婚很难说出口。何况妻子没有什么对不起自己的地方，于是，作家冥思苦想，终于想出了一条妙计。他编了一个故事，把自己与太太的现实处境转托为两个虚构的人物。在故事结尾，他让那对夫妻离了婚，并特意说明，妻子对丈夫已经没有了爱情，一滴眼泪都没流就走开了，以后隐居在森林中的小屋，过着悠然自得的平静生活……

于是，作家把构思好的手稿交给太太打印。但是，打印完后妻子的神态很平静。作家为此感到不安：难道她没有看懂？

然而，故事在《里昂晚报》发表后，作家看到的结局却是：那位离婚的妻子，在前往森林小屋的途中抑郁而死了。因为她对丈夫依然保持着纯真的爱情，无法接受丈夫的背叛。

作家看到这个结尾当时就震惊了，他明白妻子是用这种方式表达坚贞不渝的爱情，他当下就和情人断绝了交往。后来，作家回到家里问候妻子时语气比往常更温柔了。这种平凡而温馨的家庭对话又持续了20多年。

是啊，夫妻生活离不开油盐酱醋、锅碗瓢盆这样琐碎而平凡的日子，在这种周而复始的日子中，更要多用温情的话语和爱人交流，给爱人更多的体贴与关爱，这样婚姻才能保鲜。

正确表达，赢得长辈欢心

在家庭生活中，婆媳之间，岳母和女婿之间的和谐相处也是一种艺术，如果表达不到位就会引起对方的误会。因此，要对老人多说一些关心体贴的话语，消除他们的误解。

1. 主动说"软话"

一家人相处，不可能时时处处都想法一致，遇到做父母的对自己不满时要主动认错。

小娟的丈夫是独生子，婆婆特别宠爱他。夫妻俩平常住在单位，只有周末才回家。

周末，小两口回家，婆婆见面就说："怎么又瘦了，是不是饭菜不合口？"婆婆的意思很清楚，是责怪小娟不会做饭，没照顾好儿子。

机灵的小娟赶忙上前拉着婆婆的手说："妈，是我不好，这段时间单位加班，太忙了没有照顾好他。您放心吧，从明天起，我给他增加营养，让他尽快地胖起来。"

第二个周末，小两口一回到家，小娟就拉着婆婆的手说："妈，这一周我给他做了五顿肉，鸡蛋、牛奶是每天必不可少。可他还是原来那个样子啊，妈，您有什么好法子吗？"

婆婆听了儿媳这番话，喜笑颜开地说："你看他爸不也是这样。瘦得像只猴子，吃人参也没有用，可能是祖传吧！"说得全家一阵大笑。

面对婆婆的责备，小娟没有与之争吵，而是向婆婆说了一大堆知心暖心的话语，这样，婆媳之间根本就没有机会产生矛盾了。

可见，在家庭生活中要处理好婆媳间的微妙关系，儿媳要更主动一些，毕竟婆婆是长辈，所以，儿媳要用知心体贴的话表达对她们的尊敬，如"我这人就是粗心，常惹您老生气，您别放在心里！""把我当女儿一样，骂几句也没关系"等。这样自然能和谐相处了。

2. 多说顺心的话

罗琳的丈夫是独生子，公公婆婆一直和他们住在一起。不久，公公患了"半身不遂"，行动不便，要强的公公心情很不好。

面对这种情况，罗琳耐心地劝他说："爸，您别胡思乱想。人这一辈子哪能一帆风顺呀，生病是难免的啊！现在医学发达了，这种病肯定能治好。您是个坚强的人，怎么能让这点小病吓住呢？再说，我们还等着您病好了，给我们照顾孩子呢！"

看到儿媳对自己一点也不嫌弃，反而安慰自己，公公的精神一下子好多了。后来他能下床走动了，逢人就说："我的儿媳可是个'顺心丸'啊！她说的话我爱听。"

人在生病时最需要的是鼓励和安慰，特别是老年人生病卧床，总担心会为儿女增添麻烦，因此，更要对他们多说一些贴心鼓励的话语，让他们心情舒畅。

3. 适时说些暖心话

王老太太在老伴去世后住到了女儿家。后来女儿下岗，孩子上学，家庭重担都落到了女婿一个人的身上。老人于心不忍，感觉自己拖累了女儿。

女婿则亲热地对她说："妈，你不是常说一个女婿半个儿吗？从我们结婚那天起，我可就认定您是我的亲妈了，现在您是不是嫌弃我了啊？"老太太老泪纵横地说："我这是做了几辈子好事，才修来这么好的福气啊，有你这么个好女婿，我放心了。"

4. 多说一些知心话

小虎结婚后因为家中条件差，就和岳父住在一起。小虎的岳父以前在政府部门工作，不论对国际国内的大事还是社会上发生的新鲜事都很感兴趣，可是，小虎偏偏是个"不好事"的人。因此，岳父对他有些冷淡。

小虎想，岳父一个人本来就孤独寂寞，应该多和他聊聊。于是，他每天回到家里都抽出一定的时间和岳父交流新闻，说一些自己在上班路上、工作中遇到的新鲜事。很快，岳父见到他回来总是笑脸相迎，有时没等他坐稳就开始与他聊了起来。

此后，岳父逢人就说："我们家有个'千里眼'，我天天不出门，便知天下事。"

5. 及时说些顺气话

有时，小两口闹别扭后在争执中总爱顺口把对方的父母捎带上。如果老人们听到这些，当然会火冒三丈。

一次，小云在和丈夫的争吵中顺口说了一句"你总是常有理，和你妈一样"。结果，当居委会主任的婆婆听到了，大声斥问："你们俩吵嘴怎么总是把老人给捎带上，我什么时候得罪你们了？"

小云一听，觉得事情不妙，于是赶忙笑着说："妈，您误会了，我这么说他可不是坏话，是赞扬他呢。因为每次吵架我有理也说不出，可是，您的儿子一点小事都能说出一堆大道理，怪不得他当领导我当员工呢，我这么说是真心地佩服你们啊！"

听小云这样一说，婆婆的怒气消了，她对小云说："你这张小嘴真能哄人。"即将挑起的一场家庭风波就这样风平浪静了。

俗话说"老人安，合家欢"。怎样能使父母老有所安、老有所乐呢？这就需要了解老人的心理特点，理解老人的意思，尽量顺着老人的心意行事，在对老人进行物质赡养的同时，也要注重精神赡养，使其感到晚年生活和谐幸福。这样，一家人才会生活幸福。

伤害的话语激化矛盾

即使是最恩爱的夫妻，相互间也难免发生争执。偶尔发生口角，吵过之后也就完了，但是，如果争吵起来不加控制就可能会激化矛盾，因此，夫妻争吵不要超越"语言上的界限"。否则，只顾自己一时痛快，不顾及对方的感受，相互讥讽挖苦，甚至恶语中伤，滥用自己的口才，其结果只能是给双方带来很深的伤害。

1. 不要说"我知道你会那样说"

这句话的意思无异于嘲笑对方是智障者，在用另一种方式骂对方是个"笨蛋、蠢人"。"轻蔑会加快婚姻的崩溃"，这是美国《婚姻美满的7条准则》一书的作者、哲学博士约翰·葛特曼的观点。

2. 不要说"为什么你总是不听我说？"

有些女强人或者大男子主义者总爱这样指责爱人，殊不知，使用"总是"或者"从不"这样的字眼，不仅满是责备而且还夸大了怨气。同时，这种全盘否定的说法把问题的责任全部推到了对方的身上，更容易激化矛盾。

3. 不要说"说得对，我正是要离开你！"

这种威胁往往很危险，因为没有给自己留一点余地。在这种情况下，只要夫妻间的关系还没有破裂，就要把那些一触即发的冲动放在心里，寻求能就此进行交流的途径，毕竟你"并不是真的想要离开"。

如果动不动就用离开来进行威胁，随着时间的推移终将变成现实。

4. 不要说："你总是偏袒孩子"

在教育孩子方面意见相左并且发生争吵，很可能会造成家庭分裂。生活在吵吵闹闹的父母中间，孩子也许会把你们婚姻的不幸归咎到自己身上。所以，在处理这方面的分歧时，一定要避开孩子，将所有的委屈以及意见暂时放一下。

一般说来，夫妻双方对彼此的毛病和短处都很了解。在平时，彼此顾及对方面子不会轻易指出。可是一旦发生争吵，当自己理屈词穷时，就可能把矛头对准对方的短处，挖苦揭短，以期制服对方。可是，这样做只会激怒对方，伤及夫妻感情。

另外，有些夫妻争吵时，喜欢把过去的事情扯出来，拿陈芝麻烂谷子做证据，历数对方的"罪过"，证明自己正确。这种方式也容易偏离主题，无助于解决问题。还有些夫妻总是爱贬低对方。比如："和你说话简直是对牛弹琴。""你这个人真是山沟里出来的，没见过什么世面。"这些贬低对方的话，同样容易刺伤对方的自尊。面对这种情况，一般人都喜欢"以其人之道，还治其人之身"，回击他们对自己所做的描述。结果，双方为了维护自己的尊严，会一直争吵不休。

夫妻之间争吵最好就事论事，不要攻击对方其他方面，这样才容易化解眼前的矛盾。

当然，最好的方式就是换一种语气。因为夫妻之间根本没必要动辄吵骂、挖苦、讽刺，甚至是贬低对方。既然走到一起就是缘分，要相互用爱情、真情去呵护对方。即便对方不对，也要用充满感情的语气去说服他（她）。因此，你可以尝试着用一些更好的方式来表达你的感情。比如："你以前就这样说过，看来这件事还在困扰着你。我能帮你做些什么？"用这种关切温情的话语来交谈，既真诚地考虑到了对方的感受，又表明你希望能为解决问题做些什么，这样对方也会冷静下来。

虽然，这些看起来只是字眼的小小改变，却能令你所表达的意思有很大的不同，改变这种小字眼蕴含的是你的满腔柔情。这一点千万不要忘记。

第八章 不踩"雷区",受人喜欢

正如生活中很多事情都存在一定的禁区一样,说话也存在一些"雷区"。如果我们想要在交谈中赢得别人的喜欢,就要熟悉这些潜在的"雷区",并巧妙地躲避过去。

争强好胜没意义

与人交谈时，有的人会把彼此说的话看成一种竞赛。如果观点不一样，在他看来，就是在挑战，一定要分出个高下。如果一个人常在他人的话里寻找漏洞，常为某些细节争论不休，或常纠正他人的"错误"，借此向人炫耀自己的知识渊博、伶牙俐齿，那么他一定会给人留下深刻的印象，不过那不是好的印象。

为了与他人有更好的交谈，这种竞赛式的谈话方式必须舍弃。当你采用一种随性、不具侵略性的谈话方式时，别人就比较容易听进去，而不会产生排斥感。

只有说话，双方或多方才能知情，才能信息对称，进而达到认识一致，目标统一，同心同德。在说话中取得理解，在理解中形成共识，在共识的基础上实现统一，说话才能达到事半功倍的效果。

当和别人的立意或观点有冲突时，若是立刻反问，就等于完全不接纳对方；若与对方进一步讨论，实质上还是在质疑对方的建议，但对方的感受却会好很多。

如果说话时不得不对对方的立场提出质疑，在提出问题之前一定要至少稍微解释一下，你为什么提出这样的问题。这样可使你的问题的尖锐性降到最低。

每个人的生活习惯有所不同，因为人们的家庭环境以及成长过程不尽相同。不要勉强别人来认同自己的习惯，同时，也要体谅和宽容别人。

一对小夫妻经常为吃苹果发生口角。有一次，他们竟吵到邻居的老大爷家去断是非。

事情的起因是这样的：女的怕苹果皮上沾了农药有毒，一定要把果皮削掉；而男的则认为果皮有营养，把皮削掉太可惜了。

老大爷对女的说："你先生这么多年都吃没削皮的苹果，还好好的，并没死，你担心什么？"接着，老大爷又对男的说："你太太不吃苹果皮，你嫌她浪费，那你就把她削的苹果皮拿去吃掉，不就没事了！"

很多时候，只要站在对方的角度想问题，推己及人，矛盾就会减少，生活也就会更加美满幸福。

与人争高下，你的名声将会受到损害。你的竞争对手会立即想尽办法挑出你的毛病，让你声誉扫地。许多人在与他人结为对手之前一直都有着良好的声誉，而一旦反目成仇，对方就会挖掘出深埋的耻辱以及过去的污名。人们的一些所作所为，除了徒然得罪他人，报一箭之仇以外，往往毫无益处。

尽量不与人争辩，巧妙地把事情做得妥帖，这才是高手。双方争得面红耳赤，即使你胜利了，又有何益？

建筑师雷恩为西敏斯特市设计了富丽堂皇的市政厅。市长在二楼办公，他担心三楼会掉下来，压倒他的办公室。于是，他要求雷恩再加两根石柱作为支撑，加固房子的结构。雷恩很清楚市长是在杞人忧天，但是，他还是建造了两根石柱。为此，市长感激万分。

多年以后，人们才发现这两根石柱根本没有顶到天花板。雷恩这位杰出的建筑师为了满足市长的要求，就按照他说的做了，并没有和他争辩。雷恩知道争辩是没有用的。实际上，多出来的两个柱子对雷恩的设计艺术也没有影响，相反，当人们看到这两根柱子的时候，更加赞赏雷恩了。

一个人的行动必须随着周围状况的变化而改变。争辩不能为自己赢得荣耀，反而会带来更大的损失。有些人表面上赞同你，实际上却在背后辱骂你。

争辩不能起到任何作用。当人们面红耳赤地争辩时，说起话来就会不管不顾，也忽略了是否会伤害对方。如果和你争辩的人是多年的挚友，那么，为一时的争执而失去一个好朋友的损失就太大了。

你可能在年龄、地位、才能、经济状况等某一方面，比对方略胜一筹，这是很好的交际优势。但是，我们若在交际中胡乱使用交际优势，便会给交际造成障碍。

在人际交往中，不以自身的交际优势自居，时时处处表现出谦虚恭谨的美德，把自己放在与对方对等的位置，甚至甘愿坐下手位，势必会博得对方敬重，赢得对方好感。相反，占尽先机而后快的人往往为人们所不齿。

打断说话不礼貌

随便打断别人的谈话，是没有礼貌的表现。在日常生活中，有些人在别人阐述自己的观点时，总喜欢打断别人，谈论自己的看法。这样的人往往会让人厌烦，也常常在不经意之间就破坏了自己的人际关系。

在交谈中，有些人总是时不时地打断别人的谈话，他们甚至认为这种插话是一种聪明的表现。其实，这样的观点是错误的。

在谈话中，只有让对方把话说完，才能了解对方的真正意图，获得更多的信息。随便插话，就不能专心领会别人说话的意思，还会使对方感到不受尊重。

诚如培根所说："打断别人、乱插话的人，甚至比发言冗长者更令人生厌。"每个人都可能会情不自禁地表达自己的愿望，但如果不去了解别人的感受，不分场合与时机，就去打断别人说话或抢接别人的话头，扰乱别人的思路，使别人不能完整流畅地表达自己的想法，因而只会引起别人的反感，有时甚至会产生不必要的误会。

在交谈中，不应当随便打断别人的谈话，要尽量让对方把话说完再发表自己的看法。如有急事要打断谈话，也要把握机会，先征得对方同意，用商量的口气说："对不起，我提个问题可以吗？"或"我插句话好吗？"这样可避免对方产生误解。所插之言也不可冗长，一两句点到即可。假如已经打断，应确保原先的谈话不被忽略。

假设一个人正讲得兴致勃勃，听众也听得入迷，这时，你突然插嘴："嘿，这是你在昨天看的事吧？"说话的那个人会因为你打断他说话，而减少对你的好感。

那些不懂礼貌的人，总是在别人津津有味地谈着某件事情的时候，冷不防地半路杀进来，让别人猝不及防。这种人不会预先告诉你，说他要插话了。他插话时会不管你说的是什么，而将话题转移到自己感兴趣的方面，有时是代替你把结论说出来，以此得意扬扬地炫耀自己。无论是哪种情况，都会让说话的人顿生厌恶之感。

在商务宴会上，你时常可以看到你的一个朋友和另外一个不认识的人聊得起劲。此时，你可能就会有加入他们谈话的想法。

你不知道他们的话题是什么，而你突然加入，可能会令他们觉得不自然，还有可能让话题接不下去。更糟的是，也许他们正在进行着一项重大的谈判，却由于你的加入使他们无法再集中思想而无意中失去了这笔交易；或许他正在热烈讨论，苦苦思索解决一个难题，正当这个关键时刻，也许就由于你的插话，会导致对他们有利的解决办法告吹，到后来场面气氛就会转为尴尬，难以扭转。

当你与上司交谈时，更不能自以为是地随便打断他说话，否则，他肯定不会给你好脸色。上司给你安排工作的时候，会做出各项说明，通常他们的话只是说明经过，或许结论并不是你想的那样。中途插嘴表示意见，除了让上司认为你很轻率之外，也会认为你有些蔑视他。

随便打断别人说话或中途插话是有失礼貌的行为，打断别人、乱插话的人往往会令人生厌。要想让别人喜欢你、接纳你，就必须根除随便打断别人说话的陋习。

如果对方与你说话的时间明显拖得过长，他的话不再吸引人，令人昏昏欲睡，甚至已经引起大家的厌烦，你就不得不中断对方的话了。这时，你也要考虑在哪一个段落中断为好，同时，也应照顾到对方的感受，避免给对方留下不愉快的印象。

虽然在别人讲话时说话是十分不礼貌的，但如果你觉得有必要表明意见，非要打断他的讲话，那么，你就必须十分注意自己的说话技巧。

当你要找正在交谈着的某个人处理事情时，可以先给他一些小的暗示，他一般会趁机和你说话。但要注意的是，你不要静悄悄地站在他的身旁，好像在偷听一样。你可以先向他们打个招呼："很对不起，打断你们一下。"当他们停止交谈时，用尽可能简洁的语言说明来意，一旦事情处理完毕，应当立即离开现场。

如果你想加入他们的谈话，则可以找个适合的机会，礼貌地说："对不起，我可以加入你们的谈话吗？"或者，大方客气地打招呼，叫你的朋友互相介绍一下，就不会有生疏的感觉。

　　交谈过程中，如果你想补充另一方的谈话，或者联想到与谈话有关的情况，想即刻做点说明，可以对讲话者说："我插一句"，或者说"请允许我补充一点"。然后，说出自己的意见。这样的插话不宜过多，以免扰乱对方的思路，但适当有一点，可以活跃谈话的气氛。

　　如果你不同意对方的看法，一般也不要打断他的谈话。但是，如果你们比较熟悉，或者问题特别重要，也可以先表示一下态度，待对方说完后再做详细阐述。但不管分歧有多大，决不能恶语伤人或出言不逊。即使发生了争吵，也不要斥责、讥讽对方，最后还要友好地握手告别。

夸耀自己反丢脸

　　在朋友面前，千万不要炫耀自己得意的事。如果你只顾炫耀自己得意的事，对方就会疏远你。于是，你不知不觉中就失去了一个朋友。

　　在与朋友说话时，也许你与朋友过往甚密，无话不谈；也许你的才学、家庭、相貌、前途等令人羡慕，高出朋友一头，这些有利的条件可能会使你不分场合、无所顾忌、锋芒毕露、毫无节制地表现自己，言谈中往往会流露出一种明显的优越感，令人感到你是在居高临下地对人讲话，有意炫耀抬高自己，使别人的自尊心受到伤害。

在与朋友交往时，不要在他们面前炫耀自己，并注意时刻想到对方的存在，照顾对方的心理感受。

在职场上，自己的专业技术很过硬，得到老板的赏识，但这些不能成为在同事面前炫耀的资本。谈成了一笔业务，老板给了"红包"，你可以心花怒放，也可以喜形于色；但你用不着在办公室里自我炫耀、自我吹嘘。众人在恭喜你的时候，说不定也在嫉妒你。更何况，"山外有山，人外有人""强中更有强中手"，一个好的企业一定是藏龙卧虎之地，有的人深藏不露却身怀绝技，有的人其貌不扬却身手不凡。一味盲目地炫耀，往往会成为别人的笑料。

别太把自己当回事，没有人觉得你是卑微、怯懦和无能的。如果你老是把自己当作珍珠，还时不时地拿出来炫耀，生怕别人不知道，结果只会伤害了自己。

一只青蛙和两只大雁结成了朋友。秋天来了，大雁要飞回南方，它们对青蛙说："要是你也能飞上天多好啊。"青蛙灵机一动，让两只大雁衔住一根树枝，然后自己用嘴衔在树枝中间，随着大雁一起飞上了天。地上的青蛙们都羡慕地拍手叫绝，问："是谁这么聪明啊？"那只青蛙生怕错过了表现的机会，于是大声说："是我……"话没说完，那只青蛙便从空中掉了下来。

越是把自己看得了不起，孤傲自大的人，别人越会瞧不起他，喜欢找出他的缺点。平时不要炫耀自己，要谦逊地对待别人，这样才能博得人家的支持，为你的事业奠定基础。当你以谦逊的态度来表达自己的观点时，就能减少一些冲突，还容易被他人接受。即使你发现自己有错时，也很少会出现难堪的局面。

现代社会提倡要勇于展示自己的才华，但展示毕竟不同于炫耀。

在他人面前炫耀自己，不管怎么说都是缺乏涵养的表现，更重要的是，可能会让别人产生敬而远之的想法，破坏与他人之间的和谐。

你的得意衬托出别人的失意，甚至会让对方认为你炫耀自己的得意之事，便是嘲笑他的无能，让他产生一种被比下去的感觉。特别是面对失意的人，你在他面前炫耀自己的得意之事，他会更恼火，甚至讨厌你。

聪明的人会将自己的得意放在心里，而不是挂在嘴上，更不会把它当作炫耀的资本。和朋友交谈，可以多谈他关心和得意的事，这样可以赢得对方的好感和认同。

有一个人刚跳槽到一家公司的那段日子里，在同事中几乎连一个朋友也没有。他自己也搞不清是什么原因。

原来，这个人对自己的机遇和才能满意得不得了，几乎每天都在向同事炫耀他在工作中的成绩，炫耀每天有多少人找他请求帮忙之类的"得意之事"。同事听了之后不仅没有人分享他的"得意之事"，而且还极不高兴。

后来，在与父亲闲聊时，父亲一语点破，他才意识到自己的问题出现在哪里。从此，他很少在同事面前炫耀自己的得意之事。每当他有时间与同事闲聊的时候，总是让对方滔滔不绝地把他们的得意炫耀出来。久而久之，他的同事都成了他的好朋友。

或许，每个人都喜欢谈论自己，都希望别人重视自己，关心自己。如果你让他谈出自己的得意之事，或由你去说出他的得意之事，他肯定会对你产生好感，与你成为好朋友。

少些猜忌多信任

　　商人两次翻船而遇上同一个渔夫是偶然的，但商人的下场却是意料之中的。因为一个人若不守信，便会失去别人对他的信任。一旦他处于困境，便没有人愿意出手相救。失信于人者一旦遭难，就只能坐以待毙。

　　在一个古老的王国里，美丽的公主爱上了英俊善良的青年侍卫。国王发现了他们之间的恋情，暴怒之下，将青年关进了监狱。

　　国王让青年做出这样的选择：在竞技场里，面对全国的百姓，他只能打开两扇门中的一扇：一扇门里面是一头饥饿凶猛的狮子，打开后，青年会被吃掉；另一扇门里面是全国最为年轻美丽的少女，打开后，整个王国将会为青年与少女举办盛大的婚礼。

　　在抉择的头天晚上，公主偷偷去监狱探望了青年。但是，青年仍然不知道哪扇门后面是狮子，哪扇门后面是少女，而公主也只是到了竞技场才能探知到底细。当青年被带到竞技场时，他看到看台上的公主用眼神示意了其中的一扇门。公主的眼神虽然矛盾复杂，却充满了浓浓爱意。那么，青年要选择走向哪扇门呢？

　　如果他们共同选择爱情，以死来抗争，公主会示意里面有狮子的那扇门，青年也会毫不迟疑地去打开。公主也会殉情，从此成就人世间一段伟大的爱情。

　　如果他们共同决定先活下去，公主会示意有少女的那扇门，青年也会极不情愿地去打开。从此世界上又多了一幕人间悲剧，演绎出悲欢合离。

然而，当青年选择以死抗争，而公主希望青年活下来时，会怎样呢？

如果公主示意有少女的那扇门，出于对公主的信任，青年会义无反顾地走向另一扇门。

正是担心这一点，出于对青年的了解与信任，她想自己应该示意关狮子的那扇门。她希望欺骗青年走向少女，从而挽救他的生命。问题是，青年也可能会意识到这一点，导致他走向公主示意的那扇门（门里面有狮子）。

这时，公主已无法判断青年的选择，青年也难以把握公主的示意。因而，在此问题上，他们对对方都已难以再建立信任。他们也都陷入两难的境地之中。

在工作中，领导和下属彼此之间建立相互信任的关系，合作才有可能。领导应该给予下属充分的信任，不过分干预下属职责范围内的工作，为下属创造良好的工作环境。下属也要将公司的目标和利益放在第一位，尽量为企业创造价值，如有重大决策要与领导协商，以争取领导的理解和支持。领导只有充分地信任下属，才能换来下属对领导的信任。"用人不疑，疑人不用"就是讲的这个道理。

朋友之间的友谊也贵在信任。一个值得交往的朋友，是需要一辈子长久经营的。在这么长的相处时间里，彼此之间的信任是最重要的基础。如果两个人不能相互信任，产生了猜忌和怀疑，友谊就很难长久了。

想要让对方信任你，你当然应该做出能让对方信任的姿态，如此才能达到双方的相互信任。

1. 做出承诺就一定要兑现

有个叫季布的人，一向说话算数，信誉非常高。许多人都同他建立起了深厚的友情。当时甚至流传着这样的话："得黄金百斤，不如得季布一诺。"后来，季布得罪了汉高祖刘邦，被悬赏捉拿。结果，他旧日的朋友不仅不被重金所惑，还冒着灭九族的危险来保护他，使他免遭祸殃。

由此可见，一个人拥有诚信，自然会"得道多助"。反过来，如果贪图一时的安逸或小便宜而失信于人，表面上是得到了"实惠"，实际上却为了这点实惠毁了自己的声誉，而声誉相比于物质要重要得多。所以，失信于人，是得不偿失的。

2. 靠自己的能力做事

取得别人的信任，还要靠自己的能力。如果具备值得别人肯定的素质，同样会得到别人的喜欢。能力是占第一位的，无论做什么事情，具有很强的能力总会赢得尊重，取得别人的肯定与信任。

3. 和人交谈时改变姿势

当你和别人交流的时候，不管对方是谁，如果你看到对方身体采取了一种姿势，你可以不动声色地换成和他一样的姿势。当他改变的时候你也跟着改变，这其实很难被人觉察到，但是会建立起一种彼此间的信任感，加强他对你的好感，使交谈更加容易，因为人的想法往往会随着身体姿势的改变而发生改变。

4. 首次见面时给对方留下好印象

面对第一次见面的人，语速慢一些更容易获得好感；对待傲慢的人，态度也应该适当地强硬，才能真正获得对方的尊重；要坦诚地去面对身边的人，当你对别人以诚相待时，别人也会以同样的方式对待你。

热情有度是原则

外国人所注重的"关心有度"中的"度"，实际上就是其个人自由。一旦当对方的关心有碍其个人自由，即被视为"过度"之举。所以，尽管服务员满腔热情地为客人提供服务，客人不仅不领情，反而会流露出厌烦或不满的情绪。

"热情有度"，是涉外礼仪的基本原则之一。人们在参与国际交往，直接同外国人打交道时，不仅待人要热情而友好，更为重要的是，要把握好待人热情友好的分寸，否则就会事与愿违，过犹不及。

太热情了也不好，因为凡事都应有个度。人是有差别的。有的人喜欢跟热情的人交流，有的人却不喜欢跟太热情的人打交道，这是跟人的性格有关的。

与对方不是很熟悉的话，不要表现得太过热情，太过热情了反而可能让对方觉得有点儿假。

初入社交圈中的人常犯的一个错误就是"好事做到底"，以为自己全心全意为对方做事会让彼此的关系融洽、密切。然而，事实上并非如此，因为人不能一味地接受别人的付出，否则心理会感到不平衡。"滴水之恩，涌泉相报"，这也是为了使关系平衡的一种做法。

如果好事一次做尽，使人感到无法回报或没有机会回报的时候，愧疚感就会让受惠的一方选择疏远。好事不应一次做尽，这是平衡人际关系的一个重要准则。

如果你想帮助别人，而且想和别人维持长久的关系，那么不妨适当地给别人机会，让别人有所回报，这样才不至于因为让对方内心的压力过大而疏远了你们的关系。

冬天来了，天气变得越来越冷。森林中有十几只刺猬冻得直发抖。为了取暖，它们想到了几种方法。

第一种方法是它们紧紧地靠在一起，但却因为忍受不了彼此的长刺，很快就各自跑开了。第二种方法是围着火堆取暖。它们点起火堆，但由于彼此离得太远，火堆很快被风吹灭了。

天气越来越冷了，它们又想要靠在一起取暖。然而靠在一起时的刺痛，使它们又不得不再度分开。就这样，它们反反复复分了又聚，聚了又分，不断在受冻与受刺的痛苦之间挣扎。

最后刺猬们终于找出了一个适当的距离，既可以相互取暖，又不至于被彼此刺伤。

孔子一生非常注重与人的交往，也很注重交友原则。孔子认为，交友太过疏远和太过亲密都不是最佳状态，也就是所谓的"过犹不及"。

画家郑板桥在结交朋友方面很注重交情，同时也与朋友亲疏有度，保持恰当的距离，对朋友去留、结交和散伙都顺其自然，所以深受文人雅士推崇。君子之交，应重在心灵的交流。朋友之间的交流应"淡而不断"。交往过密便有势利之嫌，而断了"交往"，时间便会无情地冲淡友情。

中国有句老话："君子之交淡如水。"结朋交友，亲疏有度，是一种健康有益的交友态度。太亲近了，会使人觉得为友所累，让朋友觉得自己是个负担；而太疏远了，又会使朋友感到形同陌路，失去了作为朋友的本来意义。

交友的最佳状态就是掌握亲疏的尺度，在若有若无间体会交友的乐趣，领悟甘苦参半的人生真谛。

凡是与人做过交易的人都知道，无论是大的买卖还是一件地摊货的交易，如果买卖双方不是你情我愿、相对买卖公平是很难成交的。特别是作为销售方，在买方快要跟你达成购买协议的那一刻，你一定要沉得住气，最好装得不太在意这桩买卖。你越是平静，越是能顺利地完成交易，越是能促成买方的购买行为。

假如销售方在此环节表现得眉飞色舞或者很急迫，特别是对买方异常热情的话，往往会弄巧成拙，让买方心里不安。

买卖之间就是个斗智斗勇的"博弈"，所以，无数销售谈单技巧和实践经验告诉我们一个亘古不变的真理：促成环节切忌画蛇添足。

玩笑分寸需掌握

一般情况下，开玩笑往往把聚在一起的某人作为对象，利用他的缺点，造成一个笑话；或利用他平常的言行，制造一个笑话。但是，取笑也要有个分寸，在分寸以内，大家都欢乐；超过了分寸，便会不欢而散了。

笑话的内容，要针对听笑话的人。对有地位、有学问的人说粗俗的笑话，会显出你的鄙陋；对普通人说高雅的笑话，他们无法领会，不会觉得好笑。

在日常聊天中，开个得体的玩笑，可以松弛神经，联络感情，活跃气氛。不过，开玩笑也要讲究分寸，如果玩笑开得不好，不仅达不到聊天的本来目的，还可能适得其反，伤害彼此的感情。

开玩笑需要讲究分寸，也同样适用于职场当中。比如，当以前的同学或朋友成为自己的上司时，不要自恃过去的交情就与上司随便开玩笑，特别是在有他人在场的情况下，更应该格外注意。上司永远是上司，最好不要期望在工作岗位上能成为朋友。另外，也不要大大咧咧总是开玩笑。因为这样时间久了，在同事面前就显得不够庄重，得不到同事的尊重；在领导面前，会显得不够成熟，不够踏实，领导很难信任你，不能对你委以重任。

如果你在办公室工作，不论日后是想仕途得意、平步青云，还是想就此默默无闻地过太平日子，都要在办公室这个无风还起三尺浪的地方注意开玩笑的艺术。即使是最轻松的玩笑话，也要注意掌握分寸。

每个人的性格、脾气和爱好不同，因而开玩笑首先要因人而异，还要注意长幼关系。长者对幼者开玩笑，要保持长者的庄重身份；幼者对长者开玩笑，要以尊敬长者为前提。开玩笑还要注意男女有别。男士一般对语言的承受能力较强，一般的玩笑不会让男士感到太尴尬；而女士则不同，不得体的玩笑很容易让女士难堪，甚至下不了台。所以，开玩笑前一定要先想一下，对方的性格是什么样的，你和对方的关系如何，你开这样的玩笑对方是否能接受。

最好不要随意拿感情上的事开玩笑。特别是对于那些很重感情、很认真的人来说，在感情上开玩笑，很有可能留下"后遗症"。受伤害的人可能会很长一段时间都不能原谅那个开玩笑的人。

有一对青年男女正在谈恋爱。有一天，男青年突然对女青年说："咱们分手吧！"女青年问："什么理由？"男青年想想说："没有理由才说明我们需要分手了。"女青年自然很是伤心，但也不想勉强对方。两天后，男青年又出现了，笑称："那天是'愚人节'。我说分手是和你开玩笑呢。"女青年听后异常气愤，认为感情的事不能当作儿戏，断然与男青年分手了。若干年后，那位男青年还在为当年的事后悔。

开玩笑最好是在比较密切的朋友之间。有一定感情基础，在一起开个玩笑，朋友之间一般不会介意。但是如果关系一般，或者平常较少联络，冷不丁开个不大不小的玩笑，会令人感到莫名其妙，不仅达不到玩笑预期的效果，还会令对方猜测半天："你什么意思啊？"

开玩笑原本是一件好事。恰到好处的玩笑可以让大家开怀一笑，活跃一下严肃的气氛，消除对方的紧张感和敌意，拉近人们彼此之间的距离。许多大人物都是开玩笑的高手，能在不同的场合与不同的人交流得很融洽。然而，许多玩笑者原本没有恶意，却开得不恰当，往往弄巧成拙，搞得对方不愉快，反而影响了双方的感情。

在开玩笑时注意到以下几个方面，可以使开玩笑达到良好的效果。

1. 宗教和民族禁忌

在各种各样的玩笑中，有几类玩笑绝对是禁区。比如，对方的宗教问题和对方的民族问题。对于一个信仰某宗教的人，无论你对该宗教的态度如何，对方总归是对其有一种绝对的信仰和崇拜，将其视为神圣不可侵犯的，如果你开的玩笑是贬低或者侮辱该宗教的，对方肯定会对你产生敌意。一个正常的人，总归是热爱自己的民族的，所以你不要拿贬低或者侮辱对方的民族来开玩笑。

2. 对方对玩笑的态度

每个人的性格是不一样的。有些人喜欢开玩笑，你越是跟他开玩笑，他越是觉得你把他当朋友，这种人开得起玩笑；有些人正好相反，天生严肃认真不苟言笑，你稍微说得过了一点，他就会当真，这种就属于开不起玩笑的人。对于后者，你最好还是不要冒这个险，万一他没笑，反而较真起来就不好了。

3. 不要揭对方的短

即使面对的是一位开得起玩笑的人，你开玩笑的时候还是要注意，千万别有意无意中揭了对方的短处。比如，你讲了一个取笑胖子的笑话，一般的人听了就一笑而过，可是如果听众当中正好有一位比较胖的人，他就会觉得很受伤，偏执点的可能还会认为你是专门针对他的。所以，开玩笑要稍微了解一下对方的底细，对于对方的生理缺陷、性格弱点之类的，千万不要拿来取乐，即使是无意的也不好。

4. 分清楚时机和场合

有些人平时明明是开得起玩笑的人，也很爱开玩笑，但是在特定的时期，他可能会变得与平时不一样。比如，他最近生活上、工作上、感情上遇到了挫折，情绪变得很不好，你这个时候和对方开玩笑，就显得不合时宜了。所以，如果看到原本阳光灿烂的人，突然变得愁容满面或者满脸忧伤，你在想和他开玩笑之前就得掂量一下了。

避免冷场有妙招

小靖有过一次痛苦的爱情经历。她深爱着男朋友，可是，她的男朋友却脚踏几只船，终于抛弃她跟别的女孩子浪漫去了。

一次，她与新男朋友小夏约会时，小夏问她："你对爱情中的普遍撒网，重点逮鱼，怎么看？"

没想到小夏话一出口，小靖不但没搭理他，脸色霎时变得很难看。

小夏明白自己误入了情人的"雷区"，赶紧补充道："啊，请别介意，我是说，我有一个讽刺对爱情不忠的故事献给你，故事说有一个对太太不忠的男人，经常趁太太不在家把情妇带回家过夜，但又时常担心太太会发觉。所以，有一天晚上，他突然从梦中惊醒，慌忙推着身边的太太说：'快起来走吧，我太太回来了。'等他的太太也从梦中清醒，他一下子傻了眼。"

还没等小夏讲完，小靖已被他的幽默故事给逗得喜笑颜开。

小夏运用故事首先转移了谈话的方向，然后用幽默的感染力，淡化了因说话不慎而给小靖带来的不快情绪，从而自然而巧妙地把可能出现的"冷场"给过渡过来，赢得了心上人的开心一笑。

有时候，冷场是由对方造成的，这时候，我们就应该采取措施，调动对方的情绪，打破冷场。

寻求共同点是一个不错的方法。如果对方对此话题不感兴趣，这时就要转移话题，寻找双方共同感兴趣的话题和双方可以接受的观点。这些话题最好就是身边的，具体而生动的。当双方谈话进行得不顺利时，如果外面有刺耳的汽笛声，你就可以说："这么大的噪声，真够人受的了。"对方也有同样的感受，可能他因此就又同你交谈起来了。

一位记者去采访一位科学家。到了科学家那儿，记者看到墙上挂着几张风景照，于是就谈起了构图、色调……原来这位科学家爱好摄影。他兴致勃勃地拿出了自己的相册，谈话气氛非常融洽。正是由于这种气氛，使后面的正题采访进行得非常顺利。

在社交场合，出现冷场是每个人都不愿看到的局面。如果不及时打破这种沉默的场景，那么必然会影响到交际气氛，进而影响到交际的效果。你若适时沉稳地化解这种尴尬的场面，必将为接下来的交谈铺平道路。

在谈话开始的时候，你就要一直把注意力集中在眼前正在交谈着的一切信息上，抓住每一个要点，思考每一句话的意义，从眼前开始去不断扩展谈话的题材，那么你思想的源泉就会不断涌出，谈话的思路也就畅通无阻。

交谈时的"冷场"并不总是出现在开始，有时你与对方谈着谈着，他（她）突然沉默起来，你也忽然感到无话可说了。这多半是因为你们的注意力没有高度集中在交谈上，没有在眼前所见所闻中扩展你们的思想，或者没有把你们的思想和眼前的一切联系起来，所以本来谈得很好的话题，突然"断路"了。

能够做到专心致志地谈话，积极对谈话内容做出反应，不断"刺激"谈话的发展，提高谈话的热度。那么，你们的谈话就会在一来一往，你言我语，谈笑风生中进行。

如果你与对方的志趣不同，当然很容易使人感到"话不投机半句多"，难以产生共鸣。不过，不同中未必就一定找不到任何共同点。

比如，你爱读书写字，他（她）爱唱歌跳舞，可能共同的话题要少一点，但你们总要看电影、看电视吧。你不谈读书写字，也不谈唱歌跳舞，而是从评价当前国内外的电影、电视节目入手，总可以找到共同语言吧？你们可以围绕电影、电视中的情节、人物、表现手法、表演艺术等交换看法。

在讨论这些的过程中，各自对人生、对社会、对是非的观念都可以展示出来，从而达到互相了解的目的。如果他（她）连对艺术的兴趣也没有，你们还可以谈谈时事新闻、逸闻趣事、最近的热门话题，或者谈谈工作中遇到的问题等等。

如果你们的工作相同或相近，那话题就更多了。你可以谈工作中的甘苦成败，谈你遇到的那些不好解决的问题，还可以谈衣、食、住、行等大众话题。

以下的建议和方法可以教你在无话可说的时候说什么，避免无话可说的情景出现。

1. 不要退缩

无话可说时，不要退缩，也不要灰心，你是可以做些什么的。在心里默默地责怪自己或对方于事无补，你应该尝试一些新的东西、新的话题，虽然这在开始的时候很困难。

2. 注意当下

把注意力集中在此时此刻的事情上，注意到你在说什么，你在想什么，你的情绪是什么，对方又在说什么、想什么，对方的情绪是什么，你们之间在做什么。即便你们的话题是涉及过去、未来或者其他人，你的注意力也要放在眼下的交流上。特别要注意的是情绪，它往往是无话可说的罪魁祸首。

3. 想好再说

花时间和精力想想你想和对方交流些什么。不要不经过大脑开口就说而又没有主题。当然了，没有刻意准备的交流是日常生活的一部分。但有时候如果你多考虑一下交流的技巧会让你的生活更惬意。特别是当别人不理解你或不重视你的时候，为交流做些准备是必要的。

4. 耐心倾听

交流过程中要给对方一些时间和空间。不要打断对方的话或者接话茬。要知道你是希望和别人交流而不是演讲、独白，或争吵，要学会倾听别人。

5. 别和感觉争辩

记住，对有些人来说，感觉就是事实。你的朋友可能和你的感觉不同。和他们的感觉去争辩，你永远也赢不了。如果他们是感觉型的人，你可以去寻找你们的相同点。

6. 正视误解

面对这样的事实：你所理解的东西可能并不是人家要表达的。向你的朋友重复一遍他／她的话，说出你的理解，并征求他／她的意见。这会消除误会，也会为深入交流打好基础。

执着分歧没必要

一家化妆品公司的推销员去拜访一位老客户，没想到客户主管一见到推销员就说："你怎么还好意思来推销你们的产品？"

这句话把推销员说愣了。经过询问，推销员才明白，原来，客户主管认为他们刚购进的化妆品并不适合北方人的肤质，而此化妆品正是这位推销员推荐的。

推销员很快镇定下来，微笑着说："其实我和您的观点一样，如果这批化妆品不适合北方人保湿的要求，那你们就会退货，对不对？"

"是的。"

"根据北方的气候，化妆品保湿效果应该在 12 小时左右，对不对？"

"是的，但是在使用你们的化妆品后，不到 10 个小时，实验模特的脸就有紧绷的感觉了。"

推销员没有马上为自己辩解，只是问了一个问题："这个房间的温度是多少度？"

"我们的空调室温设定在 24℃。"

"房间因为加装了空调又没有开窗，几乎处于全封闭的环境中，空调房间的湿度比一般室外的湿度还要低，是这样吗？"

客户主管点点头。

推销员继续说："我们这一款产品，所设定的保湿度是在常温状态下对皮肤所起的保湿作用，不同的温度环境下肯定有一点差别，但并不代表我们的产品没有做到 12 小时的保湿效果。"

客户主管听后，恍然道："你说得有道理。"

最后，双方的合作不但没有终止，这位客户主管还追加了一批货物。

如果推销员一味强调自己的产品多么好，产品没有达到效果，那是你们的环境所致，和产品的质量没有关系，这样说肯定会引起对方的愤懑和争辩。相反地，推销员通过引导，让对方承认产品没达到效果是因为他们的使用环境不合适，这就能顺利地引导对话向良性的方向发展。

在说话过程中，最基本的一条原则就是求同存异。所谓求同就是追求共同目标，有共同喜好。所谓存异就是指在某些问题上，如果双方观点不能达成一致，应该允许对方拥有不同观点，保留自己的意见，而不是强求对方接受自己的观点。

在生活中，两个性格相投的人很容易成为好朋友，可是即使关系很融洽，想要成为亲密无间的好友也很难。原因何在？这是因为人心是非常复杂的，人与人即使意气相投，也不可能透彻地了解和理解对方。因为每个人都是独立存在的，由于生活环境、知识、人生阅历的不同，必然会产生差异，观点不可能完全相同。即使是同一个人，脾气也会随着外界环境的变化而改变，更不用说是两个人了。

希望成为好朋友，百分之百地了解对方是不可能的，所以要懂得包容，给别人一定的空间，学会求同存异，不要搞那种"一对一"的交往。与朋友相处，应该坦诚相见，求同存异。不能要求朋友完全按照自己的思维方式去思考或办事，也不能要求朋友和自己有完全相同的兴趣爱好。实际上，正是因为性格、爱好的不同，才能够相互吸引、互相学习。如果我们处处强求对方和自己一致，只会造成对立。只有相互尊重、相互理解，才能使友谊更稳固、更持久。

有时候，朋友之间难免会发生争执。我们在谈话的时候应该注意，尽量不要把谈话的重心放在"异"上，而应该放在"同"上。

与别人交谈，不要先讨论你们观点不同的一面，而是应该不断强化与对方相同的一面。这样才能拉近彼此的距离，达到你的目的。

人与人说话的过程中，不管双方的分歧有多大、矛盾有多深，总会有一些共同语言、利益以及愿望等等。一个人要会利用这些共同点，创造出"是"的局面，心平气和地与人讨论，这才是可遵循的交友之道。当你承认别人"是"的时候，对方就处于放松的状态，这种状态可以让对方冷静地权衡事实，接受你的意见。

在人际交往中，不管是与关系很好的朋友，还是初次见面的陌生人，都应该坚持以求同存异的原则进行说话。这是对别人的尊重，也是给自己带来好人缘的重要方法。懂得了这一点，你在人际交往就能够如鱼得水，游刃有余，灵活自如地处理好各种人际关系。

公司的经营者通常会欣赏和重用任劳任怨、负责尽职的员工；而对满腹牢骚、得过且过的员工，经营者则不会重用并为此感到头痛，甚至想把这样的员工辞掉，而曾任本田公司副总经理的西田通弘则反对把后者开除。他认为上上之策是，一方面容忍，一方面要尽力把不满情绪减至最低程度。

他举了这样一个例子来说明他的观点。

森林并非整整齐齐只生长一种树木。一个茂密完整的森林必定包括五六十米高的挺拔大树、三十米左右的次高树木、一二十米的低矮的树木以及杂草等。假如只有挺拔的大树，把矮树与杂草全都铲除的话，留下来的大树就会逐渐衰弱，最后枯萎死亡。同样的道理，如果把不合己意的"异议分子"开除的话，就像在森林里铲除矮树与杂草一样，企业就难以长久地发展。

人的弱点之一就是希望别人欣赏、尊重自己，而自己又不愿意去欣赏和尊重别人。人们非常容易看到别人的缺点而很难看到别人的优点，我们必须克服这些人性的弱点。客观地观察别人和自己，你会惊奇地发现，原来自己还有许多不足，而身边的人都有值得你学习、借鉴的地方。我们不能因为别人有一些比你差的缺点就去否定他/她，而应该因为别人有一些比你强的优点而去欣赏和尊重他/她，肯定他/她。

用欣赏人、尊重人的方式去处理人际关系有许多好处：其一，成本最低，不用花费金钱去请客送礼，不用伪装自己去浪费感情；

其二，风险最低，不必担心当面奉承背后忍不住发牢骚而露馅，不必担心讲假话而提心吊胆、心中不安；其三，收获最大，只要你能真心尊重和欣赏别人，你便会去学习别人的优点去克服自己的弱点，使自己不断地完善和进步。

人与人之间往往由于经历、立场等方面的差异，对同一个问题会产生不同的看法，当同事之间因为工作原因发生分歧时，千万不要过分争论，不能强求他人接受你的观点。面对问题，特别是在发生分歧时要努力寻找共同点，争取求大同、存小异。

人与人说话的过程中，不管双方的分歧有多大，矛盾有多深，总会有一些共同语言、利益以及愿望等等。一个人要会利用这些共同点，创造出"是"的局面，心平气和地与人讨论，这才是可遵循的交友之道。

表达与沟通

精准表达

龚　俊◎编著

中国出版集团

中译出版社

图书在版编目（CIP）数据

表达与沟通 . 精准表达 / 龚俊编著 . —— 北京 : 中译出
版社 , 2019.6

ISBN 978-7-5001-5994-0

Ⅰ . ①表… Ⅱ . ①龚… Ⅲ . ①人际关系－口才学－
通俗读物 Ⅳ . ① C912.13-49

中国版本图书馆 CIP 数据核字（2019）第 119447 号

表达与沟通
精准表达

出版发行	：	中译出版社
地　　址	：	北京市西城区车公庄大街甲 4 号物华大厦 6 层
电　　话	：	（010）68359376　68359303　68359101
邮　　编	：	100044
传　　真	：	（010）68357870
电子邮箱	：	book@ctph.com.cn
总 策 划	：	张高里
责任编辑	：	刘全银
封面设计	：	青蓝工作室
印　　刷	：	北京朝阳新艺印刷有限公司
经　　销	：	新华书店
规　　格	：	880 毫米 × 1230 毫米　1/32
印　　张	：	30
字　　数	：	550 千字
版　　次	：	2019 年 6 月第 1 版
印　　次	：	2019 年 6 月第 1 次

ISBN 978-7-5001-5994-0　　　　定价：149.00 元（全 5 册）

前　言

　　表达能力是人们运用各种语言形式的创造性和综合性表现。表达学是一门研究人类普遍表达规律的，把零散孤立的表达思维、表达行为、表达方式以科学、系统、实用的语言形式表现出来的综合性学科。

　　在工作和生活中，人人都会习惯性地形成自己的表达方式，并在各种场合下不自觉地表现出来。有人总是能很得体、到位地表达，让大家觉得很舒服。然而，有些人声嘶力竭，手舞足蹈，耗费了大量的精力，结果话语却没有说服力。

　　实际上，表达是有技巧的，在日常生活工作中，表达是一门艺术，精确表达能高效地提高自身的沟通交流能力，进而提高个人的交际能力，搞好人际关系，让你人脉圈子融洽，赢得他人的赞许和尊重，精确表达是实现人生价值的催化剂。

　　宋朝的书法家米芾就是一位很会表达的人。有一天，宋徽宗召见老朋友米芾，问他："米爱卿，朕的字怎么样？"米芾是书法大家，书法胜过宋徽宗，如恭维皇帝第一，必然要委屈自己，万一被宋徽宗发现还会犯"欺君"之罪的；如果夸耀自己第一，又必然会使皇帝扫兴，这还真是个不好回答的难题。聪明的米芾灵机一动，说："臣以为在皇帝中，您的字是天下第一；在大臣中，则微臣的字天下第一。"宋徽宗听了心领神会，不得不打心底佩服米芾的真诚和机灵。

表达的精髓可以总结为一句话：表达之道在于精准，精准表达，充满智慧；精准表达，创造财富；精准表达，铸就辉煌。精准表达的核心价值就是：节约资源，节约开支，提高技能，提高成绩，提高效益。

精准表达是人生的必修课，是人们获得成功的前提，是人类获得成就的保障。因此，本书旨在向读者阐释精准表达的艺术、技巧，让读者活学活用，在实战中成为一个表达高手。

目　录

第一章　表达能力决定人生成败

在今天这个充满竞争的社会，一个人能否成功，不仅取决于他所掌握的知识，也离不开表达的能力。在生活和工作中，我们每天都要跟各种各样的人打交道，这就要求我们不仅要会做事，更要善于表达。

美国人类行为科学研究者汤姆士指出："表达的能力是成名的捷径。它能使人显赫，鹤立鸡群。表达能力强的人，往往受人尊敬和爱戴。它使一个人的才学充分拓展，熠熠生辉，事半功倍，业绩卓著。"他甚至断言："发生在成功人物身上的奇迹，一半是由表达能力创造的。"

表达体现一个人的气质

英国著名的思想家本·琼森曾经说过：谈吐是一个人的最好特征。换句话说，我们每个人的谈吐，就是我们自身形象的展示。谈吐不仅是我们自身形象的展示，还是我们与别人沟通交流的重要媒介。因此，我们要树立美好的形象，与他人实现和谐的沟通，就必须注意我们的谈吐，说出得体的话语，从而在人际交往中受到别人的欢迎。

很多人没有意识到这一点：在一个人表达的背后，能够体现这个人全部的品格、修养、才学以及城府。哈佛大学前校长伊立特说过："在造就一个有教养的人的教育中，有一种训练是必不可少的，那就是，优美而文雅的谈吐。"言语是思想的衣裳，在粗俗和优美的措辞中，展现出不同的品格，在不知不觉、有意无意间给别人留下了好或不好的印象。

有关研究表明，在劝说人时，其效果只有 8% 与内容有关，42% 与仪容有关，而 50% 却与言谈有关。不管哪一种职业，都要与人建立职业关系。在各种不同的场合，针对形形色色、个性心理迥异的人，都需要能够做到用语恰当、谈吐得体、不卑不亢，这样，良好的口才不但可以显示一个人得体的外在气质，也能够很好地显示个人的素质修养。甚至在求职招聘的时候，具有优秀谈吐的人往往是招聘者们最青睐的，自然、得体的谈吐也能够为你的面试增加好的印象分。

某省的一家知名的外贸公司因为需要进一步拓展业务，就决定面向社会公开招聘10名业务管理人员。招聘广告登出以后，人才招聘处便被里三层外三层围个水泄不通……应聘人数竟高达数百人。经过笔试和面试两道关卡之后，最后筛选出20人。这20位筛选出来的应聘者个个都很优秀。论写，无论是中文还是外文，都是无懈可击；论讲，个个都有问必答，应对如流，滔滔不绝，难分胜负。对于这些人才，该公司一时之间感到难以割舍，对于最终的人选决定颇感踌躇。最后，公司发出话来：请应聘者第二天到公司门口看榜。同时，为了感谢应聘者对公司的厚爱，晚上将在某酒家设宴招待以示谢忱。事实上，该公司是打算通过这次酒宴对应聘者再次进行筛选，从而确定最终的人选。

　　宴会在热烈的气氛中进行。该公司的总经理坐在应聘者中间，与他们相互频频举杯，互作酬答，你来我往，欢声笑语不断。这次酒宴，公司的标准是"醉翁之意不在酒"，在于人才之间也；其目的是煮酒论英雄。该公司认为：笔试和面试只是反映了应聘者的专业知识和部分素质，并不能够反映出一个人的综合素质。因为应聘者都是有备而来，并且都分外的警觉，所以，有些缺点不可能暴露出来。而在气氛热烈的酒宴上，一些应聘者认为大局已定，思想不再设防，于是，一个个真正的"自我"便展现在了招聘者的面前。

　　在宴会上，有的应聘者因为担心自己不会被公司录用，于是就显得沉默寡言，郁郁寡欢。这些应聘者性格过于内向，缺少一定的交际能力，不适合从事外贸工作。有的应聘者自我感觉良好，这些人业务上确实高人一筹，并且在面试的时候也颇具绅士风度，似乎是很完美。但是，在酒宴上，他们的"庐山真面目"就一览无余：谈笑间无所顾忌，有失风度。有的应聘者更是出言不凡："X经理，你只要录用我，两年之内，我保证给你赚几十万。"这种人总是喜欢说大话，看似是有胆有识，其实只不过是言过其实，给人一种有些狂妄的感觉……可想而知，上述的这些应聘者最终自然落选了，而那些自始至终言谈表现得体、大方的人，最终胜出了。

有些人的谈吐，让你耳目一新，由衷赞叹，不服不行；有些人的谈吐，让你不知所云，实在提不起兴趣，真的不想多看；比如幽默与笑话，有人讲起来，会让你从心里笑出，回味绵长，过目不忘；有人讲起来，会让你哑然失笑，但一笑了之；有人讲起来，你只能苦笑，更有甚者，让你恶心得要死。所以，如果我们想要在人际交往中给别人留下好印象，就要注意养成良好的谈吐。优良的谈吐加上得体的语言，即使是简单的内容，也能打动别人。

"沉默是金"的年代已过去

在今天这个充满竞争的时代，人人都会努力表现自己来为自己争取机会。面试时，需要表达表现自己的优势；开会时，需要表达阐述自己的见解；人际交往中，需要表达来为自己赢得人脉；商业谈判中，需要表达为自己赢得成功……不管是哪一方面，都离不开表达。今天的时代，各个方面都离不开信息交流，人们对一个人的了解最主要的就是来自被了解者的语言，有高超的当众讲话水平就能体现一个人的知识水平、阅历经验等综合素质。一个沉默寡言的人，别人是不会在意，也是无法了解的。

因此，生活在现代社会中的每一个人都必须借助表达来体现自己。虽然说"沉默是金"自古以来就是被人们颂扬的品德，但是在今天，一个人如果只会死干事而不善言辞、拙嘴笨舌的，是不利于做好本职工作的。在现实生活中，适度的沉默可以，但一味地认为沉默是金的话，就有失偏颇了。不善言辞的人虽然可以用沉默来避免暴露自己的缺点，但是他只要一开口立刻就会露出破绽，所以，如果你想要获得成功就必须培养自己表达的技巧。

画坛一代宗师徐悲鸿，他人生中的机遇很多是用语言赢得的。1916年21岁的徐悲鸿报考复旦大学。校长召见新生时，他优雅的谈吐给校长留下深刻印象，认为徐悲鸿是可造之才，后来给予他诸多勉励与帮助。1920年他留学法国时，在一次茶话会上被介绍给法国当时最大的画家达仰·布佛莱。久慕布佛莱大名的徐悲鸿当即说道："先生！我很盼望能得到您的教诲。"一句话便让布佛莱感到这个中国青年的诚恳朴实。他立即将自己画室的地址给了徐悲鸿，嘱咐他每星期天的早晨到自己的画室去。在第一个星期天，徐悲鸿去见布佛莱，同布佛莱谈起了自己的追求和信心，布佛莱了解了徐悲鸿的天赋和抱负后异常欢喜，竟忘记自己已是68岁高龄而开心地同徐悲鸿谈起50余年来的往事。得益于布佛莱的慧眼，徐悲鸿终成一代大师。

很多年轻人，因为不善言辞，因此从来不敢在众人面前发表任何讲话，这样，他都不给别人了解他的机会，怎么能让别人知道他其实是一个有才华的人呢？也有很多年轻人，认为表现自己便是好出风头，于是他们选择沉默寡言。一个人，如果不"现"出自己的才华，别人就不了解你的能力，你也就不免产生"大材小用"或是"怀才不遇"的感愤。虽说是金子总会发光，但是在人才辈出的今天，你敢肯定你的光芒不会被别人掩盖吗？在今天这个社会，如果一个人还秉承"沉默是金"的原则，那么他的此生也很可能就默默无闻了。

语言是思想的外化，是必不可少的交际工具。我们要在这个世界上生活、建设和发展，就没有一天能离得开语言。因此，一味奉行"沉默是金"，乃是一种消极的人生状态，善于表达才是一种积极的人生态度。

善于表达的人容易成功

相传古希腊著名的寓言大师伊索年轻时在某贵族家当过奴仆。有一次，主人设宴，来者多是哲学家。主人令伊索备办最好的酒菜待客，伊索却专门收集了各种动物的舌头，办了个舌头宴。开餐时，主人大吃一惊，问道："这是怎么回事？"伊索答道："您吩咐我为这些尊贵的客人办最好的菜，而舌头是引导各种学问的关键，对于这些哲学家来说，舌头宴不就是最好的菜吗？"客人听了，个个发出赞赏的笑声。主人吩咐伊索说："那我明天要再办一次酒席，菜要最坏的。"次日，开席上菜时，依然是舌头。主人见状，大发雷霆，斥问伊索缘由，伊索不慌不忙地回答："难道一切坏事不是从口中出来的吗？舌头不仅是最好的东西，同时也是最坏的东西啊！"主人听后，虽然恼羞不已，但也无话可驳。

虽然这则关于伊索的故事是否属实我们无从得知，但它所含的寓意如真理一般——表达对人类来说具有无法估量的巨大作用。西方一位哲人说过："世间有一种成就可以使人在短时间内完成伟业，并获得世人的认识，那就是讲话能够令人喜悦的能力。"由此可见，拥有一张善于言辞的嘴是多么重要。

在今天这个充满竞争的社会，一个人能否成功，不仅取决于他所掌握的知识、拥有的能力、做事的经验，同时还离不开表达的能力。生活在社会中，我们每天都要跟各种各样的人打交道。有学者估算过，一个人平均每天要说18000个词语。这么算起来，每个人每天要说很多话，而且越是能办事、越是办事多的人，表达肯定就越多。如果一个人想要在社会中有一番成就，就不仅要会做事，更要善于言辞。

纵观历史上众多的名人，以及当今社会的成功人士，大多是善于言辞之人。越来越多的人逐渐认识到：表达、演讲的能力已成为现代人必须具备的重要能力，更是创造型、开拓型人才的必备素质。因为现实生活中有很多有着优异才华的人，因缺乏表达方面的才能，更因为不懂得学习和锻炼，丧失了很多机会。因此，具备优秀的表达能力，是今日讲求竞争力的必备才能之一，是迈向成功的重要法宝。

一个人事业的成功与否离不开表达。善于言辞的可以获得别人的同情、帮助，与人合作，受到他人的赞赏。在现代社会，善于言辞才能够让我们在任何场所、任何时候都备受瞩目，才能够让我们时常处于优势地位，才能够让我们在调整周围人际关系和经济关系的过程中更得心应手，心想事成。如今，善于言辞既是一种技艺，同时更是打天下的本领。

学会表达，增强自信

不难发现，那些能在众人面前滔滔不绝地讲话的人，私下里也是一个充满自信的人。有人做过一个调查，想搞清楚人们进行口才训练的原因和内心愿望是什么，调查的结果惊人的一致——大多数人的内心愿望与原因基本是一样的，他们是这样回答的："当人们要我站起来讲话时，我觉得很不自在，很害怕，使我不能清晰地思考，不能集中精力，不知道自己要说的是什么。所以我的最大愿望就是可以在公众面前自信、泰然地发表自己的观点，且逻辑清晰，内涵丰富，让人折服。"

虽然这两者之间没有必然的因果关系，但事实上有强烈自信心的人，一般来说都是能言善辩的人。因为良好的表达能力可以增强一个人的自信心，而优雅的谈吐又是一个人自信的外在表现。

"人是善于言辞的动物。"在生活中，随时都会有让你讲话的时候，每个人的内心深处也都希望有展现自己以及向大家发表观点、看法的机会。但是，有不少人总是带有很强的自卑感、信心不足。其实，信心和胆量是可以通过锻炼培养的。我们每个人都想做一个出色的人，希望获得他人的好评，希望自己在他人心中树立高大的形象，而要想受人欢迎，必须先让人了解自己。适当地表现自己，会让自己充满信心和力量，这种力量又会促进我们更加完善自己。

一个善于言辞的人，因为自己良好的语言能力，总是能够备受瞩目，所以，可以总是在众人面前自信满满。虽然说，一个人要想充满自信，首先要对自己有信心，但是不得不承认的是，大多数人的信心都是来源于别人的肯定。这也就是为什么口才好的人总是能够充满自信，而那些不善言辞、口才不好的人难免自卑。

因此，如果一个人想让自己充满信心，首先可以通过加强自己的口才能力，让自己能在公众面前发表讲话，大胆表现自己，从而慢慢树立起自信。

精准表达，机会多多

机遇对于一个人是否成功起着重要的作用。有时一次机遇，就可以改变一个人的人生轨迹。有句话说：机会面前人人平等。但事实上却并非如此。因为我们的生活中常常有这样的事情出现：一次不同的机遇造就了不一样的人生，从而拉开了人与人之间在生活、事业上的差异。但为什么有的人得到了机遇而有的人没有呢？有时就取决于一个人口才的好坏，一副好的口才可以让一个人赢得更多的机遇。

当今社会，是一个充满挑战和竞争的社会。俗话说"七分本事，三分机遇"。在竞争中，谁把握了机遇，谁就把握住了走向成功的密码。机遇稍纵即逝，能否抓住机遇非常重要。有句话叫"机会都是人自己创造的"。我们常常看到的那些名人、成功人士，他们的机遇的获得，在很大程度上其实是通过自己争取到的。有些人时常幻想着机遇能从天而降，实际上让机遇主动找自己并不是天方夜谭，不少名人就是依靠自己优秀的口才，从一些细节入手，创造了不少常人看似"让机遇找自己"的神话。

有这样一个故事：某公司要招聘一位打字员。初试圈定了两名，最后面试时再决定录用其中一人。这两人一位是华裔，一位是西班牙人。她们的打字能力是：西班牙小姐每分钟30字，华裔小姐每分钟70字。但是，考完之后，这位传统的中国女子，安静地等在门外，而西班牙小姐却径直闯进经理的办公室。她声称自己打字技术一向快速准确，只是当时太紧张了，没考好，但是这份工作对她太重要，她非得到不可。最后结果，西班牙小姐被录用了。而那位打字技巧高于西班牙人的华裔小姐却在胸有成竹地静候佳音中失去了机会。

很多有才华的年轻人之所以怀才不遇，感叹生活艰难、世事不公平，不在于他们的才华不为人所知，而在于他们不懂得如何表达自己，更在于他们没有稳定良好的人际关系。他们或内向，或自负，或木讷，或狂傲，不懂得如何与人沟通，不懂得如何与人建立联系，也不懂得如何靠人际关系来为自己获得帮助和成功。

机遇无处不在，善于言谈的人，可以借助口才的力量促成自己的事业，为社会多做贡献。而拙于言谈的人，往往会失去机遇，或将事情越办越糟，因而抱恨终生。所以，现代社会的种种机遇，要靠你的口才来开拓。

一个人的一生是否能够成功，和这个人的口才好坏有着很大的关系。如果能口若悬河，滔滔不绝，在气势上就可以赢得人们的一份尊敬，就能赢得比别人多的机会。的确，能够在交谈中把意思有效地表达出来的人，走到哪里都可以出人头地。他们不但可借口才引起旁人的重视，也比一般人拥有更多、更好的发展机会。

善于表达是一种竞争力

现代社会是个竞争激烈的社会，拥有一副好的口才已经成为人才竞争的重要素质之一。它是人们取得成功的基石，是迈向成功的第一步。成功学大师戴尔·卡耐基说："一个人的成功，85%靠人际关系，人际关系的成功，85%靠沟通。"事实正是如此，在人的一生中，事业要取得成功，85%归因于与别人的沟通，15%是来源于自己的能力。

我国首次载人航天飞船飞行成功之后，宇航员杨利伟便成了名人。他之所以成为首位进入太空的宇航员主要有三方面原因：他的心理素质好，口头表达能力强，表达有条理、有分寸。杨利伟认为，航天无小事，不管做什么事情，都尽最大努力做好，就连训练后的总结会、训练小结也是如此。在总结会上，杨利伟准备充分，积极发言，发言条理清晰，逻辑性强，态度从容。在最终确定三人为首飞候选人之时，三人各方面都十分优秀，难分高下，只是考虑到作为我国第一位进入太空的宇航员，要面对全世界的目光，接受新闻媒体采访，进行巡回演讲，才最后定下口才好的杨利伟。

由此可以看出，口才能在竞争中决定一个人的成败，是一个人赢得胜利的资本。试想，如果杨利伟没有好口才，他可能就不会成为我国首位进入太空的宇航员。而在生活中，我们也常常遇到很多和别人竞争的时候，殊不知，善于言辞对我们来说同样重要。所以，我们不妨努力训练自己的口头表达能力，在汇报、演讲、发言等场合中着力表现自己，这样就能引起领导的注意，从而引来更多成功的机会。

三百六十行，行行都需要口才。在人类社会的生活中，一个人是否有好口才，是否善于言辞，成就与境遇必定会大不一样。现代社会里，那些表现得羞怯拘谨、拙嘴笨舌、老实巴交的人，总会处在交际困难的尴尬里；而那些能说会道、言语动人的人，不论是做什么事，总是会很顺利，并很容易取得成功。

在日益激烈的就业竞争中，很多求职者发现自己面临着这样的一个现实：工作经验，专业技能，不再是企业选拔人才的唯一标准。用人单位在选拔人才时，越来越重视求职者的综合素质，特别是良好的口才，即沟通表达能力。

现在求职竞争太激烈，那些口才好、善于表达的人，求职的成功率就高得多。最近有一件让小王特别头疼的事。小王是从事文职工作的，这项工作她已经做了两三年了，而且她心思细腻、做事仔细。但是公司最近精减人员，因为自己的口头表达能力不好而被裁掉了。出来重新找工作的小王，发现那些公司宁愿要那些毫无工作经验的但是特别能说会道的毕业生，都不愿选择有一定的从业经验的自己。让小王在求职竞争中无比受挫。

一般来说，在从事文职类工作中，其实对口才的要求相对不是那么高。但是小王因此屡屡碰壁，那其他对口才要求比较高的工作，岂不是更需要口才好的求职者？

在今天的市场经济大潮中，现行的双向选择的就业时机要求我们：充分地发挥你的口才，就有可能得到一份好工作；否则，就会白白地失去良机，从而可能影响你一生的成就。总之，一个人要想成功，他可以没有资本，但是不可以没有口才，良好的口才是一种竞争力。

第二章　肚里有货，言之有物

精准表达，重要的是"肚里有货，言之有物"。

一切美丽的花朵，都植根于沃土之中，离开了泥土，它也就失去了养分，会干枯凋零。表达就犹如盛开的鲜花，离开了人的思想、知识、能力、毅力等因素，也就成了一朵空中的花、一朵永远不会盛开的花。深邃的思想、渊博的知识等都是表达者的"养料"。

多读书，积蓄力量

第二章 语真里训，文章文心

表达是一门艺术，所表达的内容包罗万象。通过谈话，可以反映一个人的道德修养、学识水平、思辨能力。要想使自己的语言具有艺术魅力，光靠技巧是不够的，一味地追求技巧而忽略自身素质的培养只能是舍本逐末，徒有一副空架子。

在现实生活中，许多人以为表达只是口上之才，以为表达好的人，只是因为他们很会表达，而自己是因为没有掌握表达的技巧、没有华丽的辞藻，才不会表达的。他们看见许多表达好的人什么都可以说，谈什么都很动听，就觉得他们口齿伶俐。这种看法是片面的、肤浅的。诚然，表达的能力有赖于日常的训练，但表达的实际基础是他们善于思考、善于观察、兴趣广泛、知识丰富，以及具有强烈的同情心和责任心。"巧妇难为无米之炊"不就说明了这个道理吗？

著名剧作家曹禺曾说，哪一天我们对语言着了魔，那才算是进了大门，以后才有可能登堂入室，成为语言方面的富翁。那么，我们应该怎样来具体学习、锤炼语言呢？下面介绍几种可行、有效的方法。

· 多读书，多看报

现代生活中，报纸、书籍已经成为人们生活的必备品。在读书看报时，备一支笔、一些卡片纸和一把剪刀，把所见到的好文章，或让自己心动的话语记下来，或者剪下来，或摘抄在卡片纸上。每天坚持做，哪怕一天只记一两句，也会有所收获。日积月累，在表达的时候，也许就会不经意地用上它们，从而使自己的讲话内容丰富起来。"熟读唐诗三百首，不会作诗也会吟"的经验之谈，是大家所熟悉的，它告诉人们要学习口语，提高表达的技巧，就应多读书，多看报。"穷书万卷常暗诵"，吟咏其中，则可心领神会，产生强烈的兴味。

· 善于学习

对于谈话的题材和资料，一方面要认真地去吸收，另一方面要好好地去运用。懂得如何运用，可以使一句普通的话发挥出惊人的效果。学习吸收的目的是更好地应用，不能应用的吸收毫无意义。

熟悉名篇佳作的精彩妙笔，则会获得丰富的词汇，自己演说和讲话时，优美的语言亦可随手拈来。只要我们潜心苦读，勤记善想，揣摩寻味，持之以恒，就能像郭沫若所说的那样"于无法之中求得法，有法之后求其他"了。

· 注意搜集警句、谚语

在听别人的演讲或别人的谈话时，随时都可以听到表现人类智慧的警句、谚语。把这些话默记在心里，记在本子上，久而久之，谈话的题材、资料就越来越多，说起话来也就越来越条理清楚，出口成章。

· 提高观察问题、思考问题的能力

提高自己的表达能力，就要不断提高自己观察问题、思考问题的能力。要不断丰富自己的学识与经验，并增强想象力与敏感性。随着表达能力的提高，人的综合素质和各项能力都会提高，最后会成为一个表达高手。

· 深入生活

生活是语言最丰富的源泉。要使自己的语言丰富起来，一个闭门造车、与外面世界没有接触的人，是很难如愿的。老舍曾说："从生活中找语言，语言就有了根。"这话含有很深刻的道理。

· 扩大知识面

知识贫乏是造成语言贫乏（特别是词汇贫乏）的一个重要原因。如果《红楼梦》的作者曹雪芹没有丰富的词汇，就难以描写贾府上上下下的规矩、内内外外的礼教，就难以把王熙凤泼辣、干练、狠毒的性格描写得惟妙惟肖；如果《水浒传》的作者施耐庵不懂得江湖绿林，他就不能将梁山好汉刻画得入木三分。如今，人们都喜欢用"爆炸"这个词来形容某一方面的快速增长，比如信息爆炸、知识爆炸、人口爆炸等。改革开放以来，新词语铺天盖地而至，令人目不暇接，大有"爆炸"之势。

词语是社会生活最敏感的反应器，新词爆炸反映了新生事物的层出不穷，反映了当今社会的迅猛发展，反映了当今生活在开放洪流中的日新月异，对这些新的词语，我们应及时掌握，学会运用。

如果我们不想让自己做一个井底之蛙，就应静下心来努力学习，拓展自己的视野。若不想表达空洞无物，就应下决心积累大批的、雄厚的、扎实的本钱，武装自己的头脑，丰富自己的表达内容。

多经历，开阔眼界

一个人表达好，很重要的一点是他所表达的内容是实实在在的，不是虚无的。也就是说，他所说的东西是确实存在的，不是捏造、胡编乱造出来的。而这个确实存在可能是他从别人那里听来的，也可能是他从书本上读到的，还可能是他的亲身经历。而这其中，亲身经历是最好的素材。

每个人的成长都会经历许许多多、大大小小的事情，这些事情形成了一个人对世界的认识和看法，形成了一个人的人生观、价值观，营造了一个人的精神世界。它们也会变成一种积累和沉淀蕴藏在头脑中，变成日后的一笔宝贵财富。

就像我们经历一件大的事情，会使我们的认识和心态发生大的转变一样，很多的类似经历都会逐渐渗透、铸造一个人的内心世界，然后体现在外表上，体现在为人处世的方式上，展现在举手投足间，展现在言谈话语中。

战国时，齐国孟尝君对冯谖感叹道："我素常喜好宾客，乐于养士，接待宾客从不敢有任何失礼之处，有食客三千多人，这是先生您所了解的。宾客们看到我一旦被罢官，都背离我而离去，没有一个顾念我的。如今靠着先生得以恢复我的宰相官位，那些离去的宾客还有什么脸面再见我呢？如果有再见我的，我一定唾他的脸，狠狠地羞辱他。"

听了这番话后，冯谖收住缰绳，便下车行拜礼。

孟尝君也立即下车还礼，说："先生是替那些宾客道歉吗？"

冯谖说："不是替宾客道歉，是因您的话说错了。说来万物都有其必然的终结，世事都有其常规常理，您明白这句话的意思吗？"

孟尝君说："我不明白。"

冯谖说："活物一定有死亡的时候，这是活物的必然归结；富贵的人多宾客，贫贱的人少朋友，事情本来就是如此。您难道没看到人们奔向市集吗？天刚亮，人们向市集里拥挤，侧着肩膀争夺入口；日落之后，经过市集的人甩着手臂连头也不回。不是人们喜欢早晨而厌恶傍晚，而是由于所期望得到的东西市中已经没有了。如今您失去了官位，宾客都离去，不能因此怨恨宾客，而平白截断他们奔向您的通路。希望您对待宾客像过去一样。"

孟尝君连续两次下拜说："我恭敬地听从您的指教了。听先生的话，敢不恭敬地接受教导吗？"

其实，就像我们经历过一次事情，下次再遇到类似的事情就不会慌张一样，一个人的生活历练首先造就了一个人平和的心态，然后为一个人的表达增添了素材，使人说起话来"言之有物"。生活历练首先为人们提供了某种经历，这种经历可能在日后的某一天作为一种才能、一种经历、一种资本、一个谈资，为自己的语言增添魅力。

但是，仅仅将这些经历原原本本地讲述出来，有时候是远远不够的，也未必能体现一个人的表达能力。这个时候，就需要在事实基础上运用一些技巧，使说出来的话更加好听。

生活是表达成功之源，精彩的表达源于精彩的生活。演讲家蔡朝东的演讲《理解万岁》之所以深深打动千千万万听众的心，是因为他曾经在炮火纷飞的老山前线出生入死，曾经在阴暗潮湿的猫耳洞忍饥挨饿，曾经目睹无数英勇无畏的军人为国捐躯的壮烈场面；

张海迪坎坷的人生经历和身残志坚的强者精神则使她的演说更是具有一种与众不同的魅力。因此说，亲身经历的东西最有说服力，也最具感染力。当然，我们每个人不可能都能拥有蔡朝东、张海迪那样丰富、坎坷的经历，也难拥有杨利伟那样独一无二、充满神秘感和英雄色彩的经历。但即使一个平凡人，也可以通过加强生活积累，创造有价值的人生经历。这里关键是要走出去，积极面对生活，感受生活，尝试生活的甜酸苦辣，用眼睛欣赏生活的色彩，用耳朵聆听生活的声音，用心灵感受生活的脉动。

精彩的表达需要技巧，但更需要真情实感，所谓"要动心，先关乎情"就是这个道理。当然，感情不可能凭空产生，感情来源于平时的经历和积累。没有丰富人生情感阅历的演员不可能成为出色的演员，同样没有丰富情感经历的人不可能拥有真正出色的表达。真正感人的表达不是表演，而是真情流露！

我们常说生活是个大熔炉，即使你是一块废铁，生活也能把你锻造成好钢。因此，多向生活学习，多在生活中历练，就能为自己的表达做好充足的准备，积蓄足够的力量，备足丰富的谈资，插上飞翔的翅膀。

掌握词语的真实含义

词语是人表达的基本元素，用对了字词不仅能打动人心，同时更能带出行动，而行动的结果便是展现出另一种人生。马克·吐温说："恰当地用字极具威力，每当我们用对了字眼……我们的精神和肉体都会有很大的转变。"

历史上许多伟大人物就是因为善于运用字眼的力量，大大地激励了当时的人们。当帕特里克·亨利站在 13 个州的代表之前慷慨激昂地说道："我不知道其他的人要怎么做，但就我而言，不自由，毋宁死。"这句话激发了几代美国人的决心，发誓推翻长久以来压在他们头上的苛政，结果造成燎原之火，美利坚合众国由此诞生。

美国一位伟人演讲道："当我们今天得以享受到充分的自由时，不要忘了《独立宣言》，虽然那没有几句话，却是 200 多年来所给予我们每个人的保障。同样地，当我们这些年致力于种族平等时，不要忘了那也是因为某些字眼的组合而激发出来的行动所致，请问谁能忘记美国马丁·路德金博士打动人心的那一次演讲。他说道：'我有一个梦，期望有一天这个国家能真的站立起来，信守它立国的原则和精神……'"

第二次世界大战期间，英国正处于风雨飘摇之际，有一个人的话激起了英国全民抵抗纳粹的决心，结果他们以无比的勇气挺过了最艰苦的时刻，打破了希特勒部队所向无敌的神话，这个人就是丘吉尔。

从某种程度上说，人类的历史就是由那些具有震撼力的语言推动的，然而却鲜有人知道那些伟人所拥有的语言力量也能够在我们的身上找到。这能改变我们的情绪、振奋我们的意志，乃至我们有胆量敢于面对一切挑战，使自己的人生丰富多彩。

我们在跟别人表达时用词常常十分谨慎，却不留意自己习惯用的字眼，殊不知我们所用的字眼会深深影响我们的情绪，也会影响我们的感受。因此，如果我们不能好好掌握怎样用词，如果我们随着以往的习惯继续不加选择地用词，可能就会扭曲事实。譬如说当你要形容一件很了不起的成就时，用的字眼是"不错的成就"，那对你的情绪就很难造成兴奋的感觉，这全是因为你用了具有局限性的字眼所致。一个人若是只拥有有限的词汇，那么他就只能体验有限的情绪。反之若是他拥有丰富的词汇，那就有如手中握着一个可以调出多种颜色的调色盘，可以尽情来挥洒你的人生经验，不仅为别人，更可以为自己。

表达要理论联系实际

著名作家李准曾经这样说："没有几下子，很难当个作家！我的看家本事是，三句话叫人落泪，三分钟过戏，把读者的心放在我手心里揉，叫他噙着眼泪还得笑。"

提到著名表演艺术家常香玉时，许多人不由得竖起大拇指。在她舞台生涯五十周年庆祝大会上，文艺界的许多大腕来向她道贺。电影导演谢添拉住李准说："李准，我想当众试试你！你自称三句话就能叫人落泪，三分钟过戏，不知你能不能让常香玉哭一场，如果可以，我对你就心服口服了。"

李准皱皱眉，面带难色地对常香玉说："香玉，今天是你的大喜日子，可是他偏偏让你哭，这不是难为人吗？"

常香玉说："你今天若真能让我哭，算你真有本事！"

李准伤感地说："香玉，咱们能有今天，实在是太不容易啦，严格地说，你可算得上是我的救命恩人！我十多岁那年，家乡闹饥荒，大家都逃到了西安，就在人们快要饿死的时候，忽然有人喊：大唱家常香玉放饭了，河南人都去吃吧！大家一窝蜂似的涌了过去。我捧着粥，泪往心里流。我那时就想，如果以后能见到这位救命恩人，我将当场给她叩个头！没想到我们的见面方式竟是如此独特……"

说到这里，常香玉已经泪流满面了，对李准说："老李，别再说了。"说罢掩面痛哭起来。大厅里的人们，都沉浸在悲伤的往事中，大家听着李准的故事，为常香玉的遭遇而难过，早已忘记了李准与谢添的打赌，就连谢添也轻轻吸了一下鼻子。

由此看来，李准并非虚夸自己，他针对常香玉特有的心理，再加上生动感人的语言，极力渲染了悲伤的气氛，使人们无一不为之感动。与人交谈过程中，如果有了李准这样的本事，不就能在社交中游刃有余了吗？

那么，究竟该怎么样做，才能使语言更生动呢？还须做到以下两点。

· 多用感性的话语

感性的话语比较容易抓住听者的心，可以将听觉形象转化为视觉形象，通过视觉形象给人们留下深刻的印象。

· 理论结合实际

没有人喜欢听那些枯燥的说理性的大道理，与人交谈时应注意这点，最好做到将理论与实际结合在一起，这样说服效果才更明显，语言才能生动感人，具有魅力。

与人交往过程中，生动的语言，总能为自己的形象增添光彩。人们非常喜欢与表达生动的人交往，因为，这样的人总可以为其他人带来乐趣，这样就达到了把话说到点子上的目的。

有趣的话题事半功倍

主题是两人谈话最重要、最关键的内容，是整个表达的根本依据。讲话时每一层次、每一段落、每一个句子、每一个词都反映着一个意思，这些意思都要统率于主题之下。因此，与人谈话要寻找触点，临场发挥，及时提炼新颖而典型的主题。选择主题有两个原则：一是适应场合，二是适应对方。那么，如何根据场合和对方的需要来确定主题呢？

· 就地取材话题多

双方介绍姓名后，刚开始交谈是最不容易应付的时候，因受时间的限制，不容许你多作犹豫，又不能冒昧地随便提出其他话题。"今天天气很好"这话最常用，但除了在户外或沙滩上散步时不妨用用之外，在其他场合上说太近敷衍，而且缺乏内容，难以开展较有趣味的谈话。所以在这里，就地取材似乎比较简单适用。

何谓就地取材？那就是按照当时的环境而觅取话题。如果相遇地点在朋友的家里或在朋友的喜筵上，那么对方和主人的关系可以做第一句的话题："你和某先生大概是老同学吧？"或者说："你和某先生是同事吗？"如此一来，无论问得对不对，总可以引起对方的话题，问得对的，可依原本主题急转直下，猜得不对的，再根据对方的回答又可顺水推舟，继续畅谈下去。

"今天的客人真不少！"虽是老套，但可以引起其他的话题。"这礼堂布置得很不错！"赞美一样东西，常是最稳当得体的开始。

若是一般社交活动，则"山上的樱花开得很灿烂，颜色真好看，你去看过吗？"或"大热天在园子里喝茶，实在太舒服了！"都是就地取材的办法。

第一句的最高境界是人人能了解，人人都能加进自己的意见。由此再探出对方的兴趣和嗜好，然后拓展谈话的领域。如果指着一件绘画说："真像凡·高的作品！"或听见鸟唱就说："很有门德尔松音乐的感觉！"除非知道对方是内行，否则不仅不能讨好，而且会在背后挨骂。

如果不知道对方的职业，最好是不要问他。万一他正失业闲居在家，问他职业无异迫使他承认失业，否则他还要随便撒个谎，对于自尊心很强的人是不大好的。如果你想"开发"主题而希望知道他的职业，只能用试探他的方法："你平常会做点球类运动吗？"如果他说"不"，你就可以问他是否很忙，继续下去问出他每天是否有固定的工作时间。如果他说"是"呢，便可加上一句问他通常在何时去运动，而决定他有无职业。

找不出其他话题时，那就用中国的老方法。问对方的籍贯，如"府上是什么地方"，等等，以中国人的习惯是一点不觉得唐突的。知道了籍贯，话题就容易找了。如果是同一个县市呢，那更方便了，随便谈些两人皆知的社会新闻、都市建设、地方习俗等都可以。

如果是遇到一些知名人士，或有特殊成就的人，或对方已早对你说出自己的身份底细，那么，你大可提出话题，鼓励对方多谈谈他自己得意的方面，一则彼此均甚愉快，同时对方会对你产生好印象。再则，也可以从交谈中吸取新知，获得宝贵经验。

· 从新颖的角度说起

对同一个问题从不同角度进行表达，使之更加新颖，表达出众。如以小草为题，有人说"小草默默无闻，造福人类"，有人却说"小草逆来顺受，软弱无能，不思反抗"。

马克·吐温在一次宴会上这样讲道："婴儿，是我们每个人共同拥有的经历，我们不幸不能生为女人；我们大家也并非都是将军、诗人或政治家；但是谈到婴儿时，这是我们共同的话题——因为我们都曾是婴儿。"

马克·吐温以婴儿为线索，话题新颖别致，串联了自己和别人的感情，营造出了热烈的气氛。

· 从共同点说起

周恩来总理出访印度时，一天晚上召开演讲会，有一帮印度记者扬言要发难周总理。当工作人员得知后，将这个情况报告了周总理，总理说："你们放心吧，新德里的子弹打不倒我。"之后周总理毫不犹豫地走进了会场。周总理一上讲台，有位记者就喊："中国佬，滚出去！"这时周总理双目扫视了一下会场，然后开始了他沉稳的演讲。台下记者快速地记录着。周总理重申了中国的立场后说："中国、印度，都有着五千年的古老文明，印度的圣河佛殿、经典颂文，曾经给中华民族的成长注入过丰厚的营养，中国的四大发明，特别是造纸术和火药，也为印度的经济文化的繁荣做过贡献。几千年来，我们一直和平相处，休养生息，在历史的长河中，中、印之间从未发生过真正的战争。我希望，我们这一代人，即使遇到再大的问题，也应坐下来，通过协商、谈判解决。切不可对上辜负了列祖列宗的遗德，对下贻害后世子孙。"

周总理这样一番真诚的话语，从印度和中国的共同点说起，拉近了与印度人民的距离，消除了记者们的敌意。

· 从身边事说起

很多人发言时总是喜欢搬用那些来自报纸杂志、广播电视的材料，似乎故事总是别人的好，可是用来用去，反反复复都是耳熟能详的材料，全无新意，怎么能吸引听众呢？为什么不用自己身边的精彩例子呢？只要留心观察，细心挖掘，身边有很多人和事都可以作为发言的话题，而且因为亲眼看见，亲身经历，有所感、有所悟，自然十分亲切，感受也会深切，具有说服力。

一位下岗女工这样讲述她的经历："四年前，单位精减人员，我下岗了。想着自己学历不高，身体又不好，心里痛苦不堪，不知道出路在哪里。一天我拨通了好友的电话，还没开口就忍不住哭了。好友不知道我出了什么事，在电话里哄我：不哭不哭，我马上打车到你家。没过多长时间；她就火急火燎地赶来了。得知我下岗的消息，她才长舒了一口气：'你呀，活活把我急死了，还以为出了什么大事呢，不就是下岗吗？活人还能让尿给憋死？正好，你原来就想当作家，写吧写吧，当自由撰稿人，坐在家里挣钱，多牛啊！'说完她还竖起了大拇指。我一下子被她逗笑了！"

这段话说得生动活泼，充满浓浓的生活气息，容易一下子打动对方。

· 从经典的故事说起

白岩松在一次主题演讲中这样开始：多年前，有一位学大提琴的年轻人去向 21 世纪最伟大的大提琴家卡萨尔斯讨教，我怎样才能成为一名优秀的大提琴家？卡萨尔斯面对雄心勃勃的年轻人，意味深长地回答："先成为优秀而'大写'的人，然后成为一名优秀和'大写'的音乐人，再然后就会成为一名优秀的大提琴家。"用这样的著名故事开头，会吸引对方为继续探究下面的内容，而更加感兴趣地谈下去。

确定了自己的思路之后应该认真构思腹稿。对于不知道的事情不要冒充内行；不要在公共场所谈论别人的缺陷；不要谈容易引起争论的话题；不要到处诉苦、发牢骚；不宜过长，切忌烦琐啰唆；

也不要夸耀个人的成就，自卖自夸；更不要扮演心理分析家，对他人的言行评头论足。

·顺手牵羊

在与人交谈中要善于临场"顺手牵羊"，拿来别人的东西加以利用。例如，有一次单位年终发言时，一位男士看到前面的发言者都说得很精彩。就说："刚才XX说到……我觉得他说得非常好，我也十分赞同。的确……还有一位女士也说……基本上他们已经把我所想要表达的东西都表达得很透彻了……"这样一来，对方会觉得你很真诚，而那些被你"顺手"牵的"羊"也会觉得受到了你的关注和肯定，而你的话又简洁明了，带有总结性，很深入人心。

·选择话题需要注意的事项

表达就是要引起别人的兴趣，引起别人兴趣的话题是交谈的基础，如果你找对了，不但能创造一个融洽的氛围，还能使交谈深入心灵。因此，要想改变言辞乏味、索然无趣的现状，请记住下面几点要领。

·满足对方的心理

在生活和工作中，不管是生理上还是心理上，都能产生各种各样的话题，谈话时根据对象应尽可能地从某一方面去满足对方的需要。例如美国女记者芭芭拉·华特在初遇美国航空业界巨头亚里士多德·欧纳西斯时，见他正与同行们热烈讨论着货运价格、航线、新的空运构想等问题，她没法插上一句话，更不能进行交谈了。但到了吃午饭的时间，芭芭拉灵机一动，在进餐时趁大家谈论业务中的短暂间隙，抓住机会赶紧提问："欧纳西斯先生，你在海运和空运方面，还有其他工业方面都取得了伟大的成就，这是令人震惊的。你是如何开始的？最初的职业又是什么？"话一出口就叩动了欧纳西斯的心弦，他随即同芭芭拉侃侃而谈，动情地回顾了自己的奋斗史。因为这一话题正好满足了对方的心理，激发了欧纳西斯的荣誉感、自豪感，这是其心理上的自尊需要。

·从关心对方入手

关心与帮助是谁都需要的，抓住这一点就抓住了一个永远受欢迎的话题。例如有一位女记者，在鸡尾酒会上与伊丽莎白女王进行了简短的交谈，记者问："你是否在风雨中视察过铁矿？"听了这话，女王非常吃惊。于是这位记者就提醒女王，她的外衣染上了红褐色，女王忽然明白便开始谈论起来。这是因为女记者从关心女王的外衣开始，自然引起女王的好感，使这次交谈获得了成功。

应该注意的是，要同病人谈治病强身的事情，要同家长谈培养孩子的方法，要同青年人谈论理想，要同家庭主妇谈安排生活的诀窍，要同学生谈提高学习的效率……这些话题无一例外都是对方乐于接受的。

如何快速组织语言

就算有话题可说，可是也有很多人语言组织能力较差，不知道从哪里开始，不知道怎样把心中的材料合理地组织起来，有条理地表达给对方。这就需要一种迅速组织材料的能力。那么如何在发言之前迅速组织材料呢？我们需要一个框架，有了框架，再填材料就显得容易许多：为了能够迅速地组织框架，我们需要知道"五个W"。

Why？为什么？

我们与人谈话首先要注意到，为什么会有这次交谈？谈了有没有效果？会不会发生反效果？如果会有反效果，那就别讲了。

When？何时？

话题要符合时间。该什么时候谈的话，只能那个时候说。情人节在另一半耳边说些甜言蜜语是好的，但如果在重阳节再说，那就显得肉麻。

Where？何地——什么场合？

在什么场合说什么话，也就等于说见人要话人话，见鬼要说鬼话。像婚礼、满月酒、升官、乔迁，当然就要说些吉祥的话，丧葬场合等就要说些安慰家属的话。

Who？谁在讲话——此刻是用什么身份在谈话？

比如，要多考虑今天我在台上讲话为什么会让大家信服。因为我年纪到了，知识经验也都丰富了。如果今天是个小学生在台上讲表达的技巧，大家会信服吗？就算讲得再好，也会在心中被大打折扣了，为什么？因为威望不足。所以发言者要认清自己是什么角色，是什么身份在对谁讲话，是对上司、对同事，还是对部属讲话，对同性还是对异性讲话。

Who？谁听？在谈话之前要了解周遭的环境。今天是什么样的场合，与我谈话的是什么人，了解这些也是非常重要的。

根据这样的整体思路，再确定材料的运用。常用的组织材料的方法主要有以下几种。

· 因果关系

先说事情的起因，再说由此带来的结果；或者先说结果，再说其中的原因。比如，下面的开场白就很好：

那天，我听到XX回来的消息，兴奋得不得了，赶紧放下电话就急匆匆地从单位出来，心想一定要回家换件漂亮的衣服再去。可是路上塞了半天的车，天气又热，我身上直冒汗。好不容易到家了，爬到了五层，一掏兜，居然发现钥匙忘在单位里了。想打电话解释一下，发现连手机也落在出租车上了！哎呀，真是倒霉死了！结果，那天的聚会，我灰头土脸，精神不振。

· 按事件发生的前后顺序

比如，我1995年考入了东北大学电子工程学院，1998年毕业后考上了哈尔滨工业大学的研究生，三年后成为一名电子信息工程师，从事科研工作。今年已经是我参加工作的第五个年头了，我一直觉得自己非常幸运能从事这样的工作。

· 总—分—总的顺序

金正昆教授在讲到礼仪的时候说过这样的一段话：

我们有个别同志不太注意，上班、开会、等公共汽车时，没事就爱拿出小镜子打扮自己，当着别人的面去"当窗理云鬓，对镜帖花黄"。（总领全段）一个聪明的女士不要说不在大庭广众之下化妆，就是在男朋友或者在老公面前化妆也大可不必。距离产生美，你在他们面前无遮拦地收拾自己，你被他发现你漂亮起来的秘密，你的美也会大打折扣的。他心里会说"原来如此"，会影响你靓丽的形象（证明观点）。所以聪明女士不在别人面前换衣服、穿袜子、收拾自己……该见外还要见外，别忘了距离产生美啊！（再次总体强调）

· 层层递进的顺序

一位中国经济学家面对西方的"中国威胁论"这样说：

当年，西方那些不怀好意的预言家用"中国威胁论"来威胁中国，发出"谁来养活中国"的叫嚣；20年后，咱们勤劳智慧的中国人创造出奇迹，咱们生产的粮食不仅养活了13亿中国人还绰绰有余，而且大量出口支援亚非拉缺粮国家，中国已经成为世界第三大粮食出口国！现在不是"谁来养活中国"的问题，而是"中国去养活谁"的事实！

这段话有理有据，层层递进，非常具有说服力。

想要使自己说起话来有条不紊，想让自己能在很短的时间里组织出语言，一定的技巧固然不可少，但是本质上还是要看你的知识储备。巧妇难为无米之炊，腹中空洞，自然没什么可组织的了！你要掌握一定的话题，就需要一定的资讯和知识，在当今社会中掌握信息的渠道非常多，人人都可以不断吸收各种新资讯。如果你能善于在生活中积累材料，自然会大大开阔你的视野、增加你的知识面，再也不会"理屈词穷"了！

总之，见多识广，博学多才，才能让自己有深厚的底蕴，从而能够见什么人说什么话；再加以一定的技巧联系，就会让自己反应快半拍，迅速组织材料，说出精彩的言论来。

第三章　克服恐惧，敢于表达

　　很多人在表达、演讲时，都有一种紧张和惧怕的情绪，这导致他们在人际交往和工作中受挫。其实，要想真正克服恐惧情绪，使自己在众人面前自然流畅地表达，最关键的是要多练习，先一个人自己多做发声练习，接着多在人前练习表达，不要错过在人多的时候发言的机会，这样才能消除恐惧，自然地表达。

克服恐惧的五个办法

1977年，一本名为《列表之书》的图书畅销全美。其中，有一章的标题是《人类的14种恐惧》。你知道排在第一的恐惧是什么吗？不是死亡（死亡排名第七），不是蛇虫虎豹，居然是"在一群人面前讲话"！

在一群人面前讲话真有这么令人恐怖吗？在一次聚会中，小袁对小高聊起了他对奥运会前后房地产与股票行情的走势预测，说得很有见地。聊着聊着，同桌那些聊天的人逐渐都被其话语所吸引，都不再交谈，安静地听着小袁一个人"演讲"。小袁开始没发觉时还能侃侃而谈，当他发现一桌人都在听他表达时，一下子就乱了方寸，表达也开始结巴，言辞也没有了原先的水准……本来能言善辩，但一到台上面对众人，或成为一群人关注的中心时，语言表达能力就迅速下降。这是不少人身上的常态，相信类似的经历，在不少读者中有过，并且有些人还在延续着类似的故事。

如何克服"人类第一恐惧"呢？最近，某电视台的主持人告诉观众，其实在上大学前，他是一个不敢当众表达也不善于表达的人，他成为主持人，除了苦练普通话外，还迈过了两个坎。让我们来看看他究竟迈过的是哪两个坎？

·表达紧张的坎

有些人在众人面前表达时，表情十分不自然，除了容易怯场之外，还常常说出几句自己也没想到的不合适的话或词语，这令他们自己也大为吃惊。其实，导致这种现象的原因主要是缺乏心理准备和实际训练，通过下列的训练完全可以克服。

第一，努力使自己放松。表达紧张的人大都是想要表达时呼吸紊乱，氧气的吸入量减少，头脑一时陷于麻木状态，从而不能按照所想的词语说出来。

在某种意义上说，"呼吸"和"气息"是一个意思，因而调整呼吸就是"使气息安静下来"。

表达时发生不正常情况通常是这样的顺序：怯场—呼吸紊乱—头脑反应迟钝—说支离破碎的话。因此调整呼吸会使自己恢复正常。

表达时全身处于松弛状态，静静地进行深呼吸，在吐气时稍微加进一点力气。这样一来，心就踏实了。此外，笑对于缓和全身的紧张状态有很好的作用。微笑能调整呼吸，还能使头脑的反应灵活，话语集中。

第二，练习一些好的话题。在平时应酬中，我们可以随时注意观察人们的话题，哪些吸引人，哪些不吸引人，为什么，原因是什么，这样自己开口时，便能自觉地讲一些能引起别人兴趣的事情，同时避免引起不良效果的话题。

第三，回避不好的话题。哪些话题应该避免呢？从你自身来说，首先应该避免你不完全了解的事情。一知半解、似懂非懂、糊里糊涂地说一遍，不仅不会给别人带来什么益处，反而给人留下虚浮的坏印象。若有人就这些对你发起提问而你又回答不出，则更为难堪。其次是要避免你不感兴趣的话题，试想连你对自己所谈的话题都不感兴趣，怎么能期望对方随你的话题而兴奋起来呢？如果强打精神故作昂扬，只能是自受疲累之苦，别人还可能看出你的不真诚。

第四，训练丰富话题内容。有了话题，还得有言谈下去的内容。内容来自生活，来自你对生活的观察和感受。我们往往可以从一个人的言谈看出他丰富的内涵及对生活的炽烈感情。这样的人总是对周围的许多人和事物充满热情，很难想象一个冷漠而毫无情致的人会兴致勃勃地与你谈街上正流行的一种长裙。

第五，训练语言方式。词意是否委曲婉转？话题是否恰到好处？言谈是否中肯？是否把握要领？口齿是否清晰明白？表达是否犯唠叨琐碎的毛病？表达音量大小是否适度？表达速度是否不急不缓？话中是否不带口头禅？表达是否简洁有力？措辞是否恰如其分、不卑不亢？话中是否带多余的连接词？表达是否真实具体？是否能充分表达目的？言谈时是否能设身处地为对方着想？表达是否心无旁骛、专心一致？话中是否含有自我吹嘘成分？是否只顾自己滔滔不绝地说个不停？是否出口伤人？是否能真诚地与人寒暄客套？表达是否能参酌量情？是否能掌握表达技巧？是否能巧妙掌握表达契机？是否能专心听人表达？

虽然，我们在和人应酬交谈当中，不可能时时都能使对方感到既愉快又有趣，但是训练有素的谈话能帮你赢得社交，给人留下好的印象。在公共场合与人交谈是一种社会行为，像其他社会行为一样，谈话也有一定的规矩，要做个谈话高手，都必须遵从。与人谈话，哪些可说，哪些不可说，有很多讲究。

关于这些，我们将其归纳为以下几项：不谈对方深以为憾的缺点和弱点；不谈上司、同事以及朋友们的坏话；不谈别人的秘密；不谈不景气、手头紧之类的话；不谈一些荒诞离奇、黄色淫秽的事情；不询问妇女的年龄、婚否、家庭财产等事情；不诉个人恩怨和牢骚；不述一些尚未明辨的隐衷是非；避开令人不愉快的疾病详情；忌夸自己的成就和得意之处。

· 羞怯怕丑的坎

一表达就脸红、一笑就捂嘴、一出门就低头，这是那些天性羞怯者的共同表现。怎么办呢？这里有一张专治羞怯心理的社交处方，可作参考。

想象自己是完美的化身。这是许多名模、影星在表演之前惯用的技巧，这也同样适用于工作职场，面对大客户或提案前，先静坐，心中默想曾有的愉悦感受，回想曾经聆听的悠扬乐章，越具体效果越好。以拥有者的态度步入每间屋子。昂首阔步，抬头挺胸，仿佛一切都在你的掌握之中。学习你所仰慕的人所有的美好特质，只要她（他）具备你所希望拥有的特质，都可以模仿。

大胆表现自我，把自信心视为肌肉，需要定时持之以恒地锻炼，如果稍有懈怠，它很快会松弛。改善外表，换一套干净的衣服，去理发店吹个发型，这些办法会使你觉得焕然一新，因而增强自信。

进行想象练习。想象自己正处在羞怯的场合，然后设想自己该如何应付。这样在脑海里把自己害怕的场合先练习一下，有助于临场表现。

逐渐接近目标，可以减少焦虑。掌握害怕的根源和知道害怕时会有的生理反应，如冒冷汗或呼吸急促，当它们出现时你就可以通过一些放松的小技巧克服它。表达时语气要坚定。没有自信的人都有表达过于急促、细声细气的毛病。表达的诀窍在于音量适中、语调平稳，速度不缓不急，此举显示你对表达的内容信心十足，利用呼吸换气时断句，内容则显得流畅有条理，切忌以疑问句结束陈述事实，以免影响语气的坚定。

专心倾听别人的讲话，例如在轮到你讲话之前，先专心听别人怎么讲。一来可以分心，不再一心挂念自己；二是当你讲话时，别人也会专心听你的。

多提"问答题"少提"是非题"，可以使你处于主动的地位。技巧多加演练，如要出席一个舞会，就在事前先练习一下当前流行的舞步，可以减少到时出现的尴尬。

要避免不利的字眼，如与其自己对自己说"我感到很紧张"，不如说"我感到很兴奋"。

确信一个事实，其实在别人的心目中，你并不像你想象的那样害羞。设法避免紧张时的动作，例如你演讲时手会发抖，就把讲演稿放在讲台上。

事情做好了，不忘自己庆祝一番，这样有助于增加自信。

平常要多多参与，不要拘泥，多参加活动，多与人接触，对克服羞怯心理很有帮助。确信自己一定会成功，摒弃一切不利的想法。要知道，人无完人，不要因为自己的弱点而自怨自艾。

不要在意别人的看法

　　很多人之所以不敢秀出自己，与太在意别人的看法有关。他们在表达自己的思想时，瞻前顾后，察言观色，总是担心自己的言语会给对方带来负面影响，以致自己的"发言效果"大打折扣。其实，就算你虚心听取别人的意见，委屈顺从别人的"意愿"，那也未必能真正迎合别人——要知道，别人对你的看法总是有水分的，有的人总是挑好的说，如果以此为据，你可能会高估自己，自我感觉良好。但也可能有人专挑坏的讲，故意贬低你。所以，当你打算和别人交谈时，就不要太在意别人的看法，做真实的自我最重要。

　　美国著名女演员索尼亚·斯米茨小时候在一个农场里生活。那时候她在农场附近一所小学里读书。有一天，她回家后就伤心地哭了，父亲问时，她断断续续地说道："我们班里一个女生说我长得很丑，还说我跑步的姿势很难看。"

　　父亲听完她的哭诉后，没有安慰她，只是微笑地看着她。忽然父亲说："我能够得着咱们家的天花板。"

　　当时的索尼亚听到父亲的话觉得很奇怪，她不知道父亲想要表达的意思，就问："你说什么？"

　　父亲又重复了一遍："我能够够得着咱们家的天花板。"

　　索尼亚完全停止了哭泣，她仰着头看了看天花板，将近四米高的天花板，父亲能够得着吗？尽管她当时还小，但她不相信父亲的话。

父亲看她一脸的不相信，就得意地对她说："你不信吧？那么你也别相信那个女孩子的话，因为有些人说的并不是事实。"就这样，索尼亚明白了：不能太在意别人说什么，只要自己不否定自己就行。

读了这个故事，你应该明白，太在乎别人对你的看法了，你就不能做真正的自己了。如果什么事都想着别人怎么看，你又怎么能表现出真实的自己呢？有时候，我们没必要管别人怎么看，每个人都会有自己不同的看法，自己认为正确就行。

生活中，很多人活在别人的眼光中，生活在别人的价值观里。上课回答问题的时候紧张，生怕回答错了遭到同学的嘲笑；走上工作岗位，又要尽可能使自己在同事的心目中是完美的，在老板的眼中是优秀的。

这是因为他们常常高估了自己在别人心目中的地位，努力想去扮演一个完美者的形象。事实上，不必过分在乎别人对你的看法，这种多心只会使你寸步难行。只要你记住，做好你自己就足够了！

如果一个人太在乎别人的看法，他就很难在众人面前展现真实的自己，时间长了，就会养成犹豫不决的性格；如果一个企业家太在乎工人的看法，他就难以成为强有力的管理者。在发奖金的时候，他会首先考虑到副经理会怎么想，科长会怎么议论自己，然后那些老工人会不会认为我不照顾他们，还有门卫会不会认为我不体贴他。这样，不调整十几遍，奖金是发不下去的；如果一个歌唱家，上台之前太注重外表形象，一身衣服会换上十来次，最后还是带着疑惑上场，上场后发现掌声并没有那么热烈，心里就会万分失落……这样的歌手肯定唱不好，也不会受到大家的欢迎。

黄美廉是一位自小就患脑性麻痹的病人，脑性麻痹夺去了她肢体的平衡感，也夺走了她发声讲话的能力。从小她就活在诸多肢体不便及众多异样的眼光中，她的成长充满了血泪。

然而，她没有让这些外在的痛苦击败内在的奋斗精神，她经过自己的一步步艰苦努力，最终获得了加州大学的艺术博士学位。她以手当笔，以色彩告诉人们"寰宇之力与美"，灿烂地活出生命的色彩。

　　在一次演讲会上，一个学生小声地问："你从小就长成这个样子，请问你怎么看自己？你都没有怨恨吗？"

　　"我怎么看自己？"黄美廉用粉笔在黑板上重重写下这几个字。写完之后，她停下笔来，歪着头，看看发问的同学，然后嫣然一笑，回过头去，在黑板上龙飞凤舞地写了起来：

1. 我好可爱！

2. 我的腿很长很美！

3. 爸爸妈妈很爱我！

4. 上帝很爱我！

5. 我会画画！我会写稿！

6. 我有只可爱的猫！

7. 还有……

　　教室内鸦雀无声，她回过头来坚定地看着大家，最后郑重地在黑板上写下了她的结论：我很优秀，我欣赏我自己。

　　黄美廉倾斜着身子站在讲台，满足的笑容从她的嘴角荡漾开来，有一种永远也不被击败的傲然写在她的脸上。同学们的眼睛湿润了，黄美廉的这句话和她那不屈的形象鲜活地印刻在他们的心上。

　　是的，一个人如果太在乎个人形象，再快乐的事情在他眼中也会变得不快乐了。所以，不要为了别人的看法而改变自己的表达方式，不要为了别人的看法而盲目地让自己服从。走自己的路，在别人面前展现真实的自己吧！

与陌生人谈话技巧

很多人在和陌生人交谈时，就感觉如临大敌一般，羞怯、紧张、局促、手足无措，甚至连挤两句应酬话也生涩，平日的伶牙俐齿、妙语连珠也不知躲到哪里去了。可是，在这个缤纷的社会，不愿、不会、不能与陌生人打交道，如何生存？何况，和陌生人交谈正是克服胆怯心理、提高口才的最佳方法。

首先，和陌生人交谈可以体现和加强一个人的自信。心理学实验表明，人类很多特性的分布都有一个规律：特别好和特别差的人各只占2%左右，中间水平的占95%。也就是说绝大多数的人水平都是差不多的，都是正常水平。和正常的陌生人进行一次交谈，能让我们吸收到新信息，也能验证我们对人性的一些观念，还能感受到人与人之间的热情、信任，这些良性的结果必定增强一个人生活的信心。

其次，和陌生人交谈，还能体现个人独立性，有助于人格发展。大家都明白，和熟人打交道，表达的方式依附于社会关系，服从表达人的身份，很多时候并非个人独立意志的表达。和陌生人表达则不一样，互相之间常常作为独立的个体交往，彼此没有切身的利益关系，双方见到的都只是眼前的这个人，不会特殊关照也不会有什么成见，相对客观、平等，这种完全对等的关系，对一个人的人格成长是很有帮助的。

最后，和陌生人交谈，更能锻炼口才和人际沟通艺术。熟人之间，彼此都很了解，不会很注意表达的方式和方法。而陌生人之间的交往从零开始，需要有意识地运用沟通技巧来建立关系，多次下来，人际沟通能力和口才能力就会得到提高。

如果我们因为害怕和陌生人交谈而躲着、藏着，那只会永远没有什么出息，惧怕、不敢当众表达的"病症"也只会越来越重。所以，我们应该"逼"着自己多与陌生人交谈，训练自己与陌生人表达的技巧，培养自己胆大、能言善辩等能力，以更好地在社会中立足。

李力的妈妈是这样训练孩子与陌生人打交道能力的。

儿子刚刚学会表达的时候，她就尽力在任何能够和他人交流的时候，让他先开口表达。

首先，每天刚出门的时候，不管碰到什么人，李力的妈妈都让李力主动打招呼。比如碰到一个女性老年人，妈妈会示意孩子："儿子，说奶奶好！"如果碰到的是男性老年人，就告诉孩子："儿子，说爷爷好！"其他不同年龄的人依此类推。慢慢地，每当遇到这种场合，李力就会马上微笑着和人家打招呼，每个被李力打招呼的人都热情地对他说："小朋友好！"并且还表扬他很懂事，这样，李力就养成了跟别人有礼貌地打招呼的好习惯。

李力的妈妈为了锻炼孩子更好地与陌生人打交道的能力，就经常带着李力到朋友家做客。在朋友的家里，李力的妈妈教孩子该如何懂事礼貌地做客人，教儿子和朋友家里不同的人交流和谈话。

在妈妈有意识地培养和训练下，李力上幼儿园时，表达的技巧就很强。有一次，老师为了了解孩子与陌生人交流的能力，特地请了小区里的一个年轻叔叔来幼儿园里搞测试。轮到李力的时候，那个陌生叔叔说："小朋友你真可爱，来吃块巧克力。你妈妈今天加班，她让我替她来接你。"

李力听了，微笑地回答道："谢谢叔叔，可是我不认识您，不能随便吃您的东西，我们还是去问问老师吧。"

躲在旁边听他们对话的老师频频点头。之后，幼儿园的老师表扬了李力，还夸李力的妈妈教育得好。

李力上小学以后，立刻成为班级中最会和同学和老师交流的人物，同学们有什么问题总会跟他说，让他帮忙解决。

可见，与陌生人交谈、打交道的能力非常重要。一个人只有学会了与陌生人打交道，就能在以后的生活中更好地与人交往，发展自己的口才。

当然，与陌生人交谈要注意技巧。这样，才会让你事半功倍。

第一，寻找能让对方产生共鸣的话题，"粘"住对方。俗话说："物以类聚，人以群分。"每个人的社交圈，其实都是以自己为圆点、以共同点（年龄、爱好、经历、知识层次等）为半径构成的无数同心圆，共同点越多，圆与圆之间重叠的面积越大，共同语言也就越多，也最容易引起对方的共鸣。共同之处包括彼此共同的专业、工作、家乡、熟人、兴趣、爱好等。因此，在与对方搭讪时，一定要留意共同点，并不断把共同点扩大，对方谈起来才会兴致勃勃，谈话才会深入持久。

第二，多谈对方关心的事情。人们最关心的是自己，这是人类最普遍的心理现象。因此，你必须谈对方所关心的，这样，对方会认为你很关心体贴他。

第三，态度要谦逊、低调。有的人各方面条件确实不错，但为什么常常在与别人搭讪时遭到冷语，自讨没趣？关键就是这些人摆出一副高高在上的姿态。谈起事情来眉飞色舞、夸夸其谈，这是令人讨厌的。一般而言，那些经历坎坷、屡遭不幸，最终通过自己的努力而获得成功的人，最能赢得别人的好感。因此，政治家或明星为了赢得支持，往往再三渲染自己童年遭受的不幸和为了取得成功付出的巨大努力，这是一种明智的交际技巧。所以，在与陌生的人交谈时，不妨多谈昔日的坎坷、拼搏的历程，这样往往容易唤起对方的好感和钦佩。

第四，策划"偶然"事件。有时，你可能没有机会和陌生的意中人接触，更谈不上搭讪，在这样的情况下，你不妨给自己"制造"一个机会。一个星期六的下午，一位穿着入时、长相英俊的小伙子手捧一束玫瑰，礼貌地敲一间公寓的门。公寓的主人是联邦德国外交部年轻女秘书凯因斯，打开门后，她面对这位不速之客竟有些不知所措。男士连连道歉："不好意思，我敲错了门，请原谅。"然后，他接着说："请收下这束花，作为我打扰你的补偿。"凯因斯盛情难却，收下了花，并把小伙子邀请进屋。这个"误会"其实是小伙子精心策划的。"众里寻他千百度，蓦然回首，那人却在灯火阑珊处。"许多时候，在不经意间，你也许能遇上让你怦然心跳的异性。这时，不要因为你羞于开口或者支支吾吾而就此错过一段好姻缘。只要你克服恐惧的心理，并且掌握一些交谈技巧，也许就能开展一段美好的感情。

不怕丢脸，勇敢登台

相比与陌生人交谈，不少人对登台演讲更加恐惧。一群人的目光齐刷刷地盯着自己，万一自己说错了就丢脸丢大了……

心跳加速、四肢冰凉、大脑空白——这种情况在很多人身上出现过，却很少有人能清楚地说出自己究竟害怕什么。只有找出自己害怕的是什么，才能对症下药。

萧伯纳不仅是英国杰出的戏剧家，也是一位出色的演讲家。有趣的是，他学演讲的过程也颇具"戏剧性"：他曾经是一个不敢登台的"胆小鬼"。

年轻时，萧伯纳还是一个不爱讲话的人。20岁那年，他来到大城市伦敦，胆子非常小，总是放不开自己，害怕在别人面前出丑。一次，别人请他去作客，他在河堤上走来走去，磨蹭了足足半小时，才壮起胆子走到别人家门前。到了门前，他还是情绪慌乱，不敢去敲人家的门。他心里想："如果在他们家出丑该怎么办啊！"

还有一次，朋友邀萧伯纳去参加学术辩论会，轮到他发言时，他小心翼翼地站起来，讲话却结结巴巴地不知所云，他受到别人的讥笑，有人甚至说他是傻瓜。别人的话伤了他的自尊，他觉得自己就像一个小丑一样。对于年轻时的胆小和恐惧，后来的萧伯纳还坦然承认："很少有人像我这样因为怕出丑而痛苦或极度感到羞耻的。"

当萧伯纳意识到自己怕出丑，不敢大胆讲话这个缺点后，就发愤练习演讲，他决心要把自己的缺点变成优点。为此，萧伯纳为自己制定了一个训练计划——以学溜冰的方法练习演讲。他联想到自己初学溜冰时也很恐惧，但后来在一次次狼狈不堪的摔倒中逐渐熟练掌握了溜冰的技巧。他认为，不怕出丑，就会有进步。同样的道理，如果怕出丑，自己就很难真正地学会演讲。

有了计划后，萧伯纳不放过任何一个开口说话的机会，他不怕出丑了，也不怕别人嘲笑。因为只有这样，胆怯才会渐渐地远离自己，否则，自己永远都只是个胆小鬼。他先是勇敢地报名加入伦敦的一个辩论学会，每星期都坚持当众演讲。刚开始，别人都把他当成一个"小丑"，取笑他，甚至轰他下台，但他始终坚持演讲完毕再下台。他一次又一次地向自己挑战，内心里总是一遍遍地高喊："我不怕出丑！我不怕出丑！"

经过磨炼，萧伯纳的胆子变大了，演讲的信心也足了。萧伯纳从不怕出丑中尝到了甜头，他开始寻找更多的锻炼机会。每逢有公众讨论的聚会，不管是在教堂、学校，还是在公园、码头、市场；不管是在拥挤噪杂的大厅，还是在人流穿梭的大街上，萧伯纳都积极参加。并且，他还全身心地投入到社会运动中，到全国各地去演讲。有人曾做过统计，在此后12年中，他的演讲次数到达了1000多次，几乎整个英国都出现过他的身影。

萧伯纳成功了，但他却饱尝了怯懦、恐惧的煎熬，以及别人讥笑的折磨，可他始终未曾退缩，而是以强大的毅力坚持下来。就这样，他从一个胆小怯懦的青年，变成了上个世纪最出色的演讲家之一。

有人曾问萧伯纳："你是怎样学会声势夺人地当众演讲的？"他笑着说：我固执地、一个劲儿地让让自己出丑，直到娴熟为止！"

萧伯纳学演讲不怕出丑的故事给我们留下了深刻的启示。生活中有很多人不敢当众演讲，一开口就语无伦次，其实这都是一种心理在作怪——生怕出丑、丢面子。勇敢是演讲的前提，自信是成功的秘诀。我们应从萧伯纳的成功经验中吸取智慧，不怕挫折，不懈进取，在追求卓越的口语表达能力的道路上，变渺小为伟大，化平庸为神奇。

对于登台演讲经验欠缺的朋友来说，上台时紧张是在所难免的。紧张不一定全是坏处，但若过度紧张，会使演讲者身上出现思维混乱、辞不达意的情况。如何让自己的心理不至于紧张，有两个有效又有趣的技巧。

· 居高临下的心态

有句诗这样写道："欲穷千里目，更上一层楼。"说的是站得高才能看得远。从演讲的角度看，如果你有了居高临下的心态，就会产生一种优越感，有了这种优越感后，在演讲过程中就会消除紧张心理。

一般说来，父母在子女面前，老师在学生面前，领导在部属面前能够挥洒自如、侃侃而谈，就是前者"站"的位置较高，不是平视，更不是仰视，而是俯视，他自觉不自觉地把自己放在主导者的位置上。因此，对于初学演讲的人，要克服紧张，就得逐步养成这种居高临下的心态。在这个问题上不妨学学阿Q，来个"精神胜利法"。正如卡耐基指出的那样："你要假设听众都欠你的钱，正要求你宽限几天；你是个神气的债主，根本不用怕他们。"

· 想象听众们……

美国著名的幽默大师兼职业演讲人库什纳，他介绍自己缓解紧张情绪，会想象台下的听众们都没有穿衣服。这个方法听上去有点匪夷所思，但的确具有效果，很多演讲者在运用库什纳的绝招时，都证实了效果。你想想，大家都光着身子安坐台下听你的演讲，是不是很可笑呢？

这个方法的奇妙之处在于：用一种可笑的场景给自己制造轻松，从而转移了紧张的情绪。如果你觉得这样想象不太妥当的话，不妨把库什纳的方法当一个笑话。紧张时，想到可爱的库什纳大师居然是这样应对的，哈哈……紧张顿时随着内心的莞尔去了爪哇国。

　　对于演讲的紧张问题，林语堂的方法比库什纳要"道德"一点，他说他喜欢"想象听众们都欠自己的钱"。林语堂说他一想到听众都欠自己的钱，就顿时如债主般精神抖擞意气风发。不过，你可不能因为自己是债主而趾高气扬——凡事不要过，过犹不及。

口吃并不可怕

只要有信心，只要有胆量，只要有勇气，一个口吃者也可以站上大众的舞台。也许他的话未必很出彩，但在这个过程中，他能获得一份肯定。

2007年10月9日，"北京口吃协会"公益组织的四名成员在北海公园永安寺的一角，通过演讲的形式向游人宣讲口吃常识，并呼吁人们正确对待口吃患者。

成员小张说：非常感谢你能聆听我的演讲，不知道你是否听得出来，其实我是一名口吃患者……

23岁的口吃患者小超也在一处凉亭内向正在小憩的游人们进行了演讲：我以前是一名严重的口吃患者，并自卑地以为"天下唯我独吃"，但是通过一年多有意识地与人进行交流，现在我的口吃症状已经改善了许多……

虽然小超演讲的时候难掩害羞地红着脸，但是他的真诚还是让周围的人将视线转向他，认真地聆听。

当唯一的女成员秋颖登场时，因为过度紧张而一时说不出话，这时，周围的人群中立即爆发出鼓励的掌声，给秋颖打气说："别害怕，姑娘，大点声儿。"

在祖国的另一个城市，另一群口吃的人也在做演讲的训练：

某日上午10时许，西安雁塔区西苑一个亭子旁围了不少人，亭内两个年轻人拉着"当众演讲训练营"的大红旗子，其他12名小伙子一个接一个上来站在旗子前做演讲。

一个年轻人讲道：今天来这里演讲的是一群"吃友"，也就是"结巴"，但大家都为了战胜自己在这里训练，讲得不好请大家见谅。我是一个"结巴"，因为上小学一年级时看班里其他同学口吃，觉得好玩就跟着学，谁知竟然让我坠入了口吃的深渊，竟然改不过来了，口吃一下让我痛苦了18年呀！今天我敢站在这里，都是锻炼的结果，两年前我和陌生人面对面还说不出话呢！所以，朋友们，千万不要学别人口吃哦！

这个年轻人大胆的演讲引来了群众阵阵的掌声，旁边一位男士微笑着说："'结巴'演讲得比我还好呀！"

到下午，这群"吃友"要去环城公园做释放训练，他们在公交车上继续演讲，给车上的人们带来欢笑。14时许，几个年轻人在环城公园内的演讲训练又开始了。他们十多个人轮番站在由他们自己围好的圆圈中间，喊着："我演讲！我勇敢！我快乐……"

一个年轻人对路人讲："虽然我们口吃，但我们也要大声演讲。"

事实上，口吃不可怕，有口吃的人也可以获得成功，也不妨碍他们做影视演员、配音演员、演说家、歌手等。比如偶像派影视明星周迅、王学兵，话剧演员蓝天野，著名配音演员童自荣，中国摇滚音乐之父崔健等，都有过口吃。

古代希腊演说家德漠斯蒂尼斯从小口吃，但立志要当一个优秀的演讲者。为矫正口吃，使口齿清晰，他将小石头含在嘴里不断地练。据说他曾把自己关在屋里练习，为避免别人打搅，竟把头发剃去一半，成了"阴阳头"，"逼"自己专心地练口才。经过12年刻苦磨炼，终于走上成功之路。

说起冯友兰，清华的老学生们第一个想起的竟是冯老口吃的毛病。"慧心者多口吃"，看来此话说得似有几分道理。在清华，冯老的口吃与他的哲学成就一样闻名。传说，冯老念墨索里尼，亦必"摸索摸索摸索"许久，一句"学而时习之"的"而"字，要"而"一分多钟，在学生中传为笑谈。

然而在杨振宁看来，"冯先生把他的口吃转化成一个有用的演讲办法"。他说，口吃的人通常演讲不容易成功，于是每当口吃的时候，冯老都停顿一下，这样一停顿反倒给听众一个思考他接下来讲什么的机会。并且在这个情形之下，他后来讲的话，往往简要而精辟，这也是很多学生喜爱听冯友兰讲座的原因。

可见，口吃的人只要对自己多一些信心、多一些肯定，也可以成为一个口才高手。

不要害怕说错话

有这么一些人，他们不敢在众人面前表达，是因为害怕说错话、害怕出丑。他们总是这样暗示自己："写错的字可以涂改，说错的话却如飞出去的箭无法回头，因此，在表达时要谨防失当。"因噎废食的结果可想而知，这些人越来越沉默、越来越成为社会的弃儿。其实，世上哪有常胜将军呢？表达亦如此，即使是在竞选中脱颖而出的美国前总统福特，也说过"中国主要住着中国人"之类的蠢话。

所以，不必担心自己会说错话，即便说错了也没什么，完全可以补救嘛！

下面介绍几种在言语失当时如何巧妙化解的招数。相信会对那些总担心说错话而宁做"哑巴"的人有所帮助。

· 及时改口

历史上和现实中，许多能说会道的名人在失言时仍死守自己的城堡，因而惨败的情形不乏其例。比如1976年10月6日，在美国福特总统和卡特共同参加的、为总统选举而举办的第二次辩论会上，福特对《纽约日报》记者马克斯·佛朗肯关于波兰问题的质问，作了"波兰并未受苏联控制"的回答，并说"苏联强权控制东欧的事实并不存在"。这一发言在辩论会上属明显的失误，当时立即遭到记者反驳。但反驳之初，佛朗肯的语气还比较委婉，意图给福特以更正的机会。他说："问这一件事我觉得不好意思，但是您的意思在肯定苏联没有把东欧化为其附庸国？也就是说，苏联没有凭军事力量压制东欧各国？"

福特如果当时明智，就应该承认自己失言并偃旗息鼓，然而他觉得身为一国总统，面对着全国的电视观众认输，绝非上策，于是继续坚持，一错再错，最后为那次即将到手的当选付出了沉重的代价。刊登这次电视辩论会的所有专栏、社论纷纷对福特的失策做了报道，他们惊问：

"他是真正的傻瓜呢，还是像只驴子一样的顽固不化？"

卡特也乘机把这个问题再三提出，闹得天翻地覆。

高明的纵横家在被对方击中要害时决不强词夺理，他们或点头微笑，或轻轻鼓掌。如此一来，观众或听众弄不清他葫芦里藏的是什么药。有的从某方面理解，认为这是他们服从真理的良好风范；有的从另一方面理解，又以为这是他们不屑辩解的豁达胸怀，而究竟他们认输与否尚是个未知的谜。这样的纵横家即使要说也能说得很巧，他们会向对方笑道："你讲得好极了！"

相比之下，美国总统里根访问巴西，由于旅途疲乏，年岁又大，在欢迎宴会上，他脱口说道：

"女士们，先生们！今天，我为能访问玻利维亚而感到非常高兴。"

有人低声提醒他说溜了嘴，里根忙改口道：

"很抱歉，我们不久前访问过玻利维亚。"

尽管他并未去过玻利维亚。当那些不明就里的人还来不及反应时，他的口误已经淹没在后来的滔滔大论之中了。这种将说错的地点、时间加以掩饰的方法，在一定程度上避免了当面丢丑，不失为补救的有效手段。只是，这里需要的是发现及时、改口巧妙的语言技巧，否则要想化解难堪也是困难的。

· 巧妙转换话题

错话一经出口，在简单的致歉之后立即转移话题，有意借着错处加以发挥，以幽默风趣、机智灵活的话语改变现场上的气氛，使听者随之进入新的情境中。

有一个新毕业的大学生去某合资公司求职，一位负责接待的先生递过来名片。大学生神情紧张，匆匆一瞥，脱口说道："滕野先生，您身为日本人，抛家别舍，来华创业，令人佩服。"那人微微一笑："我姓滕，名野七，地道的中国人。"大学生面红耳赤，无地自容，片刻后，神志清醒，诚恳地说道："对不起，您的名字使我想起了鲁迅先生的日本老师——藤野先生。他教给鲁迅许多为人治学的道理，让鲁迅受益终生。希望滕先生日后也能时常指教我。"滕先生面带惊奇，点头微笑，最终录用了他。

·将错就错

这种方法就是在错话出口之后，能巧妙地将错话续接下去，最后达到纠错的目的。其高妙之处在于，能够不动声色地改变表达的情境，使听者不由自主地转移原先的思路，不自觉地顺着演讲者的思维而思维，随着演讲者的话语而调动情感。

纪晓岚称皇上为"老头子"，不巧被皇上听到，龙颜大怒。纪晓岚急中生智，说："皇上万岁，谓之'老'；贵为至尊，谓之'头'；上天之子，谓之'子'。"皇上听了，转怒为喜。

纪晓岚的将错就错令人叫绝。错话出口，索性顺着错处接下去，反倒巧妙地改换了语境，使原本轻慢的失语化作了尊敬的称呼，颇有些点石成金之妙。

·借题发挥

素有"东北虎"之称的张作霖虽然出身草莽，却粗中有细，常常急中生智，突施奇招，使本来糟透了的事态转败为胜。

有一次，张作霖出席名流集会。席上不乏文人墨客和附庸风雅之人，而张作霖则正襟危坐，很少表达。席间，有几位日本浪人突然声称："久闻张大帅文武双全，请即席赏幅字画。"张作霖明知这是故意刁难，但在大庭广众之下，"盛情"难却，就满口应允，吩咐笔墨侍候。这时，席上的目光全都集中在张作霖身上，几个日本浪人更是掩饰不住讥讽的笑容。只见张作霖潇洒地踱到桌案前，在满幅宣纸上，大笔挥写了一个"虎"字，左右端详了一下，倒也匀称，然后得意地落款"张作霖手黑"，踌躇满志地掷笔而起。

那几个日本浪人面对题字，一时丈二和尚摸不着头脑，不由得面面相觑。其他在场的人也是莫名其妙，不知何意。

还是机敏的秘书一眼发现了纰漏，"手墨"（亲手书写的文字）怎么成了"手黑"？他连忙贴近张作霖身边低语："大帅，您写的'墨'字下少了个'土'，'手墨'写成了'手黑'。"张作霖一瞧，不由得一愣，怎么把"墨"写成了"黑"啦？如果当众更正，岂不大煞风景？还要留下笑柄。这时全场一片寂静。

只见张作霖眉梢一动，计上心来，他故意大声呵斥秘书道："我还不晓得'墨'字下面有个'土'？因为这是日本人索取的东西，不能带土，这叫寸土不让！"语音刚落，立即赢得满堂喝彩。

那几个日本浪人这才领悟出意思来，越想越觉得没趣，又不便发作，只得悻悻退场。

· 自己批驳

这个方法很简单，也很有实效。比如："我认为公司的发展在近期不理想……"说着说着，发现自己把意思说反了。这时，可以停下来，问："大家认为这个看法对吗？"不等别人回答，自己马上抢先给出答案："很显然，这个看法是错误的。"然后再针对自己之前的口误进行批驳，别人还以为你开始的说辞是故意在给自己"树靶子"，哪会想到你是口误？

第四章　表达，重在精准

　　任何事物，不管是多复杂的现象、多深奥的思想，说到底也就是经过概括和抽象后的认知。而这些认知就是事物的精华与核心，只要你能抓住并领悟它，就能触类旁通。所以，如果你能用精准的语言，条理分明地将自己的观点加以表述，或将对方思想、观点上的实质部分一一揭露，便能收到"片言以居要，一目能传神"的效果。

关注他的需求，支持他的立场

　　每个人在与他人进行沟通时，不管是一对一的沟通还是团队的交流，都渴望掌握一定的话语权，让自己成为主导，让其他人跟着自己的思路走。这源于人的天性。但这么做的结果并不一定有利，因为一味地让他人紧跟你的思路，就无法明白对方真正的想法，也很难在交流中让彼此的信息互相自由地不受阻碍地传递。

　　与人相处和聊天，最重要的是尊重对方，不以自我为中心，摒弃"我"的观念，关注对方的需求，支持对方的立场。毕竟你的世界，也需要别人来点缀，而不是孤芳自赏。

　　无论你的生长环境、社会地位、学识、外貌是怎样的，只要你懂得站在他人的角度，心怀真诚地关注他人的需求，就一定能收获到人们的欣赏。这要求我们理解和支持别人的立场，并想方设法为他们出谋划策，这样才能赢得他们的认可。

　　1915 年，小洛克菲勒还是科罗拉多州一个不起眼的人物，他自己还未能富可敌国。当时高速发展的美国工厂与工人矛盾不断，并发生了美国工业史上最激烈的罢工，时间长达两年。

　　无比愤怒的矿工们坚持要求科罗拉多燃料钢铁公司提高薪水，从而改善他们的生活。小洛克菲勒此时正负责管理这家公司。由于群情激愤，公司时刻有破产的风险。政府派出的军队前来镇压，使得企业与工人的冲突更加恶化，造成了大范围的流血事件。但是，小洛克菲勒此时却用一段动情的演讲稳住了矿工的情绪，赢得了罢工者的信服。

他是如何做到的呢？

小洛克菲勒先是拿出几个星期的时间去结交矿工朋友，充分了解矿工面临的问题和要求，并站在矿工的角度，向罢工者代表发表了一次充满真情的演说。这可称之为一次传奇的演讲。它解决了美国政府当时最为头疼的问题，更为他自己赢得无数赞扬。

演说的内容是这样的：

这是我一生当中最值得纪念的日子，因为这是我第一次有幸能和这家大公司的员工代表见面，还有公司行政人员和管理人员。我可以告诉你们，我很高兴站在这里，有生之年都不会忘记这次聚会。假如这次聚会提早两个星期举行，那么对你们来说，我只是个陌生人，我也只认得少数几张面孔。由于上个星期以来，我有机会拜访整个附近南区矿场的营地，私下和大部分代表交谈过。我拜访过你们的家庭，与你们的家人见过面，因而现在我不算是陌生人，可以说是朋友了。基于这份互助的友谊，我很高兴有这个机会和大家讨论我们的共同利益，满足我们共同的权益。

由于这个会议是由资方和劳工代表所组成，承蒙你们的好意，我得以坐在这里。虽然我并非股东或劳工，但我深深地感觉到与你们关系密切。从某种意义上说，我也代表了资方和劳工。我渴望从劳工的角度解决问题。

这是多么真诚的话语，小洛克菲勒最终表达出了矿工们心中最真实的想法，获得了矿工的认可，成功地解决了这次矛盾冲突。

全球知名的寿险推销大师埃尔默·莱特曼说："你明天要遇见的人，有四分之三是渴望被认可或者被体谅的。给他们认可或体谅，他们即刻就会喜欢你。"的确，同情对方的处境，或者认可对方的想法，都会迅速地拉近彼此的距离。不论对方是陌生人，还是你的敌人，这都是有效的做法，可以向对方传递温暖，释放自己的善意。

话要有关键点

人们常问，如何才能更好地表达出自己真实的思想和感情呢？

如果我们留心那些口才大师，就会发现他们都喜欢而且善于运用简洁明了的语言。语言的精髓，在精而不在多。口才最差的人，往往可能就是那些喋喋不休的人，说了一大堆，也没有说出主旨，还以为自己很棒。事实上，要真正地将自己的话说得让人明白，就必须让自己的语言简练，要能在最短的时间内让对方明白你所说的意思。

美国前总统罗纳德·里根，是美国历史上最长寿的总统。在里根的政治生涯中，留下了很多脍炙人口的精悍之语。1964年，里根代表戈德华特参加总统竞选发表的全国电视讲话，他说："我们必须捍卫自由，否则自由将离我们而去。"这句话成为当年风靡美国的名言，让里根在政界声名鹊起。1980年，里根在新罕布什尔州参加总统初选辩论时，有人试图关上他的麦克风，里根当即抗议："布林先生，我正为这个麦克风付钱。"这句话的意思是"我"是候选人，同时也是纳税人，"我"有权力使用麦克风。果然，里根的麦克风没有被关闭。而1981年3月底，里根遭到枪击后，在急救病房里对妻子南希所说的"亲爱的，我忘了蹲下"，更是让人闻之动容。

林肯曾说：在一场官司的辩论过程中，如果第七点议题是关键所在，我宁愿让对方在前六点占上风，而我在最后的第七点获胜。这一点正是我经常打赢官司的主要原因。这里让我们一起看一下林肯是怎样用他的办法打赢一场著名官司的。

在那个官司审判的最后一天，对方律师整整花了两个小时来总结此案。林肯本来可以针对他所提出的论点加以驳斥，但他并未那样做，而是将论点集中到了关键点上，总共花了不到一分钟的时间。最后，林肯赢得了这场官司。

无论我们平时和什么样的人表达，都要让对方在最短时间内明白自己的意思，要让对方被自己说服，就必须找出问题的关键点。这也叫作"抓住一点，不及其余"。"言不在多，达意则灵。"讲话简练有力，便能使人兴味不减。有理不在话多。对于那些拥有高超口才的人，除非万不得已，否则尽量不要与别人周旋绕圈，而是抓住关键，简明干脆地将自己的意思传递出去。

多言不是精准

夜路走多了，自然容易碰上鬼；说话说多了，自然容易嚼到自己的舌头。曾国藩曾说过："人生坏事的两个因素，一是自傲，二是多言。多言生厌，多言招祸，多言致败，多言无益。"

《笑林广记》中有一则笑话。说有人在家设宴款待帮助过他的人，一共请了四位客人。将近晌午，还有一人未到，于是自言自语道："该来的怎么还不来？"一听到这话，一位客人心想："主人这么说，那么我是不该来了？"于是起身告辞。主人很后悔自己说错了话，便道："不该走的又走了"，另一位客人心想："难道是说我是该走的了？"于是也起身告辞。主人因自己表达不周把客人气走了，十分懊悔。妻子也埋怨他不会说话，于是他辩解道："我说的不是他们啊。"最后一位客人一听这话，心想："不是他们！那只能是我了！"于是叹了口气，也走了。

这则笑话当然有些夸张。将生活中常见的事情进行夸张，是形成笑话的一个重要手法。但笑话归根到底也是如艺术一般，尽管高于生活，但来源于生活。

《鬼谷子·本经符》中有云："言多必有数短之处。"这就是成语"言多必失"的出处。为什么言多必失，我们可以从两个角度来分析这个问题。首先，任何一个人都客观存在一定的语言失误率，从概率的角度来说，"言"的基数越大，失误的绝对数目就会越大；其次，言语过多，难免把时间与精力侧重在说上了，给思考留的时间与精力过少，必然会增加语言的失误率。

我们从小就知道，做人要"知无不言，言无不尽"，意思是知道的就要说，要说就毫无保留地说。但长大后却发现，这句箴言是有问题的。首先，什么是"知"，是"真知"还是你所"知"？其次，如果什么都"知无不言，言无不尽"的话，人岂不成了一台不知停歇的喇叭？再者，无所顾忌的"言"，难免变成伤人的刀。

邻居老张和妻子干架，令老张脸上挂彩。有好事者问你"老张伤从何来"。你"知无不言"地说明来由，有必要吗？然后还"言无不尽"地传播他们之所以干架的原委，不是多事？一句"不太清楚啊"的回答，岂不是很好。要是好事者继续诱导你："听说是老张妻子发飙……"你就装糊涂，来一句"是吗？我不清楚"给打发了，不是很好吗？

聪明的人，在非原则问题上懒得作计较，在细小问题上懒得去纠缠，对不便回答的问题佯装不懂，对有损自身的问题假作不知，以理智的闭嘴化险为夷，以聪明的闭嘴平息可能发生的种种矛盾。一个人唯有静下心来，才能集中精力，才能心地空澄，才能明察秋毫，才能多听、多看、多想，才能不鸣则已，一鸣惊人。而且，因为你恰如其分的闭嘴，无疑给别人留下了足够广阔的表演空间，而你则是一个好听众、好观众，这样无疑是会赢得别人的好感与尊重的。

精准表达的三个原则

记得有位作家在领一个文学奖时，应邀发表了这样的即兴演讲："瓜田里有很多瓜，我是一个瓜，并不比别的瓜大、好，只是长在路边上，被人发现了。"

作家将自己比作普通的瓜，被人发现只不过是运气好而已，谦逊、雅致而又幽默。感言简洁，但绝不简单，其含义深刻，让人听后难忘。

一个人要在社交中做到表达简洁却不简单，真正让自己的口才"秀"起来，需要从以下三个方面加强。

首先，学会概括。我们在交流思想、介绍情况、陈述观点、发表见解时，为了让对方能够很快了解自己的表达意图，领会要领，往往要使用高度概括、十分凝练的语言，提纲挈领地把问题的本质特征描述出来，以达到一语中的、以少胜多的效果。很多伟人都有这种能力，他们善于把握形势，抓住问题的症结，且能用精准的语言加以概括描述，其作用和影响非同一般。恩格斯曾说："言简意赅的句子，一经了解，就能牢牢记住，变成口号。"难怪毛泽东同志的"星星之火，可以燎原""人不犯我，我不犯人，人若犯我，我必犯人"等名言警句至今仍闪耀着真理的光辉。

其次，学会应急。由于受客观环境的限制，有时容不得你长篇大论，侃侃而谈。例如在战场上、在抢险工地、在各种危急关头，甚至是一对情侣在汽笛拉响的站台前话别，根本来不及去高谈阔论。

此时，唯其简明扼要的话语，才能显示其特有的锋芒。反之，在紧急关头作长篇大论，则事与愿违。比如，1812年美国独立战争全面爆发前夕，美国政府召开紧急会议讨论对英宣战问题。会上，一位议员的发言从下午开始一直持续到午夜，发言者竟然不理会会场上许多议员四起的鼾声。结果另一位议员又急又怒，用痰盂向发言者头上掷去，才结束那人的发言。待通过决议时，英国人已经打到了美国人的家门口了。很显然，这种"马拉松式"的发言，超出了听众的心理承受能力，不但无法让人接受，而且因贻误战机所造成的损失更是难以计算。如果说写文章可以"有话则长，无话则短"，那么，在快节奏的今天，表达应该提倡"有话则短，无话则免"的原则。

最后，学会通俗。简洁的语言一般通俗明快，若要追求辞藻的华丽、句式的工整，则必然显得拖沓冗长。

要使自己的语言简洁凝练，不是一件很容易的事，从"两句三年得，一吟双泪流""吟安一个字，捻断数茎须"等名句中，我们似乎揣测到古人追求语言简洁精当的良苦用心。如何使自己的语言达到"少而准""简而丰"，重要的是要培养自己分析问题的能力，要学会透过事物的表面现象，把握住事物的本质特征，同时要善于综合概括。在此基础上形成的语言，才能做到准确而精辟，有力度和魅力。

不说废话，一语中的

据《歌德传》记载：以《少年维特之烦恼》《浮士德》等不朽名著蜚声世界文坛的德国大诗人歌德，在青年时代攻读的不是文学而是法学，曾获得法学博士的学位，成了一名律师。

有一次，有人请歌德在法庭上担任辩护律师。这位年轻的律师心潮澎湃，热情很高，他一走上法庭，就发表了一通演说："啊，如果喋喋不休和自负竟能预先决定明智的法院的判决，而大胆和愚蠢竟能推翻已得到证明的真理……简直是很难相信，对方居然敢向你提交这样的文件，它们不过是无限的仇恨和最下流的谩骂热情下的产物……啊！在最无耻的谎言、最不知节制的仇恨和最肮脏的诽谤的角逐中受孕的丑陋而发育不全的低能儿……"

这一段"带有一股热情的行吟诗人的气味"的辩护词，辞藻华丽而很有热情，充分显示了歌德潜在的文学才能，可惜效果并不好，旁听席上的听众公开表示对这种辩护的不满，并不时发出低低的嗤笑声，法官也微笑着摇摇头。对方的律师抓住这个机会狠狠地驳斥和讥笑了他。

歌德被激怒了，随即用一种"戏剧性的感叹"来继续他的发言："我不能再继续我的发言……需要有一种超人的力量，才能使生下来就瞎眼的人复明。而制止住疯子们的疯狂——这是警察的事。"

这次连法官们也不能保持缄默了，法官向他指出，这样的发言不能被允许，法庭上不能用这种语言来进行辩护。歌德的第一次出庭辩护就遭到旁听者的非议，受到法官们的指责，以失败而告终。

后来，歌德思虑再三，终于放弃了律师的生涯，转而从事文学创作。

少年时代起就才华横溢、傲视一切的歌德，具有驾驭语言非凡的能力，但他的辩护为什么却失败了呢？

歌德的辩护之所以失败，主要是因为用语华而不实，好听却没有说服力。歌德的辩护词在语言的形象、辞藻的华丽方面下了很大的功夫，他所选用的词语形成一种文艺语体，用这种语体表达，简直如同诗人在朗诵诗歌，戏剧家在琢磨台词。而他作为律师，其角色也就变换了，优美的文学语言与他的角色发生了冲突，与法庭这一特定的场合严重失调，它根本不是辩护词，自然也起不到辩护的作用。对于法庭来说，它只是一堆无济于事的"漂亮的废话"，所以歌德辩护的失败是必然的。

在平时的谈话中，运用口才虽然不是法庭辩论，但同样要摒弃那些卖弄辞藻、华而不实的话。质朴的语言是最美的语言，华而不实的话往往令人生厌。

《战国策》中记载着这样一个故事，姚贾面对韩非的诽谤，用有条有理、逻辑严密的口才逐一辩白，维护了自己的尊严。

燕、赵、吴、楚四国结成联盟，准备攻打秦国。秦王召集了大臣和宾客们商讨对待。秦王说："目前四国已经结成联盟，对秦不利，我国目前正处于财力衰竭的状况，百姓听到这个消息后纷纷逃到其他国家去了，我们该怎么办呢？"大臣、宾客们都默不作声。姚贾说："我愿意出使四国，破坏他们的阴谋，阻止战争爆发。"

于是，秦王为姚贾准备了百辆车和千两黄金，并且，让他穿着自己的衣服，佩带自己的剑。于是，姚贾辞别秦王，拜访四国。姚贾此次出行，不但阻止了战事发生，还与四国建立了友好的外交关系，秦王对此非常满意，并封他为上卿。

韩非得知此事后，对秦王说："姚贾携带金银珠宝等贵重礼品，出使荆、吴、燕、代等地，长达三年之久，这些国家未必是真心与秦合作。姚贾是想用大王的钱财，私自结交诸侯、权贵，请大王明察。再说，姚贾身份低微，只不过是魏都大梁一个守门人的儿子，曾在魏国有过偷盗的行为，虽然在赵国当过官，但是后来因种种原因被驱逐出境了，这样一个人，怎么能让他参与国家大事呢？"

秦王将姚贾叫来说："我听说你私下里用秦国的财产，去结交各国诸侯、权贵，有这样的事吗？"

姚贾说："有这样的事。"

秦王一听，顿时大怒："那你还有什么面目来见我？"

姚贾说："昔日曾参孝敬父母，任何人都希望有这样的儿子；伍子胥尽忠报主，每位诸侯都希望得到这样的臣子；贞女擅长女工，每一位男子都希望娶这样的女子为妻。我对大王忠心耿耿，可大王却不知道，如果我不把珠宝送给那四个国家的诸侯，怎么能让他们归顺秦国呢？大王再想想，如果我对大王不忠，那四个国家的国君又怎么能相信我呢？夏桀因听信谗言，而杀害了忠臣良将关龙逢，纣王因听信谗言，而杀了比干，结果国破身死。现在，大王又听信谗言，以后还会有忠臣为您出力吗？"

秦王说："我听说你是魏都大梁一个看门人的儿子，而且有过偷盗行为，虽在赵国做过官，但最后却被赵国驱逐出来了。"

姚贾不卑不亢地说："姜太公是一个被老婆驱赶出家门、连猪肉都卖不出去的齐人，在荆津时，即使做劳力都没有人雇用，可最终却建立了丰功伟业。管仲只不过是齐国边界的一个小商贩，在南阳的时候非常贫穷，在鲁国时曾经被囚禁，最后却帮助齐桓公建立了霸业。百里奚只不过是虞国的一个乞丐，其身价只值五张羊皮，穆公任用他作为宰相，而使西戎各少数民族诚服。文公任用中山国的盗贼，而打了胜仗。这四位贤人，都没有显赫的身世背景，出身也并非高贵，甚至是曾被命运抛弃，可最终却取得了出色的成绩，主要原因是得到了明主的重用。倘若人人都像卞随、务光、申屠狄那样，谁还能心甘情愿为国效命呢？因此，英明的君主是不会计较臣子以往的过失、不会听信他人谗言的，他们只会考验臣子们的能力，然后加以重用。大凡能保住江山社稷的人，不会听信谣言，不会封赏没有功绩的人。这样，臣子们就不敢用虚名欺骗国君了。"

秦王说："的确如此。"于是，保留了姚贾的职务。

综观姚贾的自我辩白，有条有理、逻辑严密。我们在说理时，也要做到一件一件地来、一条一条地说，切不可东扯葫芦西扯叶，让人听了云里雾里。此外，不管引证了多少事实、典故，多少知识，都要纳入逻辑的轨道，才能具有无可辩驳的说服力。离开了逻辑规则，再生动的事例，再迷人的故事，你的听者都可能无动于衷。我们只有用逻辑的法则，把要表述的思想、事例、典故等材料有机地组织起来，组成很有逻辑性的讲话，才能达到正面说理的目的。

但有一点需要注意，在运用逻辑方法进行说理的时候，不能够讲歪理，说反逻辑，也就是将不正确的说成正确的。事实胜于雄辩，任何不正确的事情一旦放在光天化日之下，都会露出马脚的。没道理的话听者不服，有道理没有事实，道理无所依托，听者口服而心并不一定服。所以说理时要以事实为基础。大家都有这样的体验，向人讲总结出来的一般原则，与介绍个性化的事例或实践经验相比，人们更容易接受后者。

《一个遗臭万年的日子》是美国第32届总统罗斯福的著名演说。全文不到1000字，少有带浓厚感情色彩的语言，几乎没有渲染和铺张的话语，列举敌国侵略罪行不用贬词，宣布如此令人愤慨的事件竟不见激昂。演说有分析、有判断、有决定、有抨击、有号召，但所有这些，都建立于陈述事实的基础上。事实是最有说服力的。在这个演说发表的第二天，美国即向全世界宣布——美国同日本处于战争状态。

我们在引用事实进行说理时，要注意事实与观点的一致性，切不可让事实与观点相游离或相违背。列宁指出，没有比胡乱抽出一些个别事实和玩弄实例更站不住脚的。罗列一般例子是毫不费劲的，但这是没有任何意义的，因为在具体的情况下，一切事物都有它个别的情况。这就告诉我们，正面说理引用事实不但要典型，而且更要具备普遍意义。

第五章　掌握精准表达的技巧

　　话总是说给别人听的，至于说得好不好，不仅要看话语能否适当地表达自己的思想感情，也要看别人能不能理解并乐于接受。

　　如果你说的话别人不爱听，那么这样的谈话还有什么意义呢？所以，当你在表达或与人交谈时，尽量使用对方认同的语言，谈论对方熟悉和关心的话题，并且视具体情况灵活应变，以便在迎合对方心理的同时，也赢得对方的好感。

表达不要口气太硬

"争强好胜""不甘人下"有好处也有不好，要正确发挥他的积极作用，注意把它用在恰当的地方，倘若为鸡尾蒜皮的小事与别人争个你死我活，不想在言语上输给别人，这就违背了争强好胜的真实意义。

一位老师在给学生批改作文时发现，某学生竟然在作文中公然责骂自己，愤怒的情绪顿时充满了老师的胸间，他想找到这位同学，并严厉地批评他一顿。但他转念一想，如果把该学生叫到办公室，声色俱厉地指责一番，未必会起到什么效果，反而会引起学生的反感，还可能激发一场争吵。于是，他找到这位同学后，说："同学，老师知道有时候自己做得不够好，忽略了同学们的感受，不过老师可以肯定地说，这都是为了你们好。以后，老师再有什么地方做得不好，你来告诉老师可以吗？"该学生之前严肃、戒备的表情顿时缓和了，对老师说："老师的做法虽然是为了学生好，但也要讲究方法，我为我的行为向您道歉。"就这样，交谈气氛一下子放松了许多，一场可能爆发的争吵，就这样被"软话"化解得一干二净了。

与人交谈过程中，无论是在言语上，还是行为上都不要表现出比别人强，否则很容易激发别人的好胜心。一旦这种情况发生了，对方势必会筑起一堵心理防御墙，对你严加防范，这对进一步交流没有任何好处。与人交谈时，如果想让对方敞开心扉与你深入交谈，最好的办法就是让对方产生一种优越感。这一点非常重要。

华盛顿特区有一位名演员，他是出名的花花公子，为他倾心的女性数不胜数，其中一位是这样形容他的："他在女孩子面前总表现出一副弱小无助的模样，表达时很容易触动我的'母性'本能，他经常说：'我真笨，连鞋带都系不好'，每当他这样贬低自己时，我就会凡心大动，不由自主地去接近他。他就是靠这种方法赢得女性的欢心的。"

好胜心人皆有之，若要广结人缘、扩大人际关系，就应该心甘情愿地成全别人的好胜心。否则辛苦建立起来的友谊，就很容易被人们争强好胜的心态所破坏。

生活中存在这样一种现象：很多人喜欢"人前显贵"。凡事都要与人分个高低胜负，目的是让别人知道自己的智慧有多高，显示自己是个多么有想法、多么厉害的人。

这种人只要与人搭上话，马上就针锋相对，不管别人说什么，他们总要予以反驳。当你说"是"时，他们一定要说"否"；当你说"否"的时候，他们又会说"是"了。总之，事事都要出风头，时时都想显示自己。实际上，这样的人，并不一定是才华横溢的人，很可能是胸无点墨、头脑空空、没有主见的人。

这种与人抬杠争风的做法，并不是智者所为。凡事都想抢占上风的人，在与人抬杠时，都摆出一副不把别人逼进死胡同誓不罢休的架势，其下场不用说大家也清楚。

不知道这样的人有没有想过，虽然在口头上赢了对方，但又得到些什么呢？只不过是赢得了一些虚荣心罢了，而付出的代价，却是友谊的破裂与个人形象的毁灭，实在不值得。

与人交谈时，那些喜欢自我表现的人，在别人眼里，只是一个跳梁小丑，难成什么大器，没有人愿意与这样的人打交道。

生活中有些人常常会得理不让人，无理争三分。相反，有些人虽真理在握，却不声不响，得理也让人，显出君子风度。前者往往是生活中的不安定因素，而后者天生就具备一种吸引力，让人们心甘情愿地围绕在他的周围。

事实上，人们争论的往往是一些不值一提的小事，因为这些小事，而逞强与人争辩实在没有意义。为了给自己创造一个好的生活及工作环境，聪明人都善于退让，关键时刻充当个"愚者"，不在他人面前显露自己，变主动为被动，这样一来，不但尊重了别人，还赢得了对方的好感，真可谓一举两得，我们何乐而不为？

委婉的表达技巧

据说外国人来到中国，尽管对汉语的听写读已经很利索了，但还是会经常陷入交流的障碍之中。他们普遍的难处是：中国人表达太委婉含蓄了。明明一张口就能说清楚的事情和道理，却喜欢旁敲侧击、左右迂回。就像舞台上唱京剧的演员，本来三两步就可以直达目的地，却偏要甩着长长的水袖，踩着细碎的莲花步，锵锵锵锵地绕个大圈子。

和京剧一样，中国人委婉含蓄的表达，也被称为艺术。外国人不理解不适应就让他们慢慢适应，反正中国人不但适应而且乐于这样，并且在某些情况之下必须这样。比如，在农村若是谁家大龄女子还未婚配，人们可不能说"她还没有找好对象"或"她还没有嫁出去"，常见的得体说辞是："她还没有动姻缘。"按照农村的说法，姻缘是天定的，因此，大龄女子未婚配和她自身的素质或其他客观原因无关，只是因为婚姻的缘分没有到而已。同样有趣的，要是谁家媳妇还没有生过娃，普遍的说法是："她没解过怀。"女子解怀指哺乳婴儿，用"没解过怀"来代指未育，真是委婉得很。

除了那些约定俗成的婉语之外，在我们生活中，还不停地创造着新的婉语与表达方法。在委婉含蓄、曲折迂回的表达中，人们快活地做着一种开发智力、融洽氛围的猜谜游戏。

有个老人带着儿子在镇上卖夜壶。老人在南街卖，儿子在北街卖。不多久，儿子的地摊前有了看货的人，那个看了一会儿，说道：

"这夜壶大了些。"那儿子马上接过话茬："大了好哇！装的尿多。"那人听了，觉得很不顺耳，便扭头离去。

走到南街，看到了老人的摊子，自言自语地说："怎么都太大了点。"老人听了，笑了一下，轻声地接了一句："大是大了些，可您想想，冬天里，夜长啊！"

一句意味深长的话，说得那人会意地点了点头，继而掏钱买货。

父子俩在一个镇上做同一种生意，结果迥异，原因就在会不会表达上。我们不能说当儿子的话说得不对，他是实话实说。但不可否认，他的话说得欠水平。而老人则算得上一个高明的生意人。他先认可了顾客的话，然后又以委婉的话语说"冬天里，夜长啊"，这句看似离题的话说得实在是好，它无丝毫强卖之嫌，却又富于启示性。其潜台词不言而喻。这种设身处地地善意提醒，顾客不难明白。卖者说得在理，顾客买下来也就是很自然的了。

口才高手并非指那些说起话来锋芒毕露、刀刀见血的人。真正的口才高手表达张弛有度，进退适宜。或直指对方，咄咄逼人，达到震慑对方的目的；或委婉曲折，循序渐进，达到使对方心领意会的目的。

文学作品中，孙犁笔下那几位青年妇女无疑是做到这一点的典范。孙犁在小说《荷花淀》中描写几位妇女："女人们到底有些藕断丝连。过了两天，四个青年妇女聚在水生家里来，大家商量。'听说他们还在这里没走。我不拖尾巴，可是忘下了一件衣裳。''我有句要紧的话得和他说。''我本来不想去，可是俺婆婆非叫我再去看看他——有什么看头啊！'"

这几位青年妇女的丈夫都参军走了，无疑，她们的共同心理就是很想念自己的丈夫，都很想去驻地探望一下。但是，由于害羞，不好当着众人直接说出来，就各自找一个很好的托词来表达本意，她们觉得到驻地去的理由是十分充分的，非去不可。这就含蓄地表达出自己的意愿，旁人听起来也觉得有理。相形之下，直接说自己很思念丈夫，想去驻地探望一下就太露骨了，又可能引起其他比较进步的姐妹的不满。孙犁笔下的这几位普通的青年妇女不自觉地运用了交涉中的一种很好的艺术：委婉含蓄，使对方自悟其意。

生活中，我们有时会听到有人这样评价一个人："他的话能噎死人！"这就说明表达太直接了容易使人一时难以接受，事倍功半。甚至有时我们的本意虽然是好的，但是由于说得太突然太直接了，而难以达到目的，误人误己。其实，咱们中国人对这方面还是挺注意的，比如说在我国传统的修辞方法中，就有一种"婉约"手法。求人办事说得委婉一点，含蓄一点，使对方自己领悟到那层意思，可以给双方更多的考虑空间，也容易让人接受。

杨洪是三国时期的蜀郡太守。他的门下书佐何祗出道时间短，却升职很快，居然当上广汉太守。每次朝会，杨洪都要和同为太守的昔日部下何祗平起平坐。杨洪心里有点不平衡，在一次朝会空闲，他语带嘲谑地问何祗："你的马怎么跑得这样快？"

很明显，说的是马快，但实则是指升职的速度快。

这个问题，暗藏锋芒，不好回答。老老实实地回答为什么自己的马快（马的品种好？架车的人技术好？），没什么意思，也有答非所问之嫌。那么直接把问题说开，解释自己快速升职的理由也不好，有自以为是、自我吹嘘的嫌疑。当然，对于这类问题，完全可以糊涂视之，打个哈哈就过去了。

但何祗不同。他笑呵呵地回答："不是小人的马跑得快，实在是因为大人您没有给快马加鞭啊。"

抛开杨洪的阴暗心理不说，他的提问的确够水平。而何祗的回答更为高明，委婉地解释了自己升职快的原因是勤勉，而对方升职慢的原因是不够努力。两人的对话都很委婉，不明就里的人还真不知道话里有话。他们在委婉中完成了一场小小的交锋，却又照顾了彼此的身份与面子。

总之，委婉表达是一种策略。含蓄委婉地表达，正是为人成熟的表现。作为一个现代人，应当有这种文明意识，掌握这一有利于人际交流的语言表达方式。

提前准备好精确的数字

我们生活在一个数字世界里，我们每天所见、所闻、所思、所用的一切，几乎没有不涉及数字的。在这种情况下，人们对数字或多或少会产生麻木或厌烦的感觉。这种感觉客观存在。所以，除非必要，我们不要老是背书似的说出数字。一长串的冷冰冰的数字，让别人听了感觉缺少人情味。

打个比方，老王的老婆说老王这个月的钱花多了，怎么8000元工资用半个月就没有了，菜都没要你买过啊。是啊，8000元也不是一个小数目，怎么半个月就没了？的确很有说服力。但且慢，老王也有数字，买了一台手机，2800元，周末全家去了康西草原，骑马带住农家乐，花了近1000元，交了采暖费，2800元，岳母生日寄了1000元，一共就7600元了，400元花在上班的中餐以及其他杂项上，不多吧？老婆只得承认的确不多。

在运用数字时，我们应该尽量给数字注入生命与活力，让其不那么僵硬。著名的民营企业家鲁冠球在记者问到万向集团的过去、现在与将来时，这样陈述："搞企业，阿拉伯数字是最有说服力的。万向集团30多年持续发展，用一句话来概括，就是——奋斗10年添个'零'。20世纪70年代，企业日创利润1万元，员工的最高年收入为1万元；20世纪80年代，企业日创利润10万元，员工的最高年收入为10万元；20世纪90年代，企业日创利润100万元，员工的最高年收入超过了100万元。2001年，企业日创利润300万元，员工的最高年收入为 303 万元。如今万向的发展正处于二次创业攻坚战的第一阶段，下一个奋斗 10 年添个'零'的目标是——到 2010 年实现日创利润 1000 万元，员工最高收入 1000 万元。"

鲁冠球的话，比我们常见的一些企业家喜欢用的诸如"艰难""挑战""奋起""自强""展望"之类的空话，要实在得多。既有条理，又有内容，一目了然。他所列的数字，也因为有了"奋斗10 年添个'零'"这条主线，而不再那么枯燥僵硬。

让数字与你所面对的对象的联系更加密切，也是让数字"活"起来的一个方法。我们不妨举个例子来说明。假如你在会议上提出一个优化方案，开场白一这样说："如果公司采纳我的这项提议，则每个月可以为公司节省开支 35 万元。"开场白二这样说："如果公司采纳我的这项提议，则每个月可以为公司节省开支 35 万元，这笔钱若用在改善福利上，即使是只用 50%，每月我们人均也可以增加800 元。"前后两个对比，无疑后者更令人感到有吸引力，不枯燥。

事实胜于雄辩，而铁的数字下面是铁的事实。值得提醒的是：数字的说服力建立在真实与准确上。虚构、编造的数字，或许也可以满足你一时的说服，但信用一旦破产，恐怕以后说什么也没人相信了。而模糊的数字，什么"大约是""我估计达到"之类的数字，其说服力要弱得多。因此，平常你不妨留心一些可能会用得着的一些数字，或者在与人谈论某件重要的事情前先搜集一些相关数字作为准备。这些数字来源越权威越好，你最好同时记住数字的来源，以便引用起来更有说服力。

请将不如激将

什么是激将法呢？简单地说，就是用反面的话刺激别人，使其下决心去做某件本不想做的事或说不想说的话，从而起到良好的语言表达效果。激将法源于古代的兵法，在很多著名的战役中，我们都能看到激将法的影子。

"水激石则鸣。"精准表达高手都善于有效地运用激将法，将语言的大石头扔进对方的心里，激起惊涛骇浪，然后自己乘势扬轻舟过万重山。

两夫妻吵架，为的是丈夫彻夜赌博的问题。赌得虽不大，但彻夜不归问题就大了。为这事夫妻吵过好几回了，每回丈夫说改，但不久又犯了老毛病。这次又犯了，又吵架。吵着吵着，丈夫又说改，妻子不相信了："改改改！你说过多少次改了！你要是能改，除非太阳从西边出来！"

后来，太阳没有从西边出来，丈夫却改了彻夜不归的毛病。妻子用的激将法，或许是有意，或许是无意。但无论如何，她的那番话挑起了丈夫好胜的心理：我偏要改给你看，即使太阳不从西边出来！

人争一口气，佛争一炷香。古往今来，为争一口气的人们总是不惜牺牲一切。明白了这个道理，你就会明白激将流行了千年，为什么至今仍盛行不衰的原因。

通过各种手段，让对方情绪激动，在无意识中受到你的操纵，去干你想让他干的事。这就是激将法的妙处。

一提起启功，我们第一个反应是：他是一位著名的书法家。其实，启功不仅书法超凡，在绘画、国学上，都有着极深的造诣。启功年少时学画，颇有所成。一位长者命他作画一幅，装裱后挂起。启功很是得意，然而长者又说："画完后不要落款，请你的老师落款。"这话令启功大受刺激，遂暗下决心，发奋练字。到了后来，启功的书法竟超越了他的绘画。启功的字，柔中带刚，温润而不失清峻之气；浑成庄重，秀美而兼有萧散简远之意。

人的动力从何而来呢？是从天上掉下来的吗？当然不是，是来自内心，表现于外在。在我们过去的经历中，一定也会遇到类似的情形：被人嘲笑、轻视。有一些已经忘了，而有一些却那么刻骨铭心。对于那些刻骨铭心的"耻辱"，你不会只是记恨吧？可曾为改变耻辱如启功一样努力过？

从心理学的角度来看，当一个人的自尊心受到了强烈的负面刺激时，往往会产生强烈的羞耻感。越是好强的人、自信的人，其羞耻感越强。在羞耻之下，人很可能激发出惊人的力量与恒久的毅力。所谓"知耻而后勇"，说的就是人在遭受耻辱后的奋发图强。

激将的方式很重要，方式决定了最后的成败。唐僧因为误会孙悟空，将其赶走。后来唐僧被妖精抓了，要炖着吃。猪八戒没办法，请孙悟空出山救师父。孙悟空因为是被唐僧撵走的，心里还记恨着，但一听猪八戒说那妖精声称要剥自己的皮、抽自己的筋、啃自己的骨、吃自己的心，真气得抓耳挠腮，连忙下山打妖精救师父去了。

猪八戒看上去不灵泛，但在请猴哥出山时还真聪明。他一个巧妙的激将，就把猴哥的心里搅得痒得紧，完全就不顾什么师父对自己的误会，全部想法都是如何把妖精打个落花流水，以解自己心头之恨！

激将是富于戏剧性的谋略，常见于诸多典籍中。没有人轻易服输，英雄人物之所以能够做出惊天动地的事，往往就因为他们争强好胜。这一点，正是激将的心理基础。激将术主要是通过隐藏的各种手段，比如言语的挑动或事情的刺激，让对方进入激动状态，如愤怒、羞耻、不服等，去干平时不敢干、不愿干的事。

激将法在我国由来已久，传播也十分广泛。因此在运用时，最怕被人识破。"哈哈，你想激将我，我才懒得……"类似熟悉的话一出来，就意味着你的激将宣告失败。如何让激将显得隐蔽，这点非常重要。

在《三国演义》第七十回中有这样的话："请将须行激将法，少年不若老年人。"大意是说：对好胜心强的青壮年，三请四求还不如激将。

"激将"重在要"激"出对方心中的惊涛骇浪。有些城府浅、道行低的人，几块石头投下去，就可以探得八九不离十，然后再猛的一块大石头投进去，即可大功告成。怕就怕那些城府很深的家伙，十问九不答，老奸巨猾。这类人或心如古井，或冷眼观人，激将法很难奏效，也容易被其轻易看穿。

越好胜的人越容易被激将，越鲁莽的人越容易被激将，越单纯的人越容易被激将。如果有人将这三者占尽，就是天生用来给人激将的佳品。猛张飞就是这样的极品，所以诸葛亮最喜欢时不时地用激将来"利用"他一把。经常在遇到重要战事时，先说他担当不了此任，或说怕他贪杯酒后误事，激他立下军令状，增强他的责任感和紧迫感，激发他的斗志和勇气，扫除他的轻敌思想。

例如，当悍将马超率兵攻打葭萌关时，蜀汉能与马超匹敌的只有赵子龙和张飞。赵子龙领兵在外一时回不来，于是张飞就成了担当重任的不二人选。刘备想马上遣张飞迎战，却被诸葛亮劝阻。

诸葛亮说："主公先别说，让我来激激他。"

这时，张飞听说马超前来进犯，大叫而入主动请缨出战。

诸葛亮并不搭理，只是对刘备说："马超智勇双全，无人可敌，除非唤云长来，方能对敌。"

张飞听了，勃然大怒："军师凭什么小瞧我！我曾在当阳拒水断桥，独挡曹操百万大军，难道还怕马超这个匹夫！"

诸葛亮说："这是因为曹操不知道虚实，若知虚实，你怎能安然无事？马超英勇无比，天下的人都知道，他渭桥六战，把曹操杀得割须弃袍，差一点丧了命，绝非等闲之辈，就是云长来也未必战胜他。"

张飞不服气："我今天就去，如战胜不了马超，甘当军令！"

诸葛亮的目的达到了，便假装顺水推舟地说："既然你肯立军令状，便可以为先锋！"

后来，张飞与马超在葭萌关下斗了二百多个回合，难分伯仲。

明明张飞是不二人选，张飞也主动来请缨，但诸葛亮却偏要绕个圈子，把张飞激一激，刺一刺，令张飞更加卖力地打仗，顺便还让其主动立了军令状。这个方法要是移植在现代企业管理中，也有一番独特的妙处。

猜忌心理很强的人，用激将法往往难以奏效。诸葛亮那么善于用激将法，但在老对头司马懿身上完全无效。诸葛亮率军和司马懿战于祁山，司马懿中计被烧，退至渭北扎寨，坚守不出。诸葛亮想用激将法激他出战，于是叫人送书信以及女人用的裙钗脂粉给司马懿，书信上写的大意是：司马懿你是一个大将军，应该披上战袍拿着武器来和我们决一雌雄，要是龟缩在寨子里，生怕刀枪伤到自己，和妇人有什么不同呢？现在我差人送来女人用的裙钗脂粉，你要是不出战，就拜而受之，要是有点羞耻之心，有点男人气概，就退回这些东西，我们约个时间决一死战。

司马懿看了来信，居然笑着说："诸葛亮把我看作妇人了。"不但接受了女人用品，还重赏了来使。诸葛亮完全没了辙。

除了猜忌心理很强的人不吃激将这一套，性格沉稳、大气的人，也不会轻易上当。

精准表达，不是得理不饶人

道理操之在手，天下虽任你走，但你也不能横着走。否则，有理也会变成无理。春风化雨的态度、谆谆诱导的言辞，比强硬的"讲理"要令人容易接受得多。大部分人一陷身于是非的旋涡，便不由自主地焦躁起来，一旦自己得了"理"便不饶人，咋咋呼呼，穷追不舍，非逼得对方鸣金收兵或竖白旗投降不可。然而，你施加的作用力越大，得到的反弹力也越大。我们自己也一定有这样的经历：其实自己心里也觉得别人说得对，但就是接受不了对方的态度，因此死扛着就是不改。结果沟通的目的没有达到，反而引起了口角之争，甚至从"嘴力"上升到"武力"，酿成悲剧的事都时有发生。

在一家西餐厅，一位顾客大声叫道："小姐！你过来！你过来！"等服务员来到跟前，该顾客指着面前的杯子，怒气冲冲地说，"看看！你们的牛奶变质结块了，把我一杯红茶都糟蹋了！"

"真对不起！"服务员赔着笑脸说道，"我立刻给您换一杯。"新的红茶很快就准备好了，碟边放着新鲜的柠檬和牛奶。小姐轻轻放在顾客面前，又轻声地说："我建议您，如果放柠檬，就不要加牛奶，因为有时候柠檬酸会造成牛奶结块。"

顾客听了，若有所悟，有点尴尬地点了点头，说："谢谢，实在不好意思。"

等那顾客走了，有人笑问服务员："明明是他老土，你为什么不直说呢？他那么粗鲁的叫你，你为什么不还以一点颜色。"

"正因为他粗鲁，所以要用婉转的方式对待；正因为道理一说就明白，所以用不着大声。"

理不直的人，常用气壮来压人，理直的人要用气和来交朋友。"即使是最深刻的言论，如果一个说的时候态度粗暴，傲慢或者吵吵嚷嚷，即便是在辩论上面获得了胜利，在别人心目中也是难以留下好印象的。"著名的人际沟通专家卡耐基这样告诫那些"理直气壮"的人。

除非事关国计民生之类的大是大非，我们有必要理直气壮外，生活中的事情大多属于一般性的问题，没必要那么剑拔弩张。理直气要和，得理需让人。经常得理不让人的人，经常被人们称为"刺头"，说明这种人不受欢迎。他们习惯于斤斤计较，和他们打交道很困难，很少人愿意跟他们交朋友，躲得远远的。他们感觉不到自己的问题，原因就在于认为自己占了理，他们最喜欢讲的一句话，就是按照规矩办事。殊不知你有你的规矩，别人有别人的规矩。什么是规矩并不那么清楚。只有自己的规矩，经常看到的是别人的错。他们的错误之所以难以改正，也正因为自己认为有理。理，本来是疏解矛盾的原则，可是到了得理不让人的人那里，反而成了矛盾难解的原因。天下本来就没有什么绝对的理，只强调自己的理，反而使得矛盾难以解决。设身处地，寻求双方可以接受的方案，倒可以减少纠纷，增加合作的机会。

《菜根谭》中说："锄奸杜佞，要放他一条生路。若使之一无所容，譬如塞鼠穴者，一切去路都塞尽，则一切好物俱咬破矣。"所谓"狗急跳墙"，将对方紧追不舍的结果，必然招致对方不顾一切地反击，最终吃亏的还是自己。

做事如此，表达亦然。

正话反说，欲抑先扬

三年羁旅客，今日又南冠。

无限河山泪，谁言天地宽！

已知泉路近，欲别故乡难。

毅魄归来日，灵旗空际看。

——这是明末清初的民族英雄夏完淳的一首绝命诗。他12岁参加反清斗争，16岁不幸被俘。

夏完淳被俘后被押至南京受审。提审时，他惊愕地发现审判自己的竟是明朝叛官洪承畴。

洪承畴原是明朝的一个总督。清军南下时，崇祯皇帝曾命他率军抵抗，结果全军覆没。崇祯帝及满朝文武还以为他已战死了，为他举行了隆重的祭礼，并大力表彰他，谁知他却早已当了叛贼，死心塌地地为清王朝卖命了！

洪承畴以为夏完淳不认识他，以长者的口吻对夏完淳说："小孩子家懂什么造反，还不是让那些叛乱之徒硬拉去的？你要是肯归降大清，我保你做官。"

夏完淳感到既气愤又好笑，苟且偷生，真是叛贼的逻辑。于是，他装出不认识洪承畴的样子，决定嘲弄一下这个叛贼。他回答说："我年龄是小，可我有自己的志向。你们都知道我们的抗清英雄洪承畴吗？他奋勇抗清，宁死不屈，很有气节，我年龄再小也要做他那样的人！"

听了夏完淳的话，洪承畴在大堂上真是如坐针毡。这时，有人告诉夏完淳说："大堂上坐的正是洪大人，你不要再顽抗了！"

夏完淳还是装出无知的样子，指着洪承畴的鼻子骂了起来："胡说！洪老先生早已为国捐躯，天下谁人不晓。你是哪来的贼子，竟敢假冒洪先生，玷污他的名声？只有你们才是朝廷的叛徒、民族的败类。你们认贼作父，投降清廷，应人人罪而诛之！"

大堂上的洪承畴被骂得狗血喷头，但又不便发作。他无地自容，只好用颤抖的声音喊道："把他押下去！押下去！"

夏完淳没有直接骂洪承畴是叛臣，反而有意假装称他是忠臣，这种正话反说的战术，将"为国捐躯"与"卖身投敌"形成鲜明对照，以高尚反衬卑劣，用刀子般的嘴揭露了叛臣的丑恶灵魂。这种攻击十分凌厉，比正面直接进击的效果更胜一筹。

正话反说相对正话直说来说要意味深长。正话反说，就是对某一话题不做直接的回答或阐述，却有意另辟蹊径，从反面来说，使它和正话正说殊途而同归。这样便可以避免正面冲突，含蓄委婉，入情入理，收到一种出奇制胜的劝谕和讽刺效果。有时正话反说的曲折手法，可使人们在轻松的情境中相互沟通，使紧张的局面得到缓解。

对上级的直言正谏容易触怒对方。特别是在封建社会，当劝谏的对象为封建帝王时，稍有不慎，就会惹来杀身之祸，所以有人便以"正话反说"作为攻心的一种手段。反语进行劝谏，古书中记有许多趣话。下面这两个故事就是很精彩的例子。

有一次，齐景公的一匹爱马死了。齐景公非常生气，要把看管马厩的人处以四肢分裂的酷刑。恰好晏子在齐景公身边，他摇手制止，对景公说："恕臣冒昧，主公可知古时候的圣人尧舜，在将人四肢分解时，先从哪个部位开始吗？"

"从……从……"尧舜是圣人，圣人当然不可能将人处以四肢分解的酷刑。晏子故作此问，是为了制止齐景公这种专横的行为。因此，景公一时语塞，不知如何作答，只好厉声对左右命令："把这个家伙抓进牢里。"

晏子又对齐景公说："这人被抓进牢里，一定感到莫名其妙，不知自己犯了何罪，下狱之前，我来向他数说罪名好吗？"

"好！"齐景公回答。

晏子非常严厉地对看管马厩的人说："你仔细听着，你犯了三条重罪。第一条是工作不用心，连一匹马都没有看守好；第二条是使主公最心爱的马死掉了；第三条是由于主公的爱马死，主公不得不将你处死，这件事如果张扬出去，所有舆论的责难就会集中到主公身上，诸侯听到这个消息，也会以此为笑柄。你就是犯了这些罪，所以才被抓进牢里，你现在听明白了吗？"

晏子的话，齐景公听到了弦外之音，长叹一声："夫子，放了这个人吧，别因为他使寡人背上不仁的罪名。"

晏子谏君有方，使这个无辜的看马人免除了一场灾祸。

在相声里，悬念是相声大师的"包袱"。交谈中有意制造悬念，会使人更加关注你的一举一动。当大家精力集中、全神贯注时，你抖开"包袱"，让人们发觉这是一场虚惊，大家都会付之一笑，报以掌声。

在生活与工作中，有时由于场合因素和人际关系等原因，对于对方的评判或反对意见，坦言辩驳并不合适，这时不妨采用正话反说的技巧。正话反说是话中有话、绵里藏针的攻心术，即用表面肯定而实际带有反对、评判意思的话来含蓄地说服对方。

运用反话正说的方法，重要的一点在于处理好一反一正的关系。在交谈中，准备对对方进行否定时，却先来一个肯定，也就是在表达形式上，好像是肯定的，但在肯定的形式中巧妙地蕴藏着否定的内容。正说时要一本正经，煞有介事，使对方产生听下去的兴趣。然后，再以肯定的形式抖出反话的内容，与原先说的正话形成强烈的对比，从而产生鲜明的讽刺意味，让人信以为真，增加谈话的效果。

值得注意的是，"正话反说"毕竟是一种讽刺性的表达方式，使用时要特别注意语意的轻重和火候。既不能过分隐晦，令对方不能顺利领会话中的"话"，也不能火药味太浓，以免伤及对方的自尊，引起反感，反而弄巧成拙。

第六章　如何使用肢体语言精准表达

　　肢体语言通常被用来进行人与人之间思想的沟通和谈判。在某些情况下肢体语言甚至可以取代话语的位置，发挥传递信息的功效。

　　所以，如果你希望给别人留下好印象，就必须控制好自己的肢体语言。在表达时，对自己的手势、姿态保持警觉，避免行为和言语出现矛盾，让别人产生不信任感甚至是敌意。

肢体语言的艺术所在

一个漂亮少女在商场购物时，发现一位英俊潇洒的小伙子迎面走来。临近时，他们双目相视，少女面带微笑，而略显羞涩地与小伙子擦肩而过，少女转过头，以确定小伙子是否在注意她。肢体语言沟通就这样发生了作用，于是，小伙子停下来与少女交谈。在他们交谈之前他们没有说过一句话。显然，他们所进行的是肢体语言。

据研究，高达93%的沟通是非语言的，其中55%是通过面部表情、形体姿态和手势传递的。

在肢体语言中，沟通双方相互作用的本质是十分明显的，没说一个字，你就能通过衣服的选择、面部表情、姿势或任何其他非语言信号来沟通。仅仅是路过这一种简单行为，你也在发出信号并从甚至不相识的过路者那里得到信号。你在想"多漂亮的大衣，不知道是在哪里买的？""她正在我们宿舍，真想多了解她""他的个子真高，可能是一个运动员。"当别人看到你时，他们也可能同样在对你进行评价。

当你第一次听一位新教师上课时，或是第一次听领导做报告时，你对该教师或领导所做出的判断是建立在非语言行为之上的。当他们把讲稿拿出来，给同学们说明这个课程的教学目的和任务时，或是今年工作任务时，你就会与你以前碰到的其他教师或者领导进行对比。你就可以得出对这位教师或是这位领导的基本评价，考虑今后自己应该如何应付，应该怎么做。作为老师或领导也在不断评价你，通过姿势、衣着来判断，回想他以前遇到与你相似的学生或员工，并且估计你是哪一种类型的学生或员工。

那么，肢体语言包括哪些呢？

· **形体动作**

形体动作也称为形体语言。

1. 象征：象征是指存在着直接词语解释的形体动作。沿途搭车的旅客，伸手招呼是"请停车，我要搭车"的象征。伸开 V 字形手指象征着胜利。上下点头是同意，左右摇头是不愿意。在我们的社会中，绝大多数人知道这些象征的含义，并通过它去传递一些特定的信息。象征在不同的文化间通常是不能通用的。如在乒乓球双打时，给对方伸出一个手指，这只有他的搭档才能明白的象征。

2. 说明性动作：说明性动作加重所强调词语的含义。如果某人问你的衣箱有多大，你或许会用词语描述它并用手势去说明它的尺寸；如果某人给你指路时，他或许指向前面的路并在适当的地方做向左或向右的手势。说明性动作有助于使沟通更加准确。如果某人告诉你他钓了条大鱼，通过他用手比画，你就对这条鱼的大小有一个概念。他可以告诉你鱼长多少厘米。但通过手的说明性动作，你知道得会更加准确。然而，不是所有的说明性动作都是手势。如老师在黑板上用下画线来说明这段内容是很重要的。

3. 情感表露：情感表露是通过面部和形体动作来展示情感的激烈程度。如果你走进教授办公室，教授说："我可以看出你的心情不好"，他在对你表露出来的有关情感的非语言暗示做出反应。你可能用形体姿势表明："我要和你对你的一些观点进行争论"。

4. 调整性动作：调整性动作控制听者流畅性，它包括点头、手势、变换姿势和其他表明开始和结束相互作用的形体动作。在非常简单的情形中，当老师指向下一个发言人时，他使用一种调整性动作。在更微妙的情形中，当你表达时，对方可能略微转身，这表明对方不喜欢听或不愿意继续交谈下去。

·眼睛传达的信息

我们都用眼睛传递很多信息，虽然没感觉到眼睛的运动，但我们用眼睛传递范围广泛的信息，比如他对他人的兴趣、在课堂上的厌烦或在得到了想要的礼物时的兴奋。

一个人的眼神很重要，它可以传递各种不同的信息，年轻人想要做自己的事，仅从那种自信的目光中就可以看得出；还有那种恋爱中的人的眼神充满着火辣辣的光芒；有些眼神则是咄咄逼人。

·吸引力

一些研究调查表明，有吸引力的人与没有吸引力的人相比，前者从他人得到的反应更积极、更亲近。研究者发现，有吸引力的女性约会多，更容易说服男性，若犯错误时得到法律的惩罚较轻。在生活中多数人认为，有吸引力的男人或女人和其他人比较起来表现得更为敏捷、善良、强健、好交际和有趣。在工作中，有吸引力的人在多方面受益，包括可以获得较高的起始薪水。

·服装

服装会使人们对其主人产生非常强烈和直观的印象，所以，它对非语言沟通的作用是极其重大的。服装反映出一种信息，并且通过选择特定的服装，着装者表明自己与服装所反映出该人的地位、归属、遵循的规范和信奉的内容做出反应。例如，我们在街上见到一位男士身着整齐的西装，油光的皮鞋，可以断定他是一位职业男性。如看到穿着统一的学生服，就可以断定是一群学生在上学。佛家、道家由于着装不同，一眼就可以看出他们信奉什么。

不同肢体语言的意义

肢体语言是人际交往中常用的一种交流形式。在生活中，使用范围是很广的，因此，我们更要对肢体语言分别代表什么意义有所了解。

·点头

在一般的场合，表示感谢可用点头来表示。在比较庄重的场合，可用鞠躬来表示谢意。鞠躬的"深度"与致谢的程度有关，感谢的程度越重，躬身的深度越大。在中国广东，人们用右手中指轻轻叩击桌面，来表示感谢。

中国人最通常打招呼的方式就是笑一笑或点点头，同时也会扬扬手、点点头。

点头还可以表示肯定、同意和鼓励等。

·摇头

摇头一般表示否定、不同意、不赞许、制止等。

当无可奈何的时候，一般会轻轻地摇头叹息。也会手臂不动两手摊开。欧美人表示无可奈何时常耸肩，或同时抬起双手前臂翻开手掌，有时还要摇摇头。

·腿姿

跷二郎腿一般是表示一个人不露声色的观望态度。不过人们往往也经常随便这么坐，没有任何潜台词，就只是因为椅子坐得不舒服，或因为房间里有些冷。或者是有潜台词，但已经和前面提到的大不一样，所以心理学家建议在分析这个姿势时得参照别的肢体动作。比如说——

一个人如果跷起二郎腿，两手交叉在胸前，收缩肩膀，则说明他已感到疲倦，开会开腻了，对眼前的事不再感兴趣。

如果一个人坐在你的对面，跷起的腿呈一个角度，则说明他这个人很执拗，性格刚强和好斗。如果他还双手抱膝，则说明谈话结果很难预料，因为这个人不会让步，口齿伶俐，反应快，很难说服他。

如果一个人叉腿站着，说明他不自信，紧张而不自然。人们在一个陌生而不舒适的场合多半爱这么站。

如果一个人是收紧脚踝站着，说明他在发火，在千方百计控制自己。

·坐姿

手脚伸开懒洋洋地坐在椅子上，说明此人相当自信，对谈话对象有些瞧不起。如果你不能容忍首长的这般态度，可以"逼使"他改变坐姿，自然也就改变了他的心理定向。你可以找远一些的椅子坐下，让他够不着你，与此同时你还不断拿出东西（文件、照片或其他）给他看，他便不得不挪动一下位子。

骑在椅子上，这个坐姿说明对方抱有敌意，或在采取一种寻衅斗殴的自卫立场。为了"解除"其斗志，你可以坐到他的身后，或直接站到他面前，这一来他不得不改变坐姿。

如果对方在椅子上坐不住，不能安安静静地坐下来，就可以找本杂志给他看，或送上一杯咖啡，这可以让他能靠着椅背舒舒服服地坐好。

习惯坐在椅子边上，说明对方不自信，还有几分胆怯，在做随时"站起来"和中断话题的准备。

如果一个人使劲趴着桌子坐着，说明此人对话题很感兴趣，也表现出几分不拘小节。这时你可以站起来，在屋子里边走边进行谈话，他也就不再趴着，而且还得随着你转动身子。

·手部动作

手指叉在一起而面朝上的手掌说明精力集中、果断和有几分优越感。教师给学生考试时一般是这个手势，这说明他对这道题胸有成竹，而对你的回答多多少少有些怀疑，但是你如果能举出有力的论据，他还是可以继续听下去的，所以在答题的过程中得注意教师手势的变化。

另外还有一些肢体语言，如：

眯着眼——不同意，厌恶，发怒或不欣赏；

走动——发脾气或受挫；

扭绞双手——紧张，不安或害怕；

向前倾——注意或感兴趣；

懒散地坐在椅中——无聊或轻松一下；

抬头挺胸——自信，果断；

正视对方——友善，诚恳，外向，有安全感，自信，笃定等；

避免目光接触——冷漠，逃避，不关心，没有安全感，消极，恐惧或紧张等；

晃动拳头——愤怒或富攻击性；

鼓掌——赞成或高兴；

打哈欠——厌烦；

轻拍肩背——鼓励，恭喜或安慰；

搔头——迷惑或不相信；

咬嘴唇——紧张，害怕或焦虑；

抖脚——紧张；

双手放在背后——愤怒，不欣赏，不同意，防御或攻击；

环抱双臂——愤怒，不欣赏，不同意，防御或攻击；

眉毛上扬——不相信或惊讶。

握手的礼仪

握手之礼起源于中世纪的欧洲。而当时恰是身着戎装的骑士侠客盛行的时代，一个个头顶铜盔，身披铠甲，腰挂利剑，就连一双手也罩上了铁套，方以示人，这身豪气，让人敬而远之。可见了亲朋好友，都会免去铜盔，脱下铁套，与之握手，同时表示我的右手不是用来握剑杀你的。这正是握手之起源。现代人自然不至于还浑身散发出那样的杀气，然握手之风气已成，哪管它原意是作甚，相见或告别时握彼之手，轻轻摇动，你如此，我如此，礼遂成。

我们千万不能小看握手礼，正是这简单的一握，蕴藏着丰富的信息，简单的一握，蕴藏着复杂的礼仪细节。

握手的力量、姿势与时间的长短，往往能够表达出不同礼遇与态度，显露自己的个性，给人留下不同的印象。通过握手我们也可了解对方的个性，从而赢得交际的主动。美国著名盲聋女作家海伦·凯勒曾写道：手能拒人千里之外，也可充满阳光，让你感到很温暖。事实也确实如此，因为握手是一种语言，是一种无声的动作语言。

通常与人初次见面、熟人久别重逢、告辞或送行均以握手表示自己的善意，因为这是最常见的一种见面礼、告别礼。有时在一些特殊场合，如向人表示祝贺、感谢或慰问时，双方交谈中出现了令人满意的共同点时，或双方原先的矛盾出现了某种良好的转机或彻底和解时，习惯上也以握手为礼。

在一般情况下，主人、长辈、上司、女士主动伸出手，客人、晚辈、下属、男士再相迎握手。

长辈与晚辈之间，长辈伸手后，晚辈才能伸手相握；上下级之间，上级伸手后，下级才能接握；主人与客人之间，主人宜主动伸手；男女之间，女方伸出手后，男方才能伸手相握；如果男性年长，是女性的父辈年龄，在一般的社交场合中仍以女性先伸手为主，除非男性已是祖辈年龄，或女性未成年在 20 岁以下，则男性的长者先伸手是适宜的。但无论什么人，如果他忽略了握手礼的先后次序而已经伸出了手，对方都应不迟疑地回握。

握手时应伸出右手，不能伸出左手与人相握。如果你是左撇子，握手时也一定要用右手。当然如果你右手受伤了，那就不妨声明一下。戴着手套握手是失礼行为，一般情况下，男士在握手前先脱手套，摘下帽子，女士可以例外。当然在严寒的室外有时可以不脱，比如双方都戴着手套、帽子，这时一般也应先说声"对不起"。握手者双目注视对方，微笑，问候，致意，不要看第三者或显得心不在焉。

在人际交往中，当介绍人完成介绍任务之后，被介绍的双方第一个动作就是相互握手致意。握手的时候，一定要注视对方的眼睛，传达出你的诚意和自信，千万不要一边握手一边东张西望，或者跟这个人握手还没完，就将目光移至下一个人身上，这样别人从你眼神里读到的将是轻视或慌乱。那么是不是注视的时间越长越好呢？并非如此，握手只需几秒钟即可，双方手一松开，目光即可转移。

握手的力度要掌握好，握得太轻了，对方会觉得你在敷衍他；太重了，人家不但没感到你的热情，反而会觉得你是个大老粗，女士尤其不要把手扭扭捏捏地递过去，又飞快地收回来，显得不甘心不情愿的样子，既然伸出了手，就应大大方方地握。

如果要表示自己的真诚和热烈，也可较长时间握手，并上下摇晃几下。在一般交往中，不要用双手抓住对方的手上下摇动，那样显得太谦恭，使自己的地位无形中降低了，完全失去了一个人的风度。

被介绍之后，最好不要立即主动伸手。年轻者、职务低者被介绍给年长者、职务高者时，应根据年长者、职务高者的反应行事，即当年长者、职务高者用点头致意代替握手时，年轻者、职务低者也应随之点头致意。和女性握手，一般男士不要先伸手。

多人相见时，注意不要交叉握手，也就是当两人握手时，第三者不要把胳膊从上面架过去，急着和另外的人握手。

在任何情况下，拒绝对方主动要求握手的举动都是无礼的，但手上有水或不干净时应谢绝握手，同时必须解释清楚并致歉。

善用手势，精准表达

方纪在报告文学《挥手之间》中记录了毛泽东在 1945 年去重庆参加国共谈判的一个历史剪影。他在文中这样记录了毛泽东上飞机前的一些动作：

"这时，他眼睛里露出一种亲切的、坚定的微笑，向人们点了点头。

"主席伸出他那宽大的手掌，和大家一一握手道别。主席的脸色是严肃的，从容的，眼睛里充满了无限的关切和鼓舞之情。然后，又停下来，望着所有送行的人，举起右手，用力一挥，便朝停在前面的飞机一直走去。

"……主席一步一步走近了飞机，一步一步踏上了飞机的梯子。

"……直到他在飞机舱口停住，回转身来，又向着送行的人群。

"主席站在飞机舱口，取下头上的帽子，注视着送行的人们，像是安慰，像是鼓励。

"主席也举起手来，举起他那顶深灰色的盔式帽；但是举得很慢很慢，像是在举起一件十分沉重的东西。一点一点地，一点一点地，举起来，举起来；等到举过了头顶，忽然用力一挥，便停止在空中，一动不动了。"

通过方纪的描写，我们可以看出毛泽东在历史紧要关头时的坚毅与从容。尽管他并没有表达，但从脸色、眼神、微笑、转身、注视，特别是最后一次挥手的手势，将他的内心语言传递得清晰有力。

手势是肢体语言中运用最广泛的一种。如果我们留心名人们的表达或演讲，就会发现在他们身上有一个共同的特点：表达或演讲过程中总是伴随着丰富而多彩的手势。千万别小看这些动作，它对增加表达的精彩和力度发挥有着无法替代的作用。手势是声音语言很有力的补充甚至替代。因此，手势既可以引起听众注意，又可以把思想、意念和情感表达得更充分、更生动、更形象，从而给听众留下更深刻、更鲜明的印象和记忆。

然而，在很多场合，我们还是会看到一些人对于手势的忽略。例如有的演讲者，从一上台到演讲结束两手始终下垂于裤线，一直保持着立正的姿势；有的演讲者像害羞的小姑娘，总是捏掰着自己的小手指；还有的演讲者，好不容易伸出手来，可是感觉很别扭。而在一般的闲聊中，我们也能看到类似的情形。这一点，应该引起有志于提高自己口才的人的注意。

当然，手势在表达或演讲中，没有什么固定模式来遵循，完全是由演讲者的性格和演讲的内容以及演讲者当时的情绪支配的。要做到因人而异，随机而变。

下面介绍交往中一些常用的手势表达方法。

1. 食指式。食指伸出，其余四指弯曲并拢，这一手势在演讲中被大量采用，用来指称人物、事物、方向，或者表示观点甚至表示肯定。胳膊向上伸直，食指指向空中则表示强调，也可以表示数字"一""十""百""千""万"。手指不要太直了，因为面对听众手指太直，针对性太强。弯曲或钩形表示九、九十、九百……齐肩画线表示直线，在空中画弧线表示弧形。

2. 拇指式。竖起大拇指，其余四指弯曲，表示强大、肯定、赞美、第一等意思。

3. 小指式。竖起小指，其余四指弯曲合拢，表示精细、微不足道或蔑视对方。这一手势演讲中用得不多。

4. 食指、中指并用式。食指、中指伸直分开，其余三指弯曲。这一手势在一些欧美国家及非洲国家表示胜利的含义，由英国首相丘吉尔在演讲中大量推广。也表示二、二十、二百……

5. 中指、无名指、小指三指并用式。表示三、三十、三百……

6. 食指、中指、无名指、小指四指并用式。表示四、四十、四百……

7. 五指并用式。如果是五指并伸且分开，表示五、五十、五百……指尖并拢并向上，掌心向外推出，表示"向前""希望"等含义，显示出坚定与力量，又叫手推式。

8. 拇指、小指并用式。拇指与小指同时伸出，其余三指并拢弯曲，表示六、六十、六百……

9. 拇指、食指、中指并用式。三指相捏向前表示"这""这些"，用力一点表示强调，也表示数字七、七十、七百……

10. 拇指、食指并用式。并拢表示肯定、赞赏之意；二者弯曲靠拢但未接触，则表示"微小""精细"之意；分开伸出，其余三指弯曲表示八、八十、八百……

11. "O"形手势。又叫圆形手势，曾风行欧美。表示"好""行"的意思，也表示"零"。

12. 仰手式。掌心向上，拇指自然张开，其余弯曲，表示包容量很大。手部抬高表示"赞美""欢欣""希望"之意；平放是"乞求""请施舍"之意；手部放低表示无可奈何，很坦诚。

13. 俯手式。掌心向下，其余弯曲。表示审慎提醒，抑制听众情绪，进而达到控场的目的，同时表示反对、否定之意；有时表示安慰、许可之意；有时又用以指示方向。

14. 手切式。手剪式的一种变式。五指并拢，手掌挺直，像一把斧子用力劈下，表示果断、坚决、排除之意。

15. 手啄式。五指并拢呈簸箕形，指尖向前。表示"提醒注意"之意，有很强的针对性、指向性，并带有一定的挑衅性。

16. 手包式。五指相夹相触，指尖向上，就像一个收紧了开口的钱包，用于强调主题和重点，也表示探讨之意。

17. 手剪式。五指并拢，手掌挺直，掌心向下，左、右两手同时运用，随着有声语言左右分开，表示强烈拒绝。

18. 手抓式。五指稍弯、分开、开口向上。这种手势主要用来吸引听众，控制现场的气氛。

19. 手压式。手臂自然伸直，掌心向下，手掌一下一下向下压去。当听众情绪激动时，可用这手势平息。

20. 手推式。见"五指并用式"。

21. 抚身式。五指自然并拢，抚摸自己身体的某一部分。抚胸表示沉思、谦逊、反躬自问；抚头表示懊恼、回忆等。

22. 挥手式。手举过头挥动，表示兴奋、致意；双手同时挥动表示热情致意。

23. 掌分式。双手自然撑掌，用力分开。掌心向上表示"开展""行动起来"等意，向下表示"排除""取缔"等；平行伸开还表示"面积""平面"之意。

24. 举拳式。单手或双手握拳，平举胸前，表示示威、报复；高举过肩或挥动或直捶或斜击，表示愤怒、呐喊等。这种手势有较大的排他性，演讲中不宜多用。

25. 拳击式。双手握拳在胸前做撞击动作，表示事物间的矛盾冲突。

26. 搓手式。双手摩擦，意味做好准备，期待取胜；速度慢表示猜疑；在冬天则表示取暖；拇指与食指或其他指尖摩擦，通常暗示对金钱的希望。

27. 颤手式。单手或双手颤动，必须与其他手势配合才表示一个明确的含义。

28. 拍肩式。用手指拍肩击膀，表示担负工作、责任和使命的意思。

29. 拍头式。用手掌拍头，表示猛醒、省悟、恍然大悟等意。

30. 捶胸式。用拳捶胸，辅之以跺脚、顿足，表示愤恨、哀戚、伤悲等。但在演讲中不太多用。

总之，急剧而有力的手势，可以帮助演讲者升华感情；稳妥而含蓄的手势，可以帮助表达者表明心迹。手势贵在自然，切忌做作；贵在协调，切忌脱节；贵在精简，切忌泛滥；贵在变化，切忌死板；贵在通盘考虑，切忌前紧后松或前松后紧。

管理好面部表情

与人交谈时的脸部表情无论好坏都会带给对方极其深刻的印象。一个人的紧张、疲劳、喜悦、焦虑等情绪无不清楚地表露在脸上，这是很难由本人的意志来加以控制的。交谈的内容即使再精彩，如果表情缺乏自信，显得畏畏缩缩，双方的沟通就很难再进一步下去。

面部表情和手势、目光一样，都是最能传情达意的。它是人的内在思想感情在外貌上的显示。罗曼·罗兰曾经说："面部表情是多少世纪培养形成的语言，比嘴里讲得复杂千百倍。"因此，那些口才高手都能充分地利用面部表情表达出丰富的思想感情，从而吸引对方的注意力。

我们都知道罗斯福总统能言善辩，每一次，他在演讲时，全身好像一架表现感情的机器，满脸都是动人的感情。这样使他的演讲更有力，更勇敢，更活跃。当代著名演讲家、演讲理论家邵守义演讲时脸部表情丰富多彩，在丰富的表情后面表现着复杂的思想情韵。

有些人不善于运用自己的面部表情，不管内容如何转折变化，不管感情如何波澜起伏，始终都是一种表情，仿佛面部表情同思想感情的变化毫无关系。这不仅会给对方一种呆滞、麻木的感觉，而且有损于思想感情的表达。

要丰富面部表情，就要多掌握一些面部表情：

1. 突出下颏表示攻击性行为；

2. 缩紧下巴表示畏惧和驯服；

3. 抚弄下颏表示掩饰不安或胸有成竹；

4. 伤心时嘴角下撇，欢快时嘴角后拉，委屈时噘起嘴巴，惊讶时张口结舌，仇恨时咬牙切齿，忍耐时咬住下唇。

5. 下颏上抬，把鼻子挺出，是傲慢、自大、倔强的表现。

6. 用手摸鼻子，是怀疑对方。

7. 用手摸耳垂表示自我陶醉。

知道了这么多表情，你到底该如何运用呢？建议如下：

1. 如何表示愉快：嘴角后拉，面颊上提，眉毛平展，眼睛平眯，瞳孔放大。正是"眉毛胡子笑成一堆"。

2. 如何表示不愉快：嘴角下垂，面颊下拉，眉毛紧锁，面孔显长。正是"拉得像个马脸"。

3. 如何表示有兴趣、快乐、高兴、幸福、兴奋：眉毛上抛，嘴角向上，鼻孔开合程序正常，口张开，瞳孔放大。有时伴有笑声、流泪或拍打身体等动作。

4. 如何表示蔑视、嘲笑等表情：视角斜下，眉毛平或撮，抬面颊。

5. 如何表示痛苦、哭泣等表情：皱眉、眯眼、皱鼻、张开嘴、嘴角下拉，配合有声传递。演讲中此种表情不能过度。

6. 如何表示发怒、生气的表情：眼睁大，眉毛倒竖，嘴角拉开，紧咬牙关。此种表情最富攻击性，演讲中切忌过头。

7. 如何表示惊愕、恐惧的表情：眉毛高扬，眼睛与口张开，倒吐凉气。

不要误读肢体语言

肢体语言是一种体现个人情感的外在表现形式。每一个手势或动作都有可能成为我们透视他人情感、情绪的关键线索。例如，一个知道秃顶或有秃顶趋势的男人会在无意中摸自己的头顶；一个认为自己大腿变粗了的女人则会不断地整理下装，尽量使自己的裙子保持一种平滑下垂的状态。

著名的心理学家弗洛伊德曾经遇到过这样一个案例。案例中，一位女士告诉他，她的婚姻生活十分幸福。在谈话中，这位女士不断地将她的结婚戒指取下，然后又戴上。弗洛伊德注意到了她的这一无意识的小动作，他很清楚这意味着什么。所以，当有消息传来说她的婚姻出现问题时，弗洛伊德丝毫不感到惊讶，因为一切都在他的意料之中。

政治家永远是舆论关注的中心，他们的话里充满了模糊的外交词语，或者声东击西的谎言。因此，探究他们的真实意图，是不少人甚至不少国家所热衷的。曾在牛津大学工作的心理学家彼得·科利特教授认为：政治家的不同寻常的举动，尤其有揭示作用，甚至像握手这样简单的动作也会暗藏政治竞争的信息。

比如，当布什感到紧张有压力时，他就会咬嘴唇；而英国首相布莱尔在表示同意时会上扬眉毛。科利特说，上扬的眉毛表示顺从，布莱尔通常用上扬的眉毛表示自己同意并很在意别人的意见，同时也表示自己并不构成威胁。而咬嘴唇的行为说明布什很紧张。这就是心理学家通常所说的情绪泄露。

科利特举例说，当布什2001年得知"9·11"恐怖袭击事件后，他咬嘴唇的反应是下意识的，也是十分明显的。另外在其他一些场合，布什也曾用这个小动作掩饰自己的焦虑。

科利特还分析了一些政要独有的肢体语言。例如，布什喜欢摆动双臂，用强有力的步伐展现他的阳刚之气。布莱尔则会在紧张时摆弄左手的小拇指；在感到脆弱时会把手放进口袋；在受到威胁时通常会摸自己的胃部。科利特说，摸自己的胃部或后脑勺，是一种自我安慰的行为，就像母亲安抚她的孩子，足球运动员在输球时也会有这样的动作。

心理学家还用肢体语言解读了布莱尔和被视为其接班人的财政大臣戈登·布朗之间的微妙关系。当布莱尔备受关注并操控大权时，布朗看起来相当的不舒服。在英国工党的一次大会上，布朗甚至有多达322个小动作泄露了他这种不舒坦的心理。例如，他在布莱尔演讲期间摸自己的脸。

第七章　懂幽默，会表达

　　爱迪生说："如果你想征服这个世界，就必须使这个世界更有趣！"我们什么时候看到过富有幽默感的人在人际交往中被动过？无论是身处什么样的氛围之中，他们都能以自己高超的幽默技巧腾挪闪打、游刃有余。他们无疑都是具有魅力的人。

　　在人际交往中，幽默的情怀无疑就像湿润的细雨，可以冲淡紧张的气氛，缓解内心的焦虑，缩短彼此间的距离，是胸襟豁达的表现，即使在不愉快中也能沁人心脾、破除尴尬。

幽默提升表达的魅力

口才再好，若是没有幽默感，就好比一个园林里楼亭阁榭，有山有水，有草有木，就是没有花。没有花的园林，布局再合理，也少了些灵气与生动；没有幽默的口才，表达再雄辩，同样也少了些灵气与生动。

马克·吐温曾经说："让我们努力生活，多给别人一些欢乐。这样，我们死的时候，连殡仪馆的人都会感到惋惜。"无疑，马克·吐温的话既有幽默感，又富有哲理。

有人说，笑是两人之间最短的距离。会心一笑，可以拆除心与心之间的戒备；超然一笑，可以化解人与人之间的隔膜；开怀一笑，可以放松身心——这就是幽默谈吐在人际交往中的巨大作用。一个具有幽默感的人，能时时发掘事情有趣的一面，并欣赏生活中轻松的一面，建立起自己独特的风格和幽默的生活态度。这样的人，容易令人想去接近；这样的人，使接近他的人也分享到轻松愉快的气氛，这样的人，更能增添人的光彩，更能丰富我们生活的这个社会，使生活更具魅力，更富艺术。

法国作家小仲马有个朋友的剧本上演了，朋友邀小仲马同去观看。小仲马坐在最前面，总是回头数："一个，两个，三个……"

"你在干什么？"朋友问。

"我在替你数打瞌睡的人。"小仲马风趣地说。

后来，小仲马的《茶花女》公演了。他便邀朋友同来看自己剧本的演出。这次，那个朋友也回过头来找打瞌睡的人，好不容易终于也找到了一个，说："今晚也有人打瞌睡呀！"

小仲马看了看打瞌睡的人，说："你不认识这个人吗？他是上一次看你的戏睡着的，至今还没醒呢！"

小仲马与朋友之间的幽默是建立在一种真诚的友谊的基础之上的，丢掉虚假的客套更能增进朋友之间的友谊。可见，交朋友要以诚为本。朋友之间要以诚相待，互相关心，互相尊重，互相帮助，互相理解。爱人者人恒爱之，敬人者人恒敬之。关心别人，才会得到别人的关心；尊重别人，才会得到别人的尊重；帮助别人，才会得到别人的帮助；理解别人，才能得到别人的理解。

在家庭生活中，有的男人常常会因为自己的妻子为赶时髦去购买时装而产生烦恼，免不了一番发泄，但这往往会伤害夫妻感情。如果你是一个有修养的男子，面对这种窘境，即使是批评，也应采取一种幽默的方式，既消弭矛盾，又不伤感情，并给生活增添一份情趣。

妻子："今年春天，不知又流行些什么时装？"

丈夫："和往常一样，只有两种，一种是你不满意的，另一种是我买不起的。"

这位丈夫的幽默，一般通情达理的妻子均能接受，两个人此时都会为之一笑。

人们已经厌倦了腥风血雨，已经厌倦了指桑骂槐，已经厌倦了人与人之间的指责与谩骂。现代生活中的幽默，也就是与人为善，它追求的是人与人之间的和谐发展与完善。麦克阿瑟将军在为儿子所写的祈祷文中，除了求神赐他儿子"在软弱时能自强不屈；在畏惧时能勇敢面对；在失败时能够坚韧不拔；在胜利时又能谦逊温和"之外，还向上帝祈求了一样特殊的礼物——赐给他儿子"充分的幽默感"。可见，幽默是人生多么值得拥有与追求的馈赠。

西方人对于幽默非常重视，但或许由于文化上的差异，幽默在我国并不太受到人们的重视。据南开大学社会学系的一项调查显示，我们的家庭成员在情感交流中，有六成的妻子认为丈夫少有幽默的情调，有七成的丈夫认为妻子缺乏幽默感，而认为父母毫无幽默细胞的子女接近九成！这一数据显然应该引起我们的重视和警觉。

幽默是一种生活态度，它用机敏和睿智给人们带来快乐。如果你会幽默，那么你是一个幸运的人；如果你不会幽默，那么你至少要会去欣赏幽默。幽默虽然不能代替实际解决问题的科学方法，但在人生纷至而来的困惑中，它会帮你化被动为主动，以轻松的微笑代替沉重的叹息。

幽默表达，化解矛盾

如果你在餐厅点了一杯啤酒，却赫然发现啤酒中有一只苍蝇，你会怎么办？在你回答之前，让我们看看别人是怎么做的。英国人会以绅士的态度吩咐侍者："请换一杯啤酒，谢谢！"西班牙人不去喝它，留下钞票后不声不响地离开餐厅。日本人令侍者去叫餐厅经理来训斥一番："你们就是这样做生意的吗？"沙特阿拉伯人则会把侍者叫来，把酒杯递给他，然后说："我请你喝杯啤酒。"德国人会拍下照片，并将苍蝇委托权威机构做出细菌化验，以决定是否将餐馆主人告上法庭。美国人则会向侍者说："以后请将啤酒和苍蝇分别置放，由喜欢苍蝇的客人自行将苍蝇放进啤酒里，你觉得怎么样？"美国人的这种处理方式既幽默，又能达到让人接受的目的。

一位顾客在某餐馆就餐。他发现服务员送来的一盘鸡居然缺了两只大腿。他马上问道："上帝！这只鸡连腿也没有，怎么会跑到这儿来呢？"

一位车技不高的小伙子，骑单车时见前边有个过马路的人，连声喊道："别动！别动！"

那人站住了，但还是被他撞倒了。

小伙子扶起不幸的人，连连道歉。那人却幽默地说："原来你刚才叫我别动是为了瞄准呀！"

幽默并不是回避、无视生活中出现的矛盾，而是以幽默的方式展示一种温和的批评。设身处地地想想，在餐厅点的啤酒里有苍蝇，要的大全鸡缺了鸡腿，走路无辜被骑车人撞倒，你还有心思开个玩笑吗？

这番修养，不知要多少年的火候才能修炼出来。由于有了幽默、洒脱的态度，生活中许多尖锐的矛盾，并不需要大动干戈就能得到解决。

有的家庭，夫妻朝夕相处，天天锅碗瓢盆，始终举案齐眉、相敬如宾反而是一种不正常的现象，有人戏称之为"冷暴力"。小吵小闹有时反会拉近夫妻间的距离，同时也能使内心的不满得到宣泄，如果再佐之以幽默、机智的调侃，无疑使夫妻双方得到一次心灵的净化，保证了家庭生活的正常运行，请看下面这几对夫妻的幽默故事。

驾车外出途中，一对夫妻吵了一架，谁都不愿意先开口说话。最后丈夫望着不说话的妻子，指着远处一头驴子说："你不说话，难道和它是亲戚关系吗？"妻子答道："是的，夫妻关系。"

丈夫本来想把不会说话的驴子和不愿说话的妻子拉扯到一起，既调侃了妻子，又打破沉默的气氛。但想不到妻子更加厉害，一句妙语把丈夫的话挡了回去，玩了一个更大的幽默。这样聪明幽默的夫妻，即使吵架也不会吵得打架上吊。

妻子临睡前的絮絮叨叨总是令老王十分不快。一天夜里，妻子又絮叨了一阵后，问道："家里的窗门都关上了吗？"老王回答："老婆子，除了你的话匣子外，该关的都关了。"

以上两则故事中的夫妻幽默均恰到好处地表达了自己怨而不怒的情绪。有丈夫对妻子缺点的讽刺，但其幽默的答辩均不至于使对方恼羞成怒。如妻子用夫妻关系回敬丈夫也是一头驴，丈夫用巧言指责妻子絮叨，这些幽默的话语听上去自然天成，又诙谐有趣。

这些矛盾同样也有可能发生在我们每一个家庭之中，有时却往往因为两三句出言不逊的气话而使矛盾激化。

幽默表达，缓和气氛

做人要力避到处树敌，但一个有才能的人总是避免不了有或多或少的反对者。正所谓"木秀于林，风必摧之"。如何面对反对者充满敌意的进攻？

有一次，温斯顿·丘吉尔的政治对手阿斯特夫人对他说："温斯顿，如果你是我丈夫，我会把毒药放进你的咖啡里。"

丘吉尔哈哈一笑之后，严肃而又认真地盯着对方的眼睛说："夫人，如果我是你的丈夫，我就会毫不犹豫地把那杯咖啡喝下去。"

阿斯特夫人的进攻是如此咄咄逼人，丘吉尔若不回击未免显出自己的软弱，而回击不慎却可能导致一场毫无水准的"泼妇骂街"。丘吉尔毕竟是丘吉尔，一记顺水推舟的幽默重拳，打得飞扬跋扈的阿斯特夫人满地找牙却无从回手！

民主党候选人约翰·亚当斯在竞选美国总统时，遭到共和党污蔑，说他曾派其竞选伙伴平克尼将军到英国去挑选四个美女做情妇，两个给平克尼，两个留给自己。约翰·亚当斯听后哈哈大笑，马上回击："假如这是真的，那平克尼将军肯定是瞒着我，全都独吞了！"

约翰·亚当斯最后当选，成为美国历史上的第二任总统。亚当斯的胜利当然不应全归功于幽默，但却不能否认幽默魅力的功用。

几乎人人都有遭受冷箭伤害、谣言中伤的经历。放冷箭、造谣言的成本极低，杀伤力却极大。加上"好事不出门，坏事传千里"的传播学原理，一旦处理不当，便会对被诋毁者造成极大的不利局面。试想一下，如果亚当斯听到攻击之后气急败坏、暴跳如雷、脸红脖粗，或辱骂共和党的卑鄙中伤，或对天发誓："若有此等丑闻，天打雷劈！"这样地抓狂，不仅有失一个总统候选人的风度与理智，也有可能陷入无聊无趣又无休止的辩论泥潭之中——何况真理是越辩越明还是越描越"黑"都有待商榷。

在冷箭的包围中、谣言的旋涡里，如何从容脱身，实在是一门大学问。置身此类局面下的人，不妨运用幽默的武器，以四两拨千斤的姿态，或许可以潇洒地把对方打个四脚朝天。

值得注意的是，幽默的用心是爱，而不是恨。林语堂先生说过："幽默之同情，这是幽默与嘲讽之所以不同，而尤其是我热心提倡幽默而不提倡嘲讽之缘故。幽默绝不是板起面孔来专门挑剔人家，专门说俏皮、奚落、挖苦、刻薄人家的话。"

下面，让我们再看一则故事——

有一次，诗人马雅可夫斯基在大会上演讲，他的演讲尖锐、幽默，锋芒毕露，妙趣横生。忽然有人喊道："您讲的笑话我不懂！""您莫非是长颈鹿！"马雅可夫斯基感叹道，"只有长颈鹿才可能星期一浸湿了脚，到星期六才能感觉到呢！"

"我应当提醒你，马雅可夫斯基同志，"一个矮胖子挤到主席台上嚷道，"拿破仑有一句名言：'从伟大到可笑，只有一步之差'！"——"不错，从伟大到可笑，只有一步之差。"马雅可夫斯基边说边用手指着自己和那个人。

马雅可夫斯基接着开始回答台下递上来的条子上的问题：

"马雅可夫斯基，您今天晚上得了多少钱？"——"这与您有何相干？您反正是分文不掏的，我还不打算与任何人分哪！"

"您的诗太骇人听闻了，这些诗是短命的，明天就会完蛋，您本人也会被忘却，您不会成为不朽的人。"——"请您过一千年再来，到那时我们再谈吧！"

"你说应当把沾满'尘土'的传统和习惯从自己身上洗掉，那么您既然需要洗脸，这就是说，您也是肮脏的了。"——"那么您不洗脸，您就自以为是干净的吗？"

"马雅可夫斯基，您为什么手上戴戒指？这对您很不合适。"——"照您说，我不应该戴在手上，而应该戴在鼻子上喽！"

"马雅可夫斯基，您的诗不能使人沸腾，不能使人燃烧，不能感染人。"——"我的诗不是大海，不是火炉，不是鼠疫。"

马雅可夫斯基在别人的攻击与诋毁之下，丝毫不乱阵脚，举起幽默的宝剑将那些来自四面八方的冷箭干净利落地斩断。

这就是幽默的力量。它能让一个人面对谩骂、诋毁与侮辱时，毫发不损地保全自己。

我们什么时候看到过富有幽默感的人交流或论辩中被动过？即使是身处完全不容理性讲理的险恶境地，他们也能以自己高超的幽默散打腾挪闪躲、游刃有余。

幽默表达不尴尬

有一位身材矮小的男教师走上讲台时，学生们有的面带嘲讽，有的交头接耳暗中取笑。

这位老师扫视了一下大家，然后风趣地说："上帝对我说：'当今人们没有计划，在身高上盲目发展，这将有严重后果。我警告无效，你先去人间做个示范吧。'"

学生们哄然一笑，然后鸦雀无声。很显然，他们都为老师的幽默智慧所折服，忘记了他身材的缺陷。

幽默是社交之中的润滑剂，能使难解的麻纱顺畅解开，还能使激化的矛盾变得缓和，从而避免出现令人难堪的场面，化解双方的对立情绪，使问题更好地解决。

有一位女歌手举办个人演唱会。事前举办方做了大量的宣传，但到了演出的那天晚上，到场的观众不到一半。女歌手没有面露失望的表现，她镇定地走向观众，拿起话筒，面带微笑地说道："我发现这个城市的经济发展迅速，大家手里都很有钱，今天到场的观众朋友每人都买了两三张票。"全场爆发出了热烈的掌声。第二天的许多媒体娱乐版的报道，也纷纷为这位歌手的豁达和幽默叫好，为原本陷入尴尬的女歌手树立了良好的形象。

这位歌手在演唱会上，面对过低的上座率，心里没有遗憾与痛楚是不可能的。心里不舒服，但又必须战胜这种不舒服，以阳光的姿态去把最好的自己献给买票进场的观众。怎么办？唯有借助幽默。

幽默是有文化的表现，是痛苦和欢乐交叉点上的产物。一个人不经历痛苦、辛酸，便不会懂得幽默。而假如他没有充分的自信和希望，也不会幽默，他的痛苦与辛酸也就白费了。

无独有偶。一位著名的歌手参加一个大型的露天晚会。她在走上舞台时，不慎踢到台阶突然摔倒。面对这种情况，如果什么也不说就起来，就会给全场观众留下不好的印象，但她急中生智，说道："看来走上这个舞台不是一般人都能来的，门槛真高呀！"大家都笑了，她更是保持了自己的风度，巧妙地借幽默摆脱了尴尬。

在一次总统竞选大会上，西奥多·罗斯福演说完后，到回答听众提问的时间了，由他身边的一个主持人帮他念观众递上来的条子。在回答了选民们关心的几个问题后，照本宣科的职业习惯让主持人将一张条子上写的两个字原原本本地大声念出："笨蛋！"

主持人的话刚落，连他自己也傻眼了，台下的反对派开始大声起哄。

"亲爱的同胞们！"罗斯福镇静地说："我经常收到人们忘记署名的信，但现在我生平第一次接到一封只有署名但没有内容的信！"

罗斯福明知是反对派在搞鬼，用这种无聊的方式谩骂自己，但他并不正面去斥责这种行为，而是用幽默的手段，轻巧地将"笨蛋"的帽子还给了对手，从容地化解了尴尬，控制住了局势。

人是有情感的动物，都有着一方自己的情感天地，可是这块天地没有"篱笆"，经常有外物闯入，恣意践踏，让情感受到伤害，让自尊受到打击。特别是人的薄弱环节，如缺点、毛病、难堪等，经常受到别人的侵害、笑话。面薄的人内心就会受到很大的打击，对生活失去信心，但有的人却能应付自如。面对对方的诘难，他自己吹着喇叭，自己擂鼓，把自己夸耀一通，巧妙地渡过难关。这有时不免有些滑稽，因为现实情况与其所吹嘘的反差太强烈，明眼人一下就能看穿，但是，幽默似乎就在其间产生了。

萨马林陪着斯图帕科夫大公去围猎，闲谈之中萨马林吹嘘自己说："我小时候也练过骑马射箭。"

大公要他射几箭看看，萨马林再三推辞不肯射，可大公非要看看他射箭的本事。实在没法，萨马林只好张弓搭箭。

他瞄准一只麋鹿，第一箭没有射中，便说："罗曼诺夫亲王就是这样射的。"

他再射第二箭，又没有射中，说："骠骑兵将军也是这样射的。"

第三箭，他射中了，他自豪地说："瞧瞧，这才是我萨马林的箭法。"

萨马林本不善射箭，无意中吹嘘了一下，不料却被大公抓住把柄，非要看他出丑不可。好在萨马林急中生智，把射失的箭都推到别人身上，仿佛自己只是为了做个示范似的，终于射中一箭，才揽到自己身上，并不失实际地再次夸耀一番。靠幽默的帮助，他总算没有当场出洋相。而斯图帕科夫大公也一定知道这家伙在吹牛，但有这么有趣的幽默垫底，谁会去计较那些无伤大雅的事情呢，开怀一笑多好。

幽默自嘲的艺术

如果说幽默是人头顶上的王冠，那么自嘲就是王冠上镶嵌的明珠。

自嘲也叫自我解嘲，顾名思义就是自己嘲讽自己，自己调侃自己，是主动用针扎破自身气鼓鼓的情绪气球。我们每个人都难免会遇到一些难堪的、痛苦的事，如果不知道怎样调节情绪，沉着应对，就容易陷入窘迫的境地，进而让情绪失控方寸大乱。这时，如果采取恰当的自嘲，不但能让自己在心理上得到安慰，同时还能让别人对你有一个新的认识。

美国一位身材肥胖的女士曾经这样自我解嘲："有一次我穿上白色的泳装在大海里游泳，结果引来了俄罗斯的轰炸机，以为发现了美国的军舰。"引得听众哈哈大笑。这种自揭其短、自废武功的话语，使得大家根本就不会认为她的胖是丑，都将注意力集中在她的风趣上。结果，肥胖不再是她的劣势，反而成为她的特点，使她在社交中游刃有余。

自嘲是一个人心境平和的表现。它能制造宽松和谐的交谈气氛，能使自己活得轻松洒脱，使人感到你的可爱和人情味，从而改变对你的看法。

二战期间，美、英、苏三国首脑在德黑兰会谈，气氛非常紧张。丘吉尔是个不拘小节的人。一天开会时，赫鲁晓夫注意到英国外交大臣艾登悄悄递给丘吉尔一张字条，丘吉尔匆匆一瞥，神秘地说：

"老鹰不会飞出窝的！"并当即将字条放在烟斗上烧了。多年后，赫鲁晓夫访问英国时，好奇地问起了艾登当时究竟写了什么，艾登哈哈大笑，"我当时写的字条说：你的裤裆纽扣没扣上。"

鲁迅先生生前饱受迫害，他在《自嘲》诗中写道："运交华盖欲何求，未敢翻身已碰头。"这既是对自己遭遇的诙谐写真，也是投给反动派的标枪。著名漫画家韩羽是秃顶，他写了这样一首《自嘲》诗："眉眼一无可取，嘴巴稀松平常，唯有脑门胆大，敢与日月争光。"读之令人忍俊不禁，使我们想到韩羽先生乐观、大度的处世态度。香港有个演员太胖，面对这种"自然灾害"，她不是挖空心思去减肥，而是任其自然，把精力用在事业上，甚至给自己取艺名为"肥肥"，结果她以自己的才华赢得了观众的认可。

自嘲，貌似糊涂，实则是人生深厚精神底蕴的外在折射。它产生于对人生哲理高度的深刻体察，是既看到自己的不足又看到自己长处后的一种自信。自嘲，是最为深刻的自我反省，而且是自我反省后精神的超越，显示着灵魂的自由与潇洒。自嘲，标志着一定的精神境界。自嘲，也是缓解心理紧张的良药，它是站在人生之外看人生。自嘲又是一种深刻的平等意识，其基础是，自己也如他人一样，有可以嘲笑的地方。自嘲，还是保持心理平衡的良方，当处于孤立无援或无人能助时，自嘲可以帮自己从精神枷锁中解救出来。

能自嘲的人，起码心胸不会狭窄，提得起，放得下，以一种平常恬静的心态去品位与珍藏生活中的酸甜苦辣，去参透与超越人世间的利禄功名，从而获得潇洒充实的人生。

在幽默的领域里笑自己是一条不成文的法则，你幽默的目标必须时刻对准你自己。这时，你可以笑自己的观念、遭遇、缺点乃至失误，也可以笑自己狼狈的处境。每一个迈进政界的人都得有随时挨"打"的心理准备，如果缺乏笑自己的能力，那么他最好还是去干其他的事情。

一次，陈毅到亲戚家中过中秋节。进门就发现一本好书，便专心读起来，边读边用毛笔批点，主人几次催他去吃饭，他不去，就把糍粑和糖给他端来。他边读边吃，竟然把糍粑伸到砚台里蘸上墨汁直往嘴里送。亲戚们见了，捧腹大笑。他却说："吃点墨水没关系，我正觉得自己肚子里墨水太少哩！"

人们喜爱陈毅，难道和他的这种豁达、幽默的禀性没有联系吗？把自己作为笑的目标，以此来沟通信息，表达看法是最令人折服、最能获得信赖的。你以取笑自己来和他人一起笑，这能够让他人喜欢你、尊敬你甚至钦佩你，因为你用你的幽默向他人展现了你善良大方的品质。

美国有一位传奇式的篮球教练，名叫佩迈尔。他带领的篮球队曾获得39次国内比赛冠军。他的球队在蝉联29次冠军后，遭到空前惨败。比赛一结束，记者们蜂拥而至，把他围个水泄不通，问他这位败军之将有何感想。他微笑着，不无幽默地说：

"好极了，现在我们可以轻装上阵，全力以赴地争夺冠军，背上再也没有冠军的包袱了。"

佩迈尔面对失败，没有灰心，将哀声化为笑声，将笑声化为力量，这是多么令人钦羡的人生境界啊！

我们发现，凡是善于自嘲的人，多是待人宽厚、与人为善的。他们不会处处与人为难，时时跟他人过不去，更不会无事生非。但是，他们绝不是窝囊废，他们会以他独有的宽容的方式来做出反应，也许带一点嘲讽，当然更少不了自嘲。这样，他往往就具有君子之风度。

掌握幽默表达的诀窍

幽默有时让人感到神秘。有人想学，却无法学会。于是，有些不够幽默的人便认为：我不幽默，是因为我没有幽默的细胞。

幽默细胞是什么呢？毫无疑问，即便用高倍显微镜，也无法看到"幽默细胞"的。这也许能成为幽默非天生的一个论据。

首先，善于幽默的人都有着良好的心理素质。只要我们留心那些幽默感十足的人，就会发现他们的心理素质一般优于常人，而良好的心理素质也不是天生的，需要后天的锻炼和培养。良好的心理素质首先是需要自信。一个常常为自己的职业、容貌、服饰、年龄等因素而惴惴不安、自惭形秽，如何在适当的场合进行幽默的表演？

安徒生很俭朴，经常戴个老式的帽子在街上行走。有个过路人嘲笑他："你脑袋上边的那个玩意儿是什么？能算是帽子吗？"安徒生干净利落地回敬："你帽子下边的那个玩意儿是什么？能算是脑袋吗？"没有高度的自信，恐怕安徒生早就在他人的取笑中发窘，或者勃然大怒，哪能灵光一现，作一个绝妙的反击？

其次，冷静也是幽默高手的一项心理特质。冷静，是使人们的智慧保持高效和再生的条件。因为只有在头脑冷静的情况下，人们才能迅速认准并抑制引起消极心理的有关因素，同时认准和激发引起消极心理的有关因素。

英国首相威尔逊在一次群众大会上演讲时，反对者在下面鼓噪，其中一人高声大骂："狗屎、垃圾！"面对听众可能产生的误解和骚动，威尔逊首相沉稳地报以宽厚的微笑，非常严肃地举起双手表示赞同，说："这位先生说得好，我们一会儿就要讨论你特别感兴趣的脏乱问题了。"捣乱分子顿时哑口无言，听众则报以热烈的掌声。

再次，乐观是幽默高手另一项重要素质。俄国著名寓言作家克雷洛夫早年生活穷困。他住的是租来的房子，房东要他在房契上写明，一旦失火，烧了房子，他就要赔偿 15000 卢布。克雷洛夫看了租约，不动声色地在 15000 后面加了一个零。房东高兴坏了："什么，150000 卢布？""是啊！反正一样是赔不起。"克雷洛夫大笑。幽默感的内在构成，是悲感和乐感。悲感，是幽默者的现实感，就是对不协调的现实的正视。乐观，是幽默者对现实的超越感。没有幽默感的人不会积极地看待这个世界，不会乐观地看待自己的生活。当然乐观不是盲目的，而是有所依附，是一种透彻之后的豁达。乐观地看待你的生活，幽默自然而生。

良好的心理素质是幽默的根基，幽默的主干是广博的知识。幽默的思维有很强的联想性与跳跃性，如果没有广博的知识，你的思维会有很大的局限。因此，提高自己的幽默水准，需要不断地拓展知识门类和视野，提高对事物的认知能力。

风平浪静的水面，投进一块石头，就会一下子发出响声。常规思维的心理，被超常的信息搅扰，也会引起心波荡漾、心潮起伏、心花怒放。奇异、巧妙、荒谬就是这种超常的信息，就是幽默之所以致笑的要因，也是我们学会幽默应把握的要诀。

说来说去，幽默其实与人的气质培养类似，而幽默本身也是一种独特的气质。如果你知道一个人良好的气质是如何培养的，也应该知道这个人高超的幽默感是如何拥有的。

将幽默发挥得淋漓尽致

如何让幽默发挥得淋漓尽致呢？

· 幽默有时可以进行有意的曲解

所谓曲解，就是对对象进行"歪曲"，"荒诞"地进行解释，以一种轻松、调侃的态度，将两个表面上毫不沾边的东西联系起来，造成一种不和谐、不合情理、出人意料的效果，从而产生幽默感。有意违反常规、常理、常识，利用语法手段，打破词语的约定俗成，临时给它以新的解释，甚至对问题进行歪曲性解释，把毫不相关的事捏在一起"拉郎配"，从而造成因果关系的错位或逻辑矛盾，得到出人意料的结果，形成幽默感。

有意曲解还包括偷换概念。将对方谈话中使用的概念借用过来，并赋予新的内容，也会产生幽默的效果。如一位妻子瞪着丈夫说："我一见你就来气。"丈夫却慢条斯理地回答："好啊，我练了一年气功还没气感，原来是你把我身上的气都吸到你身上去了。"这位丈夫巧妙地将生气的"气"偷换成气功的"气"，逗妻子一乐，她的"气"也就在笑声中消了。

偷换概念的另一种方法是"以偏概全"。对于范围过宽或比较抽象的问题，只用其中的一个方面进行说明，既有利于回答难以回答的问题，又体现了幽默感。

有一次，一名新闻记者问萧伯纳："请问乐观主义者和悲观主义者的区别何在？"这是一个范围很大且很抽象的问题。如果要从理论上做出一个准确的回答，恐怕得费好大劲也不一定能令对方满意。于是他说："假如这里有一瓶只剩下一半的酒，看到这瓶酒的人如果高喊：'太好了，还有一半！'这就是乐观主义者；如果悲叹：'糟糕，只剩下一半了。'那就是悲观主义者。"在这里，萧伯纳巧妙地使用"以偏概全"的方法，选择了一个生动的事例，化大为小，回答得轻松自如，不仅颇有幽默感而且令人回味无穷。这与爱因斯坦用一个小伙子坐在火炉旁和坐在一名少女旁的不同感受解释他的相对论有异曲同工之妙。

·幽默不妨正话反说

有一则宣传戒烟的公益广告，上面完全没提到吸烟的害处，相反却列举了吸烟的四大好处：一省布料：因为吸烟的易患肺痨，导致驼背，身体萎缩，所以做衣服就不用那么多布料；二可防贼：抽烟的人常患气管炎，通宵咳嗽不止，贼以为主人未睡，便不敢行窃；三可防蚊：浓烈的烟雾熏得蚊子受不了，只得远远地避开；四永葆青春：不等年老便可去世。

这里说的吸烟的四大好处，实际上是吸烟的害处，却很幽默，让人们从笑声中悟出其真正要说明的道理，即吸烟危害健康。

这就是所谓的正话反说，说出来的话，所表达的意思与字面意思完全相反。如字面上是肯定，而实际意义上是否定；或字面上是否定，而实际意义上是肯定。这也是产生幽默感的有效方法之一。

秦朝有个很有名的幽默人物优旃。有一次，秦始皇要大肆扩建御园，多养珍禽异兽，以供自己围猎享乐。这是一件劳民伤财的事，但大臣们谁也不敢冒死阻止秦始皇。这时优旃挺身而出，他对秦始皇说："好，这个主意很好，多养珍禽异兽，敌人就不敢来了，即使敌人从东方来了，下令麋鹿用角把他们顶回去就足够了。"秦始皇听了不禁破颜而笑，并破例收回了成命。

他之所以能成功地劝服秦始皇，主要是使用了幽默的力量。他的话表面上是赞同皇上的主意，而实际意思则是说如果按皇上的主意办事，国力就会空虚，敌人就会趁机进攻，而麋鹿是没有能力用角把他们顶回去的。这样的正话反说，字面上赞同了秦始皇，也足以保全自己；而真正的含义，又促使秦始皇在笑声中醒悟，从而达到了他的说服目的。

·幽默要出其不意

说出别人想不到的语言，表达别人想不到的含义，这是幽默的宗旨，即所谓的标新立异、出奇制胜，这样往往会使你的语言具有特殊的说服力，达到更好的沟通效果。

在开往日内瓦的快车上，列车员正在检票。一位先生手忙脚乱地寻找自己的车票，他翻遍所有的衣兜，终于找到了。他自言自语地说："感谢上帝，总算找到了。"

"找不到也不要紧，"旁边一位绅士说，"我到日内瓦去过无数次都没买车票。"

他的话正被站在一旁的列车员听到了，于是火车到达日内瓦车站后，这位绅士被带到了车站办公室接受审问。

"你说过，你曾无数次无票乘火车来到日内瓦。"

"是的，我说过。"

"你可以保持沉默，但你所说的每一句话都将作为证据呈堂证供，你应该知道，你的行为是违法的。"

"不，我不这么认为。"

"那么，你如何向法官解释无票乘车是正当的呢？"

"很简单，我曾是火车司机！"

事实上，所有的幽默都是以"出其不意"而制胜。否则，就会显得平淡无奇，达不到效果。尽管它多用于揭露弊端、讽刺卑俗与愚蠢，但绝不是锋芒毕露，相反它总是委婉地指出人们的缺点，让人们在笑声里看到自己或他人的丑行或影子，顿悟而悔改。

·幽默不妨进行巧妙的解释

美国总统林肯小时候在学校读书时聪慧过人，有一次老师想难住他，便问："我想考考你。你是愿意回答一道难题呢，还是两道容易的题目？""回答一道难题。""好吧，那么你说，蛋是怎么来的？""鸡生的。"林肯答道。"鸡又是哪里来的呢？""老师，这是第二个问题了。"林肯说。老师想把林肯引入"鸡生蛋，蛋生鸡"这个纠缠不清的问题中，但林肯却以巧妙的解释避开了。

英国著名女作家阿加莎·克里斯蒂同比她小 13 岁的考古学家马克思·马温洛结婚后，有人问她为什么要嫁给一个考古学家，她幽默地说："对于任何女人来说，考古学家是最好的丈夫。因为妻子越老他就越爱她。"这一巧妙的解释，既体现了克里斯蒂的幽默感，又说明了他们夫妻关系的和谐。

有一位读书人结婚后仍然保持读书到深夜的习惯，妻子满腹怨气。一天她对丈夫说："但愿我也能变成一本书。"丈夫疑惑不解："为什么？""那样你就整日整夜把我捧在手上了。"丈夫顿时明白了妻子的用意，打趣说："那可不妙，要知道，我每看完一本书，都要换新的……"这位丈夫的巧妙解释，不仅表达了他对书的爱好，更表达了他忠于妻子的感情。

上面这三则充满幽默感的故事很好地说明了巧妙的解释能产生很强的幽默感，即对原意加以巧妙的解释而造成幽默效果。

·幽默不妨使用模仿语言

模仿现有的词、句及语气等而创造新的语言，是幽默方式中很常见的一种，往往借助于某种违背正常逻辑的想象和联想，把原来的语言要素用于新的语言环境中，造成幽默感。

国外课堂上，一位女教师在课堂上提问："'要么给我自由，要么让我去死'，这句话是谁说的？"过了一会儿，有人用不熟练的英语答道："1775年巴特利克·亨利说的。""对。同学们，刚才回答问题的是日本学生，你们生长在美国却回答不出来，而来自遥远的日本的学生却能回答，多么可怜啊！""把日本人干掉！"教室里传来一声怪叫。女教师气得满脸通红，问："谁？这是谁说的？"沉默了一会儿，有人答道："1945年，杜鲁门总统说的。"这位同学模仿老师的提问做了回答，从而产生了幽默效果。

　　一位军官的朋友向他打听某种军事秘密。他不想严词拒绝而使对方难堪，又不能因私废公。于是他故作神秘地问道："你能保守秘密吗？""能！"对方答道。"那么，我也能。"军官说。这位军官就是模仿了对方回答的方式和语气，从而摆脱了窘境，既保守了军事机密，又维护了朋友之间的感情。

　　使用模仿语言还可以直接借用原文。比如一位导游带一旅游团游黄山，于凌晨5时前往狮子峰观日出。可是刚到半山腰就听到有人声。来到山顶，发现狭小的山顶上"有利地形"全部被占据，于是她笑着说："这真是'莫道君行早，更有早行人'啊！"导游借用的是一句完整的诗，但它所表现的意境却完全不同，它包含了导游对"有利地形被占据"的无奈。于是游客在她幽默的感染下，也减弱了一些失望。

第八章　声音是一个人裸露的灵魂

声音是一个人裸露的灵魂。心理学家认为，声音决定了你 38% 的第一印象，传递出你的个性、喜好、情绪、情感、年龄、健康状态等。尤其是在电话交流时，音质、音调、语速的变化和表达能力决定了你的可信度的 85%。

其实，让说话时的嗓音好听，也是口才学习中一门必不可少的功课。一个人要精准表达，更要有优美、动听的声音。而声音的美，有其先天声带发育的条件，但后天练习也至关重要。如果你对自己的嗓音不那么满意，何不马上付诸行动，给予纠正呢？！

谈吐一定要优雅

许多人不但在致辞或报告时喜欢拉着嗓门表达，就是日常交谈，他们的音量也特别大，甚至大到炸耳朵，使你怀疑他是不是在对别人说，还是故意大声讲话让别人听到。

如果你看几十年前的电影，八成会不习惯。因为那些演员无论动作、声音都夸张，怎么看都觉得是在"做戏"。

这多半由于他们是演舞台剧的出身。早期的话剧没有无线麦克风，场子的设备又不够好，为了让整场观众听得清、看得清，演员不得不放大声、夸张动作。当那些演员改演电影时，不自觉地就会把演话剧的习惯带到镜头面前。

回想一下三十年前的演讲比赛，是不是一样也很夸张？演讲时顿脚捶胸，拉大了嗓门喊，尤其到结尾，非要握拳高喊几句口号不可，好像不这样就没有力量、就不算结束、就不能得奖似的。

表达要用多大的音量（也就是"音势"要多强），全得看环境。但是你也要知道，最亲切感人的语言，往往不是"吼"出来的。

有一对认识不久的男女，在公园约会。男的把手放在女生的腿上，亲热地对女生柔声说："我爱你！"

"高一点！"女生回答。

那男生就拉大嗓门喊："我爱你！"

那女孩真是因为男生的声音太小，要他大声表白吗？

当然不！

所以，你想谈吐优雅，表达有魅力，先得自我检讨，看自己表达的音量是不是恰到好处。

如果你讲话的声音太大，是不是经常在嘈杂环境中讲话，习惯大声了，还是有焦躁的毛病，甚至不把音量放大就说不顺？

你要注意观察不同环境中你的邻居、朋友的谈吐和音量。

然后对比自己，是不是什么场合讲话声音都很大，或一紧张、疲惫，就显出焦躁，越说越快越大声，如果是就立刻改。先改变速度，再试着对近处的人小声说，对远处的人大声说，让自己的音量有变化。

无论你从事的是什么样的工作，在你开口说第一句话之前都应该确保此刻的你正好显得优雅大方。

巴尔扎克说过："细腻与风雅原是朴实的人必然具备的长处，这会使他的谈吐更耐人寻味，不亚于主教的辞令。"哈佛大学前校长伊力特也说："在造就一个有教养的人的教育中，有一种训练是必不可少的，那就是，优美而文雅的谈吐。"在与人的交往过程中，言谈举止代表着你的个人素质，时时反省、检视自己的言谈举止，才能让对方对你有好印象。

谈吐优雅的人，必定是谦恭的，他们嘴里永远不会出现蔑视、轻佻等令人不悦的字眼。无论是在生活中还是在工作中，谈吐优雅的人都能吸引更多人的目光，得到更多人的尊重和赞许。谈吐优雅其实本身就是对他人的尊重，只有付出了尊重的人才可能得到对方回馈的尊重。

兰道尔说："有礼貌不一定总是智慧的标志，但是不礼貌总使人怀疑其愚蠢。"叔本华说："礼貌之于人性如同热量之于蜡烛。"威温特说："彬彬有礼是高贵的品格中最美的花朵。"由此可见，具有优雅的谈吐的人一定是礼貌的，而礼貌对很多人而言是比智慧和口才更重要的品德。善于说话的人，不但能在陌生人面前树立良好的第一印象，还能广结善缘，处处受人欢迎。

发音训练的窍门

大约 30 年前，法国电影《佐罗》风靡中国。当时，很多中国女性之所以特别喜欢这部影片，除了佐罗（阿兰德龙饰演）英俊潇洒的形象外，配音演员童自荣清亮华丽而充满儒雅贵族气质的声音起了关键作用。童自荣既不是佐罗，更不是影片中的骑士，可是，即便你从来没有见过童自荣，你也会把他想象成一个帅气十足、风流儒雅的男士，这是因为声音的作用。

声音是一个人的形象名片，可以为人们预留无尽的想象空间。通过声音不仅可以感知对方的年龄、性别、职业、相貌，还可以感知他的性格、思想、情感和态度。在社交中，我们应该充分运用"声音形象"，让自己在社交中左右逢源、游刃有余。

在运用声音塑造形象时，需要注意语言表达要带有真实的情感，要把生活和感悟融入声音中，把真切感受传递给你的谈话对象。

不少人看过《窈窕淑女》这部电影，说的是一个卖花的乡村女孩被培养成贵妇的故事。训练从什么开始？从语言开始，改掉她的地方俗语和口音，在留声机上一遍又一遍训练语音和语调，之后才是着装、姿态、社交礼貌等方面的训练。如果你对自己的声音不太满意，不妨通过下面这些方法来改进你的发音。

发音训练的第一课就是呼吸训练。表达和唱歌的发音方式是相通的。一些学习唱歌的方法可以用到表达上。意大利男高音之父卡鲁索说："在所有学习歌唱的人中，谁掌握了正确的呼吸，谁就成功了一半。"气息是发出声音的动力，更是各种声音技巧的"能源"。歌唱时正确的呼吸，既不是用两肩上抬、胸廓紧张的浅胸式呼吸法，也不是用腹部一起一伏、胸部僵硬紧逼的纯腹式呼吸法，而是打开口腔用胸腔和腹腔联合运动而完成呼吸动作。

吸气要领是：吸到肺底—两肋打开—腹壁站定；呼气要领是：稳劲—持久—及时补换。不过，要掌握好这一方法是有一定难度的，通常要经过持久的训练。

也有一些简单易行的方法，如：平心静气地去闻鲜花的芳香；突然受到惊吓时的倒吸冷气；模拟吹灰尘。还可以利用早上起床的时间做一些训练，具体方法是：

全身平躺在床上，尽力伸展身体，收缩腹部，把一只手平放在横膈膜上，将另一只手放在胸骨上，然后尽力吸气，吸气的同时说"哦哦哦"，呼气的同时说"哈哈哈"，这样练习几次，能够使气息充盈全身。然后再说出"早——上——好"，说的时候，手要能感觉到胸腔是在振动。

然后坐起，双脚紧贴地面，保持身体挺直，再说几次"早——上——好"。最后，站起来在房间里来回走动，连续说"早上好，早上好"。注意在说的时候，要对自己充满自信。

接下来是共鸣训练。人的口腔、胸腔等发音器官就像一个音箱，搭配使用得当就能发出具有磁性的嗓音。为什么有的人表达的声音穿透力特别强，即使房间里噪声很大，也能听清他在讲什么，这就是共鸣的原因。你的声音必须是通过胸腔共鸣产生的，而不是堵在嗓子眼里被憋出来的。

共鸣训练要注意对发音器官的控制练习，以达到好的音质音色。首先要练习如何张开嘴表达，而不是发声不动嘴，咬着牙齿表达。我们会注意到歌手唱歌时都是张大嘴，这样才能够清晰地唱出每一句歌词。讲话时你也应该尽力做到这一点。开始训练时，朗读以下的内容大声进行练习：

胸腔共鸣练习：暗淡反叛散漫计划到达

口腔共鸣练习：澎湃碰壁拍打喷泉品牌

鼻腔共鸣练习：妈妈买卖弥漫出门戏迷

在练习时要注意仔细体会发音时胸腔、口腔、鼻腔共鸣的感觉。

最后是吐字发音训练。强调的是对发音动作过程的控制，是一种经过加工的艺术化的发音方法，目的是要做到吐字发音准确清晰。在培养歌手的录音室里，歌手要在一个规定的非常低的音量范围内，让人听清楚他唱的每一句歌词。吐字不清晰的人，即使声音很大，也无法做到这点。

校正身体的发音系统

声音不仅与喉咙有关，还涉及身体的许多部位。身体像一套最为先进和精密的音响系统，依靠这套系统的协调作用和相互配合，你就可以清晰而得体地表达讲话内容，唱出美妙动听的歌声。没有受过声音训练的人，虽然平日表达和唱歌都没有问题，但很难应付特殊场合。要么声嘶力竭地喊叫，憋得脸红脖子粗；要么喃喃细语，自己都不知道在说些什么。

人体的发音系统主要由发声器官、吐字器官和动力器官三部分组成。

发声器官主要由喉构成，声带在喉部附近的两对半圆形的扁状韧带，犹如管乐器中的哨嘴和簧舌一样，起着发声的作用。当人呼吸时，自然放松分开，让气息畅通无阻地进出。当人表达和发声时，本能地向喉管中间靠拢。当靠拢到一定程度时，就会受气流的冲击产生振动而发声。你可以试着体验一下，表达时把手指轻轻放在下巴下面，可以感觉到明显的共振。

声带的光滑、厚薄、闭合好坏都会影响声音的质量。声音的纯净明亮或干瘪嘶哑，由自身声带的质量决定。

咬字和吐字的器官主要是唇、齿、舌、腭、鼻，是完成语音的最后部位。它们对喉部发出的原音进行修正处理——共鸣，使声音美化、亮泽、圆润。这就使声音具有弹性和可塑性。你可以试一试，用手指轻轻按住鼻梁骨，然后发出"呢、呢"的声音，你会感觉到微微的颤动。

发音是需要动力的。吹笛子时，你必须使劲地吹气，才能发出声音。音箱打开时，你站在音箱前能感觉到一股强大的气流。这些现象都说明发音要以空气为动力。人的发音动力以肺为中心，包括与呼吸有关的器官和组织。肺的作用就像一只产生空气动力的风箱，在周围肌肉组织的带动下做扩张或收缩运动，形成气流的进出。气流经过气管到达喉部，促使声带振动，发出声音。

平时聊天小声表达时，只需要在肺的上部保留少量空气，轻轻呼吸就可以了。但如果大声表达和演讲时，就需要深呼吸。

气息是言语发声的动力，动力的大小体现在肺活量上。肺活量与年龄有着密切的关系，通常，人的肺活量在 27 岁左右时达到最大值，以后每隔 10 年递减 9%—27%。虽然经过特殊的训练可以缩小递减的程度，但递减的趋势不会改变。年龄不同，发出的气息强弱不同，发出的声音也就产生了差别。所以仅凭声音就可以判断表达者的大致年龄。

另外，你的腿部肌肉也起到非常重要的作用。它们能使你挺直身躯，有助于你在讲话过程中的血液循环，使你不会感到缺氧，保持良好的精神状态。在唱卡拉 OK 时，你会发现，歌唱得好的人，喜欢站起来唱。因此，为了获得更好的发言和演讲效果，最好是选择站着。了解了这些发音知识后，对提高声音魅力是很有帮助的。

声音的四大属性

声音具有四大属性：音调、音强、音速和音质。任何声音都具有这些属性，表达的声音也不例外。在声音发出的瞬间，这四种属性同时作用于人的听觉神经，使我们对声音形成区别性印象。

先来说说音调。音调的高低是由声带振动频率的大小决定的。频率的大小同发音体的形状和质地有关。相对而言，大的、长的、粗的、厚的、松的发音体，振动频率较慢，发出的声音也低；小的、短的、细的、薄的、紧的发音体，振动频率较快，发出的声音也高。声音的高低同声带的长短、厚薄、松紧有关。一般而言，女性和小孩的声带较短较薄，声音要高一些。成年男子的声带较长较厚，声音就低一些。通过研究发现，不管男女，音调低一些能起到较好的沟通效果。这是因为音调太高，鼻音就会提高，听了会让人不舒服，甚至起鸡皮疙瘩。而且，音调太高容易给人一种亢奋、不稳重的感觉。

音强的大小则取决于发音时用力的程度和量的大小。表达时如果比较用力，呼出的气流比较大，发出的声音音强就比较强；反之就比较弱。相对而言，年轻人的气息强，老年人的气息沉，声音很容易分辨。从身体状况来说，健壮的人气息强，偏瘦的人气息弱。据研究，表达时的音量应"适中"。当你在请求别人帮忙时，如果采用适中的音量，会比较容易得到帮助。原因很简单，你表达的声音比较大，容易给人"命令和强制"的感觉，让人反感。但如果声音太小，又容易让人觉得你缺乏自信、很害羞，甚至会觉得你在撒谎。能够根据不同场合恰如其分地运用好音量，是重要的。

音速是由发音的长短决定的。音的长短可以通过训练改变，没有经过训练的人，一般掌握不好自己的声音长短。有的人表达语速很快，像机关枪扫射，给人上气不接下气的感觉；有的人表达慢条斯理，让人着急。这都不恰当。当然，这个问题也不是绝对的。中央电视台的著名节目主持人徐俐以语速快出名。徐俐的快语速非常适合她主持的新闻类节目。

音质，就是声音的个性或特色，它是一个声音区别于其他声音的基本特征。比如，同样是一篇诗歌，由不同的人来朗诵，有人声音高细而刚硬，有人声音低弱而温柔，听众马上会区别出来，并产生不同的联想，认为前者是一个利落干练的人，后者是一个文静端庄的人。人与人交流时，音质圆润悦耳、有感染力和亲和力是第一要素。如果你的音质条件因先天或年龄的因素不够优美，要特别注意善用语调和语速来弥补音质的不足。

最后，还要注意表达时的发音部位非常关键。你发音的部位取决于你的胸腔、喉咙和头部产生共振的空间。一般来说，发音部位越靠前，你的发音效果就越容易扭曲。可以用一个简单的方法来体会发音部位的不同带来的不用音效。你可以先说"呵呵呵"，然后说"哈哈哈"，再接着说"呼呼呼"，仔细体会一下，是否有什么不同呢？很多人不明白自己的声音究竟问题出在哪里，其实是没有弄清楚自己的声音是从身体的哪一个部位传出来的。

给声音做个"体检"

这是一位作家的描述：一次，我在等候电梯，电梯的门"唰"地一下打开时，我的眼前一亮，面前是一个穿着时髦、长相绝佳的气质美女。我不由得睁大眼睛迟钝了片刻，方才恍惚之间跨进了电梯。和这样一个绝色女人共处一"室"，我感觉呼吸有些吃力。可惜几秒钟后，当电梯再次拉开，她招呼同伴走出电梯的语态和音质让我再次目呆吃惊，她的语态粗俗、音质沙哑。我真为她惋惜，那么美好的感觉仅仅停留了几秒钟。

现在不少人花了很多精力在化妆、穿着上，可一开口表达却让人大失所望，声音不好听，或沙哑或尖细或做作。一般来讲，声音过细会给人柔弱、无主见的印象；声音过尖易给人心胸狭隘、不易沟通的感觉；语速过慢易给人性格优柔、魄力不够的印象；语速过快易给人急躁、做事缺乏耐性的印象；腔调做作则意味着轻浮、功利、缺乏内涵。因此，不要小看声音对人的影响，要学会管理和驾驭自己的声音。

管理自己声音的前提是，先要清楚地了解自己声音的特点及状况，分析出不足之处，然后有针对性地训练和调整，塑造出更能提升个人魅力的声音形象。

究竟如何才能知晓自己声音的不足呢？

你需要巧妙地给声音做个"体检"，才能找出问题所在。

先用质量好的录音机或录音笔把你的声音录下来，注意不要刻意为录而录，而是收集平时日常生活中的真实声音，比如与他人交谈时的声音，你可以找个朋友聊，不过至少要半小时，也可以录些发言时的声音等，你还可以请朋友帮忙录下电话中的声音。

当你听到自己的真实声音后，或许不大会相信这是自己的声音。因为，我们讲话时所发出的声音不只是经过听觉器官，还会穿越脸部与咽喉引起头骨振动，声音会发生变化，所以我们通常并不熟悉自己真实的声音。

接下来，对收集到的真实声音进行分析，听听自己的声音是否过细，或过尖，腔调是否自然，辐射范围如何，声音的表现力如何，是否让人感觉很做作，呼吸的声音是否太大，表达时的停顿和语速的变化如何，等等。

经过这样的声音"体检"后，你会很容易发现自己的声音存在的不足，然后有针对性地加以改进。

如何让自己的声音洪亮低沉

男高音的声音低沉而又洪亮，让听众们沉醉在他们美妙的歌喉中。男高音的声音，来源于他们经过训练的横膈膜。经过训练后，你也可以慢慢地把你发声时的共振点移到胸腔，这将会使别人更注意你的言语。实验已经表明，深沉洪亮的低音，再配上适时的停顿和从容不迫的态度，是最能吸引人的注意力的。

而要把共振点移到胸腔的重点在于，深呼吸，并且是用横膈膜，而不是用上方的肺。所有的婴儿和动物都是使用他们的横膈膜深呼吸的，当我们在长大的过程中却慢慢养成了浅呼吸的错误习惯。因为一些历史原因，在西方，强壮男人的形象是通过胸来呼吸的。以至于很多人想到深呼吸的时候都会用他的胸来呼吸。胸腔呼吸发出的声音显得急促，并且听起来更加有攻击性。相反，如果你想保持冷静，并且使声音低沉洪亮的话，你就应该用横膈膜来呼吸。

现在，为了使你的声音更低沉洪亮，你可能需要几个月的时间来进行训练。目标确实是可以实现的，只要你坚持做以下几个非常有益的练习。

·强化你用横膈膜呼吸的意识

练习用横膈膜呼吸，吸气时让腹部鼓成球状，默数 1、2、3、4，吐气时同样默数 4、3、2、1。每日至少做六次。

吸气时用横膈膜尽量深吸，吐气时尽量慢吐，保证即使你面前有一根蜡烛，你也不会吹熄它。

· 共振

深呼吸，然后慢慢地发长音。当共振从胸部发出时，你应该能感到它慢慢地转移到腹部，而不是鼻子或喉咙，你的吐气应该平稳没有任何抖动。

同样深呼吸并发音，但这次想象共振点如同一个电梯一样在你体内上上下下，从鼻子到腹部。

同样深呼吸并发音，但这次依次发音标表中的所有音，直到它们听起来都是同样的音高。现在你应该能指出其中的某些音比另外一些音缺乏共振。

· 表达节奏

找些东西来读，把速度控制在每分钟 400 个汉字左右。

试着在读时加入感情，加入适当的重音。一个单调的声音很快就会使人厌烦。

柔言谈吐的艺术

俗话说："一句话能把人说笑，也能把人说跳。"一般情况下，能把人说"笑"的语言，通常是柔和甜美的。古往今来，和气待人、和颜悦色都被视为一种美德。柔言谈吐是一种值得提倡的交际方式。

柔言谈吐表现为语气亲切，语调柔和，语言含蓄，措辞委婉，说理自然。这样对方才会感到亲切和愉悦，所谈之言也易于入耳生效，有较强的亲和力与说服力，往往能起到以柔克刚的交际效果。

柔言谈吐的表达方式一般有两种。

·谦让表达法

一家瓷器店的营业员遇到一位十分挑剔的女顾客，给她拿了好几套瓷器，她挑了半个钟头还没选好，营业员因为顾客太多应对不过来使这位女顾客觉得自己受到了冷落，于是她沉下脸来，大声指责说："你这是什么服务态度，没看见我先来的吗？快让我先买，我还有急事。"

这话真够刺耳的，如果和她较真儿，会吵得不可开交。然而，这位营业员没有这样，他安排好其他顾客后说："请您原谅，我们店生意忙，对您服务不周到，让您久等了。"营业员的态度和话语真诚而谦让，女顾客的脸一下子红了，转而难为情地说："我说得不好听，也请你原谅。"

有理不在声高，并非表现得有棱有角、咄咄逼人才有分量。这种谦让式表达法充满了尊重、理解和宽容，本身就产生了一种感化力，火气遇上和气，就失掉了发泄的对象，自然就会降温熄火。

·委婉表达法

当你和他人意见不合，又想坚持己见时，万万不可对他人讥讽嘲笑，横加指责。委婉地表达自己的坚定立场，会取得意想不到的沟通和说服效果。

1940年，处于前线的英国已经无钱从美国"现购自运"军用物资，一些美国人便想放弃援英，而没有看到唇亡齿寒的严重事态。罗斯福总统在记者招待会上宣传《租借法》以说服他们，为国会通过此法成功地营造了舆论氛围。

罗斯福并未直接指责这些人目光短浅，因为这样只能触犯众怒而适得其反，而是通过妙语连珠的表达，以理服人。他用通俗易懂的比喻，深入浅出地说明理由，点中要害，使人们不得不心悦诚服："假如我的邻居失火了，在四五百英尺以外，我有一截浇花园的水龙带，要是给邻居拿去接上水龙头，我就可能帮他把火灭掉，以免火势蔓延到我家里。这时，我怎么办呢？我总不能在救火之前对他说：'朋友，这条管子我花了15元，你要照价付钱。'这时候，邻居刚好没钱，那么，我该怎么办呢？我应当不要他15元钱，让他在灭火之后还我水龙带。要是火灭了，水龙带还好好的，那他就会连声道谢，原物奉还，假如他把水龙带弄坏了，答应照赔不误的话，现在，我拿回来的是一条仍然可以用的浇花园的水龙带，这样也不吃亏。"

罗斯福总统援英的决心很坚决，但他没有直接表达这种强硬的态度，而是用通俗的比喻表达自己的真实想法，达到了较好的说服效果。

使用柔言谈吐要注意以下事项：

首先，要加强个人的思想修养和性格锻炼。我们知道'语言美是心灵美的具体表现。一个心灵丑恶的人，语言绝不会美，有善心才有善言。

　　其次，柔言谈吐在造词用句和语调语气上有一些特殊的要求。比如，应注意使用谦敬辞、礼貌用语，表示尊重对方的观点和感情，以引起好感，尤其要避免使用粗鲁、污秽的词语。在句式上，应少用"否定句"，多用"肯定句"；在用词上，要注意感情色彩，多用褒义词、中性词，少用贬义词，以减少刺激性；在语气上要和婉、文雅。

如何使用停顿和重音

在人际沟通的口语表现中，停顿也是一种常用的表达策略。所谓停顿，是指语句或词语之间语音上的停歇，它能使话语划分成段，使话语形式严谨、表意明了、有条不紊。因此，掌握停顿的语言技巧，将有助于提高表达能力，使语言更为准确地传达出去。

语言表达中的停顿有两种情况。

一是语法停顿。这是句子或分句之间的停顿。这种停顿除句末停顿外，都是表明词语间语法关系的停顿，停顿的次数不同、位置不同，词语关系就有所差别，从而句子的意义也就不一样。所以，能否准确运用这类停顿，就直接关系到意义和感情能否准确表达，如果语法停顿使用不当，有时就会闹出笑话。

某公司的经理，在一次调薪的提议汇报中提到，"在这次提议调薪中，已经升了职的和尚未升职的员工都应同时调整薪资"时，他在"尚"字和"未"字之间作了停顿，于是这句话就成了"在这次调薪中升了职的和尚、未升职的员工都应调整薪资"。听取报告的老板先是一愣，心想公司中怎么会有和尚？等到问明情况后，全场哗然。由此可见，企业经理人一句失当的话，就会让自己的形象受损，甚至会造成不良的影响！

二是强调停顿。这种停顿策略是表达者为了强调某个语意，或表达某种感情，而在词语或句子之间所做的较大停顿。这种停顿能引起听者的联想，进而产生双方的共鸣，同时，对突出语意、增大信息刺激强度，也是一种相当有效的策略。此外，强调停顿的运用也要恰到好处，一要顺乎自然。如果滥用不当，不仅会造成逻辑混乱，还会因强调过多，令人抓不住重点。二要掌握好停顿的时间。太长或太短都会影响听众的情绪，从而弄巧成拙。

使用重音是人与人沟通过程中，为了达到准确表达目的而使用的手段。重音是指在表达时有意将某些词讲得响亮一些的现象，它主要是通过音调来表现的。

重音的使用方式有两种。一是语法重音，这是按照句法结构特点说出的重音，一般没有特殊用意。二是强调重音，这是为了突出某个语意，或表达某种强烈情感，将句中某些词语音量加大后所说出的重音。

苏联著名戏剧家斯坦尼斯拉夫斯基说："重音就像人的食指，指示着节奏中或句子中最主要的词。"重音的所在，一般也就是表达者所要突出的重点所在。强调重音的位置不同，语音的表示和感情的强度也有所不同。例如"你听得懂吗"这个句子，如果"懂"字不重读，那么只是一般的询问，否则就变成了反问，并且还包含轻视的意味。

有一位银行高级主管和一位主任，先后对一位连续迟到两天的女职员说："你呀！怎么又迟到了？"高级主管说这句话时，把"你呀"说得又长又响，似乎重点是在强调她这个人。而主任则把"又迟到了"这几字说得较响亮，并特别在"又"字上加大了音量。然而，明明是同一句话却有两种结果，女职员听了高级主管的话，只是低着头，脸也红了。但听了主任的话后，她却反唇相讥："迟到就迟到，有什么了不起！扣全勤奖金好了。"

分析其中原因，就在于重音的位置不同，所强调的意义、表达的感情也因此出现了差异。高级主管的话，尽管有批评，但带有亲切感，从而削弱了女职员的反抗情绪；而主任的话听来就是指责意味浓厚，使人升起一股反感，心理上自然不能接受，也就导致二者的结果与反应不同了。

保养嗓子有技巧

有些人会花上几个小时在体育馆里锻炼，或者在公路上刻苦地跑步锻炼，为的是减轻体重，保持自己的体形，可是除了歌唱家和演员外，普通人有谁会在意自己的声音呢？

人们普遍认为，演员尤其是歌唱演员是靠嗓子吃饭的，而普通人只要身体没毛病，嗓子好坏无关紧要，如果你这样认为的话，那就错了。美国密歇根健康系统大学的诺曼·霍吉克延和他的同事建议大家，即使是普通人也一定要注意嗓子的健康。霍吉克延主张："你的嗓子相当于你与外界联络的大使，它在描绘你的个性和情绪，人们会根据你的声音来评价你的，所以在你考虑人们在听你表达或者唱歌时到底从你那里听到了什么，嗓子就显得非常重要。如果你的嗓子出了问题，那么会对你的生活产生巨大的影响。"

甜美圆润或浑厚磁性的嗓音，会给人留下美好的回味和遐想。但声带是非常娇嫩和脆弱的发声体，如果不加保养，一旦损坏了，就会像一把没有哨嘴的唢呐一样，看着像一件乐器，其实已失去了原有的价值。

嗓音的保养，一半以上取决于细致的生活方式。在这个沟通的时代，打电话、与人交谈、开会发言、讲课或演讲等，都要用嗓子。因此，建议大家重视嗓音的保养。

保养嗓音，首先应该学会如何正确地发声。有专家说，大约有七成人不会"表达"，也就是说有很多人的发音方式是不正确的。在任何时候表达都不要用力过度，而要用柔和的气息使其发声。运用声带发声就像打鼓的原理一样，有人总觉得鼓不够响而拼命用鼓槌砸，结果鼓面损坏了。声带比鼓面更娇嫩，用气过猛或用力过大都容易损坏声带。所以，千万不可拼命地喊叫。同时，应经常锻炼发声，巩固发声方法，提高发声水平。

下面，我们归纳保养嗓子的八种方法。

1. 多喝水。保持体内有足够的水分，避免喝含酒精和咖啡因的饮料。你的声带振动得非常快，而保持正常的水分平衡有助于让声带保持润滑。重要的注意事项：含有大量水分的食品能非常好的补充水分，包括苹果、梨、西瓜、桃子、葡萄、李子、甜椒和苹果酱等。

2. 每天让你能够有几次"声音小睡"。尤其在长时间使用嗓子后，更要注意不要再多表达。比如，教师在课间就注意避免再表达，在吃午餐时，最好找一个安静的地方吃饭，而不是与同事在吵闹的办公室里聊天。

3. 不要吸烟。如果你已经有吸烟的习惯，那就戒掉这种习惯。吸烟能够严重地增加患咽喉癌的危险，吸烟（即使是二手烟）也会刺激声带。

4. 不要滥用你的声音。尽量避免喊叫或尖叫，也不要在嘈杂的地方大声表达，如果你的咽喉感觉到发干或者说疲劳，或者你的声音已经嘶哑了，那就尽量不要再表达了，声音嘶哑是你的声带开始"愤怒"的警告。

5. 在唱歌时，即使在唱高音和低音也要让你的咽喉肌肉和颈部肌肉保护放松状态。有些人在唱高音时会把头仰起来，而在唱低音时又会把头低下去。研究人员罗森伯格说："在唱高音时会把头仰到天花板上，而在唱低音时又会低到地板上，这是一种不良习惯，时间长了，你就会为此付出代价。"这种代价还不仅仅是让你的肌肉变得紧张，更重要的是会让你未来的音域变得窄小。

6. 不要太频繁地清嗓子。人们往往习惯清一清嗓子，但当你清嗓子时也会一并刺激声带，清嗓子太多会损害你的声带，会让你的声音嘶哑。当感觉有刺激需要清一清嗓子时，不妨喝一点水慢慢地咽下去，达到清理嗓子的目的。如果你感觉老是不自觉地多次清理嗓子，那就到医院让医生检查一下，看有没有问题，频繁地清理嗓子往往是嗓子出现毛病的前兆。

7. 当你生病时，不要多表达。如果你着凉感冒了或者感染病毒而导致嗓子嘶哑，那就不要再表达，只是听着自己内心的声音告诉你什么。

8. 让你的家庭和办公室的环境湿润。请记住一点，湿润对嗓子的保养有很大的益处。

第九章　莫踩上精准表达的"雷区"

正如生活中很多事情都存在一定的禁区一样，精准表达也存在一些"雷区"。如果我们想要进行有效表达，就要了解并避开这些潜在的"雷区"。

兜圈子，让对方自己去领悟

左三圈右三圈，脖子扭扭屁股扭扭……兜这种圈子有益健康。说话兜圈子，左三圈右三圈，天南海北古今中外……会有什么益处呢？

某天，一位年轻媳妇看到小姑子穿了件新的羊毛衫，猜想是婆婆给买的，便故意高声地对小姑子说："哇，从哪儿买来的羊毛衫，真漂亮！"婆婆便在一旁答话道："从街口那家商场买的，刚进的货。我先买了一件，让你俩穿上试试，要是看中了，明儿再买一件。"

年轻媳妇其实是也想要一件，但又不好意思说出口，于是转向小姑子去夸羊毛衫，"顾左右而言他"。聪明的婆婆也听出了弦外之音，便答应也给她买一件，于是，年轻媳妇达到了她的目的。

有位年轻人早早回家做了一锅红枣饭。妻子下班回来，端起碗，高兴地问道："这枣真甜啊，哪来的？"

丈夫说乡下姑妈捎来的。妻子不无感慨地说："姑妈想得可真周到啊，年年捎枣来！"

丈夫说："那还用说，我从小失去父母，就是姑妈把我抚养大的嘛！"

妻子说："她老人家这一生也真够辛苦的。"

稍停，丈夫忽然叹了口气，说："听捎枣的人说，姑妈的老胃病又犯了，她一个人在乡下真够难的……"

"那就接来呗，到医院好好治治。"不等丈夫把话说完，妻子说出了丈夫想说还未说出的话。

年轻人想接姑妈来城里治病，但不直说，而是通过吃枣饭、忆旧情，左三圈、右三圈地兜来兜去造成一种适宜的氛围，然后再说姑妈生病，而让妻子接过话题，说出接姑妈来的话。这样言来语去，自然圆满，比直说高明多了。

在日常生活和工作中，有时候，我们还真的需要在说话时"兜兜圈儿"。那么，在什么样的情况下，我们需要在说话时兜圈呢？

第一种情况是，为了顾及情面，有些话不方便直说出来，这时需要兜圈了。比如婆媳之间、恋人之间、两亲家之间等，都是后天建立起来的情感之塔，基础欠牢固，交往中双方都比较谨慎、敏感，言语中稍有差错，都会带来不快或产生误解、造成矛盾。

第二种情况是，为让对方更易接受，这时可以运用"兜圈子"的说话方法。有些话直接挑明了估计对方一时难以接受，一旦对方明确表示不同意，再要改变其态度就困难多了。在这种情况下，为了强调事理，说服对方，就可以把基本观点、结论性的话先藏在一边。而从有关的事物、道理、情感开始兜起圈子。待到事理通畅、明白，再稍加点拨，更能化难为易，达到说服对方的目的。前面举的那位年轻人就是针对这种情况而兜圈子的。如果他直言要接姑妈来城里治病，妻子不一定同意。而通过吃枣饭、谈红枣、忆旧情，事理人情双关，形成了把姑妈接来的充分理由，水到渠成，所以不用自己讲，妻子就把他的心里话说出来了。

兜啊兜，绕啊绕，避实就虚，多路进攻，旁敲侧击，曲径通幽。在运动的过程中，去寻找沟通的最大公约数，或是争取更多的时间以利沟通的进行。这种兜来绕去的方式，总能把不好听的说得中听一点，把不雅观的说得好看一点，把不能让人接受的说得能让人接受，最终是图个听的人舒服，说的人顺心。

表面上看，兜圈子的表达太隐晦了，简直比委婉还要委婉。实际上，这却是情商很高的精准表达。能用好这一表达技巧的，非等闲之辈。

尽量不要打断别人说话

随便打断别人的谈话，是没有礼貌的表现。在日常生活中，有些人在别人阐述自己的观点时，总喜欢打断别人，谈论自己的看法。这样的人往往会让人厌烦，也常常在不经意之间就破坏了自己的人际关系。

在交谈中，有些人总是时不时地打断别人的谈话。他们甚至认为这种插话是一种聪明的表现。其实，这样的观点是错误的。

在说话中，只有让对方把话说完，才能了解对方的真正意图，获得更多的信息。随便插话，就不能专心领会别人说话的意思，还会使对方感到不受尊重。

诚如培根所说："打断别人、乱插话的人，甚至比发言冗长者更令人生厌。"每个人都可能会情不自禁地想表达自己的愿望，但如果不去了解别人的感受，不分场合与时机，就去打断别人说话或抢接别人的话头，会扰乱别人的思路，使别人不能完整流畅地表达自己的想法，因而只会引起别人的反感，有时甚至会产生不必要的误会。

在交谈中，不应当随便打断别人的谈话，要尽量让对方把话说完再发表自己的看法。如有急事要打断说话，也要把握机会，先征得对方同意，用商量的口气说："对不起，我提个问题可以吗？"或"我插句话好吗？"这样可避免对方产生误解。所插之言也不可冗长，一两句点到即可。假如已经打断，应确保原先的谈话不被忽略。

假设一个人正讲得兴致勃勃，听众也听得入迷，这时，你突然插嘴："嘿，这是你在昨天看的事吧？"说话的那个人因为你打断他说话，绝对不会对你有好感。

那些不懂礼貌的人，总是在别人津津有味地谈着某件事情的时候，突然半路杀进来，让别人猝不及防。这种人不会预先告诉你，说他要插话了。他插话时会不管你说的是什么，而将话题转移到自己感兴趣的方面去，有时是把你的结论代为说出，以此得意扬扬地炫耀自己的光彩。无论是哪种情况，都会让说话的人顿生厌恶之感。

在商务宴会上，你时常可以看到你的一个朋友和另外一个不认识的人聊得起劲。此时，你可能就会有参加进去的想法。

假如你不知道他们的话题是什么，而突然加入，可能会令他们觉得不自然，也许因此话题接不下去。更糟的是，也许他们正在进行着一项重大的谈判，却由于你的加入使他们无法再集中思想而无意中失去了这笔交易；或许他们正在热烈讨论，苦苦思索解决一个难题，正当这个关键时刻，也许就由于你的插话，会导致对他们有利的解决办法告吹，到后来场面气氛就会转为尴尬，而无法收拾。

当你与上司交谈时，更不能自以为是地随便打断他说话，否则，他肯定不会给你好脸色看。上司给你安排工作的时候，会做出各项说明，通常他们的话只是说明经过，或许结论并不是你想的那样。中途插嘴表示意见，除了让人家认为你很轻率之外，也表示你蔑视上司。

随便打断别人说话或中途插话是有失礼貌的行为，打断别人、乱插话的人往往令人生厌。要想让别人喜欢你、接纳你，就必须根除随便打断别人说话的陋习。

如果对方与你说话的时间明显拖得过长，他的话不再有吸引人，令人昏昏欲睡，甚至已经引起大家的厌恶，你就不得不中断对方的话了。这时，你也要考虑在哪一个段落中断为好，同时，也应照顾到对方的感受，避免给对方留下不愉快的印象。

虽然在别人讲话时说话是十分不礼貌的，但如果有必要表明你的意见，非要打断他的讲话，那么，你就必须十分注意自己的说话技巧。

当你要找交谈着的某个人处理事情时，可以先给他一些小的暗示，他一般会趁机和你说话。但要注意的是，你不要静悄悄地站在他的身旁，好像在偷听一样。你可以先向他们打个招呼："很对不起，打断你们一下。"当他们停止交谈时，用尽可能简洁的语言说明来意，一旦事情处理完毕，立即离开现场。

如果你想加入他们的谈话，则可以找个适合的机会，礼貌地说："对不起，我可以加入你们的谈话吗？"或者，大方客气地打招呼，叫你的朋友互相介绍一下，就不会有生疏的感觉。

交谈过程中，如果你想补充另一方的谈话，或者联想到与谈话有关的情况，想即刻作点说明，可以对讲话者说："我插一句"，或者说："请允许我补充一点。"然后，说出自己的意见。这样的插话不宜过多，以免扰乱对方的思路，但适当有一点，可以活跃谈话的气氛。

如果你不同意对方的看法，一般也不要打断他的谈话。但是，如果你们比较熟悉，或者问题特别重要，也可以先表示一下态度，待对方说完后再作详细阐述。但不管分歧有多大，决不能恶语伤人或出言不逊。即使发生了争吵，也不要斥责、讥讽对方，最后还要友好地握手告别。

分清表达的时机和场合

关于表达，很多人理解为表达的能力。因为他们总感觉自己笨嘴拙舌，在人前不敢讲话，因此很羡慕那些一开口就滔滔不绝的人。不过，换另一角度，我们可以把表达理解为是一种能够把握何时开口、何时闭嘴的能力，包括掌握什么该说、什么不该说的能力，应该把"才"放在第一位。一个不怎么爱表达的人也可能是很有表达能力的人，只要他的每一句话都说得恰到好处；一个嘴巴时刻不闲着的人也可能是丝毫谈不上有好的表达能力的人。

精于表达者，最擅长察言观色。孔子说："巧言令色，鲜矣仁。"不过，今天跟孔老夫子的那个时代已经有了很大的不同，在这个时代，不巧言，不令色，不但不能很好地彰显你的仁德，有时反而突显你的不识时务。

表达，并不是开口那么简单，而是应当懂得什么时候说什么话；同时还要为自己说过的话负责。倘若一个人没有真材实料，没有真知灼见，那么他说的话也许能够一时把人吸引住，却不可能蒙蔽他人一世。

巧言令色的前提，是胸中有大志。

战国时期，安陵君以其能言善辩成为楚王的宠臣，很受楚王的器重。安陵君之所以能够因表达而取得这样的地位，并不是他一味地谈吐不凡。他真正的成功在于遇事从不立即脱口而出，而是看准了时机才开口表达的。

安陵君的一位朋友叫江乙。一天，他突然问安陵君道："您没有一寸土地，也没有至亲骨肉，却身居高位、享受优厚的俸禄；国人见到您，也纷纷整衣跪拜，等着接受您的号令，为您效劳，这是什么原因呢？"

安陵君答道："这是大王太过抬举我了。"

江乙听后，不无忧虑地说道："用钱财相交的人，交情就会随着钱财的用尽而断绝，就如同靠美色相交的人，一旦美色衰老则会情移。所以美丽女子往往还没等到卧席被磨破，就已遭人遗弃；得宠的臣子也等不到车子被坐坏，便遭驱逐。而今您掌握楚国大权，却无法同大王深交，我私下里实在替您担心，觉得您的处境实在是有些危险。"

安陵君一听，恍然大悟，立刻恭敬地拜问江乙："既然如此，请先生指点迷津。"

江乙说："希望您一定要找个机会跟大王说'愿随大王一起死，以身为大王殉葬'。这样一说，必定能使您的权位长久。"安陵君听后，立刻说："谨听先生教诲。"

然而很长一段时间过去了，安陵君依然没有对楚王说这番话。

江乙急着去见安陵君，说："我告诉您的那些话，为何至今不对楚王说呢？既然您不用我的计谋，我从此不再管了。"

安陵君忙说："先生的教诲，片刻不曾忘却，只是一时找不到合适的机会。"

又过了一段时间，机会终于来了！那天，楚王到云梦泽打猎，一箭射毙一头狂奔的野牛，百官和护卫欢声雷动，齐声赞颂。楚王也高兴极了，说道："今天游猎，寡人何等快活！待寡人千秋之后，谁能和我共有今天的快乐呢？"安陵君一看机会来了，便赶忙走上前去，泪流满面地说："臣从进宫那天起就与大王同共一席，为大王挡蝼蚁，便是臣最大的荣幸。"

楚王一听，非常感动，随即正式设坛封他为安陵君，日后也更加宠信他。

这件事说明，把握表达时机非常重要，这个过程需要有充分的耐心，也需要积极地进行准备，等待条件成熟，但绝不是坐视不动。《淮南子·道应》云："事者应变而动，变生于时，故知时者无常行。"安陵君的过人之处，便在于他有充分的耐心，等待楚王欢欣而又伤感的那个时刻。此时，动情表白，感人肺腑，愉悦君心，终于受封，保住了长久的荣华富贵。

是否敢说又善说，对一个人的生活、事业乃至闲暇娱乐都有着至关重要的作用。生活中，敢说又善说的人，总是很受欢迎。他可以使许多陌路人走到一起，携手共进；可以让许多志趣各异、性格有别的人互相了解，互相交流；可以排解纠纷，消除人与人之间的误会与隔阂；可以令愁眉不展、郁郁寡欢者得到安慰；可以使悲观厌世、不思进取者受到鼓舞；可以使周围的人变得更快乐、更聪明、更美好、更振作有为。

在工作及事业上，善于抓住时机表达的人，能够充分利用自己的语言交际能力来说服他人，从而使工作顺利进行，事业成功在望，人生左右逢源。可以这样说，要想成为成功人士，表达的自信心和表达的魅力不可或缺。

在闲暇娱乐中，敢说又善说的人，能够随时随地给生活增添乐趣。无论是朋友，还是家人，都能从他的谈吐中感受到欢快、轻松、愉悦，甚至会令大家感到比上电影院、歌舞厅还能得到更多的乐趣。

与此同时，我们也总会看到很多不善言辞的人所遇到的难堪、尴尬。他们不会用语言准确完美地表达自己的意愿，让听者听起来也感觉费力劳神，更不要说会使对方产生共鸣或心悦诚服地接受其意见。这就给交际制造了种种困难，从而影响工作和生活，同时也会给自己带来诸多苦恼。

　　敢说善说的人，总能让人清清楚楚地明白自己的意图，相反，那些胆小又不善言谈者，则经常使人产生误解。敢说又善说的人，总能够很愉快地在各种场合取得成功，而那些不敢说又不善说者，却往往无法在谈话中使人信服，因而总跟失败结缘。由此可见，敢表达并善于表达，能够抓住时机完美表达自己意愿，对我们每个人来说都是非常重要的。

切莫戳别人的痛处

人人都不愿意人家触及和谈论自己的憾事、缺点、隐私和使自己感到难堪的事，这也是一般人所共有的心理。因此在生活中与人交往和表达交流时，一定要注意尊重别人，交谈时千万不要提及别人所忌讳的问题，不然就会使人际关系恶化，导致交际的失误。

在生活中这样的失误还真是不少。有位身材比较胖的顾客到服装店里买衣服，她对一件大花图案和横向条纹的上衣感兴趣，售货员劝道："这种大花带横条的衣服适合瘦人穿，你这么胖，再穿上这种衣服，那不难看死了。"售货员是一片好心，但她哪壶不开提哪壶，触及顾客的忌讳了！果然，女顾客气得一句话都没说就走了。

有一个人从小双臂残疾，靠着自己的努力练出用脚指头夹笔写字作画的本领，他的画被选送到国外展出。某天，一位记者在采访他时竟唐突地问："你是靠脚指头成名的，那么我问你，是脚有用还是手有用？"这一问使得那个画家十分恼怒，反问："维纳斯雕像是以断臂出名的，你说她是有胳膊美还是没有胳膊美？"问得那记者瞠目结舌，采访也随之失败。

俗话说得好："矮子面前莫说矮。"别人有生理上的缺陷、家庭上的不幸，或者自己在为人处世方面有短处，心里已经是够痛苦的了，就别再雪上加霜了。碰上这些情况我们都应该加以避讳，不能"哪壶不开提哪壶"，伤害了别人不说，而别人不会轻易放过你的，到头来只能是两败俱伤。

人际交往是复杂的，由于种种原因，有时表达还非要涉及别人忌讳的话题不可，在这种情况下，就要讲究语言技巧了。要尽量把话说得委婉、含蓄些，在遣词造句时，要避免那些带有直接刺激感官的字眼，这样就有可能取得比较好的效果。例如同是一位较胖的女顾客去布店买花布做衬衫，在选择大花图案还是几何图案上拿不定主意，女售货员根据顾客的特点，帮她选择了几何图案的花布，并且介绍说："这种大花图案带有扩张感，你穿不太合适。这种几何图案艺术大方，颜色也好，价钱也不高，你买七尺就够了，花钱不多，做件衬衫穿，能使人显得年轻，瘦溜。"这样顾客听了就很舒服。

　　切记，在跟别人交谈时，千万不要"哪壶不开提哪壶"，尽量挑别人喜欢听的话说，就算不小心提到了别人忌讳的东西，也要学会巧妙地转移话题。

　　讲究避讳能够在人际交往中适应他人，理解他人，尊重他人，尽量避免给别人带来不愉快。这是讲文明、有礼貌、修养好的表现，也是显示你高超表达的一大突出表现。

巧用暗示的表达方式

暗示是一种隐蔽的、含蓄的提示，是一种巧妙的表达方式。运用暗示的表达方式，可以将一些不便明说的意思表达出来。

美国经济大萧条时期，找到一份工作是很困难的。有位小女孩幸运地在一家高级珠宝店，找到了一份销售珠宝的工作。一天，珠宝店里来了一位衣衫褴褛的青年人，他满脸悲愁，双眼紧盯着柜台里的那些宝石首饰。

这时，电话铃响了，女孩去接电话，一不小心，碰翻了一个碟子，有六枚宝石戒指落到地上。她慌忙拾起其中五枚，但第六枚怎么也找不到。此时，她看到那位青年正惶恐地向门口走去。顿时，她意识到那第六枚戒指在哪儿了。当那青年走到门口时，女孩叫住他，说："对不起，先生！"

那青年转过身来，问道："什么事？"

女孩看着他抽搐的脸，一声不吭。

那青年又补问了一句："什么事？"

女孩这才神色黯然地说："先生，这是我的第一份工作，现在找工作很难，是不是？"那位青年很紧张地看了女孩一眼，抽搐的脸才浮出一丝笑意，回答说："是的，的确如此。"

女孩说："如果把我换成你，你在这里会干得很不错。"

终于，那位青年退了回来，把手伸给她，说："我可以祝福你吗？"

女孩也立即伸出手来，两只手握在了一起。女孩仍以十分柔和的声音说："也祝你好运！"

青年转身离去了。女孩走向柜台，把手中握着的第六枚戒指，放回了原处。

本来，这是一起盗窃案。在通常情况下，大多数人可能会大叫抓偷窃者或者报警。但是，这位女孩却巧妙地运用了暗示，既没惊慌也没声张，却使小偷归还了偷窃物，那小偷也没有当众出丑，体面地改正了自己的错误。假如那女孩大喊大叫，说不定小偷会在情急之下飞快逃跑了，或偷偷将戒指扔到某个难以寻找的角落。

暗示的显著特点是"言此而意彼"，能够诱导对方领会你的话，去寻找那言外之意。从心理学的角度来看，委婉暗示的话，不论是提出自己的看法还是劝说对方，都能维护对方的自尊，使对方容易赞同，接受自己的说法，进而也就达到了沟通的目的。

生活中有很多尴尬的事情发生，如果直截了当，可能会让大家陷入难堪的境地。此时，不妨巧妙地旁敲侧击，用暗示的方式来提醒对方。

张小姐是王老板的秘书，一次他们去陪几个重要的客户。酒桌上推杯换盏，气氛友好而热烈。突然，张小姐无意中发现刚从洗手间出来的老板忘记了拉裤子的拉链。张小姐连忙迎上还没落座的老板，低声说："王总，您刚才出门是不是忘记关车库门了？"老板一听，这个幽默我在网上看到过啊，难道……忙下意识低头看，好在张小姐早就帮他挡住了客户的视线。老板嘿嘿笑了笑，转身进了洗手间。过会儿出来时，说："哎哟，把手表给忘在洗手台上了，幸亏张小姐眼尖，否则就丢了。"一场尴尬就这样化为无形。

暗示最怕的是太"暗"，"暗"到别人很难明白你的真实意思，那就白暗示了。拿上面的轻喜剧来说，车库门忘关代指忘记拉拉链的小幽默，几乎上网的人个个都看到过。因此，秘书的话老板一听就马上能联想到发生了什么事情。而要是秘书直接说："老板，你忘记了拉下面的拉链了。"老板当时一定会脸红、不好意思，双方也会有尴尬。而秘书采取暗示的说法，双方都会随和多了。

　　暗示最怕碰上榆木脑袋，你再怎么点拨都不开窍。在《梁山伯与祝英台》中，祝英台不停地暗示再暗示，可憨厚的梁兄就是不开窍，怎么点也点不醒点不透，让看的人急都急死了。但观众急没有用，祝英台急也白搭。最后，悲剧不可避免地出现了。好在那是戏剧，人物与情节的安排要符合剧情的需要，生活中这样榆木的人不多见，要是你"有幸"碰上了，还是不暗示好。

指桑骂槐要注意场合

"指桑骂槐"是我国古典兵法《三十六计》中的计策。在纵横家的口里，偶尔也会运用这个战术，表面上骂这个人，实际上是骂那个人；表面上说张家的事，实际上讲的是李家的事。

指着槐树骂槐树，称不上高明表达；指着桑树而实际上骂了槐树，才算得上表达高手。指桑骂槐就是利用一种特殊的语言环境，把词语的针对性转向谈话对方，从而产生不可言说、只可意会的效果。

魏晋时，谢安打算隐居山林，然而父命难违，不得已只好在桓温手下做司马。一次，有人送桓温草药，其中有一种草药叫远志。桓温问谢安："这药又叫作小草，为什么同是一物而有两个名称？"

谢安一时答不上来，郝隆当时在座，应声说道："这很好解释，隐于山林的就叫远志，出山就叫小草了。"这郝隆正是借此讽刺谢安隐居时名满天下，好比"远志"，而出山后呢，就来当个小司马，也不过就"小草"一棵。这个比喻用得很巧，连不愿伤谢安面子的桓温都忍不住哈哈大笑，说："嗯，这话说得绝妙啊！"

谢安听到此处，满脸愧色。

魏晋时人们崇尚回归自然，并不以官宦为荣，隐居山林，过闲云野鹤似的生活是非常时髦的举动。郝隆这里正是指桑骂槐，表面上是解释草药的名称，实质上是嘲讽谢安。而谢安竟然在这记闷拳之下，即使想反击也无从下手。

指桑骂槐的特点就在于巧妙地利用词语的多义性或双关性等特点来做文章。表达者说出的话语，从字面上的意思看似乎并不是直接针对对方，但话语中却暗含了攻击对方的深层意思，使对方虽有觉察却又抓不住把柄，只好哑巴吃黄连，自认倒霉。

从前，有个瞎子被无辜地牵涉到一场官司中，开堂审判时，他对县太爷说："我是一个瞎子。"

县官一听，立刻厉声责问："混账！看你好好的一只眼睛，怎么说是瞎子？"

瞎子接过县官的话："我虽然有眼睛，老爷看小人是清白，小人看老爷却是一团黑的。"

这里，盲人采用的就是指桑骂槐法。他所说的"清白"和"一团黑"，实际上是利用一词多义的现象而造成的一语双关的修辞效果，从而达到了"指桑骂槐"的目的。

指桑骂槐是一个致人内伤的阴招，一般用于恶人身上。此外，非常要好的朋友之间开开无伤大雅的玩笑，也可偶用。一个人如果不分对象地滥用，只怕会落个言辞刻薄的恶名，令人避之唯恐不及。这一点大家不可不察。

指桑骂槐大多数时候只是图个口里痛快、心里舒服，但表达高手却能将这一战术指向具体的诉求。

著名国画家张大千先生留有一口长胡子，人称美髯公，他也颇以自己的胡子为荣。可是，在一次吃饭时，有一个好友以他的长胡子为题材，连连不断地开玩笑，言辞逐渐出格。

张大千等朋友说了个七七八八，才不慌不忙地开腔：

"既然你那么喜欢讲胡子的故事，我也来凑一个热闹，讲个有关胡子的故事。刘备在关羽、张飞两弟亡故后，特意兴师伐吴为弟报仇。关羽之子关兴与张飞之子张苞复仇心切，争做先锋。为公平起见，刘备说：'你们分别讲述父亲的战功，谁讲得多，谁就当先锋。'张苞抢先发话：'先父喝断长坂桥，夜战马超，智取瓦口，义释严颜。'关兴口吃，但也不甘落后，说：'先须长数尺，献帝当面称为美髯公，所以先锋一职理当归我。'这时，关公立于云端，听完禁不住大骂道：'不肖子，为父当年斩颜良，诛文丑，过五关，斩六将，单刀赴会，这些光荣的战绩都不讲，光讲你老子的一口胡子又有何用？'"

听完张大千讲的这个故事，朋友哈哈大笑，连说"甘拜下风、甘拜下风"。在饭桌上再也不敢提胡子二字——因为一提又会做了张大千的儿子。张大千的指桑骂槐显然有点刻薄，但既然是好友之间，再说也是对方出格在先，似乎这样说说也无可厚非。但需要提醒大家一句：指桑骂槐乃伤人重器，切不可轻易示人。

不做无意义的争辩

在社交过程中，每个人都会遇到不同于自己的人，大至思想、观念、为人处世之道不同，小至对某人、某事的看法与评判不一致。这些程度不同的差异可能会转化成人与人之间的争执与辩论，任何独立的、有主见的人都应正视这个问题。

留心我们的周围，争辩几乎无所不在。一场电影、一部小说能引起争辩，一个特殊事件、某个社会问题能引起争辩。甚至，某人的发式与装饰也能引起争辩。而且往往争辩留给我们的印象是不愉快的，因为他的目标指向很明白：每一方都以对方为"敌"，试图以一己的观念强加于彼。

其实，这种辩论不适合个人与个人之间，而如果是用于团体，像辩论会似的，又应另当别论。比方说：由于最近发生的某个社会问题而引起两者间争论，最后，虽然是因为你用某某事件或理论来证明你的意见是正确的，你也通过争论的手段达到了胜利的目的，而他也已哑口无言了，但你却万万不可忽略了这一点，他不一定会放弃他的思想。

因为，他在心里所感觉到的，已经不是谁对与谁错的问题，而是他对于你驳倒他，怀恨在心，因为他的自尊心扫地了。

这样看来，你虽然得到了辩论的胜利，但和那位朋友的友情，却从此一刀两断。比较之下，你会不会觉得，当初真是有欠考虑，仅仅为了辩论的胜利，而得罪了一个朋友——如果那位朋友气量小，说不定他正在伺机报复呢！

有些人在和朋友翻脸之后，明知大错已铸成，也故作不后悔状，还经常这样认为："这样的朋友不要也罢。"其实这样对你又有什么好处？而坏处却很快可以看到，因为和别人结上怨仇，你就少了一位倾吐心事的人。

有一次，参加工作不久的甘天鹏去参加朋友的婚礼，席间有一位年轻人在说明新郎与新娘的关系时，用了"青梅竹马"这个成语。但他为了夸耀自己的博学，还念出了这首诗："郎骑竹马来，绕床弄青梅。"不过，这位年轻人却搞错了，他所念的这首诗是唐代诗人李白所写的诗，而他却误以为是宋代女词人李清照所写的诗。

甘天鹏可谓年轻气盛，又认为自己古典文学功底深厚，就毫不客气地当着众人的面，纠正那人的错误。可是不说还好，这样一说，那人反倒更加坚持自己的意见了。

就在甘天鹏和他争论不休时，恰巧甘天鹏看见他的大学老师坐在后面，他的这位老师是专攻唐代文学的博士，于是他和那位年轻人去见他的老师。他们都把各自的论点说完，老师却只是静静地听着，然后在盖着桌布的桌下，用脚轻踢了甘天鹏一下，态度庄重地对他说着："你错了，那位先生说得才对。"

回家的路上，甘天鹏越想越不服气，他不相信老师竟也会忘记这首诗。于是，他一回到家就从书架上找出资料来，第二天连班都不上了，拿着书去学校找老师，要他还自己一个公道。

在教授研究室里，甘天鹏遇上了老师，还没等他把书拿出来，老师就先说了："你昨天说的那首诗是李白写的，一点儿也没错！"这时，甘天鹏更纳闷了。老师温和地说："你说得一切都对，但我们都是客人，何必在那种场合给人难堪？他并未征求你的意见，只是发表自己的看法，对错根本与你无关，你与他争辩有何益处呢？记住，永远不和别人做无谓的争辩！"

仅争一时的口舌之胜，而全没有实际利益的获取，在经商活动中更是大忌。这种现象我们应该尽一切可能去避免。

在争辩过程中，我们应该清楚以下几个事项：

1. 这次争辩的意义。如果是一些根本就很不相干的小事情，我们还是避免争论为妙。

2. 这次争辩的欲望是基于理智还是感情上（虚荣心或表现欲等）？如果是后者，则不必争论下去了。

3. 对方对自己是否有深刻的成见？如果是的话，自己这样岂不是雪上加霜？

4. 自己在这次争论当中究竟可以得到什么？究竟又可以证明自己的什么？

心理学家高伯特曾经说过："人们只在不关痛痒的旧事情上才'无伤大雅'地认错。"这句话虽然不胜幽默，但却是事实。由此，也可以证明：愿意承认错误的人是少的——这就是人的本性。

好，现在就让我们姑且认为这次争论是一次积极争论，也就是说，它值得我们去争论。但是在这过程中，我们仍需时时把握住自己。因为在争论中最容易犯的毛病，就是常常认为自己的观点才是世界上最正确的，只顾阐述自己的观点，而忽略了要耐心诚意地去听取别人的意见。

这就往往可以使善意的争论变成有针对性的争论。需要强调一下，这种现象是很危险的，也很常见。因为即使最善意的争论，也是由于双方的观点有分歧引起的，所以，在一开始，双方就是站在对立的立场上，对于对方的论点，根本就会采取一种缺乏分析的态度，而一味地表述自己的看法。

这样，争论过程中就难免有情绪激动，面红耳赤，甚至去翻对方的陈年老底。所以，当双方都各执己见，观点无法统一的时候，自己应该会把握自己，把不同的看法先搁下来，等到双方状态较冷静的时候再辨明真伪。也许，等到你们平静的时候，说不定会相顾大笑双方各自的失态呢。

而当你胜利的时候，你也应该表现出自己的大将风度，不应该计较刚才对方对你的态度。争辩是一件事，而交情又是一件事，切切不可混为一谈。但他向你认错的时候，也万万不该再逼下去，以免对方恼羞成怒。

结束后，你也应该顾及对方的面子，可以给对方一支烟或是一杯茶，抑或是向他求索一点小帮忙，这样往往可以令他重返愉快的心理。

人性其实都是脆弱的，易被击垮但也易抚平，关键在于你的一两句话，可以起到平衡心理的作用。

感情是人的优点，但同时也是弱点，利用这种优点，去进行应酬，往往可达到事半功倍的效果。不信，你可以试一下。

如何委婉地说"不"

不愿意听到别人的反对与拒绝，这是人之常情。表达高手们总结出一些让别人高兴地、顺利地、心悦诚服地接受"不"的技巧。

日本明治时代的大文豪岛崎藤村被一个陌生人委托写某本书的序文，几经思考后，他写下了这封拒绝的回函：

"关于阁下来函所照会之事，在我目前的健康状况下，实在无法办到，这就好像是要违背一个知心朋友的期盼一样，感到十分的懊恼。但在完全不知道作者的情况下，想写一篇有关作者的序文，实在不可能办到，同时这也令人十分担心，因为我个人曾经出版《家》这本书，而委托已故的中泽临川君为我写篇序文，可是最后却发现，序文和书中的内容不适合，所以特别地委托他，反而变成一种困扰。"

在这里，藤村最重要的是要告诉对方"我的拒绝对你较有利"，也就是积极传达给对方自己"不"的意志的一种方法。而这样的说辞，又不会伤害到委托者想要达成的动机。

通常，当我们被对方说"不"而感到不悦的理由之一，是因为想引诱对方说出"好"而达成目的的愿望在半途中被阻碍，因而陷入欲求不满的状况。所以既不损害对方又可以达成目的说"不"的最好方法，就是让对方想委托你时，当"达成动机"被拒绝后，反而会认为更有利的是另一种"达成动机"，而只要满足这一种"达成动机"就可以了。

藤村可以说是十分了解人的这种微妙心理，所以暗地里让对方觉得"被我这样拒绝，绝对不会阻碍你目的的达成"。我们在拒绝他人时，也可以用这样方法，让对方觉得说"不"，是对对方有好处，这不仅不会损害到对方的感情，而且可以让对方顺利地接受你所说的"不"。

战国时期韩宣王有一位名叫缪留的谏臣。有一次韩宣王想要重用两个人，询问缪留的意见，缪留说："曾经魏国重用过这两人，结果丧失了一部分的国土；楚国用过这两个人，也发生过类似的情形。"

接着，缪留还下了"不重用这两个人比较好"的结论。其实，就算他不给出答案，韩宣王听了他的话也会这么想。这是《韩非子》里相当著名的故事。

这种说"不"的方法，之所以这么具有说服力，主要是因为这两个人有过失败的教训造成的，但缪留在发表意见时，并没有马上下结论。他首先对具体的事实作客观的描述，然后再以所谓的归纳法，判断出这两个人可能迟早会把国家出卖的结论。说服的奥秘就在此。相反，如果宣王要他发表意见时，缪留一开口就说："这两个人迟早会把我国卖掉"等等，结果会怎样呢？可能任何人都会认为"他的论断过于极端，似乎怀恨他们，有公报私仇的嫌疑"。如果形成不易让大家接受"不"的心理，即使他在最后列举了许多具体事实，也可能无法造出类似前面所说的客观事实来。

所以，我们在必须向别人说出他们不容易接受的"不"时，千万不要先否定性地给出结论，要运用在提议阶段所否定的论点，即"否定就是提议"的方式，不说出"不"，只列举"是"时可能会产生的种种负面影响，如此一来，对方还没听到你的结论，自然就已接受你所说的"不"的道理了。

我们曾听说过可以负载几万吨水压的堤防，却因为蚂蚁穴般的小洞而崩溃的例子。最初只是很少水量流出而已，但却因为不断地在侧壁剧烈地倾注，最后如怒涛般地破堤而出。

这种方法可以适用于说"不"的技巧里，也就是说，要对不可能全部接受的顽固对方说"不"时，反复地进行"部分刺激"，从而让对方全盘地接受你的"不"的意思。

例如，朋友向你推荐一名大学毕业生，希望在你管辖的部门谋求一个职位时，要想在不伤害感情的情形下加以拒绝，这时可以针对年轻人注重个人发展和待遇方面，寻找出一种否定的理由，反复地说："我们这里也有不少大学生，他们都很有才华……""这里的福利待遇都很一般……""在这里干，实在太委屈你了……"等等，相信那位大学生听了这些话后，心里就会产生"在这里干没什么前途"的想法，再也不做纠缠，客气地向你告辞。